U0942635

严昌洪／主编

武昌辛亥革命研究中心／组编

辛亥革命史事长编

本书为2008年度湖北省社科基金重大委托项目（立项号[2008]013）成果

XINHAI GEMING SHISHI CHANGBIAN

（1904.1-1905.12）

第四册

赵炎才／编

武汉出版社
WUHAN PUBLISHING HOUSE

(鄂)新登字08号

图书在版编目(CIP)数据

辛亥革命史事长编.第四册/武昌辛亥革命研究中心组编;严昌洪主编;赵炎才编.
—武汉:武汉出版社,2011.8
ISBN 978-7-5430-5280-2
Ⅰ.①辛… Ⅱ.①武…②严…③赵… Ⅲ.①辛亥革命—史料
Ⅳ.①K257.06

中国版本图书馆CIP数据核字(2010)第172460号

组　　编:武昌辛亥革命研究中心
主　　编:严昌洪
编　　者:赵炎才
责任编辑:王远彦
装帧设计:刘福珊
出　版:武汉出版社
社　址:武汉市江汉区新华下路103号　　邮　编:430015
电　话:(027)85606403　85600625
http://www.whcbs.com　　E-mail:zbs@whcbs.com
印　刷:武汉精一印刷有限公司　　经　销:新华书店
开　本:787mm×1092mm　1/16
印　张:25　　字　数:621千字　　插　页:5
版　次:2011年8月第1版　　2011年8月第1次印刷
定　价:1800.00元(全十册)

1904年(光绪三十年·甲辰)

1月1日(癸卯年十一月十四日)　有论者撰《告湖南人》一文,公开鼓动湖南人抛弃甲午战后悲观失望心理,勉励他们发愤自雄,重振威风,与他省民众一道共同抵御俄国侵略。

《告湖南人》曰:

唉!我念你们湖南人,十余年前,好□旺呢,有勇猛的性质,又有冒险的精神,不算你们湖南人第一么?可惜有一□□,你们只晓得有个曾国藩、左宗棠,是他省人不能够做到的。我说这是一样大毛病。怎么说?因为你们湖南一省中只有一个立个拒俄会,且你们吃粮的狠多,统大兵有权力的在会党的都有,何不告诉他们,邀集大众,与俄国决一死战,争回中国主权,岂不是顶天立地的大男子么?况且甲午之间,你们湖南人吃了大亏,被外国人看不起,把从前光彩都掩没了,今日再不发愤,何以对付前人?……人生在世,总要争把气力,步步向前,立在列强争夺的世界,更要操练个爱国的精神,军国民的资格,想国家是人人有一分的。……如今上海一般志士俱有对俄同志会,广东也有,哈尔滨也有,十分鼓动,你们湖南人不愁势孤了。……想当时湖南人好不威风,如今不要把以前的威风统统失掉了。

《俄事警闻》,1904年月1月1日

1月2日(十一月十五日)　有论者发表《告商》一文,肯定商人的积极社会地位,同时也指出其存在唯利是图,缺乏爱国心的缺点,要求他们努力改进,积极爱国,为国立功。

《告商》(上篇)谓:

我们国里的人,除了农工两项,就是你们商人顶多了。从前有不通的人,说是农工两业的人,都是实在做出有利的东西来赚饭吃。生在世上,一点不惭愧,人人应该尊重他们。独有商人,不耕偏要吃,不织偏要着,把农夫们做出来的东西搬来搬去从中取利,钱倒比农工们赚得多,反教农工们买不到便宜的东西,这算是世界上有害的事业,所以从前秦朝汉朝的时候,把商人叫做末业,总要想法子给商人吃苦,好教百姓都愿意作农工不做商人。如今有学问的人才知道他们这个主意打错了。……但是你们也有一种病根,是专图自己的生意赚钱,顾不得国家。……你们要知道国家是和你们很有关系的。

《俄事警闻》,1904年月1月2日

次日,《告商》(下篇)谓:

……从前周朝末年的时候,有个秦国要去灭一个郑国,并已经快到郑国的地界了,郑国还没有知道,一点也没有防备。偏偏一个郑国的商人名叫弦高的碰见了,知道他的来意,要回去通知本国是来不及了,想了一条妙计,就办了十几头牛,送到秦国军营去,……郑国没有上他的当,不是全靠这个商人么?……俄国是头一个要灭我中国,现在已经夺我东三省,我们打退他还来不及,还好替他做走狗么?我也知道你们商人里面,断乎没有这种坏良心的人,我也是过虑的话罢喇,你们各人都留心点就是了。

《俄事警闻》,1904年月1月3日

△ 有论者在《中国白话报》第二期发表《大祸临门》与《告诉大众》二文,控诉沙俄侵华暴行,而《时事问答》则指斥清政府在面临瓜分惨祸时却一味妥协退让,卖国求荣。

《大祸临门》云:

……前半个月俄国派了许多兵,把我们中国东三省地方通通占去,叫他退兵,他也不退。

那边东三省的百姓,死了无千无万。……各国见俄国不听他的话,因就想道,他们俄国既占了东三省,我们大家何不也学他的法,把这中国当个西瓜,大家各分一块,把中国的百姓杀的杀,赶的赶……

《告诉大众》云:

嗳哟,可怜啊!好个偌大的中国被人家一块一块割下去,好个偌大的四万万英雄好汉,也要给人家做奴才。妇女给外国人奸淫,财产给外国人受用……

同期发表的《时事问答》曰:

……现在的皇帝是怕外国人不过的,外国人说一句话,他都是要依的。京城里的王大臣,城里的州县官,都是依得外国人不能违拗的……

《中国白话报》第2期,1904年1月2日

△ 高旭(剑公)发表诗作《好梦》,表达了自己对空想社会主义的无限向往。

高旭《好梦》诗云:

昨夜有好梦,疑假复疑真:梦入一乐园,景色焕然新。山水绝清妍,草木露精神。原隰相连接,秩然如苹鳞。行行村市间,仿若画中人。目不睹争斗,耳不闻慨呻。共此大欢喜,吉日以良辰。游戏公家园,跳舞自由身。一切悉平等,无富亦无贫。黄金贱如土,况乃铜与银。工场即公产,所得幸福均。有遗路不拾,相爱如天亲。夜卧如开户,亦不设警巡。卅家立一长,原无君与民。人权本天赋,全社罔不遵。天然有法律,绮欤风俗醇。一片太和气,团体乐国春。嬉嬉复皞皞,疑是无怀民。此梦亦复佳,与我倘前因。乐园在何许,思之泪沾巾。

《政艺通报》第2年第23号,1904年1月2日

1月6日(十一月十九日) 陈天华以血书激发湖南士气,要求湘人为抵御俄国侵略,保卫祖国而预备死战。本日《俄事警闻》载文报道陈天华血书在湖南所产生的影响。

《陈天华之血书》谓:

本月[年]四日[月],东京义勇队之起,天华誓不欲生,以力薄不足以鼓动全国,遂欲先夺湖南而誓师,而作《敬告湖南人》一文,读者无不堕泪(曾登之《苏报》)。此次瓜分议起,天华犹感奋,啮指血作书数通,寄示湘人,要求湘人预备死战。书为湖南抚台赵尔巽所见。先是湖南留学生有公电致赵,谓"瓜分约成,湖南属英,宜速备",赵大为感动。迨天华书到之后,全省士气更激昂。赵抚台亲临各学堂,将天华血书宣布,并揭之官报,令各府、县开设武备练习所(亦名体育)。近日师范馆、明德、经正及高等各学堂均已发给枪枝,加习武备,而旧有之武备学堂,功课更为严励。师范馆附有小学堂,当四月拒俄之议起,有十一龄一学生,纠集同学开一演说会,痛诋师范馆学生之无耻、无血性,此次奋勇愈甚。有观其表面者云:散课及上下饭厅皆整队严步,俨然童子军。湖南士气近涉滑靡,而以数次之风潮,竟能鼓动一切,各学堂学生至以武备为性命,即下流社会,亦颇闻风兴起,内中不乏知大义而奋不顾身之人。湖南或者其后亡乎?

《俄事警闻》,1904年1月6日

1月8日(十一月二十一日) 清朝管学大臣张百熙奏请派京师大学堂学生出洋留学。

《张百熙奏派学生赴东西洋各国留学》曰:

窃臣百熙于召对时曾蒙懿训,深以教习乏才为念。当经奏陈京师大学堂宜派学生出洋

分习专门以备教习之选。计自(京师大学堂)开学以来,将及一载,臣等随时体察,益觉资遣学生出洋之举,万不可缓。诚以教育初基,必从培养教员入手,而大学堂教习,尤当储之于早,以资任用。

刘真主编《留学教育——中国留学教育史料》,台湾书店1980年版,第604页

△ 侵藏英军越过唐拉岭,到达吐纳。

1月11日(十一月二十四日)　孙中山为与保皇会争夺华侨群众,扩大革命力量,经洪门前辈钟水养介绍,在檀香山加入洪门组织致公堂,受封"洪棍"之职。

冯自由《美洲致公堂与大同报》曰:

甲辰(一九〇四年)春,孙总理二次渡美,甫至檀香山,即改组其戚程蔚南所设之《檀山新报》(即《隆记日报》)为党报,向保皇会之《新中国报》口诛笔伐,与康徒益生恶感。其母舅杨文纳建议,谓革命党虽与洪门同一宗旨,但洪门习惯非曾歃血拜盟者不得认为手足,故为联络多数同志起见,宜即列籍洪门,以厚党势。总理鉴于首次渡美时未得洪门之助,深以杨说为然。遂由洪门叔父钟水养介绍,毅然加入檀岛致公堂,是日拜盟者六十余人,由主盟员封总理以洪棍之职。洪门职员,例分三级,元帅曰"洪棍",军师曰"纸扇",将官曰"草鞋"。总理领导革命多年,荣膺"洪棍"尊号,自属当之无愧。又洪门例称曾起兵讨清之首领曰"大哥"。故自后洪门人士对于总理,咸以"孙大哥"呼之。

冯自由《革命逸史》初集,中华书局1981年版,第147页

冯自由《孙总理癸卯游美补述》谓:

及总理重莅檀岛,遂浼洪门前辈叔父钟水养向洪门致公堂介绍入闱(洪门称入会曰入闱,编者),致公堂职员中有身跨保皇会籍者,对于总理之加盟,表示反对。钟水养曰:"洪门宗旨,在于反清复明。孙某未入洪门,已实行洪门宗旨多年,此等人应招纳之不暇,何可拒之门外?"反对者不能对,致公堂于是择日为总理演特别开台戏(洪门称拜盟曰演戏)。同时拜盟者六十余人。由主盟员某大佬封总理为"洪棍"。洪门军职,例分洪棍、纸扇、草鞋三级。洪棍,即元帅之别名也。

冯自由《革命逸史》第2集,中华书局1981年版,第101~102页

冯自由《孙眉公事略》曰:

德彰与舅氏杨文纳均以总理从事革命有年,仍以未加入最老革命团体之洪门为憾事,力劝总理从速入闱拜盟,以加强革命同志之合作,总理欣然从之。即凭洪门叔父钟水养之绍介,加入檀岛之致公堂为会员。及抵旧金山,保皇党徒竟勾结美国关员阻其登岸,赖旧金山致公总堂干事黄三德、唐琼昌等仗义代延律师向美政府抗争,始获安然入境。事后人咸佩德彰、文纳之有先见之明焉。

冯自由《革命逸史》第2集,中华书局1981年版,第7页

黄三德《洪门革命史》:

孙文初进洪门,在檀香山,由三德策划,令其加入者也。因为孙文曾到美国,运动华侨作反,华侨不理之,尤其香山人最恶之,所到皆飨以闭门羹,运动无所入。三德乃为策划,由三德先写介绍函,寄到檀香山正埠国安会馆各昆仲,许其加盟。孙文亲在五祖像前发三十六誓,愿遵守洪门二十一条例十条禁。于是洪门封以洪棍之职,孙文欣然接受之。至光绪三十年甲辰,三德又致函檀香山洪门昆仲,请其资助孙文来美国。盖当时八国联军破京师,创巨

痛深，清廷犹不肯真诚改革内政，三德以为非实行武力革命，不足以救国，故引孙文为同调，欲助成之。

陈锡祺主编《孙中山年谱长编》，中华书局1991年版，第303～304页

编者按：孙中山是否是加入的致公堂，学术界存在一定争议。郝平认为孙中山于一九〇四年一月在檀香山参加了洪门会组织致公堂的说法不准确。他在《孙中山革命与美国》一书中指出："在不少有关孙中山的书籍中，都提到孙中山于一九〇四年一月在檀香山参加了洪门会组织致公堂。实际上这一说法是不准确的，因为当时夏威夷的洪门会组织只有一个，就是国安会馆。孙中山当年加入洪门会的记录，至今还完整无缺地保存在檀香山国安会馆的档案中。"（郝平《孙中山革命与美国》，北京大学出版社2000年版，第119～120页）

△ 商部奏准颁行《商会简明章程》二十六条。

《光绪二十九年十一月二十四日商部奏为劝办商会酌拟简明章程折》谓：

窃维泰西向重商学，列为专门。其为商人者，皆以经营贸易之图，视为身心性命之事，用能任重致远，凌驾五洲。日本地处亚东，风气早辟，虽其物产之盛，不逮中国远甚，而商业蒸蒸日上，亦颇足与欧美抗衡。纵览东西诸国，交通互市，殆莫不以商战角胜，驯至富强。而揆厥由来，实皆得力于商会。商会者，所以通商情，保商利，有联络而无倾轧，有信义而无诈虞。各国之能孜孜讲求者，其商务之兴，如操左券。中国历来商务素未讲求，不特官与商隔阂，即商与商亦不相闻问；不特彼业与此业隔阂，即同业之商亦不相闻问。计近数十年间，开辟商埠至三十余处，各国群趋争利，而华商势涣力微，相形见绌，坐使利权旁落，寖成绝大漏卮。故论商务于今日，实与海禁未弛以前情事迥异。

臣等忝膺恩命，亟思振兴商政，上慰宸廑。现在体察情形，力除隔阂，必先使各商有整齐划一之规，而后臣部可以尽保护维持之力，则今日当务之急，非设立商会不为功。夫商会之要义约有二端：一曰剔除内弊，一曰考察外情。……

惟商会之设，其中详细节目，应由各商自行集议，酌定简章，具报臣部查核。至提纲挈领，臣部实总其成。入手之方，端资提倡，臣等公同商酌，谨拟商会简明章程二十六条，缮具清单恭呈御览。如蒙俞允，即由臣部刊刻颁行，并拟劝谕各业之商务较巨者，先在京师创设商会，以开风气之先。至外省各业商人，有能并心一志筹办商会者，应责成该处地方官、俟该商等将会章呈案时即行详报督抚咨部，不得稍有阻遏，以顺商情。

朱寿朋编《光绪朝东华录》第5册，中华书局1958年版，总第5122～5123页

《光绪二十九年清商部奏定商会简明章程二十六条》具体内容如下：

第一款：本部以保护商业、开通商情为一定之宗旨。惟商民散处各省，风尚不同，情形互异。本部势难周知其隐，巨细靡遗，自应提纲挈领，以总其成。至分条系目，则在各省各府设立商会，以为总商之脉络也。

第二款：凡各省各埠，如前经各行众商公立有商业公所及商务公会等名目者，应即遵照规定部章，一律改为商会，以归画一。……

第三款：凡属商务繁富之区，不论系会垣，系城埠，宜设立商务总会。而于商务稍次之地，设立分会，仍就省分隶于商务总会。……其他各省，由此类推。

第四款：商务总会派总理一员、协理一员。分会则派总理一员。应由就地各会董齐集会议，公推熟悉商情、众望素孚者数员，仍由会董会议，或另行公推，或留请续呈任，议决后，禀本部察夺。

第五款：商会董事，应由就地各商家公举为定。……

第六款：公举会董，应以才地资望者为一定之程，如下所列，乃为合格：一、才品：手创商

业,卓著成效,虽或因事曾经讼告,于事理并无不合格者;二、地位:的系行号巨东或经理人,每年贸易往来为一方巨擘者;三、资格:其与该处地方设肆经商已历五年以外,年届三旬者;四、名望:其人为各商推重,居多数者。

第七款:商会总理、协理,有保商振商之责。……

第八款:凡商务盛衰之故,进出口多寡之理,以及有无新出种植制造各商品,总会应按年由总理列表汇报本部,以备考核。……

第九款:各会董既由各商公举,其于商情利弊,自必纤悉能详。……

第十款:商会会议,必须照会议通例章程办理。……

…………

第十三款:分会办事章程与总会同。……

第十四款:商会既就地分设,各处商情不同,各商会总理应就地与各会董议订便宜章程,禀呈本部核夺。总以有裨商务、无背本部定章为断。

第十五款:凡华商遇有纠葛,可赴商会告知总理,定期邀集各董,秉公理论,从众公断。如两造尚不折服,准其具禀地方官核办。

第十六款:华洋商人遇有交涉龃龉,商会应令两造各举公正人一人秉公理处,即酌行剖断。……

…………

第十九款:凡商家定货之合同、房地出入之文契,以及抵押称贷之券据,凡可执以为凭者,均应赴商会注册,将凭单上盖明图记,以昭信实,而杜诳诈欺伪等弊。……

…………

第二十四款:商会之设,责在保商。……

第二十五款:现届开办之初,应先就各省商务最繁次繁之区,设立总会分会。……其南洋各商,以及日本美国各埠华商较多者,亦即一体酌立总会分会。……

第二十六款:凡商人有能独出心裁制造新器,或编辑新书,确系有用,或将中外原有货品改制精良者,均准报明商会考核后,由总理具禀本部,酌量给予专照年限,以杜作伪仿效,而示鼓励。……

《东方杂志》第1卷第1期,"商务",1904年

1月12日(十一月二十五日)　经对俄同志会议决,《俄事警闻》被定为该会机关报,并拟改名《警钟日报》,继续揭露帝国主义侵华罪行,抨击清政府外交政策,旨在警醒国人。

《〈警钟〉招股事略并章程》谓:

侧身北望,天地凄怆,瓜分之祸,至无日矣!

瓜分惨说,喧传累年,列强相持,莫敢发难。俄为戎首,强占东省,诸国纷缘,大劫将至……人有重病而不求医药,必其无病病之心者也;若有人焉,告以死期之将至,则未有不痛心疾首,毁家鬻室,以冀幸而或瘳者矣。然则陆沉之民,不知灾祸之将至,此非斯人之罪,罪在吾侪既知之而无有以告之也。同人痛心于此,乃立对俄同志会,欲以团体之知识,施于事实,以求补救,并撰《警闻》,为道人之木铎。始于十月二十七日,刊登第一号,颇蒙海内迎受,以为有申儆之效。特限于财用,未能遍布,且于要区未置访事,挂一漏万,缺憾滋多,遂以十一月二十五日,经同志会全部之议决,认为同志会之机关报,并议扩张规模,改名《警钟》。兹定招股章程十条如左:

一、本报以抵御外侮、恢复国权为目的。……

二、拟集足资本银十万元……

…………

发起人:陈竞全、林森(涤庵)、钟观光(宪鬯)、王季同(小徐)、吴无病、虞东明(含章)、虞和钦、汪德渊(允宗)、刘光汉(申叔)、黄公民、章士钊(行严)、钟观诰(衡臧)、林獬(少泉)、吴炎汉、马裕藻(幼渔)、马鉴(纪明)、贝寿同(季美)、黄韧之。暂举主计:钟观光。暂举总理:陈竞全。

《俄事警闻》,1904年1月30日

1月13日(十一月二十六日)　保皇会藉保皇之名敛财,有论者在《俄事警闻》上发表文章加以斥责,明确提出以保国取代保皇。

《告保皇会》曰:

呜呼!保皇会诸君!

国危矣!贵会首领素持一定之主义,阳托保皇之名,阴行革命之实。康有为,最先倡民权之人也(梁启超之说);梁启超,著《新民丛报》以鼓吹革命主义之人也。康氏鉴于中国之形势及中国人民之文明程度,谓保皇之名最足以笼络人心,敛聚资财,故虽遭政府之严禁,之屠杀,而千屈万折,仍坚持其主义不变。今□果然不负所望,梁氏美洲之行,聚敛三百余万金以归。善知保皇会之真面目者,佥谓保皇会实行革命之期至矣。

…………

吾侪读西世界之近世史,见美洲独立之檄文,以加税细故,直溯英皇之罪,而斥之为无道之暴君;见法国之《人权宣告书》,谓主权在民,君吏有丝毫侵害人民之自由,则君吏之罪不可赦也。自十九世纪以降,则西世界之"主权在民"一语,几如金科玉律,不可犯矣。吾侪读西世界近数月之报章,知波兰之革命鼓吹书,每年在外国出版者多于十万种,知德意志禁社会党之演说,社会党以水上为警察之权所不及也,乃聚徒于水上演说均贫富之事,听者数万人,裸立水中至五时之久,河水几为之不流。痛哉!吾中国当此时代,而犹有借保皇之名以敛财者!虽然,吾国民之文明程度实使之然,吾侪又何怪于保皇会首领诸君?

保皇会诸君,其勿以敛财之目的已达而自骄也。贵会之对白人,则饰其名曰维新会,而美国人之知贵会之真相者,已评为"自有历史以来未有之奇会"矣。夫以保皇二字,鼓动中国之下等动物,则诚为适当之名词。虽然,卢骚、马克司(社会党巨子)之徒,怀抱改革旧社会之思想者,莫不倡新义以鼓动一世,受大难,冒大险,百折不挠,九死不悔。若夫因循旧俗,侥幸成功,以摹仿谟罕穆德,则所谓画虎不成反类狗也。……

俄攖满洲而窥蒙古,英袭西藏而伺长江,且法营南粤。南粤者,保皇会诸君祖宗之故墟,宗族亲戚之所聚居也。诸君岂无心乎?中国之北部尽失,诸君共能保南粤无恙乎?朝廷不能自保其旧部落,更何能保中国?诸君不思自保其国、其故乡,更何言乎保皇?

……虽然,吾姑不必以主权在民之大义责备诸君,而仅即诸君所揭保皇二字之名号以相绳,则皇之为言,固因国而生者也,国之不保,皇于何有?……诸君有财,当为保祖国捐之,诸君有身命,当为保祖国损之。诸君文明程度之高,比之内地居民既高出数等,且有已成之团体,已聚之资财。诸君!诸君!爱祖国!!爱祖国!!祖国其亡!祖国其不可不保!吾侪于诸君属望最重,爱诸君之心最挚,故以是为诸君告。

《俄事警闻》,1904年1月13日

△ 张之洞会同管学大臣张百熙、荣庆厘订学堂章程,强调立学宗旨以忠孝为本,以中国经史为基,使学生心术一归于纯正,而后藉西学瀹其智识以造就国家通才。

张之洞《厘订学堂章程折》(光绪二十九年十一月二十六日):

臣之洞伏查上年大学堂奏定章程宗旨办法,实已深得要领。惟草创之际,规程、课目不得不稍从简略,以徐待考求增补。至各省初办学堂,管理学务者既难得深通教育理法之人,而学生率皆取诸原业科举之士,未尝经小学堂陶镕而来,不自知学生之本分,故其言论行为不免有轶于范围之外者。此次钦奉谕旨,命臣等将一切章程会商厘订,期于推行无弊,自应详细推求,倍加审慎。数月以来,臣等互相讨论,虚衷商榷,并博考外国各项学堂课程门目,参酌变通,择其宜者用之。其于中国不相宜者缺之,科目名称之不可解者改之,其有过涉繁重者减之。每日讲堂功课,少或四五点钟,多亦不过六点钟。所授之学,排日轮讲,少或四五门,多亦不过六门。皆计日量程以定之,断不苦人以所难。中人之资,但能循序以求,断无兼顾不及之虑。至于立学宗旨,无论何等学堂,均以忠孝为本,以中国经史之学为基。俾学生心术一归于纯正,而后以西学瀹其智识,练其艺能,务期他日成材,各适实用,以仰副国家造就通才、慎防流弊之意。计拟成初等小学堂章程一册、高等小学堂章程一册、中学堂章程一册、高等学堂章程一册、大学堂章程附通儒院章程一册。原章有蒙学堂名目,但章程内所列实即外国初等小学之事。查外国蒙养院,一名幼稚园,兹参酌其意,订为蒙养院章程及家庭教育法一册。此就原订章程所有而增补其缺略者也。办理学堂首重师范,原订师范馆章程系仅就京城情形试办,尚属简略。兹另拟初级师范学堂章程一册,优级师范学堂章程一册,并拟任用教员章程一册,将来京城师范馆应即改照优级师范学堂章程办理。此外如京师仕学馆系属暂设,皆系有职人员,不在各学堂统系之内。原订章程应暂仍其旧,将来体察情形,再为酌定经久章程。至译学馆即方言学堂,前经奏明开办,兹将章程课目一并拟呈,其进士馆系奉特旨,令新进士概入学堂肄业,此与仕学馆意相近,课程与各学堂不同。而仕学馆地狭无可展拓,不得不别设一馆以教之,兹亦酌订章程、课目,别为一册。将来仕学馆或归并进士馆,或照进士馆现订课程改同一律,容随时察酌情形办理。又国民生计莫要于农工商实业。兴办实业学堂有百益而无一弊,最宜注重。兹另拟初等农【工】商实业学堂章程一册,附实业补习普通学堂及艺徒学堂各章程,中等农工商实业学堂章程一册,高等农工商实业学堂章程一册,实业教员讲习所章程一册,实业学堂通则一册。此皆原订章程所未及而别加编订者也。又以中国礼教政俗本与各国不同,而少年初学之士,胸无定识,庞杂浮嚣,在所不免。此时学堂办法,规范不容不肃,稽察不容不严。兹特订立规条,申明禁令,编为各学堂管理通则一册。并将此时开办各项学堂设教之宗旨,立法之要义,总括发明,订为学务纲要一册。各省果能慎选教员学职,按照现订章程认真举办,则民智可开,国力可富,人才可成,决不致别生流弊。至学生毕业考试,升级入学考试,亦经详订专章。中学堂以下及收入高等学堂者,由督抚、学政会同考核。高等学堂应升级者,奏请简放主考,会同督抚、学政考验。京城高等学堂比例办理。京师大学堂奏请简放总裁,会同管学大臣考验,以昭慎重而免冒滥。其奖励录用之法,比照奏准鼓励出洋游学生,于奖给出身之外,复请分别录用,章程亦经详加斟酌,拟有专章。伏候圣明裁定,将来应即分别照章奏明办理。所有一切章程,将来如何应行变通增损之处,其大者仍当奏明办理,小者由管学大臣审定后通行各省照改。谨将学务纲要、各学堂管理通则、毕业学生考试专章、奖励专章暨各项学堂章程,分别缮写成册,并开列章程名目,次序清单,恭呈御览。如蒙俞允,应由管学大臣通行各省一体遵照开办。

国家清史编纂委员会·文献丛刊《张之洞全集》(4),武汉出版社2008年版,第168~169页

△ **管学大臣张百熙、荣庆、张之洞等再度联名上奏，要求递减科举和推广学校。清廷表示赞同，明谕自丙午科开始实行。**

张之洞《请试办递减科举折》（光绪二十九年十一月二十六日）谓：

窃臣之洞本年春间会同直隶督臣袁世凯，具奏科举阻碍学堂详陈得失利弊一折，钦奉朱批，交政务处议奏在案。窃惟奉旨兴办学堂已及两年有余，而至今各省学堂仍未能多设者，经费难筹累之也。公款有限，全赖民间筹捐。然经费所以不能捐集者，由科举未停，天下士林谓朝廷之意并未专重学堂也。然则科举若不变通裁减，则人情不免观望，绅富孰肯筹捐。经费断不能筹，学堂断不能多。入学堂者，恃有科举一途为退步，既不肯专心向学，且不肯恪守学规。况科举文字每多剽窃，学堂功课务在实修。科举止凭一日之短长，学堂必尽累年之研究。科举但取词章，其品谊无从考见。学堂兼重行检，其心术尤可灼知。彼此相衡，难易迥别，人情莫不避难而就易，此已早在圣明昭鉴之中。当此时势阽危，非人莫济，除兴学堂外，更无养才济时之术。若长此因循，坐糜岁月，国事急矣，何以支持。议者或虑停罢科举，专重学堂，则士人竞谈西学，中学将无人肯讲。兹臣等现拟各学堂课程，于中学尤为注重。凡中国向有之经学、史学、文学、理学无不包举靡遗。凡科举之所讲习者，学堂无不优为。学堂之所兼通者，科举皆所未备。是则取材于科举，不如取材于学堂，彰彰明矣。顾或又虑学堂功课虽重积分之法，而分数定自教员，保无以爱憎而意为增损。殊不知学堂功课之优绌，皆系当堂考验，全堂学生及堂内执事人员众目共睹，教员即欲违众徇私，而公论可凭，万难掩饰。臣等尚恐偶有此弊，故于中学堂考试归诸学政主持，督同道府办理。高等学堂毕业，则请简放主考，会同督抚、学政考试。大学堂毕业，则请简放总裁，会同学务大臣考试。并不专凭本学堂所定之分数。如是则中西之学既已兼赅，固不患其偏重。取舍之权仍在试官，更不患其不公。凡科举抡才之法，皆已括诸学堂奖励之中。然则并非废罢科举，实乃将科举、学堂合并为一而已。窃思就事理而论，必须科举立时停罢，学堂办法方有起色，学堂经费方可设筹。惟此时各省学堂尚未能遍设，从前大小各种学堂尚未定有详细完备章程。故已设之学堂，办理未尽合法，学堂品类不齐，或不免间有流弊，其不欲遽议停办科举者，未始非老成持重之见。然使此时一无举动，天下并未见朝廷将来有递减以至停罢之明文，实不足以风示海内士民，用收振兴学堂之效。臣等公同商酌，拟仍查照臣之洞会同袁世凯原奏分科递减之法，吁恳天恩明降谕旨，布告天下，将科举旧章量为变通。从下届丙午科起，每科递减中额三分之一，暂行试办。一面照现定各学堂章程，从师范学堂入手，责成各省实力举行，认真整顿。至第三年壬子科，应减尽时，尚有十年。计其时京外各省开办学堂已过十年以外，人才应已辈出。且科举既停，天下士心专注学堂，筹办经费必立见踊跃。如学堂有办理无效及尚滋流弊者，应由学务大臣随时考核，咨行各该督抚严行覆查，将不得力之学务人员分别参处。庶几学堂日有起色，以期仰副朝廷造就真才实事求是之至意。……合无仰恳宸断，俯赐施行，俾全国臣民确见裁减科举，归重学堂办法，咸晓然于朝廷意向所在。则必人人争自濯磨，相率而入学堂，以求实在有用之学，气象一新，人才自奋，转弱为强，实基于此，大局幸甚。

国家清史编纂委员会·文献丛刊《张之洞全集》(4)，武汉出版社2008年版，第171～172页

《上谕》曰：

方今时事多艰，兴学育才实为当务之急，前经谕令张之洞会同管学大臣，将学堂章程悉心厘订妥议具奏。兹据会奏胪陈各折、片，条分缕晰，立法尚属周备，著即次第推行。其有应行斟酌损益之处，仍著督学大臣会同张之洞随时详核议奏。至所称递减科举及将来毕业学生由督抚、学政并简放考官考试一节，使学堂科举合为一途，系为士皆实学，学皆实用起见，

著自丙午科为始,将乡、会试中额及各省学额按照所陈逐科递减,俟各省学堂一律办齐,确著成效,再将科举学额分别停止,以后均归学堂考取,届时候旨遵行。即著各该督抚赶紧督饬各府、厅、州、县建设学堂,并善为劝导地方逐渐推广,无论官立、民立,皆当恪遵列圣训士之规,谨守范围,端正趋向,不准沾染习气,误入奇邪。一切课程尤在认真讲求,毋得徒事皮毛,有名无实,务期教学相长,成德达材,体用兼赅,以备国家任使,有厚望焉。将此通谕知之。钦此。

国家清史编纂委员会·文献丛刊《张之洞全集》(4),武汉出版社2008年版,第172页

△ 张之洞奏请于京师设立总理学务大臣以领辖全国学务。

张之洞《请专设学务大臣片》(光绪二十九年十一月二十六日):

学务一事,实为今日自强要图,必须全国一律举行,方有大效,关系至为重要,条理又极精详。各国均设有文部大臣,专司其事。凡厘定条章,审察学术,核考功过,皆归其综理。现在整顿京外大小学堂,必须特设专员,方能专心致志,筹办妥协。……臣之洞与诸臣商酌,拟请于京师专设总理学务大臣,以统辖全国学务。……如是则全国之学务与首善之大学,皆各有专责而成效可期矣。

国家清史编纂委员会·文献丛刊《张之洞全集》(4),武汉出版社2008年版,第170页

1月14日(十一月二十七日) 清政府颁布上谕改管学大臣为学务大臣。

《丁未谕》:

改管学大臣为学务大臣。命大学士孙家鼎[鼐]充学务大臣。

朱寿朋编《光绪朝东华录》第5册,中华书局1958年版,总第5129页

1月15日(十一月二十八日) 有论者撰《告立宪党》一文强调先革命后立宪,否则,只能是假立宪,无助于救国。

《告立宪党》谓:

未经一次之破坏而遽言立宪,此五洲百十国所未曾有之历史,而不合于人群进化之公例者也。……自革命之说既昌,而欲用和平手段以济变者莫不曰立宪立宪。……今日之中国又存亡绝续之交也,诸君如以立宪之假面博无识者之欢迎也则已耳。如其坚持立宪主义,则必先施救中国之方法,而后立宪之实行乃有企望耳。

《俄事警闻》,1904年1月15日

1月17日(十二月初一日) 《女子世界》创刊于上海,丁初我任主编。其旨在反对封建礼教,主张男女平等,鼓动和激发妇女投身革命,推翻清政府,建立中华共和国。

金一《〈女子世界〉发刊词》谓:

二十世纪之中国,有文明之花也,婵媛其姿,芬芳其味,瑰玮其质,美妙其心,欧风吹之而不落,美雨袭之而不零,太平洋之潮流漫淫灌溉而适以涵濡滋润助其发达也。玉井之莲,望之而心折;罗浮之海,对之而色变;富士山之樱,见之而将羞死也。然而花不自知其美,乃闭其彩,幽其芬,摧折其蓓蕾。而吾乃焚香缥笔,问花之神,祝花之魂,愿花常好,以为二十世纪女国民。

虽然,二十世纪之中国,亡矣弱矣。半部分之男子,如眠如醉又如死矣,吾何望女子哉!是不然。女子者,国民之母也。欲新中国,必新女子,欲强中国,必强女子,欲文明中国,必先

文明我女子，欲普救中国，必先普救我女子，无可疑也。……自女权不昌，而后民权堕落，国权沦丧，四千万方里，四百兆同胞，乃有今日，絜果兰因，可按而迹也。吾今日为中国计，舍振兴女学，提倡女权之外，其何以哉？谓二十世纪中国之世界女子之世界，亦何不可？

吾今乃正襟危坐，以告我男子曰：自今以后，无轻视女子。女子者，文明之母也。复敛衽屏气以告我女子曰：自今以后，其无自轻视，无纤其足，奴其颜，蓬其心，轻其躯，委身任化，卑之无高论，而当奋起淬厉，以为新国民。藐姑射之山有神人，鹿垢秕糠，陶铸尧舜，女子其知之乎？湘妃之泪足苏虞帝之魂，女娲之炉乃补共工之缺，女子其知之乎？知之其必兴起矣。有舌如莲，有女如仙，女子世界出现于二十世纪最初之年，医吾中国，度有瘳焉！

丁初我的《〈女子世界〉颂词》云：

欲造国家，苟非招复女魂，改铸人格，合无量数之杂驳分子，开洪炉而大冶之，女子其终死，国家其终亡。

《女子世界》第1期，1904年1月17日

1月19日（十二月初三日） 为维护粤汉铁路权益，盛宣怀致电伍廷芳强调中国应要求美国合兴公司恪守合同，反对其将股票售与比利时。后美国公司致电盛宣怀，辩称经士科不过暂行代理，允派美人充当代理人之职，并要求派福开森前往美国，盛应允。

《盛宣怀致伍廷芳电》（光绪二十九年十二月初三日）：

镇东（梁诚）函称：比与美争路权，柏森士拟美、比各分一段办理。弟力持原议，只认美公司。顷镇东电覆，柏难抵制，外部称无权。据葛利云：如柏势孤，须得美人有财力者方能承当。公前谓排吁新东有力，川汉难速成。请公与排吁面商，如得其新公司合办，或能剔开比股，此事半属公与弟原议。乞速商示。

当日又致二电。一电曰：

葛利接斐伦密电：柏森士将让比人。与上年康使来电相背。顷致康电：请即转交美廷，不干预商务。比系交涉，极关国政。望面与康商，如柏力不足，能劝排吁新公司接办，可存体面。

另一电曰：

中土铁路，俄、法居多。粤汉初议，专借美款，实为大局关系。嗣闻比人买票，无异法款；幸公来函电，力主美公司不改。今柏森士忽愿与比合办，非为力绌，即为利诱。若果如此，议者必归咎二人。弟必力持美合同，乞公与康使、排吁速商办。

《美公司致盛宣怀电》（光绪三十年正月二十八日）：

经士科不过暂行代理。将来如有合式美人，可充代理人之职，定必派委。阁下能否即派福开森（H. H. Fergusson）前来？费由本公司出。各事均可调停妥当。

《盛宣怀覆美公司电》（光绪三十年正月二十九日）：

贵公司允派美人充代理人之职，慰甚。必如此，方为合格。福开森允派前来。

宓汝成编《中国近代铁路史资料》第2册，中华书局1963年版，第755～756页

1月20日（十二月初四日） 出使日本大臣杨枢具陈兼管学务情形，奏请派遣留学生赴日本学习陆军教育。

《出使日本大臣杨枢具陈兼管学务情形折》谓：

缘近数年间，各省官费自费生自到东游学者日增月盛，其中循规蹈矩专务学业者固多，

而纵性任情好为横议者亦在所不免,此等学生均应善为开导,使之改良,势不能遽绳以法。盖出洋学生与在内地者不同,遇有事故其法权须操之外人也。然监督平时接待学生亦不可过于谦抑,轻于然诺,诚恐过于谦抑则学生有藐视之意;轻于然诺则学生有非分之求,求之不得,则以小事衍作大题,多方挟制,名为动公愤,其实泄私嫌,怂恿多人聚而生事,迨造至事体难以转圜,不得不告之外人乞为捕治。夫以己之学生竟致乞捕治于外人,未免贻学生之口实,致外人讥评,甚非计也。奴才之意,以为学生不惮劳苦远别家室负笈东游,无非欲学就通才归而致用,为监督者正宜自处若父兄,视之如子弟,时时爱护,事事体恤。其有锐志向学者,则奖劝诱掖之;隳行废学者,则警觉提撕之,务必动以真诚,俾自知感愧。既知感愧,既知敬畏,虽有桀骜不驯之气,亦渐潜消。奴才有见于此,故于学生之到署请谒,必随到随见,无所阻拒,并经亲诣游学生会馆,传集大众演说正宗,大意是劝勉各学生共抱忠爱之忱,勿蹈诐邪之行。其湖广督臣张之洞《奏定约束游学生章程》亦经雇匠刊刷多张,分给各省游学生遵守。奴才间日仍亲率参随等员,轮流到各学校考察各学生课程,各学生如有切己之事应为料理者,亦准其随时面禀,总期上下情谊息息相通,不致分疏势隔互启猜疑。至各学生遇有受人欺侮者,查得实据必为之申理,以故各学生多心悦诚服,迩来甚属安静,并无诪张为幻之事。第念各学生品行之优劣,学业之勤惰,非询之校长教习不能得其底蕴,因与各校长教习时相接洽,而各学生见此情形倍加勤慎。奴才现查各学校共有中国学生一千三百余人,其中学文科者一千一百余人,学武科者二百余人,其数不为不多。然奴才梼昧之见,以为日本陆军经营数十年,成效最著,中国似宜添派学生来东,专送入陆军各学校,以期成就远大,用济时艰。……考日本陆军教育,系以忠君爱国顺服长官为宗旨,并无侈言等由,与政府反对之弊。惟是学陆军者,每岁所费较多于学文科者数倍,非自费生所能备办,似宜以官费培植之,俾资造就。……

《清光绪朝中日交涉史料》卷68,第8～9页,陈学恂等编《中国近代教育史资料汇编·留学教育》,上海教育出版社1991年版,第362～364页

△ 美国驻华使臣康格照会庆亲王,转达美国汉口公司欲修建自汉口至四川省境内铁路要求,外务部回复川汉铁路专集华股自办予以拒绝。

《康格致庆亲王照会》(光绪二十九年十二月初四日):

兹送上美国汉口公司(Hankow & American Syndicate Ltd.)代理人班士(T. W. Barnes)呈文一份,呈请修筑自汉口至四川省境内之铁路。本大臣相应告知,该公司乃美英两国合资经营,委系妥实可靠。请烦查照。

《外务部致康格覆照》(光绪二十九年十二月十四日):

查本部前已奏请川汉铁路应由商部切实招商,专集华股自办,故班士之呈请,本部不能考虑。即请转告班士为荷。

宓汝成编《中国近代铁路史资料》第2册,中华书局1963年版,第1067页

△ 清政府以前此所订华工条约,十年为限,已届期满,通告美国请求修改。

1月22日(十二月初六日)　东三省之祸日亟,女界积极从事救国事业。上海女界发起成立对俄同志女会。

《对俄同志女会广告》云:

本会设于上海大南门外宗孟女学堂内，现已筹集款项，公定章程，所举议长、议员皆为女士。如有女界同志欲入会者，请开姓名、居址函达，以便议事时传单奉请。对俄同志女会启

《俄事警闻》，1904 年 1 月 22 日

△ 四川总督锡良奏请设立川汉铁路公司，后又奏请改派川汉铁路公司官绅总办。

《四川总督锡奏设立川汉铁路公司折》云：

窃奴才本年闰五月在直隶正定府途次，即将拟由川省设立川汉铁路公司以保利权等情，专折奏蒙敕下外务部议覆。该部亦以川省物产充盈，水陆转运，节节阻滞，非修铁路以利转输，恐商务难期畅旺。请俟设立商部后，切实招商专集华股，妥定章程，奏明办理。等因。奴才先于行抵湖北宜昌后，舍舟而陆，藉以查看由鄂入川之路。接篆后，深讶川省百物蕃昌；而民间生计之艰，公家榷厘之绌，皆因商货不畅所致。外人来见，莫不言铁路当修，跃跃欲试。故虽暂候商部颁行定法，不得不思患预防，早为区画。但川汉铁路，其关系之大，不独川省。奴才前折，已经详陈。

入川以来，体察地方情形，深悉民情骚动，士习浮嚣。拳匪虽属就平，而伏莽滋多，动辄借端思逞。倘不自为举办，不惟利权坐失，抑更防护难周。且局外垂涎，相争相妒，徇此拒彼，势必枝节横生。设非自为主张，断不能靖边垂而消衅隙。

正筹议间，适准商部来咨，业经重订《铁路简明章程》二十四条，奏准照办。查各条内，其宗旨在于重国家之魁柄，全华民之利益。其办法则或官商集股请办，或华洋附搭股份，皆须地方官查明，是否公正殷实，尤须督抚查明。此路确于中国商运有所裨益，且于现定章程无所违背者，即咨会该部酌核办理。

川汉轨道，纡回修阻，以及山径之逼仄险峻，咸视芦汉为过之。明知款巨之艰，只以事势危迫，不容缓办。必应设立公司，奏明得旨允行，然后人人知事之必成，无虑旁扰豪夺，俾集款勘路，次第可以措手。奴才现已在川设立川汉铁路公司，遴任署藩司冯煦为督办，并拣会办数人以辅之。悉取物论所归者倡率，乃能有济。一切遵照商部章程，先集华商股本；将来推广，或附搭洋股，或添借洋款，务与新章吻合。随时咨会商部办理。川路关系全局，倘始基不慎，将来跋前疐后，恐有悔之无及者。拟将勘路估工等事，克日兴办，务饬委办各员，实力筹集。期于全路告成，并非空言抵制。以上副朝廷建轨，利国利民之至意。

《东方杂志》第 1 年第 1 期，"交通"，1904 年

是年 12 月 25 日（十一月二十九日），锡良奏请改派川汉铁路公司官绅总办。锡良《改派川汉铁路公司官绅总办片》：

川省奏设川汉铁路总公司，前拟选派官绅总办各一人，奏派刑部郎中乔树枏为绅总办，钦奉朱批："乔树枏现充学务要差，毋庸派往"等因，钦此。兹据阖省绅董等呈请，公举总董在籍翰林院编修胡峻接充。奴才查该编修洞达时政，操履清严，夙为乡望所推重。近因考察轨政出洋，以之派充绅总办，实堪胜任。乔树枏虽在京供职，所有京外集股暨公司考查事宜，应仍派该郎中驻京总理其事，用资赞助而备咨询。至路权之命令所承启，路政之议论所折衷，悉由官总办随同奴才会合绅董综核办理，职任至为重要。原派建昌道赵尔丰出省后，奏明以成都龙茂道沈秉堃代理。该道才闳识练，措理裕如，任事以来，绅民翕服，应即派为官总办，以专责成。以上三员，经奴才考察再四，洵属克膺其选，用敢奏请立案。其一切筹款度工用人行政纲要，奴才自当恪遵谕旨，躬督其成；并随时会商湖广督臣张之洞妥筹迅办，以期早竟厥功。

中国科学院历史所第三所工具书组整理《锡良遗稿》（奏稿），中华书局 1959 年版，第 546 ~ 547 页

1月25日(十二月初九日)　民间人士朱礼琦等人发布启示,拟设立海军公所。

朱礼琦等《设立海军公所启》:

自顷辽东沦陷,警报纷传,莽莽神州,危亡随属。忧世之士,方谋激邦人之志气,发救国之公心,果使人急其国,家怀其愤,风声所播,未始不可以寒强敌之心,而纾国家之难。某等蒿目时艰,忧思愈切,窃欲仿照各国,设立海军公所于金陵。不揣狂愚,谨拟简章若干条,刊录于后,冀以备我南北洋海军人士之训诲。其有表同情于某等者乎?则署名赐教,输金襄助,不能不有望焉。……惟冀本所发达之日,即海军振兴之时。呜呼!云海苍茫,风潮震撼,来日方长,前途各奋,是则某等所同声预祝也。

发起人朱礼琦、黄锦垣、于越贤、唐裕森、杜锡珪、朱天奎、陈文麟、封燮臣、黄家声、胡朝梁谨启。

《俄事警闻》,1904年1月25日

1月26日(十二月初十日)　对俄同志女会提议设立中国红十字会,以积极支持中国抗击俄国侵略。

《对俄同志女会之议案》云:

对俄同志女会,发起后已开会议数次,公举福建郑女士素伊、上海陈女士婉衍、章女士同雪三人为总议长。郑女士独力捐银三千元为会费,于上年十二月初五日又会议于宗孟女学堂,将会中要事,逐条提议。总议长创议宜先设中国赤十字会,诸议长、议员同声赞成。陈婉衍女士将赤十字会一切历史演说一过,诸议长、议员,皆拍手称颂,踊跃欢呼,谓中国一旦有事,愿赴战地云。由诸议长议定应行先办之事五条如左:

一、拟办西文信,布告瑞士等各国。

二、拟仿旅日商人孙淦等故事,布告各督抚及外务部。

三、拟派专员前往日本,与日本赤十字会联络。

四、拟于宗孟女学堂内,添设医学科,聘医学女教习,讲求速成医学。

五、拟先行购办疗伤药备用。

《俄事警闻》,1904年1月26日

同日《俄事警闻》刊发时评《祝对俄同志女会之前途》称赞该会爱国举动,谓:

对俄同志女会为福建郑素伊女士等所创立。于本月初五日公拟议案五条,其大旨谓一旦有事,愿赴战地。当此会未成立也,吾闻美国赤十字会之妇女热心助日,谓一旦日俄开战,拟偕行赴战地救护日本战兵,乃窃为中国妇女愧。今观于此会之议案,其第三条云:拟派专员前赴日本与日本赤十字会联络,而知中国妇女非无爱国之议矣。抑吾国之当东京义勇队□起也,中国妇女之寓日者亦创立共爱会以尽保护战兵之责,阅时既久,而结果无闻。此固国民无恒德使然,亦未始非此会前车之鉴也。吾观中国古代秦俗最悍,妇女知兵,故其诗曰:"修我甲兵,与子偕行。"自此以降,朱夫人却虏于襄阳,秦良玉集军于川蜀,花木兰代父从军,韩夫人援桴克敌,孰非妇人之救国者乎?吾愿今之入此会者日筹发达之方,以扩张其势力,使敌人闻之而惊,心曰妇女尚如此,男子安可违?汉族幸甚!中国幸甚!

《俄事警闻》,1904年1月26日

1月27日(十二月十一日)　郑贯公在香港创办《世界公益报》,公开号召改专制为共和,变满清为皇汉,宣传民主革命思想。

冯自由《〈洪秀全演义〉作者黄世仲》：

是年，郑贯公另创《世界公益报》于香港。世仲特辞退《中国报》席，以助其成。

冯自由《革命逸史》第2集，中华书局1981年版，第42页

麦思源《七十年来之香港报业》：

《世界公益报》创办于光绪二十九年，郑贯公任总编辑，黄鲁逸佐之。其宗旨与《中国日报》同。每日出纸二大张，约可容四号字四万八千字。撰述分庄谐二部，间附以图画。继郑任编辑者，为李大醒、黄世仲、黄耀公等。黄世仲任最久，阅者习诵其文，渐成为偏嗜。世仲殁后，行销顿不如前。

杨光辉等编《中国近代报刊发展概况》，新华出版社1986年版，第216页

冯自由《华侨革命开国史》：

继《中国日报》出版后三年而出版有《世界公益报》焉。是报发刊于癸卯年（民前九年）冬，为《中国报》前记者郑贯公所主编。其资本全出诸耶稣教徒林护、冯活泉、谭民三等，编辑人有李大醒、崔通约、黄世仲、黄伯耀、黄鲁逸等。报中论调略同《中国报》，而色彩不如《中国报》之鲜明，特注重诙谐文字及讽刺图画，于宣传革命，亦甚有力，世称香港革命党报之第二家者是也。贯公为人豪迈不羁，任职半载，以不愿受耶教范围之拘束，即辞职他去。

冯自由《华侨革命开国史》，上海商务印书馆1946年版，第11页

1月28日（十二月十二日）　端方从湖北各学堂选择二十四名学生由监督阎海明率领赴比利时留学。后又奏请派学生赴美、德、俄等国留学。

《兼湖广总督端奏选派学生前赴比国学习实业折》：

中国地大物博，实甲环球，惟于工艺素少讲求，器械未能自制。开矿修路等事，无不雇用洋匠，以致事权旁假，大利难兴。近年朝廷作育人才，振兴实学，历年钦奉谕旨，谆谆以讲求实用为主。比国实业较精，学费较省，诚能多派学生前往肄习。他日学成而归，上足以备任用，下足以裕资生，实于大局不无裨益。臣仅就湖北各学堂学生选得杨荫蕖、吴国良、汪钟岳、罗葆寅、胡秉柯、魏宸组、贺子才、史青、黄大伟、禄崇、姚业经、杨循祖、邓凤池、刘祥云、许熊章、喻毓西、程光鑫、刘荫茀、李光驷、王治辉、胡瑞年、李以祜、陈宽沅、李彪等二十四人，派赴比国学习实业，即令派充德国留学生监督户部外郎阎海明兼充比国游学生监督，带同前往。

《兼湖广总督端奏选派学生续赴德国游学片》：

兹复选得湖北各学堂学生姚家振、文清、周树廉、源发、恩崇、王发科、哲筠、朱和中等八人赴德国游学。

《东方杂志》第1年第1期，1904年

《端方奏派学生前赴美德俄三国游学折》（光绪二十九年）：

臣钦奉明纶，追思前事，谨就湖北各学堂学生中选得锦铨、杨祖谦、李人铎、吴连庆、善明、宾步程、陈箓、以德润等八人，派往德国游学。其陈箓一名，并拟令顺道至法国考究学问。又选得刘庆云、姚臣懿、程毓璘、陶德琨、朱启烈、徐家琛、张继业、杨恩湛、雷以纶、卢静恒等十人，派往美国游学。萧焕烈、夏维松、严式超、刘文彬等四人，派往俄国游学。该学生等志趣远大，于各国语言文字，及各种西学门径已有基绪，使其尽心讲求，不难储当大用。臣于临行接见时，勖以淬励忠爱之忱，深究精微之要，并于其出洋入塾时，派令曾在美国肄业学成而归之候选同知施肇基偕往经理。其英、法两国游学学生，俟派定后再行奏明办理。

北洋洋务局纂辑《约章成案汇览》乙篇第32卷下，华文书局股份有限公司1969年版，第5455～5456页

1月30日(十二月十四日)　孙中山在《檀山新报》发表撰文《驳保皇报》,驳斥陈仪侃知识匮乏,语无伦次,义相矛盾,并结合史实举例说明清政府不可依靠。

冯自由《孙总理之〈驳保皇报〉文》:

总理自希炉返檀后,会务日见起色。时任檀埠督教礼拜堂牧师者为黄旭升,向有志革命,与毛文明有戚谊,总理至是大得其助。李昌、郑金等乃假西人戏院请总理演讲三日,听者异常踊跃,先后得新会员杨锐、曾长福等多人。前时误入保皇会之兴中会员多觉悟来归,保皇党势力因之大受影响。陈仪侃为挽回颓势计,乃日在《新中国报》造作诽语,向革命党挑战。时《隆记报》所聘记者尚未抵檀,总理于是汇集《新中国报》两月来排斥革命之口实,撰一《驳保皇报》文以斥之。

冯自由《革命逸史》第2集,中华书局1981年版,第94～95页

孙中山《驳保皇报书》曰:

阳历十二月二十九日,檀埠保皇报刊有《敬告保皇会同志书》,此书出于该报主笔陈仪侃之手,而托他人之名,欲间接而驳仆日前之书也。书中所载,语无伦次,义相矛盾,可知作者于论理学(Logic)一无所知,于政治学(Political Science)更懵然罔觉。所言事实,多有不符;所引西事,牵强附会。本不欲推求详辨,然其似是而非之理最易惑人,故逐条驳之,以塞毒焰而辟谬论。

彼开口便曰"爱国",试问其所爱之国为大清国乎,抑中华国乎?若所爱之国为大清国,则不当有"今则驱除异族谓之光复"之一语自其口出。若彼所爱之国为中华国,则不应以保皇为爱国之政策。盖保异种而奴中华,非爱国也,实害国也。

彼又曰:"中国之瓜分在于旦夕,外人窥伺,乘间即发。各国指认之地,照会政府不得让与别人"云云。曾亦知瓜分之原因乎?政府无振作也,人民不奋发也。政府若有振作,则强横如俄罗斯,残异[暴]如土耳其,外人不敢侧目也。人民能发奋,则微小如巴拿马,激烈如苏威亚,列强向之承认也。盖今日国际,惟有势力强权,不讲道德仁义也。满清政府今日已矣,要害之区尽失,发祥之地已亡,浸而日削百里,月失数城,终归于尽而已。尚有一线生机之可望者,惟人民之发奋耳。若人心日醒,发奋为雄,大举革命,一起而倒此残腐将死之满清政府,则列国方欲敬我之不暇,尚何有窥伺瓜分之事哉?既识引管子之"作内政以寄军令",何以偏阻汉人行革命而复祖邦?今日之作内政,从何下手?必先驱除客帝复我政权,始能免其今日签一约割山东,明日押一款卖两广也。彼满清政府不特签押约款以割我卖我也,且为外人平靖地方,然后送之也。广东之新安县、广州湾已然之事也,倘无满清之政府为之助桀为虐,吾民犹得便宜行事,可以拼一死殉吾之桑梓。彼外国知吾民之不易与,不能垂手而得吾尺寸之地,则彼虽贪欲无厌,犹有戒心也。今有满清政府为之鹰犬,则彼外国者欲取我土地,有予取予携之便矣。故欲免瓜分,非先倒满洲政府,别无挽救之法也。乃彼书生之见,畏葸存心,不识时势,不达事体,动辄恐逢人之怒。不知我愈畏缩,则彼愈窥伺;我能发奋,则彼反敬畏。岂有逢人之怒之理哉?如其不信,吾请陈仪侃日日向外人叩头,日日向外人乞怜,试能止外人之不照会清朝以索地否?清国帝后今日日媚外人矣,日日宴会公使及其夫人矣;媚外人之中又与俄国为最亲昵矣,然而据其发祥之地者则俄也。不逢人之怒,莫过于今日之清帝后,以仪侃之见解,则必能免于瓜分矣,信乎,否乎?

既知中华亡国二百六十年矣,不图恢复,犹竭力以阻人之言恢复、言革命,是诚何心哉?彼固甘心以殉清朝之节,清亡与亡,清奴与奴,洵大清之忠臣义士矣,其如汉族何?而犹嚣嚣然执"毋宁"二字以骂人为白奴,是真强辞夺理矣。

彼曰:“革命之说,原本大《易》。”又曰:“中国固始终不能免于革命。”其言是矣,乃何以又曰“中国今民智为萌芽时代”?夫大《易》者,中国最古之书。孔子系辞,称汤武革命,顺乎天也。岂由汤武至于今,经二十余朝之革命,而犹得谓之萌芽时代耶?

其所引法国三大革命曰:“经卢骚、达尔文、福禄特尔诸大哲提倡建设。”而不知达尔文乃英人,当法国第一次革命之时,彼尚未出世;当第二次革命之时,彼尚未成学;当第三次革命之时,彼尚未闻名于世。其第一次之著作名曰《生物本源》,出版在一千八百五十九年。当时英国博物家尚多非其说之不经,迨十余年后始见重于英之学者,又十余年后始见称于世人。今该主笔特大书曰:“达尔文有与提倡法国三次革命之功。”彼所指之达尔文,或是达尔文之前身乎?想该主笔必精通三世书矣,否则何以知之耶?又云:“法国死于革命者一千二百万人。”该主笔常讥吾人之革命不起于京师,想亦熟闻法国之三大革命皆发于巴黎矣。而巴黎之外,无死于革命者。试问巴黎当时人口几何,作者知之乎?且巴黎虽经三次之革命,而未遇扬州十日之事,无广州洗城之惨。就使巴黎全城之民皆死于革命,三次计之,亦不足此数。毋乃该主笔以一人转轮数十次计之乎?若此,则非吾所敢知。

彼既曰:“革命之结果,为民主政体也。”胡又曰:“有建设者谓之有意识之破坏,无建设者谓之无意识之破坏,彼等是否建设,吾不敢知”云云。夫革命【者】,破坏也;民主政体者,建设也。既明明于革命之先,定为民主政体矣,非意识如[为]何?曰“政”曰“体”,非建设如[为]何?该主笔以一手之笔,一时之言,其矛盾有如是,斯亦奇矣!

彼又尝谓中国人无自由民权之性质,仆曾力斥其谬,引中国乡族之自治,如自行断讼、自行保卫、自行教育、自行修理道路等事,虽不及今日西政之美,然可证中国人禀有民权之性质也。又中国人民向来不受政府之干涉,来往自如,出入不问;婚姻生死,不报于官;户口门牌,鲜注于册;甚至两邻械斗,为所欲为:此本于自由之性质也。彼则反唇相稽曰:“此种野蛮之自由,非文明之自由也。”此又何待彼言?仆既云性质矣,夫天生自然谓之“性”,纯朴不文谓之“质”;有野蛮之自由,则便有自由之性质也,何得谓无?夫性质与事体异,发现于外谓之“事体”,禀赋于中谓之“性质”;中国民权自由之事体,未及西国之有条不紊,界限轶[秩]然,然何得谓之无自由民权之性质乎?惟中国今日富于此野蛮之自由,则他日容易变为文明之自由。倘无此性质,何由而变?是犹琢玉,必其石具有玉质,乃能琢之成玉器,若无其质,虽琢无成也。

彼又曰:“中国人富于服从权势之性质,而非富于服从法律之性质。”试问无权势可以行法律乎?今如檀岛,若政府无权势以拘禁处罚于犯法之人,其法律尚成为法律乎?夫法律者,治之体也,权势者,治之用也,体用相因,不相判也。今该主笔强别服从法律与服从权势而为二事,是可知彼于政治之学毫无所知也!

彼又曰:“立宪者,过渡之时代也;共和者,最后之结果也。”此又可见彼不知立宪为何物,而牵强附会也。夫立宪者,西语曰 Constitution,乃一定不易之常经,非革命不能改也。过渡者,西语曰 Transition,乃变更之谓也。此二名辞皆从西文译出,中国无此成语也。该主笔强不知以为知,而妄曰 Constitution 乃 Transition 时代,一何可笑也。推彼之意,必当先经立宪君主,而后可成立宪民主,乃合进化之次序也。而不知天下之事,其为破天荒者则然耳,若世间已有其事,且行之已收大效者,则我可以取法而为后来居上也。试观中国向未有火车,近日始兴建,皆取最新之式者。若照彼之意,则中国今日为火车萌芽之时代,当用英美数十年前之旧物,然后渐渐更换新物,至最终之结果乃可用今日之新式火车,方合进化之次序也。世上有如是之理乎?人间有如是之愚乎?今彼以君主立宪为过渡之时代,以民主立宪为最终之结果,是要行二次之破坏,而始得至于民主之域也。以其行二次,何如行一次之为便耶?夫破坏者,非得已之事也,一次已嫌其多矣,又何必故意以行二次?夫今日专制之时代也,必先破坏此专制,乃得行君主或民主之立宪也。既有力以破坏之,则君主民主随我所择。如过渡焉,以其滞手[乎]中流,何不一掉[棹]而登彼岸,为一劳永逸之计也。使该主笔若不知民主为最终之结果,其倡君主立宪犹可说也;乃彼既知为美政,而又认为最终之结果,胡为如此矫强支离,多端辩难也?得毋以此事虽善,诚为救中国之良剂,但其始不倡于吾师,其终亦不成于吾手,天下上等之事必不让他人为之,故必竭力阻止,以致不成而后已,是重私心而忘公义也。

彼又曰:"会外人何以图羊城、谋惠州,而利用洪门之势力?"不知革命与洪门,志同道合,声应气求,合力举义,责有应尽,非同利用,如彼等欲暗改洪门之宗旨,而令洪门之人以助其保救大清皇帝也。

又仆前书指以满洲之野番,尚能享皇帝之权,而彼则曰"岂不见各国宪法"云云。仆所指乃当今清国专制之皇权,而彼引各国宪法以答,真强为比例,拟于不伦矣!

彼又曰:"所谓保皇者,自我保之,主权在我,非彼保我也,不得为满奴"云云。此真梦梦也。今光绪皇帝俨然在北京,日日诏见臣工,日日宴会公使,有时游颐和园,有时看西洋戏,何尝受彼之保?其言之离事实,何相远之甚也!

彼又曰:"今则驱除异族,谓之光复旧物,不得谓之革命。"此拾人之唾余,知其一不知其二者也。其书中最得力者,为托某氏之言曰:"弟前十年故为彼会中人,今已改入保皇会矣"云云。其是否属实,姑毋容辨,但据其所述誓词,则知彼非门外汉,亦升堂而索入于室也。不然岂有下乔木而入幽谷者哉?不观其他之入保皇会者乎,多以保皇为借名而误入者也。

该主笔又从而引申其说曰:"蒙古与满洲且不辨"云云。仆等虽目不识丁,而地舆之学,敢信尚不至此。惟见彼有"蒙满东三省诸地在俄人势力范围"云云,蒙者蒙古也,满者满洲也,岂于蒙满之外更有一东三省乎?该主笔自称深通于五洲大势,何以于彼大清国之形势,尚有此言也?可知其平日荒唐谬妄,强不知以为知,夜郎自大,目上无人,真不值识者一哂。

仆非文士,本不欲与八股书生争一日之长,兴笔墨之战;但以彼无根之学,以讹传讹,惑世诬民,遗害非浅,故不得已而驳斥之。倘彼具有天良,当知惭愧,早自悔悟,毋再现其丑也。又其人存心刻忍,观其所论《苏报》之案,落井下石,大有幸灾乐祸之心,毫无拯溺扶危之念,与保皇会友日前打电求救之意亦大相反背。其手段之酷,心地之毒,门户之见,胸度之狭,于此可见一斑。今特揭而出之,以质诸世之公论者。

广东社会科学院历史研究室等合编《孙中山全集》第1卷,中华书局1981年版,第233~238页

△ 湖北汉川留日学生梁耀汉在东京与留日诸同志组织成立义勇铁血团,欲归国抗俄。后回国探悉义勇铁血团回国同人难以履行原订计划,遂愤而投笔从戎。

梁钟汉《我参加革命的经过》:

光绪甲辰(一九〇四年),日俄战争发生,以中国的领土,作两军战区,清朝昏阇懦弱,不仅不敢干预,反要严守中立。我认为奇耻大辱,绕室彷徨。六弟耀汉在东京与留日诸同志组织"义勇铁血团",计划各回原籍,分途进行革命。我得信之下,喜跃万分。迨耀汉回原籍以后,探听"义勇铁血团"回国同人,皆因各谋私事,不能履行原订计划。二三有志者又苦于孤掌难鸣。耀汉愤激流涕对我说道:"时至今日,不但求与共事者难,即可与共言者亦不易得。

计惟投笔从戎,自身实地做去,天下事或有可为。”四兄琴堂以其为膏梁子弟,不能耐军队劳苦,力阻其行。耀汉曰:“四兄错看了,要知汉人多一个当兵的,满人就少一个当兵的,汉人多一人拿枪,满人就少一个人拿枪。将来革命成功易,战斗少。”此议既倡,投笔从戎者,陆续不绝。

中国政协湖北省文史资料委员会编《辛亥首义回忆录》第2辑,湖北人民出版社1957年版,第5页

1月31日(十二月十五日)　刘光汉(师培)发表歌谣《昆仑吟》,叙述中国数千年兴衰史,阐明《春秋》“内夏外夷”大义是中华民族自立、强盛的重要精神支柱。

白话道人(林獬)《昆仑吟·识语》:

余既从事于《中国白话报》,乃征歌谣于刘子申叔。申叔为撰《昆仑吟》,起草凡二小时而罢。是一部二十二史,是一部民族志,其富于历史之知识、种族之思想,字字有根据,而复寓论断于叙事中。吾恐大索吾国中求一如刘子者不可得矣。浅学小生,妄逞口说,翻检一二载籍,三数报纸,腼然谈种族,论改革,以刘子之眼视之,迨野马尘埃欤!

刘光汉(师培)《昆仑吟》:

茫茫北阙妖气缠,建州女真疆土偏,鸡林鞊鞨自古传。辫发负笠,冠裳斑斓。鼙鼓振渔阳,杀人莫敢前,江南佳丽区,千里无炊烟。建牙冀城,转粟河干。胡笳悲鸣,战血朱殷,楚水含垢,秦山蒙冤。神州陆沉古人叹,遗民避地无桃源。况复欧人谋东渐,九洲[州]异说征邹衍。烟涛浩渺谈瀛寰,海滨通市何尘喧!兼弱攻昧肆并吞,沉沉大陆三千年。连城璧已去,无复商放还。瓜分惨祸眉睫间,能毋流涕伤汍澜!

《中国白话报》第4期,1904年1月31日

1月　孙中山在檀香山组织中华革命军。

苏德用《国父运动在檀岛》:

希炉侨情既转,局面为之开朗。一九〇四年,国父乃创立中国革命军于檀岛温逸街(Vmeyard St.)四大都会馆三楼,晚间任侨胞报名入会,并为之主盟,其誓词与希炉者同。据郑照称:此时国父住在Kauluvela Lane一四七三号郑宅。此宅尚存,今为白种人管业。同巷一九四一号为兴中会会员叶桂芳之家;又云,其兄郑金与国父为莫逆之交,国父肄业意奥兰尼学校时,常于周末返回Christley Lane一四六号郑宅,郑母邬太夫人常为其浣裳补衣,爱护异常,郑母享寿至百零六岁,于年前谢世;国父又与郑孟实友善,即檀香山名律师谢惠源之父。国父旅檀半载,为结纳志士,交游甚广,并常偕郑金郑照兄弟至问拿基街(Maunakea St.)阮德餐馆(即今邓变荣同志所设之同堂原址)宵夜,喜食鱼生粥加牛百叶(即牛肚),而不喜鲍鱼鸡粥。时有余揖者亦常至该餐馆宵夜,诋国父要做王帝;国父斥之曰:“余舍身毁家者,乃为革命,救国救民,不甘为满奴耳,我岂是要做王帝?”余揖为之语塞,侨胞闻之,群皆翕服,由是入盟者,达千人。

蒋永敬编《华侨开国革命史》,正中书局1977年版,第78~79页

△ 孙中山发行军需债券,收效不大。

苏德用《国父运动在檀岛》:

国父在檀除致力于宣传,扫除保皇余毒外,并于一九〇四年发行一种军需债券。以资筹募革命款项。券面有青天白日旗图案,票额为银洋十元,并印有“此券实收到美金一元,本军

成立之日,见券即还本息拾圆”字样,国父用英文签署,原券长七英吋,阔三英吋七五,其形式较今日之美钞稍大。发行之始,同志虽甚热心,但梁启超为保皇会捐款不久,搜括甚剧,侨胞经济,原非富裕,至此颇受影向,募捐结果仅得二千余元。

蒋永敬编《华侨开国革命史》,正中书局 1977 年版,第 79 页

△ 刘光汉(师培)撰成《攘书》十六篇,藉考述中国各民族起源、姓氏、同化故实以倡导攘除夷狄,即从大汉族主义出发,反对满族贵族的统治,积极倡导革命。

刘师培《攘书·攘书目录》:

“攘”,《说文》云“推”也,段注以为即“退让”之义。吾谓“攘”字从襄得声,辟土怀远为襄字,即为攘夷之攘,今《攘书》之义取此。《华夏篇》、《夷裔篇》、《夷种篇》、《苗黎篇》、《胡史篇》、《溯姓篇》、《渎姓篇》、《辨姓篇》、《变夏篇》、《鬻道篇》、《帝洪篇》、《罪纲篇》、《史职篇》、《周易篇》、《孔老篇》、《正名篇》。

《刘申叔先生遗书》第 18 册,宁武南氏 1936 年版,第 1 页

《攘书》出版广告:

空前杰著。欧洲大革命之起,必赖三四文豪以鼓吹之。文豪之所鼓吹,盖即古学复兴时代也。不历此阶级,则人人无保存国粹之心,而举凡所谓爱国保种皆虚语矣。夫国且不知爱,于何有种,且不辨保奚之云!是书为吾国大汉学家仪征刘光汉所著……发国人类族辨物之凡,取《春秋》内夏外夷之例,考文征献,核诂明经,发思古之幽思,铸最新之理想,置之四千年古籍中,当占一席。即置之东西鸿哲诸册子中,亦不愧为伟著矣。上卷业已出书,凡我国民有欲饮革命之源泉而造二十世纪之新中国者,不可不人手一编也。上卷四万余言,洋装美制。定价大洋四角,上海各书坊均有寄售。

《警钟日报》,1904 年 4 月 12 ~ 15 日

△ 严复译《社会通诠》一书由商务印书馆首次出版。

△ 经奏准后,官办四川省川汉铁路总公司在成都岳府街正式成立,明确宣布不募外债,不招洋股。后来,法、美、英等相继要求承揽筑路借款等事宜,总公司明确予以拒绝。

锡良《奏设川汉铁路公司折》(光绪二十九年闰五月十四日):

四川天府奥区,物产殷富,只以艰于转运,百货不能畅通。外人久已垂涎,群思揽办;中人亦多假名集股,而暗勾外人,计取强求,百端纷扰。若不及早主张,官设公司,招集华股,自保利权,迟之日久,势不容已,或息借洋款,或许人兴修,必至喧宾夺主,退处无权;尤恐各国因此稍启争端,转多饶舌。况川省西通卫、藏,南接滇、黔,高踞长江上游,傥路权属之他人,藩篱尽撤,且将建瓴而下,沿江数省,顿失险要;是川汉铁路关系川省犹小,关系全局实大,为今之计,非速筹自办不可。

中国科学院历史所第三所工具书组整理《锡良遗稿》(奏稿),中华书局 1959 年版,第 339 页

隗瀛涛《川督锡良奏设官办川路公司》:

(一九〇三年,编者)六月,锡良由热河都统调任四川总督。七月八日,锡良在人民的舆论压力下,赴任至正定途次,根据他在北京与湖广总督张之洞商议的意见,奏请“自设川汉铁路公司,以辟利源而保主权”。清帝令外务部议奏。外务部奏复同意。一九〇三年九月九日,锡良抵成都接署督篆后,经过一番筹备,于一九〇四年一月在成都岳府街设立了官办川

汉铁路总公司。

隗瀛涛《四川保路运动史》，四川人民出版社 1981 年版，第 159 页

吴玉章《辛亥革命》：

川汉铁路原来是四川民众为了反对西方国家的侵略而倡议兴筑的。他们发起用“租股”的办法来筹集资本，“按租出谷，百分取三”。因此，全川六七千万人民，不论贫富，对民办铁路都发生了经济上的联系。

吴玉章《辛亥革命》，人民出版社 1961 年版，第 20 页

后来法国驻重庆领事照会四川总督锡良欲延揽川路相关事宜。《法驻重庆领事致川督照会》（光绪三十年五月初六日）：

窃查川汉铁路总公司核议详复，并蒙照会在案。惟其中词意，敝领事未能清晰，故特于华四月二十日往贵公司面谈各节，当承冯督办力任自办，面允不许外人，并嘱敝领事一切放心。可见督办本有权衡，故能自任若此。当时敝领事亦甚心感，故随即与贵督部堂往返照会，及晤冯督办面允一切，并照会贵公司各节，电禀敝国公使转达贵国外务部存查作据。至华五月初三日，案准川汉铁路总公司照请：本公司一切事宜，均系本督办、会办等禀承督部堂核示办理，非本督办所能专主等语。其意旨颇涉含糊。查筹议商务，敝领事是其专责。故于此事不厌反复筹商，推诚相告者，诚非为敝国计，实于贵国甚有裨益。不意贵公司之督办，前后言与文不相符，且复影射支离，似非睦邻之道。其照会又称：敝领事以为不聘外员，系属误会之语。诚属不谬。何也？前贵督部堂于华四月十三日照复内称：此路系奏定川汉自办之路，现已由本公司据派通晓工程之员，赴沪考查轨路，一面先派廉干耐劳之员，分赴川东一带测量。俟将来各员返省禀明何者合宜，参酌情形，分别办理等语。则敝领事前此之误会，直至得贵公司指示，而始恍然悟也。从此敝领事有所率循，实为铭感。但究竟铁路公司系贵督部堂主政，抑系贵公司主政，请即明白赐复。

《驻重庆法领事安致四川总督锡包揽川路照会》（光绪三十年六月）：

为照会事：照得敝领事前闻奏设川汉铁路，不胜钦佩！嗣后又承贵部堂询及敝领事，是以关切在心；嗣又闻招股劝路筹款诸事，概由公司自办。敝领事亦未便与闻。乃今闻率仍旧章，实属妥善。敝领事将信将疑。适又接奉本国驻京公使电开：“华利公司刻在贵国外务部商定《招股勘路代办合同》，将次就绪”。足见果有其事，不能不预为知会。

查招股筹款，固属不易。虽系他国承认，而法国款项居多，与其转移周折，其中扣费不免；何若彼此相商，似无隔阂，似觉直当。勘路工程办理等项，概聘各国人员查勘。与其重费聘请来川，情形不熟，何若就近聘请，似较便宜。敝领事现查云南、沪、汉等路初起公司，均系法国创设，迄今聘用法员不少。诸征妥善，有凭可查。

况敝国华利公司业在北京定立《川汉铁路招股勘路办理合同》，该公司已代集有各银行法款三十八万万佛郎，应请各员，随时商定，均系按照沪、汉铁路条约之“利[例]”相符，实与贵国及敝国彼此两有裨益。

敝领事因公务有济，不敢稍存私见。又承贵督部堂交睦优隆，不得不预为通知，以便贵督部堂转行该公司知照，庶免临时周章，请烦查照！

8 月 15 日（光绪三十年七月五日）川汉铁路公司回复法领事照会，声明川汉铁路自办。《川汉公司复驻重庆法领事照会》（光绪三十年七月）：

为照覆事：

案准贵领事来照，……接读之余，不胜诧异！

本公司此次经营川汉铁路,一切均系自办,尚无须借助于人;即将来万一改议,彼时亦当体察情形,斟酌办理。故前次与贵领事面谈,力任自办。所谓自办者,就川省办川省之事而言,非遇事不禀承督部堂而自行专主也……

总之,敝国与贵国交谊素隆,贵领事又为本督办所景佩,故年来彼此会晤,毫无隔阂;而于应得知会之事,无不明白布告。正所以敦固睦谊……

来照又云转达贵国公使,知会贵国公司出来合办一层,本公司既以自办为主义,合办之说,应毋庸议,用再声明。

后来驻重庆法国领事回复川汉铁路公司深表不满。《驻重庆法领事致川汉铁路公司复照》(光绪三十年七月):

案准贵公司照开:本公司经营川汉铁路,一切均系自办,无须借助于人等由。准此,是贵督办力任自办,与前此面谈毫不相背。本领事曷胜佩服。随即将来文自办主义,电禀敝国钦使存案,以作左证。何后又忽云将来万一改议,是又故作含糊,为将来欺藐敝国地步,实属有失邦交。复又云动以笔墨相诘辨,以后虽有应商之件,亦不便奉商。岂非贵公司与敝国绝交之明证耶?即将来如何结局,不论贵督办升迁何省,本领事亦电知敝国钦使,惟贵督办是问。本领事亦不愿与贵督办以笔墨相诘辨,因贵督办所谈与来文不符,不能不屡次照会存案。本领事不能如贵督办之言与行违也。

宓汝成编《中国近代铁路史资料》第2册,中华书局1963年版,第1069～1071页

7月6日(五月二十三日),《康格致庆亲王照会》(光绪三十年五月二十三日):

兹送上中国兴业投资公司代理人柏许(A. W. Bash)函一封,内称:如果四川总督不能如数筹集中国资本修筑自成都至汉口铁路,该公司愿借款与修此路。望祈备案。本大臣襄助此议遘。

7月18日(光绪三十年六月初六日),《外务部覆康格照会》:

查四川总督现正设立公司,招集华股,筹集兴修川汉铁路,决定不借洋款。但将来若华股筹集不足,或拟息借洋款,则届时当照去年六月致贵大臣照会中所述办法,向英、美两国公司商借。至于所称中国兴业投资公司之呈请,目前不能允准。望贵大臣谕示该公司为荷。

7月21日(光绪三十年六月初九日),《康格致庆亲王照会》:

查天津报载消息——谓系译自中国官报——言四川总督接到驻重庆法领事照会,内称驻京法公使电告以法国资本家现正与外务部磋商,欲借款修筑并经营自成都至汉口铁路。兹附上报载消息,祈示是否确实。如果实有其事,则本大臣相应提及,去岁及日前贵亲王曾应允本大臣,如此路借洋款时,应先向美国及英国资本家商借。望祈查照是荷。

7月26日(光绪三十年六月十四日),《外务部致康格覆照》:

接准贵大臣照会文开:阅西文报载消息——谓系译自中国官报——言四川总督接到驻重庆法领事照会,内称驻京法公使电告以法国资本家现正与外务部磋商,欲借款修筑自成都至汉口铁路,磋商即将完成。……关于所言各节,本大臣相应照覆,西文报载消息,全非事实。果属事实,自当奉告。

宓汝成编《中国近代铁路史资料》第2册,中华书局1963年版,第1067～1068页

9月21日(八月十二日),《英使萨道义致外务部照会》:

接准贵部文开,当经本大臣电达本国政府去后。兹奉复电,知已设立中国公司修筑川汉铁路,并重庆至成都之路为川汉干路之一段。该公司如不能筹集全股开办,则贵政府必应照去年贵大臣与署人臣所商,即本大臣七月二十四日及贵亲王八月初六日往返两函内之立案

办法，将所需之外国资本，皆在英、美两国借用等因，合行备文照复。

宓汝成编《中国近代铁路史资料》第2册，中华书局1963年版，第1066页

△ 张之洞在湖北推行新政，编练新军，诸多士人遂纷纷投入新军。

温楚珩《辛亥革命实践记》：

其时改良[洋务]派张之洞总督湖广，想借力行新政，以缓和革命潮流。于是广设学校，创办工厂，派遣学生赴日本学习陆军及各种技术，又奏请十年为期，将绿营巡防等腐化军队裁汰干净。先由总督衙门直接训练护军三营，聘德人为教官，施以新式操法，此即湖北陆军发展之起点；以后逐渐扩充，编成两镇。清廷只准成立一镇、一协，不愿外省疆吏拥有重兵，以为有此新建新军，已足镇压国内革命，殊不知建立新军正予革命以有利条件。招募新军士兵标准，要以能识字为原则，文理粗通者更好。时清廷已废科举制度，代以新式学校。一般乡村农家子弟，既不能再在私塾读书，又无力进入新式学校，更无土地可耕，于是纷纷投入新军。除本省各县外，以湘、豫两省为多，秀才当兵，已成普遍现象。

中国政协湖北省文史资料委员会编《辛亥首义回忆录》第1辑，湖北人民出版社1979年版，第50页

江炳灵《座谈辛亥首义》：

我是一九〇四年（光绪三十年）来到武昌的。这时科举已停，一般知识分子不能不另谋出路。家庭环境好的出国留学（日本最多），其次就地投考学校，没有钱的就投入新军当兵。新军招收读书识字的人已经成为一种风气。

中国政协湖北省文史资料委员会编《辛亥首义回忆录》第1辑，湖北人民出版社1979年版，第2～3页

陈孝芬《辛亥武昌首义回忆》：

自一九〇三年（光绪二十九年）废了科举以后，一般读书的分子只得另谋各人的出路，于是有出洋留学的，有到省城住学校的，而多数贫寒子弟则投入新军。我是一九〇五年（光绪三十一年）在黄陂应募入伍的。那次募兵结果，九十六人中就有十二个廪生，二十四个秀才。马队第十一标是这样，陆军第八镇和陆军第二十一混成协所属步、马、炮、工、辎五种部队，都有不少的读书分子入伍。

中国政协湖北省文史资料委员会编《辛亥首义回忆录》第1辑，湖北人民出版社1979年版，第70页

2月4日（十二月十九日） 日本御前会议决定对俄开战。

2月5日（十二月二十日） 日本外务大臣小村寿太郎电令日驻俄公使粟野慎一郎，对俄国政府致送最后通牒，并宣布断绝外交关系。

《通牒》内容如下：

日本国皇帝陛下之特命全权公使，遵本国政府驯令，对于俄国皇帝陛下之外务大臣阁下为左列之通牒：日本国皇帝陛下之政府，以韩国之独立及领土完整与自国之康宁与安全有绝大之关系，故不问如何行为，苟有使韩国地位不安者，帝国政府不能默视。

俄国政府对于日本关于韩国之提案坚决拒绝，并提出究难妥协之修正案，惟帝国政府认其提案，实为于确保韩国独立，并拥护帝国在该半岛之优越利益上紧要不可缺者。又俄国对于与清国所订条约及在满洲地方有利益之诸国虽曾累次予以保障，但依然继续占领该地，并坚决拒绝相约尊重保全已被侵之满洲领土，遂令帝国政府为自卫计，不得已而考虑其应采之手段。俄国屡次迁延其回答，实无可以令人了解之理由，且已从事与和平目的万难调和之军

事行动。至帝国政府与俄国交涉时，实已十分忍耐，其忍耐程度足以证明帝国尚实希望除去两国政府关系上将来或致发生误解之一切原因。

帝国政府尽力之结果，现已领会，凡帝国政府所提稳当无私之提案或确立远东巩固恒久和平之其他任何提案，皆难望得俄国政府之同意。故现下已属徒劳之谈判，除断绝外，别无可择之途径。帝国政府既采用该项途径，同时为巩固其已被侵害之地位且防卫之，并为拥护帝国之既得权及正当利益计，保留其采用认为最善之独立行动之权利。

《东亚关系特种条约汇纂》，第969页，陈博文《中俄关系史》，上海商务印书馆1928年版，第230～231页

同时并命日驻俄公使将以下公文交与俄国政府：

日本国皇帝陛下之特命全权公使，遵本国政府驯令，通告俄国皇帝陛下之外务大臣阁下：日本帝国政府为除去可使日俄关系将来发生纠纷之各种原因计，曾用尽各种和协之手段，竟无效果。帝国政府为远东巩固而恒久之和平，所提正当无私之提案，既未蒙俄国予以应得之考虑，则日俄之外交关系，今已无有价值。是以日本帝国政府业经决定断绝外交关系。

本使兹并通告阁下，依本国政府之命，拟以某日率领帝国公使馆馆员离开俄京。

《东亚关系特种条约汇纂》，第970页，陈博文《中俄关系史》，上海商务印书馆1928年版，第231页

2月6日（十二月二十一日）　日驻俄公使栗野慎一郎将对俄国政府致送最后通牒及宣布断绝外交关系的公文交与拉姆斯独夫，日俄在中国东北的日俄战争正式开始。是月7、8日日本海军突袭仁川和旅顺口的俄国舰队。是月10日日俄两方正式宣战。

陈博文《中俄关系史》：

六日，栗野将以上两公文交与拉姆斯独夫，十日率同使馆人员下旗回国。日本既于二月六日致送其最后通牒，海军即开始行动。七日捕获俄罗斯号于仁川，八日袭击俄国舰队于旅顺，战争之幕，于以揭开。

陈博文《中俄关系史》，上海商务印书馆1928年版，第231页

2月8日（十二月二十三日），尼古拉二世召集特别会议，讨论对日作战问题。会议结束后，尼古拉二世立即电令远东总督阿列克谢耶夫。其文曰：

最好让日本人，而不是由我们，开始军事行动。因此，如果他们不开始针对我们的军事行动，你一定不要采取任何措施来反对他们在朝鲜南部或在一直到元山为止的〈朝鲜〉东海岸登陆。但是如果他们的战舰，不论载有或未载有登陆部队，在朝鲜的西海岸越过了北纬39°以北，那你就不必等他们开第一枪即可发动进攻。我信赖你的忠诚，上帝保佑你。

〔美〕安德鲁·马洛泽莫夫《俄国的远东政策》，中译本，商务印书馆1977年版，第275页

2月10日（十二月二十三日），日皇下诏宣战。其诏曰：

保有天佑践万世一系之皇祚大日本国皇帝，示汝忠实勇武之有众：

朕兹对俄国宣战，陆海两军，宜竭全力以与俄国从事交战。百僚有司宜各循其职务，应其权能，以努力达到国家之目的。务于国际条约范围之内，尽其一切手段，以期毋有遗算。

惟求文明于和平，与列国笃友谊，以维持东洋治安于永久，不损害各国之权利利益，而永久保障将来帝国之安全，此乃朕夙视为国交之要义，期其旦暮不敢或违者。朕见有司，亦善体朕意而从事，致兴列国之关系，逐年益趋亲厚。今不幸而至与俄开衅，岂朕之志哉？

帝国之置重于韩国之保全，实非一日之故，是不仅因两国累世之关系，韩国之存亡，实为帝国安危之所系。然而俄国虽与清国订有明约，及对于列强累次宣言，依然占据满洲，益巩

固其地步，终将吞并之。若满洲归俄国领有，则韩国之保全无由维持，远东之和平亦不可望。故朕际此时机，切望由妥协而解决时局，以维持和平于恒久。命有司向俄提议，亘半岁之久，屡次折冲，帝国未曾一示互让之精神，旷日持久，徒使时局解决迁延。阳唱和平，阴增海陆军备，欲我屈从，令人无从认识俄国自始爱好和平之诚意。事已至此，帝国欲依和平交涉而求之将来保障，今日只有求之于旗鼓之间而已。朕赖汝有众之忠实勇武，期恢复和平于永久，以保全帝国之光荣焉。（御名御墨）

明治三十七年二月十日，内阁总理大臣兼内务大臣伯爵桂太郎，海军军大臣男爵山本权兵卫，农商务大臣男爵清浦奎吾，大藏大臣男爵曾祢荒助，外务大臣男爵小村寿太郎，陆军大臣寺内正毅，司法大臣波多野敬直，递信大臣大浦兼武，文部大臣男爵久保田让。

《东亚关系特种条约汇纂》，第972页，陈博文《中俄关系史》，上海商务印书馆1928年版，第231～232页

是日俄皇下诏宣战，其诏谓：

朕将下列之事，宣示于忠实臣民：朕以维持和平之目的，曾尽全力巩固东洋之静谧。关于韩国事体，日本提议修改两帝国间现存之协约，亦曾予以同意。然在该问题尚未议妥之时，日本不待接到我政府回答之提议，即知照与俄国断绝商议及外交关系。日本政府且并未预为声明此种断绝外交关系办法，即含有开始军事行动之意义，即令其水雷艇突然袭击停泊旅顺口堡垒外之俄国舰队。

朕接总督报告后，即命其以干戈应日本之挑战。朕当决意之时，切祷上帝之救护。朕之臣民，为防御其祖国，均能趋赴朕命，盖无庸疑者。朕敬祈上帝加护朕之素有名誉之陆海军。

《东亚关系特种条约汇纂》，第974页，陈博文《中俄关系史》，上海商务印书馆1928年版，第232～233页

2月12日（十二月二十七日） 清政府不顾国家主权，竟宣布中国严守中立。

《上谕》谓：

现在日俄两国失和用兵，朝廷念彼此均系友邦，中国应按局外中立之例办理。著各直省将军督抚，通饬所属文武，并晓谕军民等，一体钦遵，以笃邦交而维大局，毋得疏误，将此通谕知之。钦此。

现在日俄两国失和，非与中国开衅，京外各处地方，均应照常安堵。本日业经明降谕旨，按照局外中立之例办理。所有各直省及沿边各地方，著该将军督抚等，加意严防，慎固封守。凡通商口岸及各国人民财产教堂，一体认真保护，随时防范。倘有匪徒造谣滋事，即著迅速查拿，从严治罪。京师地面重要，著步军统领衙门，工巡总局，顺天府，五城御史，严密巡查，切实弹压，俾铺户居民，各安生业。所有各国使馆教堂，尤应加意保护。倘有不肖匪徒，妄造谣言，借端滋扰，即行缉拿审讯。轻者按律惩处，重者立即正法，以示儆戒。京外各该衙门，皆有地方之责，务当严申禁令，消患未萌，毋得稍涉疏懈，用副朕辑和中外绥靖闾阎之至意。钦此。

王彦威辑撰《清季外交史料》第181卷，书目文献出版社1987年影印，第19～20页

《日俄战争中国严守局外中立条规》：

中国政府声明特别事宜如后开各项：一、由北京至山海关，各国留驻兵队以保海道通畅，系按光绪二十七年三月二十五日即西历一千九百零一年九月初七日各国和约办理，仍应遵守此约原有宗旨，不得干涉此次变局之事。……所有未尽事宜，由各直省将军、督抚等随时查看情形参酌公法，分饬遵行。以上各条，候行文出示之日施行，应即一体遵照办理。

王彦威辑撰《清季外交史料》第181卷，书目文献出版社1987年影印，第20～23页

2月13日(十二月二十八日)　清驻日公使杨枢照会日本外务省,声明中立,并谓无论日俄两国胜败如何,东三省主权均属中国。

《清政府外务部关于日俄战争的通电声明》主要内容如下:

日俄失和,业经钦奉谕旨,按照局外中立之例办理。本部已照会各国公使,声明东三省系中国疆土,盛京、兴京为陵寝宫殿所在,责成该将军等敬谨守护。该三省城池衙署、民命财产,两国均不得损伤。原有之中国兵队,彼此各不相犯。辽河以西俄已退兵之地,由北洋大臣派兵驻扎。各省及沿边内外蒙古均按照局外中立例办理,两国兵队勿稍侵越。倘阑入界内,中国自当拦阻,不得视为失和。惟满洲地方尚有外国驻扎兵队未经退出之地面,中国力有未逮,恐难实行局外中立之例。东三省疆土权利,两国无论胜负,仍归中国自主,两国均不得占据。

王芸生《六十年来中国与日本》第4卷,三联书店1982年版,第179页

《杨枢为声明中国中立事致日本外务省照会》:

为照会事:本大臣今接外务部来电内开,大日本国大俄国现已失和用兵,中国政府轸念彼此均系友邦,为睦谊起见,应按局外中立之例办理。业经通饬各省一体钦遵,并严饬地方官保护各国商民教堂。其盛京、兴京为陵寝宫殿所在,并责成该将军等敬谨守护,东三省城池、官衙、人民、财产,两国均不得稍有损伤。原驻各该处中国军队,彼此各不相犯。辽河以西俄兵已退地方,已由北洋大臣派兵驻扎,各行省暨内外蒙古亦各饬令妥防,俾得严守中立。若两国军队稍有侵越中立境界,中国即当阻拦,以保和平。至于满洲地方,虽有外国驻兵未撤之处,非中国兵力所及,难于实施中立之例。然三省疆土,无论两国胜败如何,应归中国主权,两国均不得侵占。除照会驻京各国钦使一律照办外,即著行文大日本外务部大臣切实声明等因,奉此,相应照会贵大臣查照施行。

王彦威辑撰《清季外交史料》第181卷,书目文献出版社1987年影印,第26页

2月14日(十二月二十九日)　陶成章、魏兰归国至上海与蔡元培商进取之法。经孙翼中介绍,他们前往仁和监狱探望浙西白布会首领濮振声,以联络秘密会党。

张篁溪《光复会首领陶成章革命史》:

癸卯冬十二月,有魏兰者,拟归浙江运动,陈蔚介成章同往。遂与魏兰由东京至上海,与蔡元培熟商方略。及抵杭州,寓《杭州白话报》馆。时已腊月二十六日,魏兰谓成章曰:"杭绍一苇可航,君盍归里一省?"成章曰:"情字难却,一见父母妻子,即不能出矣。"其坚毅如此。次日得孙冀中介,乃偕魏兰见濮振声于仁和狱中。

中国史学会编《中国近代史资料丛刊·辛亥革命》第1册,上海人民出版社1957年版,第522页

陶成章《浙案纪略》:

冬十二月,云和魏兰(字石生)归国为秘密运动,平阳陈蔚(字仲林)介绍陶成章来,遂偕成章返国。抵上海,与蔡元培联络,至杭州寓于下城头巷《白话报》馆。是时,孙翼中亦已先归自日本,为《白话报》主笔,与监在仁和署白布会首领濮振声有交谊。成章、兰既至,翼中即为介绍于振声,相谈颇洽。将别,振声为成章出介绍函数通,名片数十纸,谓之曰:"凡持余名片若往新城、临安、富阳、于潜、昌化、分水、桐庐等处,沿途均可有照料,不致有日暮途穷之感也。"

中国史学会编《中国近代史资料丛刊·辛亥革命》第3册,上海人民出版社1957年版,第22页

2月15日(十二月三十日)　在前期准备基础上,华兴会在长沙成立,黄兴为会长,宋教仁、刘揆一、秦毓鎏为副会长。它对外称集股筹组"华兴公司,以兴办矿业"。入会者称"入股","股票"即会员证。并以"同心扑满,当面算清"为口号,隐寓扑灭满清王朝。

章士钊《与黄克强相交始末》:

华兴会开第一次会议于长沙,地点在彭渊恂宅,到会者共十二人。十人湘籍;余二人为侯官翁巩、无锡秦毓鎏。湘籍十人,除克强与吾及彭渊恂外,刘揆一、胡瑛、柳大任叔侄咸在;时癸丑七八月间。(田伏隆主编《忆黄兴》,岳麓书社1996年版,第126页)

黄一欧《回忆先君克强先生》:

这年十一月四日(阴历九月十六)是先君三十初度。一些具有革命思想的知识分子聚集在长沙西区保甲局巷彭渊恂(号希明,长沙人)家里,借为先君做生日酒的名义,办了两桌酒菜,举行秘密会议。到会的有彭渊恂、章士钊、周震麟、张继、柳聘农、陈方度、徐佛苏、吴禄贞、陈天华、柳继忠、秦毓鎏、翁巩等二十多人。会上,决定设立华兴会,公举先君为会长。但为避免清政府的注意,对外采用"华兴公司"的名义,以半公开的形式出现,并规定公司的任务是"兴办矿业",集股一百万元,作为"开矿资本";实际上是以"矿业"二字代"革命","入股"代"入会",股票即是会员证。当时还提出了两句口号:"同心扑满,当面算清"。这两句口号,骤然听起来,象是谈的生意经,实则含有"扑灭满清"的意思。

田伏隆主编《忆黄兴》,岳麓书社1996年版,第55页

章士钊《刘霖生先生七十寿序》:

吾识先生,在光绪癸卯、甲辰间。时克强先生创为华兴会,首事者十二人,先生与吾皆在其列,领其事者虽为克强,而会中一切之计,则先生独尸之。

《湖南历史资料》编辑室《湖南历史资料》1981年第1辑,湖南人民出版社1981年版,第65页

冯自由《华兴会与万福华刺王案》:

甲辰(一九〇四)春,湘省革命党人黄兴(原名轸)、刘揆一、马福益等组织华兴会,定期是冬十月十日,清西后六[七]十生辰,袭取长沙省城,分五路大举。

冯自由《革命逸史》第2集,中华书局1981年版,第78页

冯自由《光复军司令李燮和》:

甲辰(一九〇四年)黄克强、刘揆一、马福益等在湘省组织华兴会革命机关,谋于是年九月在长沙、岳州、衡州、宝庆、常德等处,分五路大举。燮和为黄克强所设长沙明德学堂学生,亦华兴会会员,因得参与机密,分任重要职务。及黄等预定于清那拉后万寿日轰炸省城万寿宫,击杀全省文武官吏之计画。先期事泄,党人纷纷出亡,燮和与焉。

冯自由《革命逸史》第2集,中华书局1981年版,第215~216页

姬春华《华兴会始末》:

一九〇三年十一月四日,华兴会召开筹备会,发起者共十二人,地点在彭渊恂宅。一九〇四年二月十五日,在明德学堂校董龙璋西园寓所开正式成立大会,参加者除发起诸人外,尚有省内外百余人。

湖南人民出版社、湖南史学会编《辛亥革命在湖南》,湖南人民出版社1984年版,第126页

冯自由《秦毓鎏事略》:

黄克强、刘揆一、陈天华、杨守仁诸人以时机渐熟,遂集合诸同志创立华兴会。众举黄克强为会长,毓鎏副之。会所设于省垣连升街。假名曰林公馆,又曰旅湘俱乐部,先后加入华兴会者四五百人,以学界分子为多。

冯自由《革命逸史》初集,中华书局1981年版,第125~126页

《刘揆一》:

秋末,与黄兴等在长沙秘密筹建华兴会,公推黄兴为会长,刘揆一为副会长。

湖南省地方志编纂委员会编《湖南省志》第30卷《人物志》上册,湖南出版社1992年版,第731页

章士钊《与黄克强相交始末》:

据龙萸溪笔记,得其崖略如下:华兴公司,赁屋于南门外,表面标榜兴办实业,里面直是革命组织。

田伏隆主编《忆黄兴》,岳麓书社1996年版,第126页

钱基博《吴禄贞传》:

长沙黄兴谋用湘独立,函要禄贞与计事。禄贞既不得志于鄂,颇思有事于湘,立赴召,为筹画方略。

卞孝萱、唐文权编《辛亥人物碑传集》,团结出版社1991年版,第127页

编者按:关于华兴会成立的日期,存在几种不同说法。

章士钊在《与黄克强相交始末》:华兴会成立于"癸丑七八月间"。(田伏隆主编《忆黄兴》,岳麓书社1996年版,第126页)

周震鳞《关于黄兴、华兴会和辛亥革命后的孙黄关系》:"'华兴会'是一九〇三年夏历九月十六日在长沙创建的,地点在保甲局巷彭渊恂住宅,当日参加结盟的除黄克强先生外,有宋教仁、陈天华、谭人凤、吴禄贞、苏曼殊、张继、刘揆一、柳聘农、周震鳞等二十余人。"(中国政协文史资料委员会编《辛亥革命回忆录》第1集,文史资料出版社1961年版,第330页)

刘揆一《黄兴传记》:"迨十一月,揆一回湘,公乃邀合吴禄贞、陈天华、杨守仁、龙璋、张继、宋教仁、秦毓鎏、周震鳞、叶澜、徐佛苏、翁巩、章士钊、胡瑛、柳大任、张通典、谭人凤、王延祉、彭渊恂、肖翼鲲、柳继贞、彭邦栋、陈方度、何陶、肖堃、朱子陶、任震、陈其殷、吴超澄及子弟道一等,创立华兴会于省垣连升街机关部,公被举为会长。"(中国史学会编《中国近代史资料丛刊·辛亥革命》第4册,上海人民出版社1957年版,第276~277页)

郑逸梅《宋教仁》:"甲辰秋回湘,和黄克强、刘揆一等组织华兴会,推克强为总理,分五路,常德一路,教仁为主。这是他从事革命事业的开始。"(郑逸梅《南社丛谈》,上海人民出版社1981年版,第137页)

徐血儿《宋教仁先生传略》:"甲辰八月,先生回湘,与黄克强、刘揆一诸子组织华兴会,推克强为总理,分五路。常德一路,先生主之。华兴会者,革命最初之一团体也。先生之舍身从事于革命事业,盖自此始矣。"(马志亮主编《喋血共和——忆宋教仁》,岳麓书社1996年版,第15页)

△ **成立大会讨论了革命进行方略,黄兴提出了"雄踞一省与各省纷起"的构想。**

刘揆一《黄兴传记》转述黄兴之言曰:

本会皆实行革命之同志,自当讨论发难之地点与方法,以何为适宜。一种为倾覆北京首都,建瓴以临海内,有如法国大革命,发难于巴黎,英国大革命,发难于伦敦。然英法为市民革命,而非国民革命。市民生殖于本市,身受专制痛苦,奋臂可以集事,故能扼其吭而拊其背。若吾辈革命,既不能藉北京偷安无识之市民,得以扑灭虏廷;又非可与异族之禁卫军,同谋合作;则是吾人发难,只宜采取雄踞一省与各省纷起之法。今就湘省而论,军学界革命思想日见发达,市民亦潜濡默化;且同一排满宗旨之洪会党人,久已蔓延固结,惟相顾而莫先发,正如炸药既实,待吾辈引火线而后燃。使能联络一体,审时度势,或由会党发难,或由军学界发难,互为声援,不难取湘省为根据地;然使湘省首义,他省无起而应之者,则是以一隅敌天下,仍难直捣幽燕,驱除鞑虏。故望诸同志,对于本省外省各界与有机缘者,分途运动,俟有成效,再议发难与应援之策。

中国史学会编《中国近代史资料丛刊·辛亥革命》第4册,上海人民出版社1957年版,第277页

满大启《宋教仁在常德活动琐记》:

先是这年二月十五日华兴会成立,决定本年十一月十六日(阴历十月十日)西太后七十岁生日时在长沙起义;地方则以浏阳、衡阳、常德、岳阳、宝庆五路同时响应,宋教仁负责常德

一路。

马志亮主编《喋血共和——忆宋教仁》，岳麓书社1996年版，第105页

周震鳞《黄兴、华兴会和甲辰之役》：

当时华兴会在湖南的骨干分布情况如下：宋遯初（教仁）在常德中学；刘霖生（揆一）在醴陵渌江中学；谭石屏（人凤）在新化中学；在长沙的则有章行严（士钊）、柳聘农、张溥泉、曹亚伯以及一班革命教师和学生。关于具体分工，章行严因与江南陆师学堂赵伯先（声）等有同学关系，便往来长江一带，担任联络工作；柳聘农担任各地秘密革命机关的交通联系；刘霖生侧重联络会党；我则侧重联络文武学堂的教师和学生；克强先生统筹全局。

中国政协文史资料委员会编《辛亥革命亲历记》，中国文史出版社2001年版，第181页

△ 日本外务省照复杨枢，允尊重中国中立，但满洲不在此例，明确以攫夺东北主权为作战目标相告。

2月17日（甲辰年正月初二日）　陶成章与魏兰从杭州出发，按濮振声引荐前往浙西山区联络会党。六七月间（五月）陶赴温州活动，魏则在处、金府属各地联络双龙会和龙华会。

陶成章《浙案纪略》：

翌年甲辰正月初二日，成章、兰共由富阳赴桐庐招山埠，寓于兰族侄魏兰存家，历探各种秘密会之内状。寻兰由桐庐水道历兰溪、龙游以还云和，成章由岸道历游桐庐、分水各村落，遍谒白布会诸党员，由分水县署前过潘家，由设峰岭历歌舞岭以入建德，由建德历寿昌、汤溪、龙游、遂昌、松阳以至于云和，寓于关家。兰在云和倡办先志学校，处州府之有学校，自此始也。学校既立，处（府名）属各县之人咸莅至，成章为任教事职，兰则奔走于瓯括两郡，处府由是多革命党。成章居云和凡两月，遂与兰之堂侄毓祥（字子文）及其友阙石原由丽水、青田至温州府城。先是龚味荪偕其友陈大齐亦至温州运动，寓于平阳古鳌头之小成学校。成章既至，遂相偕返上海，以入嘉兴。成章之与敖嘉熊相识，亦即在此时。

中国史学会编《中国近代史资料丛刊·辛亥革命》第3册，上海人民出版社1957年版，第22～23页

冯自由《浙江之秘密会党》：

魏兰于成章去后，赴处州府城运动吴应龙，偕应龙至北乡访双龙会首王金宝，并在府城遇缙云人丁铼，得闻龙华会沈荣卿、周华昌等之义侠，遂偕铼至缙云县城联结李造锺等，旋复结伴至壶镇拜访吕熊祥、吕嘉益等。所到之区，兰皆演说人种之分民族之说，听者莫不感动。熊祥字逢原，别号东升，其家开一小杂店，名吕万盛，性好交游，熟识秘密社会情形。其族侄嘉益尤喜抑强扶弱，与永康沈荣卿、武义周华昌为莫逆交，兰因嘉益之介绍，遂赴永康得交于沈荣卿而返。

冯自由《革命逸史》第5集，中华书局1981年版，第46页

阙良庆《魏兰与陶成章》：

魏兰回到云和后，筹资创办“先志中学”。当时处州府属十县尚无中学，各县学生闻讯，纷纷来校入学，一时声誉极隆。先志中学开办后，魏兰和陶成章亲自执教，并聘请日本人陈华（中国名）来校任教。魏兰与陶成章对学生深入宣传革命思想，故处属各地志士纷纷云集，一时先志中学成为联络会党的场所。……

双龙会总部设在松阳县城，处属各县均有分部。此时双龙会会主王金宝和副会主阙麟书正在丽水广肆放票，发展组织，已号称有二万会众。四月，魏兰赴丽水结交阙麟书，由阙陪

同会见王金宝。经魏兰的启迪,王金宝逐渐认识到洋教之所以跋扈,实因清政府之恶劣,遂使会党悟到反洋必须排满,乃一变而为倾覆清朝政府之力量。不久,魏兰又指派魏毓祥和阙石源赴松阳,与王金宝共同策划双龙会武装义举。龙华会,其会众遍及金华府属八县,在处属缙云等县也颇有势力,吕逢樵及其侄吕嘉益拥有会众三千,雄踞一隅。五月,魏兰赴丽水,结识龙华会骨干丁铢。在丁铢陪同下,往缙云壶镇联络李造钟、吕逢樵和吕嘉益,赴永康联络龙华会会主沈荣卿,到金华联络龙华会副会主张恭。其时,张恭正组织一戏班,以演戏为名,周游金华、义乌等地,广策会党志士。魏兰随同戏班,深入各地乡村。所到之处,魏兰皆登台演说,慷慨陈词,使民众知晓反清排满之大义。同时向会众分送《猛回头》和自己编写的《孔夫子之心肝》等革命书籍。接着,偕张恭赴嘉兴,与龚宝铨、敖嘉熊接洽,商讨运动嘉兴府属会党等事。魏兰为集结浙江各地会党联合举义,夜以继日,废寝忘食,终于使会党成为江浙一带反清革命的重要力量。

中国政协浙江省文史资料委员会编《浙江辛亥革命回忆录》续辑,浙江人民出版社 1984 年版,第 80 ~ 81 页

张篁溪《光复会首领陶成章革命史》:

魏兰创先志学堂,延成章为教习。有张生者,闻成章系历史专家,取九朝纪事本末翻阅数日,特来诘问,成章对答如流,且引他书为佐证。又有张某者,问日本系何年开国,成章即对以周惠王十三年,至是乃大信服。成章以掌教为名,寄居学校。魏兰则奔走于括、瓯两郡。魏兰之堂侄魏毓祥,亦驰往松阳、青田、温州诸处,纠合会党。

夏四月,成章因陈大齐事,驰赴温州,秉海舶而至上海。未几,偕龚宝铨至杭州……

中国史学会编《中国近代史资料丛刊 · 辛亥革命》第 1 册,上海人民出版社 1957 年版,第 522 页

△ 秦毓鎏等人在上海华泾乡创办丽泽学社,以养成革命基本人才为宗旨。

冯自由《秦毓鎏事略》:

甲辰(一九〇四年)正月与刘季平,费公宜等发起丽泽学社于上海华泾乡。以养成革命基本人才为宗旨,尤注重精神教育及本国武术。

冯自由《革命逸史》初集,中华书局 1981 年版,第 125 页

△ 外务部电嘱驻日使臣杨枢惩办东京留学生中那些准备投入军队以及集资助饷的人,遭到舆论谴责。

《留学生之慷慨》:

自日俄开战,在东京之留学生有请投入军队及集资助饷者。外务部闻之,特电嘱驻日使杨枢惩办一二人。杨覆电谓:“业已谕令解散,且召各生竭力开导,并嘱各监严范,惩办为首一节,似可不必,免滋疑惧,转生支节。”云云。(访稿)

《俄事警闻》,1904 年 2 月 17 日

《中国留学生之压制》:

政府不能自谋,而留学生谋之。中国不能自战,而留学生战之,此留学生所以有编军助饷之诮也。吾侪从日本战胜有功,或可为他日收回东三省之一口实,且系学生义愤,于国家外交政策毫无阻碍,并不畏强邻之啧言,岂有所谓不合公理者?乃使臣则曰解散之,外部则曰惩办之,吾不知留学生固犯何条款而羁束如是乎?春秋之义,大夫在外,有可以安社稷利国家者,专之可也。留学生无大夫之名位,而有安社稷利国家之思想,何不可独行其义?即曰政府已宣言中立,不得复有所袒护,然留学生孑身异城[域],亦何顾忌之?有不能助之成

之，斯亦已矣，复从而解散之，且欲惩办之，处此暗无天日之世界，公理斯[澌]灭殆尽。《诗》云："其何能淑□胥及溺？"吾为留学生悲！吾为吾中国悲！欧美志士，其有闻斯事而非之、议之、笑之、骂之者乎？虽然留学生听公使之警言，受政府之压力，卒驯伏而不敢动，倘亦所谓多言论而少成事者欤。呜呼惜哉！

《俄事警闻》，1904年2月18日

《论政府近日对待日本留学生事》：

近日闻驻日钦使电告日本留学生情形，谓现有好事之徒，因见各报载外人侵略西藏、东三省及内地路矿航权等事，遂有散布危言，谓将成瓜分之祸袭取各国。……此等横议不过借公愤以博名誉，现正设法劝阻，恐内地谣传，特先谨闻云云。又昨得日本留学生来函，言政府已电达日本外部，令警察干预学生集会事。异哉，驻日钦使之电告政府也！异哉，政府之电达日本外部内外大臣也！……政府之电达日本外部令警察干预学生集会事，则尤欲借外人以摧残我政治思想之萌芽，其鄙夫患失之心无所不至，遑恤辱国体而悖公理乎？……危亡之谠论，古所恃以固其国者也。今乃深讳之极，力阻遏之，是今之大臣不特恶新，并不好古也，徒知排斥异己耳，然则吾国之前途真无望矣！

《申报》，1904年2月18日

2月21日（正月初六日） 长沙开辟为商埠，并设立租界。

2月22日（正月初七日） 出使俄国大臣胡惟德照会俄国外部，辽西应认为局外，俄日兵均不得进入。

2月25日（正月初十日） 《俄事警闻》终刊。《俄事警闻》刊发《〈俄事警闻〉之尾声》一文，认为日俄双方均垂涎于我国的"膏腴绣壤"，并对改名之事作了说明。

《〈俄事警闻〉之尾声》：

（日俄，编者）何分轩轾，彼其垂涎于老大帝国之膏腴绣壤，无不各极其能力。……东三省之问题，前者为俄人独据时代，今者为日俄并争时代。在独据时代，我国民宜专筹对付俄人之策。在并争时代，则我国民一面为对付俄人之策，一面又宜为对付日人之策。此本社将于明日改为《警钟》之原因也。

《俄事警闻》，1904年2月25日

2月26日（正月十一日） 日俄战争爆发后，《俄事警闻》改名《警钟日报》，总理陈竞全，总编辑蔡元培。以"抵御外侮，恢复国权"为宗旨。

陈去病《革命闲话》：

《警钟》者，承《俄事警闻》之后，以扩大其范围者也。先是孑民、小徐、浩吾、竞全诸子，以俄警日迫，特组对俄同志会，筹应付之法。又发行日报一纸，名曰《俄事警闻》，以告群众。辞气慷慨激厉，读之者莫不惊心动魄，为之流涕，每晚更于镜今书局门口，张贴要电，大书磅礴，血泪交迸，环而观者往往如堵墙。于是诸子知群情之融洽也，因有《警钟日报》之举，设馆于福州路英巡捕房东首之惠福里，以孑民总其成，予与允中、申叔、静庵为任撰述编纂之责，而竞全独任其赀。

殷安如等编《陈去病诗文集》，社会科学文献出版社2009年版，第1257页

《〈警钟〉发刊之旨趣》:

药所以治病也,而病或缘药而滋变;道所以降魔也,而魔乃随道而愈高。嗟乎!扣盘求日,锲舟求剑,诚吾国人之普通根性哉!宋之季也,仇辽则联金,而攫其国之半者金也;仇金则又联元,而元遂举全国而挟之以去。嗟乎!当其时,外族之凭陵者,不过此辽、金、元三族,且亦迭为盛衰,而宋之所以联之者,亦稍参自力焉,而其结果乃如是。方今列强环伺,以其平等之势力相抵相荡,以迫而取偿于我,而我徒从其鳞爪之偶现者,乃欲以彼各国为傀儡,而以弱线牵之,使之为蚌鹬之争,以贻我渔翁之利,若无所用自力者。固自以巧过于宋哉,而其结果何如?甲午之役,绌于日本,政府则联俄以排之,又由俄以及德、法为我干涉,索回辽东,于是联俄派奉然自足曰:莫余毒也已。及乎胶、威、旅、大之事既见,而又有国事犯为外人所庇护,于是有一派竭力排外之顽固党,欲尽杀外人以为快。此亦未尝不足为倚赖外人者之药石。然其所见,仅仅有寓居国内之若干外人,而所恃者,又仅仅义和拳之蛮法。彼以为尽杀此曹则真莫余毒也已,其结果乃与之相反,而联俄党之积毒反缘之而大发。

庚、辛以来,俄人驻兵不撤,残虐无艺,我国人之稍稍有知识者,虑无不深恶痛绝于俄人。吾辈方以为此一动机也,或可因以激国民自立之精神,而进之以文明攘夷之举动,于是有《俄事警闻》之作。自日俄战讯亟,则新闻家之鼓吹排俄者,遂异口而同声矣。而国人之冥然罔觉者,姑不论其所谓深恶痛疾于俄人者,亦束手而无所为。至于日俄开战,日胜而俄败,则又泰然自足曰:俄之横暴,彼日本者,已为我惩而膺之矣,今而后莫予毒也已。呜呼!彼环伺吾侧,何一非俄,而扣盘、锲舟之见乃如是耶?无亦非独听之者之咎,而言之者亦分其过耶?

社会至蕃变也,人则以至简单之知识迎之,如有色之玻璃然,各各吸收几种之光线,而吐其余。太阳者,以至复杂之光线投之,故无所遇而不光;言之于人也亦然。以简单之论旨投简单之心灵,其不相左也仅矣。且夫鲁酒薄而邯郸围,举烛书而燕说起,因之与果,有不可以剂量论者。吾国积弱之因,若列强之耽逐,政府之因循,求之于外交界,其攻取迎距之故既浩博无际矣,而其总原因,乃又在于国民之志薄而见短;而更进而求之,则远之政体、教宗之所酝酿,近之家风、乡俗之所援系,几席之近,锱铢之微,视听之娱,牙角之讼,无在非社会教育之所涵濡,而均与时局有密接之关系。诚为之解剥其内幕,穷竟其归宿,发无数平行之线,以与各种简单□脑筋相接触,使之不动于此,必感于彼,而徐以醒其自伐之迷梦,以进于同力之范围,则吾辈今日之目的,而所为扩张《警闻》以为之者也。

《警钟日报》,1904年2月26日

冯自由《上海国民日日报与警钟报》:

(《警钟日报》,编者)实继承《苏报》与《国民日日报》之系统。主笔政者有刘光汉、陈去病、林獬、林宗素诸人。

冯自由《革命逸史》初集,中华书局1981年版,第136页

冯自由《刘光汉事略补述》:

及元培改组《俄事警闻》为《警钟日报》,延光汉充编辑主任,尤能针贬[砭]时政,阐扬革命,深博社会称许。

冯自由《革命逸史》第3集,中华书局1981年版,第186页

蔡元培《自写年谱》:

日俄开战,我国转守中立,我等没有面目再对俄事发言,乃改名《警钟》,王(小徐)君主张不直接谈革命,以避干涉。及王君他去,我与汪(允宗)君迭任编辑,遂不免放手,蹈《苏报》覆辙。我与王、汪诸君皆不支薪俸,印刷费由陈(竞全)君任之。后来陈君又办一镜泉书

局，他的资本为经理所干没，陈君不能再任此报印刷费，则由我等随时由各方面募集小款，勉强支持。我等到不能支持时，乃由刘申叔、林少泉诸君接办。

蔡元培《黑暗与光明的消长》，东方出版社1998年版，第386页

蔡元培《传略》（上）：

子民既自青岛回，中国教育会新得一会员，为甘肃陈竞全君。自山东某县知县卸任来沪，小有积蓄，必欲办一日报。乃由子民与王小徐君、汪允宗君等组织之。陈君任印刷费及房费，而办报者皆尽义务，推王君为编辑。以是时俄事方亟待，故名曰《俄事警闻》。不直接谈革命，而常译述俄国虚无党历史以间接鼓吹之。每日有论说两篇，一文言，一白话，其题均曰告某某，如告学生、告军人之类。此报于日俄战争后，改名《警钟》。其编辑，由王君而嬗于子民，又嬗于汪允宗、林少泉、刘申叔诸君。自王君去后，均不免直接谈革命，历数年之久，卒被封禁云。

高平叔编《蔡元培全集》第3卷，中华书局1984年版，第324~325页

陈去病《革命闲话》：

竞全本秦中名进士也，长训诂之学。为山东某县令，不得志于时。愤然挈其家来海上，设镜今书局于棋盘街，多印售新书新报，以鼓吹革命。又时出其赀，以佽助中国教育会、《俄事警闻》及《警钟日报》等处，往往千金一诺，无丝毫德色。顾其人长者也，不识时下狡狯状，因是恒受人诳，费用不继。凡箧中衣裘，咸典质尽，犹不足。君乃大困，素患喘疾，至是病益剧。适蔚丹耗至，君闻之，遽呕血死。痛哉！

殷安如等编《陈去病诗文集》，社会科学文献出版社2009年版，第1256页

2月28日（正月十三日） 刘师培致函时任湖北巡抚、署理湖广总督端方，历数清政府暴行，阐明当时的革命形势，晓以《春秋》夷夏之防大义，策动其反清。

《端方全宗档案》：

端帅鉴：孔子有言，裔不谋夏，夷不乱华。而华夷之防，百世垂为定则，想亦尔之所悉闻也。自满洲肇乱，中原陆沉，衣冠化为涂炭，群邑荡为丘墟，呻吟虐政之中，屈服毡腥之壤，盖二百六十年于兹矣！而玄烨、弘历诸酋尤为失德，诛亡之惨，淫暴之祸，诚所谓折南山之竹，书罪无穷；罄东海之波，流恶难尽矣。光汉幼治《春秋》，即严夷夏之辨；垂髫以后，日读姜斋、亭林书，于中外大防尤三致意。窃念天下兴亡，匹夫有责；《春秋》大义，九世复仇。值此诸夏无君之时，仿言论自由之例，故近年以来，撰《黄帝纪年说》、撰《中华民族志》、撰《攘书》，垂攘狄之经，寓保种之义，排满之志，夫固非于伊朝夕矣！

今者俄日战争，宣布中立。瓜分惨祸，悬于眉睫。汉族光复，此其时矣！观于广西会党蔓延西南，浦东盐匪起义，江、浙汉族之民又孰不兴我义旗，以恢复神州之土哉？俟光复功成，固当援冉闵戮胡之例，歼尔贱夷，俾无遗育。尔等当之例此之时，幸则为王保保之窜边陲，不幸则为台哈布哈之战毙，欲求一日之安宁，岂可得哉？故为尔辈计，莫若举两湖之疆，归顺汉族。我汉族之民，亦可援明封火保赤之例，赦尔前愆，任职授官，封圻坐拥，岂不善哉？夫尔既伺身虏族，奚屑与尔交言？其所以致书与尔者，将欲尔之舍逆从顺耳！时哉！时哉！不可失矣！尔其图之。

刘光汉白

王凌《有关刘师培一则反清史料》，《历史档案》1988年第3期

2 月—3 月(正月)　日俄战争期间,许多留日学生因痛恨沙俄而视日本为中国同文同种之国家并寄予厚望。鲁迅则明确反对此一错误思想倾向,要求理性对待。

马力《鲁迅在弘文学院》:

二月间,沈瓞民回国奔走革命,鲁迅与陈师曾邀沈在东京日比谷公园喝茶吃点心饯行。席间鲁迅对日俄竞相侵略中国的形势作了精辟的分析,认为蔡元培在上海办的《俄事警闻》袒日抑俄,太没有远见。他写了三点意见,托沈带交蔡元培。后来《俄事警闻》采纳了鲁迅意见,持论有所改变。

薛绥之主编《鲁迅生平史料汇编》第 2 辑,天津人民出版社 1982 年版,第 24 页

沈瓞民《鲁迅早年的活动点滴》:

我正要动身回国的时候,鲁迅和陈师曾(陈衡恪,美术家,当时也在弘文学院读书)二学长,邀我到东京日比谷公园啜茗吃果子(日本人称点心为果子,鲁迅喜食之)。那时日俄战争开始,广獭武夫沉船封锁旅顺。日本政客中州进午提出"日本统治满洲说";户水宽人又发出"天授日本"的谬论,认为"根据诸学理,应由日本占领满洲";有贺长雄又发出"满洲委任统治权"的妄说。种种侵略谬论,在报纸上广为鼓吹。而我国有一小撮的留日学生,却还在同情日本、崇拜日本。鲁迅对日本侵略野心,非常愤怒。他同时指出,蔡鹤卿(元培)和何阆仙(琪)在上海创办《俄事警闻》,竟也袒日而抑俄,这太无远见。鲁迅说:日本军阀野心勃勃,包藏祸心,而且日本和我国邻接,若沙俄失败后,日本独霸东亚,中国人受殃更毒。于是他向蔡、何提出三点意见:(一)持论不可袒日;(二)不可以"同文同种",口是心非的论调欺骗国人;(三)要劝国人对国际时事认真研究。(原书没有抄录,大意是这样的。)我到上海,即交给蔡、何两君。后来《俄事警闻》采纳鲁迅的意见,持论有所转变。

薛绥之主编《鲁迅生平史料汇编》第 2 辑,天津人民出版社 1982 年版,第 50 ~ 51 页

△ 黄节在《政艺通报》第三年第一号发表《国粹学社起发辞》,强调先研究国粹内涵的重要性,即使再破坏也可将真正国粹保存下来。

黄节《国粹学社起发辞》:

国粹,科学也。日本倡之,而日本不知发之,则待发于吾国。盖粹者必有其不粹者也,拟之以物焉,物理家之言曰,凡物具有不灭性。若水之于空气焉,若盐之于水量焉,无有形体,于何保存也。是故万汇学之为用,必由研究而后可以区分,区分而后可以变化,变化而后可以致用而得保存。然则国粹者,先研究而不先保存,其所以执果求因者如是,乃公例也。国粹,日本之名辞也。吾国言之,其名辞已非国粹也。名从主人,物从中国,吾有取于其义云尔。岁甲辰,同人创为国粹学社,号于海内曰:六艺之圃,鞠为茂草。三后之性,夷于侈辞。悲夫,国不国而学不学也。吾国疆土之大,人民之众。以视外族,牛虽瘠,偾于豚上,其畏不死。虽然,不学焉,则将由瘠而死矣,而又奚偾!海上学社林立,未有言国粹者,或曰有待焉,非其时也。则以为国粹者,主乎对欧化而言之,为守旧排外之尤。举国方主破坏,又病其保存也,吾何敢焉。日本之言国粹也,与争政论;吾国之言国粹也,与争科学。曰国,则有其非国者乎?曰粹,则有其非粹者乎?明乎非国非粹,则知乎为国为粹。是故,以研究为国粹学之始基,庶几继破坏而有以保存矣。

《政艺通报》第 3 年第 1 号,1904 年

春　李书城、贺之才等富于革命思想的湖北学生渐渐形成一股革命势力。

冯自由《贺之才述欧洲同盟会成立始末》：

湖北兴学最早，学生皆少年英俊，富于感情冲动性，第一批留日学生吴禄贞、刘成禺等首先鼓吹革命排满，又值《三十三年落花梦》，《新民丛报》，《中国魂》等出版物畅销内地，一时学生靡然从风。骎骎萌革命思想矣。会日俄为东三省事缔结密约，学生大愤，乘机集会于曾公祠，为极激烈之演说，武汉人心大震，寻为当道禁阻，然自是湖北学生界遂暗中有一革命团体矣。其中坚分子为李书城、时功玖、孔庚、朱和中、史青、贺之才、胡秉柯、耿觐文、魏宸组、曹亚伯、陈同如、时公璧、冯特民诸人；李书城秘密联络军队，孔庚密为代派《新民丛报》，曹亚伯借教会为护符，以日知会为宣传机关。时邹容以《革命军》案被锢西狱，贺之才乃间道赴上海，密挑《革命军》数百册回鄂，散布鼓吹，几罹于难。

冯自由《革命逸史》第2集，中华书局1981年版，第125页

△ 长沙日知会由长沙圣公会牧师黄吉亭发起成立，地址在长沙吉祥巷圣公会内。

冯自由《兴中会时期之革命同志》：

（黄吉亭，编者）向任长沙圣公会牧师，甲辰春另设日知会为革命机关，会址在吉祥巷，湘省志士黄兴、刘揆一、宋教仁、胡瑛、陈天华、易本羲、禹之谟等皆为会员。

中国史学会编《中国近代史资料丛刊・辛亥革命》第1册，上海人民出版社1957年版，第208页

曹亚伯《长沙日知会收藏书报供会众浏览》：

长沙吉祥巷圣公会，鉴于庚子（一九〇〇年）之役，由于民智之蔽塞，乃创设日知会，收藏书报，仅供会众浏览而已，初无与于政闻也。岁癸卯（一九〇三年），适黄牧师吉亭董其事，愚以国事日非，应亟谋政治之改革，商之黄牧师扩充日知会，无论何教人皆可来会纵览。凡来观者，必有人与接谈，即痛陈内治之腐败，外侮之由来。于是乐为会员热心赞助者不乏人，大抵不计成败，惟求日知会之发展，足以促进政治之革新耳。自癸卯（一九〇三年）至乙巳（一九〇五年）三年中，一切支付，详实俱在。兹特将捐款者芳名照出，以资征信。……

曹亚伯《武昌革命真史・长沙日知会账目跋》，李希泌等主编《中国古代藏书与近代图书馆史料（春秋至五四前后）》，中华书局1982年版，第182页

△ 杨守仁在沪组织爱国协会作为华兴会外围组织，蔡元培、陈独秀等人入会，推杨守仁为会长、章士钊为副会长。

章士钊《与黄克强相交始末》：

上海别树爱国协会，招邀内层志士。如蔡孑民、陈独秀、蔡松坡辈，咸在上述秘密计事处，由杨笃生监视加盟。盖克强志切实行，恐其名重易漏，坚不肯任会长，于是众推杨笃生主持，而吾副焉也。所有革命计划，当然以暴动为主，而暗杀亦在讨论之列。特后者克强不甚赞成，而笃生认为必要。

田伏隆主编《忆黄兴》，岳麓书社1996年版，第127页

黄一欧《辛亥革命杂忆》：

章士钊在华兴会创立后不久就离开长沙回上海，办《国民日日报》，从事宣传工作，担任长江一带的联络。并于一九〇四年春，与杨笃生发起组织爱国协会，地点在余庆里。爱国协会跟同仇会、黄汉会一样，都是华兴会的外围组织。不同之处是，同仇会、黄汉会分别做会党、新军的工作，爱国协会则主要吸收中上层知识分子。

田伏隆主编《辛亥革命在湖南》，岳麓书社1997年版，第91页

章士钊《疏〈黄帝魂〉》：

一九〇四年即光绪三十年春，杨笃生与吾在上海创设爱国协会（此即华兴会之外围，笃生为会长，吾为副会长），松坡正由日本毕业返国，道出沪渎，应吾辈之要约，参加斯会。彼戎服莅盟，佩剑锵然，其持态严肃，为吾六十年来永矢勿谖之印象。

中国政协文史资料委员会编《辛亥革命回忆录》第1集，文史资料出版社1961年版，第248页

编者按：关于蔡锷入会时间，学术界存在不同观点。毛注青认为一九〇四年春间休假时。他在《黄兴年谱长编》中指出："章士钊谓蔡锷系一九〇四年即光绪三十年春由日本毕业返国时加入爱国协会。据蔡锷一九〇七年五月三十一日（光绪三十三年四月二十日）致陈绍祖函，系'卅年冬，士官毕业'（原函藏北京图书馆）；查日本陆军士官学校史料，第三期毕业时间为明治三十七年十一月，即一九〇四年十一月。章氏晚年追忆，疑误。蔡锷入会，当系是年春间休假时。"（毛注青《黄兴年谱长编》，中华书局1991年版，第59页）

△ **黄兴等借明德学堂谋求革命的发展。**

黄一欧《黄兴与明德学堂》：

明德学堂是清末湖南创办的第一所中等私立学校，它的主要创办人是胡元倓。

…………

胡元倓是在弘文学院求学时和先君认识的。当他初入弘文时，先君已在该院速成师范班肄业，以同乡关系，彼此过从密切。一九〇三年他往杭州聘英文教员，道经上海，碰见先君由日本回国，因此，坚邀先君来明德共事。先君当面应允，不久就回到长沙，主持明德学堂新成立的速成师范班（后又兼任学监）。……当时明德学堂聘请的教员中，有一些是具有排满革命思想的，如周震鳞、苏曼殊、秦毓鎏、翁巩、张继、陈凤光、陆鸿逵、李步青、金华祝、沈迪民等人。先君除担任教务、行政工作外，并兼任历史及体操教员；遇其他教员缺课时，文科方面的课程如国文、地理、图画等科，多由他代课。

胡元倓虽然请出龙湛霖担任明德学堂总理，但是劣绅们对学堂的攻击并不就此罢手，仍在布置爪牙，兴风作浪。如地理教员周震麟在历史教员陆鸿逵的学生课卷上手批的奖励语，措辞激烈。顽固派教员刘佐楫便嗾使单某向巡抚赵尔巽告密，说明德学生昌言革命，蓄意造反。结果周震麟被迫离开明德，与一部分学生在长沙马王街另创修业学校。这个刘佐楫，就是大劣绅王先谦派进来刺探消息的。这次事件发生后，胡元倓商之于龙湛霖，另赁西园龙宅西侧房屋为校舍，开办经正学堂，招新生两班，以李步青主教务。明德与经正，实际上是两块牌子，一套人马。

…………

先君在明德学堂教课，给他从事革命活动以很多的便利，如张继、秦毓鎏、翁巩等人都是由先君邀来长沙共图起事，特意介绍到明德学堂教课，以为掩护的。一九〇四年先君与刘揆一、马福益等商议，决定趁西太后七十生辰，全省文武官吏在皇殿行礼朝贺时，预先在拜垫下面埋好炸药，一网打尽，乘机占领长沙，作为革命根据地。而准备起义用的炸弹，就是在明德学堂理化教员堀井觉太郎（癸丑讨袁失败后，先君亡命日本，堀井觉太郎关心旧友，特意腾出他在东京市郊巢鸭目白的房子让先君居住）的帮助下，在理化实验室里秘密制造的。

田伏隆主编《忆黄兴》，岳麓书社1996年版，第186～190页

△ **明德学堂中有关刘佐楫其人其事、周震鳞离开明德、吴禄贞加入华兴会等基本情形。**

唐耀章《明德中学的五个时期》：

明德开办之初，招中学甲、乙两班，共八十人。聘请刘佐楫、周震麟、陆鸿逵、李步青、许

兆魁、张继、王正廷、王体、陈凤光、金华祝、苏玄瑛(曼殊)、翁又拱及秦效会等担任教席，多是维新派的有名人士。并邀请黄兴(克强)由沪回湘，主办附设的速成师范班。由胡元倓、龙绂瑞分任明德学堂正副监督，龙湛霖任总理。但当时科举还没有废除，加以自前清咸同以后，许多文官武将，出力镇压太平天国农民起义，被称为所谓“中兴功臣”。他们退职回籍后，形成了一种特殊势力，地方官吏自巡抚以次，都不敢得罪他们。因此，绅权之大，经常能够左右一切。当湘籍留日学员，纷纷回省办学的时候，这班所谓士绅中，有一群特别顽固的分子，拥护王先谦、叶德辉和孔宪教等，强烈反对开办学堂。而一般有志的青年知识分子，则坚持中国要救亡图存，首先必须多办学堂，于是湖南新旧两派的斗争，在教育界表现得最为突出。明德创设的初期，所聘教职员，都是维新革命派，隐然成为新派的中心，遭到了以王先谦、叶德辉等为代表的公开指责，并分布爪牙兴风作浪。如明德聘请的教员刘佐楫，原系胡元倓在东京宏文师范的同学，并曾出钱二百串，作为明德开办费。这时却依附了王先谦，他利用地理教员周震麟在历史教员陆鸿逵的学生课卷上手批的奖励语措词激烈，便乘机唆使学生单启鸿通过其兄启鹏的关系，转告王先谦向巡抚赵尔巽密报，诬陷明德师生昌言革命，蓄意造反。结果周震麟被迫离开明德，与一部分学生，在长沙马王街另创修业学堂。这证明明德是当时教育界新旧势力互相争斗最显著的场所。胡元倓当时基本上倾向于维新革命的。看到这种情势，通过龙氏兄弟的斡旋，和清廷官方保持了一定的联系。当时湘抚赵尔巽曾到校视察，明德受到奖励。再学务处总办张鹤龄，兵备处总办俞明颐，长善学务处总办俞诰庆，都是胡元倓留日时的同学，也均有往来。胡元倓就这样利用官绅权势，与顽固派作斗争，借以维持明德学堂，并掩护维新革命分子在学堂的活动。同时更与龙湛霖、谭延闿等商量，另租西园龙宅西侧房室为校舍，开办经正学堂，另招新生两班，作为第二基础，聘李步青主持其事。因此，明德与经正，名义上是两块招牌，而在实际上是同一个组织。

中国政协湖南文史委员会编《湖南文史资料》第20辑，湖南人民出版社1986年版，第117~118页

黄一欧《黄兴与明德学堂》转述周震麟的回忆说：

一、刘佐楫(柱丞)，湖南醴陵人，壬寅年湘抚俞廉三选送留学日本弘文师范的十余人之一(与胡元倓同学)。龙璋、龙绂瑞、胡元倓创办明德学堂，刘也是发起人之一，并出资二百串文。他是王先谦门人，王先谦顽固地反对办学，要他打进来专门刺探革命师生的言行，随时密报王先谦、叶德辉等。胡元倓和龙氏兄弟最初不知道他的阴谋，满以为他热心办学。刘因思想落后，不受学生欢迎，没有任教。同时我从戊戌庚子维新志士方面，得知刘曾经告密出卖他的老师李莲舫，被清政府迫害，要明德师生对他提高警惕。因此，刘急欲掀起风潮，排除我离开明德。他和我的斗争，体现了明德的革命派与反革命派的斗争。

二、通过王先谦向湘抚赵尔巽告密的人是单启鹏，安徽省人，他是第一期留日士官学生，当时在长沙担任武备学堂教习。他的兄弟单启鸿在明德肄业，表面伪装倾向革命，暗地里受乃兄委托，把我们一般革命教师对学生宣传革命的讲话，都一一记录在教科书的书楣上，交给启鹏，由启鹏持报王先谦。最后是启鸿把陆鸿逵对他的历史课卷上我手批的奖励语交给启鹏(陆教历史)，启鹏交给王先谦。由王先谦袖着这本卷子向赵尔巽告密，说明德的师生昌言革命，要求审讯严办。由于管学大臣张百熙和湖南的学务处总办张鹤龄都是极力维护我的，事情没有扩大，但明德学堂这时却岌岌可危。

赵尔巽为此事曾召集全省巨绅在巡抚衙门花厅开会，我和陆鸿逵以及单氏兄弟都被召参加。开明士绅都袒护我，说我“思想纯正”。陆鸿逵说批语是单生捏造诬枉我的。最后赵作结论：认为我是教地理的，不可能批阅历史课卷。斥责单启鹏教弟不严。当场开除了单启

鸿的学籍,交启鹏领归,严加管教,要我仍旧担任教习。一场风波,如此结束。

三、胡元倓、龙绂瑞因系明德正副负责人,为维护学堂,都没有加入华兴会。

四、我和刘佐楫、单启鹏的斗争虽然胜利了,但认为自己留在明德,是王先谦等顽固派的目标,对革命事业不利,因此,坚决辞职。当时革命学生不同意,经我再三解释,并商之胡元倓等,由克强先生亲自出面,主办速成师范,并另外成立经正学堂(刘佐楫不参与经正学堂的行政和教学)。从此各省的革命党人,来明德、经正任教的日多,参加和赞助华兴会的秘密革命活动,从而与各省革命党人取得联系。我虽然名义上离开了明德,和十二个革命学生创办了修业学堂和宁乡中学,但事实上以克强先生为首的革命党人,仍以明德学堂为中心(刘佐楫被明德师生排斥,不久离开了明德),积极展开活动。

五、吴禄贞在湖北参加了自立军的庚子之役,失败后赴日本留学士官。当克强先生在两湖书院读书时,吴经常来访,交谊甚笃。克强先生在明德、经正办学时期,曾约吴来湘教体操,但抵湘不久,就被调到北方训练新军去了。与吴来湘同时,李书城也曾来明德小住,与克强先生商讨秘密进行革命运动。大概吴、李都在这时加入了华兴会。

田伏隆主编《忆黄兴》,岳麓书社 1996 年版,第 192 ~ 193 页

△ 孙中山为联络洪门会友、鼓吹洪门注册事,曾周历美国东、南、西各地。

黄芸苏《记国父在美》:

国父于一九〇四年(甲辰)春,为联络洪门会友、鼓吹洪门注册事,曾周历美国东、南、西各地,那时也应到过芝加哥,但其活动情况如何,可已无纪录可查。

章开沅、罗福惠、严昌洪主编《辛亥革命史资料新编》第 2 册,湖北人民出版社 2006 年版,第 3 页

△ 秋瑾为寻求救国道路,毅然与封建家庭决裂,准备东渡留学。启程前将学费之一部分托人送入狱中给王照供其打点。

王时泽《秋女烈士瑾略传》:

烈士与其夫同游北京。当时正在义和团失败订立丧权辱国的辛丑条约之后,烈士目睹帝国主义者在中国之猖獗横行及满清政府之昏庸残暴,忧愤填胸,决然以救国为己任。其所抱定之救国路线为:(一)联合同志,实行革命,以推翻满清专制政府;(二)实行男女平权,唤醒二万万女同胞,共同奋斗,而以访求同志为入手之方。因谓其夫曰:"日京为吾国志士汇萃之区,其间必多英杰,吾欲往游,以阴求天下奇士,为光复故物之助。"其夫颇难之。经过反复辩论,其夫知其志不可夺,始勉强予以同意。遂于一九〇四年(清光绪三十年)孑身东渡日本。

《湖南历史资料》编辑室《湖南历史资料》1980 年第 1 辑,湖南人民出版社 1980 年版,第 219 页

陶成章《浙案纪略·秋瑾传》:

秋瑾,字璇卿,别号竞雄,又称鉴湖女侠,浙江会稽人(家居绍兴府城南斗,属会稽县界),隶籍山阴。幼随其父宦于闽,旋复随父入湘,年十八,嫁湘人王廷钧。廷钧入资为部郎,需次京师。瑾与之俱,生有子女。旋与廷钧定约,分家产,瑾得万金,即以之经商,所托非人,尽耗其资。又与廷钧不睦,同乡戚属陶大均(会稽人)、陈静斋(山阴人)等为之和解。不得,乃尽以其所有首饰,托大均妾荻意为变卖,集资东渡日本留学。值宁河王照以戊戌案自首,系刑部狱。瑾闻之,出所集得留学费送入狱,以济其急,并嘱使者勿以其名告之。逮照出狱,始悉其事。瑾之天性义侠常如此。

中国史学会编《中国近代史资料丛刊·辛亥革命》第 3 册,上海人民出版社 1957 年版,第 60 页

△ 离开京师时，秋瑾撰有《宝刀歌》，表达其欲用革命之法拯救祖国危亡的愿望。

秋瑾《宝刀歌》：

汉家宫阙斜阳里，五千余年古国死。一睡沉沉数百年，大家不识做奴耻。忆昔我祖名轩辕，发祥根据在昆仑，辟地黄河及长江，大刀霍霍定中原。痛哭梅山可奈何？帝城荆棘埋铜驼。几番回首京华望，亡国悲歌泪涕多。北上联军八国众，把我江山又赠送。白鬼西来作警钟，汉人惊破奴才梦。主人赠我金错刀，我今得此心雄豪。赤铁主义当今日，百万头颅等一毛。沐日浴月百宝光，轻生七尺何昂藏？誓将死里求生路，世界和平赖武装。不观荆轲作秦客，图穷匕首见盈尺。殿前一击虽不中，已夺专制魔王魄。我欲只手援祖国，奴种流传遍禹域。心死人人奈尔何？援笔作此《宝刀歌》。宝刀之歌壮肝胆，死国灵魂唤起多。宝刀侠骨孰与俦？平生了了旧恩仇。莫嫌尺铁非英物，救国奇功赖尔收。愿从兹以天地为炉、阴阳为炭兮，铁聚六洲。铸造出千柄万柄宝刀兮，澄清神州。上继我祖皇帝赫赫之威名兮，一洗数千数百年国史之奇羞！

郭延礼选注《秋瑾诗文选》，人民文学出版社 1982 年版，第 34 ~ 35 页

△ 冯自由等成立横滨三合会，结纳海外革命志士。

王时泽《回忆秋瑾》：

横滨三合会又称三点会，成立于一九〇四年春。第一次入会者为冯自由、梁慕光、廖翼朋、胡毅生、陈撷芬（女）、李自平（冯自由之妻）等人。……据冯自由说：当时革命党尚无统一组织，孙中山在海外结纳同志，常利用三合会的形式行之。

中国政协文史资料委员会编《辛亥革命回忆录》第 4 集，文史资料出版社 1981 年版，第 226 页

冯自由《革命党与洪门会之关系》：

此外革命党员之列籍洪门者，亦不乏人，陈少白在香港入三点会，被封为纸扇。林述唐、黄克强在湘、鄂入哥老会，被封为龙头。陶成章、张恭、秋瑾等先后在浙江加入龙华会，用为光复会之主脑，此其尤著者。甲辰某月，骆观明、梁慕光、张继等在日本横滨发起三合会，留日学生加入者，络绎不绝。第一次拜盟者，有冯自由、胡毅生、李自平、陈湘[撷]芬、廖翼朋五人。第二次有刘道一、秋瑾、刘复权、彭春阳、王时泽、曾贞、仇亮等二十余人。盖当时留学生多认联络会党为运动革命之捷径也。

冯自由《革命逸史》第 6 集，中华书局 1981 年版，第 42 页

△ 朱和中、吕大森、吴禄贞等在武昌花园山成立革命机关，联络各路同志。

朱和中《革命思想在湖北的传播与党人活动》：

辛丑和约既成，俄人尚据满洲，于是全国人心愤激，武昌学生尔时已感受新潮流，不期而集议于曾公祠者千余人，痛斥清政府辱国丧权。当时演说以予为最激烈，故散会后，吴禄贞独执予手而谓之曰："君性诚刚，虽然，成事不在会场，不在口说也，能过我一谈乎？"予曰："可。"遂携同学吕君大森往访之。时吴住大朝街十二号，予等三人谈至天明而止。予等当时所筹议者三事，（一）在武汉应设立秘密机关，俾得与各地之同志联络。（二）为应将革命之同志介绍入军界。清例当军官不容易，即先当兵，由吴禄贞之介绍入营者，前后三十余人，均由予等所请求，且大半为秀才。从前秀才当兵，为希有之事，数月之间，已成为一种风气矣。（三）为寻孙逸仙，期与一致。吴以为须待机会成熟，乃可寻之，不然寻亦无益。予又提议联络下等社会，吴则极力否之，盖鉴于庚子之败也。争论颇久，吴以为长江之哥老会无用，惟东

三省之马贼可用,最后决定仍以改换新军脑筋为成事之根本。会党则可联络,令其为我用,不致为彼用。至于秘密机关当时议定,设于由日本新回国之速成师范生李步青寓内。盖李与花园山天主教牧师孙某相识,孙以其花园租与李君,天主教尔时气焰方张,虽明知我辈反对清政府,绝不疑忌,坦然庇之。于是议决本月经费,由李担任,自第二月起由予筹集。盖予尔时办有乐群印刷社,翻印《猛回头》、《警世钟》、《黄帝魂》各小册子,以散布于军学各界,表面则翻印《原富》、《群学肄言》等书。自曾公祠会议以后,予颇得各界推崇,以之筹款不甚为难也。……花园山之机关既成立,当时逐日集议者,有李书城、耿觐文、胡秉柯、贺子才、张荣楣、徐祝平、吴炳宗诸人。近至沪杭,远至东京,莫不与予等通声气。……此外各省志士之至武昌者,莫不赴花园山接洽,而各同志之在营校者,亦每星期来报告运动经过,及其发展之状况。加以武昌学校大兴,文普通及五路小学开办,花园山同人与其学生之来甄试者,即以同乡关系,分途接洽运动。故排满革命之空气,极其浓厚。花园山同人自知运动必有成熟之日,终以群龙无首,恐不能控制全国,尤其是无外交人材。故当时各人心目中,无不以寻得孙逸仙而戴之为首领,为惟一之出头路。正苦无机会出洋,会癸卯年夏季,王璟芳自日本回国,出卖《湖北学生界》,而该报编辑刘成禺遂为清吏所撤回,另给以留学美国之学费二千两。而总理尔时正以旧金山《大同日报》编辑无人,由香港潘兰史、陈楚楠二同志介绍刘成禺,总理聘之。刘固两湖书院之学生,而与花园山同志通声气者也。自此花园山同志始得间接以达于孙逸仙。清吏既收买《湖北学生界》,知花园山实有秘密机关,然又不能明拿,以至破坏兴学之基础,且恐招清廷之谴责。于是用分散之法,大遣留学生出洋。当时清吏定议:激烈者派往西洋,纯谨者派往日本,故予与胡秉柯、贺子才、魏宸组、史青等,则派往德比等国,李书城改名丁人,后与胡炳宗、耿觐文等则派往日本。由是花园山之同志,风流云散,只剩吴禄贞与各营校中同志而已。各营校中同志,亦以进行运动颇为顺利,不欲再有花园山之机关,致招人注目,故于予等之去,深表赞同。未几,吴禄贞以两湖运动有效,不欲为一部分之发动,力戒同人销声匿迹,本身且赴北京,以为不入虎穴,未能扼虎子。而曹亚伯、黄轸(即黄兴)诸人,则赴湖南,共谋进行。而武汉此时表面上似告一段落,然而各营校中革命运动之发展,直风起云涌,不可遏抑,故此时期可谓之进行运动时期。

武汉大学历史系中国近代史教研室编《辛亥革命在湖北史料选辑》,湖北人民出版社 1981 年版,第 531 ~ 533 页

△ 徐锡麟在绍兴东浦家乡创办热诚学堂,曹钦熙为学堂总理,注重兵式体操训练,在绍兴城内开设“特别书局”,传播资产阶级革命思想和近代科学文化知识。

《绍兴白话报》(光绪三十年正月二十五日):

东浦有热诚学堂,……是今年新办的。

孙元超编《辛亥革命四烈士年谱》,书目文献出版社 1981 年版,第 19 页

陶成章《浙案纪略》:

锡麟所居里曰东浦。先是,东浦乡人倡办一小学校,名曰热诚,于一班之普通学科均不甚研究,特注重于兵式体操。锡麟偕其友陈志军亲自督率以训练之。又从南京兵轮上雇一军乐家来,名×××。教学生以军乐,东浦乡人因之叠生谣诼。锡麟父鸣凤闻而恶之,然本学校系绅士公立,无术可以解散,且又以学生年纪尚小,故亦暂置之。

中国史学会编《中国近代史资料丛刊·辛亥革命》第 3 册,上海人民出版社 1957 年版,第 26 页

△ **尤列、陈楚楠、张永福等在南洋(新加坡)创办《图南日报》,后改名《南洋总汇报》,对维新派和清政府进行猛烈抨击,宣传种族革命思想。**

冯自由《新加坡图南日报》:

《图南日报》资本全出自楚楠、永福二人,地址在新加坡福建街二十一号,自癸卯秋冬间即已进行筹备。至甲辰(一九〇四年)春始事竣出版。初由尤列绍介郑贯公(贯一之号,编者)充任该报总编辑,贯公以方筹办《广东日报》辞,乃改聘陈诗仲承之,郑、陈均前任香港《中国报》记者也。此外更聘尤列为名誉编辑,黄伯耀、何德如、康荫田、胡伯镶、邱焕文诸人分任撰述译务。第一日尤列作发刊词,署名吴兴季子,初印一万份,后减作一千份。然长期定阅者仅三十余份。盖其时风气未开,各商店多视为大逆不道,群起反对,且严诫其子弟、伙友不许购读,故出版多日,仍难推销,仅作宣传性之赠送品而已。

冯自由《革命逸史》初集,中华书局1981年版,第172页

冯自由《南洋华侨与革命运动》:

新加坡富商陈楚楠,别号思明州之少年,闽之同安县厦门人也。有商店曰合春号,营木厂及罐果业。与其友潮州饶平人新长美布匹店主人张永福,及张之外甥林义顺,咸具革命思想,初纳交于邱菽园,得阅《清议报》、《开智录》、《新民丛报》等书报,渐醉心新学。癸卯闰五月上海"苏报案"起,楚楠、永福、义顺等激于义愤,因与所设小桃源俱乐部诸友联名致电驻沪英领事,请援保护国事犯条例,勿引渡章、邹,是为南洋华侨同情革命之第一声。其后复集资翻印《革命军》五千册,改名《图存篇》,设法输入漳、泉、潮、梅各乡镇,分送士商各界,收效甚著。继以提倡革命,非创设报馆不可,乃由陈、张二人出资组织《图南日报》,为言论机关。初由《天南新报》记者黄伯耀介绍陈、张于尤列,复由尤荐引香港郑贯一为该报主笔;郑以方筹办《广东报》辞,乃改聘中国报记者陈诗仲承乏,黄伯耀、康荫田等均任编辑。该报筹办于癸卯秋冬间,至甲辰春始出版,其报社设于福建街二十一号。第一日由尤列作发刊词,署名吴兴季子,初以风气未开,颇惹各商店反对,仅销售三十余份;寻人心日渐归附,乃递增至二千数百份。

冯自由《革命逸史》第6集,中华书局1981年版,第163~164页

陈孝华《南洋第一革命报人陈楚楠》:

一九〇四年,《图南日报》在新加坡正式创刊发行。革命党人尤列以"吴兴季子"的笔名,写了发刊词,阐述了《图南日报》的宗旨,指出"图南"二字原意为接近南洋,目的在于接近所有居留南洋的华商与华工,包括中国的移民与当地出生的侨民,共同进行推翻满清的革命运动。

啸马《八闽文苑》,海峡文艺出版社2000年版,第459页

春初　黄兴派万武、刘道一往湘潭策动马福益起义。

万武《策动马福益起义的经过》:

一九〇四年,黄克强、彭希明、陈少芝、曹亚伯诸君在长江准备起义,公推余与刘道一往湘潭策动哥老会首领马福益共图大业。我同刘道一由长沙小西门外搭了夜船到湘潭,找了一个姓苏的"圣贤"(哥老会里办文件的称圣贤二爷)引路,步行四十余里,才会见了大名鼎鼎的马福益。

我们见了马福益之后,将克强的信交他看了。他当时颇轻视我们。也难怪他,他根本不知道什么叫革命,更不知道黄轸为何许人(克强原名轸,后改名兴)。那时,刘道一有点沉不

住气了,使打起行话的调子,开言道:“马大哥!我今天是奉黄先生之命而来,除了信上的话以外,我尚有几句言语,要在大哥台前领教,请你容许说完,如果不以为然,我们马上就走。我今天要请教的是:马大哥究竟是遵照洪门遗训,担起灭清复明的责任呢?还是开开山、拜拜台,收点党徒,弄点金钱,头上插个草标,出卖人头呢?还是收集力量、使官兵疲于奔命,莫奈我何,然后再受官厅招抚,别开生面去做满清的奴才呢?我们闻大哥之名久矣,知道大哥是个汉子,又是替老百姓打抱不平的英雄,所以,我们黄先生才特地派兄弟们来,同马大哥谈谈。信上所不能说的,由兄弟口述。”

说到此处,马福益就肃然起敬地道:“两位先生,恕兄弟是个村野之夫,一切不懂,请多多原谅。因为先父在会中颇有地位,兄弟在童年,常常听先父说:清朝入关的时候,所杀死的汉人,已不下好几百万,光说扬州一处,关起城来杀了十天才封刀。我当时一想,既是要死,何不团结起来反抗呢?所以,我今天才干这营生,也是为了要团结一致,来做灭清复明的事。现在只能说有了一点点小基础,只是我常常感到我的部下教书人太少了,虽然有几个办笔墨的,无非是似通未通的落魄江湖的子弟。所以,我每每有才难之叹。现今听了先生一番言语,令我茅塞顿开,古人有云:‘与君一席话,胜读十年书。’我今天可以说是读了十年书了,望继续不客气地谈下去。先生来意我大概晓得了一些,最好是告诉我将来要我如何进行的办法,如果有用得着我的时候,无不唯命是听。”

刘道一又向马福益说道:“我辈革命的宗旨,第一是为图强,请看我们今日之中国,还成国家吗?推其原故,都是满洲人弄成的,所以非革他的命不可;第二是满洲人的心中,认为我辈是他的家奴,情愿将国家送给外国人,不愿还给原有的主人。古人有一句话说得好:‘非我族类,其心必异。’因此,又非实行种族革命不可。至于扬州十日、嘉定三屠的血债,也到了清算的时候了。因为马大哥是当今的豪杰,所以黄先生派兄弟前来领教。若能得马大哥的赞助,我们的革命事业,就有一大半把握了。”说完之后,就指着我向马说:“这位万先生,我们还要请他去柳州去见陆亚发大哥呢。”经此一谈之后,主客之间遂成一家人了。我同刘道一在马福益处住了约有十天左右,关于发动起义的事情,都由刘道一和马商量办理。我因另有使命,遂由马福益派了一个心腹叫王桂林的拿了马的名片,一路护送我到了柳州。

中国政协文史资料委员会编《辛亥革命回忆录》第2集,文史资料出版社1962年版,第245~247页

△ 黄兴至湘潭与哥老会首领马福益商定发动长沙起义,会党分五路响应。推黄兴为主帅,刘揆一、马福益为正、副总指挥。旋派党人赴鄂、赣、川、沪等地运动,谋求响应。

刘揆一《黄兴传记》:

甲辰春初,随公约会马福益于湘潭。为避清吏耳目,各自短衣钉鞋,头顶斗笠,乘雪夜行三十里,与相见于茶园铺矿山上一岩洞中。柴火熊熊,三人席地促坐,各倾肝胆,共谋光复。计以十月十日清西太后七十生辰,全省官吏在皇殿行礼时,预埋弹药其下,以炸毙之,而乘机起义。省城以武备各校学生联络新旧各军为主,洪会健儿副之。外分五路响应,洪会健儿充队伍,军学界人为指挥。马君即拟派其党中谢寿祺、郭义庭组合浏阳、醴陵军队,申兰生、黄人哲组合衡州军队,游得胜、胡友堂组合常德军队,肖桂(贵)生、王玉堂组合岳州军队,邓彰楚、谭菊生组合宝庆军队,静候华兴会派遣指挥与监军,并推公为主帅,揆一与马君为正副总指挥。是夜,山路均有会党防守,得以畅所欲言。且命其党徒就岩洞雪地,掘一土坑,埋数鸡其中,上以柴火煨之,香味逾于常烹,各自痛饮狂餐,乐至天晓。故公归途诗中有“结义凭杯

酒，驱胡等割鸡”之句，以纪其事。

中国史学会编《中国近代史资料丛刊·辛亥革命》第4册，上海人民出版社1957年版，第277～278页

陈浴新《湖南会党与辛亥革命》：

华兴会成立后，外与光复会、兴中会等革命组织，内与湖南的会党，都取得了进一步的联系。华兴会的负责人如谭人凤、刘揆一等，本来就是会党领袖或同会党有密切联系的人物，他们在革命党和会党之间，起了重要的桥梁作用。当时负责联络长沙、湘潭、醴陵、浏阳、萍乡一带会党的是刘揆一。刘的父亲和同族刘大贵、刘大满在湘潭县衙当差，平日对会党首领马福益的活动暗中颇多关照，刘本人又当了醴陵渌江高等小学堂的监督，这就为他联络会党的工作提供了许多便利。由于刘揆一的介绍，黄兴与马福益曾会于湘潭县之茶园铺，共商起义大事。这是会党与革命党发生进一步联系的一个重要标志。

田伏隆主编《辛亥革命在湖南》，岳麓书社1997年版，第38页

△ 黄兴派宋教仁、陈天华、周维桢等分赴鄂赣川等地开展活动。

刘揆一《黄兴传记》：

公见本省布置已有头绪，乃使宋教仁、胡瑛设支部于武昌，结纳同志，运动武、阳、夏三镇新军。陈天华、姚宏业游说江西防营统领廖名缙，届时响应。周维桢、张荣楣接洽四川会党，与两湖会党合作。杨守仁、章士钊注重宁沪，策应一切。并荐熟悉军务之会党如刘月升、韩飞等数百人，陆续加入湘、鄂、赣军队。公自往来湘、鄂，统筹全局，揆一则应醴陵中学监督之聘，藉可调度会党与湘、赣军队联合。

中国史学会编《中国近代史资料丛刊·辛亥革命》第4册，上海人民出版社1957年版，第278页

冯为莹《渔父痛史》：

又明年乙巳春（此处有误。乙巳即一九〇五年，是年宋教仁一直居日本，未回国，编者），与罗君律中同舟赴鄂。时张香帅将开办师范【于】鄂城，先生拟偕入就学，以试期尚未确定，愆然曰：俟河之清，人寿几何？遂独治装。濒行，别律中云：“君姑勉之，吾当有他图也。”问之，哭而不答。于是出没湘鄂间，谋倡革命而伸民权，人目为狂，无应者。

先生乃冥心孤往，求同志风尘外，未匝月，得四三十人。与暗刷图票散布，以为印证，题其名曰书股票，所以讳也。已而商于予。予曰：“可也，独惜以渺渺之身，既家贫母老无养，未便绝裾驰去从子游，又语言嗫嚅，不善鼓吹，奈何？请寓其义旨教育，以潜导青年学子，使移旧脑而易新脑，他日为子羽翼焉。”先生颔而去。

留朗城月余，通武陵旧友孙君惕卿，谋秘密结社，隐树奥援。惕卿谨厚君子也，时受业中学校，闻之有骜色。先生反复闻譬，以谓不如是，则不能革命，则满政府专制之根性不能铲除，民权何由而伸，国耻何由而雪。人化精卫，填海宁难；我是愚公，移山自易。舍而不图，时乎！时乎不再来。莽荡乾坤，终古黑黯矣，奚睹天日，眼见我黄帝四万万之贵胄，长奴异种，九万方里之幅员，非尽以供列强之羔雁而不止，盗憎主人，横刀而立，釜底游鱼，虽生不久，能无惧乎？孙君乃大服，心醉其言，深相结，运动覃礼门、谌光觉诸巨子，皆起而响应。于是革命之源泉，澎湃出山，波推澜助，已合朗水而东注矣。

民国《桃源宋氏族志》，马志亮主编《喋血共和——忆宋教仁》，岳麓书社1996年版，第54～55页

曹亚伯《武昌革命真史·自叙》：

甲辰暑假中，予又至江西吉安府廖筠堂处运动军队。时筠堂为统领，驻吉安，新化学生投其随营学堂者不少。适廖往瑞昌办教案，予从容向吉安民众演说，并散《猛回头》、《警世

钟》诸书。吉安正府试,予洋装无辫,听演说者大半应试生,竟有持予所散之书至知府胡祖谦前告密。江西巡抚夏时闻之,用万急公文至吉安军营指名捕予,就地正法。营中教授江彤侯,秘书长张通焕送予川资三十串以行,予并不知有就地正法之公文。过南昌,又至郭人漳(字宝森)所办之随营学堂演说。次日即抵九江,乘轮船上驶矣。予离吉安之次日,陈天华亦至吉安。因予案发,彼不能安居,遂由袁州经萍乡而至长沙,受尽内地运动之折磨。

曹亚伯《武昌革命真史》前编,上海书店1982年版,第4～5页

△ **黄兴、刘揆一、柳大任、彭渊恂等破家产筹措经费。**

刘揆一《黄兴传记》:

初时经费奇绌,公与柳大任、彭渊恂,破产共近万金,揆一破产并告贷约四千余金,以供各种费用。后公与龙璋、杨守仁等筹得二万三千余金,备购枪械,即以龙璋创办之江轮一艘,为运械之用,计可集长枪五百杆,手枪二百枝,以资分配。

中国史学会编《中国近代史资料丛刊·辛亥革命》第4册,上海人民出版社1957年版,第278页

年初　孙中山由美洲往欧洲,组织华侨、留学生参加革命运动。

何香凝《我的回忆》:

一九〇四年初,孙先生作环球旅行,由美洲经日本前赴欧洲考察。

中国政协文史资料委员会编《辛亥革命亲历记》,中国文史出版社2001年版,第14页

3月1日(正月十五日)　王先谦与冯锡仁等举行会议,积极倡议废除美约,筹划粤汉铁路自办。

《王先谦自编年谱》:

时盛侍郎宣怀督办诸省铁路,率借洋债兴筑粤汉铁路,由美国合兴公司承办,展延数年,私将股分售与比国,比实法伥,又借款浮滥中国,亏耗太巨。湘潭梁璧垣大令焕奎亟言于余,余遂商之张君雨珊,同具呈稿,与诸绅上之督抚,力请废约。张香涛制府深以为然。及陆春江中丞元鼎莅任,余又与冯莘垞给谏锡仁致函极论。(函载《虚受堂书札》第二卷。)明年有朝旨责成制军办理此事。筹画经年,始得废去粤汉铁路旧约,归我自办。从此各省皆知借洋债办路之害,竞请筹款自办。盖中国一大转机也。

王先谦著,梅季标点《葵园四种》,岳麓书院1986年版,第753～754页

3月6日(正月二十日)　俄国外交部不认辽西为局外中立地。

3月7日(正月二十一日)　有论者在《中国日报》上发表论说《与康有为书》,抨击保皇立宪,鼓吹革命排满。

《与康有为书》:

自半月以来,议论间多存私见。某等以公理所在,义难缄默,多从而辨正之。原欲足下回示一言,以证其是非而定国民之趋向也。乃足下不置可否,默无一言。……足下大旨,志在颂扬满洲全部,以利用官场,而又偏唾骂清太后一人,彼清太后独非满洲人乎?则足下言论,为公为私,路人皆见矣。业称胡越一家,以满洲为大禹之后,而又痛斥金、元入华,非我族类,其心必异,前矛后盾,并为一谈。大抵以私言强论公理,则词说间不无出入,此则足下之

误有由然矣。请将某等日来之辩诘贵报(《商报》,编者)者,尽情复示。他山之石,可以攻玉,则某等之受益,不亦多乎?如其不然,则所言皆谬,其贻误国民不少矣。今重与足下约,请以长篇快论,反复往来,以证其是非而定今后国民之趋向。

《中国日报》,1904 年 3 月 7 日

3 月 9 日(正月二十三日) 孙中山领取檀香山出生证。

冯自由《孙总理癸卯游美补述》:

其时檀岛保皇党之衔恨总理,甚于敌国。日欲伺机报复!此事总理在檀已有所闻,故从权取得夏威夷出生证书,以备不虞。

冯自由《革命逸史》第 2 集,中华书局 1981 年版,第 110 页

冯自由《孙总理癸卯游美补述》:

总理时于党务余暇,特至茂宜岛牧场,谒其母杨太夫人及乃兄德彰等,……其母舅杨文纳以总理丙申年(一八九六)第一次游美,成绩不佳,实由缺乏同志相助,因力劝总理在檀加入洪门会党,加强革命党之势力。且谓现时保皇党机关林立于美洲各埠,倘不与洪门人士合作,势难与之抗衡。尤可虑者,在檀康徒陈仪侃等挟近来两报笔战之嫌,难免设法运动美国关员妨阻登陆,故宜取得一夏威夷土生证书,以备不虞等语。德彰亦以为然。……总理卒从其言。乃由德彰转托老年同乡数人,向茂宜岛当局代为证明,并取得此项证书为入美登岸之需。

冯自由《革命逸史》第 2 集,中华书局 1981 年版,第 101 页

孙中山的檀香山出生证:

夏威夷疆省柯湖(Oahu)岛成年人第二十五号

本人孙逸仙,先经宣誓后,兹作证称:凭我所知和所信,我乃于一八七〇年十一月二十四日在柯湖岛衣华(Ewa)镇之位问奴(Waimanu)地方诞生。我是一名医生,现在茂宜(Maui)岛的姑剌(Kula)地方行医,我家居住在姑剌。我父亲孙达成于一八七四年前往中国,约八年后在那里逝世。本人作此誓词,旨在证明我的身份;并提供我出生于夏威夷的进一步证据,所附照片为本人最近肖像。

孙逸仙(签名)

以上证词于一九〇四年三月九日我在场时签字和宣誓

夏威夷疆省第一司法巡回处公证人

凯特·盖利(签名)

(加盖公章)

广东社会科学院历史研究室等合编《孙中山全集》第 1 卷,中华书局 1981 年版,第 239 页

3 月 11 日(正月二十五日) 《东方杂志》在上海创刊,徐珂、杜亚泉先后任主编,上海商务印书馆编辑出版,旨在"启导国民,联络东亚"。

《新出东方杂志简要章程》主要内容如下:

一、本杂志以启导国民联络东亚为宗旨。

二、本杂志略仿日本太阳报英美两国而利费 Review of Review 体裁;除本社撰译论说广辑新闻外,并选录各种官民月报旬报七日报双星报每日报名论要件,以便检阅。

三、本杂志区别门类如左:一社说(选论来稿附),二谕旨,三内务,四军事,五外交,六教育,七财政,八实业,九交通,十商务,十一宗教,十二杂俎,十三小说,十四丛谈,十五新书

月旦。

四、编次方法首关于本类之论说,次史事,次章奏,次公牍,次规程,次新闻。仍以先内国后外国为序。

…………

八、本杂志分门别类,搜罗宏富,选择精审,有志之士欲检查时事者,得此可免抄录之繁。

九、本杂志字数较现行各杂志为多,售价极廉,内地人士无力遍阅各报者,得此亦足周知中外近事。

《东方杂志》第1年第1期,1904年

3月13日(正月二十七日)　孙中山在法院宣誓后领到美国岛居人民所持之护照。

陈锡祺主编《孙中山年谱长编》1904年:

三月九日(正月二十三日)　领取檀香山出生证。

是时,美国政府正加紧排华,先生欲于月内赴美大陆,其兄孙眉、母舅杨文纳劝其领取檀香山出生证,以便入境,防止保皇党从中阻扰。三月十三日,在法院宣誓后领到美国岛居人民所持之护照。

陈锡祺主编《孙中山年谱长编》,中华书局1991年版,第307页

△ 鉴于日俄战争爆发,对俄同志会改为争存会。

《对俄同志会广告》:

本会同志以时局迅变,非复可以"对俄"二字为吾人唯一之责任。特于念七日(三月十三日)开第二会议,提议改良,已由大多数会员议决,改名为"争存会"。因是日会员有未到者,特此广告。

《争存会广告》:

本会即"对俄同志会"之扩张,以养成国民资格,抵制外界压力为宗旨,已由全体会员委托警钟社社员草拟章程,再开大会,以多数决定之。各会员如有意见,请于七日以内投函本社,以备斟择。念七日(三月十三日)未与会议诸君,如不愿与于争存会者,亦请于七日以内投函本社声明。

《警钟日报》,1904年3月14日

《争存会变更议案》:

中国教育会之创设,殆于壬亥,而立会宗旨,本兼学校教育、社会教育之两部。及癸卯季春,俄不撤兵,祸难将作。当时海内之演说会、义勇队,多发原力于本会。及癸卯孟冬,俄患日急,本会会员更切陆沉之虑,以瓜分之祸,俄为戎首,乃立对俄同志会,以筹捍卫之方,并撰《俄事警闻》,以为振聩发蒙之助。当时签名与会者虽及二百人,其发原力,则仍然本会一部会员也。甲辰正月,复经同志会会员之决议,改《警闻》为《警钟》;又以时局日非,对俄二字不足为吾人唯一之责任,特于正月二十七日开会提议,又经同志会会员之赞成,改名"争存会"。

《警钟日报》,1904年4月7日

蒋维乔《中国教育会之回忆》:

是时日俄既已开战,俄人屡败,对俄同志会,已无目标。然因中国以后受各国欺侮将益甚,公议改组为"争存会",改《俄事警闻》为《警钟》,仍按日出版。

中国史学会编《中国近代史资料丛刊·辛亥革命》第1册,上海人民出版社1957年版,第493页

3月15日(正月二十九日) 《争存会之宗旨》强调国家面临严重危机,而国人对日倚赖思想日重,希望藉改对俄同志会为争存会来达到争存之目的。

《争存会之宗旨》:

昔项羽被围垓下,闻四面之楚歌而大惊。呜呼!吾中国今日之现象视此矣。列强眈逐,环伺吾侧,徒以一阻于均势,再慑于民气,潜朘窃削,不敢公然发难耳。独彼俄人,特具蛮力,不惮骤攫满洲,以为各国倡。而其利害之点,又适与日本相冲突;又以商务之通塞,外交之向背,公法之评准,独使俄人陷于公论不容之地位;而列强之视线,遂集中于满洲之一隅,以观吾国之举动。于斯时也,吾诚声俄罪而痛击之,以收回满洲之主权,则各国之视听皆将为之回易,而势力范围之策为之废。结一而万毕,诚国民自振之机会也。

于是吾党有对俄同志会,冀以联合群流,同赴目的。德薄知疏,不见信任于社会。方事之殷,签名与会者,乃不及二百人。以视日本对露硬青年会,列席三千,政府视若敌国,度量相越,何其远欤?义勇之军、侦探之队,徒抱虚愿,一无表见,所借手者,区区《俄事警闻》之报告而已。

吾党生性简直,不愿为虚矫之词以欺世。现象如此,未知吾党之罪,抑社会之罪也。而返观社会之新现象,则自日军胜俄,而倚赖异族之根性益以滋长。学生之与灯游也,商人之贺新舰也,横滨居留者之归化也,恬然不以为耻。其自命为上流社会者,亦以捐集微款,恤彼伤兵,为今日无上之政策。岂以日本人为我击俄,我以此虚言贺胜,薄物犒师,遂足偿佣雇日本之值哉?毋亦谚所谓锦上添花,以是为箪食壶浆之迎云尔。嗟乎!社会之所谓对俄者如此,服从强者之根性之深也。如此所谓对俄者,仅仅不为大俄国顺民而已,大日本顺民,则固已为一般社会之所承认。

日本者,西欧、北美各国之后进也。日英同盟之成立,日本狂喜抃舞,几如吾国人及第升官之状。今之胜俄,亦仅仅不为西欧、北美诸国所鄙夷已耳,西欧、北美各国之资格,终尚非日本所敢望。然则一般社会之自认大日本顺民者,浸假而得为大英顺民、大美顺民、大法顺民、大德顺民,其箪壶之迎,必较甚于今日之对日本,而狂喜抃舞,何减日英同盟时之日本人也!循此以往,则向之所谓各国势力范围者,经日俄之战,适以速其为香港、为台湾之期限焉尔。

嗟乎!滔滔者对俄之主义,则既如此矣,而吾党所抱之主义,竟不为社会之所赞成,而又决非此百余十人之力之所及。荏苒蹉跎,以及今兹。时局迅变,前日之主义,业为刍狗。吾党既不获指导社会之效,宁能依违暧昧,附和于彼滔滔者之主义乎?且吾党之对俄,手段耳,一时之目的耳,宁得以其一击之不中而牵动大目的乎?且经此试验,而知今日社会之程度,尚不适于扣盘、扪烛之危言,而宜进以开雾见天之确论;而吾党之主义,亦不宜专为依赖社会之计划,当有随时实地之经营。谚曰:经一事,长一智,此亦社会以饷吾党者也。

夫机会无定,主义有定,所谓彻上下、通古今之主义,孰有大于天演学之物争自存乎?吾党是以改"对俄同志会"为"争存会"。欲达争存之目的,则外之国际公私之界,内之政俗改良之见,近之农、工、商之实业,博之家庭、学校、社会之教育,随时随地,多人寡人,积极消极,无不可以尽吾党之责任,而使之归宿于大目的。吾敢以是为争存会诸同志勖。

《警钟日报》,1904年3月15日

3月22日(二月初六日) 清驻法、俄、英、比使臣孙宝琦、胡惟德、张德彝、杨兆鋆等奏请变法,以鼓励人心,植立国本。

《清驻法、俄、英、比使臣孙宝琦、胡惟德、张德彝、杨兆鋆奏请变法折》:

东方战事关系中国安危,西人注目以此,及欧亚争雄,黄白种强弱,关键自日本崛起。咸谓:中日同种,性情智慧相若。而魄力尤大,一旦振作,可为白种寒心。数年前,德主遂倡黄险之说,耸动各国,意在杜我进步。况我非唯欧洲异种之可优,即亚洲同种亦未可恃,初非局外中立遂可无虑。东邻执言,便堪高枕也。窃见俄之于土尔其、波斯、阿富汗,每阻其更新。日之于朝鲜,方逼其更新。俄胜亦将阻我,日胜又将逼我。阻固永沈困弱,逼亦永失主权。又况东三省迄未收回,他患方将继踵。琼、桂、滇、蜀、新疆、蒙古、西藏等处,岌岌难安。旅大、威海、胶湾、九龙、广【州】湾之事岂宜再见。而各国乘机进取,大欲未餍,存亡安危争此一息。据俄兵部称:此战恐非一二年不决。亟宜乘此俄、日用兵,各国待时之际,一面恪守局外,一面痛自更新。若复因循,恐异日虽欲自强,势已不及。昔者,俄变法不数十年,而国势大振。近者,日变法仅三十年,而已有今日,史现暹罗自拔,加礼英廷。土政未修,受协德奥。利害昭著,无待蓍龟。我自庚申、甲午、庚子屡受外侮,朝廷无次无罪己之诏,臣工无次无条议之章,而终未见自强者,有空名而无实事,则玩泄如前,精神不振故也。应举各政,近年刘坤一、张之洞所奏三折,暨中外大臣条议大纲已具,应请饬下政务处详细抉择,切实施行,倘更由庙谟独断,颁示要政出该督等所议之外,尤足以激励人心,植立国本。

金土整理《驻俄公使胡惟德往来电文录》,中国社科院近代史研究所编《近代史资料》总第92号,中国社会科学出版社1997年版,第117~118页

3月31日(二月十五日)　孙中山由檀香山启程赴美国。

夏曼《孙逸仙的生平及其意义》:

孙中山乘"高丽号"(S. S. Korea)邮船离檀香山赴旧金山。

陈锡祺主编《孙中山年谱长编》,中华书局1991年版,第307页

冯自由《孙总理癸卯游美补述》:

总理拜盟后十余日,即首途赴美,濒行时遗书陈少白、冯自由二人,使在香港、日本二地多寄文稿于《隆记报》,以助其声势。

冯自由《革命逸史》第2集,中华书局1981年版,第102页

《德宗景皇帝·光绪三十年》:

是日,孙中山乘高丽号邮船离檀香山赴旧金山。是日适清贝子溥伦赴美经檀,侨商中有设宴欢迎之者,孙亦赴宴。有人问曰:"孙博士为排满革命大家,何以参与欢迎皇叔之宴会?"孙答曰:"余非有欢迎之心,所以与会者,欲认识其人而已。"

章开沅主编《清通鉴》,岳麓书社2000年版,第987页

陆灿遗著《孙中山公事略·在金山之活动》:

孙公留檀至一九〇四年三月三十一号,搭高丽船往金山,拟游美国各埠,由东道回国。公之往来皆守秘密,惟此次对西报访事说出行程,谓他望于夏间可到中国大起义举,倾复[覆]满洲。惟在何地点,他则谨慎不言。但谓"革命事业大有进步,中国人已醒悟矣"云云。访事祝曰:"我望有日得了消息,你被举为中华民国总统。"公莞尔而笑。

广东省孙中山研究会《孙中山研究》第1辑,广东人民出版社1986年版,第350页

冯自由《孙眉公事略》:

总理于是冬美国之行,德彰不能多所供应。濒行除给予少数川资外,另赐龙涎香一支,备旅途不时之需。

冯自由《革命逸史》第2集,中华书局1981年版,第6~7页

冯自由《孙总理癸卯游美补述》:

总理时于党务余暇，特至茂宜岛牧场，谒其母杨太夫人及乃兄德彰等，九年阔别，一家团聚，喜可知也。惟是时德彰所经营之牧场，因夏威夷政府修改土地法，取消私有制度之故，大受损失，已不若往年之丰裕。故对于总理游美之旅费，不能多所供给，惟赠以龙涎香一枝，备旅途中困乏时需要而已。

冯自由《革命逸史》第2集，中华书局1981年版，第101页

日本东京《朝日新闻》报道：

中国革命党首领孙逸仙前在布哇密待时机，近往美洲大陆。现时东洋时局，其心所期许者，以俟便归国改革中国为共和政体。而抱此急进主义，在布哇时已纠合同志多人，一旦得机，富有风行雷厉之举动也。

《警钟日报》，1904年4月1日

△ 陈仲甫（独秀）在芜湖与汪孟邹等人创办《安徽俗话报》，由陈任主编。它以鲜明的思想和通俗的语言启迪民智、宣传革命思想，鼓舞人们起来进行救亡图存的斗争。

陈仲甫《开办安徽俗话报的缘故》：

唉！人生在世，糊里糊涂地过去，一项学问也不懂得，一样事体也不知道，岂不可耻吗？就是有钱的，天天躺在家里，陪着娇妻美妾，吃的珍香百味，好不快活。但是不通时事，若遇有兵荒扰乱的时候，哪里可以避乱，哪里可以谋生，哪里是荒年多盗，哪里是太平无事，这都要打听一些真实的消息，才好保得身家性命哩。若说起穷人来，越发要懂得点学问，通达些时事，出外去见人谋事，包管人家也看得起些。却是因为想学点学问通些时事，个个人都是要上学攻书，这岂不是一桩难事么？但是有一样巧妙的法子，就是买几种报来家看看，也可以学点学问，通些时事，这就算事半而功倍了。但是现在各种日报旬报，虽然出得不少，却都是深文奥意，满纸的之乎也者矣焉哉字眼，没有多读书的人，那里能够看得懂呢？这样说起来，只有用最浅近最好懂的俗话，写在纸上，做成一种俗话报，才算是顶好的法子。我开办这报，是有两个主义，索性老老实实的说出来，好叫大家放心。第一是把各种的事体，说给我们安徽人听听，免得大家躲在鼓里，外边事体一件都不知道。……第二是要把各项浅近的学问，用通行的俗话演出来，好教我们安徽人无钱多读书的，看了这俗话报，也可以长点见识。

《安徽俗话报》第1期，1904年3月31日

三爱（陈独秀）《安徽俗话报的章程》：

一这报的主义，是要用顶浅俗的话说，告诉我们安徽人，教大家好通达学问，明白时事。并不是说些无味的白话；大家别要当作怪物，也别要当作儿戏，才不负做报人的苦心。

一报里面的文章，共分十三门：

第一门论说，是就着眼面前的事体和道理讲给大家听听。

第二门要紧的新闻，无论是本国的外国的，凡是有了要紧的信息，都要照实注销。

第三门本省的新闻，凡是安徽地方的治乱，工艺的盛衰，年成的好歹，学堂的光景以及各种奇怪的案情，都打听得清清楚楚，告诉大家。

第四门历史，是把从古到今的国政民情，圣贤豪杰细细说来，给大家做个榜样，比那三国演义、说唐、说宋还要有趣。

第五门地理，凡是本省的外省的本国的外国的山川、城镇、风俗、物产都要样样写出，但不是什么看坟山、谋风水的地理，大家别要认错了。

第六门教育,这门又分为二类:一是读书的法子,好教穷寒人家妇女孩子们,不要花钱从先生,也能够读书识字通点文法。一是教书的法子,好教做先生的用些巧妙的法子,不至误人子弟。

第七门实业,无论农工商贾,凡有新鲜巧妙的法子,学会了就可发财的,都要明明白白告诉大家。

…………

《安徽俗话报》第1期,1904年3月31日

陈独秀《陈独秀的话》:

二十年前,孟邹以毫无商业经验的秀才跑到芜湖开书店,实是盲目的行动,然当时为热烈的革新感情所趋使,居然糊糊涂涂,做到现在的状况。我那时也是二十几岁的少年,为革新感情所趋使,寄居在科学图书社楼上,做《安徽俗话报》,日夜梦想革新大业,何物臭虫,虽布满吾衣被,亦不自觉。

沈寂《安徽俗话报》,丁守和主编《辛亥革命时期期刊介绍》第2集,人民出版社1982年版,第165页

△ **上海补余学塾师生创设文学会,旨在开通下等社会,让其知晓国耻国仇,力行爱国。**

《文学会》:

这会是上海小南门内俞家弄补余学塾各位教习学生设立的。会的宗旨,专以开通下等社会,激发他的爱国心,使他晓得国耻国仇,力图恢复。去年十二月曾造出一种图画,名叫《明耻图》,里头画的是张廷标受难情形。

张廷标是东三省那边人,家中很有几个钱,起先也是不晓得什么大局,只图自己做个富家翁。后来俄兵到了东三省,有个山东人告诉俄兵说张廷标是有钱的人,我们可以替你做个介绍,到他家里去结结账。俄兵果然欢喜。到了张家,便把张廷标拖出来,问他要钱。张廷标不肯说,就被俄兵吊起来,用各种毒刑待他。又奸淫张廷标的老婆子,叫张廷标站在那里看。后来张廷标夫妇,都被俄兵杀死,他家钱财田产,都被俄兵拿去。

这一张受难图,画得十分清楚,又注了许多字,解说给人家听。每张只卖二十文。不上一月,几千张的图都卖光了。众人都道这等图说做得顶好,顶有益,顶会开通下等社会。

可见这文学会团体虽然小,办的事倒还实在,不像他们那般新党说得轰轰烈烈,虎头蛇尾,往往没有好结果。唉!如今大团体倒靠不住,有名的新党也做不出事来。还是这等小团体及无名的青年,倒会实心办事。我们实在佩服这文学会各位会员。

《中国白话报》第8期,1904年3月31日

△ **《广东日报》在香港创刊,郑贯公任主编。该刊以发挥民族主义、提倡革命精神为宗旨,反对君主立宪,主张暴力革命,鼓吹实行资产阶级民主共和。**

冯自由《华侨革命开国史》:

《广东日报》亦为前香港《中国日报》记者郑贯公所创办。贯公于癸卯年冬发刊《世界公益报》后,因报中股东及监事多属耶稣教徒,发言立论多不自由,故于《公益报》出版后半载,即自行辞职,复向同志另集资本,组织《广东日报》以为之继,宗旨略同《中国日报》,是为香港革命报纸之第三种。其编辑部尝罗致广州文学之士多人担任庄谐二部,著述体裁颇为新颖。操笔政者,除贯公自任主编外,尚有黄世仲、王军演、胡子晋、陈树人、卢伟臣、劳纬孟诸人。出版后大受广州、香港、澳门各地学界之欢迎,销场亦殊不恶,惟以资本不足,开办不及

一年，至乙巳夏秋间即告歇业，闻者惜之。

近代史资料专刊《华侨与辛亥革命》，中国社会科学出版社 1981 年版，第 10 页。

《郑贯公和〈有所谓〉报》：

一九〇四年三月三十一日，郑贯公又在香港创办了另一张革命报纸——《广东日报》，郑贯公任主编，李大醒、劳伟孟、黄世仲、陈树人、胡子晋、王军演等人参加了编辑和采访工作。这张报纸以发挥民族主义、提倡革命精神为宗旨，反对君主立宪，主张暴力革命，鼓吹实行资产阶级民主共和，曾发表过《炸药之二十世纪》、《暗杀主义》等文章，鼓吹暗杀。

王洪祥主编《中国新闻史》古近代部分，中央民族学院出版社 1988 年版，第 230 页

3 月(二月)　福建革命党人郑权、郑祖荫等在福州成立革命组织汉族独立会。

刘通《辛亥福建光复回忆》：

革命派中有下渡文明社、侯官小学校、莆田励菁学校、连江光复会及高等学校、师范学校中学生。文明社由郑权、郑祖荫、林斯琛等创投[设]，在下渡十境祠，以阅书社面目出现，内容则为革命机构，借开通风气之名，与社会上及学校师生具有革命思想者联络往来，而下渡小岭益闻小学校亦为其活动之地，并与省外通声气，尤其上海及留学日本同志。又以哥老会有反清宗旨，且在军队中具有势力，谋与结合，先由邹燕庭设法加入福州复明山堂。复明山堂为福建哥老会最大组织，燕庭加入后，吸引林斯琛、刘元栋、黄光弼、严汉民等相继加入。其中头目尹蔺亭等因时时往来，文明社渐引谣诼，燕庭又自设共和山堂，散卖票布。林斯琛等以过于招摇，而哥老会宗旨久失，仅成为江湖上秘密组织，不能起政治上作用，殊失所望，因渐停活动。然已为清大吏周莲所注目，缇骑四出，将兴祸狱，文明社遂解散。林斯琛数人避往莆田，事静乃回，秘密组织汉族独立会，机关设在下渡古榕书院。

中国政协文史资料委员会编《辛亥革命回忆录》第 4 集，文史资料出版社 1981 年版，第 454 页

《汉族独立会》：

一九〇五年，福建学生会成立，举行示威游行。清当局害怕学生组织反清团体，宣布解散藤山文明阅报社，同时查究共和山堂的行动。革命党人避难上海、厦门等地，后来又回福州，组织汉族独立会。会址设在古榕书院。该会是福建辛亥革命最秘密最核心的革命组织。会长郑权，副会长郑祖荫。郑权离开福州后，郑祖荫代理会长。会员分基本会员和普通会员两种。基本会员入会时，必须歃血为盟，普通会员则不歃血，但在入会前，不管是基本会员或普通会员，都必须通过共和山堂的考验和锻炼。该会口号是："贪生怕死莫入此门，升官发财请走别路。"当时福州地区四个山堂的骨干分子，多是后来的汉族独立会的会员。

福建省孙中山研究会编《孙中山与福建》，福建人民出版社 2002 年版，第 128 ~ 129 页

△ 商部奏准颁行《矿务暂行章程》三十八条，开始限制外资采矿权。

《矿务暂行章程》第十六条明确规定：

集股开矿，总宜以华股占多为主，倘华股不敷，必须附搭洋股，则以不逾华股之数为限。具禀时须声明洋股实数若干，无得含混，并不准于附搭洋股外，另借洋款。倘有蒙准开办者，查实即将执照注销，矿地充公。

中央研究院近代史研究所编《中国近代史料汇编三・矿务档》，第 1 册，中央研究院近代史研究所 1960 年版，第 104 页

4月6日(二月二十一日)　孙中山由檀香山赴旧金山,被美移民局羁于天使岛的木屋内,经美国侨胞等营救始获释登岸。

《国父全集》第九册“杂文”:

一九〇四年四月六日孙中山由檀香山抵达美国旧金山,因受保皇党徒及驻旧金山清领事指控,移民局官员登轮查验,不准孙登岸。嗣又借口孙所持中国人的第六类证件,并不能取得美国公民权利,乃拘留于木屋(移民候审所)多天。后得美国华侨援救,始获准入境。下面是拘留期间孙中山所写的英文自白书。全文如下:

我名孙逸仙,出生于檀香山。希望在一八九六年初或一八九五年底从香港返回檀香山。我在檀香山停留四五月后前往旧金山,在七月前不久抵达此间。我是以上海发的学生与观光客的第六类证件抵达此间。我是以中国国民的身份来此。我从旧金山经纽约到伦敦,并从此间经加拿大到日本。我从日本返回檀香山后,于一九〇一年二月左右到达此间。他们曾查询一些证人,并承认我是当地出生的公民。我没有(证明)文件,我到檀香山一向不带文件。自从我于一八九六年以中国国民身份抵此后,即未再采取任何行动恢复美国公民身份,除了今年三月取得夏威夷州长发给的护照前曾宣誓效忠美国,放弃我的另一国籍。

孙逸仙
汤普森

已于十四日在我面前宣誓。

一九〇四年四月·汤普森。

郝盛潮主编《孙中山集外集补编》,上海人民出版社1994年版,第22~23页

冯自由《孙总理癸卯游美补述》:

是岁腊月总理舟抵美国旧金山港,关员登轮查验旅客护照。见有孙逸仙之名,即谓此人为中国乱党,应暂留船上听候讯问,不得登岸。据美海关事例,凡华人旅客所持入境护照有疑问者,关员先令羁留原船候讯,讯后认为不正当者,即令由原船拨回出发地点;其仍有疑问者,则于原船开行时改禁码头上海关附设之木屋。经关员二次审讯,乃定准许入境与否,如判决拨回,始由移民局长明告本人以拨回之原因,并限本人于十日内向华盛顿工商部上诉。如本人败诉,则仍须候所搭之原船回美时,乃由原船拨回,故被禁华人往往羁留木屋至数月之久。是即美国对吾华人施行多年之特别苛例也。先是檀岛保皇党陈仪侃等探闻总理赴美有期,预通知旧金山同党使设法阻止总理入境,以为党争之报复。旧金山保皇党员以告清领事何佑(香港何启律师之亲族),何欲借此向清廷邀功,乃关照美海关,谓有中国乱党孙某将于某日搭某船抵美,请禁阻其入境,以全清美二国邦交等语。美关员惑其言,因有阻止总理登陆之举。及查总理所持护照为夏威夷土生证书,夏威夷为美属土,依律不得阻止入境。关员以告何佑,何力言孙某系生长广东香山县,所持护照,必为伪造,仍请美海关尽力禁阻。当总理被困船上时,船上海员多属惠州籍之洪门会员,闻总理遭难,咸为不平,群向总理慰问致敬,且馈赠食品不绝。故总理亦不觉其苦。及改羁码头上木屋,与陆上友朋消息隔绝,无法通信,深以为忧,其困状可想见矣。

冯自由《革命逸史》第2集,中华书局1981年版,第102~103页

冯自由《基督教友及致公堂之助力》:

总理困居木屋数日,经移民局讯问后,竟被判令出境,候原船拨回檀岛。因之焦灼异常,彷徨无计。忽睹被禁乡人中所阅《中西日报》有总理伍盘照字样,偶忆盘照为著名之基督教学者,素以说教及办报蜚声于时。乙未年(一八九五)亡命出国时,粤中教友左斗山、杨襄甫

二人尝作函为之介绍,此函尚存行箧未用。此时大可用之。乃草一函,求一卖报西童带往沙加缅都街《中西日报》,外书伍盘照博士收启。另有英文"到奉带书人七角五分"字样,盘照折视,内称"现有十万火急要事待商,请即来木屋相见勿延"之语。盘照久闻总理盛名,即往移民局请准当局,得入木屋晋谒总理。相见之下,握手甚欢。总理谓此来被清领事函报税关指为乱贼,如准之入美,有碍地方治安,因此被判出境。现距十日上诉之限期已近,特求各教友援手等语。并将多年前左斗山、杨襄甫等署名之介绍函交盘照带回,函面写"司徒南达牧师伍盘照博士同启"。内言"携此信之人,忠心为国,请尽力相助"云云。信末不书年月日,盘照当允在外设法,即持介函访司徒南达。南达认识为左、杨二人亲笔,遂招集各教友筹商营救方法。佥谓各教友俱有家属在内地,此事只可暗助,不便明帮。孙君既言曾加入洪门团体,应即通知本埠致公堂,请其出名向美京工商部上诉。盘照谓此事既由何领事主动,我如上诉,彼必案请公使出头横生阻力,不若我先往询何领事,并劝其不必再禀公使,免伤同乡感情云云。盖盘照是时兼充领事署顾问,年受领署夫马费一百元,何领事如有重要对外事件,多向其咨询办理也。及赴领事查询此事底蕴,何领事否认受人嘱托,诿称此举乃奉清政府命令而为。盘照曰,孙某系革命党,不能指为乱贼。现有同乡多人决定向美京上诉,请勿禀报公使,以免激动众怒。何领事曰,君言吾亦可行,但君为吾顾问,应小心行事。盘照遂往访致公堂英文书记唐琼昌,告以总理被美海关禁阻入境及羁留木屋之经过,并谓据总理谈话,自承为洪门会员,故致公堂宜即设法营救,以尽手足相助之谊等语。旧金山致公堂为全美各埠洪门分堂之总部,宗旨虽号称反清复明,然以代远年湮,会中分子多已丧失本来面目,其任事职员身跨保皇籍者亦不乏人,独总堂大佬(主盟员之称)黄三德及英文书记唐琼昌平日热心革命,尤钦佩总理学行。嗣闻总理入境受阻,大为愤激,琼昌即偕盘照同访致公堂顾问美律师那文,请其依法相助;复往木屋叩总理以此案详情。遂由那文向移民局声明即向华盛顿工商部上诉,并依五百元保证金之移民法例。当由致公堂以士波福街楼业向保单公司具保五百元,担保总理出外听候美京判决。同时致公堂职员及基督教徒之有志者多赴码头欢迎脱难,借表敬意!总理羁留木屋多日,至是始获恢复自由。自丙申年(一八九六)被困伦敦清使馆以来,此为第二次之蒙难。

冯自由《革命逸史》第2集,中华书局1981年版,第103~105页

冯自由《美洲致公堂与大同报》:

未几总理自檀乘船赴旧金山。檀埠康徒陈继俨等挟总理排击保皇之嫌,预使旅美同党设法阻止登陆,于是旧金山税关华人通事之隶保皇会籍者,遂诬指总理所持之入境护照为伪做,总理因是被阻于船上者一夜,次日移送安琪儿岛木屋移民候审所,羁留竟日。先是旧金山致公堂得檀岛致公堂电,谓总理某日趁某轮来美,嘱郑重接待,致公堂大佬(会长之称)黄三德,英文书记兼《大同日报》司理唐琼昌等届时到船埠欢迎,始知被保皇会暗算,大为愤激,遂延美律师那文(现任国民政府铁道部顾问)致电华盛顿政府抗争,并以五千元向移民局保出候讯。旋得华盛顿政府复电,以该入境护照为合法,饬令放行。

冯自由《革命逸史》初集,中华书局1981年版,第147~148页

编者按:关于冯自由所述孙中山在美被困木屋情形,伍于衍后来有所修正。

冯自由在《孙总理癸卯游美补述》所附《中西日报》经理伍于衍报告谓:"自由先生惠鉴:承感中华民国开国前革命史,并垂询中山先生一九〇三[四]年抵美被困于码头木屋详情,不胜谢谢。查当年记载此事之报纸,因本埠地震灾劫,已荡然无存。一九三五年,本埠圣玛利公园所建孙公铜像举行开幕礼时,敝报尝有'四十年前禁入境而今享铜像巍峨'之句。其时江尼古西报访员来询前事,愚以所能记忆者告之,该访员亦谓西报因震灾一无所存。愚所未忘者,孙公由檀到美被禁于码头木屋间,侨界无有知之者。孙公因素闻伍盘照之名,遂写一函托西童送来本报,函面写英文到奉银七毫五仙。愚得

函即交盘照,内称'现被移民局批拨出境,请来木屋相见'字样。盘照乃向移民局讨情,得入木屋相见。据孙公云,被清领事指为乱党,有害地方治安,不准入境,并将左斗山、杨襄甫等签名之函交盘照带回。函面写司徒南达牧师、伍盘照博士同启。内言:携此信之人忠心为国,请力助之等字,并不书年月日。愚与司徒牧师认明确是左君签笔,因即招集教友筹商。佥称教会人士各有身家在内地,可以暗助,不可明帮。孙公既向盘照言已入洪门致公堂,应请致公堂出名上诉工商部为佳。盘照谓此事既由领事主动,我如上诉,彼必案报公使,多生枝节。不如我先往询何领事,并劝其不必再禀公使云云。及盘照往领署,何领事对此事直认不讳,谓曾接政府来电,称孙氏某月日到檀,某月日由檀附某船来美,饬即知会海关勿令其登岸等语。盘照谓孙氏系革命党,属国事犯,不能指为乱贼。现有某大团体助其向美京上诉,请勿禀报公使,致将风潮扩大。何领事曰,此议可行。但君为吾顾问,应小心行事为要。盘照遂往访致公堂出番唐琼昌,告以一切经过。随偕往见该堂常年顾问那文律师,请其援手。那文于是同往木屋向孙公探询底蕴,即向移民局声明向工商部上诉。略谓'孙某乃檀香山籍民,因在中国提倡革命,故被本国政府指名通缉。今中国领事阻其入境,实属损害檀籍人居留美国之权利,及违背美国容留国事犯之法例'云云。当由致公堂以楼业向保单公司具保五百元保出候判。孙公于是每日传食于《中西日报》,夜则在致公堂会所寝宿,约越三星期,工商部始电令旧金山移民局放行。事后孙公仍居此间,曾委敝报刊印邹容《革命军》一万一千册,订明印费五百元,印就后,孙公谓分寄美洲、南洋各埠之邮费及包纸已由致公堂担任报效,印费一项亦请《中西日报》捐助,共成美举。愚与盘照从之。孙公复向各教友发售革命军需债券,约得二千七百余金。该券号数即在敝报内房填写,由一号至十号为伍盘照,由二百六十九号至二百七十九号为伍于衍。因愚欲取最后之号券故也。其后在埠兴中会会长邝华汰又在卜技利埠募得一千三百余金,孙公复劝吾加捐以取最后之券。故四一四及四一五两号亦为吾所得。惟各人所得债券,有因惧政府搜获株连而不敢留存者,有经本埠地震巨灾而被毁者,吾所存四一四号及四一五号之二券,系放入'味根'书内携回中国,后复带之返美者,兹随函寄呈形印二份,亦一有价值之纪念品也。

"尊著纪载周详,可称信史,读之获益良多。惟据愚所知。书中有数细则与当年微有不符,请条举为兄言之。第六章五十一页及第九章一四九页云'中山二次游美,保皇党嗾使同党之海关译员阻其登岸,被留烟治埃伦木屋者一日,幸赖美国致公总堂总理黄三德、《大同日报》总理唐琼昌之助,以五千元保出候讯'。又第二十章一六〇页云'旧金山致公堂得檀香山致公堂电,谓孙大哥于某日搭某船来美,嘱郑重招待,黄三德、唐琼昌等前往接船。知被保皇党暗算,乃延律师那文以五千元向税关保出候讯'等语。关于孙被困木屋及各人营救情形,前已详述,可勿赘言。其应订正者,(一)美国移民律无五千元具保之条,只有具保不过五百元之句,故篇中五千元之句,当是五百元之误。(二)美移民局建筑新外人羁留所于烟治埃伦,又名天使岛者,始于一九一〇年,孙公于一九〇三[四]年被困之木屋系在旧日码头原址,若干年后始移往烟治埃伦,故'烟治埃伦'一语似应删去。(三)阻止孙公登岸者,系清领事何佑,保皇党实无阻止他人之势力,尊著云云,未免太视保皇党势力过高。(四)尊著谓孙公被留木屋者逾日,其羁留若干时日,愚虽无从记忆,但美船惯例,至少停泊码头数日,然后开行。将行之日,始将待讯之船客拨上码头木屋。再经关员查讯,乃判定能否入境。如判令出境,又须由移民局长签字,并明告本人以拨送出境之原因,容限十日内向工商部上诉。否则须候所搭来美原船拨回出发地点。照此手续而言,决非一日或数日可以毕事,大约至少亦在一星期以外。此凡曾经被困木屋之华人,无不知之。故孙公羁留之时日若干,可以从此推断。(五)孙公于被判出境后,始函告伍盘照求助。可知事前在美华人并不知孙公之来,更可知檀香山致公堂并无电告旧金山致公堂,及黄三德、唐琼昌等得电后前往码头接船等事。黄唐等得盘照面告,始知其详,事实明甚。以上所陈,现黄君三德尚在罗省,那文律师亦在本埠,均可举而问之。因读尊序有云:'其有短篇只字列举所知,以匡不逮,余引领望之'等语,谨援知无不言言无不尽之义,据实奉告,伏惟谅之。并候著安。伍于衍泐。"(冯自由《革命逸史》第2集,中华书局1981年版,第106~109页)

4月9日(二月二十四日)　赵声开始在《中国日报》发表《保国歌》,描绘了中国在列强压迫和清政府残暴统治下的悲惨情景,主张推翻专制统治,建立民主立宪共和国。

《保国歌》:

莫打鼓来莫打锣,听我唱个保国歌:中国汉人之中国,民族由来最众多。堂堂始祖是黄帝,四万万人皆苗裔;嫡亲同胞好弟兄,保此江山真壮丽。可怜同种自摧残,遂使满洲来入关;凶悍更加元鞑子,杀人如杀草一班。痛哭扬州十日记,嘉定屠城尤骇异;奸淫焚掠习为常,说来石人也堕泪。不平不平大不平,贱种乳臭皆公卿;食我之毛践我土,忘恩负义太无情。八旗驻防防家贼,贪官个个良心黑;追比乐输还助捐,忍气吞声说不得。视臣土芥民马牛,科名笼络如俘囚,诗狱史祸相接踵,名节扫地衣冠羞,农工商贾饥欲死,行省处处厘金抽。

中有当兵最懵懂，乱山多是湘军冢，急来招募扣口粮，闲时只是杀游勇。固本军饷年复年，大半同胞买命钱，民脂民膏吃不了，圆明园又颐和园。忽纵奸王攻使馆，复媚洋人摊赔款，招信股票最欺人，杀戮忠良天不管。苛政淫刑难尽书，九幽十八狱何如！到处差役更骚扰，牵了耕牛又牵猪。哀哉奴隶根性好，华人鼓里方睡觉，台湾割让又胶州，火烧眉毛全不晓。非我族类心不同，把吾土地媚群凶，欧美环伺恣分剖，外洋又复逐华工。彼昏不知纵淫乐，大做万寿穷需索，权阉流毒成官邪，哭天无路将谁托。弃东三省家安归，将见行酒穿青衣，失地当诛虐可杀，难道人心无是非。我今奋兴发大愿，先行革命后立宪，众志成城起义兵，要与普天雪仇怨。不为奴隶为国民，此是尚武真精神，野蛮政府共推倒，大陆有主归华人。第一合群定主意，大众齐心兼努力，新湖南与新广东，社会秘密通消息。第二不要吃洋烟，体操勤学勇当先，忠信为主养公德，破除私见相钩连。第三武备要时习，权利收回期独立，专精实业开学堂，热心教育当普及。第四不要闹教堂，不扰租界烧洋房，杀人放火皆禁止，要爱百姓保一方。第五演说无观望，说得人人都胆壮，民智渐开民气昌，保你千妥又万当。第六政府立中央，议员公举开明堂，外人干预齐力拒，认清种族凭天良。第七不为仇尽力，无作汉奸剪羽翼，同类相爱莫相残，满洲孤立正在即。第八同心不可当，一家不及十家强，你家有事我帮助，扶起篱笆便是墙。你救我来我救你，各种人情各还礼，纵然平日有猜嫌，此时也要结兄弟。民族主义大复仇，二百年后先回头，还我江山归旧主，不逐胡人誓不休。大家吃杯团圆酒，都是亲戚与朋友，百家合成一条心，千人合做一双手。各有义胆与忠肝，家家户户保平安，修明宪法参英美，共和大国长交欢。布告天下飞一纸，救民水火行其是，我以竞争求和平，荡秽除残莫怕死。四方豪杰一齐来，虚怀延揽惟其才，直言普告州和县，地方自治无兵灾。古来天下无难事，人若有心可立至，你们牢牢记在心，浩然之气回天志。仔细听我保国歌，天和地和又人和，取彼民贼驱异类，光复皇汉笑呵呵！

《中国日报》，1904年4月9、11日

4月10日(二月二十五日)　商部制定接见商会董事章程，以促进商会发展。

《商部定接见商会董事章程》：

商会者并非本部强令各商联合，不过使各商自相为会，而由本部提倡之，保护之，使商与官息息相通，力除隔膜之弊。……京师虽非通商口岸，而首善之区，本根所系，即命脉所关，苟能同心合力，首先举行商会联络，以为各省之倡率，则我中国商务之振兴，其枢纽实系于此，本部实有厚望焉。……各商各业应各举公正绅商数人，呈递职名来署谒见，作为董事。……各业中如有体面巨商欲进谒本部堂宪面陈议论者，即自行来署，先赴商会处呈明来意，由商会处随时回堂接见，绝无阻遏。惟于议论商务外，不得别有干求之事。……各董事常川来署，不必定穿公服，本部门皂等役，不准稍需索留难等事……

《东方杂志》第1卷第2号，"商务"，1904年

4月11日(二月二十六日)　鉴于鄂省新募各营急需教练，张之洞致电北京练兵处、天津袁世凯，商请将奉调赴京的十名湖北留学生的一半留在鄂省城带队教操新募军队，以副鄂省派遣学生留洋之初衷，蓝天蔚亦在留鄂学生之列。

张之洞《致京练兵处、天津袁宫保》(光绪三十年二月二十六日午刻发)：

前奉调湖北学生前后十名，过津时当经与北洋袁慰帅面商，湖北武备学堂及各营教操带队，正在需人，傥以十名全行调往，必致无人可用。屡奉谕旨责成湖北练兵，历年鄂省派学生

赴东洋学习,费无数财力,无数心力,若全不归鄂用,未免偏枯。拟遣一半赴京,留一半在鄂,以昭平允。经慰帅转商尊处,荷蒙允许,感甚。兹荆州将军因奏明添备常备军二千名,委员来省,嘱派出洋毕业之学生前往教操。而鄂省新募各营,亦亟需教练。兹拟留舒清阿、文华二人派赴荆州驻防常备军,带队教操,该两生即系荆州驻防,性情习熟,尤为相宜。留蓝天蔚、龚光明、敖正邦三名在鄂省带队教操,其余五名即遣赴京。特此电达,务祈垂鉴。荆鄂练兵,关系紧要,准如所请,实深感祷,即候示复。宥。

是日,张之洞又致电袁世凯请其致电练兵处协助促成其事。《致天津袁宫保》(光绪三十年二月二十六日午刻发):

现有电致练兵处请留学生一半,务恳俯赐助力,电京赞成此举,叩祷。寝。

国家清史编纂委员会·文献丛刊《张之洞全集》(11),武汉出版社2008年版,第122页

4月15日(二月三十日)　章士钊在南京结识万福华。

袁景华《章士钊先生年谱》:

先生回到南京,联络同志,策划革命活动,结识了万福华。万福华,字绍武,安徽合肥人。

袁景华《章士钊先生年谱》,吉林人民出版社2001年版,第30页

4月17日(三月初二日)　张之洞就比利时在湘请造湘阴过常德至辰州一路事咨询盛宣怀、湖南巡抚赵尔巽。盛次日复电称未闻此事,并述及美国合兴公司违背粤汉铁路合同之事,强调中国是否与其废约,尚在斟酌。4月23日(三月初八日)湖南巡抚赵复电张之洞,称确有此事,并表示欲以绅商承办拒之。张表示同意。

张之洞《致上海盛大臣、长沙赵抚台》(光绪三十年三月初二日午刻发):

顷某国总领事来言,接某公使密电,云比国在湘请造湘阴过常德至辰州一路,现已商诸两公。查俄、法合谋,比国素听法人主使。俄人既修西毕利亚铁路,又请修库伦、张家口两路,法又嘱比承揽粤汉干路,今又请修辰常一路,自中央而四达,中国全在俄、法掌握之中,可危孰甚。务望力阻比人,勿令建造湘辰之路等语。查某使所言,实是忠言,于中国利害大有关系。究竟比人是否现有此议,似不宜许,祈速示。洋报言,比人在京谋造京张一路,杏翁想必有所闻,并祈示。沃。

次日,盛宣怀复电。《盛大臣来电》(光绪三十年三月初三日申刻到):

沃电悉。辰常一路并无所闻,京张亦未见比人来言。利害所关,自当合力坚拒。粤汉已电梁使、康使分告美外部,中国认定合同第十七条,专认美公司,不得转与他国人。而美公司禀覆,美外部谓股票分售,美例不禁,权仍属美等语。该美商伍使所招,贪利售股,实所不料。美国宪法不同。现派福开森赴美,与海约翰面商挽救之法。目前湘路暂停,因为责其违背,欲与废约,尚在相持。洋款造路,断非长策,必须通力筹款,次第收回,容徐图之。宣。冬。

《赵抚台来电并致端抚台》(光绪三十年三月初八日午刻到):

顷外部来文,比欲办常辰铁路。此处已据绅商案请承办,即以此拒之。是否,祈示。巽。阳。

张之洞《致长沙赵抚台》(光绪三十年三月初八日申刻发):

即以绅商承办拒之为妥。洞、方同覆。

国家清史编纂委员会·文献丛刊《张之洞全集》(11),武汉出版社2008年版,第123~124页

4月20日(三月初五日)　赵尔巽致电盛宣怀,指出美约逾限,理应作废,湘绅欲自办长汉铁路。次日盛回复赵尔巽、张之洞,称自办本属上策,鉴于国际考虑,宜相机行事。5月7日(三月二十二日)张之洞认为美约理当废除。

《赵尔巽致盛宣怀电》(光绪三十年三月初五日):

收挽路权,深佩荩筹。美约逾限,理应作废。现湘绅欲自办长汉铁路,求公力助其成。幸甚。

次日,《盛宣怀致张之洞、赵尔巽电》(光绪三十年三月初六日):

无论何项铁路,自办本属上策。湘绅筹巨款,未必足恃,只可借此推缓,如锡清帅于川路然。粤汉美约尚未逾限,现值日俄在我境内交战,更难以此诘责,只能持定十七款,专认美国公司。倘有他国人出头,即与废约,然亦难免涉讼。

宓汝成编《中国近代铁路史资料》第2册,中华书局1963年版,第756页

《致长沙赵抚台》(光绪三十年三月二十二日亥刻发):

盛大臣语二电,以粤汉铁路美约尚未逾限,现日、俄在我国境内交战,更难以此诘责等语,诿为美约不能作废。试思日俄战事在辽东,与粤汉干路所经腹地有何关涉。美既背约售股于比,即不啻售股于法。公司之权向为股分多者所主,美商所谓权仍属美者,殊不足信。此事利害具详敝处沃电。今美既不照合同如期兴办,自应照逾限例,与美公司声明作废,以杜后患。今难得福星在湘,大局之幸。公风力刚劲,湘绅志气坚强,必能挽回。此举务请尊处合官绅之力,切电盛大臣,将美公司承办合同声明作废。能否仿照四川自立公司,先办岳、潭,次办岳、鄂,鄂、潭通后再与粤商合办潭、粤,庶免比、法合谋,再夺此项路权,为中国腹心大患,是为至幸。祈裁酌示覆。养。

国家清史编纂委员会·文献丛刊《张之洞全集》(11),武汉出版社2008年版,第127页

4月23日(三月初八日)　为主持中国参加美国圣刘易斯博览会事宜,溥伦赴美国纽约。抵达后,他及时奏报抵美行程等事。

《溥伦为报抵美日期等事奏折》(光绪三十年三月初八日):

奏为陈报奴才行抵美京日期,恭折具陈,仰祈圣鉴事。

窃奴才于二月十四日,由横滨口岸乘坐莫公司盖立克轮船起程赴美,业经恭折奏报在案。旋于是日开行,二十五日抵檀香山,三月初三日抵旧金山。美国驻扎各该处总督等官,奉其政府之命,敬以中朝敦睦,特简宗亲交际益隆,款待甚厚。沿途分驻领事各员暨华商人等,奴才亦均依次接见。由旧金山换坐轮车前赴美京,初八日行抵华盛顿城。出使美、秘、古、墨大臣梁诚,恭设香案,跪请皇太后、皇上圣安。并据该大臣接准美外部照会内称,定于三月初十日往见美国总统,呈递国书。应俟礼成再行专折奏报。

所有奴才行抵美京日期,谨恭折具陈,伏乞皇太后、皇上圣鉴。谨奏。

中国第一历史档案馆《晚清赴美参加圣刘易斯博览会史料》,《历史档案》1987年第4期,第28页

编者按:癸卯十二月,外务部奏请简派正副监督。朝廷依议钦派贝子溥伦为中国赴美国散鲁伊斯城博览会的正监督,派道员黄开甲和东海关税务司美国人柯尔乐为副监督,正式进行筹备赴会事宜。

外务部奏:"美国将于公历一千九百零四年即中国光绪三十年,在散鲁伊斯城开设美国博览会。此会因记念美国由法人得鲁西亚那地方已及百年,设会庆祝,系美国立国以来极为重大之事。六月间,其总理会务大臣巴礼德前来中国,敦请赴会。到京后与臣等会晤,吁恳觐见。经臣部奏明奉旨允准,当于六月二十二日,由臣等会同美国使臣康格带领入觐,并蒙答敕允准简派大员往襄盛会,钦遵在案。臣等伏查泰西崇尚工商,赛会之设,在罗致各国物产工艺,区分类别,排列会场,俾各国之人,咸得较其精良,用资模仿。实于通商之中,隐寓劝工之意。闻美国此次散鲁伊斯赛会,其国家拨给该会巨款,以赞其成,各国均特派大员赴会。盖因此举与交涉邦交显有关系,而于商务尤为有益。中国物产甲于全球,徒以工艺未兴,商情涣散,比诸各国,实有不逮。现当整饬庶政之时,适美国有此大会,而应加意讲求,期于工商诸务,有所裨益。曾

询美国使臣康格，各国派往员数，大率用正副监督三人者居多。臣等公同商酌，所有正监督一员，应请特旨简派。此后一切赴会事宜，统归该员主持，仍俟开会届期，再行前往。至应派副监督，查有候选道黄开甲，才具干练，熟悉商情。东海关税务司美国人柯尔乐，精细妥实，在华多年，均堪派充，随同正监督办理。该副监督等应令先行前往，将度地建屋陈设货物各事宜，预为经营布置。其赴会一切用款，所费不赀，亟应筹备，以资拨用。臣等查出使经费一款，从前借拨过多，近年出入相抵，已觉支绌，实难再拨赛会经费。惟赛会一事，内可维持商务，外可联络邦交，虽当库藏奇绌之时，不得不勉为其难，力顾大局，应请饬下南北洋通商大臣及有商务省分各督抚，迅即妥为筹款，奏明办理。一面解交该监督等应用，以重会务，并由南北洋大臣各省督抚出示，劝谕工商人等，或挟赀前往，专事考求，或办货同行，兼图贸易，悉由该监督等妥为照料，以仰体朝廷鼓励工商之至意。得旨，著派溥伦为正监督，余依议。”（朱寿朋编《光绪朝东华录》第5册，中华书局1958年版，总第4976～4977页）

4月26日（三月十一日）《警钟日报》编发孙中山从檀香山致国内友人黄宗仰的一封信，介绍孙组织中华革命军的情况以及这个组织“驱除鞑虏，恢复中华，建立民国，平均地权”的十六字誓词，第一次在国内公开发布了资产阶级革命团体的纲领。

华进《投函》：

孙逸仙为吾国革命巨子，其事迹轟烈于环球。自庚子后外势力之侵入益甚，其起视吾国殊为梦梦。然则谓今日革命能以有成，能以救亡与否，仆不能无疑。兹探得孙氏有致某君之手书，特录其言奉上，请揭之报端，以供海内志士之评判。

先生足下：九月初六来书已照收到。读悉各节，所询社会主义，乃弟所极思不能须臾忘者。弟所主张在于平均地权，此为吾国今日可以切实施行之事。近来欧美已有试行之者，然彼国势已为积重难返，其地主之权直与国家相埒，未易一蹴改革。若吾国，既未以机器施于地，作生财之力尚恃人功，而不尽操于业主之手，故贫富之悬隔，不似欧美之富者富可敌国，贫者贫无立锥，则我之措施当较彼为易也。夫欧美演此悬绝之惨境，他日必有大冲突，以图实剂于平。盖天下万事万物无不为平均而设，教育所以平均知识，宫室衣服所以平均身体之热度，推之万事，莫不皆然。则欧美今日之不平均，他时必有大冲突，以趋剂于平均，可断言也。然则今日吾国言改革，何故不为贫富不均计，而留此一重罪业，以待他日更衍惨境乎？此固仁者所不忍出也。故弟欲于革命时一齐做起，吾誓词中已列此为四大事之一。今将誓词录鉴，以见一斑。

词曰：“联盟革命人×××当天发誓，同心协力，驱除建虏，恢复中华，创立国民[民国]，平均地权。矢信矢忠，如有异心，任众罪罚。”

行誓之仪，发誓者举右手，向天当众宣读誓词；施誓之人，面发誓者立，亦举右手为仪。若发誓者不识字，则施誓者宣读誓词，而发誓者随之读。公等既为同志，自可不拘形式。但其余有志者，愿协力相助，即请以此形式收为吾党。

弟今在檀香山，已将向时“党”字改为“军”字。今后同志当自称为军，所以记××（指邹容，因其囚于上海租界西牢中，《警钟日报》编辑有意略去，编者）之功也。去[今]岁来檀时携有一书，此书感动皆捷，其功效真不可胜量。近者求索纷纷，而行箧已罄。欢迎如此，旅檀之人心可知。即昔日无国家种界观念者，亦因之而激动历史上民族之感慨矣。

顷保皇党出大阻力，以搵弟之行事。彼所用之术，不言保皇，乃言欲革命，名实乖舛，可为僇笑。惟彼辈头领，多施诈术以愚人，谓保皇不过借名，实亦革命，故深中康毒者多盲从之。弟今与彼辈在此作战，所持以为战具者，即用康之政见书以证其名实之离。康尚有坦白处，梁甚狡诈，彼见风潮已动，亦满口革命，故金山之保皇党俨然革命党，且以此竟称于人前。吁！真奇幻而莫测其端倪矣。弟以今日之计，必先破其戾谬，方有下手。梁闻弟在檀，即不敢过此,而于暗中授意此地之《新中国报》及金山《文兴日报》,以肆排击,但人一见,皆能明其隐慝,知其为妒弟而发。故弟于檀香山,四岛已肃清二岛,其余二岛不日亦当收服。书此,即候大安。

弟中山谨启西历十二月十七日

《警钟日报》,1904年4月26日

4月28日(三月十三日) 经黄三德等人多方奔走,孙中山始获准入境。

冯自由《孙总理癸卯游美补述》:

总理脱难后,黄三德、唐琼昌等招待殷勤,即在致公堂会所下榻,日间则时至《中西日报》用膳,与致公堂职员及基督徒司徒南达、伍于衍、邝华汰、雷清学、邓干隆诸人极为相得。三星期后,美工商部之判决文已到,略谓"孙某既持有夏威夷岛出生证书,当然取得美国公民所享受之居留权利,绝无可以拨送出境之理由"等语。于是清领事及保皇党徒之中伤计划因之粉碎无余矣。

冯自由《革命逸史》第2集,中华书局1981年版,第105页

4月29日(三月十四日) 清前礼部主事王照在京被捕。

《清德宗光绪二十九年癸卯(1903)》:

曾参与自立军密谋之沈荩为清廷所捕。是日步军统领衙门将捕获沈荩之事奏上,命交刑部严行审讯。至六月初八日,奉谕:"万寿期内例不行刑,著即日立毙杖下。"沈荩即被处死。沈荩,湖南善化(今属长沙市)人,与谭嗣同、唐才常友善,自立军败后,潜入京师办报。因被吴式钊出卖而被捕。沈荩被害时,其状甚为惨烈。次年王照被捕入狱,所居狱室即沈荩被杖毙之屋,王曾见墙上有黑紫印迹,高至四五尺,即沈荩之血所溅也。狱卒言:夜半有官来,遵太后手谕狱中杖毙,令狱卒以病死报。沈体极壮,群杖交下,遍身伤折,久不死,连击至两三点钟,气始绝。沈荩死后,黄中黄(即章士钊)即于是年著《沈荩》,作为《荡虏丛书》之第三种出版,内述沈荩事迹及受清廷迫害经过。为清末宣传革命之重要出版物。

戴逸、李文海主编《清通鉴》,山西人民出版社1999年版,第8739页

4月30日(三月十五日) 鲁迅在弘文学院毕业,领取以院长嘉纳治五郎名义签发的毕业文凭。

马力《鲁迅在弘文学院》:

四月,鲁迅在弘文学院就读两整年后毕业了,他领到了嘉纳签署的毕业证书,证书译文如下:

证 大清国浙江省周树人,自明治三十五年四月至本年四月,在本学院修习日本语及普通速成科并毕业。特此证明。

明治三十七年四月三十日大日本弘文学院院长嘉纳治五郎(盖章)

薛绥之主编《鲁迅生平史料汇编》第2辑,天津人民出版社1982年版,第24~25页

△ 湖南留日学生仇鳌等在东京发起成立新华会。

仇鳌《辛亥革命前后杂忆》:

一九〇四年四月,我首次到日本,一面学习师范,一面同罗杰、余焕东、赵缭、仇亮(式匡)

等组织新华会。这时,黄克强、宋教仁等已在长沙创立华兴会,筹备起义。东京的新华会就是为响应华兴会而组织的,两湖留学生参加的最多,覃振、刘道一、田桐、白逾桓、沈鸿烈、樊锥、盛时等都是会员。这时,日本已同帝俄开战,征兵进行短期训练。我和樊锥、盛时、覃振等报名应征,以两个月的时间学完了步兵操典。

中国政协文史资料委员会编《辛亥革命回忆录》第1集,文史资料出版社1961年版,第437~438页

△ 美国圣刘易斯万国博览会隆重开幕,溥伦向清廷奏报行抵赛会并开会陈设等事。这是有史以来中国第一次参加万国博览会。

《溥伦为报行抵赛会并开会陈设等事奏折》(光绪三十年三月十五日):

奏为恭报奴才行抵散鲁伊斯并择期开会情形,恭折具陈,仰祈圣鉴事。

窃奴才前将行抵华盛顿城并呈递国书日期,均经恭折奏报在案。于三月十二日,由美京乘坐轮车起程,于十三日行抵散鲁伊斯。美国驻扎该处官员及总理会务绅董登车相迓,情谊殷勤。侨寓该埠华商人等,奴才亦均依次接见。在美国定于三月十五日举行开会,奴才亲往致贺。至中国开会日期,据副监督黄开甲申称,会场、房屋工程一律克期蒇事。副监督柯尔乐申称,海关赴会货物一律如数运齐。江苏、广东、湖南、湖北、福建、浙江等省官运、商运赴会货物,亦均陆续运到陈设。奴才谨择于三月二十一日开会,以重会务而遂观瞻。

伏查散鲁伊斯赛会,万邦咸集,品物备陈充足,以感工商而资考察。中国地大物博,而制造尚未尽振兴,诚能研究精详,洵可广开风气。奴才自应悉心经理,以副朝廷通商惠工之至意。

所有奴才行抵散鲁伊斯并择期开会缘由,理合恭折具陈,伏乞皇太后、皇上圣鉴。谨奏。

中国第一历史档案馆《晚清赴美参加圣刘易斯博览会史料》,《历史档案》1987年第4期,第28页

1905年8月13日,孙中山《在东京中国留学生欢迎大会的演说》谓:

兄弟由西至东,中间至米国圣刘易斯观博览会,此会为新球开辟以来的一大会。

…………

渡太平洋而东至米国,见米国之人物皆新。论米人不过由四百年前哥仑布开辟以来,世人渐知有米国;而于今的文明,即欧洲列强亦不能及。去年圣刘易斯的博览会为世界最盛之会,盖自法人手中将圣刘易斯买来之后,特以此会为纪念。米国从前乃一片洪荒之土,于今四十余州的盛况,皆非中国所能及。

广东社会科学院历史研究室等合编《孙中山全集》第1卷,中华书局1981年版,第277~278页

4至5月(三四月间)　孙中山为积极发动华侨从事革命,在旧金山多次举行演说。

致公堂机关报《大同日报》报道:

旧金山大埠致公堂同人于某日请革命家孙逸仙初次在丹桂戏院演说爱国要义,来听者甚众,约二千多人。由十二点钟起讲,黄三德介绍孙于众,孙遂起而演说,至两点钟止,听者津津有味。说毕,拟于翌日请孙在升平戏院再行演说云。

陈锡祺主编《孙中山年谱长编》,中华书局1991年版,第310页

黄三德《洪门革命史》:

甲辰四月,三德召集致公堂叔父昆仲会议数次,资助孙文游埠,鼓吹革命,以尽我洪门之义务。未启程前,在昃慎街丹桂戏院演说一次,但可惜当时中国公使通告捉拿孙文,故华侨多不敢与之接近。其在戏院演说,所发言论,又不能感动华侨,听者皆谓其无学识,到各铺户

拜客，亦招呼懒慢，但我洪门革命之心，则不能因此而消阻，无论环境如何艰难，亦必勇往趋赴之。三德遂与孙文出游各埠，先到沙加免度，次到尾利允，次到柯花，次到高老沙，复回旧金山，此为四月间第一次行程，由初十起，至二十三止，费半月时间。

习贤德编著《孙中山与美国》，上海人民出版社2008版，第151页

△ **孙中山刊行《革命军》分寄美洲及南洋各地侨胞，以广为宣传，扩大革命影响。**

冯自由《孙总理癸卯游美补述》：

时《中西日报》司事伍于衍以该报缺乏驻香港访员，求总理推荐。总理以陈少白、郑贯公二人对。先是总理在檀时已预印就革命军需债券若干，为到美募饷之需。嗣抵旧金山，始知华侨风气尚极闭塞，其稍开通者非属保皇会员，即为基督教徒，乃商诸黄三德、伍盘照等，拟措资印刷邹容著《革命军》一万一千册，分寄美洲及南洋各地侨胞，以广宣传。黄、伍等均表同情，并由《中西日报》担任排印，订价五百元。书成后，总理以所订五百元印费无从筹措，乃请致公堂报效寄书邮资，而《中西日报》则不收印费，作为捐赠。黄、伍等慨然从之。全美华侨得此有力宣传品之启导，不及半载，知识为之大进，此书之力为多焉。

冯自由《革命逸史》第2集，中华书局1981年版，第105页

△ **孙中山在基督教徒教友中推销军需债券。**

冯自由《孙总理癸卯游美补述》：

同时总理更欲借此扩张党势，拟先从具有新思想之基督教徒入手，乃召集教友之有志者，假士作顿街长老会正道会所开救国会议，众推邝华汰博士为主席。邝为有名学者，娶美女为室，时任加省大学教授，对于总理主张异常倾倒。是日总理于说明革命主义之后，提议请座众购买革命军需债券，谓"此券规定实收美金十元，俟革命成功之日，凭券即还本息一百元。凡购券者即为兴中会员，成功后可享受国家各项优先利权"云云。各教友对于购券事，均甚赞成，惟闻凡购券者即为兴中会员一节，多谈虎色变。谓吾辈各有身家在内地，助款则可，入会则不必。总理乃谓此举志在筹饷，入会与否，一惟尊便。此项债券票面并不写姓名，可勿过虑。众无异言。于是各教友先后购券，得美金二千七百余元。就中以华生隆号司理雷清学所捐二百元为最多，福和号厨子刘伯所捐十元为最少。各债券均假《中西日报》内室填写号数，并由总理签署英文"孙逸仙"三字于下，右侧加盖"孙文之章"四字方印，第一号至第十号为伍盘照所得。未几邝华汰复在卜技利埠募得一千三百余元。其后总理偕黄三德周游美国各地，即恃此款为旅途之需。总理原欲在美奠立兴中会基础，惟结果所得，正式宣誓入会者只有邝华汰一人，殊非初意所及料。

冯自由《革命逸史》第2集，中华书局1981年版，第105～106页

△ **孙中山受致公堂委托，改组《大同日报》（又称《大同报》）。**

冯自由《孙总理癸卯游美补述》：

致公堂有机关报名《大同日报》，为欧榘甲所创办。……辛丑壬寅间（一九〇一至一九〇二年）榘甲游说致公堂各职员创办洪门机关报，该堂大佬黄三德、英文书记唐琼昌、司库员朱三进等深韪其议，乃措资设立《大同日报》，即延榘甲任总编辑。……及癸卯冬，总理抵美被阻，榘甲与总理原为旧识，以挟檀埠同党笔战之嫌，且虑《大同报》为所搀夺，力劝黄三德、唐琼昌等置身事外，勿为总理助力。迨总理脱难，榘甲竟在报上著论排斥，且诋洪门尊重总

理为不智。总理出木屋后,日传食于基督教徒之《中西日报》,而与致公堂机关之《大同日报》若划鸿沟,即以椝甲向来宗旨不定,势难脱离康门范围之故也。黄三德、唐琼昌初欲椝甲与总理合作,再三劝告。而椝甲仍假《大同报》恣意攻击,狺狺不休,致公堂各职员以忍无可忍,始下逐客之令,并请总理推荐留日学界同志主持笔政。总理首荐冯自由任驻日该报通信记者,且托冯在日物色主笔一人。冯初荐广西人马君武。马以事辞,乃改荐湖北人刘成禺。刘为《湖北学生界》编辑,尝以鼓吹革命,被清使馆革除官费学籍。受聘后,自赴上海领取留学生入美护照。因闻冯自由述总理抵美时,被保皇党构陷之经过,乃向素日相识之在沪保皇会员时报主人狄葆贤(号楚青别字平子)求得一纸致旧金山保皇党会长之介绍书,借免发生阻力。

冯自由《革命逸史》第2集,中华书局1981年版,第110~112页

冯自由《美洲致公堂与大同报》:

《大同报》既逐退欧椝甲,总理即介绍余任《大同报》驻日通信员,并托余物色留东同志之能文者充任该报总编辑,余初荐广西桂林人马君武,马初允就聘,嗣以事辞,余乃改荐湖北武昌人刘成禺。刘生长于粤之番禺,故号禺生。为两湖书院高材生,肄业东京成城学校,因创刊《湖北学生界》杂志,提倡革命。又于癸卯(一九〇三年)元旦日在各省学生聚集骏河台留学生会馆举行新年团拜礼时,演说革命排满,以是为清公使蔡钧开除成城学校学籍,不许入陆军士官学校。时方筹办《祖国杂志》,为《湖北学生界》之续,闻总理在美办报需材,欣然就道。惟以持主笔护照赴美,入境不易,且虑保皇党利用美税关挟嫌妨阻,故亲返上海,取得出洋学生护照,更由友人《时报》馆东主狄楚青专函介见在美保皇会员随时照料,以免入境时发生阻力。刘返沪时,距上海《国民日日报》出版之日未久,在沪诸同志只知刘渡美游学,绝无人知其就《大同报》主笔之聘也。及刘自横滨放轮,东京同志李书城、程家柽、但焘、时功玖、潘公复等数十人咸至江干送别。抵旧金山之日,黄三德、唐琼昌、邓干隆等多人代表致公堂及《大同报》往码头欢迎。保皇会预得狄楚青介绍书,以刘为留学生,故未设法阻止,及后乃知为《大同报》主笔,虽欲从中作祟,已无及矣。《大同报》自刘主持笔政,旗垒为之一新,渐渐发挥洪门反清复明之宗旨,使致公堂会员明白本来面目,前之误染康、梁余毒,以敌为友者,至是迷途知返,大不乏人。南北美洲凡有洪门人士所到之地,莫不有《大同报》,一纸风行,无远弗届。保皇会以刘之来,影响其党势甚巨,以是时美国尚无主笔可以入境之条例,遂欲借题中伤,使刘不得居美。幸刘早知保皇会有此一着,于办报期内,已在士丹佛大学报名入学,康徒之毒计,终不得售。

冯自由《革命逸史》初集,中华书局1981年版,第153~154页

黄芸苏《记国父在美》:

又为其团体已有之《大同报》,荐革命党人刘成禺主持笔政,大发革命排满之论。国父是时已为堂友,堂中人尊之孙大哥。……国父经好多次失败后,于一九〇四年,来美之第二次,以此庞然大物之团体之可以因势而利导之也,于是为其撰拟一套簇新而时代化之章程。

章开沅、罗福惠、严昌洪主编《辛亥革命史资料新编》第2册,湖北人民出版社2006年版,第1页

△ 孙中山重订致公堂章程,倡议致公堂总注册。

冯自由《孙总理癸卯游美补述》:

孙总理既助唐琼昌改组《大同报》,诇知致公堂内容复杂,堂内职员,除三数热心家外,多半泥守旧习,毫无远大理想。而各分堂对于总堂之关系,大都阳奉阴违,有名无实,尤以美东

各埠为尤甚。欲恃其筹饷救国,实属戛戛其难。乃向党内各职员建议举行全美会员总注册之策,略谓在美洪门会员既有十数万人,若能重新举行登记,不独足以巩固团体,回复威信,且可借此收集巨款,为公堂基金及协助国内同志起义之需。且愿亲往游历各埠,劝告洪门手足同襄义举。各职员大为赞成,即请总理起草总注册章程,并举总理与黄三德大佬二人出游各埠,鼓励进行。总理于是手订致公堂新章程要义及规程八十条。……总理所订致公堂新章条款最特色者,为全文中第二条规定“本堂以驱除鞑虏,恢复中华,创立民国,平均地权为宗旨”一项,不独开辟古今革命党人之新生面,且足奠定三民主义之基础。翌年乙巳(一九〇五年)中国同盟会成立之日,总理首提出入会誓辞之四大纲领,即此十六字也。洪门之宗旨曰反清复明,为单纯的民族主义,总理乃代添入民权主义之创立民国,及民生主义之平均地权二项,意义高深,殊非思想简单之致公堂人士所能了解。然堂内各职员急欲征集全体会员之注册费,以充公堂基金,故对于新章条文,绝未加以详细研究,一惟总理之马首是瞻。又其时公堂财政绝不充裕,关于总理及黄三德二人出游之长途旅费,亦不能多所供应。因是总理乃出其发售革命军需债券所得之大部以助成之。

冯自由《革命逸史》第2集,中华书局1981年版,第113~114页

冯自由《美洲致公堂与大同报》:

总理以致公堂会员占旅美华侨之大多数,只以团体涣散,主张分歧,不能为祖国革命之助,因提出洪门会员应从新举行总注册之议,并手订致公堂新章规程,内分八章六十七条。

冯自由《革命逸史》初集,中华书局1981年版,第148页

美国金山来稿《致公堂重订新章要义》:

原夫致公堂之设,由来已久。本爱国保种之心,立兴汉复仇之志,联盟结义,声应气求,民族主义赖之而昌,秘密社会因之日盛。早已遍布于十八行省与及五洲各国,凡华人所到之地,莫不有之,而尤以美国为隆盛。盖居于平等自由之域,共和民政之邦,结会联盟,皆无所禁,此洪门之发达,固其宜矣。惟是向章太旧,每多不合时宜;维持乏人,间有未惬众意。故有散漫四方,未能联络一气,以成一极强极大之团体,诚为憾事。近且有背盟负义,赴入歧途,倒戈相向者,则更为痛恨也。若不亟图振作,发奋有为,则洪门大义必将沦骤矣。有心人忧之,于是谋议改良,力图进步,重订新章,选举贤能,以整顿堂务,而维系人心。夫力分则弱,力合则强,众志可以成城,此合群团体之可贵也。

我堂同人之在美国者不下数万余人,向以散居各埠,人自为谋,无所统一,故平时则消息少通,有事则呼应不灵。以此之故,为外人所轻藐、所欺凌者所在多有,此改良章程、维持堂务所宜急也。且同人之旅居是邦,或工或商,各执其业,本可相安无事。但常以异乡作客,人地生疏,言语不通,风俗不同,入国不知其禁,无心而偶干法纪者有之矣;又或天灾横祸,疾病颠连,无朋友亲属之可依,而流离失所者亦有之矣。其余种种意外危虞,笔难尽述。语有之曰:“人无千日好,花无百日红。”若无同志以相维护,以相赒恤,一旦遇事,孤掌难鸣,束手无策,此时此境,情何以堪!此联合大群,团集大力,以捍御祸害,赒恤同人,实为本堂义务之不可缺者一也。

本堂人数既为美洲华人社会之冠,则本堂之功业亦当驾乎群众,方足副本堂之名誉也。乃向皆泄泄沓沓无大可为者,此又何也,以徒有可为之资,而未有可为之法,故虽欲振作而无由也。今幸遇爱国志士孙逸仙先生来游美洲,本堂请同黄三德大佬往游各埠,演说洪门宗旨,发挥中国时事;各埠同人始如大梦初觉,因知中国前途,吾党实有其责。先生更代订立章程,指示办法,以为津导。我旅美同人可以乘时而兴矣!况当今为争竞生存之时代,天下列

强高倡帝国主义,莫不以开疆辟土为心;五洲土地已尽为白种所并吞,今所存者,仅亚东之日本与清国耳。而清国则世人已目之为病夫矣,其国势积弱,疆宇日蹙。今满洲为其祖宗发祥之地、陵寝所在之乡,犹不能自保,而谓其能长有我中国乎?此必无之理也。我汉族四万万人岂甘长受满人之羁轭乎?!今之时代,不争竞则无以生存,此安南、印度之所以灭也;惟争竞独立,此美国、日本之所以兴也。当此清运已终之时,正汉人光复之候,近来各省革命风潮日涨,革命志士日多,则天意人心之所向。吾党以顺天行道为念,今当应时而作,不可失此千载一时之机也。此联合大群,团集大力,以图光复祖国、拯救同胞,实为本堂义务之不可缺者二也。

中国之见灭于满清二百六十余年而莫能恢复者,初非满人能灭之、能有之也,因有汉奸以作虎伥,残同胞而媚异种。始有吴三桂、洪承畴以作俑,继有曾国藩、左宗棠以为厉。今又有所谓倡维新、谈立宪之汉奸以推波助澜,专尊满人而抑汉族,假公济私,骗财肥己。官爵也,银行也,铁路也,矿务也,商务也,学堂也,皆所以饵人之具,自欺欺人者也。本堂洞悉其隐,不肯附和,遂大触彼党之忌。今值本堂举行联络之初,彼便百端诬谤,含血喷人。盖恐本堂联络一成,则彼党自然瓦解,而其所奉为君父之满贼亦必然覆灭,则彼汉奸满奴之职无主可供也。其丧心病狂,罪大恶极,可胜诛哉!凡吾汉族同胞,非食其肉,寝其皮,无以伸此公愤而挫兹败类也。本堂虽疲驽,亦必当仁不让,不使此谬种流传,遗害于汉族也。此联合大群,团集大力,以先清内奸而后除异种,实为本堂义务之不可缺者三也。

今特联络团体,举行新章,必当先行注册,统计本堂人数之多少,以便公举人员,接理堂务。必注册者然后有公举之权,有应享之利,此乃本堂苦心为大众谋公益起见。法至良,意至美,凡我同人,幸勿为谣言所惑,迟疑观望,自失其权利可也。今特将重订新章先行刊布,俾各埠周知参酌妥善。待至注册告竣之日,然后随各埠公举议员,择期在本大埠会议,决夺施行。望各埠堂友同心协力,踊跃向前,以成此举。同人幸甚!汉族幸甚!

《民报》第1号,1905年

冯自由《美洲致公堂与大同报》载《致公堂章程》:

一　本堂名曰致公堂。总堂设在金山大埠,支堂分设各埠,间有名目不同者,今概改正名曰致公堂,以昭划一。

二　本堂以驱除异族,光复中华,创立民国,平均地权为宗旨。务以协力助成祖国同志,施行本堂宗旨为目的。

三　凡国人所立各会党,其宗旨与本堂相同者,本堂当认作益友,互相提携。如其宗旨与本堂相反者,本堂当视为公敌,不得附和。

四　凡各埠堂友,须一律认捐重建公堂楼宇经费,额捐银一元为底,多而益善。认捐者须详报姓名,俾照注簿存据,此次必须照额捐足领取底票,方能享受总堂一切权利。

五　所有堂友,无论新旧,均先遵守陈近南先生遗训。凡属才德出众者,皆能受众公举,以当本堂各职。

六　本堂额设总理一名,协理一名,管银一名,核数一名,议员若干名,公正判事员三名,公正陪审员二十名,及中西文书记委员干事等,均俟建楼工竣后,始行照章公举。

七　各埠支堂,当举总理一名,书记、管银、核数各一名,值理若干名,皆由该处堂友公举,呈名于总堂总理批准,方能任事,如所举非人,总理有权废之,该埠当另举妥人。

八　各埠支堂,除遵总堂新章外,堂友可随地所宜,议立专规,以维持堂务,然必当先呈总堂议员核定,总理批准,方得施行。

九　香主为堂友表率,必须品行端正,才识兼优,始能胜任,况现值改良内容施行新章之际，尤须有才学胆略，始望有裨大局，整顿一切，现拟暂行停止保举新香主。

十　议员议事，必须人数过半，方能提议，若不满一半之数，当即停议，以杜少数专擅之弊。（下略）

天运岁次甲辰吉日金山大埠致公总堂启

冯自由《革命逸史》初集，中华书局1981年版，第151～152页

冯自由《美洲致公堂与大同报》：

孙总理对于所订致公总堂总注册新章，希望极巨。盖全美致公堂会友逾十五万人，此新章如能实行有效，则每一会员须缴纳注册费美金二元，总数可收入美金三十万元以上。倘以此款协助祖国革命党充购械起兵之实用，则满清政府运命之日臻危险，不言可知。致公堂职员对总理此项计划，极为赞成，遂推举总理及总堂大佬黄三德二人亲往全美南北各地，劝导各分堂会员实行注册，并宣传洪门反清复明之宗旨。

冯自由《革命逸史》初集，中华书局1981年版，第152～153页

△ 章太炎的《訄书》重订本由日本东京翔莺社出版。删革后的《訄书》面貌一新，表明章太炎已由尊清转向反清革命。

△ 张惟圣、虞维煦在江西南昌发起成立易知社，二人分别为正副社长，社员有六十余人。该社发起时是一个诗文结社，后从事一定革命宣传。

蔡惠《江西易知社与共进会简介》：

一九〇四年四月，江西几个学校，如武备、测绘、客籍、陆军小学等校师生倡议结集一部分人士组成"易知社"，明则以诗文结社，暗则进行革命宣传活动。当时加入易知社的人士，据我所能记忆的，有武备学堂、测绘学堂的虞维煦、汪紫阁、汪建纲、龚师曾、徐复初、周作孚、丁立中、李儒修、胡飞、熊慕奇、熊公福、蔡复灵、蔡锐霆，陆军小学的潘的恒、项武，及南京两江师范属于江西籍的裘德煌、萧辉景、邹继龙等。并共推虞维煦、李儒修、丁立中等主持社务。社址起初设在南昌皇殿侧汪建纲的家中，后来迁到洪恩桥席公祠内。

中国政协文史资料委员会编《辛亥革命回忆录》第4集，文史资料出版社1981年版，第345页

春夏间　杨笃生、何海樵等军国民教育会成员积极准备组织暗杀活动。

苏鹏《柳溪忆语》：

清癸卯、甲辰间，予游学日本。适日、俄交战于我满洲之野，留学同人，组织义勇队，欲效命疆场，冀以敌俄人，而有以箝日人之口。主之者，为黄君瑾午（后更名克强）。每星期三、星期六午后，及星期日，分赴京桥区及各体育场，实弹射击，练习枪法，每次各人自备弹费金三十钱（即三角），意气激昂，精神发越。无何，为清、日两政府协谋所解散。群情更愤，遂改为秘密结社，效俄虚无党之所为，实行暗杀。名曰"军国民教育会"。本部设东京，由黄瑾午、杨笃生、陈天华（均湘人）、刘禺生（鄂人）、蒯若木（皖人）、张溥泉（冀人）、何海樵（苏人）、王伟丞（浙人）、广东胡君（忘其名）与予等主之。设支部于上海，由蔡孑民、吴稚晖、章行严、刘申叔、赵百先、吴樾、徐锡麟、于右任等主之，以爱国女校为机关。后吴樾之在天津狙击出洋五大臣（恐其假立宪之名，阻碍种族革命），徐锡麟之在安徽刺杀恩抚，皆军国民教育会实施之政策也。当此之时，孙总理中山先生，组合南部会党，谋革命，与留学界为桴鼓之应。自瑾午返国到湘，栖身教育界，暗结会党起义，在浏阳、醴陵失败，马福益死之。瑾午间关出走脱险，

再赴日本,与中山合作,组织同盟会,而革命党势力,遂有一日千里之势。

军国民教育会之组织,是谋对满清君臣,实行暗杀之政策,则主要所需之武器,为炸药与炸弹,于是开始求学习制造炸药。予与杨笃生、何海樵及广东胡君(胡镇超,编者)、江西汤君(汤重希,编者)(均忘其名),离开东京,到横滨密赁一屋为制造场所。初聘广东李翁为教习,据称曾在江南制造厂掌理制造火药。所教者,不过中国旧出版物《化学大成》)所载之成法,旋即辞退。乃向日本化学书籍中,搜集制药之法。计能制成之药,为硝酸银(中国旧名雷银,性最危险)、硝酸水银(名雷汞,为弹药之发火药)、棉花火药(即普通之无烟药)、褐色火药(即普通之有烟火药)、黄色火药、二硝基偪利斯利尼等品。时适日俄交战,日本所盛传者,为一种下濑炸药(下濑博士所发明),因其爆炸力强,而甚安全,便于装制与搬运也。求其法而不得,予与笃生两人,广买日本历年所出版之化学杂志,以关于国防秘密,终无所获。此种杂志,尚存家中,民国改元后,虽遭败兵两度之抄劫,尚少散佚也。在横滨所租之屋,本在临海山腰处,颇幽僻,为避耳目计也。不意该埠适闹鼠疫,警察大举防治,当按屋清检,同人等大恐,乃将制成之药,用瓦缸盛水,倾药水中,药为粉末状,轻浮水面,以玻璃管向水中搅和,使之混沉水中,便于倾弃,不幸砰然一声而爆发矣。桌案震脱小半边,楼板冲毁数块。予与笃生之眼,同被炸伤,幸缸为敞口,力不横发,不然殆矣!予两人在神田区眼科医院诊治,经一月余,未告失明,亦云幸矣。此项制药之法,经笃生编辑成书数十页,后归沪上,寓英租界余庆里第八号,因万福华刺王之春一案,机关被破,同人等之行李,均遭英巡捕房搜去,此书亦同丧失,惜哉!

杨天石等编《中华民国史资料丛稿·拒俄运动》,中国社会科学出版社1979年版,第315~316页

4月(二三月)　在1894年中美条约限制中国劳工移民十年期满之后,国会改订《美洲禁止华工条约》,无限期延长所有现存排华法案,并适用于美国所属所有岛屿。

〔美〕威廉·L·董《美国华工史编年》:

四月,在1894年中美条约限制中因劳工移民十年期满之后,国会通过另一立法,无限期延长所有现存排华法案,并适用于美国所属的所有岛屿。

九月,菲律宾政府发布第三十八号行政命令,有关对待中国人的美国条例扩大到菲律宾。

陈翰笙主编《华工出国史料汇编》第7辑,中华书局1984年版,第6页

5月1日(三月十六日)　中国教育会召开第三次会员大会,蔡元培被推为会长。

蒋维乔《中国教育会之回忆》:

中国教育会开春季大会,公举蔡子民为会长。

中国史学会编《中国近代史资料丛刊·辛亥革命》第1册,上海人民出版社1957年版,第493页

高平叔《蔡元培年谱长编》上册:

该会春季大会,本日在虹口蓬路爱国女学校内该会事务所举行,由书记员、会计员报告一年来会务及财务,爱国女校代表报告一年来校务,《警钟》社代表报告与该会的关系,常熟与同里两支部的代表报告各该支部的会务。随即修订会章。介绍来宾入会。公举蔡先生为会长,并举出干事长一人,评议员九人,监察员二人。其会计员一人,则由会长推任,提大会承认。最后,向新入会的会员发给入会证书。

高平叔撰著《蔡元培年谱长编》上册,人民教育出版社1996年版,第281页

5月3日(三月十八日) 《爱国女校章程》阐释爱国女校宗旨、办法等。

《爱国女校章程》:

甲 宗旨

一、本校以教育女子增进其普通知识,激发其权利义务之观念为宗旨。

乙 办法

一、本校所赁校舍轩敞清洁,甚合通光卫生之法。俟经费充裕,再议营建。

二、本校定学生额二十名,年十二岁以上二十五岁以下者。

三、本校经费由罗迦陵女士担任,倘有同志慨捐巨款,当再图扩大规模之办法。

…………

丙 学级及教科

一、本校分为三学级:初级曰预备科,为普通科之预备,专为初学者设,一年毕业……

二、二级曰普通科,凡预备毕业生及考验而与预备科毕业生有相等之学历者入之,二年毕业……

三、三级曰特别科,授高等学大意,以养成国家思想。凡普通科毕业生及考验而与普通科毕业生有相等之学历者入之,一年毕业。

上各教科虽皆专门之业,然女子教育惟授概略。如日本中学校之法制经济而已,故一年可以毕业。外国女学多有家政、美术、裁缝、中馈等目。今本校宗旨归宿爱国,故易以政法社会诸科。人各有能,急于当务,窃冀览者无河汉焉。

…………

《选报》第50期,沈潜等编《宗仰上人集》,华中师范大学出版社2000年版,第21~22页

5月9日(三月二十四日) 赵尔巽致电张之洞、盛宣怀,认为合兴公司违约,合同理应作废,请他们主持废约事宜。后盛复电张之洞、端方商请协助干预。张复电赵认同其主张,并致电盛强调办理废约事需与湖北绅民反对结合起来。

《赵尔巽致盛宣怀电》(光绪三十年三月二十四日):

查第十七条合同不准转于他国,若美售与比,显系背约,理宜作废。请公力为主持,以慰湘绅之望。

《盛宣怀致张之洞、端方电》(光绪三十年三月二十五日):

查梁使前函,有美、比分办南北之说。当即执约力拒,宁使北段停工。嗣接美函,指为谣传,并无分办。惟美外部诘问美公司,覆称:公司例不能禁卖票与他国人,并可随时买卖。敝处一面函请外务部转告美使,将美约作废,一面派洋员福开森赴美。已具节略面呈美总统,力争第十七条。昨接美电,已交律部会议。闻美律不能禁止公司售票与他国人,但能争到美公司虽他国人买票,他国政府不得干预其事,便无妨碍。可否请尊处迅速电致梁使,趁此美廷交议之时,速向理论,以助福开森之力,大局幸甚。

宓汝成编《中国近代铁路史资料》第2册,中华书局1963年版,第757页

张之洞《致长沙赵抚台》(光绪三十年三月二十八日丑刻发):

查他国政府不干预一语,仅属空文,万不可信。现明明有合同第十七条可据,而美公司已不遵守,我亦不与力争,则此后他国干预尚能力阻耶。况股票既售与他国,权利即属于他人,虽仍由美公司出面,亦不过听命于比、法,供其指使而已,于中国大局岂能有丝毫补救。……利害所关,无所容其迁就。诚能归湘承办,实为万全上策。

张之洞《致上海盛大臣》(光绪三十年三月二十八日自南京发):

他国政府不干预一语,仅属空文,恐不可恃。现明明有合同第十七条可据,而美公司已不遵守,若稍与迁就,彼知背约并不为害,将来他国干预更可放胆径行,况股票既售与他国,权利即属与他人,纵公司仍由美商出面,亦不过听命于比、法,供其指使,于中国大局岂能有丝毫补救。……总之,合同第十七条是此案铁据,万万不可通融,务望杏翁切电梁使,并饬福开森极力争辩,必办到废约为止。

张之洞《致上海盛大臣》(光绪三十年三月二十九日发):

美公司将粤汉铁路北段分售比国,实与合同第十七条大相违背。此事非独湘省绅民不愿,鄂省绅民亦极不愿。大局所关,其害不可思议。铁路归公专政,务望按照合同第十七条坚持力辩,立将此约作废,以杜后患。

国家清史编纂委员会·文献丛刊《张之洞全集》(11),武汉出版社2008年版,第128~129页

5月12日(三月二十七日)　黄兴创办东文讲习所(也称东文学社),地址在长沙小吴门正街伍家井。名为补习日文,实系宣传革命思想,培养革命人才。

《湖南官报》载:

省垣东文学社,现已择定伍家井房屋一所租赁开办,报名自三月二十八日起,至四月初二日止。

《湖南官报》第651号,甲辰年三月二十七日:"东文学社开办"

编者按:《东方杂志》(1904年)第1年第5期,"教育","各省教育汇志"栏,"长沙"条下,开列长沙城中官立私立学校三十四所,内有"东文学社"。

彭国兴《华兴会几个问题的研究》:

东文讲习所(也称"东文学社"),一九〇四年五月间开办,地址在长沙小吴门正街伍家井。该讲习所,由黄兴、宋教仁、秦毓鎏、张继等人创办,对外以"专教授东语、算学,以备资送日本工厂学习切要工艺"为标榜,招收"年在二十二岁以下十五岁以上""体质坚强,无各项嗜好者",实则为华兴会培训党人的处所。

中华书局编辑部编《纪念辛亥革命七十周年学术讨论会论文集》,中华书局1983年版,第682~683页

《宋教仁日记》(二十八日,11月5日)为"东文讲习所"注释:

为华兴会成立后黄兴、吴禄贞、刘揆一等所创立,设立于长沙小吴门正街。名为教授日文,实则与前所说崇正书屋均为华兴会在长沙所设联络机关,事发后被封闭。

湖南省哲学社会科学研究所古代近代史研究室校注《宋教仁日记》,湖南人民出版社1980年版,第3页

李六如《武昌起义纪略》:

约在光绪三十年(一九〇四年),湖北学生吕大森、曹亚伯、刘静庵(即贞一,原名大雄,另一字敬安,教名保罗,编者)、张难先等与旅鄂湘籍学生宋教仁、胡瑛等,组织科学补习所于武昌,主张革命要从运动新军着手。因此,张难先、胡瑛先后投效第八镇工程营当兵,在军队中宣传革命;同时,宋教仁回湘,与黄兴、刘揆一诸人组织华兴会,并设东文讲习所于长沙。后被湘省劣绅王先谦侦悉,密告湖南抚台陆元鼎,陆又电告张之洞,将长沙的东文讲习所与武昌的科学补习所解散,宋教仁等被开除学籍。

中国政协文史资料委员会编《辛亥革命亲历记》,中国文史出版社2001年版,第322页

5月13日(三月二十八日)　湖南绅商龙湛霖等致电盛宣怀,要求立废粤汉铁路合同,挽回危局。

《湘绅龙湛霖等致盛宣怀电》(光绪三十年三月二十八日):

前读粤汉铁路续约,精密谨严,同深钦佩。惟时阅四年,湘省全境,尺寸未修,核与五年毕工之条,已为旷误。乃美公司近复售股比国,尤与第十七条显背。读公致抚帅电,意谓宜由外务部、商部与彼政府使臣磋商。查美国政体与他国不同,合同非政府所立,例不干预;公使向未经手,尤不相关。官样文章,深恐非徒无益。惟有我公切诘公司背约之咎,立废合同,方为正办。

宓汝成编《中国近代铁路史资料》第2册,中华书局1963年版,第757~758页

5月14日(三月二十九日)　盛宣怀致电梁诚、福开森,要求美国政府澄清能否对合兴公司违约之事负责。

《盛宣怀致梁诚、福开森电》(光绪三十年三月二十九日):

前因未待确据,派福往查,并咨梁大臣明售暗替,断不可行,免致合同中废。福递呈总统,美覆三事,究足恃否? 粤汉官绅现动公愤。谕旨路政须督抚会办,自应趁此切诘,不稍含糊。一、美公司应收回他国股分,以符葛利面告粤督之语,仍请美廷担认皆属美股。二、他国股如有明售暗替,是违约,咎在彼,合同即废。一切善后,另案办理。务请妥商照会美部,以澄美政府承认之实。事关三省官绅士民,公电重大,断难通融,乞速照办。

宓汝成编《中国近代铁路史资料》第2册,中华书局1963年版,第758页

5月15日(四月初一日)　盛宣怀致电张之洞、端方、赵尔巽报告就美国合兴公司违约之事与美国政府交涉的具体事宜。

《盛大臣来电并致端抚台、赵抚台》(光绪三十年四月初一日到):

美公司暗售比股,伍使在美诘问美公司不认,康使在京,葛利在沪亦不认,近因两党争权,美董柏生士向梁使商分办,宣力拒,议早寝。梁请美廷语柏董,柏复以美公司票售他人例不禁。宣亦恐官样文章无济于事,遂商美古领事派福开森赴美查察,并商梁使径递节略请美廷主持,又抄全案函请外务部向康使计议,以保守合同十七条为宗旨,接福宥电节略呈后,昨梁大臣照会美外部询三事:一、美政府是否以为合兴,实系美国公司。二、美政府愿否专权办理关系该公司之交涉事件。三、美政府愿否将对待粤汉之定见及保护之主义宣布于众。本日复称:"美政府以为合兴实系美国公司,若照现在经理办法美国政府独自有权办理关系该公司之交涉事件,美国愿将对待粤汉之定见及该路合宜事件,竭力相助之意宣布于众,如该公司改其规模办法,不合美政府之旨,即可不承认襄助"等语。梁电:"粤汉三事已详福电,另咨达"云。盖美廷总以专权保护美公司借款办路为定见,一经宣布他国虽买票亦无权,且可易于买回。惟后三句欠明晰,已嘱将洋文电来,方知实义。顷以鄂、湘各电示古总领事,据云:美廷不以售票为重,而以权柄为重,美既承认保护,必须与美政府妥商办法,如欲废约必须控告美公司断输,方能废约。鄙见亦以立废合同为是。……

苑书义等编《张之洞全集》,河北人民出版社1998年版,第9151页

5月16日(四月初二日)　鄂湘督抚张之洞、端方、赵尔巽致电外部,指出湘鄂绅民群起力争废止美约,并致电盛宣怀。为此,盛遂就美国合兴公司违约将股权转让他国事咨询出使美国大臣梁诚,强调符约则存,违约则废。

张之洞《致外务部电》(光绪三十年四月初二日亥刻发):

美公司承办粤汉铁路,合同订明不准转售他国。现闻美公司将此路分作南北段,以北段售与比国承办,比用法款,权即属法,芦汉铁路即已如此,若湘路再归比、法,法素助俄,合力侵占路权,其害不可思议。……叠经电致盛大臣商废此约,盛大臣复电,谓美律不禁公司售票于他国,但能办到他国不干预其事,便无窒碍等语。……务请大部鼎力主持,切电盛大臣按照合同第十七条,声明美公司背约之咎,将此约作废,万勿稍与通融,免致比人强来勘路,滋生事端。大局幸甚,两湖幸甚。

张之洞《致上海盛大臣》(光绪三十年四月初二日发):

沁、艳两电想达览。未知近日在美辩论如何,同深焦急。顷复接湘绅公呈、公电,痛陈利害,词意极为危切,鄂人议论亦同。倘此约不废,将来比人来湘工作,楚人风气刚劲,业已声明断不承认,届时势必合力阻拒,万一激生他变,将何以善其后。弟等实无词以对楚人,务请尊处据理直争,力废此约,免滋巨患,曷胜迫切盼祷之至。并祈迅赐电覆。

国家清史编纂委员会·文献丛刊《张之洞全集》(11),武汉出版社2008年版,第130页

《督办铁路大臣盛宣怀咨出使美国大臣梁诚文》(光绪三十年四月初二日):

美政府实已承认办理美公司交涉之事件。所云合宜则相助,不合宜则不相助二语,本大臣查,凡照合同行事,皆属合宜,凡不照合同行事,皆属不合宜。今美售比股三分之二,违背合同,此之谓不合宜。总公司废合同,美公司认咎,美政府秉公断定,此之谓不合宜者不相助也。……粤汉铁路经过粤、湘、鄂三省,既三省绅民皆以废约为然,本大臣为订约之人,责无旁贷,惟有博采周咨,折衷一是,断以两语:符约则存,违约则废。

关赓麟《交通史路政编》第14册,交通部交通史编纂委员会1935年版,第22~23页

5月18日(四月初四日)　盛宣怀致电伍廷芳,咨询合兴公司售股是否合乎美国相关条例,能否促使美国政府愿意助我废约。而张之洞主张务必将美公司合同作废。

《盛宣怀致伍廷芳电》(光绪三十年四月初三日):

美外部已认专权保护,湘官绅定要废约,镇东(梁诚,编者)无复,请商贝外部、康使,其售股废约,合美例否?大约争斗无益,必须想一善法,使美政府愿助我废约方妥。

宓汝成编《中国近代铁路史资料》第2册,中华书局1963年版,第759页

张之洞《致长沙赵抚台、武昌端抚台》(光绪三十年四月初三日丑刻发):

湘绅公电暨次帅加电均悉。已会两帅台衔切电外部,并会衔另电盛大臣,务将美公司合同力争作废。谨闻。冬。

国家清史编纂委员会·文献丛刊《张之洞全集》(11),武汉出版社2008年版,第130页

△ 于右任因写诗讥刺清吏遭通缉,由开封走上海。

许有成《于右任传》:

《署中狗》:署中豢尔当何用?分噬普民脂与膏。愧死书生无勇甚,空言侠骨爱卢骚。

许有成《于右任传》,百花文艺出版社2007年版,第33页

刘延涛《于右任先生年谱》转述于右任之言曰:

我因诋其时政,狂名日著,及诗草刊行,益为清吏所忌。甲辰年的春天,我将商州中学的事,请李仪祉协茹卓亭欲立两先生代理,即往开封应试,陕甘总督升允已以"逆竖昌言革命大逆不道"等语,密奏清廷。时拿办密旨已下,会电报和驿站都发生障碍,明文未到,不好动手。同学李和甫秉熙先生的尊人尔田老伯云贵,探知升允出奏之讯,因商诸先严,拟专差往开封送信。当时颇有人以为官家交通便利,恐于事无济的。但李老伯力主用可能的方法,以尽人

事。由三原至开封,驿程计十四天,李老伯用重金雇了一个认识我的信差,限七天送到。信差如期到开封,不知我住在何处。正在寻问,适我因烦闷,与同学南右嵩,到街头散心,不期而遇,遂于夜准备出走。李老伯事前擘划周详,因禹州有他所设商号,令我往避。但我早有赴上海的计划,所以天明即坐小车出城,径赴许州。倘再迟三四小时,缇骑即至,我就不及出走了。

刘延涛编《民国于右任先生年谱》,台湾商务印书馆1981年版,第11~12页

5月20日(四月初六日)　清驻日公使杨枢照会仙台医专山形仲艺校长,介绍周树人(鲁迅)入该校学习。23日(四月初九日)山形仲艺复函杨枢,许可周树人入学。6月1日(四月十八日)周向仙台医专递交入学申请书及学业履历书,申请入该校学习。

〔日〕鲁迅在仙台的记录调查会著,马力、程广林译《鲁迅在仙台的记录》:清国公使杨枢介绍周树人入学的公函,原文如下:

敬启者兹据敝国南洋官费生周树人呈称,曾在东京弘文学院普通科卒业,今愿入贵校肄习医学专门,为此函送贵校长查照办理并希见复为荷。顺颂时祺。

仙台医学专门学校校长山形仲艺殿

杨枢(印)

光绪三十年四月初六日

薛绥之主编《鲁迅生平史料汇编》第2辑,天津人民出版社1982年版,第83页

23日(四月初九日),仙台医学专门学校校长山形仲艺复函。《鲁迅在仙台的记录》载医专就周树人入学问题致大清公使馆杨枢的复函底稿如下:

大函敬悉,贵国南洋官费生周树人申请入本校就读事,准予免试入学,应于本年九月上旬到校,敬希代达,特此函复。

再者:请着本人送来入学志愿书及履历书各一份。特此附陈。

薛绥之主编《鲁迅生平史料汇编》第2辑,天津人民出版社1982年版,第83~84页

6月1日(四月十八日),鲁迅向仙台医学专门学校递交用日文写的入学志愿书及学业履历书。《鲁迅在仙台的记录》载周树人学业履历书(日文)翻译如下:

入学志愿书

我今志愿进入贵校医学科一年级学习,请予批准。

另附学业履历书,特此申请。

明治三十七年六月一日

清国留学生

周树人(印)

二十二岁

仙台医学专门学校校长山形仲艺殿

周树人学业履历书(日文)翻译如下:

学业履历书

一、自光绪二十四年九月至二十七年九月,入本国南京官立江南陆师学堂普通科学习,普通科毕业。

一、自明治三十五年四月至三十七年四月,入东京私立弘文学院学习,速成普通科毕业。明治三十七年六月一日

清国留学生

周树人(印)

二十二岁

薛绥之主编《鲁迅生平史料汇编》第2辑,天津人民出版社1982年版,第84~85页

5月21日(四月初七日) 上海公共租界工部局会审公廨因苏报案判处章太炎监禁三年、邹容二年,均罚作苦工。限满开释,驱逐出境。

1904年5日21日《新闻报》刊发“中国要事”《党案重判述闻》:

前日,本埠领事公会复议革命党一案,酌定将章炳麟监禁三年,邹容监禁两年,而以上年拘获之日起算,俟禁期届服,即逐出租界之外,各领事均已允洽。领袖古纳君已照会上海道立饬承审、陪审各员,务于初七日(五月二十一日)以前定断。袁观察即檄行原审君汪瑶庭大令遵照办理,惟昨午某国领事又生异议云。

周永林编《邹容文集》,重庆出版社1983年版,第107页

《苏报案第二次判词》:

苏报馆一案,经原审官上海县汪令懋琨于本月初七日在英界会审公堂讯结,其判词如下:

本县奉南洋大臣委派,会同英副领事审讯苏报馆一案,今审得钱允生、陈吉甫,一为馆友,一为司帐,已管押四月,应行开释。陈仲彝系馆主陈范之子,姑准交保寻父到案。龙积之系鄂督访拿之人,惟案无证据,且于苏报馆一事无干,亦应省释。至邹容作《革命军》一书,章炳麟作《訄书》,并作《〈革命军〉序》,又有《驳康有为》一书,言语纰缪,形同悖逆。彼二人者同恶相济,罪不容恕,议定邹容监禁二年,章炳麟监禁三年,罚作苦工,以示炯戒。限满开释,驱逐出境。

《东方杂志》第1卷第6期,1904年

冯自由《章邹案国际交涉》:

清政府于此案之起初,要求将章、邹等六人提归内地办理。上海工部局以维持租界内治外法权及居民生命为理由,力持异议。及经会审公廨开讯,被告律师质问原告究系何人,谳员孙建臣称章、邹等系奉旨著江苏巡抚饬令拘拿等语。被告律师乃得意言曰:“以堂堂中国政府,乃讼私人于属下之低级法庭而受其裁判耶?”孙谳员不能答。从二十七日第二次审讯后,案遂搁置,盖清政府欲用外交手段,向北京英公使直接交涉,请求引渡章、邹二人,以明正典刑也。由是此案竟成国际上之大问题。清外部与英使间交涉多次,英使均以英律保护政治犯为辞,迄未解决。于是被告律师乃向会审公廨声称,章、邹等不得罪名,久系囹圄,在法律及人道均属不合,要求立将控案注销。故是时沪上忽有释放章、邹之风说。因是清政府深恐此案徒劳无功,卒允采纳英使意见,从宽办结。至甲辰年(一九〇四年)四月,遂由会审公廨判决炳麟监禁三年,邹容监禁二年,均罚作苦工,在狱期满,逐出租界。邹容年少性躁,不禁虐待,于出狱前一月病故。

冯自由《革命逸史》第2集,中华书局1981年版,第74~75页

张篁溪《〈苏报案〉实录》:

北京外务部深恐此案劳而无功,允予采纳英使意见从宽办结。迄至次年(一九〇四年)五月二十一日(清光绪三十年甲辰四月初七日),由上海知县汪懋琨去会审公廨会同狱员黄煊英、副领事德为门复讯,当庭改判章炳麟监禁三年,邹容两年,自上年到案之日起算,期满逐出租界。

中国史学会编《中国近代史资料丛刊·辛亥革命》第1册,上海人民出版社1957年版,第384页

张篁溪《章太炎先生在狱佚闻录》：

前清光绪二十九年癸卯五月，先生在上海爱国学社被逮，先是湖南陈范办《苏报》，大声倡革命，无所讳。蔡孑民办爱国学社，与群弟子大声讲革命，四出演说，亦无所讳。适先生在《苏报》发表复康先生书，于是官场乃发难。在未被逮先数日，先生已先得消息，未几《苏报》被封，陈范逃。蔡孑民与先生议，谓舍走无他法。孑民出走，先生独留沪观变，遂被逮。……被逮后，拘至会审公堂，英领事出先生所作复康书，问先生此书是你作的不是，先生答是，遂送至英捕房，不准出。先生住捕房十个月，甚闷。某日会审公堂忽传先生，谓上海道有文书来，北京外务部，与各公使会议，定监禁西牢四年，是夕移入狱。先生谓此事真奇，外部掌外交，民刑事自有主管衙门，定罪乃烦外部，判定中国人事，乃烦外国公使判决，真奇。

中国史学会编《中国近代史资料丛刊·辛亥革命》第1册，上海人民出版社1957年版，第394页

△ 鄂绅、粤商务局等纷纷致电盛宣怀等人及外务部、粤督、鄂督等，力争废除合兴公司所签续约。

《鄂绅李绍芬等致盛宣怀电》(光绪三十年四月初七日)：

粤汉铁路北段有比人假法款入股。查美立合同第十七条，原不准转与别国。此次背约售股，将来比股日增，法权即日重，关系太大，万难通融。此事初由鄂绅具呈督院建议开办，自美立合同，故未置论。今鄂人实受其累，绍芬等谊关桑梓，岂能漠视。闻湘省官绅已有电求挽阻，而福开森到美争论至今尚无成议。务恳公鼎力主持，将约作废，归鄂自办，勿与美廷含糊了结，致日后稍有贻累。鄂人之幸，大局之幸。

《广东商务局决议力争废约》：

初七日巳刻香港专电云：商务局会议以粤汉铁路由合兴公司转与比人，有背续约第十七款。而且工匠滋事，屡酿命案，恐将来激成他变，已决议力争废约。经大绅左宗藩、伍铨萃等联名电达外务部、粤督、鄂督及同乡京官戴鸿慈、伍廷芳、张振勋三侍郎。又电驻沪邓华熙中丞，就近与盛大臣筹商善法，务期收回主权。

宓汝成编《中国近代铁路史资料》第2册，中华书局1963年版，第759页

《湖北士绅致张之洞呈文》(光绪三十年)：

窃查中国创办铁路原为收回利权，抵制外人起见。借贷外款，并由外人承揽，亦必彼此熟商，利益均沾，订立合同，永无更易。如有不遵约章者，必须由两国政府地方官秉公讯断，照章议罚，乃中外通商之大概情形也。

前因卢汉铁路利权尽失，物议沸腾，可为殷鉴。故粤汉铁路创办之始，蒙盛大臣来鄂晓谕，湖广绅耆，联名具呈自行集股举办，蒙奏请立案。未及开办，而盛大臣又与美商合兴公司订立合同借款修筑，经出使大臣请旨画诺。庚子之夏，北方鼎沸，盛大臣又与美商续定合同，并未通知三省绅耆。而息借之款逾增，余利之分逾厚，事权之属逾专，道路传闻，实增汗骇，莫之敢发。犹恃美国无利我土地之心，铁路有指日可成之望。乃时逾四稔，而粤路工程不及二十分之一。历查各处铁路工程，每一华里约用华银一万两。现闻粤路不及百里，该公司已费款至五百五十余万金元之多，原约三千万美金元，续约增至四千万，而购地股本尚须另筹，何至相悬若此？以五十年赎回，按年息及余利通计，非三万兆不能收赎，而金价折算尚不在内。全楚财力几何，思之可为寒心。

而且合兴公司总董早经物故，资本已罄，转售比商，显与原议不得让与他人及五年完工之约，自相违背。现在比工异常横恣，枪毙人命，强占地基，殴伤工人，种种滋事，粤民共愤。

湘省郴、桂一带,风气未开,尤为可虑。绅等思安危所系,家国共之。不惟息债日增,中国永无赎路之期。众怒难犯,目前且有非常之祸。切肤之痛,万难甘于缄默。屡电致盛大臣诘问美商背约之故。夙夜忧愤,不知所出。忽蒙前抚部院传示钧电,极言转售比商之害,且许只两省赈粮捐,岁收百万金,以为自办铁路经费。拳拳忠爱之心,可鉴天日。职绅等具有天良,能勿感泣。又蒙咨派湘绅王中丞之春,及委张道鹤龄先后赴沪,与盛大臣筹商,并抄示美政府复文,有该公司改其规模办法,致本国承认襄助,即可停止承认襄助等语。是美政府亦不肯曲庇背约之公司。盛大臣始悟参赞福开森一面之辞,非美廷之意,电达湘绅,力主废约。鄂中财力不及粤省,权势又不及湘省,惟恃宫保厚恩,主持全局,转咨商部、外务部,照会美政府,切责合兴公司,既不能守五年完工及不得让与他人之约,三省绅商自当集股举办,决不能坐受亏累,重酿巨案为全球所不齿。

至粤路息借美款,实用若干,应由经手粤绅与该公司核算筹还。若万不得已,除粤路支销外,酌量按路摊派。绅等亦不敢锱铢计较,贻误大局,缕缕沥陈,除禀外务部、商部外,合词呈恳宫保,俯赐裁夺,速予施行,实为公便。谨呈。

宓汝成编《中国近代铁路史资料》第2册,中华书局1963年版,第759~761页

5月间(四月间)　孙中山在旧金山向美国人士发表演讲,宣传中国革命者将不经流血而夺取全国,建立政府。

孙中山《在旧金山的演说》:

在我国建立宪政政府的斗争必将获得最后胜利,这是一系列斗争中的一次。除了那些横行不法、从而牟取金钱权力的帝国主义代理人之外,全中国人民都站在我们一边。善良的、政治修明的美国人民必能了解,数以百万计的中国本土人民和数以千计的流落异域的中国人民对清帝国所怀的这种情绪,决非是无缘无故的。

在中国,不存在你们所了解的法律。人民没有发言权。不论如何不公,如何残暴,在这里是无从申诉的。各省总督从压榨人民中成为巨富。

我们夺取广州的计划是失败了,但我们仍然满怀希望。我们的最大希望是,把圣经和基督教教育(正如我们在美国所认识的)作为一种传递手段,向我们的同胞转送通过正义的法律所可能得到的幸福。我们试图尽力采取一切手段,不经流血而夺取全国和建立政府。

广东社会科学院历史研究室等合编《孙中山全集》第1卷,中华书局1981年版,第239~240页

5月24日(四月初十日)　孙中山和黄三德一起,离旧金山,周游美国南北数十地,宣传新章要义,鼓励实行总注册,宣传革命救国思想。

黄三德《洪门革命史》:

孙中山偕黄三德从旧金山出发,北上加州萨克拉门托(Scaramonto)等地,对洪门会众进行宣传和注册。

陈锡祺主编《孙中山年谱长编》,中华书局1991年版,第313~314页

黄芸苏《记国父在美》:

时康有为、梁启超在旅美华侨中,声名盛极一时,对革命阻力至大。国父乃偕同堂中领袖黄三德遍游全美各地,宣传革命排满之义,是为国父在为实际革命工作之第一次。

章开沅、罗福惠、严昌洪主编《辛亥革命史资料新编》第2册,湖北人民出版社2006年版,第1页

行前,旧金山致公堂总堂向各地致公堂发出公启。《致公堂之公启》曰:

我洪门宗旨以反清复明为最紧要，而开基二百余年来，事犹未举。岂以时之未至，众之未集耶？察今日之时局，则清运已终，不可谓非其时也；观今日之团体，则洪门最大，不可谓不众也。而何以我洪门之士日日以反清为心，刻刻以复仇为念，而仍年过一年，未曾一举大义耶？此无他，无人为之提倡，无人为之指导，则虽有志，不知何所适从也。今幸孙逸仙先生来游此地，以提倡革命为专职，以联络洪门为义务，而先生十年以来建旗起义已经数次，声势卓著，名动全球，想我各埠兄弟早有所闻，无待赘述矣。其事虽不成，然其振起国民之气，激扬革命之潮，功效诚非浅鲜。近者各省读书士子，游学生徒，目击满清政府之腐败，心伤中华种族之沦亡，莫不大声疾呼，以排满革命为救汉种独一无二之大法门。无如新进志士，虽满腔热血，冲天义愤，而当此风气甫开，正如大梦初觉，团体不大，实力未宏，言论虽足激发一代之风潮，而实事尚未能举而措之施行也，只有空怀悲天悯人之心，徒有手无斧柯奈龟山何叹耳。惟我洪门则异于是，团体之大，实力之宏，实为地球上会党之大，莫于京者。今欲排满革命，舍我其谁？洪英洪英，速宜奋发，同心协力，众志成城，共图义举，此则应天顺人，识时合道之作也。兹者我大埠致公堂传集同人，当众谈妥，公举黄三德大佬随同孙先生到来贵地，演说洪门宗旨。今日当办之事务，望各端口大佬职员义伯义兄等竭力赞成美举，庶几不负高溪起义、花亭拜盟之初志也。至于各埠应办之事，当尽之责任，孙先生、黄三德大佬必能面言详细，祈为赐听，采择施行，洪门甚幸。

天运甲辰年孟夏旭日（一九〇四年五月十五日）发

《警钟日报》，1904 年 7 月 2 日

△ **孙中山在旧金山与喜嘉理会晤。**

喜嘉理《孙中山先生之半生回观》：

倏忽光阴又数年矣，天涯地角，音信阔疏。至一九〇四年始于旧金山重遇之，先生谓余曰："中国宿疾已深，除推翻帝政外，别无挽救之法。"余解之曰："君曩者主张之改革，中国现已实行矣。"先生雅不乐闻，第曰："满清恶政府，必不可使复存。"

尚明轩等编《孙中山生平事业追忆录》，人民出版社 1986 年版，第 523 页

5 月 25 日（四月十一日）　梁诚、福开森致电盛宣怀说明美国政府对合兴股票事的基本态度。

《梁诚、福开森致盛宣怀电》（光绪三十年四月十一日）：

昨往纽约，查合兴股票册，美国名三千二股，内有美前副总统慕敦、上议院绅银行总理慕葛地波培而磨百老股，外国名二千八百股，内有带士窝路德共八百股，据称旬内移售美国人。据律师福士达称：按例只能认册核明，列名籍不能以疑其暗替相责。彼中情形，美政府已尽悉。美政府只有权认合兴为美公司，合兴办事一切，除关系国际交涉事件外，均有律例限明，美政府不得过问云。合同废否，由我自主，应由督办与合兴直接。惟废后合兴兴讼，美必干预，希酌夺施行。葛利因浪费任性，已革，并陈。

宓汝成编《中国近代铁路史资料》第 2 册，中华书局 1963 年版，第 761 页

5 月 29 日（四月十五日）　以徐世昌署理兵部左侍郎、铁良调兵部左侍郎。

6 月 2 日（四月十九日）　盛宣怀致电外务部、户部，请求速电湘绅公举贤员到上海会同

商办废约事宜,并由湘省或户部速筹巨资,以备偿还美国垫款,以便要求合兴公司停工。

《盛宣怀致外务部、户部电》(光绪三十年四月十九日):

近因湘绅来电,不以曲全美约为然,定要立废合同,由湘自办。是以将前商不任他国干预,及退比董、提小票各节,均暂搁起。昨已面告美公司代理人经士科,定准废约。惟据梁使电复:美外部看现在办法,并无不合。若废约,则美公司必兴讼,美政府必干预。……似此兴讼交涉,利纯损益,殊难逆料。宣怀责无旁贷,虽明知废约国家必吃亏,然亦何敢畏难瞻顾,致违公议。惟有请外务部速电湘绅,公举贤员来沪,会同商办,并由湘省或户部速筹巨资,以备偿还美国垫款。并请伍侍郎询明康使,中国已定废约停工,即由湘省官绅筹还垫款三百万金圆以及利息。美政府能否谕令美公司即行了结?乞速电示机宜,以便饬令停工。

宓汝成编《中国近代铁路史资料》第2册,中华书局1963年版,第761页

6月3日(四月二十日)　抗俄铁血会首领丁开山(嶂)组织革命军,反对清政府持局外中立态度,纠合当时爱国英雄协力抗俄。《大陆》载文予以介绍。

《近代史资料》1955年第2期发表《辛亥革命时期的铁血会》:

丁开嶂,字晓川,原名作霖,河北丰润人。京师大学甲班(第一班)毕业。位举人,胆识绝伦,志器雄远,华北清廷肘腋下首倡革命者也。幼读书,喜经世之学,尤好兵家言。鉴国事日非,遂抱鼎革大志。光绪甲午(一八九四年),年二十四,孙中山立兴中会于海外,鼓吹排满,开嶂闻风,欲制清廷死命,思创立党会于近畿,独树一帜。迨中日战后,割地偿金,黜我为第三等国,奇耻大辱,孰过于斯,改革清廷之念,如火益炽。但恨风气蔽塞,同志无人,遂效古之草泽英雄,结纳绿林,号召亡命,作北方革命军,并著《草泽阴符篇》,储将来起义之方略。暨日俄酣战之际,开嶂适游京师大学,与同学江苏朱锡麟、译学馆学生奉天张榕各出关组织革命军。朱创东亚义勇队,张创关东保卫军,开嶂立抗俄铁血会,皆假借名义而为革命立基础也。朱被逮于沈阳将军增祺,张退避天津,开嶂校名作霖,为防事泄,易名开山,字削川,用抗俄铁血会首领丁开山名义,传檄三省绿林界,登上海《大陆杂志》,风声虽露,人不知为作霖主,易于遁迹返校也。……翌年,与同志秦宗周、丁东第、王治增议北方大势,谓:徒恃关东一部,不足包围北京,遂于张家口外创立救命军,乃革命军之变相也。

存萃学社《中国近代史资料丛编之一·辛亥革命资料汇辑》第1册,大东图书公司1980年版,第77页

1904年6月3日《大陆》第2年第4号发表《抗俄铁血会檄文》:

抗俄铁血会首领丁开山,为局外中立,恐难终守,大征同志,协力抗俄事:俄人者,自咸丰年,私易界碑,窃我黑龙江以北,乌苏里以东,已为万国所不取,公法所不韪。近年又狼虎蓄心,蛇蝎肆虐,据东三省全地,俨为己有。任意奴隶我官府,牛马我人民,剥蚀我资财,淫掠我妇女。种种禽兽之行,神人挺怒,色色野蛮之状,宇宙难容。故天令日人倡义,外挫其凶顽;民党奋兴,内溃其脏腑。丹马、瑞典、诺威,现举同盟,影响愈激而愈远;犹太、波斯、土国,共图报复,风潮愈涌而愈高。此为我国报深仇,雪大耻,树我完全独立之旗,定我民族帝国主义之一大机会也。倘再不振吾精神,湔除丑类,结吾团体,扫荡腥闻,将来必至灭尽我自家,殄绝我种族,较英制澳洲而更痛,美毒黑人而倍残。

窃有鉴于斯,故创立本会,纠合当时爱国英雄,热心壮士,除海内外将弁及学生而外,又有直、奉、吉、黑四省绿林领袖,如夹皮沟之韩登举,烟集岗之刘弹子,帽儿山之田鸣凤,凤凰城之杨二虎,核桃街之于子云,鸭绿江之林七,西安县之郑大剪子,海城之冯麟阁、刘奎五,通化之张占元、张桂林,怀德之冯孤雁、任天杀,朝阳之杨黑虎、邓三,金帆之宋三、梁子恭,岫岩

之王占一、马福连、高立峰，辽河左右之杜立山、田义本、冷振东、尹化亭，枭杰数十人，其部下人数，各小伙数百，大伙数千，最大之伙数万，均痛心疾首，透爪裂目，必立食俄人之肉，寝俄人之皮而始快者。以此同化之师，和亲之众，一朝齐发，电疾风驰，遍地合攻，澜翻水涌。再东联日本为外援，西接波兰为内应，何难逐长蛇于兴安岭以北，驱封豕于雷纳河以西，使我二十三省锦绣山河，与日星而并寿，四百兆圣贤子弟，享幸福于无穷也。

凡我同志，素愤同胞之惨酷，忧祖国之倾危，皆打破生死之快男儿，愿作牺牲之大豪杰。现今中立将破，大战有期，唯余马首是瞻，以期和衷共济，务使二十世纪之万国记载，大书特书曰：中国抗俄铁血会大败俄罗斯于东而后止。檄到望表同情。切切！

杨天石等编《中华民国史资料丛稿·拒俄运动》，中国社会科学出版社 1979 年版，第 239～240 页

△ 周树人(鲁迅)给仙台医学专门学校寄来相关材料。7 月 14 日(六月初二日)仙台医学专科学校准许周入学。7 月 21 日(六月初九日)周得到仙台医学专门学校寄来的入学通知书。

〔日〕鲁迅在仙台的记录调查会著，马力、程广林译《鲁迅在仙台的记录》：

六月三日前后，周树人寄来了入学志愿书、学业履历书各一份。

…………

七月十四日，医专公布准许中国留学生周树人入学。

薛绥之主编《鲁迅生平史料汇编》第 2 辑，天津人民出版社 1982 年版，第 78～79 页

7 月 21 日(六月初九日)，周得到仙台医学专门学校寄来的入学通知书。鲍昌《鲁迅年谱》上卷：

得到仙台医学专门学校寄来的入学通知书。当时投考该校的有三百零五人，录取一百四十四人，鲁迅是外国留学生特别准许未经考试入学的仅有的一名。

鲍昌《鲁迅年谱》上卷，天津人民出版社 1979 年版，第 45 页

6 月 6 日(四月二十三日)　孙中山返抵旧金山。6 月 9 日(四月二十六日)孙偕旧金山致公堂大佬黄三德由旧金山出发，再往美国各埠，对洪门会众举行总注册并演说革命，反对保皇势力。

陈锡祺主编《孙中山年谱长编》1904 年：

6 月 6 日(四月二十三日)返抵旧金山。

6 月 9 日(四月二十六日)偕黄三德由旧金山出发，东行至美国各地继续进行注册宣传活动。

陈锡祺主编《孙中山年谱长编》，中华书局 1991 年版，第 316 页

黄三德《洪门革命史》：

四月二十六日，再由旧金山起程，与孙文往游各埠。其所到各埠日期如下：二十六日往斐士那，二十八往北架菲。五月初一日往罗省。十八日往山爹咕，二十四日往粒巴西，二十五日往山班连拿，二十六日往力连，廿七日往斐匿。六月初一日往子李级巴，初二日往祖尹，十一日往巴梳，十四日往山旦寸，十九日往加罅活市顿，二十二日往布满，二十三日往纽柯连。七月初八日往新垒。是时新垒适开百年纪念赛会，三德因与孙文游览会场，在新垒停留多日，然后往关东。七月二十七日游必珠卜，观览各铁工厂。八月初三日游美京观上下议院、藏书楼、造币厂，……十二日游费城，十九日抵纽约。计自四月廿六日起，至八月十九日，

凡三个月有多,所到各埠,均是洪门人士招待,至纽约时,更大放洪门,招贤纳士,请孙文演说,在纽约逗留将近一月。九月十三日往波地磨,大放洪门三次;又由波地磨再往华盛顿,复回纽约。十月二十八日往乞佛,计自西至东,经历半年矣。

习贤德编著《孙中山与美国》,上海人民出版社2008版,第151~152页

6月10日(四月二十七日)　孙中山在美国加利科省写信给在上海的黄宗仰,总结他在美国两个多月的革命进展。

孙中山《覆函黄宗仰》:

中央上人大鉴:顷接来函,敬悉一切。深惜同志近日困穷如此,不禁浩叹!

弟近在苦战之中,以图扫灭在美国之保党,已到过五六处,俱称得手。今拟通游美地有华人之处,次第扫之,大约三四个月后当可就功。保毒当梁贼在此之时,极为兴盛,今已渐渐冷淡矣,扫之想为不难。惟是当发始之初,而保党不无多少反动之力,因此有一二康徒极恐彼党一散,则与彼个人之利益大有损失,故极力造谣生事,以阻吾人之前途。所幸此地洪门之势力极大,但散涣不集,今已与各大佬商妥,设法先行联络各地洪家成为一气,然后可以再图其他也。故现时正在青黄不接之秋,尚无从为力以兼顾日东之局面也,大约数月之后当有转机也。幸致慰在东国同志,暂为坚守,以待好机之来。除洪家之外,弟更有数路可以有望以图集力者,惟成败未可必耳。

前挪上人之项,今尚无从归赵,请宽以月内之期,想能付还也。已另有函致黎公矣,意亦同。

上海同志近来境况、志气如何?东京留学又如何?闻陈梦坡已在横滨立一馆地,欲联络各处志士,此意甚美,未知现办成如何?能与此地致公堂通消息,互相照应,则来往船上之人,尽可招集也。上人在东有暇,亦望与此处致公堂并大同报馆通消息,以鼓舞人心,则更可增多热力也。此致,即候太安不一。

弟孙文谨启

西六月十号加科利[利科]你省发

广东社会科学院历史研究室等合编《孙中山全集》第1卷,中华书局1981年版,第240~241页

5—6月间(四月间)　湖北革命党人张难先和胡瑛积极运动军队,经过一段时间筹备,湖北革命党人在武昌斗级营同庆酒楼开筹备会商议组织机关,定名为科学补习所。

张难先《湖北革命知之录》:

科学补习所者,乃湖北陆军第八镇工程营士兵所发起组织之革命机关也。先是曹亚伯、吕大森、胡瑛、张难先等,俱认革命非运动军队不可;运动军队,非亲身加入行伍不可。于是张难先、胡瑛遂投工兵营,充兵士。两人日说士兵,散发《猛回头》、《孙逸仙》、《黄帝魂》、《革命军》等书。常于饭后集操场,讲有关系之故事以激厉之。瑛年少英挺,善词说,闻者莫不感动。乃于甲辰四月,与同营之朱元成、陈从新、雷天壮、陈教懋、毛复旦、李胜美等,及学界表同情的吕大森、欧阳瑞骅、曹亚伯、康建唐十二人发起组织机关,在武昌斗级营同庆酒楼开筹备会,共推吕大森起草章程。吕大森者,武高等学堂(为武备学堂初改者)之高材生也。性豪放,有胆识,曾于中俄缔结密约时,鼓动数百学生,会曾公祠演讲,直斥政府昏聩。激昂慷慨,轰动江汉间。订章程,名为科学补习所,设多宝寺街。宗旨标明研究科学,实则意在愚官府耳目。草具,由胡瑛、朱元成、康建唐、张难先审查,提出大会通过。惟会员则以心记之宗旨

"革命排满"四字为主。

严昌洪等编《张难先文集》,华中师范大学出版社2005年版,第58~59页

佚名《科学补习所之历史》:

鄂自庚子而后,固无有所谓革命机关也。有之,则自科学补习所始。然欲求科学补习所之真相,须先考查前此之原因及胡瑛、吕大森二人之略史。盖二人者固为组织科学补习所之主动人也。胡瑛字经武,原字宗瑰,湘之常德桃源人,肄业湘省明德学堂。癸卯冬组织助日学生军,为清吏所忌,遂来鄂入工程营。甲辰五月退伍,组织补习所。吕大森字槐庭,施南建始人,肄业武高等,为三班班长,已届毕业,因组织补习所决意退学。

先是,鄂中志士自癸卯夏四月抵制俄约之后,始知清政府之不可与图强也。适留东志士提倡种族革命,潮流所及,影响及鄂。诸志士乃遂决然改易其希望清政府立宪之主旨,一变而为民族民权革命之进行。其年六月,吕大森与同志朱和中、张荣楣等组织一活版印刷所,专翻印关于革命进行方略诸书,如《猛回头》、《革命军》、《警世钟》类是。洎九月李书城由东回鄂,寓花园山之孙家花园,日与诸志士往来(如时功璧、功玖,耿觐文,陈问淦,徐祝平及吕、朱、张等是),商议进行,众志乃益坚。无何,李、耿、时、朱诸人留学东西,而吕亦病假返建,事为中止。

翌年甲辰(一九〇四年)夏四月,吕来鄂,因同志施人康秉均介绍,得晤胡瑛于工程营。时何自新亦自黄州来会,四人共商进行方略。佥言非组织一机关,不足以资联络而促进行。复得朱子陶、刘大雄(即静安)、朱元成、冯特民等赞助,于是首由吕大森捐开办费五十元,不给则典衣以足之,遂租定阅马厂东厂口某屋为会所,饰其名曰科学补习所。四人均驻所办事。

湖北档案馆等《武昌起义档案资料选编》上卷,湖北人民出版社1981年版,第3~4页

杨玉如《辛亥革命先著记》:

迨甲辰(一九〇四年)春,刘敬安、曹亚伯、胡瑛、张难先、吕大森、朱子龙、何季达、欧阳瑞骅等皆集武昌省垣。谈及革命进行方略,众意以会党发难易,成功难;即成而嚣悍难制,不成则徒滋骚扰。若暗杀又为个人举动,不足以摇撼全局。几经研究,皆主张从运动军队入手,不轻率发难。于是,胡瑛、张难先投工程营为兵,运动同伍。是时秀士入营者颇多,如朱子龙、范腾霄、曹进等皆是。刘敬安则已在马队营入伍矣。是年四月,假座斗级营同兴楼商议组织机关,定名科学补习所。

杨玉如《辛亥革命先著记》,科学出版社1958年版,第11页

李西屏《武昌首义纪事》:

湖北各府县少年英俊之士,聚武昌者日多。外省材杰亦有留鄂者,相与倡立科学补习所为革命机关。其发起人则有张难先、欧阳瑞骅、许远香、张品珊、傅楚材、王汉、何自新、宋教仁、康建唐、吕大森、刘静庵、曹亚伯、朱元成、邱可贞、雷天北、陈教懋、毛复旦、陈从新、胡瑛、欧阳振声、李胜美、赵光华、冯特民、时功璧、刘熙卿凡数十人。惟宋教仁、胡瑛为湖南桃源人。教仁肄业文普通。胡瑛本长沙明德学堂学生,黄克强高足也;持克强书来,匿吴禄贞所,旋入工程营,与张难先语,大悦;遂相与散发《猛回头》、《黄帝魂》等书,且时讲有关革命之故事以激励士兵。瑛善词令,闻者感动。

中国政协湖北省文史资料委员会编《辛亥首义回忆录》第4辑,湖北人民出版社1961年版,第1~2页

冯自由《曹亚伯传》:

甲辰武昌发起一革命团体,名曰科学补习所,亚伯与焉。亚伯结识武昌基督教圣公会牧师胡兰亭、黄吉亭等,胡、黄均有心革命,常于说教讲道时,假基督舍身救世等事为宣传革命

资料。亚伯与之志同道合,遂亦皈依基督教。

张难先《湖北革命知之录》,严昌洪等编《张难先文集》,华中师范大学出版社2005年版,第71页

△ **上海商务总会章程订定。**

《光绪三十年四月订上海商务总会章程二十三条》主要内容如下:

中国商务总会设在上海,系奉前署两江总督部堂张、商约大臣盛于光绪二十八年九月会奏,光绪二十八年九月二十一日奉旨允准。窃照上海自开埠为洋商市场以来,华商人数与华商贸易及利益之在本埠者已大加增。现是处有多数之商人在商务经营之总枢中办事,虽历有年所,各帮商均于上海设立会馆,为考察、保护各该帮商之权利,并厘定各该帮画一之规则,然向未设有社会为中国商务之代表。且华洋商人先时时起龃龉,半由华商不谙西人规律意思,半由洋商同一不谙中国规律意思。今欲为中国商人兴利,凡从前龃龉等情,应令竭力远迁,并应设社会仿照洋商商务总会,能合中国商人为一团质。兴起诸善,订定会友办法程度,传达华商与官场、洋商、商务总会、各领事及工部局往还信息。是以光绪二十八年九月,前署两江总督部堂张、商约大臣盛会奏在上海设立中国商务总会,奉旨允准,现已设立。兹某等在下签名者,系上海为首华商会馆之董事,已拟有下开节略章程,揭出总会宗旨,为该总会事务规条,俾该会会友人等得所遵守。

一、题其名曰中国上海商务总会。

二、该总会之宗旨,应观察保护商务大概利益,并萃集思虑,议论商家大宗利益之事,并力设法杜除弊端、伸雪冤枉、增长善事,通达上下声气、厘定实行规则。……

三、中国各商家并商务所用人员,或有关商务或中国装船行家者,概可选充会友。……

四、每岁捐款至少十二两,分四季预付。惟会友有自由能多助捐款于会中,数之多寡听其自夺;欲更动征年捐款之总数,须视每岁大会时会友承认人数之多寡为从违。凡会友每年捐款过银壹百两者,得选充副董事,过银三百两者,得充举董事。见第十节。

五、候选入会人员,一会友为正荐,一会友为副荐,一面再由董事投票,投票多者为合选。

六、凡常会选举之事,不准倩人代行莅会。会友欠少捐项者,不得干预选举。凡一行号内之人仅许一人,不许二人同时同举。

七、倘一行号内之伙友全不在本埠,其受权之代表准得选举。

八、会友可由董事辞退出位,惟须知会各会友,并于常会聚议时,到者有三分之二以上以为可行,即令出位。

九、十二会友以上可开常会或特会,均按总会章程办理。

《上海商务总会历次奏案禀定详细章程》,上海市工商业联合会、复旦大学历史系编《上海总商会组织史料汇编》上册,上海古籍出版社2004年版,第65~66页

6月20日(五月初七日)　盛宣怀致电外务部已与律师商拟数款,如得有美国凭据,外交上可电梁诚大使照会美外部办理,国内请外务部奏明特派督臣会同筹办相关事宜。

《盛宣怀致外务部电》(光绪三十年五月初七日):

康使所称本国政府有办理此交涉之权,于他国则无预等语。似尚可进一层,向索切实凭据。现与律师商拟数款:

一、此时及此后合兴公司股分之多半数,须真确为美国人自己所占,不得代他国人挂名。

二、该公司须永远为美国公司,及按照美国律例办法。

三、该公司董事,该公司所派之管理处议员,及所举之头目人员,须常时为美国籍人。

四、该公司以后非预先经铁路督办批准,不得派人来中国在铁路办事。

五、美国政府永远承认该公司为美国公司,并有专权办理,关系该公司权利交涉,与他国无预。

以上如得有美国凭据,似无他虑。应请大部酌核照会康使,一面由总公司照会古总领事,并电梁使照会美外部办理。惟湘绅初二来电,甚疑敝处偏袒美公司,虽竭尽心力,亦恐难期允洽。各省铁路督抚,本属会办。张香帅为原议大臣,湘鄂又为所辖,应请大部奏明特派该督臣会同筹办,以昭慎重。

宓汝成编《中国近代铁路史资料》第2册,中华书局1963年版,第762页

6月21日(五月初八日)　清廷赦免康有为、梁启超、孙汶(文)以外的所有戊戌案内犯案人员。

《德宗景皇帝·光绪三十年》:是日,皇太后懿旨:

本年七旬万寿,迭经降旨施恩,京外臣民,无不均沾闿泽[怿]。因思以前获罪人员,除谋逆会之康有为、梁启超、孙汶三犯,实属罪大恶极,无可赦免外,其余戊戌案内各员,均著宽其既往,予以自新;曾经革职者,俱著开复原衔;其通饬缉拿,并现在监禁,及交地方管束者,一体开释;事在此次恩旨以前者,概行免究。

章开沅主编《清通鉴》第4册,岳麓书社2000年版,第991~992页

6月23日(五月初十日)　陆亚发绍字营在柳州哗变,再举反清义旗。

戴义开《陆亚发起义》:

十九世纪末,陆亚发和陆荣廷、王和顺、游维翰并称广西游勇四大首领。……一九〇三年四月,陆亚发起义军占领南丹土州。七月,又占领东兰州。清廷震动,广西巡抚王之春、提督苏元春以镇压不力被革职。起义军又攻占怀远(三江),驻守怀远的原提督赵焕湘"一闻匪至,弃营先遁",被"军前正法"。河池、庆远告急。九月,陆亚发率部挺进到临桂、永福一带,"渐逼省城(桂林)",清政府急令两广总督岑春煊统率粤、桂、滇、黔四省十余万兵力,对起义军实行"围剿"。陆亚发在清廷大军压境、力量对比悬殊的形势下被迫接受招抚,编为绍字三营。受抚时间半年多。至翌年,即一九〇四年(光绪三十年)春调守柳州。

广西区政协文史资料委员会《广西文史资料选辑》第34辑,广西区政协文史资料编辑部1992年版,第83~84页

《广西军事纪要》:

降匪陆亚发等经统领祖太守招降,编为绍字三营。嗣奉粤督电,调赴粤,由浔拨遣定西兵轮载送,定于光绪三十年五月十一日起程。陆亚发等鉴于黄飞凤及梁果周【被】杀降之祸,深惧有变,遂于初十夜起事,十一日早四点钟即将城门紧闭,抢劫电局,砍断电线,攻毁县衙,释放监犯。每犯一人授枪一杆,狱中尚有官犯十余人,均被放出。随将县令杀害。柳城原有祖统领亲军卫队二哨,一扎于统领衙门,一在某处。该匪攻掠县衙之后,又往攻扑。卫队死亡枕藉,仅有二十余人逃出。已而,匪等出城,转攻定西兵轮,毙常备军二名,伤一名。柳城对河驻有绥远军,坐视不救,俄顷溃散。是役劫去兵饷二十余万,枪械无算。迨各路援军兵至,匪已窜往他处。

《东方杂志》第1年第6期,1904年

陆亚发起义与湖南会党、革命党的联系。古研氏《中国秘密会党记》曰:

光绪三十年,马福益与黄兴等谋。一面派人至广西联络各首领。……未久而陆亚发起事广西,攻柳州,夺洋枪五千支。广东总督乃大发兵剿伐之。陆亚发急告马福益,令在湖南起事(这时候,广西会党已分别突进湖南、贵州,进湖南之部已抵达黔阳县属之洪江)。……马福益乃集三十六正龙头,七十二副龙头,分中东南西北五路,约以十月十日同时起兵。谋泄。

《东方杂志》第8卷第10号,1912年

6月25日(五月十二日)　清商部奏请劝办京城商会并推广上海商会。

《光绪三十年五月商部奏劝办京城商会并推广上海商会折》谓:

窃维商务之盈虚,视乎商力之厚薄,而要以联络商会为枢纽。上年十一月间,臣部具奏商会简明章程一折,奉旨允准钦遵在案。京地为首善之区,臣部有提倡之责,自应先行劝办商会,以为各省之倡。惟北地风气未开,倘非开诚布公明白晓谕,一经误会,流弊滋多。是以臣等先期选派司员访觅明白事理之商人,剀切劝告,导其来署,由臣等亲行接见,面为晓谕,俾知举办商会实为联结团体,挽回利权起见。嗣据金银号、汇兑庄各业商董禀遵部章设立公所,互相联络,遂由臣部发给凭单,俾资遵守,又使该商董等辗转劝勉,举事引伸。刻下茶业、绸业、布业均已次第仿办,渐臻就绪。嗣后各行业声气相通,利弊可期询悉,而一切词讼细故亦可消弥于无形,此臣部劝办京城商会之情形也。至于商务之荟萃必归口岸,而口岸之繁盛首推上海。去年十二月间,臣等奏请将臣部右参议杨士琦留沪办理商务,推广商务事宜,诚以上海为商贾总会之区,风气早开,措施较易。现据该参议函称:上海绅商公举浙商候选道严信厚、粤商浙江候补道徐润,熟悉商情,堪胜总董之任。拟将原设之商业公所遵照奏定章程设法推广,改为商务总会,拟订章程,寄呈核办前来。臣等查上海所设商业公所,系于光绪二十八年由前商务大臣盛宣怀奏准设立,刊有商业公所关防,办理年余,商情尚无隔阂,现经该参议杨士琦督饬该商董等,遵照部章复加推广。阅其所拟章程,均尚妥洽,因即饬令认真遵办,并饬将旧用关防缴销,由臣部另刊木质关防一颗,文曰"上海商务总会关防",发给应用,以昭信守。此外,各埠再由臣部咨行各省督抚,通饬地方官广为劝导,但期风会所趋,群情鼓舞,自不难渐著成效。

上海市工商业联合会、复旦大学历史系编《上海总商会组织史料汇编》上册,上海古籍出版社2004年版,第61~62页

△ 张之洞与席沅生、盛宣怀互致函电,商讨中国如何将美国合兴公司转售他国股收回。

《席道来电》(光绪三十年五月初十日申刻到):

粤汉铁路事宜,职道现与湘绅暨盛大臣商定和平了结办法如下。一、美公司底股只六千,拟购二千股,约须价银六十余万两。一、占股后,湘省举董驻美公司襄理。一、果占二千股,权利六分得二。一、中国交出之小票四千万元,拟以湘新筹之款积存,届期取赎。一、如购股事成,银须即交,新款缓不济急,湘绅拟在赈粜捐收款内拨银六十万两。以上各条是否有当,伏乞训示。汇湘禀。蒸。

张之洞《致上海盛大臣》(光绪三十年五月十二日巳刻发):

冬,遇、泰等电均悉。现据席道电,已与尊处商定和平了结办法,意在将美公司转售他国之股收回中国,于美公司无损,而中国权利亦稍有挽回,当易就范。祈切商妥办,以慰楚绅之望。真。

张之洞《致上海湖南会馆席沅生观察》(光绪三十年五月十二日巳刻发):

蒸电悉。所筹和平了结办法甚善,果能办到,于权利挽回不少。至拟在赈粜捐收款内拨

银六十万两，是否专指湘省应得之款而言。鄂省此项捐款皆指抵拨用无余，如专拨湘款，应请商护院酌办。仍请电覆。真。

国家清史编纂委员会·文献丛刊《张之洞全集》(11)，武汉出版社2008年版，第134～135页

次日，盛宣怀复电张之洞。《盛大臣来电》(光绪三十年五月十三日到)：

买股事，接福开森庚电称："股分断不可急买，恐价必腾，只能相机密收，或须候数月方成。观此，可否先即回华再行领训，到美徐办收股等语。初九与席道商复福电，密收恐不能多，与美董商明二千股一起收买，方免废约。"接福真电："据美董云：一起收买，万办不到。收股须密，否则不但价腾又收不到。现有七十股，每股一百八十五元，欲买否乞示"云。席道拟商六千股外另加华股四千股或二千股，再行徐收他国二千股，钧意如何？湘护院覃电现委张小浦来沪，过鄂请大帅示。乞示南针。

苑书义等编《张之洞全集》，河北人民出版社1998年版，第9163页

张之洞《致长沙张护抚台、龙侍郎诸公，上海盛大臣、湖南会馆席道台》(光绪三十年五月十七日亥刻发)：

请拨湖南应得一半振粜米捐六十万两，公呈指为购地之用，席道指为买回美公司股票之用，虽均为铁路起见，办法未免两歧。以缓急论，自应先尽收买股票拨用。惟湘省应得米捐能否拨足六十万，应请诸公与护院妥商酌办。至美公司股票，湘拟收买二千股，权利仅六分得二。兹鄂省拟再向该公司收买一千二百股，则该公司权利中国收回一半有余。将来用人办事，一切足相抵制，在美仍不至废约，斯为两得其平。应请盛大臣尽力商办，务将两省拟购股票如数收回。应如何设法办理，听杏翁主裁。鄂省购地、购股之款，当由鄂省自筹。其振粜米捐之归鄂者，鄂省别有抵用，毋庸议及。祈各迅筹电覆为盼。篠。

国家清史编纂委员会·文献丛刊《张之洞全集》(11)，武汉出版社2008年版，第136页

6月27日(五月十四日)　张恭等创《萃新报》于金华，以"采辑海内外新报之学说丛谈，为我桑梓同胞作警晓钟，作渡津筏"为其宗旨。不久，因思想激进被清政府查禁。

章开沅《萃新报》：

《萃新报》一九〇四年六月二十七日创办办于金华。

章开沅《实斋笔记》，陕西人民出版社2008年版，第241页

陶成章《浙案纪略》(上卷)曰：

《苏报》案之风潮既传入内地，于是金华志士刘琨、盛俊、张恭等亦倡办一报，以谋开通内地之风气，名曰《萃新报》，盖旬报也。有严州学生某，偶携一册至严州府学校，为知县锡纶所闻，进禀浙抚，谓该报出语狂悖，请封禁以正士习。是时，魏兰、陶成章等旅居杭州下城头巷白话报馆，得杭城同志报告，即由魏兰函告张恭。逮浙抚下令金华知府封禁，而该报之门面已早改易矣，故此案得无牵连。

中国史学会编《中国近代史资料丛刊·辛亥革命》第3册，上海人民出版社1957年版，第12页

顾礼锵《反帝反封建的〈萃新报〉》：

《萃新报》创刊于清光绪三十年(一九〇四)。萃新报社及其印刷所、事务所、总发行所，均设在金华城东吕成公祠内(后为浙江省第七中学二部)，总代销处设于金华马门内宝和银楼。……第一期即写"光绪甲辰五月十四日发行"，第四期起改为"每月贰册朔望发行"。

《萃新报》创办人是：张恭(金华人，举人)、刘琨(兰溪人，进士)、盛俊(金华人)、蔡汝霖(东阳人，举人)。办报经费由同人各捐股资，每股以墨银五元为率，现拟招足五百股。如有自愿入股者，随时可以加入，即给凭单，以昭符信。

《萃新报》的办报宗旨,在该报《简章》第一章中规定:"近顷各报类,能输入文明,大放异彩。留心时事者,莫不以先睹为快,然寒素之士,限于经费,不克备购。况我浙东上游诸府,万山崇沓,邮寄尤艰。同人有鉴于是,特创办《萃新报》,专采辑各新闻杂志,撷精荟华,其一切游戏闲谈概勿录,务以养成我浙东上游一般士人德、智、力三者为宗旨。"《萃新报》颇受"桑梓同胞之欢迎",第一期出版后,迅速销售一空,不久即又再版。

…………

《萃新报》具有明鲜的反封建性,当然为清政府所不允。只因该报创办人多有显赫的进士、举人的头衔,属上层社会之人物,暂时起了保护作用,当地政府冷观待机。后有严州学生,把《萃新报》带到严州中学堂阅读,影响迅速扩大。严州知府锡纶得知此事,立即呈报浙江巡抚,称该报"出语狂悖",请求封禁。当时张恭好友魏兰正在杭州,听到消息,马上通知张恭作好应变准备。等浙抚命令金华府台去查封时,《萃新报》门面已经改装,张恭也避往他乡,清兵一无所获,但《萃新报》只出了六期就夭折了。

中国政协浙江省金华文史资料委员会编《金华文史资料·纪念辛亥革命八十周年专辑》第7辑,浙江人民出版社1991年版,第45、49页

6月28日(五月十五日)　秋瑾离开北京,欲赴日本留学。

陈去病《鉴湖女侠秋瑾传》:

至甲辰夏,遽脱所御章服及裳佩之属,悉赠诸芝瑛,而东赴日本留学焉。

殷安如等编《陈去病诗文集》,社会科学文献出版社2009年版,第295页

6月30日(五月十七日)　暑假期间,军国民教育会成员杨笃生、苏鹏等六人组织暗杀团,计划在北京等地暗杀慈禧太后,但未获成功。

冯自由《〈新湖南〉作者杨笃生》:

癸卯甲辰(一九〇三至一九〇四年)间俄兵进占满洲,笃生愤清廷外交之失败及瓜分之祸迫,与留东同学组织拒俄义勇队,将赴敌,以日政府之压制,不果。旋复与同志改组义勇队为军国民教育会。更于会中密组一暗杀团。黄克强、周来苏、苏鹏等咸预其事,专主张暗杀,研究爆发物十余种。尝由冯自由介绍谒横滨梁慕光学制炸药。因拂苏触银制药屑失慎,一眼失明。甲辰复偕周来苏、苏鹏由日携炸药至北京,约张继自湘至,何海樵自沪至,设机关于天津,谋炸内城官宫及颐和园,以震动天下人耳目。潜居京城数月,以无隙可乘,失意南归。

冯自由《革命逸史》第2集,中华书局1981年版,第116~117页

苏鹏《柳溪忆语》:

军国民教育会同人,以制药事业,颇堪应用,乃开会研究对象。时西太后那拉氏,垂帘听政,凡所措施,无非摧毁新政,杀戮新党,酿成拳匪之变,致八国联军入京之惨。且宣言"宁以国家送之友邦,不可失诸奴隶"之语,遂以谋刺那拉氏为第一对象。议既定,同行者为杨笃生、张溥泉、何海樵、周来苏诸人,颇有荆卿入秦之慨;惟易水送行有燕太子丹,予等为秘密行动,斯为异也。初到天津,租一屋为根据地,将药料、铁弹、电池、电线购就,部署既定,相偕晋京,于草头胡同租一屋,探听那拉氏行动。氏居颐和园,乃于西直门与颐和园之间,在途中埋窖地雷。因其出入警跸,人不能近前,别于地雷上装置电线,人隐芦苇中,以司发火。不料氏深居简出,吾辈蛰居都门,伺候阅五月,氏尚无还宫之息。吾辈辛苦相筹,东挪西贷之旅费,已告罄矣。不得已,议再返东京。检点行箧,而予致家中之遗书,灿然存在。当予入燕京时,

先寄书家中，讹言往台湾考察，而暗藏一绝命书。将此次入燕，为种族复九世之仇，为国家谋改革路，牺牲个人，博全国同胞之幸福，义无反顾，势无生还等语，重温一遍，笑曰：吾负汝矣！遂毁之。

杨天石等编《中华民国史资料丛稿·拒俄运动》，中国社会科学出版社1979年版，第317～318页

6月底或7月　1903年夏，刘师培与林獬合作《中国民约精义》，由上海镜今书局出版。它旨在“合中西之言以喻民”，以弘扬传统文化之名，行介绍西方民主思想之实。

刘师培《〈中国民约精义〉序》：

吾国学子知有“民约”二字者三年耳，大率据杨氏廷栋所译和本卢骚《民约论》以为言。顾卢氏《民约论》，于前世纪欧洲政界为有力之著作，吾国得此，乃仅仅于学界增一新名词，他者无有。而竺旧顽老，且以邪说目之，若以为吾国圣贤，从未有倡斯义者。暑天多暇，因搜国籍，得前圣曩哲言民约者若干篇，篇后加案，证以卢说，考其得失。阅月书成，都三卷，起上古，迄近世，凡五万余言。癸卯十月，以稿付镜今主人，主人以今月付梓来索序。仲尼有言：“述而不作。”兹编之意，盖窃取焉叙中国民约精义。甲辰四月下浣。

《刘申叔先生遗书》第16册，宁武南氏1936年版，第1页

7月3日(五月二十日)　吕大森、刘静庵、张难先、曹亚伯、宋教仁等在武昌成立革命团体“科学补习所”，以“革命排满”为主旨。推吕大森为所长，胡瑛为总干事，宋教仁为文书，以结纳同志、运动新军为主要活动。

佚名《科学补习所之历史》：

五月二十日(即公历七月三日)开成立会，至者仅三十余人，公推吕为总理，胡为招待兼庶务，何为文牍，康(秉钧)为会计。复推宋教仁、刘复、欧阳瑞骅为文普通代表，刘度成(原名庶咸)为武高等代表，刘大雄为前锋营代表，朱元成、李胜美为工程营代表，陈应甲为武普通代表。此外如朱子陶、冯特民、曹亚伯、王怒涛等，皆助款募捐，极力扶持。因经费支绌，胡又派湘人易本羲回湘运动经费。适闻黄克强(原名轸，字劲武)亦有所组织，胡复邀吕同往长沙，借以联络一气(曾记吕在洞庭舟中得句云：“此行好借长风便，鼓起人间革命潮”)。六月十一日抵湘，主[住]黄兴家，言及合并事。黄大喜，于十七日开会，定会名曰华兴(亦名华兴公司)，公举黄为总理，翁右功副之，刘揆一、秦小鲁、徐应奎、任旨成、彭某等为干事，以湘为本部，期以是年十月清太后寿期内举事。又举胡为分部总理，吕为蜀省及施南分部总理，二人即于十九日携款回鄂。吕以率机急迫，刻不容缓，鄂事悉委于胡，而自偕康返施。

湖北档案馆等《武昌起义档案资料选编》上卷，湖北人民出版社1981年版，第4页

张难先《湖北革命知之录》：

所于五月成立，举吕大森为所长，胡瑛为总干事，曹亚伯任宣传，时功璧任财政，宋教仁任文书，康建唐任庶务。

严昌洪等编《张难先文集》，华中师范大学出版社2005年版，第59页

张难先《湖北革命知之录》：

吕大森，字槐庭，湖北建始人也。少入邑庠，喜吟咏，倜傥负奇气。肄业武备学堂。会中俄订密约，君鼓动学生数百人莅曾公祠演讲，斥政府失策，激昂慷慨，轰动一时。甲辰夏，与朱子龙、曹亚伯、胡瑛、张难先等，设科学补习所于武昌多宝寺街(后迁魏家巷)实行革命，推为所长。计乘清那拉后十月寿期举义。派宋教仁赴湘，联络黄克强、胡瑛、王汉购运枪械，大

森自任与康建唐回施南运动会党,同谋起事。

严昌洪等编《张难先文集》,华中师范大学出版社 2005 年版,第 62 页

冯自由《科学补习所所长吕大森》:

众推大森为所长,将乘清那拉后十月诞辰举事。先派教仁入湘联络黄克强,大森则偕建唐回施南,交结会党,届时响应。已而谋泄,鄂吏封闭补习所,党员星散。总督张之洞行文施鹤道施某通缉大森、建唐,施明白人也,设法弛解,此案赖以平息。大森自是晦迹山中数年。

冯自由《革命逸史》第 3 集,中华书局 1981 年版,第 190 页

是月 26 日(六月十四日)《补习所章程》在《警钟日报》的"专件"栏公开发表。具体内容如下:

《补习所章程》(湖北武昌省城猎马厂口宜昌招待所内)

一、定名

学界同志于正课毕时思补习未完之功课,故名补习所。

二、宗旨

集各省同志取长补短,以期知识发达,无不完全。

三、职员

(甲)总理一员,总庶务大纲。

(乙)庶务干事二员,经理一切庶务。

(丙)补习教员六员,就同人中选择学问优长者充当义务教员,值星期轮流为同人讲习功课。

(丁)会计干事一员,管理出入度支。

(戊)书记干事一员,掌往来信件书稿等事。

(己)招待干事一员,常川住所接待同人,或远来愿入学堂及入营者须代为安置一切。

四、经费

(甲)开办捐　暂由同人量力捐款以立始基。

(乙)常年捐　由同人量力每月额捐至少以洋一角为度,如有特别事故临时筹措。

(丙)特别捐　绅商有热心乐捐赞成此举者,敬延为名誉赞成员。

五、会期

(甲)讲习期

每星期讲习自上午八时启至十一时止。

(乙)议事期

如有事故,由书记通信同人。

六、功课

分历史、舆地、算学、外国语、理化、卫生各门,值星期由各教员分任讲授。

七、扩充

由创办同人捐款暂设一所,俟经费扩充后再为推广。

八、规约

(甲)自治　凡同人皆须富于自治能力,不可放弃责任,以期智识充涨,科学完全。

(乙)公德　凡同人尤宜注重公德,不可稍存意见,自矜学力,致有妨害他人之处。

以上章程如有未妥之处,可以临时改良。

经理 胡瑛;干事 吕大森;代表 李瀚。

《警钟日报》,1904 年 7 月 26 日

7月5日(五月二十二日)　清廷以江南制造厂迁移新址为由,派练兵处襄办大臣、满族亲贵铁良南下,以打破督抚对地方财政垄断,加强中央集权。

《派铁良南下筹款谕》:

光绪三十年六月壬子,谕军机大臣等:前据张之洞等奏,江南制造局移建新厂一折。制造局厂,关系紧要。究竟应否移建,地方是否合宜,枪炮诸制,若何尽利,著派铁良,前往各该处详细考求,通盘筹划,据实复奏。并著顺道将该省进出款项,及各司库局所利弊,逐一查明,并行具奏,所有随带司员,均毋庸驰驿。著户部酌给往返川资,不准地方供应,该侍郎务须破除情面,实力办理,以副委任。

《大清德宗景(光绪)皇帝实录》第532卷,新文丰出版公司1978年版,第4901页

时论认为其南下旨在搜括钱财与中央集权。《铁侍郎南下之问题》:

铁侍郎之来,传说不一。日本报至疑其此行与东事有关系。然知者则谓袁督与东南各督意见不协。因运动政府派铁南下,以汲收东南各督之权,宗室良弼素主强满抑汉之策,故又利用此举以实行其宗旨。今集权之说虽未必能行,而搜括之巧,已见一班矣。呜呼,袁督!

《大陆报》第2年7号,"时事批评",1904年8月30日

《政府派铁侍郎南下》:

窥其意,无非欲吸聚各省之财权归于政府而已,无非欲收集各省兵权属诸政府而已。而考其意之所由来,则一言以蔽之,曰中央集权而已。

《东方杂志》第1年第7期,1904年

熊希龄《拟赴日本考查工艺致汪康年函》(1904年9月4日):

铁侍郎南下,报纸纷纷提议,南方士大夫亦惊举相告,究竟来意未悉何向?都中必知其底蕴,请并示知。此叩台安。弟龄顿首。廿五日。

《汪卿先生师友手札》,周秋光编《熊希龄集》上册,湖南出版社1996年版,第86~87页

11月(十月),清廷给铁良发来谕旨毋庸调查款目。

十月丙寅。又谕(内阁):前据魏光焘、张之洞会奏改建制造局厂一折,特派铁良驰往详加察勘,再行筹议办法。因谕令顺道抽阅营伍,并将所过省分出入款项一并查核,期杜浮糜。该侍郎行抵江南,计已蕆事,若即遄赴湾址、萍乡两处,审定局厂应否移建,地势何处合宜,即行回京复命。仍将经过地方营务,留心察看。至各省司库局所一切款目,毋庸调查,著即责成该省督抚,认真整顿,不准浮收滥费,务戒侵欺,以恤民难而重国帑。钦此。

《大清德宗景(光绪)皇帝实录》第536卷,新文丰出版公司1978年版,第4940页

7月12日(五月二十九日)　张之洞致电盛宣怀拟奏请饬派王爵堂中丞会办湘境铁路事宜。

张之洞《致上海盛大臣》(光绪三十年五月二十九日寅刻发):

查美公司合同废约虽难办到,然购回合兴公司股票,则志在必办,既需股则筹款为先,湘绅中自应举一领袖之人,以经营规划,有所责成。拟即会列台衔,奏请饬派王中丞会办湘境铁路事宜。尊意以为何如,祈迅赐裁覆,切盼。勘。

国家清史编纂委员会·文献丛刊《张之洞全集》(11),武汉出版社2008年版,第137页

夏　李燮和约集同志创立黄汉会,后参加华兴会,积极运动军队。黄汉会成为华兴会的又一外围组织。

龚翼星《光复军志》(节录《党会篇》):

黄汉会之起,自燮和及其弟云龙外,仅得六人。其概弥延湘省,浸及赣西。

中国史学会编《中国近代史资料丛刊·辛亥革命》第1册,上海人民出版社1957年版,第530页

李燮和《光复军事略》:

盖自戊戌变法、庚子外侮,燮和读书湖南,稍窥时事,慨心满清皇室之不足以保我国家也,谬思以匹夫之愚,分任天下之责。又以一人之力不足以集事也,于是有湘中黄汉会之设。

中国社会科学院近代史研究所编《近代史资料》第57辑,中国社会科学出版社1985年版,第96页

李兴潇、李兴藻《李燮和生平》:

一九〇四年,先君约集同志创立黄汉会。当黄汉会初成立,自先君及三叔云龙外,仅得六人。不久,即蔓延湘省,浸及赣西。时黄兴、陈天华等发起成立华兴会,先君当即参加,并且是华兴会的骨干分子,分任重要职务。黄汉会成为华兴会的外围组织,以运动军队为主。

中国政协湖南省文史资料委员会编《湖南文史资料》第15辑,湖南人民出版社1982年版,第167~168页

冯自由《光复军司令李燮和》称李燮和:

亦华兴会员,因得参与机密,分任重要职务。

冯自由《革命逸史》第2集,中华书局1981年版,第16页

黄一欧《回忆黄克强先生》:

黄汉会,专为运动军队参加起义的机构,陈天华、姚宏业、陈方度都做过这方面的工作。

中国政协文史资料委员会编《辛亥革命回忆录》第1集,文史资料出版社1961年版,第610页

钱基博《李云龙先生七十寿序》抄件(未刊稿,涟源市政协珍藏)解释"黄汉会"之意:

黄者黄帝,汉者汉人也,欲以苏国魂而振汉声,祖皇帝而耀前烈;以匹夫之愚,公任天下之责。

饶怀民《李燮和与沪宁光复》,湖南师范大学出版社1998年版,第24页

编者按:饶怀民认为李云龙没有参加黄汉会。他在《李燮和与沪宁光复》以书中指出:"李云龙《祭仲兄燮和》:'癸卯春正月,山阴俞公抚湘,考送陆军学书八人,弟膺其选,随即东渡。'""'黄汉会'成立时,李云龙已留学日本,当时的革党人只是借用李云龙的名义,特此说明。"(饶怀民《李燮和与沪宁光复》,湖南师范大学出版社1998年版,第24页)

△ 秦毓鎏积极参与湖南革命运动,促进了民族思潮的发展。

冯自由《秦毓鎏事略》:

五月应黄克强、胡元倓、翁友巩等电招,赴湘省讲学,任高等实业学堂教务监督,并兼任明德、经正二学校历史教习。时黄克强主讲明德学校,教员张继、翁友巩、周震麟等皆老同志也。其后湖南革命人物多出自上述各校,毓鎏与有力焉。湘中学风经诸志士循循善诱,民族思潮一日千里。

冯自由《革命逸史》初集,中华书局1981年版,第115页

7月13日(六月初一日) 张之洞致电湖南官绅就购回美国合兴公司股票急需公款支付事进行协商。

张之洞《致长沙张护抚台、各司道、龙侍郎诸公,清江新授湖南抚台陆中丞》(光绪三十年六月初一日午刻发):

查此举关系国家路政,挽回主权利权,事在必成,非绅民合力,不能抵制美公司,非官为维持,不能鼓励民志。……盛大臣意须俟款齐后方与美议,盖恐款无着落,徒托空谈,或致翻悔。若先有一半现银存沪,盛自放心买回,股票二千,当亦须陆续收购,未必全系整收整付。特此奉商春江中丞、小川护院暨司道,铁路股票由官认拨六十万,指定在赈粜米捐项下分批

筹拨此款,即作为官股,将来仍系有着。

《张护抚台来电》(光绪三十年六月初四日申刻到):

铁路事关全局,自应力与维持。湘绅前指枭捐,业已用罄。现由司局无论何款,暂行筹措三十万,作为官股,其余三十万由该绅等另筹,作为商股,业饬张道与该绅等商允。库款綦绌,筹出三十万实属万难,惟以外交权利所在,不敢稍失事机,竭力勉筹。至如何办法,今晨张道搭轮踵辕,亲聆宪示。华率司道叩。江。

国家清史编纂委员会·文献丛刊《张之洞全集》(11),武汉出版社2008年版,第138页

7月14日(六月初二日)　秋瑾到达东京,住在东京神田区骏河台留学生会馆。

服部繁子《回忆妇女革命家秋瑾女士》:

七月十二日到了神户。……后又坐了两昼夜的火车回到东京家里……秋瑾被她的朋友接到神田去。

久保田博子《日本辛亥革命遗迹巡礼(三)》:

秋瑾一九〇四年晚春离开中国来到东京的。她在神田区骏河台留学生会馆的日语讲习所里学了三个月的日语。

章念驰《秋瑾留学日本史实重要补正》,政协浙江省文史资料委员会《浙江辛亥革命回忆录》第3辑,浙江人民出版社1985年版,第13页

陶成章《秋瑾传》:

既到东京,即入中国留学生会馆日语讲习会学习日语,因与某某等十人相结为秘密会,以反抗清廷、恢复中原为宗旨。瑾既与陈静斋有戚谊,故到东京后即与其子相识。是时,敖嘉熊、魏兰、陶成章、龚味荪等在浙东西秘密运动有年。

中国史学会编《中国近代史资料丛刊·辛亥革命》第3册,上海人民出版社1957年版,第60页

编者按:关于秋瑾留学日本时间,现存记载颇不一致,学界共识倾向于六七月间。

王时泽《秋女烈士瑾略传》:"关于秋瑾赴日本时间,王时泽先生在《回忆秋瑾》一文中,曾明确指出:'一九〇四年夏,秋瑾冲破封建樊笼,到日本留学,进了中国留学生会馆办的日语补习所补习日语。'(见《辛亥革命回忆录》四)徐自华在《鉴湖女侠秋君墓表》中,也说秋瑾'洎甲辰(一九〇四)夏,乃东渡海赴日本肄业。'(见《秋瑾集》附录)另外还有几说:(一)一九〇四年旧历三月。陶成章《浙案纪略·秋瑾传》:'瑾东渡之时,为甲辰三月。'冯自由《革命逸史》第三集《兴中会时期之革命同志》作'甲辰春东渡留学'。(二)一九〇四夏秋之间。见秋宗章《关于秋瑾与六月霜》(载《人间世》1935年第33期)。(三)一九〇四年秋。沈祖安《拼把头颅换凯歌》:'一九〇四(甲辰)年秋天,秋瑾东渡日本。'(载《杭州大学学报》1979年第1—2期)。(四)一九〇四年六七月间。《清国留学生会馆第五次报告》附《同学姓名调查录》载秋瑾抵东京时间为'三十年五月'。光绪三十年五月,公历为一九〇四年六月十四日至七月十二日。据此,秋瑾此次东渡日本的时间,当为公元一九〇四年六七月之交,即王时泽、徐自华所说是年夏是可信的。"(《湖南历史资料》编辑室《湖南历史资料》1980年第1辑,湖南人民出版社1980年版,第219页)

章念驰比较倾向于认同服部繁子的观点,认为是七月十二日。他在《秋瑾留学日本史实重要补正》中指出:"陈象恭说:一九〇四年'夏,秋瑾到达东京'。而陶成章《秋瑾传》和冯自由《鉴湖女侠秋瑾》却作'夏历三月',王时泽《回忆秋瑾》和陈去病《鉴湖女侠秋瑾传》又说是'夏季',秋瑾兄秋宗章《关于秋瑾与六月霜》作'夏秋之间',徐双韵《记秋瑾》定为'新秋',沈祖安《拼把头颅换凯歌》说是'秋天'。那么究竟什么时间较为确宜呢?我想,如果服部繁子记忆没有错误的话,她的记载应该说是较为确切的。服部繁子说:六月二十八日,我带着四个孩子、女佣、老妈子从安定门车站出发。高桥勇和我们同行,我丈夫托他照顾我们。丈夫和其他几个人要送我们到塘沽""王秋瑾已经在车中了。……车前,她丈夫拉着两个孩子的手,老妈子站在后面。……五岁的女儿和秋瑾很像,四岁的儿子胖呼呼的很可爱。……她丈夫脸上带着悲哀的神色,头发被风吹乱了,看上去很凄惨。他还是叮嘱着秋瑾,路上小心,到达后就来信等等。两个孩子可怜地望着母亲。秋瑾只是点头,什么也不说,眼里含着泪。这时我才看到她是个妻子,是个母亲。汽笛响了,我拉着秋瑾的手站在车窗前。真是一场悲剧!""下午一时,火车到了塘沽。……我们乘的船停泊在较远的海面上,要搭汽艇到大船上去,我丈夫拜托高桥后,就回去了……汽艇出发了,头顶着火一样的夏云,渤海湾的浊浪高一阵低一阵地袭来,汽艇上大部分人都晕船了,孩

子们小声地呻吟着,我也很难受,头痛。高桥吃力地照顾着我们。唯有秋瑾十分自若。我说:‘你真坚强。’秋瑾说:‘我是南方人,和水是朋友。’平时三个小时的航程用了五个小时终于到了大船。……这是条德国船,……船长把自己的房子让给了我们,……秋瑾常到我房来,并可以说一些日语了。她每天来读读书,谈谈话。七月十二日到了神户。……后又坐了两昼夜的火车回到东京家里……秋瑾被她的朋友接到神田去。”(中国政协浙江省文史资料委员会编《浙江辛亥革命回忆录》第3辑,浙江人民出版社1985年版,第12~13页)

7月中旬(约六月上旬)　孙中山到达纽约后,先电请留美学生王宠惠、陈锦涛、薛松瀛等来会晤,讨论革命进行的外交、财政等问题。

冯自由《美洲致公堂与大同报》:

总理奔走数月,惨淡经营,煞费心力,终以民智闭塞,一时不易收效,遂以注册事委诸黄三德,自赴纽约与留美学生王宠惠、陈锦涛、薛颂瀛等商议革命进行之外交及经济诸大问题。旋渡欧洲与留欧学生贺之才、魏宸组、史青、胡秉柯、王鸿猷、朱和中等组织革命同盟会。濒行前犹赖欧美学界同志接济旅费始能成行。由此可知洪门总注册之成绩如何矣。

冯自由《革命逸史》初集,中华书局1981年版,第153页

王宠惠《追怀国父述略》:

寻由东京转学美国加省省立大学及耶鲁大学,其后国父来美抵纽约,宠惠奉电招赴寓所,为深远之谈,时国父困苦殊甚,出类似矿质之黄色药物名龙涎香,重约数磅,谓得自檀香山,价可值美金千元,令出而货之,卒不得值而归,穷益甚,遂同寄居于乡人许芹牧师宅中。

《革命先烈先进阐扬国父思想论文集》第1册,“中华民国”各界纪念国父百年诞辰筹备委员会1965年印行,第19页

△ 孙中山在纽约宣传民族革命思想。

吴朝晋口述,李滋汉笔记《孙中山三赴纽约》:

总理抵纽约埠后,即行造访致公堂,道达来美之意旨,斯意致公堂深知。总理亦属致公堂会员,与反清之宗旨相吻合。而忽然间得到此革命领袖遥临为启发指导革命之途径,窃为之庆慰不置,招待有加矣。……总理随又造访其香山县人。斯时该县之旅居纽约者虽有百余名,而一闻“革命”二字,多已避之若浼;后仅结识黄麟思(即黄溪记)、唐麟经二人而已。……迟一星期,由致公堂担任租借华埠宰也街九号之华人戏院开演讲大会,宣述满虏入关窃据我汉族土地垂二百余年之由来,今须实行革命,驱逐清虏,还我山河。在未演讲以前,侨界夙闻总理为革命首领,及一睹言论丰采,乃至座无余隙,甚至宫墙外望者不计其数。后查悉到听者多半属于保皇会会员。

总理自在该戏院演讲之后,侨界到听者多已深怀对满虏入关窃据我汉族土地垂二百余年,强迫我汉人蓄发留辫,及屠杀我汉人之愤慨。斯时侨界已充满民族革命思潮。自总理作第一次演讲之后,适值向在旧金山充当《民兴报》总编辑之区榘甲氏逗留纽约,担当游埠鼓吹保皇之任务。区斯时见总理在该华人戏院演讲革命,大为不满。区氏及保皇会乃于翌日亦租借该戏院演讲,反驳孙总理,倡革命必流血及招瓜分惨祸的言论,并请总理解释革命之真理。

又翌日,总理再在该戏院申论保满清异族为虚君立宪之非计。彼此互相辩论,一连十天。侨界多已明了革命确能救中国,觉悟保满清为皇、甘心为奴隶之失当。由是该戏院院主恐生祸端,对双方均不肯借给戏院作演讲场,双方亦停止辩论矣。……自该戏院院主不肯再借戏院于两方演讲辩驳后,遂有保皇会人员赵万胜、谭州、周超、彭芳、伍积勋等十余人用设在勿街九号楼上的东方俱乐部的名义特设茶会,柬请总理到该部共同辩论革命与保皇之孰

优孰劣,及中国之应当行革命或应当行虚君立宪等题目。……总理见该俱乐部邀柬,便欣然允诺前往。斯时各会员及致公堂之人多泥其行,并主张派人陪同前往,以防叵测。但总理主张独自单身赴会便妥。(后闻说该俱乐部见总理独自一人赴会,甚觉惊奇。)及开圆桌会,双方将所拟定之题目辩论后,卒被总理如舌战群儒一般,各个折服,面面相觑,即肃然起敬。闻总理随亦以和蔼之词色,作互相切磋,彼此勖勉后,兴辞而返。

自总理应该俱乐部之敦请赴会,双方系以友谊诚恳态度相待。自经此回辩论后,未几该俱乐部之周超先生反首先加入同盟会(此处记述有误。此时纽约尚无同盟会组织,编者),遂被推选之为会长。闻努力捐款有加。其余伍积勋、彭芳二人至国民党初成立时,便加入为党员,依附三民主义。此也一段趣闻也。……斯时康有为适由国内逃亡抵加拿大云高华埠多日,正欲乘车来纽约鼓吹保皇。该会会员见总理正在纽约鼓吹革命,乃去电暂止康氏前来,诚恐到来又生辩论,反为不美。康氏接电后,亦候孙总理离纽约始启程而来矣。

中国社会科学院近代史研究所编《近代史资料》总64号,中国社会科学出版社1987年版,第1~4页

7月19日(六月初七日)　黄兴自沪抵武昌,科学补习所开会欢迎。黄兴告以华兴会拟订11月16日(慈禧太后七十寿辰)在长沙起义,并约定,湖南发难,湖北响应。

张难先《湖北革命知之录》:

六月,黄克强自沪过鄂,本所开会欢迎。克强告以:“湘省计划,预定十月十日,乘清西太后七十生辰起义。”本所党员,均一致表示赞同。当约定由湘省发难,湖北响应。所务进展甚速,多宝寺所址屋小,不敷用,复于七月由干事欧阳瑞骅赁魏家巷一号房屋迁居。时本所党员曹亚伯已在长沙“求中”、“宁乡”、“长沙”三中学任教事,推彼为湘鄂联络员。凡饷械俱在共同筹画之列;并于本所印就军用票三十万张,以备起义时两省之用。值学校暑假,曹亚伯回所,开大会,讨论进行方略。决定:派吕槐庭、康建唐赴施南,何季达赴荆宜,联络会党;宋教仁赴长沙,与东文讲习所华兴会会长黄克强接洽;武高等学堂,由刘熙卿负责推动;文普通学堂,由欧阳瑞骅负责;马队,由刘静庵负责;工程营,由张难先负责。其余各校各营,均有负责干事。其分配之弹械,由胡瑛、王汉赴湖口起运来鄂。计划既定,正按照指派职务积极进行。

严昌洪等编《张难先文集》,华中师范大学出版社2005年版,第59页

杨玉如《辛亥革命先著记》:

六月黄兴由沪过鄂,到所密谈,告以湘省预定十月西太后万寿节发难。会员遂群谋响应之。迨曹亚伯暑假由湘回鄂,在所开会,议派吕大森、高建唐往施南(恩施),何季达往荆、宜,联络会党;宋教仁往长沙接洽。其在武昌负责推动者:武高等学堂有刘度成,文普通学堂有欧阳瑞骅,马队营有刘敬庵,工程营有张难先,其他军营学校亦各有负责人。

杨玉如《辛亥革命先著记》,科学出版社1958年版,第11页

7月20日(六月初八日)　蔡元培任爱国女学校长,辞《警钟日报》编务。蔡元培发表《警钟日报》编务转移告白,指出社务由汪允宗接受主任。

蔡元培《光复会与同盟会》:

我在警钟报馆时曾再任爱国女学校长。那时候就女学作为革命党通讯与会谈的地点。各教员中与闻此事的,以从弟国亲及龚君味生[荪]为最多。龚君本随陶君焕卿(成章),属往金、衢、严、处等地运动会党,劝他们联合起来待时起事。而绍兴又有一派秘密党,则为嵊

县王君金发、祝君绍康所统率,而主动的是徐君伯荪(锡麟)。此两派各不相谋,而陶、徐两君均与我相识,我就约二君到爱国女学商联络的方法,浙东两派的革命党,由此合作,后来遂成立光复会。

朱鸿召编选《孑民自述》,江苏人民出版社1999年版,第43页

《蔡孑民敬白》:

孑民近担任爱国女学校事务,故警钟社编辑之役,已由汪允宗君主任。凡以社务投函者,请勿于函面写鄙人姓名,免致展转延阁。如与孑民个人交涉之事,则请寄:新闸西胜业里六百三十号。

《警钟日报》,1904年7月20日,"广告栏"

7月22日(六月初十日)　孙中山致函麦克威廉斯,自荐为黄三德的朋友(黄与麦氏为旧识),请其约定时间,登门拜访。

孙中山《致麦克威廉斯函》:

威廉士先生:我是洛杉矶黄三德先生的一个朋友,黄先生也是你所认识的,我和他一路从加里福尼亚旅行到纽约的。但他因事须在阿利桑纳和德克萨斯之间的各处停留,我就直接先到纽约来。黄先生嘱我一到此间,即行与你联络,定期拜候,将我们旅行全美的目的告诉你。我到达此地不过数日,等着和你见面。何时在尊处与你会面较为适宜?一获回音,我当立即趋访。顺候

时祺!

孙逸仙　一九〇四年七月二十二日纽约

广东社会科学院历史研究室等合编《孙中山全集》第1卷,中华书局1981年版,第242页

7月31日(六月十九日)　陈独秀得章士钊函请到上海,由杨笃生监盟,参加军国民教育会暗杀团,天天同杨等实验炸药,并与蔡元培相识。

唐宝林《陈独秀年谱》:

中国留日学生杨笃生、何海樵等人在上海组织暗杀团,并发展蔡元培、章士钊、刘光汉等人加入。陈独秀得章士钊的函招,由芜湖到上海,由杨笃生监盟,加入了暗杀团。陈独秀在上海逗留月余,向杨笃生等学习制造炸弹。

唐宝林等编《陈独秀年谱》,上海人民出版社1988年版,第12页

陈独秀《蔡孑民先生逝世后感言》:

我初次和蔡先生共事,是在清朝光绪末年,那时杨笃生、何海樵、章行严等,在上海发起一个学习炸药以图暗杀的组织,行严写信招我,我由安徽一到上海便加入了这个组织,住上海月余,天天从杨笃生、钟宪鬯试验炸药。这时孑民先生也常常来试验室练习、聚谈。

陈平原等编《追忆蔡元培》,中国广播电视出版社1997年版,第387页

约7月(五六月)　陶成章与龚宝铨一起拜访敖嘉熊,共商浙江独立军事。

陶成章《浙案纪略》:

陶成章自上海来谒龚味荪,味荪偕之以见嘉熊,嘉熊因与商议浙江独立军事,意见相同。咸以浙江非可自守地,欲在浙江举义,非先注意南京不可。而安徽又居南京上游,上接两湖,下通江浙,又不可不先有以布置之。

中国史学会编《中国近代史资料丛刊·辛亥革命》第3册,上海人民出版社1957年版,第70页

夏秋间　龙华会成已为光复会联系的一支重要的会党力量。

杨天石《〈龙华会章程〉主属考》：

"龙华会"亦名"龙华山"。会主沈英(荣卿)、副会长张恭、周华昌，原是终南会骨干。后来终南会首领或死或走，他们便另立龙华会。时间约在一九○二年。一九○四年夏秋间，在浙江联络会党的魏兰结识沈英、张恭，继又引陶成章前往，以发动龙华会响应夏历十月初十日的华兴会长沙起义。此后，龙华会成了光复会联系的一支重要的会党力量。秋瑾组织光复会，"恃以为大本营者，即此会也"。

杨天石《从帝制走向共和——辛亥前后史事发微》，社会科学文献出版社 2002 年版，第 168 页

△ 黄兴等自日本返回长沙，联络会党，准备起事。

冯自由《长沙华兴会》：

于是年夏秋间，自日返长沙，由刘揆一介绍哥老会龙头马福益合作，更由同志陈天华、章行严、谭人凤、刘道一、萧堃、柳继贞、邹永成、宋教仁、胡瑛、柳聘农诸人，各分途进行，杨守仁则驻上海策应一切，会员先后加盟者四五百人，多属学界分子。

中国史学会编《中国近代史资料丛刊·辛亥革命》第 1 册，上海人民出版社 1957 年版，第 503 页

△ 华兴会另设联络会党机关同仇会，举黄兴为会长，刘揆一、马福益分任会务。

黄一欧《回忆黄克强先生》：

同仇会，专为联络哥老会，策动会党参加起义的机构。

中国政协文史资料委员会编《辛亥革命回忆录》第 1 集，文史资料出版社 1961 年版，第 610 页

蔡寄鸥《联络会党的同仇会》：

华兴会成立后，会众多系知识分子。黄兴恐其与会党接洽，难免发生隔阂，乃别倡同仇会，以联络会党的下层组织，并仿照日本的将佐尉各级军制，编组为革命军旅，黄自任大将，兼掌会长的职权。以刘揆一任中将，掌理陆军事务；马福益任少将，掌理会党事务。湖南浏阳的普集市，向例于每月某某等日，开牛马交易大会，莅会者凡数万人，为湖南有名的集会。与会的群众以哥老会籍的人为多。因而哥老会亦规定是日为拜盟宣誓的佳节。同仇会的会员，即择定是日为少将马福益举行就职与授旗典礼。由刘揆一代表会长黄兴授旗；并给以长枪二十枝，手枪四十枝、马四十匹。仪式颇为隆重。自是以后，哥老会会员之相继入同仇会者，不下十万余人。其时江西吉安也有个自强会的组织，推派会员邹永成到长沙，与同仇会会长黄兴商讨联合举义的办法。

蔡寄鸥《鄂州血史》，龙门联合书局 1952 年版，第 257 页

冯自由《长沙华兴会》：

因联络秘密会党，颇不便利，黄、刘等乃于华兴会外，另设同仇会，专为联络会党机关，仿日本将佐尉军制，编列各项组织。黄兴自任大将，兼会长职权；刘揆一任中将，掌理陆军事务；马福益任少将，掌理会党事务。

中国史学会编《中国近代史资料丛刊·辛亥革命》第 1 册，上海人民出版社 1957 年版，第 503 页

章士钊《与黄克强相交始末》：

华兴会者，以振兴实业为名，人众而机事难密，则湘中增设同仇会，联络红帮弟兄。

田伏隆主编《忆黄兴》，岳麓书社 1996 年版，第 127 页

刘揆一《黄兴传记》：

公思会众多属学界分子，恐与洪会接洽或多隔阂，乃与揆一别创同仇会，专为联络洪会

机关,并仿日本将佐尉各级军制,编组其为革命军旅。

中国史学会编《中国近代史资料丛刊·辛亥革命》第4册,上海人民出版社1957年版,第277页

冯自由《秦毓鎏事略》:

其革命方法,从联络哥老会入手。以刘揆一曾获交于哥老会大龙头马福益,即畀以联络会党之责。另设一同仇会以支配之,使哥老会党徒与华兴会总部不相直接,由刘介于其间,盖防泄漏机密,致碍大计也。哥老会员相继入会者不下十万人。

冯自由《革命逸史》初集,中华书局1981年版,第126页

△ **谭人凤等从事革命活动。**

谭人凤《石叟牌词》:

癸卯、甲辰(一九〇三、一九〇四年)间,余于邑城文场内办小学堂,时奉集勋、罗锡藩、曾立三、曾干伯等任资江速成两校教习。暑假时戴石屏由日本归,寓余校,密告以有力者谋于省城举义(即黄克强、宋教仁、刘霖生利用马福益之事也),询可与共事者,余以奉、罗等对之。旋邵阳李洞天、肖立诚,武冈唐镜三相继至,并称宝庆(邵阳)教习李燮和热心。遂约定肖、李任邵阳,唐任武冈,燮和任安化,吾邑则公推周叔川君为主任。周君大同团巨绅,创办学校有年,留学生多出其门下,且近约奉、罗二人在该团与洪家结社,故群奉之。通信机关则暂设余校,兼印就章程、党证及浅显讲义,遣洪家首领谭恒山携赴辰、沅一带通声气,此甲辰秋间事也。

谭人凤《石叟牌词》,甘肃人民出版社1983年版,第22页

8月3日(六月二十二日)　英军攻陷拉萨。

8月6日(六月二十五日)　张之洞致函北藩司请将归鄂一半赈粜米捐收款及时拨付,鄂省拟认购粤汉铁路美公司股一千二百股。10月20日(九月十二日)张又咨询催促此事。

张之洞《札北藩司拨赈粜米捐收买粤汉铁路美公司股票》(光绪三十年六月二十五日):

本部堂查粤汉铁路,前因美公司违背合同,将公司底股转售比国,经湘省在籍诸巨绅切商督办铁路总公司盛大臣,议将美公司出售比国之股分票由中国加价收回,湘省拟购二千股,约需银六十万两。本部堂当以此项股票关系路权,甚为紧要,由湘达鄂其铁路之在鄂境者不下三百余里,湘省既知力争,鄂省岂容膜视,当即电达盛大臣,美公司底股由鄂认购一千二百股,约需银三十余万两。此外自购铁路基地,以保地权,收买金元小票,以挽利权,必须有大宗的款足供挹注,方可抵制外商。……从前开办赈粜米捐,原议本系因留备地方要需而设,铁路关系国家主权,争回一分之利,即少受一分之害,地方要政莫急于此,自应将此项赈粜米捐归鄂一半收款,尽数拨充收买粤汉铁路美公司股票及购置地基、赎回小票之用。此后所收一半米捐无论多寡,应即随时解交官钱局,汇存上海妥实银行,先尽收买股票,以应急需。其余购地基、购小票需款浩繁,听候陆续拨用。……除咨明督办铁路总公司盛大臣代鄂省迅速收买美公司底股一千二百股以符原议外,合行札饬。该司即便遵照,将前次提存司库之赈粜捐款二十万两,先行拨交官钱局迅速汇沪,勿稍延误。

国家清史编纂委员会·文献丛刊《张之洞全集》(6),武汉出版社2008年版,第440~441页

10月20日(九月十二日),张之洞《咨南抚院饬局解款筹备铁路废约》(光绪三十年九月十二日):

查美国合兴公司违背合同，私将公司底股售与比国，数逾大半，于中国路权大有妨碍。本部堂深维此举关系大局利害，非全力与争废约，实属无从挽救。迭经电致外务部暨督办铁路总公司盛大臣坚持力拒，以期收回路政，保我主权。惟废约一事，无论如何办理，总以先行筹集巨款为第一要义。……当经札行司局，饬将两湖赈粜捐鄂省应得一半之数岁收约五十万两，尽数拨充粤汉铁路内鄂境路工及与美国合兴公司议废合同一切应摊款项之用。……废约一事必须实有现银积存，方能力持废约。若湘省于此款稍有蒂欠，则于全局大有妨碍，废约仅托空谈，本部堂无凭主持办理，是此款之如数解鄂与否，关系甚重。

国家清史编纂委员会·文献丛刊《张之洞全集》(6)，武汉出版社2008年版，第445页

8月9日(六月二十八日)　张之洞就回购比股、美股事致电长沙陆元鼎巡抚、龙湛霖侍郎等湘省官绅进行协商。

张之洞《致长沙陆抚台、龙侍郎诸公》(光绪三十年六月二十八日申刻发)：

张道鹤龄所拟办法：一、比股责美公司收回。二、湘省专购比股，勿收美股。三、比股无论公司收回，湘省购回，总须收尽。四、湘省购底股后，用人办事权力，须请督办大臣与公司订明详细平允章程等语。办理均甚中肯，均可照办。鄂省前亦电明盛大臣，定购该公司售出之比股一千二百股，已拨银二十万两汇沪候支，以作湘省声援，借冀收回权利较多，并以附闻。惟此事议定后，似宜自行派员赴美购股，免滋浮糜，容再续商。沁。

8月15日(七月初五日)　张之洞又《致长沙陆抚台、龙侍郎诸公，上海署湖南粮道张道台》(光绪三十年七月初五日午刻发)：

察看情形，合兴公司即不废约，粤汉铁路亦无成期。购股既甚吃亏，惟有仍就废约一边着想。……今酌拟办法数条，以资商榷：一、抱定年限不稍放松，如逾五年此路不能竣工，应即废约。二、本合同第十七条意声明，合兴公司不准转售他国及暗招他公司顶替，速令将售出比股悉数购回，否则废约。三、美国既担认该公司承造粤汉铁路，他国不得干预，须与议明该公司在华造路，不得用他国工程师及匠目充铁路上各项执事，如查有一他国人干预路工，即行废约。如此层层逼束，或冀彼知难而退。

国家清史编纂委员会·文献丛刊《张之洞全集》(11)，武汉出版社2008年版，第143~144页

9月5日(七月二十六日)，张之洞《致长沙陆抚台》(光绪三十年七月二十六日子刻发)：

粤汉铁路事，现既以废约为主，必须留张道鹤龄在沪妥筹办理，祈速电饬张道暂勿回省。

国家清史编纂委员会·文献丛刊《张之洞全集》(11)，武汉出版社2008年版，第148页

9月6日(七月二十七日)，张之洞《致上海湖南署粮道张道台》(光绪三十年七月二十七日亥刻发)：

此事得倍次向美政府、美公使关说，又得伍侍郎向我政府开陈利害，废约之说或尚可行，鄂、湘会电外部，无所不可，但仍须据湘绅公电呈请废约，较为得力，一面必须由湘绅径电政府，合力相持，方能有济。至废约果能办到，合兴公司垫款自应息借洋款付还，能除去一重大害，费虽多不惜。但此路以收归中国自办为最妥，万不可再交外国人办。……万不可全路之款尽借洋债，以保路权。

张之洞《致长沙陆抚台、龙侍郎诸公，上海吉升栈署湖南粮道张道台》(光绪三十年七月二十八日申刻发)：

路事关系利害至重，张道来函，谓与伍侍郎及美国工程师倍次商废合兴公司合同，略有

着手处。敝处覆以四端:一、废约之说,须由湘绅径电政府,并具呈两院会电外部,合力相持。一、废约后,合兴垫款应息借洋款付还,此费万不必惜,鄂必助湘筹款,以后路归中国自办,万不可再交外国人办。一、倍次能出力排去合兴公司,中国即聘伊充工程师,借款亦归经手,惟用人、行车之权归中国自主。一、造路款应分年分段估计,造一段工,筹一段款,由鄂、湘、粤三省分筹,不足再借外款,万不可再借洋债,以保路权。

国家清史编纂委员会·文献丛刊《张之洞全集》(11),武汉出版社2008年版,第149～150页

张之洞《致长沙龙侍郎诸公》(光绪三十年八月初三日午刻发):

粤汉铁路必须自办,方保主权。将来认还合兴垫款,及购地、造路工本,需用浩繁,是目前以筹款为第一要义。鄂省已札行司局立案,将鄂省应分之一半振粜米捐,俟鄂省收到,必全数拨充粤汉铁路之用。湘省前拟举办谷捐,是否确有把握。湘省应分之振粜米捐一款,湘省官场之意,每岁究能拨给铁路充用若干,似宜及早商定。

国家清史编纂委员会·文献丛刊《张之洞全集》(11),武汉出版社2008年版,第151页

8月15日(七月初五日)　自孙中山宣传注册活动后,美洲致公堂与保皇派冲突加剧。

1904年8月15日《广东日报》报道:

美国罗省技利通信云:旧岁保皇党领袖梁某未往该埠运动时,……华人无知者,无不惊其气焰,一时随声附和,竟由二十余人增至千数百人。近以祖国革命之风潮逐渐输入,而康梁诈伪之伎俩亦暴露于世,故前入保皇会者,今已大悟,无不痛恨康、梁,概有食其肉而寝其皮之势云。

《大陆报》第3年第8号(1905年6月12日)载《美洲对待康梁传单照录》:

义兴同人均鉴:戊戌而后,有保皇之康圣人出,以排汉媚满为宗旨,四遣徒侣,以搜刮外洋华商之财产为事。夫其甘为奴隶,诚不足惜,而独惜我数万旅外同胞以血汗之资而供彼一人之欲耳。试思康某奴隶头目,假革命之名,到处立会,所敛何只百十万金,饱其私囊,席卷而去,全无建白。所作何事,所支何项,问我误入彼会之同胞,其谁知之也?嗣以召会之术穷,保皇之弊露,又转为召集商股之说……使犹受其蛊惑,被其棍骗,是真冥顽不灵,甘心为奴隶头目之牛马矣。本堂昆仲,散居外埠,诚恐有中其毒者,故不惜舌焦唇敝,为我昆仲忠告之,不知本堂昆仲以斯言为河汉否也。无论仍入保皇会之牢笼,故大背本堂宗旨,即使误入商股,亦大非本堂保护昆仲财产之苦衷。倘如执迷不悟,仍与康有为奴隶魁周旋,附会其说者,显系有意干犯本堂章程,查出有据,定必从重严惩,再议处置。伏望既误入者出之,未入者拒之,是本堂之所祷也。

同期该报又刊载《金山大埠致公堂特启》:

洪门诸君大鉴:保皇会自为我洪门识破斥逐之后,每每诽谤洪门,可恶已极。除设法对待之外,仍恐各埠洪门诸君,不悉彼党与洪门为难一切情形,尚有与彼党交好者,特此布告。又梁启超来美运动,借口名曰保皇实则革命一语,本堂子弟有为所惑者。今则水落石出,彼党无一点民族之心,不过欲利用本堂,藉以敛财。今康有为又四处演说,无一语不是死心异族,其宗旨显然为敛财起见,本堂弟子,万毋再蹈前辙,以违本堂宗旨。彼党既与本堂为难,凡洪门子弟自今以往,均宜知所以对待彼党,不得丝毫徇情。本堂大佬先生,曾遍游各埠,已将此意宣布,另有注册换票细章,系由本堂发出,不日遍寄。此后彼党再有秽逆之来,即行遍告。

陈锡祺主编《孙中山年谱长编》,中华书局1991年版,第321～322页

8月18日(七月初八日)　山西巡抚张曾扬奏报选派文学堂学生三十人,武备学堂学生二十人赴日本公费留学。

《山西巡抚张奏选派晋省学生前赴日本就学折》:

窃查光绪二十七年八月初五日奉上谕:"造就人才为当今要务,前据湖南、湖北、四川等省选派学生出洋游学用意甚善,著各省督抚一律仿照办理。务择心术端正,文理明达之士遣往学习,经费著妥筹拨给,作正开销。等因,钦此。"本年奉准学务大臣奏定新章内开未设师范学堂省分,令派人赴外国学习师范教授管理各法以应急需。又准出使日本大臣杨枢咨令多派学生前往日本陆军各学校学习各等因。臣查晋省士习愿悫,只以地居偏僻,学识未尽开通,兴学则无堪胜教习之人,练兵更少精习新操之士,自非选派生徒出洋就学,无以开风气而育人才。日本地近、情通、费省、效速,就学尤为相宜,现由省城文学堂遴派学生三十人,以十人入速成师范习教授管理等法以备开办师范学堂之用,以二十人入普通学校习各门普通以期进求专门实业之学。又由武备学堂遴派学生二十人学陆军,以储常续备军将校之材,皆属心术端正文理通达。

《东方杂志》第1卷第9期,1904年

后来,在赴日途中及抵达日本之初,山西留日学生阎锡山的思想迅速转向革命。阎锡山《阎锡山早年回忆录》:

我十九岁时(清光绪二十七年,公历一九〇一年)为时势所驱,认为欲有补时艰,有济国危,只有投笔从戎,乃考入太原国立武备学堂。越三年,清政府选送日本学习陆军。山西那一次共去了二十个人,其中我和姚以价、张维清三人是北京清廷给以公费,其余十七人是省给以公费。当出国之前,山西巡抚(俗称抚台)张曾扬等所谓五大宪(抚台、藩台、臬台、学台、道台)对留日学生谆谆告诫:到日本后千万不可接近革命党人,以免误入歧途。提到孙中山先生,尤其极尽诋毁之能事。但我一登上日本的船只,就不禁有无限的感慨,人家船上的员工做甚务甚,谦虚和蔼,人少事理,与我们中国人的做甚不务甚,骄横傲慢,人多事废,显然是一个进步与落后的对照。比至日本之初,虽对日本何以小国而强,中国何以国大而弱,不断在脑中萦回,然因临行时清官吏之言犹在耳,仍存心拒与革命党人往来。但逐渐由所听到的话与所看到的书中,感到清政府误国太甚,特别是有一天偶尔翻阅保皇党出刊之《中国魂》,益谂知清廷之腐败无能,清官吏所吩咐千万不可接近革命党人的话,至是在我脑中全部消失,遂决心加入推翻清政府的革命。

阎锡山《阎锡山早年回忆录》,传记文学出版社1968年版,第4~5页

8月下旬(七月中旬)　程潜等被选送到留学日本学习军事之前,途经天津,接受袁世凯训话,在此期间已生鄙视心理。

沈文青《辛亥革命前的程潜》:

八月下旬,由监督赵理泰率领赴日。途经天津,当时最出风头的直隶总督袁世凯,以练兵处会办身分接见学生。大家在天津行辕排队谒见请训。袁世凯是个五短身材,腰大足短体肥胖,说话很有神气的样子。他说:"因为时局艰难,国家不惜岁费国帑,派遣学生赴日本学习军事,原期造就真才,担负整军经武的责任。因此,你们首先应体会朝廷的盛意,务必求得真实学问,相与共济时艰。"这些话,与徐世昌、王士珍所说的大体相同。袁世凯最后说:"现在中国留日学生,倡言一种邪说,犯上作乱,肆无忌惮。你们受国家培养厚恩,应当正心诚意,坚决反对。如此,你们的前途自有无限光明,国家定当重用你们,将来提镇协参游都是

你们做的。"南方各省来的学生,听到这一套言语,莫不深恶痛绝,程潜更怀有鄙视心理。

中国政协湖南省文史资料委员会编《湖南文史资料》第15辑,湖南人民出版社1982年版,第131页

8月29日(七月十九日)　兵部侍郎铁良奉命南下抵沪。

8月31日(七月二十一日)　孙中山在留美学生王宠惠帮助下,在圣路易写成英文著作《中国问题之真解决》,并寄给麦克威廉斯。

孙逸仙《致麦克威廉斯函》:

威廉士先生:我在回纽约的途中耽搁了很久,且一直很忙,因此,你要我写的文字今晨才脱稿,现在随信寄上,俾便印刷。但在你把它付印之前,我希望你能仔细地订正一遍,并以更正确的英文来改写一下。我特别请你注意最后的五页,那是完全由我自己所写。其余部分由王先生(宠惠)与我合写。如你认为出版时有加签名之必要,就请把我的姓名签上好了。……我将于明晨和友人黄三德先生自本城前往以东之各处旅行,我们在各地停留,或许会在两星期后抵达纽约。顺候大安。夫人问好。

孙逸仙　一九〇四年八月三十一日圣路易

广东社会科学院历史研究室等合编《孙中山全集》第1卷,中华书局1981年版,第256页

冯自由《王宠惠轶事》:

甲辰(一九〇四年)孙总理至纽约,尝约宠惠、薛颂瀛等相见。时撰一告欧、美人宣言书,题曰《革命潮》,又曰《中国问题之真解决》(*The true solution of China question*),即宠惠为之润词。

冯自由《革命逸史》初集,中华书局1981年版,第101页

是月　黄兴亲自到上海找章士钊密商华兴会在长沙举行武装起义事宜。章在沪设立多处秘密机关,接待来沪的革命党人。

章士钊《与黄克强相交始末》:

克强返沪,与吾辈复合,时吾为革命后方略有筹画,重心尤在宣传。吾既创立《国民日日报》,复别设东大陆图书译印局,除邹容《革命军》先期印发外,如《黄帝魂》、《孙逸仙》、《沈荩》、《攘书》等小册子以及《保国歌》等单张,充类布达。吾又租赁招待所四处:一在余庆里;一在梅福里;两所在昌寿里,此一为日日报编辑所,一为克强与吾徒秘密计事处。一夕,议程刚了,客散,克强出新置手枪,相与摩挲,偶一失慎,子弹劘迫吾额,扬声飞去,突入窗棂寸许。吾二人大诧不已,幸其地僻,未令邻屋闻知。尔时内地各处,东连日本东京,同人风闻克强在湘谋大举,渐次到沪会合。各招待所随分安置,而余庆里尤有人满之患。

田伏隆主编《忆黄兴》,岳麓书社1996年版,第127页

△ 陶成章联络各地会党参加革命工作,略有头绪,赴上海和黄兴、蔡元培密谋,决定十月初十日"万寿节"实行武装革命。

冯自由《浙江之秘密会党》:

秋八月,兰偕其侄毓祥赴上海,道经处州府城,遇陈梦熊、冯豹。陈、冯亦受敖嘉熊托至处有所活动,于是同会集于沈荣卿家。荣卿名乐年,一名瑛,荣卿其字也,其徒属尊之曰荣哥,清吏误哥作古,遂即以荣古之名行文通缉也。荣卿为本地富户,纳粟入监,喜交结,其始结有百子会,后入终南会,递升至会副。后与友张恭、周华昌另开一山堂,名曰龙华会,势力

日盛，而家道亦渐中落。其人性情豪迈，能得士心，有心腹曰吕阿荣。其在东阳诸县事宜，则以陈魁鳌、赵永景任之，其在武义诸县事宜，则以周华昌等任之。华昌外号金海，仗义疏财，深为会友爱戴，所办会务，条理整然。荣卿尚有一重要机关所曰胡鹿笙杂货店。魏兰既纳交于荣卿，更由荣卿介绍入金华见张恭于永庆班中。恭初设千人会，后入终南会，复与荣卿、华昌共发起龙华会。其信用之人，则有吴琳谦、刘永昌、徐顺达，而以顺达为最。恭之机关所有二，曰金阿狗茶店，曰永庆戏班。未几兰等邀恭共至杭城，再由杭趋嘉，以访龚宝铨，因与敖嘉熊相识，寻至上海招成章。时成章方在温州，闻信过上海，共商金、衢、严、处、温、台六府会党联合大举之策。自是六府会党咸盘马弯弓待时而动矣。其后嘉熊以营业失败，温台处会馆因而瓦解，大举之计划为之一挫。自是党人联络会党之机关乃移于绍兴大通学校，秋瑾实为主脑。

冯自由《革命逸史》第5集，中华书局1981年版，第46～47页

张篁溪《光复会首领陶成章革命史》：

秋八月，魏兰与魏毓祥，辗转至嘉兴，与敖嘉熊洽。成章在上海，与蔡元培、黄兴等密谋，定于十月初十日万寿节，黄兴在湘鄂两省同时并举，以皖浙两省为后援。议定，成章遂乘轮至温州，盖不知魏兰等由陆路而出也。及魏兰等抵上海，见蔡元培，始知其相左。魏兰以函达成章，乃由温返申，偕魏兰、毓祥至嘉兴，与龚宝铨、范拱薇、敖嘉熊洽，再由嘉兴经杭州，买舟而至金华。并携《猛回头》、《新山歌》等数千册，分散之。是时张恭组剧社，在义乌、金华间，往来演唱。成章与魏兰、魏毓祥，遂至社中与张恭洽，阳称堪舆家为卜吉穴而至。凡剧社所至之地，咸随之往。既而魏毓祥至处州，魏兰至永康，复偕沈荣卿至张恭处，其事秘甚。

中国史学会编《中国近代史资料丛刊·辛亥革命》第1册，上海人民出版社1957年版，第522～523页

沈飚民《光复会二三事》：

一九〇四年八月，陶成章联络各地会党参加革命的工作，略有头绪，就到上海和黄兴、蔡元培密谋，决定十月十日"万寿节"实行武装革命。所谓"万寿节"，就是那拉氏七十岁的生日。黄兴所领导的华兴会，在湖南、湖北两省同时革命，用武力占领长沙等地；陶成章、敖嘉熊领导浙、皖诸省会党，也于"万寿节"在浙江、安徽两省同时举义，以为响应。为了便于与华兴会方面联系，依照东京浙学会的决议，张雄夫和我往长沙去活动。于是我从日本归国，即往长沙，任长沙明德学堂教习。明德学堂是胡元倓创办，为湖南革命运动的大本营，教习有黄兴、苏子谷、谢晓石、金封三、李连舫、秦毓鎏、张继等，黄兴全力策划武装革命。当时预计，"万寿节"之日，义旗一举，长沙可唾手而得，全国震动，浙皖可一举而下。张雄夫稍后也到长沙，在革命派翁浩做监督的长沙实业学堂担任美术教习。雄夫为人热心，坚持革命工作，未尝稍懈。那时枪弹物资，已陆续运至长沙。我和雄夫按日用各种方法，把黄兴动态通知陶成章和敖嘉熊；浙皖动态也随时通知黄兴，以为策应。

中国政协文史资料委员会编《辛亥革命回忆录》第4集，文史资料出版社1981年版，第133页

△ 户部侍郎铁良从北京南下，万福华和易本羲谋刺于南京下关，为时任两江总督李兴锐之孙李茂祯劝止而放弃。

刘家友《万福华》：

一九〇四年夏，万福华与吴旸谷等人在南京组织暗杀团，准备暗杀满清重要大臣，恰逢户部侍郎铁良带兵南下，他与章士钊等在南京下关寻机刺杀铁良，没有成功。

吴寿祺主编《安徽历史人物》，黄山书社1990年版，第177页

章士钊《书甲辰三暗杀案》:

万福华皖人,浓眉大眼,语音重浊,一望知为朴实干练两擅胜场之人。余与订交,成于倾盖,潜谋击断,倚畀綦深。铁良者,当时千人所指之共同狩猎物也。一闻该贼南下,福华推荐射手,愿在南京下关先期潜伏,乘其苍黄下船之际,要而击之。射手者易姓,本羲名,一短小精悍之湖南少年也。余初不知其人,一切以信福华者信之。诸凡资金调度,用品设置,射手之履帽服装,潜伏地及出入路线之防卫导引种种,由余与俞大纯负责为之,自信十分妥惬。且余等先二日已入下关,躬与部署。顾其时督两江者为李兴锐,兴锐之孙茂祯,英年俊伟,与余默契于革命筹策,且以财力为之疏附先后焉者,历两年许。忽机事为茂祯侦知,彼急索余与大纯者,苦口劝说,谓不宜于乃祖任地发此大难。此不仅于乃祖前程有碍,且凡我辈利用南京所期待之诸般便宜,如筹款,如交通等,均将付之流水,溃于一旦。余等闻此警语,认为不无理由,遂约福华讨议终夜,反复莫决,近黎明时,卒乃临时忍痛中止。曩引吴樾所谓刺客某刺铁未成而遁,其内幕赫然具如上述,樾安得而知之。俞大纯者,前陆师学堂总办俞明震之子,余以为陆师生故,与之契合。彼不安于留学日本,假借义勇抗俄,返国从事革命,数年间东南动荡,无役不从。

中国政协文史资料委员会编《文史资料选辑》第19辑,中华书局1961年版,第146页

△ **陈天华积极参与长沙起义计划。**

冯自由《〈猛回头〉作者陈天华》:

甲辰(一九〇四年)秋,黄、刘与马福益等运动渐臻成熟,天华闻之,星夜附轮归长沙,筹画布置。昼夜不少辍。计以十月十日清太后六[七]十寿辰,全省官吏在万寿宫行礼时,预埋炸药其下以炸毙之,同时分在长沙、岳州、衡州、宝庆、常德五路起事。

冯自由《革命逸史》第2集,中华书局1981年版,第119~120页

△ **吴樾等人组建北方暗杀团,积极从事暗杀活动。**

张啸岑《吴越[樾]烈士事迹》:

一九〇四年夏,桐城潘进化先生以考察北洋警察名义到保定,即下榻于两江公学。朝夕聚谈,每至夜分。孟霞(吴樾之号,编者)、啸岑、进化三人,交换南北同人对于时局的看法,且商讨革命工作的如何组织,如何进行。进化转达陈仲甫先生对于张啸岑(陈、潘、张是总角交)的指示。指示主要的是:要努力唤醒广大群众,起而救亡,救亡就必须推翻清室的腐败统治。同人等进行革命,要能谨慎而不懦怯,要有勇气而不急躁。同时还介绍了丹徒赵伯先先生的情况,告知大家赵先生不久要到保定洽谈。旋赵伯先(声)先生以考察北洋新军制度为名到保定访问吴孟霞等。深谈竟日,极赞孟霞之沉着英武。临行赠别诗,首二句云:"淮南自古多英杰,山水而今信有灵"。伯先在保与同志等晤谈后,邀同孟霞、铸风二人赴北京,介绍与杨笃生(守仁)、胡经武(瑛)二位面谈。当时杨、胡两位隐身于北京编译馆。杨与孟霞接谈后,知孟霞是真能实行革命者,乃密交自制圆香烟罐式小型炸弹。但匆促间未及详告使用方法。孟霞带回两枚,次日即交一枚给张啸岑。恐怕啸岑年轻(二十岁)偾事,并又谆谆告诫,须先得其许可,然后方能按照计划进行。自兹以往,孟霞、啸岑无日不见,无夜不谈。彼此商讨在什么场合,在什么时间,在什么人前,轰然一声,始能惊醒弥天的大梦,震活已死的人心,破鞑虏的胆,振汉族的气。

中国政协安徽省文史资料委员会编《辛亥风云》,安徽人民出版社1987年版,第194~195页

△ 四川人刘汉柏在成都创建公德社。

《辛亥革命北方烈士列传》：

甲辰秋，与同志缔结公德社于成都，以保障人权、铲除强暴为社旨。汉柏被举为社长，粤西汤某副之。社务甫具端倪，会有仇者告密，社员多遭逮捕，汉柏独免。

胡鄂公《辛亥革命北方实录》，各埠中华书局1948年版，第156页

卢勉《刘汉柏》：

甲辰秋，身入成都，与省垣诸同志创立功德社，以保障人权，铲除强暴为主义，众举汉柏为正社长，粤西汤某任副社长。

杜元载主编《革命人物志》第11集，台北国民党党史会1973年印行，第254页

△ 英国侵略军进踞拉萨。

9月1日(七月二十二日) 孙中山偕黄三德离圣路易斯继续东行，在沿途各地运动会党，预定于两星期后抵达纽约。

9月初 宋教仁偕游得胜、楚义生等入常德，设华兴会湘西联络总站于五省客栈，联络蒋翊武、梅景鸿、孙迪卿和会党首领孙汉臣以及巡防营士兵、地方香客等计议举事。

满大启《宋教仁设立"湘西联络总站"》：

湘西联络总站是宋教仁(字遁初)于清光绪三十年(一九〇四)九月初旬设立于常德五省客栈内，它的全名是"华兴矿业有限公司湘西联络总站"，是半公开的组织。名义上是筹集采矿资金，实际上是开展革命活动。公司印有五寸长、三寸宽的股票，代替入华兴会的证件。股票正面分别印有一千文到一百千文的金额，金额多少表示在会地位的高下，反面印有"当面算清，同心扑满"的字样，表面看来是谈生意经，实际是暗寓"扑灭满清"之意。同时也可借股票筹集起义军费，待将来革命成功后便加倍偿还。

中国政协湖南省常德文史资料委员会编《常德文史》第3辑《纪念辛亥革命八十周年专辑·常德风云人物》，中国政协常德市委文史资料研究会1987年印行，第15页

满大启《宋教仁在常德活动琐记》：

一九〇四年九月初，宋教仁来到常德，在县正街武陵县知县衙门对面的五省客栈设立"湘西联络总站"，作为响应长沙华兴会起义的机关。

……九月初，宋来常德，同行的有负责军事的游德[得]胜、楚义生等人。行前，黄兴答应接济军火和经费。宋又写信给胡瑛、覃振，要求他们来常擘划一切。

宋教仁到常德后，找到刘尧澄、胡幻安，并联络了西路师范学堂的学生蒋翊武、梅景鸿，常德中学堂学生孙迪卿，此外还有李星次、胡勋臣和会首孙汉臣等人。宋向他们宣传华兴会会章、起义日期、目的和策略，并吸收他们为华兴会会员。接着大家分头活动。蒋翊武、孙迪卿设分站于祇园寺，专门串连学生。当时西路师范学堂和常德中学有学生三百多人，多半来自湘西二十七个县，发展起来是一股很大的力量。孙汉臣与东门外的抓子会头人(香客)取得联系，并联络了一部分会党和巡防营中的士兵。

…………

不料长沙起义事泄而失败，清政府缇骑四出，宋教仁被迫亡命日本。捕差到了常德，知府朱其懿比较开明，且十分怜惜宋教仁的才华，派兵到宋教仁家，名为搜查，实为保护。此

时,刘尧征逃避乡间,蒋翊武、梅景鸿被开除学籍,孙迪卿年纪小,保留学籍,记大过处分。

马志亮主编《喋血共和——忆宋教仁》,岳麓书社 1996 年版,第 105 ~ 107 页

秋十月(九月)　科学补习所与华兴会合谋长沙起义。

周震鳞《黄兴、华兴会和甲辰之役》:

经过一系列的秘密活动,克强先生认为湖南的军、学两界已经联成一气,急欲发动。我则认为时机尚未成熟,学生还很幼稚,新军既未成立,旧军也没有完全运动妥贴[帖],如果轻举失败,徒然损害了军、学两界的革命基础。但是,这时刘霖生、宋遁初、谭石屏等,已经分别联络好会党首领马福益、游得胜,迫不及待。我只得加紧筹措经费,储备武器,准备起义。克强先生为了全面指挥革命战斗,早于一九〇三年冬以兴办实业作掩护,在长沙南门外开设了一个"华兴公司",表面订立章程,招集股本,凡属重要同志,都给以股东名义,以便参与起义机密。刘霖生和马福益联络了旧军中的会党二万余人,并联络了安源煤矿的工人;其他同志也在各方面作好了准备。于是克强先生决定在夏历十月初十日慈禧太后"万寿节"那天,乘着省城文武官员齐赴皇殿祝寿的时机,在长沙发动起义。

中国政协文史资料委员会编《辛亥革命亲历记》,中国文史出版社 2001 年版,第 181 页

李西屏《武昌首义纪事》:

科学补习所与华兴会合谋:期冬十一月二十八日(十月十日)清西太后六[七]十诞辰,湘、鄂大吏集武昌与长沙皇殿庆祝,同时设伏尽掩杀之;以湖南宗帅马福益所部万人,分浏、衡、常、岳、宝五路起应长沙;而科学补习所,则以张难先、刘静庵联络鄂军,吕大森、何自新、康建唐纠合鄂西及长江会党起应武昌,占领武昌、长沙后,会师出武胜关,直捣燕京。

中国政协湖北省文史资料委员会编《辛亥首义回忆录》第 4 辑,湖北人民出版社 1961 年版,第 2 页

冯自由《秦毓鎏事略》:

至是年夏秋间,遂决定大举,预定十月初十日在长沙、岳州、衡州、宝庆、常德分五路起兵,是日适为清西太后七十寿辰,拟预埋炸药于长沙万寿宫下,俟全省文武百官朝贺时一网打尽之,乘机占领长沙。

冯自由《革命逸史》初集,中华书局 1981 年版,第 126 页

佚名《科学补习所之历史》:

吕以事机急迫,刻不容缓,鄂事悉委于胡,而自偕康返施。(此处天头有无名氏批道:"吕、康回施后由胡瑛、刘大雄主持,复得王怒涛扶助。八月梢黄克强由沪回湘,分来炸弹手枪甚多。议以一闻湘信,即先去张之洞、张彪等。王怒涛任刺张之洞,易本羲任刺张彪,李胜美任率工程营同志先劫火药库,刘大雄则督率前锋营为接应,布署极为周密。只以当时同志者少,事又本来秘密。此系得诸胡君之言,且何君至施时亦云如是。事果未成,究属快举,是安可以成败论而下哉?"编者)至日,即联络各秘密党首,上及重庆,下逮宜昌,皆息息相通。旋何自新亦于八月梢至施,知鄂中已布置周密,吕、康及刘汉卿等日夜筹划,部署益力,以期闻信即发。

湖北档案馆等《武昌起义档案资料选编》上卷,湖北人民出版社 1981 年版,第 4 页

9 月 5 日(七月二十六日)　孙中山抵达匹兹堡。

9 月 6 日(七月二十七日)　孙中山致函麦克威廉斯,询问《中国问题之真解决》在出单行本前可否先由《北美评论》杂志发表。原计划在匹兹堡小作逗留,因洪门入会注册工作繁

多,羁留十天始赴华盛顿。

孙逸仙《致麦克威廉斯函》:

威廉士先生:我们于昨夜抵达此地,将在此小作逗留,然后再去华盛顿和纽约。你收到我从圣路易寄给你的文件,并加改正了没有?你认为在我们把它当作小册子印出之前,先寄给杂志上去发表是否合适?假使你认为可以这样做,就请用打字机打一份寄给《北美评论》(*North America Review*),希望能在该杂志的下一期上刊出。费神之处,至为感谢。

孙逸仙

一九〇四年九月六日匹兹堡

广东社会科学院历史研究室等合编《孙中山全集》第1卷,中华书局1981年版,第256~257页

9月7日(七月二十八日)　英国逼迫西藏地方当局与之签订《拉萨条约》。

9月10日(八月初一日)　周树人赴仙台医学专门学校去报到,开始学医。9月12日(八月初三日)周参加仙台医专开学典礼。

〔日〕鲁迅在仙台的记录调查会著,马力、程广林译《鲁迅在仙台的记录》:

九月十日,周树人已到仙台,开始寻找公寓。这天的当地报纸,发表了以《医专新到的中国留学生》为题的新闻,报道说"因找不到做中国菜的公寓而大感困惑",还有"是个自如地操用日语而异常活泼的人物"等等。

薛绥之主编《鲁迅生平史料汇编》第2辑,天津人民出版社1982年版,第79页

9月12日(八月初三日),周树人参加仙台医专开学典礼,听取山形仲艺校长作报告。

〔日〕鲁迅在仙台的记录调查会著,马力、程广林译《鲁迅在仙台的记录》:

九月十二日,举行入学典礼和开学典礼。周树人开始到校。但公寓仍未找定,与施霖一道仍旧暂住片平町五十四番地田中龙家。第二天(十三日)当地报纸报道了二人在田中家暂住的事。

薛绥之主编《鲁迅生平史料汇编》第2辑,天津人民出版社1982年版,第79页

9月15日(八月初六日)　孙中山致函麦克威廉斯,告以预计在华盛顿逗留数日,并索要《中国问题之真解决》单行本二三十册。

孙逸仙《致麦克威廉斯函》:

威廉士先生:我们在匹兹堡因为入会注册的工作多耽搁到星期日,而于昨夜甫行抵此。我们在此至少会逗留几天。单行本已印出了没有?如已印出,请寄二三十册给我。地址如下:华盛顿 D.C. 宾城街三一八号朱龙先生转交。费神之处,至深感谢!

孙逸仙

一九〇四年九月十五日华盛顿 D.C.

广东社会科学院历史研究室等合编《孙中山全集》第1卷,中华书局1981年版,第257页

△ 外务部、学务大臣奏准游学西洋简明章程,强调游学西洋要注重武备、制造、农工商诸学和路矿工艺等实科。

《外务部、学务大臣奏准游学西洋简明章程》(光绪三十年八月初六日)主要内容如下:

一、英、法、德、俄于武备制造、农、工、商诸学,各有专门,一时推重。比利时路矿工艺,宿所

擅长。学者必通西文乃有门径,否则,授受无从浃洽,宜择年自十五至二十五,已通西文,出洋期以三年、五年,学成致用。此项学生径入专门学堂,可由使臣派参随兼察,以省派监督之费。

一、不通西文,则宜选实年十四五,心地明白,文理晓畅者出洋,从语文入手,勿以年长充数。……

一、游比学生,间有曾涉猎英文东文者,一入比国,语文不同,前功尽弃。查直隶、江苏、广东、福建等省,允设方言学堂;且有西士设馆其中,以英、法文为多,德、俄较少。若出示招考,当有应选者,以向习某国语文遣游某国,必收事半功倍之效。惟美通行英文,比通行法文。游学美、比,即选习英、法文者可也。

一、边省、腹省,风气晚开,欲遣游学,势难绳以必通西文,宜照第二条年格选派,拟往某国,先择熟谙某文一员,遵之出洋,赁屋延师,居中翻译,名曰帮教习,并兼其起居,达其谣俗。俟普通毕业,再入专门,若各省续派学生,仍令接办。……

一、学生出洋,如无监督,应由使臣随时约束考察,毋得沾染习气,不求实学,买椟还珠,为世诟病。其有顽梗不率教,玩愒不力学,荡轶闲检,有损颜面者,屡戒不悛,即当饬送回华,由该省退缴学费,以示惩儆。

《大清光绪新法令》第13册,陈学恂、田正平编《中国近代教育史资料汇编·留学教育》,上海教育出版社1991版,第26~27页

9月22日(八月十三日)　东京中国留学生举行"戊戌六君子"殉难纪念会,秋瑾赴会并发表演说。

徐自华《秋女士历史》:

八月十三日,为戊戌六君子成仁之期,留学同人设会公祭,女士演说之沉痛,闻者皆泣下,其爱国爱同胞之热忱,溢于言表。

郭延礼编《秋瑾研究资料》,山东教育出版社1987年版,第77页

1904年第10期《女子世界》"记事栏":

中历八月十三日为戊戌六君子成仁之期。留学同人特于是日设会公祭。礼毕,同人演说,以浙江秋璇卿女士最为沉痛。是日到会者有一百二十余人,闻者皆为泣下。

9月24日(八月十五日中秋)　秋瑾所创刊之《白话》杂志问世,以鼓吹民主革命为主,兼及妇女解放。

徐双韵《记秋瑾》:

她为了唤醒群众,在东京倡办《白话报》,第一期出版于一九〇四年中秋节。《白话报》是杂志性质,与梁启超保皇党的《新民丛报》对立,鼓吹推翻清政府,月出一册,售大钱五十文,可惜限于条件,仅出六期。编辑兼发行的是演说练习会,附设于东京神田区骏河台铃木町十八番地中国留学生会馆内。印刷所在东京牛込区神乐町一丁目二番地翔鸾社,印刷者日人野口治安。主要内容:第一期有《中国历史的摄影》一文,指斥金、元、清的封建统治为"胡人",为"野种"。第二期有《敬告中国二万万女同胞书》,反对缠足,提倡女子求学,争取男女平权。第三期有《说廉耻》,提出"我国应除去这骚鞑子,省得作了双料奴隶"的口号,反映当时人民反对清贵族反动统治的强烈要求。以后,秋瑾又先后认识了陶成章、鲁迅、陈公猛、黄兴等爱国人士,共同宣传革命,协商爱国救亡活动。

中国政协文史资料委员会编《辛亥革命回忆录》第4集,文史资料出版社1981年版,第209页

△ 汪笑侬编演新剧《瓜种兰因》，陈去病作序，盛赞其民族救亡思想。

垂虹亭长(陈去病)《〈瓜种兰因〉新剧弁言》：

笑侬既剌取波兰灭亡史，为《瓜种兰因》新剧成，示予读之。予乃为逐日刊之《警钟》新闻纸，并单行以广其传，因序之如下曰：

嗟乎！二十世纪之天下，一悲剧、惨剧之天下也，而我中国，其殆为世界之大舞台哉！我中国之君臣、之士大夫、之多数国民，其殆为大舞台上之傀儡哉！然而及今，犹痴睡复鼾卧，或则酣嬉淋漓，颠倒沉醉而不及觉，其人比比皆是。只此一二孤峭幽忧之士，其行事往往挫跌不得志，乃始颓然放废于歌舞之场，藉其悲欢离合，以一吐胸中之块垒，斯已伤矣！而笑侬乃能于此放废之中，独编新剧，将以欧西亡国之实录，作中国前途之龟鉴。揣其用意，实抱有革改恶俗，输送文明，激发志气，辨别民族诸种种之观念。……其意益直望我汉族青年，日兴起其故国之思，而成光复之事业，然则笑依又非我汉族之功臣哉！我汉种志士得此激励，若不以游晏戏本为事，而慨然愤发，黾勉以达救国之目的，诚笑侬所愿。

《警钟日报》，1904年10月1日

9月25日(八月十六日)　黄兴命刘揆一、陈天华等至普迹市，主持授予马福益少将仪式，并发给枪支、马匹等。

刘谦主编《醴陵县志·大事记》：

事先，陈天华化名郑浩然，自吉安来醴，寓关家巷何祠，促本地同志参加普迹会议。伸纸作书与黄兴，述洪江会与华兴会合作意见几万言，交漆英等携往。后决议案多如所议。

毛注青编著《黄兴年谱长编》，中华书局1991年版，第63页

刘揆一《黄兴传记》：

时当八月，浏阳普集市例开牛马交易大会，公命揆一与陈天华、徐佛苏、陈福田等军学界人密会马福益于该地，授与少将仪式。并给长枪二十枝，手枪四十枝，马四十匹。计议各路军队之布置，均已就绪，一俟大批军械运到，如期举义。

中国史学会编《中国近代史资料丛刊·辛亥革命》第4册，上海人民出版社1957年版，第278页

湖南臬司庞鸿书出示严禁各属村镇会场演戏开赌。告示云：

照得湘省各属乡村市镇，每值会期，商贩云集，地方无赖之徒，藉端敛费演戏，开场聚赌，以致外来盗贼会匪混入其中，勾结本地痞棍滋生事端，小则诓骗诱拐，大则抢劫放飘，无恶不为，贻害地方，实非浅鲜。此次浏阳普迹马会，竟有著名会匪在该处倡赌抽头，乘机散放飘布，经常备军哨弁拿获匪首彭太华、罗得胜即罗本璜二名，禀明解县讯办。

《湖南官报》第806号，甲辰年九月十二日

9月26日(八月十七日)　麦克威廉斯来信建议孙中山在《中国问题之真解决》单行本封面上题写“致公堂”三字。孙中山覆函说明封面不写“致公堂”而写“革命潮”的理由。

孙逸仙《致麦克威廉斯函》：

威廉士先生：

收到你二十四日的来信。你希望在单行本的封面上能写几个中国字，这是非常好的意见。但是把“致公堂”三字写在封面上，我不敢说有些同志不会反对。而且“致公堂”三字只在此处通行，它不能代表一般的革命团体。我以为用“革命军”这一名称更为适合，所以我就写了“革命潮”三个中国字，用作封面的题字。此三字在中国已公认为今日代表革命运动的

意义。我想用这名称很妥当,不会引起此地居民的异议。我们将乘明日午班的火车离此赴纽约,我们一到,就会来拜会你。

孙逸仙

一九〇四年九月二十六日费城

广东社会科学院历史研究室等合编《孙中山全集》第1卷,中华书局1981年版,第257~258页

9月27日(八月十八日) 孙中山抵纽约后,继续进行革命宣传。

冯自由《孙总理癸卯游美补述》:

甲辰春夏间,总理遂偕黄三德出发,取途南方铁路沿斐士哪、北加非、洛山矶、巴梳斐力士、巴士杰、纽柯连、必珠堡、圣路易、亚兰达、华盛顿、费城、波地摩、芝加古等数十城市,以达纽约。每到一处,总理必聚众演说洪门反清复明乘时救国之宗旨,而黄三德亦必开台演戏(洪门称招收会员拜盟行礼曰开台戏)。惟是时洪门团体异常散漫,各埠分堂职员身跨保皇会籍者,实繁有徒。虽经总理舌敝唇焦,多方劝谕,而各分堂对于总注册事,仍属虚与委蛇,延不举办。各埠会员之报名注册者,故寥寥无几。加以旧金山总堂缺乏相当人材推行新章使之有效,即总堂本身亦未按照新章条款选举各部职员,因是总理奔走七八月,惨淡经营,稍获端绪。而各分堂于总理去后,即已淡然若忘,不复提及登记事宜,此则总堂平日丧失威信有以致之也。总理抵纽约后,以民智闭塞,一时不易生效,遂以注册事委诸黄三德,而转向留学界及国际方面之运动,特自撰英文告欧美人书,题曰《中国问题之真解决》,外书中文"革命潮"三字,刊印万册分赠各国人士。东京日文《革命评论》及香港《中国日报》均译载之。留美学生与总理时相过从,互讨论革命政府之外交财政各问题者,有王宠惠、陈锦涛、薛颂瀛诸人。

冯自由《革命逸史》第2集,中华书局1981年版,第114~115页

刘伟森《各次访问美加事略》:

九月二十八日—先生在纽约寄居许芹牧师主持之华埠基督教长老会。在耶鲁大学留学之王宠惠,曾应邀在此会晤,商讨《中国问题之真解决》英文稿内容。(此时已在排印中)

刘伟森《孙中山与美加华侨》,近代中国出版社1999年版,第20页

后来孙中山与喜嘉理在纽约华人所设教堂相遇。喜嘉理《孙中山先生之半生回观》:

同年冬季,余复遇之于纽约华人所设之礼拜堂,形容枯瘁,畴昔英锐之气已销。然于基督救道,则复虔心如初。当时余职司募捐,将于香港建堂,先生介绍某姓,则今任内阁总理唐绍仪之戚畹也。嘱余往访,或能得其资助云云。

尚明轩等编《孙中山生平事业追忆录》,人民出版社1986年版,第523页

△ 美国使臣康格向美国国务院报告自己向中国政府外务部请求修筑自汉口至四川铁路事宜的主要经过及相关借款信息。

《康格致美国国务院报告》(1904年9月27日,光绪三十年八月十八日):

班士公司(Thurlow Weed - Barnes Snydicate)、纽约中国兴业投资公司(China Investment and Construction Co.)皆曾通过本使馆向外务部请求修筑自汉口至四川铁路。外务部答以英国公使亦曾提出同样请求。然中国已准备筹款自筑,但如将来需借洋款,届时当知照英、美公司,先尽英、美公司商借也。

最近,法国亦请求中国政府允其修筑此路,中国政府业已将上述情形答复之。

今日英国公使来访，告余以法国资本家已与英国资本家交涉，约以共同经营此路线，并定于十月二十日在伦敦会议，洽商此案。

彼问余以美国资本家是否亦愿参加。余答以不知，而允电询国务院。余告以无论参加与否，我国将坚持使中国对我守约。彼复告余，彼已致电伦敦，言及中国政府曾应许英、美两国以筑路优先权，英、美两国对此路固有同等权利也。

余相信中国政府原有诚意愿使美国参加此路之修筑。但中国兴业投资公司在粤汉铁路事件中鲁莽态度，已使中国人对我国资本家深抱戒心矣。

宓汝成编《中国近代铁路史资料》第2册，中华书局1963年版，第1068～1069页

9月(八月)　黄兴在明德学堂秘密制造炸弹。

陈介《明德话旧》：

黄先生在明德任教务长，时出入理化实验室，人以其特感兴趣，不疑有他。……后始知十月初十为西太后七旬寿辰，省中文武官吏，定于是日在万寿宫遥祝，黄先生偕其同志制有炸弹数枚，拟预置拜垫下，待时爆发。

《明德校史》，毛注青编著《黄兴年谱长编》，中华书局1991年版，第64页

△ 黄兴辞去明德学堂教职，进行秘密活动。

胡元倓《题黄克强先生遗墨》：

因为陈星台代印并发行其所著之《猛回头》、《警世钟》，长沙府颜钟骥欲借此倾覆明德学校。时湘抚赵次山(尔巽)先生虽去职，张筱浦(鹤龄)、俞寿臣(明颐)、金仍(珠还)皆任湘省府要职，共同维护，使事未扩大。克强遂决志革命，辞明德教员职务，实行秘密活动。

《明德校史》，毛注青编著《黄兴年谱长编》，中华书局1991年版，第64页

△ 陈去病与汪笑侬等创办《二十世纪大舞台》杂志，旨在以"改革恶俗，开通民智，提倡民族主义，唤起国家思想"为目的，号召青年投身优伶界，编演具有革命思想的新剧，藉此培养国民公德，扩张知识，进而造成第一完全人格。

陈去病《革命闲话》：

《大舞台》杂志者，予藉改良戏剧之名，因以鼓吹革命而设也。一时汪笑侬、孙菊仙、朱素云、熊文通、周凤文、时慧宝诸伶，咸与予相往还。笑侬手编《缕金箱》一剧，以演杨龙友、方芷故事。予亦撰《金谷香》，记枪击王之春一案，并撰白浪滔天、杨白花诸传。刘申叔亦撰《原戏篇》以贻予。购者甚众，惜仅出两期，即被禁锢。三期稿杳不可得矣。

殷安如等编《陈去病诗文集》，社会科学文献出版社2009年版，第1257页

柳亚子的《〈二十世纪大舞台〉发刊词》：

风尘澒洞，天地邱墟，莽莽神州，虏骑如织。男儿不能提三尺剑，报九世仇，建义旗以号召宇内，长驱北伐，直捣黄龙，诛虏酋以报民族；复不能投身游侠之林，抗志虚无之党，炸丸匕首，购我自由，左手把民贼之袂，右手揕其胸，伏尸数十，流血五步，国魂为之昭苏，同胞享其幸福；而徒唏嘘感泣，赤手空拳，抱攘夷恢复之雄心，朝视天，暮画地，末由一逞；寤而梦之，寐而言之，执途人而聒之，大声疾呼以震之，缠绵忠爱以感之。

…………

今以霓裳羽衣之曲，演玉树铜驼之史，凡扬州十日之屠，嘉定万家之惨，以及虏酋丑类之

慆淫,烈士遗民之忠荩,皆绘声写影,倾筐倒箧而出之;华夷之辨既明,报复之谋斯起,其影响捷矣。欧、亚交通,几五十年,而国人犹茫昧于外情。吾侪崇拜共和,欢迎改革,往往倾心于卢梭、孟德斯鸠、华盛顿、玛志尼之徒,欲使我同胞效之;而彼方以吾为邹衍谈天、张骞凿空,又安能有济?今当捉碧眼紫髯儿,被以优孟衣冠,而谱其历史,则法兰西之革命,美利坚之独立,意大利、希腊恢复之光荣,印度、波兰灭亡之惨酷,尽印于国民之脑膜,必有欢然兴者。此皆戏剧改良所有事,而为此《二十世纪大舞台》发起之精神。

……今兹《二十世纪大舞台》,乃为优伶社会之机关,而实行改良之政策,非徒以空言自见。此则报界之特色,而足以优胜者欤!嗟嗟!西风残照,汉家之陵阙已非;东海扬尘,唐代之冠裳莫问。黄帝子孙受建虏之荼毒久矣,中原士庶愦愦于腥膻异种者何地蔑有,徒以民族大义不能普及,亡国之仇迁延未复。今所组织,实于全国社会思想之根据地崛起异军,拔赵帜而树汉帜。他日民智大开,河山还我,建独立之阁,撞自由之钟,以演光复旧物、推倒虏朝之壮剧、快剧,则中国万岁,《二十世纪大舞台》万岁!

《二十世纪大舞台》第1期,1904年9月

△ **秋瑾由东京至横滨,经李自平介绍,加入冯自由、梁慕光等组织的三合会。**

王时泽《回忆秋瑾》:

按横滨三合会又称三点会,成立于一九〇四年春。第一次入会者为冯自由、梁慕光、廖翼朋、胡毅生、陈撷芬(女)、李自平(冯自由之妻)等人。自平与秋瑾友善,秋之入会,即自平所邀约。我们这次是三合会的第二次拜盟。

中国政协文史资料委员会编《辛亥革命回忆录》第4集,文史资料出版社1981年版,第226页

王时泽《秋女烈士瑾略传》:

是年秋,孙中山先生派冯自由在日本横滨秘密纠集同志,烈士与湖南刘道一、仇亮,四川彭竹阳,江西曾骥才及时泽等十人同时加入。

郭延礼《秋瑾研究资料》,山东教育出版社1987年版,第89页

冯自由《丁未浙江光复军倡议实录》:

因与湘人刘道一、刘复权、仇亮、王时泽,蜀人彭竹阳,赣人曾贞等十人相结为秘密会,以反抗清廷恢复中原为宗旨。闻冯自由、梁慕光在横滨组织三合会分部,遂与刘、彭、王、曾、仇诸人报名加入,受封为白纸扇之职,即俗所谓军师也。

冯自由《革命逸史》第6集,中华书局1981年版,第126页

冯自由《朱少穆事略》:

甲辰(一九〇四年)余与梁慕光在横滨创设洪门三合会,为交通内地秘密会党之导线,少穆与仇亮、秋瑾、刘道一、王时泽等同日订盟,是为留学生加入秘密会党之嚆矢。少穆旋从李植生、梁慕光学制炸弹炸药,饶有心得。

冯自由《革命逸史》初集,中华书局1981年版,第182页

王时泽《回忆秋瑾》:

就在和秋瑾认识后的这年秋天某日,刘道一来到我的住所说:现有孙中山所派的冯自由、梁慕光等在横滨组织革命团体,以推翻清朝、恢复中华为宗旨,秘密邀集同志参加。道一问我是否愿意参加,我表示同意。……过了两三天,我们即由东京乘车到横滨。……冯自由见我们来了,表示非常欢迎,并约定某日晚饭后在南京街(横滨一条街道的俗称,中国人聚居于此)某广东商店后进举行入会仪式。到了预定时间,入会的人陆续来到,共计十人。除我以外,还有秋瑾、刘道一、仇亮、刘复权、彭竹阳、曾贞、樊宝铨(其余两人,忘其姓名)。冯自

由、李植生、梁慕光都在场。首先由冯自由向我们交代宣誓的问答语，叫我们在宣誓时依样回答。交代完毕，即由梁慕光主持宣誓仪式。他手执钢刀一把，架在宣誓人颈上，由各人依次宣誓。刘道一是第一个宣誓的。轮到我宣誓时，梁问："你来做什么？"我照冯自由嘱咐的话回答："我来当兵吃粮。"问："你忠心不忠心？"答："忠心。"问："如果不忠心，怎么办？"答："上山逢虎咬，出外遇强人。"全体宣誓毕，梁与冯自由横牵一幅六七尺长的白布，上书斗大的"翻清复明"四字，命各人俯身鱼贯从布下穿过，以示忠于主义。又在室内烧一堆火，命各人从火上跳过去，表示赴汤蹈火，在所不辞。然后分别刺血，杀了一只大雄鸡，共饮雄鸡血酒。冯、梁两人当场点香烛，歃血饮酒，在钢刀下盟誓词，富有神奇色彩。现将秋瑾等十人之入会仪式转录于后：宣布这个团体叫做"三合会"（取合天、合地、合人之意），向我们交代了一些规矩，如见面手势如何摆，如何问话答语，进门要用右脚前跨，握手时要捏紧对方的无名指，等等，并交了一本书给刘道一，叫我们互相传抄。我粗略地翻了一下，里面写了一些会规，还画了许多旗帜的样式。最后，每人交纳入会费十元日金，就算了事。这次入会，刘复权被封为"洪棍"，秋瑾被封为"白扇"（俗称军师）、刘道一被封为"草鞋"（俗称将军），是谓"洪门三及第"。

中国政协文史资料委员会编《辛亥革命回忆录》第4集，文史资料出版社1981年版，第225页

冯自由《鉴湖女侠秋瑾》：

是岁秋冯自由、梁慕光等组织洪门天地会于横滨，瑾素有志于秘密会党之运动，遂偕刘、彭、王、曾诸人报名加盟，受封为白纸扇之职，白纸扇又称先生，即俗所谓军师也。

冯自由《革命逸史》第2集，中华书局1981年版，第164页

△ 秋瑾与留日同志组织演说练习会。

《演说练习会简章》凡十三条：

一、本会目的注意"练习"二字，其性质与别的演说会不同。

二、会中练习之所最注意者有二：曰修辞，曰仪容。

三、演说分二种：一泛论，二实学。凡关于各专门学及新理想议论精确于国内有应响者，其稿交书记录存，以备印刷发行。

四、演说学之书颇多，可择其最明晰者，作为会中研究之正鹄。

五、中国语言，各处不同，故演说者虽滔滔不绝，而听者竟充耳罔闻。会中当附属一普通语研究会，凡演说皆用普通语，研究此普通语，公举会中善于普通语者担任之。

六、会所暂设中国留学生会馆中。

七、选举书记、会计兼庶务、普通语教授各一人。

八、会友须轮流演说，不得推诿。

九、入会者纳入会费洋五角。

十、延请著名演说之人来会演说，以资模范。

十一、会期在八月份，每逢月曜日开会一次，自下午七时起至十时正。

十二、演说时如仪容不整，会员有纠正之责。

十三、演稿每期发行时，内附写真数枚。其目的专对于学界及游历官，凡足以兴起国民之精神，及警惕败类之心目者，由会员侦探确实，临时口绘，以资模范，并作警钟。而会员皆有侦探之资任。

《白话》第1期，1904年9月24日

△ 魏兰到上海,陶成章闻讯后也回上海。此时,华兴会已准备在长沙起义,派人告诉蔡元培,约浙江同时并起。蔡与陶商量,陶答应接应。

阙良庆《魏兰与陶成章》:

陶成章、魏兰和魏毓祥赴金华、兰溪布置起义,计划袭取金、衢、严三府。一路由金华义师堵塞杭城清兵,取下浙江,一路由衢州出江西,以应长沙,一路由严州出发至安徽,进取南京。后因长沙起义事先败露,浙江举兵遂成被动。

中国政协浙江省文史资料委员会编《浙江辛亥革命回忆录》续辑,浙江人民出版社1984年版,第81页

△ 黄克强、马福益、刘揆一密谋在湖南起事,曹亚伯至长沙助之,不幸期前事泄,黄克强潜避于长沙吉长巷圣公会黄吉亭寓所,后设法脱离。

冯自由《兴国州人曹亚伯》:

癸卯甲辰间(一九〇三至一九〇四年)亚伯初结识武昌基督教圣公会牧师胡兰亭、黄吉亭等,胡、黄均有心革命,常于说教讲道时,假基督舍身救世等事为宣传革命资料。亚伯与之志同道合,遂亦皈依基督教。未几相与发起一革命团体名曰日知会。其会所均附设于武昌、汉口、长沙等处之圣公会内。一时湘鄂两省志士,如鄂之刘贞一、冯特民、季雨霖、朱子龙、吴贡三、李亚东,梁钟汉、石志泉、张难先、吴昆、殷子衡、吴兆麟,湘之黄轸(后更名兴,字克强)、刘揆一、禹之谟、宋教仁、易本羲、陈天华、胡瑛诸人,咸陆续附入焉。甲辰九月黄克强、马福益、刘揆一等谋在湖南起事,亚伯至长沙助之,不幸期前事泄,黄克强潜避于长沙吉长巷圣公会黄吉亭寓所。后乃乘二人肩舆,垂下轿帘,亚伯与张继二人各怀手枪,紧随其后,卒获脱险。

冯自由《革命逸史》第2集,中华书局1981年版,第52页

朱德裳《刘揆一》:

同仇会既成立,揆一更与同志别设华兴会,网罗上、中社会之人,以讨论机略,多设机关部,各标名目,同志分寓其中,并多开旅舍,以居哥老会徒,将起义矣,而泄于哥老会中之为捕役者。方事泄,时揆一不知其审,某日方会食,逻者十人,已自前门入。揆一偕徐佛苏,逾后垣遁。甫数时,而差役兵弁约数百人分队围住宅,并锁一哥老会徒行。此人固深识揆一等者,适与揆一遇诸巷,以目视揆一。揆一遂与佛苏逃,盖其所以团结之者深也。揆一出险后,仍奔赴各机关部告黄兴等以事泄,促其速遁,并电告各同志。揆一与徐佛苏携带一哥老会徒李松林,出长沙后走乡间,四昼夜始达岳州,旋上岸遣散该地哥老会。揆一遂附轮往汉口。清吏捕之急,悬赏万金捕揆一。揆一与黄兴抵汉后,从友人得数金赴上海幸免死。方事泄,时湘臬主穷治,而巡抚陆元鼎茹斋奉佛不肯多杀人,遂不株连,惟杀马福益等十余人。此揆一革命之第一时期也。

萍乡市政协等编《萍、浏、澧起义资料汇编》,湖南人民出版社1986年版,第213页

9—10月　敖嘉熊创设温台处会馆作为革命机关部,联络革命志士。

冯自由《浙江志士与革命运动》:

癸卯上海爱国学社解散后,其学生敖嘉熊素有大志,遂归嘉兴有所活动,寻赴温州,历台州、宁波以归,谋握地方上财兵二权,以次组成独立之军,且以交通浙东西之各秘密会党,遂有温台处会馆之设立。先是浙东温台处三府主客乡民,因纳粮置产事,屡起事端,清吏复以客民为可欺,横征暴敛,无所不至,嘉熊以诸府田地,客民殆居半数,而温台之人又素以强悍

著名，欲因是以倡办团练，设计握地方上兵权，统其事于温台处会馆，复可由温台处会馆出面，为客民代输租税，客民畏官吏侵陵，必乐归赋税于会馆，使为代纳，则又可因是以渐握地方上财权。一旦有事，即用所办团练以卫乡里，而以所收入赋税充兵饷，是不烦一甲，不费一文，安坐而致独立之形势也。设谋既定，遂以宁辑主客乡民及安置客民使无失所之词，游说清吏及温台处绅董，官绅咸赞成其议，嘉熊因使温台处绅董连名具禀清吏为会馆立案，己为先出资以助成之。方集议时，陶成章自上海访龚宝铨，宝铨引之见嘉熊，因与筹商浙江独立军事，意见相同。佥谓浙江非可自守地，欲在浙举义，非先注意南京不可。而安徽又居南京上游，上接两湖，下通江浙，又不可不先有以布置之，于是嘉熊又欲于嘉兴温台处会馆成立后，再设立分会馆三处。一建于松江，而以苏州、松江、常州、太仓之秘密党会附入焉。一建于湖州，而以宁国、广德、严州、衡州之秘密党会附入焉。一建于杭州，而以于潜、昌化、新城、临安之秘密党会附入焉。复拟以别策招致镇江枭党，以窥南京，右翼集广德宁国洪军以窥南京，左翼更用衢处之秘密军队，预备出江西以上隔两湖，届时义旗一指，四省感应，则南京势成孤注矣。又用暗杀以扰乱之，是可不战而降焉。温台处会馆发议为甲辰（民前八年）六月，其成立则在是年九十月间，所有执事人员皆聘同志任之，推魏兰为总理，毓祥、丁镤、陶成章、吕熊祥、赵卓、陈乃新、魏毓番、魏仲麟、冯豹、陈梦熊等为执事员，名为温台处会馆，实则一纯粹之革命机关部也。嘉熊思欲团结人心莫若宗教，乃更立一祖宗教，作福书祷词及各种秘密暗号，为瑞安人沈梧斋借端挟制，魏兰出为调解，冯豹以剑劫梧斋而取其凭据，事乃已。其后梧斋自往湖州放票，为清吏所掩执，供词连嘉熊，清吏不欲深究，仅收禁梧斋友于狱而罢。

冯自由《革命逸史》第5集，中华书局1981年版，第47～49页

10月2日（八月二十三日）　四川留日学生同乡会致电锡良，表示他们愿认集股款，勉力提倡，请速实行开办川汉铁路公司，修筑川汉铁路。

四川大学图书馆《静观斋日记》稿本第九号第四册：

川汉铁路，闻英、法要求益急，生等竭筹现银若干，外认集股若干，勉倡急公，并誓毁身家，期远宪意。谨具要件，电照采择，详禀续发。一、请仿日本铁路法令，奏保股息四董，岁由藩库拨发。一、暂移全省现存公款，就急立办。一、请速测量、估工、图说昭布，以信商绅而资募集。

戴执礼编《四川保路运动史料》，科学出版社1958年版，第8页

吴玉章《辛亥革命前后的回忆》：

一九〇四年四川留日学生致电锡良，提出集股修筑川汉铁路的具体办法，并自认股款三十余万两，以为先导。同时又发表《敬告全蜀父老》书，力陈帝国主义以铁路亡人国家的可怕，呼吁自力更生，齐心修路。

中国政协文史资料委员会编《辛亥革命亲历记》，中国文史出版社2001年版，第34页

10月初（八月下旬）　游得胜、孙汉臣在常德笔架城开堂，宋教仁出席并讲话，强调起义旨在反清革命。最后议定：起义时装扮成五雷山香客，到文庙集合，听候指挥。

满大启《宋教仁在常德活动琐记》：

早在一九〇〇年，常德自立军起义失败，会党首领被镇压的很多，余众星散，但潜在力很大。为了把他们组织起来，十月初由游德胜、孙汉臣在常德笔架城开堂。那天天气晴朗，到

会的假装为赌徒在笔架城上聚赌,两头派人放哨,常德官府不知。宋教仁出席了这个会,被推为龙头。他在会上讲了话,强调此次起义是反清革命,建立共和国,与自立军起义只反对西太后而保护光绪皇帝不同。会上群情激昂,个个磨拳擦掌,都愿拿起武器大干一场。会议决定起义那天,大家扮作朝武雷山的香客,到笔架城边的府文庙集会,听候指挥。

马志亮主编《喋血共和——忆宋教仁》,岳麓书社 1996 年版,第 106 页

10 月 6 日(八月二十七日)　苏州商会成立。

△ 张之洞致电张鹤龄论及枝路与干路、赈粜捐与谷捐事宜。望顾全大局,认定宗旨办事。10 月 13 日(九月初五日)张复电先筹废约,再议其他办法。次日,张鹤龄复电赞同。

张之洞《致长沙张道台鹤龄》(光绪三十年八月二十七日酉刻发):

查湘粤铁路,利害关于大局。现与美争废约,必须三省官绅以全力相持,庶可挽救。若辰常枝路,早已议定归湘自办,其事较小,其势较缓,此时只可暂置,岂容与干路相提并论。曩据席道言,谷捐专为干路起见,即该道所言有英债可借,亦专为干路起见。……试思干路不能争回,何有于枝路,一也。欲争干路,仅恃赈粜一款,焉能济事,二也。无赈粜、谷捐相助,而专借洋债,债愈多息愈重,将来行车所得之利,尽以抵付外债之息,安得有余利清偿债本,三也。外债不能清偿,此路终不能为我有,四也。总之,此时只有一面自行筹款,一面与合兴公司力争废约,俟有眉目,再商借外款,以助不足。……务望将大局利害,向湘绅痛切开譬,认定宗旨,办事勿将枝路与干路牵缠一起,致分心力,而误事机,是为至要。

10 月 13 日(九月初五日)《张道来电》(光绪三十年九月初五日卯刻到):

枝路定从缓议。干路专恃洋款,实非办法,已公电王芍棠中丞停止借款。谷捐虽拟有章程,尚须与在京绅士筹商妥洽,然后由各属官绅切实劝导,方敢兴办。

张之洞《致长沙张道台鹤龄》(光绪三十年九月初六日子刻发):

先筹废约,再议他端办法,极是。此事全赖绅士公呈上紧,政府方肯主持,庶不致被人摇动。此间俟接到公呈,当商陆中丞会电外务部,以期接洽。

国家清史编纂委员会·文献丛刊《张之洞全集》(11),武汉出版社 2008 年版,第 157 ~ 158 页

10 月 8 日(八月二十九日)　林獬(白水)主编的《中国白话报》出至第二十四期停刊。

10 月 11 日(九月初三日)　湖北革命党人王汉密谋在 11 月 16 日慈禧太后七十寿辰,湖北地方官吏在武昌皇殿(今烈士祠)集会之机,袭杀官吏。是日事泄。

10 月 14 日(九月初六日)　粤省绅商伍铨萃、左宗藩致电张之洞请其鼎力支持争回粤汉铁路主权之事。次日,张复电表示拟全力相助促成此事。

《伍绅等来电》(光绪三十年九月初六日亥刻到):

粤省绅商齐集商务局,决议争回粤汉铁路主权,公举张弼士侍郎、邓小赤中承驻沪,与盛大臣协商废约。湘省蒙公力持,已见覆张道密电。粤为旧治,戴德尤深。除电外部及云帅并同乡京官外,乞鼎力维持,大局幸甚。阖省绅商伍铨萃、左宗藩叩。麻。

张之洞《致广州伍叔宝太史诸公》(光绪三十年九月二十五日亥刻发):

麻电悉。贵省绅商决意争回粤汉铁路主权,谋定志坚,欣慰佩仰,不可言喻。此事鄙人

苦心苦口争废美约，幸湘绅感悟，协力坚持。今得贵省同心，筹款集股，均易为力，庶几此举可望观成，不惟三省之幸，实中华全局之幸。非有粤省诸位大贤乡先生，岂能办此。鄂已岁筹的款，备充路工之用。将来三省按地界长短公摊，最为平允。尚祈尽力图之，鄙人必以全力相助。诸公与京、沪筹议情形，想已有确实办法，望随时电示，切盼。有。

国家清史编纂委员会·文献丛刊《张之洞全集》(11)，武汉出版社2008年版，第162页

△ 德国公使穆默照会外务部，对中国湖南、四川两省关于路矿事宜力求自办，意欲排斥外人或只惠及少数国家深表不满，认为这有悖于利益一律同沾的约章。

《德国公使穆默致外务部》(光绪三十年九月初六日收)：

湖南巡抚颁出全省矿务章程，意欲违约，以免外人合办矿一节。……甚望该抚所拟之举，为贵国政府极力挽回，于中国裨益匪浅。假令轻允各省出具章程，遽将各国人民照约应享利权，一旦夺回，必致各国政府向信贵国国家之诚心实意，为之摇喊［撼］，与中国甚有险要。……以上系指矿务而言，亦可以铁路一项，相提并论。且照约章，各国人民均应一律同沾利益，则四川总督办法，应不准行。盖阅新报所载，闻该督不顾他人应享之理，竟已应允如筑造川汉铁路，须请外国相帮时，则专请英、美二国而已。

宓汝成编《中国近代铁路史资料》第2册，中华书局1963年版，第1071～1072页

10月中旬(九月初)　黄兴与周震鳞密商万一起义失败的退步办法。

周震鳞《关于黄兴、华兴会和辛亥革命后的孙黄关系》：

在起义前一个月，克强先生独自来到我的住宅密议，商定万一起义失败的退步办法，嘱我在起义中隐藏勿露，以便万一时能够设法保全革命实力，掩护同志安全撤退。这是因为张之洞、张百熙以及当时的湖南学务总办张鹤龄对我都有好感，可能得到一些方便。这次起义失败后，华兴会的骨干分子，除了曹亚伯有教会作掩护，得以安然无事外，我果然在张鹤龄的极力维护下仍得留在湖南，执行了克强先生事先交代的任务。

中国政协文史资料委员会编《辛亥革命回忆录》第1集，文史资料出版社1961年版，第334页

△ 宋教仁在常德积极从事起义的准备工作。

满大启《宋教仁在常德活功琐记》：

起义的组织工作有了头绪后，十月中旬，宋教仁报告了黄兴，并催请速运军火和经费来。当时，华兴会本来印有纸票，长五寸，宽三寸，金额有一吊、三吊、五吊，正面印有“华兴矿业公司”，反面印有“同心扑满，当面算清”等字样，意即“扑灭满清”，对外作为开矿集资的股票，对内作为会证和起义时的符信通行证之用。后鉴于一九〇〇年“富有票”的败露，没有散发。因此，起义经费困难，驻栈工作人员的伙食费都欠着。宋便派楚义生到长沙去找黄兴。在这期间，覃振接信后亦来常德，因其去年在常德中学堂闹过学潮，官厅曾下令逮捕，遂不能抛头露面，他便回桃源北路活动去了。

马志亮主编《喋血共和——忆宋教仁》，岳麓书社1996年版，第106页

△ 长沙起义事泄，哥老会头目肖桂(贵)生、晏荣询、游得胜、何少卿相继被捕，宋教仁回家集资，尚不知情。

冯自由《长沙华兴会》：

一切布置,略已就绪,讵于万寿节前十余日,有会党何少卿、郭鹤卿二人,以机事不密,在湘潭县城被县吏逮捕,其大体计划亦被探悉,湘潭县令即飞报湘抚俞廉三告变。驻湘潭之哥老会行堂有号"飞毛腿"者,知事已泄,乃走报马福益。马时驻湘潭属之茶园铺矿场,距县城五十里,得讯后,即令"飞毛腿"驰赴省城,告黄、刘使速戒备。黄寓明德学堂对门,刘寓保甲局巷彭希民宅,得警后,以各处准备未竣,不得已匿迹他所,以避清吏搜索。未几,湘抚派兵查缉各党人寓所,全城骚扰,黄乃避居吉祥巷耶教圣公会,由牧师黄吉廷、同志曹亚伯保护出险,刘亦绕道赴汉口,得免于难。马福益由湘潭逃桂,次年返湘,欲图再举,为湘抚端方擒杀。

中国史学会编《中国近代史资料丛刊·辛亥革命》第1册,上海人民出版社1957年版,第503~504页

《署湖南巡抚陆奏拿办会匪汇案造报折》:

九月间,风闻有同仇会匪入湘放票,潜图起事。密派大员督饬营、县查拿,在于醴陵县及省城先后拿获匪目萧贵生、游得胜、何少卿三名,并搜出伪印、伪令旗、华兴票等件。发司督府讯明萧贵生本系赌棍,现听从王甫臣入八宝山会充当老九。本年八月,复听从马福益即马千入岳麓山会,更名萧汉,推为正龙头。马福益并交该匪华兴票多张,派充中路副办,托其散发。游得胜系属散勇,先听从傅有蛟入会为匪。本年八月,复听从马福益领受华兴票,派充西路总办。并据供明,该华兴票名同仇会,同有东南西北中五路总办副办等名目。马福益系五路督办。曾闻马福益言及有人在外洋购办军火,欲运到湘,定期十月在省城起事。马福益现已闻拿逃逸等语。维时省城谣言四起,群情惶惶。即经臣批饬,将萧贵生、游得胜二匪先行正法。其何少卿一名情节较轻,电商督臣张之洞暂留备质,一面飞咨各省并饬各属搜捕匪党踪迹,人心为之一定。又十月间,广西会匪第三队头目黄遇泷即李泷,系柳州股匪覃火生党羽,兼通邪术。因在昭平县被官军击败后图窃入湘老会第三队头目罗永菖。以该匪系属湘人,嘱令来湘探听军情,并沿途纠约痞徒以为应援时,黔边滇军叛变,湘西告急,张庆云一军正拟拔队赴桂援剿,南路兵力甚单。该匪假装逃荒难民溷入边境探明虚实,不欲回桂报信,希图窃扰。当经盘获搜出伪印公文,讯供禀报派员会审,即行正法。谨奏!

《东方杂志》第2年第3号,1905年

10月22日(九月十四日)　为筹措起义经费,宋教仁再次回到桃源家中,筹划变卖田产。但因时间紧迫,一时无法脱手。

无名氏《渔父先生之兄石卿先生传略》:

其家乡桃源地处偏僻,人们对革命的真正意义还很少了解,尽管宋教仁费尽心思,"竭力经营,郡中巨室多非笑之",所以起义的经费无法措筹,他想变卖自己的家产,由于时间紧迫,一时也无法脱手。宋教仁的哥哥宋教信对他说:事急矣,不可因无饷而功败垂成,汝宜急走长沙,与黄克强商,西路事有吾在,或不至破裂也。

陈旭麓、何泽福《宋教仁》,江苏古籍出版社1984年版,第8页

满大启《宋教仁在常德活动琐记》:

楚义生久去未归,军火和经费无着,各路头人催索甚急。宋教仁与刘尧征、胡幻安商量后,决定变卖自己的家产纾难,站务则由刘、胡二人料理。十月二十二日,宋教仁回到桃源家中,以开矿集资为名,取得母亲的同意,变卖家产。后因家庭未曾分家,其大哥石卿婉言谢绝。

马志亮主编《喋血共和——忆宋教仁》,岳麓书社1996年版,第106页

△ **四川留日学生同乡会上书锡良恳请开办川汉铁路公司，并认筹路款以为支持。**

《留学东京四川学生为川汉铁路事上川督锡制军书》(光绪三十年九月十四日)：

制军大人钧鉴：窃生等近读上海及日本各报纸，备载法人强索川汉铁路权利，我制军坚持拒绝，决意自办，等因。逖听之余，感极而泣，继以起舞。数年以来，国中数大干路，已分入列强之手，惟余巴蜀一隅，天险天府，蚕食未及。而英法眈眈，垂涎相视，安危之机，间不容发。何幸天心眷顾，以制军赐我蜀民，值此难局，乃起全蜀于濒死而肉其白骨也。

伏惟我制军自去年以来，已洞观时局，首倡川汉铁路之议，奏准施行，事制机先，算无遗策，全蜀民庶，同深感戴。顾数月以来，事变益急，英吞卫藏，俯瞰三巴，法务均势，求索逾急。而自筑之议，虽经我制军苦心提倡，覃精擘画，徒以吾蜀民未能仰体宪意，以致资本久未鸠集，工程久未兴行，制军不负蜀民，蜀民实负制军，言念及兹，能无愤愧。

生等窃以为今日乃实事之世界，万非空言可以搪塞，敷衍可以为功也。数月以前，日人要索韩国以开垦荒地之特权，韩人拒之，特立一农矿会社，以图抵制。乃空名虽悬，而资本无着，不及旋踵，遽被解散，而韩之国权，乃益蚀于日。此最近之覆辙，实吾国之前车。今川汉公司之议虽立，而川汉公司之实无闻，倘使迁延蹉跎，更阅岁月，恐威逼日至，将有并此虚名而不容久尸者。夫列强之待中国，各以铁路政策而定其势力范围，路权所及之地，即政权所及之地，中国失一省之路，即失一省之权。此近年来稍有知识者所能明知，而现今东三省之惨祸，更示我以确实之证明。凡此皆我制军所熟虑洞察，无俟生等之词费也。今日急务，不在空言，而在实行，而实行之资，必藉实力，有公司而无资本，则等于无公司而已。以制军之贤明，用全蜀之腴富，而建议经岁，成立无期，生等实为吾蜀人痛之，实为吾蜀人耻之。

乃者得兹警闻，惊心动魄，爰集同学，共商筹应。佥谓我侪幸得贤父母拔之九渊，示以周行，而为子弟者犹复泄沓酣嬉，坐视父兄之焦劳，而无毫厘之能赞，非特蔑其责任，抑乃悖于大伦。遂乃广集刍荛，思献芹曝，冀助万一，犹表血诚。复思此举最难之题，莫如筹款，苟不自任，何以责人。生等半属寒畯，且居域外，明知虽竭绵薄，无补涓埃，犹欲援请从隗始之义，为拔蝥先登之行。佥谓兹路若失，则全蜀危，而全国随之，今当如日本人应国债以供战费，虽节衣缩食，犹当图成。乃各充其力所能达，立认股本六万余金，认筹募者三十万。知此区区，非济于事，聊效蚊负，以厉邦人。当即将集议情形由电驰禀，并陈三事，俯候钧裁。徒以电文简略，不能尽言，复合众议，拟为开办方略十五则，肃具正禀，由驿驰陈。凡所引称，当久在贤明洞鉴之中，顾辽东献豕，独有微诚，倘迩言之见察，或一得之有裨，则非徒生等之荣，抑亦全蜀之福也。

所有生等会议公拟川汉铁路开办方略缘由，谋具禀沥陈，伏乞制军大人慈鉴。

戴执礼编《四川保路运动史料》，科学出版社1958年版，第10页

10月24日(九月十六日)　华兴会黄兴、马福益等谋于西太后那拉氏生日(十月初十日)在长沙举行起义，不幸事泄，湖南当局出动军警搜捕黄兴等人，起义未及发动即遭失败。

黄一欧《回忆先君克强先生》：

十月二十四日(阴历九月十六日)，为先君三十周岁。这天，他亲自下寒菌面招待三位进城的姑妈。大约是早上七点钟，西园龙宅差人持帖子来请先君去，先君正准备下面，没有去。过了半个多钟头，龙砚仙先生第二次差人持帖子来催，先君说，面还没有下好，吃了面就去。先继祖母非常机警，她看到龙宅一连来了两次帖子，催得这么急，一定是有紧要的事，因此，催先君马上就去，回来再吃面不迟。先君刚刚坐轿出门，在门口就和来捕捉他的差役对面碰

头了。差役见了他,便问:“你是黄轸吗?”(先君原名轸,字廑午,后改字克强)先君情急智生,镇定地回答说:“我是来会黄轸的,他家里人说他到明德学堂去了,我要再到那里去找他。”于是差役跟着先君的轿子向西往左文襄祠走。先君到了明德学堂下轿,佯称进去喊黄某出来,叫差役们在门口等候。他进校后,就由靠西边的金华祝老师住室旁的小侧门溜出,躲进了西园龙宅。差役在学堂门口久候不见有人出来,才知道上当了,只得将三个轿夫带走,把他们打得皮破血流。记得在一九一二年,曾有其中一个罗姓轿夫的家属来过我家,先继祖母还送过他一笔钱。我原来是在学堂里住宿的,那天因是先君生日,头一天晚上就回家了。我看到先君出门就碰到差役来捉他,心里惊慌万分,便飞跑到学堂里,告诉平日最接近的沈迪民老师。沈老师叫我待在他房里不要出去,他自己急忙走了出去,找人设法让先君脱险。

田伏隆主编《忆黄兴》,岳麓书社1996年版,第56~57页

曹亚伯《黄克强长沙革命之失败》:

黄克强,名轸,字庆午,原在胡元倓所办之明德学堂、经正学堂藉作教授,以为运动革命之大本营,虽出入圣公会之日知会,仍别立一华兴会以号召会党,秘密起义。甲辰秋,本西太后六[七]十寿辰,于未举行皇会之前,长沙之军械几何,兵士几何,枪弹几何,已一一调查清晰。原拟于皇会之日,趁观会之机,俾各乡之会党得以集合于长沙,义旗一举,长沙唾手可得。不期好事多磨,王益吾(王先谦,编者)之党刘作楫亦在长沙办学堂,得知消息,遂密告王,王即密告湘抚庞鸿书,是时赵尔巽已他调矣。庞鸿书极顽固凶残,即购一会党作引线,捕一与黄克强有关系之会党,酷刑拷打逼供,一面下捕黄克强之公文与游击熊德寿。熊以公文示中学堂校长汪德植。汪先报黄知。于是黄克强之居宅被军警包围矣。黄克强之子黄一欧尚幼,出门报信于明德学堂。黄克强即走避于明德学堂附近龙璋(字砚仙)之家。其时已近黄昏,尚距皇会之前十日也。军警索捕甚急,金华祝(字封三)、张继(字溥泉)辈,时在黄克强左右。将夜半,予正在宁乡中学教员寄宿舍,编博物学课程,忽见金封三派人持信来,谓有要事相商。轿子已在校外立候。予阅之急甚,知克强之案破矣,即出房门,将门加锁,而钥匙忘记带出,再由窗户入房拿出钥匙,出校登轿,而各街栅栏均已加锁。幸予着洋服,无辫,守卒以予为洋人,一一由梦中醒来,开栅门让予经过。予至龙砚仙家,门口有一警卒守卫。直入数进,至一花厅,见克强坐在书案,起立与予握手。谓事已被人告密,军警捕之甚急,奈何?予云:“勿畏。”即乘原轿至吉祥巷圣公会,叩黄吉亭牧师之后门。沿途叩栅栏如前。黄吉亭牧师宿于圣公会堂后门附近之一室,闻予叩门声急,颇惊惶,便行祈祷,始稍定。开门后,予就黄牧师床前密告以故,黄即穿衣坐予所乘之轿,予随轿后行,重至龙砚仙之花厅,与克强讨论出险方法。黄牧师先用温语安慰克强,次对克强至友如龙砚仙、金封三、张溥泉、李莲舫诸人谓:此次事变,担保克强之安全,但克强亲友无论何人,不能向予问克强之行踪。次日风声更急,又捕去同谋之会党首领游得胜、萧桂生二人。次晚,黄牧师再至龙砚仙家,授以出龙公馆之秘计。约定次日下午六时,先由黄牧师自南门乘小轿,垂轿帘,而入龙砚仙之内室,随换克强乘此轿经小街而至吉祥巷圣公会之后街某娼家门首,下轿入圣公会后门之一小巷。予则于黄昏时,专守圣公会后门以待之。黄牧师数易服装出圣公会大门以探之。待至六时十分许,克强始入小巷抵圣公会之后门矣。予牵其手而入,心始安。随克强之轿而来冒充班随者,即张溥泉也。时将秋季,溥泉犹着蓝竹布长衫,袋中盛一四寸手枪,谓途中苟遇不测,只好用手枪拼命。予是以重视溥泉之为人。予见手枪此为第一次。

曹亚伯《武昌革命真史》前编,上海书店1982年版,第1~3页

刘揆一《黄兴传记》：

不图华兴会员有武备学校生朱某，误泄其事于巨绅王先谦；王乃告密于湘抚陆元鼎，迫其逮捕公与揆一。幸而学务处长张鹤龄，富于革命思想者，力为解释。陆抚乃奖励巡防营统领赵春廷多方侦缉，其营兵狡黠者，诡与会党之五路巡查何少卿、郭合卿等交欢，乃得真相而捕其至省。走邮政之会党颜某，亦同时赶至保甲局巷彭渊恂家向揆一告急，乃即促其转报马福益，而自赴小吴门正街东文讲习所报告会众。甫出巷口，即见数十营兵，前押何、郭二人自大街西来，以目视揆一，故斜走南巷避去。方在讲习所与公计议，即闻公之住宅与彭宅均被围搜。公乃密电湘、鄂、赣各机关预为防备，并促揆一暂时走避，而逻者已到讲习所前门矣，遂各由后门走出。公初隐于龙侍郎湛霖家，后转匿于吉祥巷圣公会牧师黄吉亭处。揆一与徐佛苏及随从之会党李松林，则出避靖港，犹冀逮捕稍懈，继续进行。

中国史学会编《中国近代史资料丛刊·辛亥革命》第4册，上海人民出版社1957年版，第278～279页

邹永成口述，杨思义笔记《邹永成回忆录》：

长沙机关破获的原因，是由于会党人众流品复杂，不守机密，往往街谈巷议，容易泄露风声。在旧历的九月初旬，湘潭有两个会党朋友，一个叫何少卿，一个叫郭鹤卿，他们在茶余酒后之际，正谈得起劲，说："万寿节快到了，我们快要动手了。"被湘潭县的捕快听见了，登时就将他二人拿获；又在他们的客寓里搜出一些证件，把他们带到县衙门用严刑拷问，逼着他们供出华兴会许多内容来。县官听着大惊，立即行文飞报省城告急，湖南巡抚陆元鼎得报就下令搜索省城，捉拿革党。此时幸有一个绰号飞毛腿的会党同志，也是湘潭人，他一日能走七八百里，在何、郭两人被捕的当头，登时打听明白，飞足走告马福益。马即转告黄兴，叫他快走，并嘱全体同志迅速走避。克强得讯，一面密电湘、鄂、赣各地机关预防；一面劝告在场同志出省逃避；自己也躲到吉祥巷圣公会黄吉廷家中，至九月十八日（十月二十六日）省城解严，才逃出省城，跑到上海去了。这回虽然失败，幸有飞毛腿报信，同志才无大的牺牲。但会党的次要首领王福泉、萧桂生、游得胜诸君竟逃避不及与何、郭两人先后殉难。马福益则逃往广西，至次年春约黄克强回湘谋再举，他行至湘乡被清兵拿获，也遇难了。湖北的机关科学补习所也被破获，幸事先接黄兴的电告，早为布置，将证件一概焚毁，鄂督张之洞派军警前往围捕时，其室已空。宋教仁、欧阳瑞骅诸同志都向上海、日本等地亡命去了。

庄建平主编《近代史资料文库》第7卷，上海书店出版社2009年版，第27～28页

周震鳞《关于黄兴、华兴会和辛亥革命后的孙黄关系》：

起义失败的原因，是由于马福益、游得胜等在浏、醴一带的旧军中出入频繁，人多口杂，以致风声透露，被反动当局侦悉底蕴。因此，华兴会的秘密机关多数被破获，储藏的武器也被查抄，忠于清王朝的旧军更已严加戒备，到期无法调集起义军队。同时，马福益部下有一人在醴陵车站被捕，供出一切机密，并说出这次起义的首领是长沙黄廑午老师。于是长沙府、县衙门开始在省城搜捕革命党，并悬赏缉捕克强先生和刘霖生、宋遯初等。游得胜在驰赴长沙的途中被捕死难，马福益当时在湘潭脱险走广西，但在翌年亦被捕牺牲了。

中国政协文史资料委员会编《辛亥革命回忆录》第1集，文史资料出版社1961年版，第334页

周震鳞《黄兴、华兴会和甲辰之役》：

一九〇四年，华兴会发动武装起义，因起义计划在起义前一个月被清朝政府侦悉破获而失败了，这就是所谓"甲辰之役"。这次起义虽未成，但是它扩大了革命的影响，为以后"浏醴之役"准备了一定的条件。

中国政协文史资料委员会编《辛亥革命亲历记》，中国文史出版社2001年版，第178页

李西屏《武昌首义纪事》:

讵何少卿、郭鹤卿机事不密,为湘潭县令破获。长沙亦有党人朱某,误泄其谋于巨绅王先谦,先谦据以告密,湘抚陆元鼎乃于十一月六日(九月十八日)大索党人。黄克强避匿长沙圣公会会长黄吉亭处,即密电武昌科学补习所,刘静庵、张难先乃烧其册籍,阴令同志避走。胡瑛等则移其军器于鹦鹉洲埋藏之。

中国政协湖北省文史资料委员会编《辛亥首义回忆录》第4辑,湖北人民出版社1961年版,第2页

编者按:关于黄兴险遭逮捕的日期,以前有几种说法,学界大多认为宜以黄一欧所言10月24日(九月十六日)为准。

龙绂瑞《武溪杂忆录》:"九月二十四日,马福益之部下在醴陵车站被获,供有黄堇坞老师(先生原名),事乃大露。是日,余适燕客,君亦在座,洋洋如平时。惟谓余曰:'有相士云,将有缧绁之灾,能一援手否?'余答以'君素明达,何忽信此无稽谰言。'下午,忽有人来告,君寓所紫东园被兵役围守,搜捕甚急。君始将兹事始末尽情相告。余遂留君住西园,终日读书,每饭辄尽三碗,无疾首蹙额之态。"(中国史学会编《中国近代史资料丛刊·辛亥革命》第1册,上海人民出版社1957年版,第512页)

龙绂瑞《黄克强先生甲辰避难西园事略》:"甲辰九月二十五,余宴客家中,招先生同饮,扬扬如平时,笑谓余曰:'有相士谓我将有缧绁之灾,君能一为援手否?'余曰:'君素明达,何忽信此术士无稽谰言?'未几,忽报先生紫东园寓所被兵搜检,缇骑四出,风声颇紧。张溥泉、周道腴两先生时亦在坐,为之奔走探询,始知会首马福益部下在醴陵车站被获,供有黄廑午老师之语。余遂参先生住西园密室。维时学务处总办张筱浦(名鹤龄,江苏人)、兵备处总办俞寿丞(名明颐,浙江人)皆余至交,爱护志士,不欲兴大欲,事得稍缓。是晚,先生始将革命之组织尽告余,华兴公司为革命团体,同志皆教员、学生,所恃为外援者,会党首领马福益,有众二万余人。曾在浏阳普迹开会多次,拟于十月初十西太后'万寿节'各官赴皇殿庆祝时,同时起事。今事已至此,无复他言,如同志被获,必出自首,不忍独生。余与胡、谭两君共劝慰之。"(田伏隆主编《忆黄兴》,岳麓书社1996年版,第206~207页)

周震鳞《黄兴、华兴会和甲辰之役》:"克强先生于夏历九月二十五日才得到搜捕革命党的消息,当即由紫东园住宅来到龙萸溪(绂瑞)家。我和张溥泉正在龙家午餐,克强先生态度从容地同我们一起吃了饭,才告知这一消息。我马上回家派兄弟周震勋(华兴会会员,高等学堂体操教员)出外打听,才获悉马福益部下被捕的情形,急返龙家报告。克强先生这时才对龙萸溪说:'有一个重要的箱子,放在西长安街长沙中学后进的一间房内,所有同志的全部名册和革命秘密计划都在里面,如果被抄去了,全体同志将被一网打尽。'当时情况紧急万分,萸溪表示愿意冒险去取。萸溪事前并未参与机密,也不是华兴会会员,这样见义勇为,令人感佩。"(中国政协文史资料委员会编《辛亥革命亲历记》,中国文史出版社2001年版,第182页)

章士钊《与黄克强相交始末》:"无何,外间指目克强为革命党,谣言稍起。九月二十五日,余(龙萸溪自称,编者)在家中宴客,克强与焉,扬扬如平时。唯笑谓余:'有相士谓我,将有缧绁之灾。'余曰:'此无稽谰言,公何言之?'时克强寓紫东园,忽报寓所有士兵搜检,里衙遮阻,人不得出入。寻知会党首领马福益部下失风,于醴陵车站被逮,词连黄廑午老师,即克强也。余亟引克强入西园密室暂避,而外察形势。时学务处总办张鹤龄、兵备处总办俞明赜[颐],皆素交,且通达时务,无意兴大狱,事稍缓。是夜,克强以布置革命实况见告,党众约二万余人,教师学生居多,惟无一语及新军。此或克强不欲激动俞寿丞,俾便相助,亦未可料。综计克强所语要点,归宿于十月十日,那拉后万寿节,百官赴皇殿庆祝时,一举轰之,从而四方响应,庶几成事;今事已破坏,无取渎叙,现同志被获者不知几何人?如事态扩大,为首者谊[宜]当到官,何忍独生云云。胡子靖、谭祖安均在座,闻此言,则共劝慰毋躁,以图善后。克强又言:有一藏置秘件之小箱,存西长街长沙中学室内,不可放佚。余假托谒客,衣冠出门,迳往该中学携归,就中册籍名纸,悉数焚毁,不留痕迹。克强因取自用水晶小印章赠余,已则读书自遣,饮啖如故。如是者三日,寻为圣公会牧师黄吉亭及湖北曹亚伯掩护出乡赴沪。久之,湘抚端方谓余:'足下胡乃放走黄兴?'张小浦从旁答曰:'龙萸溪不能卖友。'亦遂释然。"(田伏隆主编《忆黄兴》,岳麓书社1996年版,第126~127页)

黄一欧《辛亥革命杂忆》:"关于这次事败的日期,我在《回忆先君克强先生》一文中作九月十六,即先君三十周岁那天,而龙萸溪在《武溪杂忆录》中作九月二十四,又在《黄克强先生癸卯华兴公司避难西园事略》中作九月二十五;曹亚伯在《武昌革命真史》前编中说是"距皇会之前十日",即是旧历九月二十九日。周震鳞、章士钊在一九六一年写的回忆录中,均依龙绂瑞后一说,作旧历九月二十五。好几个说法中,究竟哪一个是可靠的呢?这次起义失败,先君险遭逮捕,确是农历九月十六。即公元一九〇四年十月二十四日。那天先君满三十岁生日,他亲自在厨房下菌面(先君平生最爱吃寒菌面),款待三位进城祝寿的姑妈。我当时满十二岁,在明德学堂小学部读书,住宿在家里,看到差役来捉拿他,便飞跑到明德学堂去报信。曹亚伯在《武昌革命真史》第一章《黄克强长沙革命之失败》中说:'黄克强之居宅被军警包围矣,黄克强

之子黄一欧尚幼,出门报信于明德学堂。'这是实在的。今天事隔七十四年了,因是关系先君一生成败的切身大事,脑子里还有较深的印象。先君在世时,每逢生日欢聚,长辈们茶余酒后闲谈中,也常提起甲辰年出走的事。特别是细姑妈最喜欢翻古,讲得最多,印象更深了。"(田伏隆主编《辛亥革命在湖南》,岳麓书社 1997 年版,第 92 页)

毛注青、萧致治等人认为黄一欧所言是正确的。毛注青在《黄兴年谱长编》中指出:"这次起义失败,黄兴险遭逮捕的日期,从皮锡瑞日记和后引宋教仁日记看,应以黄振华、黄一欧所说的农历九月十六为准。其他各家记述,在基本情况方面多相一致,可互相参证。个别细节有出入,恐系追忆的差误。如曹亚伯说'王益吾即密告湘抚庞鸿书,是时赵尔巽已他调矣。'刘揆一则说'王乃告密于湘抚陆元鼎'。实则是时湘抚由陆元鼎署理,张绍华护理,庞鸿书为按察使,赵尔巽则早于是年四月他调,已离湘半载。"(毛注青编著《黄兴年谱长编》,中华书局 1991 年版,第 69 页)

萧致治在《黄兴评传》中指出:"龙绂瑞在《武溪杂忆录》中作九月二十四日,在《黄克强先生甲辰西园避难事略》中又作九月二十五日;章士钊在《与黄克强相交始末》中,也据龙说作九月二十五日;曹亚伯在《武昌革命真史》中则说是'距皇会之前十日',即九月二十九日。但据九月十八日皮锡瑞的日记说:'到汪宅送行,见孟莱,云已名捕黄轸,逃去矣。'《师伏堂日记》甲辰九月十八日)。据此可知,龙、曹记的时间均错,黄一欧所言是正确的。"(萧致治《黄兴评传》,南京大学出版社 2001 年版,第 92 页)

而彭国兴则主张将华兴会起义事泄的日期与黄兴开始避难西园的日期区别开来。他在《华兴会几个问题的研究》中指出:"关于这次起义事泄失败的日期,当事人的回忆也颇不一致。因此,对这一个重要史实和日期,有必要加以考订。在黄一欧的几次回忆中,均坚持为一九〇四年旧历的'九月十六日',即公元一九〇四年十月二十四日;而龙绂瑞在《武溪杂忆录》中作旧历'九月二十四',又在《黄克强先生甲辰避难西园事略》中作旧历'九月二十五';曹亚伯在《武昌革命真史》前编中说是'距皇会之前十日',照推算即是旧历九月二十九日;周震鳞、章士钊在一九六一年写的回忆录中,均依龙绂瑞后一说,作旧历'九月二十五';在近人的有关著作中,如汤志钧的《章太炎年谱长编》、广东省哲学社会科学研究所等三单位合编的《孙中山年谱》均作旧历'九月十五',即公元一九〇四年十月二十三日;几乎都是以黄兴开始避难西园之日为依据。以现在考订来说,华兴会起义事泄的日期与黄兴开始避难西园的日期,是两回事,而且在时间上有先后,不能混为一谈,更不能以后者订前者。就现有材料分析,华兴会起义事泄之期是一九〇四旧历的九月上旬,在被逐渐破案的过程中,才牵涉出这次起义的主要领导人黄兴,官方指名缉捕,于是发生了九月中旬(旧历)黄兴避难西园之事,起义全局也就随之瓦解。"(中华书局编《纪念辛亥革命七十周年学术讨论会论文集》上册,中华书局 1983 年版,第 690 页)

△ 马福益的"飞毛腿"刘重。

黄一欧《辛亥革命杂忆》:

邹鲁编的《中国国民党史稿》第四编《黄兴传》中,谈到一九〇四年华兴会长沙起义失败经过,说:"驻湘潭之哥老会行堂有号飞毛腿者,知事已泄,乃走报马福益。马即令飞毛腿驰赴省城告黄、刘(揆一)迅速戒备。"其他有关先君的传记资料中,也提到过飞毛腿报信的事,这个飞毛腿就是永兴人刘重。

刘重,号钦石,湖南永兴县江霞冲人,一八八二年生。他身材瘦长,最会走路、跳高,据同族人说,他年青时一天能行二三百里,其速度几乎难以令人置信。祖父去世时,他在长沙接到电报,回籍奔丧,相隔六百里,仅两昼夜就赶到家里。因此,朋友们送他"飞毛腿"、"神行太保"的诨名。

刘重在二十一岁那年中秀才,到长沙进游学预备科,得识刘揆一。刘揆一介绍他加入华兴会,又奉先君命加入马福益为首的哥老会,担任联络工作。一九〇四年,我家住长沙北门紫东园。当时刘重每于拂晓前从湘潭动身,早饭过后不久就赶到了我们家里。这是我亲见的,一点没有夸张。

田伏隆主编《辛亥革命在湖南》,岳麓书社 1997 年版,第 93 ~ 94 页

△ 龙绂瑞协助黄兴前往长沙中学取回重要箱子,销毁与长沙起义有关的秘密文件。

周震鳞《黄兴、华兴会和甲辰之役》:

第二天清早,萸溪伪装访友,坐着轿子前往长沙中学,打开克强先生所指的房间,找到了

那个重要箱子，另外还发现房中有几枝步枪，也一并放在轿内带回家中，交给了克强先生。箱中除了名册、计划之外，还有手枪和旗帜等重要物件，另有克强先生秘密通信和发布命令用的小水晶图章一颗，克强先生特为捡出赠给萸溪，留作纪念。其他重要文物概行烧毁，步枪、手枪则投入了龙宅池塘中。就在这天，克强先生的住宅被搜查了，但没有查得任何证据。龙宅门外虽有府、县衙门的捕差巡回侦探，但因当时的绅权特大，龙萸溪的父亲龙湛霖是退职的刑部侍郎，他们没有确实证据，不敢入内搜捕。因此克强先生得在龙宅安居了三天。这三天里，曹亚伯和圣公会的亭牧师为克强先生作好了出走准备。

中国政协文史资料委员会编《辛亥革命亲历记》，中国文史出版社2001年版，第183页

龙绂瑞《黄克强先生甲辰避难西园事略》：

先生又言：有一重要箱箧存在西长街长沙中学某室内。翌日，余衣冠出门，伪作谒客状，亲往长沙中学携归，将册籍、文件、印章连夜焚毁。先生遂将华兴公司所用之水晶"克强"小印章赠余，留作纪念。在西园住三日，终日读书，每饭辄尽三碗，无疾首蹙额之态。后迁居圣公会，逾月，始东渡。

田伏隆主编《忆黄兴》，岳麓书社1996年版，第207页

龙绂瑞《武溪杂忆录》：

余遂留君住西园。终日读书，每饭辄尽三碗，无疾首蹙额之态。惟云有一重要箱箧，存在西长街长沙中学，设被搜查，按箱而诛，事殊危险。翌日，余衣冠出门，伪作谒客状，亲往携归，连夜将册籍文件焚毁。维时学务处张君鹤龄、兵备处俞君明颐，皆开通明达，爱护志士，不欲兴大狱，故事得稍缓，且未牵及学校。君住余家三日，后迁至圣公会，由张溥泉（继）、周道腴（震鳞）诸君送之东渡。

中国史学会编《中国近代史资料丛刊・辛亥革命》第1册，上海人民出版社1957年版，第512页

△ 蔡锷以优异成绩毕业于士官学校第三期，与蒋方震、张孝准并称"中国士官三杰"。

《魂断峭庐》：

光绪二十六年（一九〇〇），唐才常等组织起义军，筹划在长江中下游发动反清起义。蔡锷特地归国参与其事，事败后，唐才常等相继遇难。蔡锷悲愤至极，于是决心投笔从戎，改名艮寅为锷，重返日本，入成城学校习陆军，专心于精研韬略战术。光绪二十九年（一九〇三）底，蔡锷与蒋方震自费考入日本陆军士官学校第三期，旋补为官费生，次年冬毕业。在一百多名毕业生中，蔡锷成绩优异，名列第五，与蒋方震、张孝准号称为"中国士官三杰"。光绪三十年（一九〇四）冬，蔡锷返回祖国，先后任江西、湖南等武备学堂教官，次年转广西，亦任武备学堂教官及学兵营长等职。

叶绍荣《陈寅恪家世》，中国文史出版社2009年版，第140页

郭汉民《综述》：

一九〇〇年唐才常组织自立军，筹划在长江中下游起义，蔡锷得回国参与其事。不料事败，师友多遇害，蔡锷以任务他出得免，于是重返日本，决心投笔从戎，乃改艮寅名为锷，于一九〇一年十二月考入东京成城学校自费学习陆军。一九〇三年七月入仙台骑兵第二联队实习，同年九月转为江南官费生，十二月初考入日本陆军士官学校第三期，分入骑兵科。一九〇四年十月以优异成绩毕业。与蒋方震、张孝准并称"中国士官三杰"。……一九〇四年冬，蔡锷自日本归国，此后六七年间是他参与清末新军编练，以军事救国报国的时期。

田伏隆主编《忆蔡锷》，岳麓书社1996年版，第2～3页

10月26日(九月十八日)　黄兴匿居长沙吉祥巷圣公会,通知省外各处机关停止活动。

曹亚伯《黄克强长沙革命之失败》:

溥泉别去,克强即登圣公会后进之一楼。楼上亦无陈设,仅安置袁礼彬之一行军床,与一小桌、一小凳。予托黄牧师由汉口买来一新棉絮,即与克强垫铺。予则仅盖一日本制造之虎纹毛毯,青年时代,固不畏寒也。克强在圣公会楼上,除黄牧师、袁礼彬及予外,无一知者。长沙城内,风声鹤唳,几乎草木皆兵。

曹亚伯《武昌革命真史》前编,上海书店1982年版,第3页

曹亚伯《黄克强长沙革命之失败》:

克强藏在圣公会楼上,对于营救同志,全仗黄吉亭牧师苦心筹画,故派袁礼彬之弟某,搭轮船送信至武昌西厂口革命机关之科学补习所,使胡宗琬、刘敬安辈速将机关取消。并托其通知安庆、九江、南京、上海、杭州各处机关同时停止。一面由袁礼彬、李仲廉两人在长沙邮政总局检查邮件,凡关于明德学堂转交黄轸之信札皆一一收检。因袁礼彬、李仲廉皆长沙邮政总局重要职员,袁礼彬之用心极周到,故此次克强破案,官场未得片纸只字之凭证也。黄吉亭牧师爱心圆满,犹恐克强家族受惊,更于圣公会附近租一屋,使克强家族迁居。每礼拜日命克强儿媳来圣公会作礼拜听讲,即黄一欧、李兴亚夫妇也。予亦引克强夫人及其次子于礼拜日至西长街循道会福音堂作礼拜。予忆克强子尚在襁褓,曾于祈祷时,放声大哭。予不得已抱之行走,以维持祈祷之秩序。前清官场见克强家族皆耶稣信徒,亦不敢滥下毒手。

曹亚伯《武昌革命真史》前编,上海书店1982年版,第6页

黄一欧《回忆先君克强先生》:

先君由明德学堂躲到西园龙宅内室后,又转移到吉祥巷圣公会黄吉亭处。十月二十六日深夜,先君化装海关人员,由黄吉亭、曹亚伯护送,乘一小船至靖港,搭轮船赴汉口转往上海。从圣公会临走前,黄吉亭嘱先君到达上海后来一电报,俾使此间友好知道他已经平安到达目的地,并为了保密起见,约定电报只署一“兴”字。先君到上海后,如约打了一个“兴”字电报给黄吉亭。

田伏隆主编《忆黄兴》,岳麓书社1996年版,第57页

邹永成口述,杨思义笔记《邹永成回忆录》:

克强得讯,一面密电湘、鄂、赣各地机关预防;一面劝告在场同志出省逃避;自己也躲到吉祥巷圣公会黄吉廷家中,至九月十八日(十月二十六日)省城解严,才逃出省城,跑到上海去了。

庄建平主编《近代史资料文库》第7卷,上海书店出版社2009年版,第28页

10月27日(九月十九日)　许雪秋邀同志黄乃裳、陈宏生诸人联袂归国在宏安乡故宅“寄云深处”立坛开会,宣誓倾覆满清,相约分途担任招揽同志及筹措军械军饷二事。

冯自由《东军都督许雪秋》:

甲辰(一九〇四)秋遂邀同志黄乃裳、陈宏生诸人联袂归国。九月至汕头,即于是月十九晚邀集黄、陈及吴金铭、吴东升、李杏坡等,在宏安乡故宅“寄云深处”立坛开会,宣誓倾覆满清,相约分途担任招揽同志及筹措军械军饷二事。经营数月,得潮属各县有名同志吴金彪、萧竹荷、李子伟、余丑、余通、陈涌波、林鹤松、刘龙苍、黄得胜、林苍龙、谢明星、薛金福、林惠卿、罗木斗、刘荣华等数十人,势力日盛。

冯自由《革命逸史》第2集,中华书局1981年版,第183~184页

△ 四川留日学生为川汉铁路事敬告全蜀父老书,痛斥列强的铁路政策为灭国新法,强调为保护蜀人利益,惟有自觉承担责任,筹款自办川汉铁路。

《为川汉铁路事敬告全蜀父老》:

呜呼!今者列强之灭国新法,实行于中国各省,而骎骎逐及我蜀,我父老其知之否耶?何谓灭国新法?昔之灭人国者,墟其社焉,潴其宫焉,废置其君相焉,系累其子弟焉。今也不然,握其政府财政之权,夺其人民生计之路,剥肤吸血,使之奄奄以尽,而国非其国矣。英之灭印度也,仅以区区十二万金之公司,取全印置之商团政治之下者数十年,然复举名实以入于英政府,此稍诵历史者所能知也。德人之经营小亚细亚及南美洲也,皆握其铁道权、矿权而制之死命也;英人之县夏威夷也,以糖业也;英人之囊杜兰斯哇也,以钻石矿及金矿也;英人之制巴拿马也,以运河也;英人之扼埃及也,先以外交敏捷之手段,仅一夕话,乃举其王室所有之苏奕士河股份而攫取之,而埃及遂永沉九渊而不能自拔也;日人之并朝鲜也,先与俄罗斯战于樽俎间,取京釜铁路权而扼之,夫乃有今日也。由此观之,百年以来,亡国之迹,历历可数,何一非先由生计实业界得寸进尺,然后以政治权随其后者乎!呜呼我父老,十年以来,列强所以处分中国之政策,惟兹一事而已,惟兹一事而已!!

列强之以铁路政策谋我,始于俄罗斯之东三省铁路,而德国胶济铁路继之;俄法比同盟之芦汉铁路继之;英德联合之津镇铁路继之;俄国之正太铁路继之;英国之滇缅铁路继之;法国之滇越、滇桂铁路继之;美国之粤汉、萍醴等铁路继之;英国之沪宁、苏沪、淞沪、粤港等铁路继之;最近则葡国之粤汉铁路继之。以中国十八行省而入于各国铁路势力范围内者十四省;其最完全最磅礴而有可为我黄帝子孙立足地者,惟有一四川。四川之关系于一国,以此思量,正可知也。……呜呼我父老,今日事急矣!以吾侪所闻,英、法坐索,制军无以拒之,乃至辞以疾。夫制军之出于此也,万不得已也,皆所以为吾蜀也,其苦心至可怜而至可敬也。夫孰使制军而至于是,则以吾蜀人莫或助制军,致制军虽有办川汉铁路之决心,而不能征诸实事,无以执英、法之口也。夫制军不过为蜀人计耳,为大局计耳,使其自为计也,则一旦荣迁之后,蜀之安危,非彼之责任;蜀人将来之苦难,非彼所亲受也。而制军顾乃苦心焦虑,以期为蜀之保障,而蜀人直接受其利害者,乃反漠然视之若身外事也,吾有以知我父老之必不然矣。

四川省图书馆藏日本东京四川同乡会排印发行原件,戴执礼编《四川保路运动史料》,科学出版社1958年版,第17~29页

10月28日(九月二十日)　武昌科学补习所因长沙事败遭株连,是日受到鄂督派军警围搜,因事先得黄兴由长沙发来华兴会事泄密电,已有防备,一无损失,但组织停止活动。

欧阳瑞骅《武昌科学补习所革命运动始末记》:

克强密电本所云:"湘事已坏,鄂机关须急戒备。"

中国史学会编《中国近代史资料丛刊·辛亥革命》第1册,上海人民出版社1957年版,第554页

杨玉如《辛亥革命先著记》:

讵计划甫定,而长沙于西太后生日前事已泄露。湘抚电鄂督称:武昌科学补习所亦有同谋。九月二十日,鄂督派人围搜。幸所中已先接长沙密电,干事等当将文册销毁,并通知同志暂避,于是刘敬安移住高家巷圣公会,王汉、胡瑛移住鹦鹉洲。当军警到所时,其室已空。

杨玉如《辛亥革命先著记》,科学出版社1958年版,第11~12页

居正《辛亥札记》:

长沙事泄，湘抚电告武昌有科学补习所，实为同谋。张之洞急派警围搜，则其室已空，一无所获。盖长沙破案时，黄克强密电科学补习所同志先期避走也。

武汉大学历史系中国近代史教研室编《辛亥革命在湖北史料选辑》，湖北人民出版社 1981 年版，第 116 页

李西屏《武昌首义纪事》：

黄克强避匿长沙圣公会会长黄吉亭处，即密电武昌科学补习所，刘静庵、张难先乃烧其册籍，阴令同志避走。胡瑛等则移其军器于鹦鹉洲埋藏之。嗣湖广总督张之洞得湘抚电告武昌科学补习所为同谋，派军警围捕，一无所得，乃执房主，讯知赁屋者为文普通学生欧阳瑞骅。之洞不欲兴大狱以重己过，仅令封闭科学补习所及开除瑞骅、教仁学籍寝事。

中国政协湖北省文史资料委员会编《辛亥首义回忆录》第 4 辑，湖北人民出版社 1961 年版，第 2～3 页

张难先《湖北革命知之录》：

不料湘省有会党何少卿、郭鹤卿二人，在湘潭谋泄被捕；同时长沙亦有会员朱某及湘绅王先谦党刘作楫泄其事于先谦，即向巡抚陆元鼎告密，围其机关，逮捕党人；复搜得文件，乃知湖北科学补习所与东文讲习所有共同计画，当电总督张之洞按治。本所先已得克强电，由胡瑛、王汉等移藏枪械于汉阳鹦鹉洲；刘静庵销毁所中文件册据；张难先通知各同志远祸。当夜军警围所搜索，一无所获，逮其房主以去，时九月二十日也。房主讯鞫时供称："赁房者为文普通学堂学生欧阳瑞骅，至彼辈所作何事，吾侪小人丝毫不知。"时主持学务者，系粤人梁鼎芬，张督最信任之。鼎芬见此案牵连学校，又无其他主名，设案情扩大，不利于己，乃缓颊张督前，只开除欧阳瑞骅及宋教仁二人学籍寝事。

严昌洪等编《张难先文集》，华中师范大学出版社 2005 年版，第 59～60 页

冯自由《王汉事略》：

甲辰（民前八年）游武昌，识黄冈何季达、潜江刘静庵（贞一）、桃源胡瑛、江陵朱元成。汉、静庵均沈毅少大言，两人最相得。会仲夏吕大森、曹亚伯、张难先、胡瑛等设科学补习所于省城，潜谋革命。汉与静庵毅然加盟所中，预定乘清西太后那拉寿期诸大吏集皇殿庆祝时，一举而歼之。汉闻此计划，每日摩拳擦掌，急欲一试。湘省黄克强所组之东文讲习所早约同时并举，无何湘事泄，巡抚陆元鼎得悉鄂中秘密，电鄂督张之洞按治。科学讲习所被封，汉愤不欲生，与胡瑛、陈教懋将运来之枪枝藏于鹦鹉洲。在汉阳南郊，偏僻辽阔，早在此辟一秘室，以备非常之用，汉与胡瑛即匿居于此，刘静庵匿美教堂圣公会。

冯自由《革命逸史》第 3 集，中华书局 1981 年版，第 188～189 页

佚名《科学补习所之历史》：

距至九月末而湘事破坏之警电至矣。株蔓及鄂，而补习所遂竟为清吏梁鼎芬所查封，诸志士仅得不及于锢。

湖北档案馆等《武昌起义档案资料选编》上卷，湖北人民出版社 1981 年版，第 4 页

△ 科学补习所虽仅仅存在数月，但影响湖北革命运动巨大。

李春萱《辛亥首义纪事本末》：

"科学补习所"虽然失败，对湖北革命却撒播了许多种子，提供了宝贵的经验：第一，提倡知识分子投军，为以后运动新军革命打下了基础。第二，联合湘、鄂两省，易使革命运动迅速展开，武昌长沙交通便利，武昌又为两省文化中心，"科学补习所"与湘省联合，为两省以后开辟了联合的道路。第三，会党不受约束，容易坏事，湖南"华兴会"失败，给予革命党人以极大的警惕，以后湖北革命得到教训。

中国政协湖北省文史资料委员会编《辛亥首义回忆录》第 2 辑，湖北人民出版社 1957 年版，第 110 页

10 月 30 日(九月二十二日)　宋教仁为响应华兴会起义,因在家变卖家产不能脱手,为革命筹措经费未果,从家动身拟赴省城长沙,下午抵达桃源。10 月 31 日,又在桃源雇小船前往省城长沙途中经陬市抵常德。

宋教仁《宋教仁日记》:

余因在家变产不能从速蒇事,乃定计赴省城,另筹巨款,遂于是日巳初冒雨起行。下午至桃源,宿三星堂。

湖南省哲学社会科学研究所古代近代史研究室校注《宋教仁日记》,湖南人民出版社 1980 年版,第 1 页

宋教仁《宋教仁日记》:

辰正,自桃源雇得一小筏,约定送至省城,遂登舟开行。午正,至陬市。申初,抵常德。登岸,至五省栈,晤胡范庵、刘瑶臣。知楚义生已自省中来,游得胜尚未到省。义生之来,只带有洋银二十元而已。余遂拟明日一定发常德。胡、刘二君及晏熊皆欲同赴省。余以常德必须二人留守,遂允胡君及晏君同去,而留刘君及楚□在常经营一切,并嘱以余八日内必自省从速归常,无庸耽心云云。夜,宿五省栈。

湖南省哲学社会科学研究所古代近代史研究室校注《宋教仁日记》,湖南人民出版社 1980 年版,第 1 ~2 页

满大启《宋教仁在常德活动琐记》:

他也考虑到变产一时难以兑现,于十月三十一日,又回到常德。此时,楚义生已自长沙回来,说黄兴也变卖了家产,尚未弄到巨款,仅带来银元二十元。这简直是杯水车薪,哪能应燃眉之急,况且距起义日期仅只半月时间了。宋教仁心急如焚,于是决定亲自带着胡幼安、晏熊二人往长沙走一趟,约定至迟八天返回。仍旧指定刘尧征留守,经营一切,并把秘密文册转移或销毁。第二天作好准备,第三天起程,由于盘缠不够,便把自己的被子、眼镜典当,得钱三吊,直延到午时才与胡、晏搭上小船起程。

马志亮主编《喋血共和——忆宋教仁》,岳麓书社 1996 年版,第 106 ~107 页

10 月(九月)　孙中山英文著作《支那问题真解》由麦克威廉斯在纽约印成单行本,封面题了“革命潮”三个中文字。它向美国人民宣传中国革命的必要性与正义性,批判了帝国主义所宣扬的“黄祸论”及其对华政策,呼吁西方尤其是美国人民同情和支援中国革命。

孙中山《支那问题真解》:

今日全球之视线,集于远东。其近因为日露之战争,而其远因,亦以争为亚细亚主人翁者思伸其最后之势力于支那也。……

吾辈欲研究其解决之点,必当察其困难之原因。或有从表面观亚细亚之内政,以为满洲政府腐败黑暗至于极点,故所为实足扰世界上势力平均之局者。其说难怪,而不能谓其无据,由日露战争观之而益信。盖日露战争非无可阻止之机,而满洲政府不能调和其间,且于冲突之初延引外力之侵入,而若自以为得计者也。

吾辈所谓满洲政府,盖与支那政府有别。……当满洲之未入支那,不过黑龙江畔之野蛮游牧,常寇支那北方平和边境。乘明季内乱,长驱入关,据有燕京。……支那人尔时不愿为之隶属,各谋反杭。而满洲人强欲压制,遂不得不为种种残忍之政策:鞭打丁壮,及于老弱;火其居,夺其产;逼之从其服制。由剃发令之下,总其所杀戮者以亿万计。其后更多方野蛮伎俩,演流血惨剧,支那人乃不能不忍隐服从。然而满洲人更欲愚支那之民智,使其永永服事,凡支那文人著作有涉于满洲侵略暴虐事实者,皆焚毁灭绝,使后世无所考。又禁止支那人私结社会,干与国事。久之,支那人始消灭其爱国精神,而忘其寄于他人之宇下矣。

夫满洲生殖至今，其种人不及五百万，而支那则有四万万之众。故彼常惧所征服者一旦光复其祖国，勉思抵制，则不免用防御家贼之政策。此其对待支那人之大目的也。

外人往往谓支那人有排外思想，不乐交通。盖缘往者海岸未许通商，而生此缘说，则亦未尝熟支那之历史耳。历史盖予吾辈以可征之据，谓支那往昔与外人交际，对于外国商人及其传教者未始有不善之感情。……支那人此时绝无排外思想可知矣。

至满洲兴盛而政策渐变，禁全国于外人通，放逐传教师于境外，戮民人之私奉外教者，著之为厉禁，士人迁徙于他国者，处以死刑。何者？满洲人恐支那人日与外人交接，吸其文明，而丕变夫故习，故极其权力之所至，鼓舞以排外思想。……今日举世所共知者，排外之党魁非他人，其天潢贵胄也。……

自拳匪变后，人人认为满洲政府得此时机，或遂更张国政。然徒见夫朝旨旁骛，屡言变革，而不知仅为玩弄之具文，聊以欺元元之视听耳。……

吾辈享鞑虏政府毒虐已二百六十余年。而其最残酷重要者，则有十端：

（一）虏据政府以自利，而非以利民。

（二）阻止民人物质、思想之进化。

（三）驭吾人如隶围，而尽夺一切之平等权及公权。

（四）侵害我不能售与之生命权及财产自由权。

（五）容纵官吏以虐民而朘削之。

（六）禁制吾人之言论自由。

（七）定极不规则之税则，而不待民人之认可。

（八）用极野蛮之刑以对囚犯，逼供定罪。

（九）不由法律而可以割夺吾人之权利。

（十）放弃其责任为吾人所托生命财产者。

我辈虽有种种不平，而犹欲勉与周旋，乃终不可得。是以支那人翻然欲改前失，建设东亚之平和，必当思适宜之方法以达其目的。……全国民之革命已熟，如千九百年惠州之举事，千九百二年广州之暗潮，其影响皆不细；而广西之运动者，尤日增势力。支那内地新闻杂志、新书出版，多共和政体之观念，此为学术界之变迁。

更进言之，如致公堂（支那爱国会）者，普通所知其为支那人自救之社会，其目的皆在于反清复明。此等有政治思想之秘会，建立已垂二百余年，其会友有十万人以上布于支那南方。支那人在此邦加盟于此会者，得有百分之八十。大抵支那人之持革命观念者，可分为三种：第一种占最多数，而不能过露宗旨，惧罹官吏之毒害；第二种以种族之思想，欲起而反抗满人；第三种则为有特别高尚之思想者。此三种人之手段不同，而渐次求达其目的，必得异日最良结果，是知满洲政府之推倒不过时日之问题而已。

于此有不完全之理想焉，以为支那地大物博，大有可为之资格，若一旦醒其渴睡，则世界必为之震惊；倘输进新文明于国内，将且酿法兰坎斯坦事故；现时最巧之政策，皆以共亡支那为目的，如倡“黄祸”论者是也。虽然，倡此义者其自谋非不忠，然无论由何方面观之，皆不能自完其说。夫一国之望他国亡灭，已离于道德之问题，而为政治上之狡策。况支那人为最平和勤勉、最守法律之民族，非强悍好侵略之民族也。其从事于战争，亦止自卫。使外人果能始终去其机械之心，则吾敢谓世界民族未有能及支那人之平和者也。更试由经济上观之，则支那建设文明之政府，其利益不仅在于本邦，将旁及于世界。可使全国与外人通商，可使铁路推广敷设，可使天然物产日益发达，可使民族高尚其资生之程度。可使外来物品销售愈多,而万国商业必百倍于畴昔。如此而犹以为祸,则是国民对于他国民将以孤立为长策,而与贫而愚者为邻,愈于与富且智者邻矣,有是理耶?然则此主义当坠地,而所谓黄祸者适得其反也。

…………

现时方生之问题,既扰世界之平和,必便更造文明之新政府以代其旧政府,则不止有益于支那,而他国之助之者亦蒙其利。夫使受高等教育之士翩于国中,自足以建设新政府而有余。且能使新政府小心翼翼,改良满洲往日专制政体,变为支那共和之政体。……支那人大目的已达,不止建新纪元国家,而更可分其文明于全世界之人类。普通之和平,固可随之而苏复;社会主义经济主义之理想的世界,亦将现于实际。故吾人舍救护支那之外无责任。此问题为世界利益冲突所掩,而必犯难以求成,避无益之牺牲,挽回外力之错认与其淆混。

吾辈之希望美人表此同情,视希望世界一般文明人为尤切。盖以美为日本文明先导,为基督教之国民,为他日我新政府之师范。殆犹于拉花热德(即拉斐特,法国资产阶级革命家,编者)其人者乎,吾谨为支那民族祷也!

广东社会科学院历史研究室等合编《孙中山全集》第1卷,中华书局1981年版,第245~247页

△ 蔡元培、龚宝铨、陶成章等会同尚羁留狱中的章炳麟,在上海发起成立革命团体光复会,以"光复汉族,还我山河,以身许国,功成身退"为宗旨,举蔡元培为会长。

魏兰《陶焕卿先生行述》:

是冬,先生又与皖、宁各志士在上海组织一秘密会,名曰光复,以蔡元培为会长。

汤志钧编《陶成章集》,中华书局1986年版,第431页

张篁溪《光复会领袖陶成章革命史》:

是冬,成章又与皖宁各志士在上海结社,曰光复,以蔡元培为会长。

中国史学会编《中国近代史资料丛刊·辛亥革命》第1册,上海人民出版社1957年版,第523页

李西屏《武昌首义纪事》:

龚宝铨、蔡元培、陶成章等成立光复会于上海。

中国政协文史资料委员会编《辛亥首义回忆录》第4辑,湖北人民出版社1961年版,第3页

吴玉章《辛亥革命前后的回忆》:

光复会是蔡元培、章太炎、陶成章等人于一九〇四年所组成的一个革命小团体,它极力主张民族革命,代表了江南广大人民长期以来强烈的反满复汉要求。

中国政协文史资料委员会编《辛亥革命亲历记》,中国文史出版社2001年版,第26页

冯自由《光复会》:

光复会成于(民前八年)甲辰清光绪三十年之冬,而源流则出自癸卯(民前九年)清光绪二十九年)留日学生所设军国民教育会,先是章炳麟、秦力山、冯自由等所发起之支那亡国纪念会既遭日本政府解散,留日学生董鸿伟、叶澜、周宏业、秦毓鎏、王嘉榘、谢晓石、胡景伊、萨端、冯自由、苏子谷诸人乃创设青年会,以为之继。留学团体之揭橥民族主义为宗旨者,青年会实为滥觞。及癸卯春,俄人迫清廷缔结满洲条约,留学界大愤,有志者遂倡议组织义勇队,直行赴满拒敌,学生多签名赞成之。青年会为谋扩张其党势,咸入义勇队为干事。后以日政府不许别国人在其国有军事行动,乃改义勇队名目为军国民教育会。旋闻清廷欲逮捕学生请愿代表,各会员以满虏甘心卖国,非从事根本改革,决难自保,于是纷纷归国,企图军事进行。其中有一部组织暗杀团,欲先狙击二三重要满大臣,以为军事进行之声援。所订规章,极为严密,浙江留学生之为团员者数人,龚宝铨其一也。宝铨既返国,遂在沪招集同志组织

机关部，时中国教育会会长蔡元培方从青岛归上海，觇知其事，乃求入其会，愿与合作。团员非常欢迎，于是更将规章详加修订，定名曰光复会，又曰复古会。并推举元培为会长，壁垒为之一新。适陶成章自内地再渡日本，道经上海，宝铨与成章为莫逆交，且频年运动会党，咸与共事。元培亦知联络会党非成章莫属，因同约成章入会，成章从之。由是绍兴商学界及各属会党头目相与订盟者大不乏人，元培以敖嘉熊素负重望，亲至嘉兴邀之订盟。嘉熊许其有事相助，而不入其会。成章尝介绍魏兰入会，因事不果。徐锡麟于是年冬十二月至上海，见元培于爱国女学校，遂亦入会。秋瑾则于丙午（民前六年）冬为反对日政府取缔留学生规则事归国，始由锡麟介绍入会，此光复会成立初期之大概情形也。……当光复会成立之时，正为万福华枪击王之春之时，黄兴、刘揆一等因谋在长沙起事失败，时亦遁上海，谋另组新党，为卷土重来之计，会王之春案起，牵涉新闻路余庆里机关部，黄、刘等遂俱匿迹日本，以避其锋。光复会既成立，与会者独浙、皖两省志士，而他省不与焉。

冯自由《革命逸史》第5集，中华书局1981年版，第54～55页

沈瓞民《光复会二三事》：

一九〇四年（甲辰），龚宝铨也在上海组织暗杀团，与陶成章、敖嘉熊、黄兴暗中配合。暗杀团成立后，人数极少，力量单薄，龚宝铨想扩大组织。是时陶成章来上海，龚、陶在东京时，已成刎颈之交，两人密商后，根据东京浙学会的原议，组织一革命团体。因章炳麟在狱中，惟蔡元培系清朝翰林院编修，声望素高，欲推为首领，以资号召。陶素知蔡书生气重，恐不能兼容，反使工作造成不利，于是由龚宝铨先与蔡元培商讨，决定扩大暗杀团组织，并由蔡元培自动提出邀陶成章参加，于是光复会遂在上海正式成立。陶成章《浙案纪略》所记光复会成立事，稍有出入者，雅不顾［愿］自居首功而已。魏兰《陶焕卿先生行述》："是（指一九〇四年）冬，成章又与皖、宁各志士在上海结社，曰光复，以蔡元培为会长。"这记载是确实的。而章炳麟的《光复军志》却说："光复会初立，实余与蔡元培为之尸，陶成章、李燮和继之。总之，不离吕、全、王、曾之旧域也。"（见《检论》卷九）这因章氏身系上海狱中，不详原委也。光复会于一九〇四年十月在上海成立后，陶成章认为首先必须与日本东京原发起人商议，遂于是年十二月偕魏兰赴东京，与王嘉祎等筹商。光复会东京分部也正式成立，推王嘉祎负责，入会者有蒋尊簋、孙翼中、黄鸿炜、许寿裳、周树人等人。（原发起人中，有的已赴南洋，但也在东京入会。）上海与东京互相呼应，光复会声气大壮。

中国政协文史资料委员会编《辛亥革命回忆录》第4集，文史资料出版社1981年版，第133～134页

陶成章《浙案纪略》：

自军国民教育会创立后，革命党人功用从此一大进步，均由鼓吹时代而渐趋于实行之一方面。湖南杨卓林（字□□）、黄兴（一名轸，字静坞，一字克强）等，以军国民教育会会员归乡运动，结徒散票，别成一会，号曰华兴会。谋在长沙起事，失败遁走上海。各省军国民教育会会员亦多归居上海。军国民教育会组织有暗杀团，规则极为严密，为上海中国教育会会长蔡元培所觇知，求其入会。于是改名为光复会，又曰复古会。军国民教育会之名词，亦遂销去无踪矣。当光复会成立之时，正万福华（江西人）枪击王之春（原任广西巡抚）不中之时也。先是陶成章尝于壬寅之夏，由北京至日本与龚味荪（原名国元，又名宝铨，字薇生，味荪其别号也，秀水人）相识为莫逆交，味荪为军国民教育会会员，其时会员皆严守秘密主义，成章不以问，味荪亦不以告也。癸卯之秋，成章由日本还浙江，往游台、宁二府，旋又返日本，未几又至内地。至甲辰冬，复渡日本，道经上海。是时，蔡元培已由人望见推为光复会会长。元培与成章为同乡，成章素重元培德行。元培之组织光复会，本为暗杀计，然亦招罗暴动者。

知成章于内地各秘密党中颇有结纳,故励之入会。成章不能却其意,遂入其会。其后元培复至嘉兴劝敖嘉熊入会,嘉熊许其有事相助,而不入其会。成章介绍魏兰入会,欲以成内外交通之枢纽,元培迟疑之,兰遂以是不入其会云。是时,元培从弟蔡元康(字国卿)到绍兴运动商学二界,声言成章已入会。诸志士闻成章之入会也,亦遂群入其会。徐锡麟亦于是年冬十二月到上海,见元培于爱国女学校,入光复会为会员也。

中国史学会编《中国近代史资料丛刊·辛亥革命》第3册,上海人民出版社1957年版,第16~17页

冯自由《光复军大元帅徐锡麟》:

甲辰(民前八年)冬,锡麟以事过上海,寓于五马路周昌记,因至虹口爱国女学校访蔡元培,陶成章亦在焉。时元培与皖、宁诸志士组织一秘密会,名曰光复,邀锡麟入会,从之。成章因尽以己所经营者告之,锡麟归绍兴,乃从事于会党之联络,尽交其酋豪,旁及金华诸府,由是草泽间往往知其名。次年正月与弟子数人游行诸暨、嵊县、义乌、东阳四县,自东阳至缙云,昼行百里,夜止丛社。几及二月,多交其地奇才力士,归语人曰游历数县得俊民数十,知中国尚可为也。

冯自由《革命逸史》第5集,中华书局1981年版,第68页

章太炎《龚未生[味荪]事略》:

未生[味荪]名宝铨,嘉兴人也,未冠,直义和团之变,即有光复志。游学日本,以争俄约与黄克强、钮惕生、杨笃生、陶焕卿、汤尔和相集为军国民教育会,与上海言光复者相应和。顷之,与焕卿偕归,得交山阴徐伯荪,谋光复事。

汤志钧编《章太炎政论选集》下册,中华书局1977年版,第783页

蒋维乔《民国教育总长蔡孑民之历史》:

先是俄人自拳匪乱后隐据东三省,至是尚不撤兵,国人忿激,留日学生组织义勇队,谋敌俄人,先生率会员、学生亦创义勇队于海上以应之。而会员章炳麟著《驳康有为书》,邹容著《革命军》,皆刊印小册,不胫而走。端方在鄂侦知之,告密清廷,清廷严谕江督魏光焘,责其形同聋瞶,使逮捕先生与章炳麟、吴敬恒、黄中央、邹容等六人,将置之法。……先生则往青岛,而章炳麟、邹容则就逮。狱决,章炳麟监禁三年,邹容监禁二年。学社遂解散,惟女校由会员维持得存。未几,先生复由青岛返会,俄人占据东三省之谋益显,先生组织对俄同志会,创《俄事警闻》日报,以警告国人。日俄战争既起,则改《俄事警闻》曰《警钟》,改对俄同志会为秘密结社,名光复会,今所谓光复派者是也。

《民立报》,1912年1月9日

林文静《蔡孑民先生二三事》:

一八九八年,蔡先生从北京回到绍兴,就在这一年的冬天担任绍兴中西学堂监督(校长)。……自从留日学生所组成的军国民教育会暗杀团团员龚宝铨等到达上海以后,与蔡先生洽商,乃于一九〇四年冬成立光复会,推蔡先生为会长。蔡先生和徐锡麟是绍兴府中学堂的先后同事(中西学堂后改为绍兴府中学堂),原来相识,和陶成章的族叔陶子缜、陶仲彝、陶浚宣等是乡会试同年,因此先后特邀徐、陶两人加入光复会。

中国政协浙江省文史资料委员会编《浙江辛亥革命回忆录》,浙江人民出版社1981年版,第14页

冯自由《光复会之活动》:

癸卯及秋间,留东学界所组织之军国民教育会,以清廷禁阻学生结队拒俄,遂决计推举会员中在本省有相当力量者为实行员,使归国从事实行工作。湘人黄兴、皖人程家柽、浙人龚宝铨数人,即归国实行员之最重要分子也。宝铨既返国,初组织暗杀团,谋狙击一二满清大吏,以张声势,久久未得机会。至甲辰秋乃招集江、浙、皖数省同志扩大为革命党集团,会

蔡元培从青岛归上海,觇知其事,乃求入其会,愿与合作,团员非常欢迎。于是更将规章详加修订,定名曰光复会,群推元培为会长,时元培仍居爱国女学堂,故会中事务,多在爱国女学取决之。宝铨与会稽人陶成章为莫逆交,谂知成章从事联络浙省秘密会党工作有年,与各会党首领渊源甚厚,故力邀成章入会,成章从之。由是绍兴商学界及各属会党头目相与订盟者,络绎不绝,成章之力为多焉。是岁十月黄兴、马福益等谋在湘省大举,元培预使成章等计画在浙省响应,及黄兴等于期前事泄失败,浙事遂亦为中止。是冬光复会始在沪正式成立,章炳麟时在狱中,尝致书元培等策动之。十二月绍兴人徐锡麟偶过上海,见元培于爱国女学,遂亦入会。

冯自由《革命逸史》第2集,中华书局1981年版,第79页

俞子夷《回忆蔡元培先生和草创时的光复会》:

将近寒假前,蔡师与我谈起组织问题,他提示几点纲要,嘱我起草一个章程,会名定"光复",以示光复我们汉族祖国之意。写成,他斟酌修改后,我用氯化钴液誊在六行二十格的老式文格上。章程在行间,格内另用墨笔抄一篇古文。氯化钴写时带红色,烘干即无色,喷水受潮,又现淡红色。章程以外,有一套通信用的暗语,多以商业中词汇语句作代,例如:"销路畅"代"工作顺利","生意不好"代"情势不利"之类。成员亦各有一类似店号的代用姓名,例如我的代号是"怡康"。更有一套相见时探询用的暗语,例如:你认识黄先生吗(是否成员)?何时认识(参加年月)?何地认识(入会地点)?问答时,必须做些手势,……据说此种方式均是模仿会党的做法。从此等情况看,那时发起组织的光复会,是个秘密的暗杀团体。……阴历过年,吃年夜饭,喝酒猜拳,兴高采烈,蔡师善劝酒,我被灌醉,回房大吐,他们散席后还有些人结伴去逛马路。所谓一九〇四年(甲辰)冬,上海成立光复会,殆即指此,并没有正式开成立会、议决会章、推选会长等事。时太炎师在狱中。从往来者与蔡师分别接谈的情况看,不难推知会是在极度秘密的方式中成立的。

中国政协文史资料委员会编《文史资料选辑》第77辑,文史资料出版社1981年版,第11~12页

陈魏《光复会前期的活动片段》:

光复会的前身是军国民教育会,而军国民教育会的前身则是支那亡国纪念会,这个会是在日本的章太炎、冯自由等为了挽救祖国的危亡而组织的。后因日本政府不许其他国家的人民在它的国土上进行政治活动,军国民教育会就迁来上海。适值蔡元培先生来沪,闻有这个组织,即来参加入会。后经商讨,改名为光复会,蔡被选为光复会会长。光复会最初选择会友极严格,会内制度亦极严。会友彼此都不相识,只有在共同参加多次会议和秘密工作之后,才互相知道是会友。会员入会时,须选一极秘密的地方举行入会仪式;要刺血和对天发誓,表示革命的决心。记得我入会时,曾对天发誓说过这样四句话:"光复汉族,还我山河,以身许国,功成身退。"

中国政协文史资料委员会编《辛亥革命回忆录》第4集,文史资料出版社1981年版,第127页

冯自由《中华民国开国前革命史》续编上卷:

至甲辰秋,乃招集江、浙、皖数省同志扩大为革命党集团。会蔡元培从青岛归上海,觇知其事,乃求入其会,愿与合作,团员非常欢迎,于是更将规章详加修订,定名曰光复会,群推元培为会长。时元培仍居爱国女学堂,故会中事务,多在爱国女学取决之。宝铨与会稽人陶成章为莫逆交,谂知成章从事联络斯省秘密会党工作有年,与各会党首领渊源甚厚,故力邀成章入会。成章从之。由是绍兴商学界及各属会党头目相与订盟者,络绎不绝,成章之力为多焉。是岁十月,黄与马福益等谋在湘省大举,元培预使成章等计划在浙省响应,及黄兴等于

期前事泄失败,浙事遂亦中止。是冬,光复会始在沪正式成立。章炳麟时在狱中,尝致书元培等策动之。

冯自由《中华民国开国前革命史》续编,中国文化服务社1944年版,第68~69页

章太炎《光复军志序》:

余年十三四,始读蒋氏《东华录》,见吕留良、曾静事,怅然不怡,辄言"以清代明,宁与张、李也"。弱冠睹全祖望文,所述南田、台湾诸事甚详,益奋然,欲为浙父老雪耻。次又得王夫之《黄书》,志行益定。而光复会初立,实余与蔡元培为魁,陶成章、李燮和继之。总之,不离吕、全、王、曾之旧域也。

汤志钧编《章太炎政论选集》下册,中华书局1977年版,第681页

章太炎《〈革命军〉序》:

抑吾闻之,同族相代,谓之革命;异族攘窃,谓之灭亡;改制同族,谓之革命;驱逐异族,谓之光复。今中国既灭亡于逆胡,即当谋者,光复也,非革命云尔。

中国史学会编《中国近代史资料丛刊·辛亥革命》第1册,上海人民出版社1957年版,第332页

《光复军告示》:

誓扫妖氛,重建新国,图共和之幸福,报往日之深仇。

中国史学会编《中国近代史资料丛刊·辛亥革命》第3册,上海人民出版社1957年版,第77页

冯自由《刘光汉事略补述》:

甲辰(一九〇四年)秋冬间,以家贫不能自给,遂应友人王钟麟(王字无生,江都人)之邀莅沪,谋充学校讲席。时蔡元培、陶成章等方组织光复会,光汉以同志绍介,入会为会员。及元培改组《俄事警闻》为《警钟日报》,延光汉充编辑主任,尤能针砭时政,阐扬革命,深博社会称许。

冯自由《革命逸史》第3集,中华书局1981年版,第186页

冯自由《记刘光汉变节始末》:

甲辰(一九〇四年)秋冬间,蔡元培、龚宝铨、陶成章等组织光复会于上海,光汉以蔡元培之介入会。

冯自由《革命逸史》第2集,中华书局1981年版,第213页

章太炎《致临时大总统书》:

详考光复会初设,实在上海,无过四五十人;其后同盟会兴于东京,光复会亦渐涣散。

《大共和日报》,1912年1月28日

△ **黄乃裳积极从事革命宣传工作。**

《黄乃裳》:

光绪三十年(一九〇四年),这时《图南日报》为了扩大宣传革命,将邹容的《革命军》改名《图存篇》,翻印一万册,黄乃裳自告奋勇,于当年十月亲自携带五千册回到中国,在广东潮州,福建漳州、厦门、福州等地散发。

王植伦主编《福州新闻志·报纸志》,福建人民出版社1997年版,第362页

詹冠群《一代伟人黄乃裳》:

一九〇四年,沙捞越当局因黄乃裳反对售鸦片与开赌场而不满,以偿还贷款相要挟。黄乃裳见垦务已成,垦农们也能各自为谋,便决定回国。七月,他离开了为之奋斗近五年的"新福州"垦场。回国途中,黄乃裳在新加坡短暂停留,协助陈楚楠、张永福改进被誉为"南洋华侨革命党机关报之鼻祖"的《图南日报》,并冒着危险,带回清政府的禁书邹容的《革命军》

(改名《图存篇)五千册,及其他宣传革命的出版物百余册。

陈忠霖主编《名人与仓山》,海潮摄影艺术出版社 2008 年版,第 109 页

△ 程潜在日本东京振武学校肄业。

程潜《辛亥革命前后回忆片断》:

我于一九〇四年十月到日本东京,在振武学校肄业。

田伏隆主编《辛亥革命在湖南》,岳麓书社 1997 年版,第 70 页

△ 旅美华侨不堪美帝国主义的迫害,呼吁修改有关虐待华工的条约,并派代表回国,发起拒约运动。

《旅美华侨十余万人联名揭露美帝排华暴行、要求修改"禁约"致清政府书》:

具禀人旅居美国商民等,禀为美国禁约将次期满,恳请筹策抵制力争,以全国体而顺舆情,挽利权而培邦本事。窃商民等侨居海外,远沐国恩,身虽居于重瀛,心常萦于故国,孳孳勤勤,于兹有年。美国自光绪十年,即西历一千八百八十四年,与中国订定禁工之约,订以十年期满。迨光绪二十年,即西历一千八百九十四年,复再展限其约,以西历二月十一日在美京签押,以西历十一月七日互换实行,声明再以十年为期,如有不满意,当由满期前六个月先行知会等因。计此二十年来,美政府所颁苛例,日新月异,法如牛毛,侨民之困,莫可名状。此中隐况,想久在贤明洞鉴之中。现察美国政府之意向,民间之舆论,一若中国政府必默许此约之继续,无俟再更者。续颁苛章,方日出而未有已。……再禀者,议约之际,若能借国家之威棱,当轴之硕画,竟废全约,聿奏肤功,此所谓如天之福也。但近今外交之难办,商民等亦略知一二,岂敢好为大言,不求实际。或不得已而思其次,则禁约虽不克全废,亦当有所要挟,废其续增条例之已甚者,以争回权利于万一。

阿英编《反美华工禁约文学集:5 卷补编》,中华书局 1960 年版,第 509~510、514 页

11 月 2 日(九月二十五日) 宋教仁在常德筹得盘川后乘舟至沧港。

宋教仁《宋教仁日记》:

辰起,清检行李及一切秘密要件,预备登舟,而统计至省三人盘川,不足尤甚。乃将被具、眼镜及夏日服物送至质店,得钱三串。午初,乃偕胡、晏登舟。午正,舟发常德。夜,至沧港。登岸,有所运动,尚未得要领,恐迟舟行之期,乃仓猝登舟,复开行。

湖南省哲学社会科学研究所古代近代史研究室校注《宋教仁日记》,湖南人民出版社 1980 年版,第 2 页

11 月 5 日(九月二十八日) 宋教仁自桃源抵长沙,得知起义事败及黄兴出走情况。

宋教仁《宋教仁日记》:

二十八日。辰,发靖港。未正,抵省城,泊朝宗门外。余登岸至东牌楼,寻崇正书屋;比至,则门已封闭,寂然无人迹。余以为已迁往他处,乃至浏阳门街寻东文讲习所,往来数次皆不得,余心疑之。复至黄庆午家寻问彼等,则阍者答以庆午已出门十余日未归,不知何往,云云。余遂茫然不知所为,以为必有变故起于日内。信步将出城,比至福兴街,突遇曹亚伯于道。亚伯若甚惊余之来省也者,而邀余至圣公会堂。既至,入其秘室,乃密语余,问于何时来者。今日省中已杀二人:一游得胜,一肖桂生也,云皆为华兴会放票之事。现抚台密派兵四处严拿黄庆午、刘连[霖]生等甚急。闻游得胜已供出常德有一宋姓者,子宜速避,云云。语

讫,亟促余出门。余猝闻之下,心忙意乱,乃率尔辞去。出城归舟,与胡范庵及晏熊皆商议对付之法。余意欲遣晏回常速行破坏,以牵掣省中之势;晏熊【允】之,而经济问题终难解决,遂不得其要领。仍拟候明日探得确实消息,再行商酌。是晚囊金已尽,余令舟子移泊入西门外。余登岸欲进城,以门已闭而止。归舟就寝,终宵未成寐。

湖南省哲学社会科学研究所古代近代史研究室校注《宋教仁日记》,湖南人民出版社 1980 年版,第 3 ~ 4 页

曹亚伯《黄克强长沙革命之失败》:

至游得胜、萧桂生受斩刑之次日,予方在循道会开门演说毕,出礼拜堂,过长沙中学大门口遇宋教仁。予惊甚,因问柳聘农在校否。盖克强破案后,聘农已逃,宋教仁不之知也。予即呼曰:"顿初(宋教仁之字),随我来。"彼见予状仓皇,亦不作声色,随予至吉祥巷圣公会见黄吉亭牧师。缘圣公会教友有在湘抚衙门为吏者,自黄克强破案,游得胜、萧桂生被捕后,每日刑讯状况及逼出口供,均能详细记录,以资研究。及宋教仁见黄牧师于礼拜堂,黄牧师示以游得胜、萧桂生之口供,及急电湘西捕拿宋教仁之消息,宋方知克强之谋已破,神色惨伤。予与黄牧师皆劝其速离虎口,并送其出长沙城。黄牧师且赠以旅费八元。是时城门已有兵士看守,门正中系一长绳,行人出入,严分左右。予偕黄牧师送顿初出城后,方返吉祥巷。顿初之来,包定大杉板船两只,特来长沙运军火,约于皇会之日,在常德谋响应者也。

曹亚伯《武昌革命真史》前编,上海书店 1982 年版,第 4 页

△ 川督锡良奏请改派四川建昌道赵尔丰督办川汉铁路。

锡良《派川汉铁路公司督办折》谓:

窃查川汉铁路袤长四千余里,中多崇山峻岭,建筑比芦汉为难,需款比芦汉尤巨。川省绅民殷盼此路亟成,冀能挽回利权,藉资抵制,电牍驰催,至于再四。奴才苦心筹画,略具规模;然职掌过繁,但能主持大纲,诸事尚待人经理。前派两司督办,仍以政务殷剧,未能壹意经营,深虑事久变多,觊求益众,计惟有改派督办,重其事权,俾一切布展不虞掣肘,则任专事举,开办不至为难;然又非洞达中外卓著才猷,素为吏民推服者未足胜任。

查有建昌道赵尔丰,志趣坚卓,识断闳毅,遇事以趋避为耻,规求久远,不辞艰苦。现在永宁道署任,亲赴叙永边境爬搜积匪,迭擒巨憝,实为川省除一巨患。事竣回署,奴才调令来省,委令督办川汉铁路总公司。第巨工创举,情俗锢蔽,用人筹费,均极烦难;若权位太轻,则呼应不灵,遇事诸多牵制;而联合邻省,应接外人,尤多不便。查芦汉铁路前由直隶督臣王文韶等疏举津海关道盛宣怀奉旨开缺,以京堂督办。前督臣奎俊叠保道员李征庸、沈翊清,均蒙钦派作为四川商矿大臣,专折奏事,仍由奎俊督同经理。川轨道长费巨,责任尤重。赵尔丰体用赅备,才堪远大,历经奴才奏保,久在圣明洞鉴。可否将四川建昌道赵尔丰特旨赏擢京秩开缺,专办川汉铁路之处,出自睿裁。如蒙俞允,奴才仍商令该员妥为筹办,决不敢稍存诿卸。

中国科学院历史所第三所工具书组整理《锡良遗稿》(奏稿),中华书局 1959 年版,第 442 ~ 443 页

11 月 6 日(九月二十九日)　宋教仁访曹亚伯后,与胡范庵、晏熊等分途避走。

宋教仁《宋教仁日记》:

辰正,登岸进城,至宁乡中学堂访曹亚伯,复问此间详细情形。曹君惟促余速行而已。余乃辞去,至高等学堂晤戴琫章,告以风潮之起发与余之关系,且言将远行,而资斧甚困。琫章乃贷余银钞二元。余遂辞去。复遇曹亚伯于途。亚伯乃要余至圣公会堂,晤黄吉亭牧师。吉亭示余以所抄得游、肖口供,内开五路总管,有余名在焉,惟误开为"家仁"二字。亚伯复告

余昨日已派兵往常德严拿,宜速走云云。遂贷余以银洋十五元。余遂辞去,出城归舟。早餐讫,余与胡、晏商:胡君省中有亲友,可暂往彼等家静居,以观后变;晏则稍给资斧,可往湘水上游暂避。二人皆允之。巳初,余遂给晏熊银四元及行李等件。渠乃向余作别,觅得一舟至湘潭者,遂登舟而去。午正,余觅得一往汉口之炭舟,拟搭乘之,与其船主议定价值。时余行李所余寥寥无几,乃入城购得被具一席,搬送至船内。未初,复入城至黄尹持家,晤尹持及葵修、偕容兄弟。彼等皆未知余之事,犹对众谈笑如常。葵修犹以为余往湖北上学也者;且交余银一元而托余为之购彩票二张。余笑纳之。申初,出城至原舟,与胡范庵作别,并嘱其速往亲友家避之。范庵则微有欲与余同行之意,而难于筹盘川。商议良久,范庵言城内亲友或可告贷,乃入城去。而余在船,晚餐既讫,余将行李搬至拟搭之船上安顿。良久,复回至原舟,则见有一信条在舱内,乃范庵已被其亲友留住,适才去城[舟]告知余,不遇而留此字以示余者。余既见此,遂不复挂念,离原舟而去。

湖南省哲学社会科学研究所古代近代史研究室校注《宋教仁日记》,湖南人民出版社 1980 年版,第 4 ~6 页

△ 在黄吉亭等掩护下,黄兴化装成海关人员离长沙,经汉口乘日本轮船逃往上海。胡瑛自鄂赴长沙,行至湘阴,闻华兴会事泄,乃中途折返武昌。

曹亚伯《黄克强长沙革命之失败》:

克强藏在吉祥巷圣公会楼上,将一月,有意与长沙告别。黄吉亭牧师又苦心经营送克强出险。克强出城之前数日,武昌高家巷圣公会会长兼武昌日知会会长胡兰亭牧师亦到长沙,与黄吉亭牧师秘谋送克强出城方法。黄克强本蓄有黄帝式之三须胡,胡兰亭牧师将克强之胡须剃去。黄吉亭牧师即往城外海关人员邓玉振先生家,借其房屋请酒一桌。至黄昏城门将关未关时,黄牧师偕黄克强、袁礼彬三人化装海关办事人员,并临时催日知会会员数人出城至邓玉振先生家晚饭。……克强临行时,告黄吉亭牧师、袁礼彬先生曰,途中若遇危险,则请两君速避,彼当以自卫手枪与敌人拼命。幸天佑善人,一路平安抵邓玉振先生家,由黄牧师介绍,邓君欢喜无量。是晚日本轮船沅江丸开往汉口。晚餐毕,登沅江丸。船上重要船员蔡植生,允妥为照料,黄牧师亲送至汉口。次晨黎明开轮。过靖港时,船上遇同志蓝天蔚(字秀豪),盖张之洞派往萍乡察看地势,拟在萍乡设一大规模兵工厂者,适在沅江船上不期而遇,三人相见,喜出望外。蓝闻克强在长沙破案,心甚忧之,至此心乃大慰,并自告奋勇,力保克强经过汉口之安全。沅江丸此次下驶,特别迅速,早四时许离长沙,晚九时许即安抵汉口矣。船抵汉口时,汉口至上海之轮船皆已开行,惟招商局之江亨,因装货未齐,尚未离汉,然已停在江心矣。比即呼一小舟,赶上江亨。黄牧师送至船上,秘嘱曰:"到上海时,即来一电,只拍一兴字,即知君平安无恙也。于是黄兴之名自此定。黄吉亭牧师见江亨已下驶,彼亦上日本轮船夜班回长沙。不数日上海之电亦至,吾辈皆相庆幸。

曹亚伯《武昌革命真史》前编,上海书店 1982 年版,第 7 ~8 页

1912 年 11 月 4 日《黄兴在湖南圣公会欢迎会上的演说》:

记十年前在此间联络同志,谋革命事业。部署初定,事为满清政府侦悉,闭城大索,几遭不测,幸有圣公会得保残喘。是时圣公会在吉祥巷,瓦屋数椽,不似今日之宏敞。兄弟蛰居楼上者十余日,遂得从容遣解党羽,孑身远扬。皆吉亭先生格外保护,化险为夷……迨事稍定,吉亭先生又护送至汉皋,保护周至,较之保护信徒尤加一等。盖欲吾侪一心改造国家,使一般人民皆享自由幸福也。

《长沙日报》,1912 年 11 月 6 日

张继《回忆录》：

马福益事败，清吏捕克强急，余与曹亚伯随克强至汉口，换乘招商轮船，以示明行反胜于暗匿也。因当时知克强相貌者尚少，下九江，值螃蟹正肥，购数斤令茶役蒸之，大食大饮，无人觉也。至沪，亦寓余庆里旁。

丘权政等选编《辛亥革命史料选辑》续编，湖南人民出版社1983年版，第280页

周震鳞《黄兴、华兴会和甲辰之役》：

到第四天，克强先生坐一乘轿子，放下轿帘，作为龙宅女眷出外的样子，张溥泉扮作跟随，在轿后步行保护，安全地到达了圣公会。克强先生在圣公会隐藏了一个多月，风声渐平，才由黄吉亭牧师亲自护送，偕同张溥泉搭乘日轮沅江丸，经汉口转轮到上海。

中国政协文史资料委员会编《辛亥革命亲历记》，中国文史出版社2001年版，第183页

袁志诚《先祖父袁礼彬与黄兴先生的一段友谊》：

一九〇四年，黄兴先生回长沙，准备在慈禧六十[七十]岁生日之期发动起义。由于土豪王益吾告密，致使湘抚警觉，关闭长沙大小城门，日夜搜捕黄兴先生。城内战友龙璋、金华祝、张继等人多次掩护转移，最后由黄吉亭将黄兴先生接往吉祥巷圣公会楼上与我祖父住在一起。祖父利用任邮局高级职员地位，将各地寄到长沙党人邮件全部截获，致使片纸只字未落敌手。又命亲弟(我三祖父)混出城外，星夜赶到武昌，通知"科学补习所"党人疏散、转移文件、埋藏武器。湖北清廷军警亦无所获。

田伏隆主编《忆黄兴》，岳麓书社1996年版，第210页

周震鳞《关于黄兴、华兴会和辛亥革命后的孙黄关系》：

克强先生早在湖北武昌刘敬安同志开办日知书社的时候，就和我一道由曹亚伯介绍，认识了黄吉亭牧师，并由他介绍我们入教，以作掩护。黄吉亭虽然信仰宗教，充当牧师，但是一个忠于革命的同志。为了掩护秘密革命活动，日知书社最初就设在胭脂山他的教堂中。他到湖南来传教的另一个任务，是率领十多个通洋务的学生来湖南开办邮政局，这次营救克强先生脱险，邮局人员也多尽力相助。在"华兴公司"没有设立以前，克强先生曾经假圣公会开过几次重要的秘密会议，并寄存重要文件。这是因为自从义和团运动以后，清朝政府是不敢干涉教会行动，更不敢擅入教堂搜查捕人的。黄吉亭牧师利用教会帮助革命，掩护同志，不遗余力。

中国政协文史资料委员会编《辛亥革命回忆录》第1集，文史资料出版社1961年版，第335~336页

11月7日(十月初一日)　长沙起义失败后，陈天华至沪与黄克强等在公共租界新闻路余庆里谋再举，推笃生为会长，决定分途运动大江南北军学界，在武汉、南京等处起事。

冯自由《〈猛回头〉作者陈天华》：

讵期前不幸事泄，黄、刘、马诸人先后出走，天华间道走江西至上海，与黄克强、杨守仁、张继、仇亮等重集会于公共租界新闸路余庆里谋再举。

冯自由《革命逸史》第2集，中华书局1981年版，第120页

冯自由《〈新湖南〉作者杨笃生》：

会十月湘事败，黄克强以长沙圣公会黄吉亭牧师之助，脱险至沪，谋再举。复设机关于上海新闸路余庆里，众推笃生为会长。

冯自由《革命逸史》第2集，中华书局1981年版，第117页

当时上海还有昌明公司和国民丛书社两个革命机构。1903年11月《大陆报》第12号刊载《湖北在沪学生代王、刘二君公告》：

上海还有两个机构值得注意：一个是武汉最早的革命据点武昌花园山机关驻沪联络机构昌明公司，由鄂籍留日学生、黄陂人万声扬主持；另一个是与昌明公司有直接联系、由“同乡公举以为上海机关”的“国民丛书社”，该机构由湖北宜昌秀才、原自立军志士王慕陶创办。王慕陶与孙中山联系非常紧密，书信往返十分频繁，而且，王又是章士钊的至友，章摘译《大革命家孙逸仙》一书就是由王慕陶提供的底本。从昌明公司和“国民丛书社”所发行的广告来看，均以“递书售报，招待出洋”为务。

饶怀民《刘揆一与辛亥革命》，岳麓书社1992年版，第81页

编者按：饶怀民在《刘揆一与辛亥革命》中指出：“昌明公司和‘国民丛书社’是两个性质类似的机构，既与武昌花园山机关声气相通，又同孙中山关系密切，亦与章士钊有往来，这两个机构实际上已成为国内宣传孙中山、推动孙中山民主革命事业的宣传、联络站。”（饶怀民《刘揆一与辛亥革命》，岳麓书社1992年版，第81页）

刘揆一《黄兴传记》：

十月一日，公又邀集杨守仁、仇亮、陈天华、张继、黄炎培、章士钊、陈去病、刘季平、徐佛苏、林蠵、赵世暄、杨度、徐敬吾、周素铿、柳弃疾、赵缭、万声扬、余焕东、何靡施、金天翮、彭渊恂、王慕陶、苏鹏、陶赓熊、仇鳌、陈嘉会、蔡寅、曾广轼、苏元瑛、盛时、卢和生、陈竞全、周云轩、陈家鼎、石润金、方表、周范九、罗良铎等，重新集会于英租界新闸新马路余庆里，拟即日分途运动大江南北之学界军队起义，鄂、宁等处不旬日会势大振。

中国史学会编《中国近代史资料丛刊·辛亥革命》第4册，上海人民出版社1957年版，第279页

仇鳌《辛亥革命前后杂忆》：

不料到了上海，长沙起义已在事先泄密失败，马福益被捕就义，黄克强、刘揆一、宋教仁、陈天华等幸免于难，逃匿上海租界。我在革命秘密机关（公共租界新闸路余庆里）里，初次会见黄克强，感到他气魄雄伟，态度磊落，意志坚定。他说湖南的组织未散，基础还在，仍可回去继续进行。我们三人依照他的指示，转道湖北回湘。

中国政协文史资料委员会编《辛亥革命回忆录》第1集，文史资料出版社1961年版，第438页

苏仲湘《记辛亥革命老人苏鹏》：

一九〇四年农历十月初一，革命党人在余庆里集会，与会者有黄兴、蔡锷、杨笃生、陈天华、黄炎培、章士钊等四十余人。苏鹏也是与会者之一。决定“即日分途运动大江南北之学界，起义鄂宁等处”。这次会后“不旬日，会势大振”。余庆里会议之后，革命党人正分头准备推行会议的决定，这时忽然发生万福华行刺王之春未遂被捕案，将会议的部署打乱了。

中国政协湖南省文史委员会编《湖南文史资料》第15辑，湖南人民出版社1982年版，第183～184页

冯自由《〈猛回头〉作者陈天华》：

会皖人万福华愤前桂抚王之春主张联俄，枪击之于福州路金谷香西菜馆而未中，西捕探索至余庆里机关部。党人以嫌疑被逮者数人，天华不得已重游日本避之。

冯自由《革命逸史》第2集，中华书局1981年版，第120页

△ 杨度致电瞿鸿禨、张之洞、陆元鼎，代表留美留日学生反对《粤汉铁路借款合同》。

杨度《致瞿鸿禨张之洞陆元鼎等电》（1904年11月7日）：

×××××钧鉴：粤汉铁路归比，则北接芦汉、西伯利亚，南接龙州，俄、法势力横贯中国，政权兵力随至，国可立亡。美人言合兴合同成时，伍侍郎得美金三十万，盛大臣每月美金三千一百，已数年，故纵比股过半数，始画押，卖国、卖三省人身家性命以自利，罪不容诛。比据合兴主权，美政府必不甘为比争执，美舆论多主废合同。废合同与废约异，并与邦交无碍，

事本不难。盛惧合同废，底蕴尽露，故遣福开森说美政府允为干涉，然亦非美意。盛见湘粤舆论激，又用倍次接办，以愚全国，已令入京运动。倍次即首议合兴之柏许，确系比党，名为以美接美，实则以比接比。旧合同尚未废，有何可接？且倍次索他路、索报酬，殆指三省支路及矿产等，损我百倍合兴。损我益美，不如不争，何况益比！若约成，是割三省也。此一枝节。

王中丞又主华美合办，亦与以美接美无异。凡华洋合办者，终归有洋无华，福公司等事可鉴。今议遣美人归国运动，何患美不诺我，而必往运动？若彼即借此名，招人承办，又有一比党如倍次者出而应之，事将奈何？且彼坚索外部文持往，是变两公司交涉为两政府交涉，较福说美廷，失策尤甚。此又一枝节。

盛尽诿过张鹤龄，王意袒盛，致鄂督电，避盛攻张，避强攻弱。此案纵盛卸肩，更无把握，惟宜奏请仿开平煤矿张翼例，先勒令盛废合同，急谋收回自办。盛误立合同，理当自废。三省惟于已成铁道，派人勘估，每里所费实价若干，应行筹还，其余讼费及停工赔偿及一切他无名款，皆应盛出。三省惟与盛讼，计里算钱，不当与合兴讼，代盛费钱费力。讼事纠葛，将受大累。王将请律师，应否阻止，乞酌。度意此事专争废合同为主，不必别生枝节。至自办诸事宜，容熟筹续达，以待裁夺。留美留日学生代表人杨度叩。虞。

上海《中外日报》1904 年 11 月 16 日，刘晴波主编《杨度集》，湖南人民出版社 2008 年版，第 100 ~ 101 页

11 月 8 日（十月初二日） 邓华熙等粤湘代表人致张之洞电，要求废除《粤汉铁路借款合同》。

1904 年 11 月 18 日《中外日报》刊载《邓华熙等粤湘代表人致张之洞电》：

张宫保鉴：倍次接办，本系伍秩庸与张鹤龄所为，非但群情不服，康使（康格，美外交官，编者）及驻沪美领古诺亦不愿。美国人士见利权已为比占，断难收回比股，且倍次并不殷实，以美接美，实系比党。请阻止张道勿再来沪，免为众矢之的。现面商古诺等，设法先遣人驰赴华盛顿，开导各人，总可办到中美合办，另换合同。似此，则美政府当无违言，我政府亦不致为难。以毒攻毒，当易就范矣。邓华熙、王之春、郑官应、刘学询，曾广钧、杨度、席汇湘等同叩。庚。

刘晴波主编《杨度集》，湖南人民出版社 2008 年版，第 103 页

11 月 9 日（十月初三日） 杨度致电张之洞、张鹤龄，继续为废除《粤汉铁路借款合同》而努力。

杨度《致张之洞电》：

张宫保鉴：粤汉路权归比，则北接芦汉、西伯利亚，南接龙州，俄、法势力横贯中国，政权兵力随至，国可立亡。美人言合兴合同成时，伍侍郎得美金三十万，盛大臣每月美金三千一百，已数年，故纵比股过半数始画押，卖国、卖三省人身性命以自利，罪不容诛。比据合兴主权，美政府必不甘为比争执，美舆论多主废合同。废合同与废约异，并与邦交无碍，事本不难。盛惧合同废，底蕴尽露，故遣福开森说美政府允为干涉，然亦非美意。盛见湘粤舆论激，又用倍次接办，以愚全国，已令入京运动。倍次郎［即］首议合兴之柏许，确系比党，名为以美接美，实则以比接比。旧合同尚未废，有何可接？且倍次索他路、索报酬，殆指三省支路及矿产等，损我百倍合兴。损我益美，不如不争，何况益比！若约成，是割三省也。此一枝节。王中丞又主华美合办，亦与以美接美无异，凡华洋合办者，终归有洋无华，福公司等事可鉴。今议遣美人归国运动，何患美不诺我而必【往】运动？若彼即借此名招人承办，又有一比党如倍

次者出而应之，事将奈何？且彼坚索外部文持往，是变两公司交涉为两政府交涉，较福说美廷失策尤甚。此又一枝节。盛即诿过张鹤龄，王意袒盛，昨公电避盛攻张，避强攻弱。此案纵盛卸肩，更无把握，惟宜奏请仿开平煤矿张翼例，先勒令盛废合同，急谋收回自办。盛误立合同，理当自废。三省惟于已成铁道，派人勘估，每里所费，实价若干，应行筹还，其余讼费及停工赔偿及一切他无名款，皆应盛出。三省惟与盛讼，计里算钱，不当与合兴讼，代盛费钱费力。讼事胶辐，将受大累。王将请律师，应否阻之？乞酌。昨公电，王列度名，度实未知，词多与度意违，特布乞鉴察。废合同之议发于师，终乞一力主持。留美留日学生代表人杨度叩。

刘晴波主编《杨度集》，湖南人民出版社2008年版，第102～103页

杨度《致张鹤龄电》：

长沙学务处张小圃鉴：盛不利废合同，故用倍次以比接比，而尽诿过公。倍次实系比党，旧约未废，何可言接？且所要挟损我百倍合兴。乞速挽救，以全公誉，无为三省怨府。

刘晴波主编《杨度集》，湖南人民出版社2008年版，第104页

11月10日（十月初四日） 第一次武装起义即遭失败，宋教仁感到十分痛心，但并未失望。其口占长歌抒发心中的悲愤，展示了自己的远大抱负，倾诉出他满腔的爱国主义情愫。

宋教仁在舟发南津港，寻过岳州时口占长歌一篇，其辞曰：

噫吁嘻！朕沅水流域一汉人兮，愧手腕之不灵。谋自由独立于湖湘之一隅兮，事竟败于垂成。虏骑遍于道路兮，购吾头以千金，效古人欲杀身以成仁兮，恐徒死之无益，且虑继起之乏人。负衣徒步而走兮，遂去此生斯长斯歌斯哭斯之国门。嗟神州之久沦兮，尽天荆与地棘。展支那图以大索兮，无一完全干净汉族自由之土地。披发长啸而回顾兮，怅怅乎如何逝？则欲完我神圣之主义兮，亦惟有重展。

湖南省哲学社会科学研究所古代近代史研究室校注《宋教仁日记》，湖南人民出版社1980年版，第7页

△ 驻美使臣梁诚与美外务部改订禁止华工条例，美外务部惟允上等华人，略微优待。

11月上旬（十月初前后） 黄兴等被湘抚陆元鼎行文通缉。

《署理湖南巡抚陆元鼎通缉文》：

署理湖南巡抚部院陆为咨行事：案据醴陵县会营拿获会匪萧桂生、晏荣询、陈亭三名，连同起获伪令印、票布、票板等件，押解来省。当经批司饬发长沙府审办。又据营勇盘获会匪游得胜一名，亦经由司饬发并办去后。兹据长沙府知府颜守钟骥禀称：遵经督同局员提犯研讯，据萧桂生供认，先听从未获之王甫臣领票为匪，后经其父查出缴票首悔；复听从未获之萧龙等，倡主岳麓山票会，更名萧汉，派充正龙头；又听从未获之马福益，派充华兴票会中路副办，放票邀人。据游得胜供认，系属游勇，先听从未获之傅友蛟，入凤凰山公义堂票会，派充江口；又听从马福益，入回轮山佛祖堂会；又听从马福益帮同未获之楚庶其，前往常德，散发同仇、华兴会票各不讳。并据萧桂生供，曾听马福益并与未获之刘军、黄老师等说，放华兴票，叫同仇会，各省都有，七月方到湖南，在外国买有洋枪三百多枝，九月初间到湖口，月内即可运到湖南，东洋学生，已回来多人，约期起事等情。开具供折，禀请惩办前来。据此，本署部院查该匪等，隐恶日久，居心叵测，罪不容诛，即经札饬将该匪游得胜、萧桂生二名，照章正法，以昭炯戒。其所供私运军火，潜谋起事，虽系风影之语，原难尽信；且逮案之犯，伏法受

诛,逆谋败露,匪胆已寒,当不敢以身尝试。惟匪首马福益等漏网未获,党羽既布,隐患方长。际此邻氛不靖,伏莽滋多,查拿防范,均不可不严。除分饬各属认真防范,一体严密查拿外,合行开单,咨明查照,希即通饬各属,一体查拿各逸匪犯,务获究办。切饬各洋关,遇有轮船抵口,务须认真稽查,以免匪徒私运军火,混迹滋事,合即咨行,须至咨者。计粘抄各匪名单一纸。计开:在逃各匪马福益,即马干,回轮山佛祖堂山长。萧龙,岳麓山正龙头。尹坤,副龙头。王甫臣、傅友蛟,湘乡人。凤凰山僧楚庶其,又名楚树琪,湘潭人,系同仇会西路总办。萧海四、黄老师、刘军、郭芬、谢树其,湘潭人。萧克昌,宁乡人,南路总办。徐老师即徐策球。李庆文,湘潭人,本名晏能[熊],前犯富有票,改姓李,到常德买药草。刘老师、黄近午,刘林生,又名勤宜。柳老师,梨市人。彭老师、陈天华,徐庶棠,衡山人,南路总办。谢合兴,浏阳人。晏永臣,醴陵人,东路总办。尹汉廷,湘潭人。刘正敖,善化人,北路总办。

邹鲁《中国国民党史稿》第3册,中华书局1960年版,第676~677页

11月11日(十月初五日)　张之洞致电湘粤官绅对上海邓小赤、王爵堂等人反对张鹤龄赴沪之议表示不解,询问湘粤两省同乡公议是否同意废约自办。

张之洞《致桂林岑制台,长沙陆抚台、龙侍郎诸公,广州张抚台、伍叔宝太史诸公》(光绪三十年十月初五日卯刻发):

查此次来电所议,不知小赤、爵堂诸公何以顿与前议相反。且与湘、粤两省荐绅先生公电亦均不合,乃竟已与美领事古诺议办,阅之殊为骇然。恐系出自一二人之私见,并非众人之公议也。但鄙意张道鹤龄拟向倍次借款,本未令其修路,即不用倍次款亦可,总以仍废弃前约归我自办为是。以美接美固是谬谈,即中美合办亦断断不可。废约事相持到今日,已有八九分,此中国莫大之幸,张道办理此事颇费苦心,且于外国法律、铁路利病均极了然。挽回此路坏局稍有转机者,实张道一人之功。今欲阻不往沪,不解何意。特电达诸公是否以鄙意为然,湘、粤两省同乡公议是否愿废约,是否愿自办。务请一面飞电阻止邓、王两公,一面电覆敝处,以便覆沪,祷切盼切。歌。

国家清史编纂委员会·文献丛刊《张之洞全集》(11),武汉出版社2008年版,第163~164页

11月13日(十月初七日)　鉴于近日政府又议联俄,人们筹组反对联俄会,亟谋种种对付之方策。

《反对联俄会广告》:

同人以近日政府又议联俄,而在沪某革抚又日向某领事密谋运动,事机危逼,关系吾民生死存亡者至重且大,故特创立斯会,亟谋种种对付之方策。凡海内表同情之志士请将姓名、住址,即日函达上海新马路昌寿里七十一号,以便随时通报警闻,函邀会议。至急至要!同人公启

《王之春联俄之警告》:

前拒俄会会员听者,前东京义勇队诸君听者,前上海义勇队诸君听者,前上海对俄同志会诸君听者,中国四万万同胞听者,海外留学生诸君听者,呜呼!王之春又有联俄之举动!……李莲英、高道士诸贼,既为俄人所嗾使,重倡联俄之论,政府诸大老,竟为所动。王闻此消息,不啻得一绝好机会,乃与曾某、胡某、易某等日日会晤俄兵官、俄领事,商议其事(此事系近日之举动)。盖王夙以俄党著名(王前曾使俄国,与俄今皇有旧,赠王以头等宝星),故此次联俄,彼固自命有组成此事之资格也。……今罪魁即在上海,记者不才,今日之

言责尽矣，敬拭目以观公等之对付此卖国者。

《警钟日报》，1904 年 11 月 13 日

△ 盛宣怀致电张之洞询问废约及后续之事，后张复电专主速废前约，三省分年自办。

《盛大臣来电》（光绪三十年十月初七日申刻到）：

粤路停工裁撤洋人等事，已有头绪。美公司来电，所失利益，须索赔偿。此间当尽力争之，将来办法或曰以美接美，或曰中美合办，或曰三省分年自办。鄙见总须先废前约，再行会议，未知尊意如何。宣。麻。

张之洞《致上海盛大臣》（光绪三十年十月十二日辰刻发）：

鄙意专主速废前约，三省分年自办。至以美接美及中美合办两法，均属万万不可。杨度并未见过，其人久在日本，并无派令驻沪会议铁路之事。文。

国家清史编纂委员会・文献丛刊《张之洞全集》(11)，武汉出版社 2008 年版，第 164 页

△ 粤督岑春煊电湘抚商议粤湘携手力争废约。

《两广总督岑春煊致湖南巡抚电》：

鄙意目下紧要办法，第一在必求废约归中国自办，断不可中美合办。第二在诸公力任筹款，庶废约后，真能自办，不是儿戏，不至仍以权利让诸外人。以诸公爱国之心，早见及于此。至争议废约，大非易事。鄙意以为宜请伍侍郎在京，张观察在沪，一手经理，免生枝节，诸公以为何如？会商定议后，祈径复香帅及敝处为盼！

《交通史路政编》第 14 册，交通部交通史编纂委员会 1935 年版，第 23～24 页

△ 御史黄昌年奏请挽回粤汉铁路利权，后清廷饬令张之洞悉心核议，妥筹办理相关事宜。

《掌山西道监察御史黄侍御昌年密陈挽回路政折》：

查美人已时与盛宣怀、伍廷芳两次订议，始曰合同，继曰续约；始曰美华合兴公司，继直单举美国；其订定年月，两次估价及合同续约之诸条款不符，现有刊本可凭，无庸缕述。至于暗受亏本，不得不详论之，以为后来订立商约者之前鉴。即如抵押之金圆小票九折，实兑五厘行息，已非寻常借债之法。又预筹余利，按铁路价值五分之一先给凭票，是续估四千万金，又添八百万矣。地价、股票本初约所无，虽云不得逾二百万美金，是又在四千八百万外矣。以中国规银申算，已逾七千万两。且云中国总公司所置及买大宗地亩，概不在内。又展造枝路及添置养路一切之利益，有可由美公司筹垫一节，是铁路未成，而中国小票之抵押无已时，何巧拙智愚相悬若是？……查续约之订，已定五年，筑造逾□□，迥非情理。其故实因原办美商已死，他国欲攫之，因以比人为傀儡，暗买股分已占三分之二。所以然者，美政府原不干预公司，比买票之时，又以美人倍次为虎伥。伍廷芳在美时深知底细，曾电告盛宣怀。顾不即行阻止，迟至一年始行复电，殊不可解。查合同第十四款有云不得允准别人行侵坏之事。比来粤东筑造实系比董，兼有枪毙人命、奸淫妇女种种侵坏之凭证。……故湘粤官绅在上海与盛宣怀极力争辩，咸云盛宣怀心中不利废约，口中无言废约，故电达朝官，亦以废约为词，且谓不敢畏难。夫盛宣怀果不畏难，则此约亦欲废便废矣。……臣谓宜密谕枢臣商部，责成盛宣怀、伍廷芳力办废此合同之事。废合同与废约异，并与外无涉。彼既逾期背约，办理不善，而比人锡度将总理铁路处章程更改，尤为他国人干预明证。废之何患无词？

但使盛宣怀公尔忘私,断无不能办到之理。……以粤汉实在里数计之,至多亦只三千万两。将来一半息借于美,一半由湘粤鄂自行筹措,而购地则全归士绅保路政而辟利源,此又微臣所苦心所祷祀求之者也。近日议论哗然,至谓盛宣怀、伍廷芳以贪利护约,因有倍次以美接美之浮词,该大臣身受厚实之洪恩,谅不至是。时艰危迫,外患纷乘,东南一线生机转移端在于是。再,臣此折意主责成枢臣、商部,谕旨未便明发,恐伤大体,故用密函。臣愚,区区是否有当?谨奏。

二十一日奉上谕:御史黄昌年奏请挽回路政一折,粤汉铁路关系紧要。现在合兴公司正议废约,应即另筹接办,著张之洞悉心核议,妥筹办理,以挽回利权。原折著抄给阅看。钦此。

《东方杂志》第2年第1期,1905年

后来张之洞《致上海盛大臣》(光绪三十年十一月初八日巳刻发):

合兴废约,台端责无旁贷。务望切实妥筹,必将此约作废而后已。

国家清史编纂委员会·文献丛刊《张之洞全集》(11),武汉出版社2008年版,第171页

11月16日(十月初十日) 宋教仁自湖南抵武昌,湖北以有乱党将乘万寿日起事之信,下令戒严。宋与胡瑛等人会晤,商议对策。

宋教仁《宋教仁日记》:

巳正,至武昌,舟人泊舟鲇鱼套内。余乃清检行李,雇人携上岸。遂入城,觅得近文昌门处庆云栈入寓焉。安放行李毕,乃写一函请店主送往文普通学堂曾松乔处,函中托为松乔之兄来鄂,速要松乔至栈有事相商等辞。既送去,余乃至街上游览。是日为清太后祝寿之期,满街悬灯结彩,家户皆拧龙旗一只,市上人往来杂踏[沓],车马之声如鼎方沸,大有歌舞太平之象云。……午正,回寓。下午,余正午餐毕未久,忽闻有二人来访,问余姓名。时余已对店主说己伪姓陶,故店主闻彼二人之问,答云不知。审诘良久,余闻其声,始知为陈文生、曹德铭二君,乃延之入。既坐定,余问何以知吾来此?二君言,适在学堂获睹松乔所接一函,审外面字迹,知为君信,故特来此也。复询余别后历史及来此原因如何?余乃自始至终一切告之。正谈间,忽曾松乔、欧阳骏民亦至。相见之下,未免有情矣!谈既毕,松乔等皆劝余早行,言此间风潮颇大,科学补习所已闭,武昌梁知府正访查胡经武来历,今日各营兵皆装束齐整,满街梭巡,城门严查出入,以防华兴会趁机起事云。余颔之。申正,松乔等去。酉正,松乔、罗立中、汪育松等同来,余复以前所言告律中、育松二人,二人亦劝余乘早离此地而已。戌初,立中等去,余乃写就致石卿信一封,言余与游得胜等同谋之事,皆系诬枉。如府、县要追究时,可将此信示知焉云云。既讫,送至邮局挂号。

湖南省哲学社会科学研究所古代近代史研究室校注《宋教仁日记》,湖南人民出版社1980年版,第9~10页

曾石虞《宋教仁先生与我的父亲》:

一九〇四年长沙起义失败,宋先生便搭一条运炭的民船到了武昌。进入客栈后,他即写了一信,要栈主派人送给父亲。这信一到文普通学堂,就先后有六位同学前去看他。当时他在日记中这样写道:"相见之下,未免有情矣。"这些同学告诉他,因长沙华兴会起义失败,科学补习所已关闭,这里搜捕甚紧,都劝他尽早离开武昌。次日,他的同学欧阳俊民(名振声,也作骏民,编者)来看他衣箱衣物等,并为他购买当日晚开往上海的轮船票。不久又先后来了十位同学到汉口送他,并"醵金"以赠。正如他在日记中写的:"余欲却之而又不能,几乎忸怩无地矣。"在日记中他还将这些同学姓名一一写下。

马志亮主编《喋血共和——忆宋教仁》,岳麓书社1996年版,第119页

11月17日(十月十一日)　宋教仁自武昌乘船赴上海。

宋教仁《宋教仁日记》:

辰起,寒甚。时余所着袷衣甚薄,有不御寒之势,乃往斗级营欲购衣数件。甫至南楼转角处,忽见一人带墨镜,着青绿袍,迎面而来。细视之,则胡经五也。吾拉其手呼之,彼始审知为余。是时悲感之情,有不可名状者。乃相与至黄鹤楼畔茶肆内坐谈。经五言:"自八月初补习所开学后,九月初,余乃赴长沙本部,而以全权托朱子陶。余既起行,甫至湘阴,忽闻船上人言长沙事已全行破坏,余乃中途下船,急回武昌。而朱子陶已先时搭轮往上海。余至时,补习所已闭矣。余在汉口住数日,黄君庆午、刘君林生乃由此赴上海。后数日,余亦乘轮赴上海。诸同志至上海后,又相共立一团体在上海新马路余庆里,额面曰'启华译书局'。组织稍定后,余即复回此间。余前月曾专遣一人送信至常德去,现在正不知如何?不意适在此相遇也。"谈既毕,乃相率至一衣店,购马褂一件,与余着之。途中遇有文普通学堂人素识余者,余知此不可久留,乃与经五约定,余回寓预备今日起行,事毕,即渡江与伊会于汉口登舟,乃相别而去。巳正,回寓。未刻半,罗律中、曾松乔、汪育松,欧阳俊民等均至,促余今日速行,皆为余预备一切。俊民以衣箱一口及衣物数件与余,并购有点心赠余;律中、松乔、曹德铭、陈文深、胡勋臣、胡静轩、廖镜泉、汪育松、欧阳吉香等皆醵金赠余。余欲却之而又不能,几乎忸怩无地矣。申正,清检毕,乃出城,雇小舟渡江。律中送至江岸而返;松乔、俊民遂送余至汉口。时有瑞和轮船于是晚开往上海,俊民已为余购有船票,乃登轮焉。安置行李讫,乃嘱松乔二人在船稍候,余乃登岸至宝庆码头寻胡经五。既至,则经五已外出,余乃留一字示之,而急返轮船上。时已酉正矣。松乔、俊民乃作别下船而去。余遂独自一人专候启轮。坐稍定,忽胡经五至,告余上海一切详情,并托余带信一封。话犹未竞[竟],而汽笛已鸣,船将开矣,经五遂匆匆而去。

湖南省哲学社会科学研究所古代近代史研究室校注《宋教仁日记》,湖南人民出版社1980年版,第11~12页

11月19日(十月十三日)　安徽学生万福华因刺杀广西巡抚王之春被捕,黄兴等人受到牵连。

冯自由《华兴会与万福华刺王案》:

时福华闻前桂抚王之春有勾结俄人侵略东三省之举。异常悲愤,乃向友人假得手枪一枝,日欲伺隙狙击之春,以警凶顽。初潜伏跑马厅新马路昌寿里王寓所左右多日,迄无下手机会。乃于十月十三日,冒王友赵某名义,邀之春会饮于福州路金谷香西菜馆。之春依时赴约。甫入门,福华大骂王卖国之罪,即举手枪击之,以不谙先拨机制然后放枪之法,攀机十余次,均无子弹射出,遂为西捕所擒,被系于老捕房。越日,党人章行严闻讯往捕房慰问,捕房因得跟踪至余庆里机关大事搜索,在寓之黄兴、苏鹏、张继、薛大可、章勤士、徐佛苏、郭人漳、林万里、朱启陶、陈天华等十余人尽被捕去,就中有道员郭人漳方就江西新都统之职,是日适在路上与旧友张继、赵世暄、黄兴三人相遇。张继即邀之至余庆里叙谈,故亦同时被捕。案发后,旋得赣抚夏时来电为郭人漳解救,上海道袁海观亦亲访英领事要求释放,因是郭等十余人遂得不问事由全数开释。先是湘、鄂、宁各督抚均有文电至沪通缉黄兴,且附以照相,故会审时兴诡称为安徽教员李有庆,西吏犹持兴之照片对照。以有须无须之别,疑惑不定。幸一华人通译事先诡称所搜出党人名册,为日用饭菜账簿,即时抛弃,无从证实,始得无事。兴等以沪上不能立足,乃先后避往日本。

冯自由《革命逸史》第2集,中华书局1981年版,第78~79页

章士钊《书甲辰三暗杀案》：

时蔡孑民在上海办一中学，余与刘申叔、林少泉，俱为都讲。学生中有唐才常之子有壬，年不过十一二岁，别有一扬州学生曰陈自新，为刘、林所激赏，谓其志在革命，尤愿比踪荆、聂，能听指挥，数数强聒于余。余顾不之信，然亦无理由驳之。时湖南华兴会新败，黄克强违难来沪，同志沮丧，四方以上海为集中地，于焉奔赴者日众。余设招待所三处，每处客五六人或十余人不等，犹嫌有所不足。后工部局捕人最多之余庆里某号，即所谓三窟之一。于时革命思潮，经洄漩而一时趋于暗杀，使成为尾闾以求其通，确由时势逼拶使然。被捕者华兴会会员居多，复不害为确着事实。然谓万福华案，乃华兴会主之，则殊未然。夫万福华既与余习，其渐因余而缔交当时著名党人，自为事势之所必至。适刘、林盛称陈自新有胆，旋与福华一拍而合，亦不待烦言而解。于是刘、林方合谋而图一逞，要余以不得不从，乃为当时局势之显然眉目。顾克强不之知，华兴会诸人更不相涉也。刘、林定计，诱致之春入彀，则以余外舅吴北山名义，折简邀之（但其时余与吴尚无婚议），地点在金谷香番菜馆二楼。蕲蕲执役射杀者为陈自新，先时登楼，人至辄狙，万福华守候楼下，以防不测。顾二人只有一枪，而枪又为前述下关击铁备而未用之夙物，中程与否未可知，刘、林认为器不利，恐误事。适余购置一握，备豫自用，少泉厉声责余，以新枪专委自新，福华则持旧枪盾后，以备万一，余不得不承。或谓枪由张继手授，非也，继此役诚牵连入狱，然其初并未与谋。夫计已定矣，时间骎骎迫近，福华目击之春马车到门，浸假而之春与仆，肩随登梯而上。福华刚毅木讷人也，而心怦怦然动。顾久之久之，非微寂无枪声，且之春又与仆肩随蹑梯下矣。时则危急存亡，间不容发，福华一怒而断，不遑筹思，急出之春前，拔枪拟之。顾机屡拔而弹不出，两造俱木然不知所为，旁观者麇集，亦俱无所措手足。正僵持间，卒于人声沸鼎中，捕者骤至，出械絷福华以去。所谓刺王一案，当时实际情形，乖戾如此。

中国政协文史资料委员会编《文史资料选辑》第19辑，中华书局1961年版，第147～148页

朱德裳《刘揆一》：

揆一抵沪时，仇亮、杨守仁、章士钊、杨度、赵潦、曾广轼、罗良铎等均在沪，拟回乡共谋革命。案既破，杨度等遂留沪以待。揆一抵沪数日，张继、徐佛苏、陈天华、彭渊恂等三十余人陆续自湘逃至，胡瑛等则自武昌逃至，黄兴最后至。揆一更集同志，创办爱国协会，杨守仁、黄兴、张继、杨度、章士钊、徐佛苏、赵幼梅、章勤士、郭人漳、周素铿、向瑞琨、薛大可、方表、张通典等皆与焉。各刺血为盟，拟即日分途运动大江南北之学界、军队，分赴鄂、宁两处起义，不旬日，会势大振。而其时，湘中有致宁督与沪道严拿党人之电，长江一带，风声鹤唳，加以皖人万福华愤王之春之联俄，某日持枪谋刺王之春于西菜馆，枪声轰发，王之春奔窜狂呼，馆中数十人亦奔出街市，西捕随入，捕万福华系于老捕房。翌日，章士钊赴捕房唁慰，而以嫌疑犯亦被捕。捕房尽识党人居址所在，并派捕至章住宅，搜索证据，于是黄兴、张继、徐佛苏、薛大可、郭人漳、周素铿、苏凤初、章勤士、赵幼梅等皆就捕。杨守仁、陈天华、杨度均幸得脱。揆一归客馆时，遥见门首有印捕，遽返走他往，亦幸无恙，遂极力营救，黄兴等亦未久出狱。然爱国协会之名册及规约文据皆为工部局所搜去，会旋散。此揆一主持革命第二时期也。

萍乡市政协等编《萍、浏、澧起义资料汇编》，湖南人民出版社1986年版，第213～214页

《万福华传》：

万福华，字绍武，安徽合肥人。……时俄占辽东，与日本启战，君观察时变，知欧祸之将临，慨然弃官，归至上海，思联日制俄，瘏口焦思，闻者多泣下。君知国事日非，非合众不能自卫，即游历川、楚、湘、粤，所至之地，登览山川城邑，物色豪杰，交其贤豪长者，备询民间疾苦，

矫然有澄清天下之志。当□员□□南下,君散家财,隐结死士数人,思得间进击。事不成,乃泝江至沪。适王之春议联俄,沪上士气稍振起,君思空言无裨,拟以暗杀主义为诸志士倡。有尼君者,君曰:“欧美革新,无不从暗杀起。今中国无其人也,有之,请自福华始。”十月十三日,君袖枪入金谷香,适王之春自楼下,君出枪于袖,垂发而机蔽,君手把之春袖,伤其指,历数其罪,谓足下昔借法兵,不自厌足,复作俄间谍,害我黎庶,福华将为天下复仇!之春惊,绝袖而起,挥仆以前进,以手共搏君。适华捕闻风至,君慷就捕,词色不少屈。观者数百十人,咸知君为非常人。时君年已四十有二矣。

《警钟日报》,1904年12月21日

汤奇学、张续《革命者“任难不任名”——吴春阳传略》:

同年冬,卖国官僚王之春到上海。王之春在担任安徽巡抚期间,曾私自出卖三十余处矿产给洋人,后担任广西巡抚时,又出卖路矿权给法国,被迫下台到上海,仍然发表卖国言论,倡议联俄,主张割东三省给沙俄,引起民众强烈愤怒。吴春阳与密友万福华、陈自新等人密谋决定暗杀王之春,打击卖国贼的嚣张气焰。万福华自告奋勇执行暗杀任务,可惜功败垂成,万福华被捕入狱。与此事件有关的《警钟报》被查封,青年学社被解散。吴春阳幸得脱身。恰在此时,筹办盐务、倡言新政的合肥士绅蒯光典决定私人资助一些本乡优秀青年留学日本。他邀请同乡李诚安负责推荐。李诚安举荐了吴春阳、吴旸初、王谦之、李纯安等五人。一九〇五年春吴春阳东渡日本,开始了新的探索。

徐承伦、萧志远《民族英烈》,中国文史出版社1991年版,第64~65页。

△ 留学生陈韶唐与同志说联俄事,心志抑郁,遂蹈海而死。

《志士蹈海》:

前日大阪邮船由本埠往横滨,有留学生陈韶唐,扬州人,欲赴日本学陆军。及开舟后,甫离吴淞数十里,陈君与同志说联俄事,心志抑郁,遂蹈海水而死。呜呼!仇满生之后再见斯人。

《警钟日报》,1904年11月18日

11月20日(十月十四日) 黄兴因万福华刺王之春案牵连入狱。获释后,避走日本。

龙祖同《龙璋行状》:

万福华,安徽合肥人,经吴春阳介绍,结识黄兴,决心除奸反清。时桂抚王之春去官居沪上,万愤其曾倡亲俄谬论,又主张借法兵镇压民变,遂刺王于四马路一菜馆,未遂,被捕。黄兴等在狱时,蔡锷自沪赴泰兴,向龙璋求援。龙璋筹得千金购物付狱,奔走营救。

毛注青编著《黄兴年谱》,湖南人民出版社1980年版,第44页

李西屏《武昌首义纪事》:

万福华于上海刺清广西巡抚王之春被捕入狱。黄兴、张继、陈天华、章士钊、杨毓麟等十三人以万案入狱,旋获释。

中国政协湖北省文史资料委员会编《辛亥首义回忆录》第4辑,湖北人民出版社1961年版,第3页

章士钊《书甲辰三暗杀案》:

吾党机关,以吾露迹而致破败,一时牵率被捕者有如下同志:黄克强。时长沙新败,克强为悬赏名捕之巨犯,倘真迹暴露,如何补救?幸彼自化名为李寿芝,冒充郭人漳随员,经三日即保出。

中国政协文史资料委员会编《文史资料选辑》第19辑,中华书局1961年版,第149页

张继《回忆录》:

郭人漳为江西派沪购械委员,隔两日,江西电令释放。克强冒为人漳随从,亦幸得出。余及行严等在捕房羁系四十余日,亦放释,皆龙璋(时为泰兴县令)、袁海观之力也。冬,离沪赴倭,与克强同寓于牛込区神乐坂旁。

丘权政等选编《辛亥革命史料选辑》续编,湖南人民出版社1983年版,第280~281页

蒋慎吾《同盟会时代上海革命党人的活动》:

自上海捉人消息传出后,因郭人漳名列案内,很引起各方注意。江西巡抚夏时并于二十二日(十六日)电谕沪道袁树勋查明,"如无牵,即行释放。"袁氏据此,除亲访英总领事要求释放外,即于二十四日(十八日)札廨讯明核办。及至二十六日(二十日)江督端方也电致袁氏,查询真相,电文称:"闻沪获乱党,起出枪械八十七箱,并悖逆章程,已否开讯?所获党类有几?是何姓名?该匪现在是否交保?由何人保出?是否其党?刺客案牵及郭道人漳,与党案是一是二?如何办法?即望详复。此时极宜一律严查,并饬营县加意防范,勿致疏纵,至要!方,贺电。"在此电到达以前,郭人漳、赵梅、汤祚贤、李寿芝已经讯明释放;而电文中所谓枪械八十七箱,以及悖逆章程,实系讹传。后公廨谳员黄氏将经捕案情缮送王之春,稿中也曾声明并无其事。

曹芥初等著《死虎余腥录》,上海书店出版社2000年版,第102页

刘揆一《黄兴传记》:

皖人万福华,愤前桂抚王之春之主联俄,欲暗杀之而无手枪。刘光汉乃假张继之手枪授之。万福华不知其停机纽必先拨开,枪子始能发出。故于十三日,在丹马路金谷香西菜馆枪击王之春时,扳机十余次,不见子弹射出。王则奔窜狂呼。西捕随至,捕万而系之老捕房。越日,章士钊私赴捕房唁慰,亦以嫌疑犯被拘,同人均未预知,而西捕因得识党人居址,即至余庆里搜索证据。于是苏鹏、薛大可、章勤士、周素铿皆被捕去。徐佛苏已逃出矣,后见室空无人,乃乘机入取未曾搜出之违禁物,亦被捕去。张继、赵世暄以郭人漳就江西新军统领之职,路过沪上,邀其入会,中途遇公,张即邀与同一马车归余庆里,故皆被暗探圈禁,而送入捕房。揆一最后归,见门首有印捕,且违禁物狼藉庭阶,遂过门不入,得以脱险。其时湘、鄂、宁有文电,并公与揆一之照像致沪道,知照租界通缉。故会审时,公诡称为安徽教员李有庆,西吏犹持公之像片对照,以其服饰与须之有无,疑似不定。幸一华人书记(惜不知其姓名)事先诡称搜出之党员名册,为日用小菜账簿,即时抛弃,无从证实。旋得赣抚夏时来电,为郭人漳解救,公因与同车外来之故,得以随之先期出狱,与揆一同隐法租界湖北留学生招待所,营救同人。而西捕已知出狱者为公,复肆通缉,乃与公避走日本……

中国史学会编《中国近代史资料丛刊·辛亥革命》第4册,上海人民出版社1957年版,第279~280页

曹亚伯《黄克强长沙革命之失败》:

不期万福华刺王之春之案又作。万福华之谋刺王之春,本蔡元培、章士钊所主持。谋刺未成,万福华被租界捕房拘去。章士钊往捕房探视万福华,捕房问章士钊与万福华有何关系,居在何处,时章士钊与蔡元培在上海办一日报,章不告以报馆之住址,特告以新闸路余庆里某号门牌。盖新闸路余庆里某号门牌,即爱国协会,为各省革命同志寄居之所。而由长沙新脱险之黄兴,亦在其内。江西统兵大员郭人漳与张继、苏凤初、朱滓淘辈共二十余人,同在一处。章士钊在捕房说出新闸路余庆里某号门牌之时,捕房即派武装巡警一大队,至该里某号门牌,将一班同志二十余人,一网打尽,解入捕房,章士钊亦在内。幸郭人漳系江西统兵大员,致电江西巡抚夏时,夏时来电保释。租界捕房闻郭人漳系江西统兵大员,莫不特别致敬,

余则仍羁捕房。郭人漳保出时,谓黄兴等四人为彼来沪聘请之教习,故亦同时释放。黄兴出狱之夕,即乘三菱公司轮船渡日本而往东京矣。余则尚系狱中,至乙巳春方交保出狱焉。

曹亚伯《武昌革命真史》前编,上海书店 1982 年版,第 8~9 页

苏鹏《黄克强沪上系狱小记》:

一九〇四年,予等伺居京津数月。金尽裘敝,计无所施,同回东京。适黄廑午(兴)在湖南联络浏阳、醴陵会党谋起义,专人赴日本组织,嘱予前往运动湘籍陆军留学生归国,主持军政。时士官学生之毕业者,湖南仅蔡松坡、周仲玉、张孝準、刘介藩四人。以次各班因日、俄交战,不能入士官,皆留滞各联队中。除松坡等正式毕业,相约归国以外,有程颂云,陈伟丞等亦皆愿归。及抵沪,而浏阳起义之事失败,会党首领马福益死之。湘抚捕黄廑午甚急,黄由明德学校逃入北正街圣公会,化装出走,间关冒险,逃至上海。时湘中志士由湘逃至者,与由日本组织归国者麇集上海,乃于英租界大马路旁之余庆里第八号,租设启明译书局。群居于此,铩羽少休,徐图再动。当时有万福华刺王之春一案发生,因章行严士钊探狱,一语不慎,致将启明译书局之机关被破。除杨笃生由予暗示,临时逃脱外,被捕者为予与周来苏、黄廑、薛大可、徐佛苏、张溥泉、章陶严、郭葆生及郭随员汤、彭两君。清廷向英人极力交涉引渡,盖思一网打尽也。

予等同被拘留于英巡捕房新衙门中(在英大马路,老捕房在四马路),最危者为黄廑午。同人皆惴惴不安,因其新自湘中逃出,清廷悬五千元缉拿。幸郭葆生为现任江西巡防统领(郭为江南候补道,赣抚夏时奏调充此职),到沪采办军火服装。此次访友来此,误被捕;又与现任上海道袁海观为姻娅。仅拘留三日,经袁解释,证明释出。廑午谎称为葆生随员,一同释出。同人等如释重负,各人自身安危利害,则非所计也。经海内外同志如日本东京、广东、上海、南京、湖南各省,捐汇数千金,延聘中西律师四人为之辩护。审讯六七次,经时二月余,方始释放。惟周来苏身怀手枪,犯租界妨害治安罪,判监禁一年零三个月;万福华判禁十年。骈肩押入西牢,而与年前犯著书排满之邹容、章炳麟为伍矣!当时在上海为吾辈周章者,有杨笃生、刘申叔、林长民(林宗素女士之兄)、蔡子民、于右任诸君也。予等在狱,不过丧失自由,忍寒耐饥,而在外奔走者,则心力交瘁矣!出后相见,惊喜交并,有啼笑皆非之慨。

…………

刺王之春一案,予等虽知其事,实未参加协助,因其无关革命宏旨。此次被捕入狱,一误于行严之探狱,再误于陶严之阻止检查。吾等青年一行十余人,捕者前后相护持,市人咸知必为党人,观者如堵,围绕扈送,直至捕署,犹探伺不散,似对予等表示深情。及入狱,已羁押多人,询悉其与予等为同牢之雅者,皆歇浦滩头锥埋少年也。相将为予等执役,腾出一室,供予等同住,又对予等表示无限同情。日既曛,各发灰色线毯一条为盖。又每人以冰铁盂给粥一飧。其盂不知经几何岁月,外作灰黝色,若在狱外见之,当作三日呕。同人等愤慨之下,面面相觑,皆不屑食。惟廑午视若寻常,捧之大喝大嚼。其本宏,罄一盂,问曰:"君等不食乎?"又罄一盂。如是者连举三盂。同人见之,皆破颜为笑,曰:"廑午真可人也!"入夜,予与周来苏同寝。幸有外套加诸毯上。时届冬令,月白霜严,蜷缩如猬。破晓,捕人将毯收去。早餐,各给粗饭一盂,佐餐者咸豆数十粒(蚕豆),白菜十数茎。同人因先晚未食,皆吞若贪狼矣。而日长如年,各皆攒眉蹙额。惟廑午谈笑自若,时向陶严调侃,问陶严曰:"吾辈惟汝年最稚,何年将满二十耶?亦曾几度亲美人芳泽否?"陶严悉举以对。同人闻之,又皆相笑成欢。日复一日,捕房以囚车载同人至会审公堂,审讯一次,又载回原处。狱中惟壁徒四立,内外又信息不通,实无术以遣此有涯之生。乃各将佐餐之蚕豆节余数粒,以供拇战之需,赌约:每胜十

箬者,得豆一粒。计每周之中,豆菜而外,可吃牛肉一次,咸鱼一次。遂计日程,每星期中,何日可吃鱼?何日有牛肉可吃?而每食难于一饱,咸相与大谈饕餮之经,以当屠门之嚼。凡吴珍粤错、蜀味湘羹(指汤泡肚)、以及欧餐倭饪,举人间所可悦口者,无不津津相宜,以作吾辈之谈柄也。惟葆生在狱,常立于门外铁栅之间,纳两手于衣袋中(西装外套)而左右摇曳,如临风之柳。溥泉则时时唱其不完全之京调曰:"过了一天又一天,心中好似滚油煎。"亦趣事也。

田伏隆主编《忆黄兴》,岳麓书社 1996 年版,第 212 ~ 213 页

黄兴于会审时化名李寿芝。邹鲁《万福华击王之春》之附录《万福华击王之春之当时案牍》:

李寿芝供,湖南长沙人,年二十六岁。系九江民立蒙学堂汉文教习,同郭来沪采办仪器书籍。

邹鲁《中国国民党史稿》第 3 册,中华书局 1960 年版,第 680 页

章士钊《与黄克强相交始末》:

居无何,以万福华刺王之春闻,斯案也,异军突起,与华兴会原不相涉……案发之明日,缘吾侦察不谨,牵率余庆里同人十余辈入狱,克强与道员郭人漳亦在逮。

田伏隆主编《忆黄兴》,岳麓书社 1996 年版,第 127 ~ 128 页

《刺客案第八记》:

又闻十四日所拘之十一人,系因十四早有张杏年自投捕房,欲晤万一面。捕房疑其与万同党,遂拘之。后诘张杏年之住处,张吐实供,捕房因派包探到张杏年家,拘五人。至是夜十二点,有数人路过张杏年门前,稍一停足,巡捕疑其形迹,因一并拘入。

《警钟日报》,1904 年 11 月 28 日

《瓜疐抄不成功矣》:

自万福华枪击王之春不中,翌日有人视万于狱,遂亦被拘囚,又牵连十余人。夫己氏正拟组织一大党案……意欲强拉此十数美少年而附股于湖南兴华票。

《警钟日报》,1904 年 12 月 5 日

林慰君《忆先父林白水烈士》:

一九〇四年十一月十九日,我父亲和刘申叔、万福华等在英租界四马路金谷香番菜馆行刺清吏王之春。事未成,万福华被捕。第二天,章士钊等到英租界工部局去探视万福华,随被扣押,以致张继、黄兴、苏鹏、徐佛苏、薛大可、周瑟坚等十多人被捕。在黄兴等人被捕的第二天,因我父亲未得消息又去他们的住处,被守候在那里的坐探捕去,但因证据不足,第二天便放了出来。……我父亲获释后,一方面在《警钟日报》上极力为被捕同志辩解……另一方面,多方奔走筹款,不惜以高额酬金聘得当时上海最有名望之英人律师为他们辩护。

《新闻研究资料》总第 41 辑,中国社会科学出版社 1988 年版,第 34 页

11 月 21 日(十月十五日)　宋教仁自武昌乘船抵达上海。

宋教仁《宋教仁日记》:

辰正,舟过通州。午初,至吴淞口。未初,抵上海,下碇。船甫定,持单接客者蜂拥而至。余乃任应一人,乃三洋泾桥永安栈也。遂以行李交该栈伙,而自登岸,雇一人力车坐之。申初,至永安栈,坐良久,而行李犹未至。余乃出街,欲寻新马路余庆里启华书局。行良久,不得,乃回至永安栈,清检行李。晚餐讫,复出街欲至新马路,甫至五马路,见一靴店,时余足下鞋已破甚,乃购靴一双,毕,乃询以新马路在何处?店主云:"尚远甚,今晚可不去矣。"余辞去。复行良久,终不知路途,乃返。戌初,回寓所。

湖南省哲学社会科学研究所古代近代史研究室校注《宋教仁日记》,湖南人民出版社 1980 年版,第 12 ~ 13 页

11 月 22 日（十月十六日） 宋教仁在上海获知因万福华刺王之春案牵连启华译书局十二人入狱之事。

宋教仁《宋教仁日记》：

辰正，至新马路寻余庆里之书局。良久，始寻得，则见门已闭，一印捕立守门外。余大惊，欲一入观之，恐其中甚现危状；欲退遁，则恐益启印捕之疑。遂问[向]该印捕操华语问之，谓余有人托带信交此，今何如乎？彼不解。余故作失望之状，良久，始退去。然终不解其何故也。既思东大陆图书局章行严在内，往问之，必知也。遂至昌寿里东大陆局访之。至则局中人皆云不知。余闷甚，又思《警钟报》社原属同宗旨，或可闻知，又至该社问之。至则晤得李春波、戴□□二人，谈及此事，李春波始告余曰："昨夜万福华刺王之春事，启华译书局内人已牵涉大半，皆被捕矣！至其详细，则犹未知也。"余辞去，乃至昌明公司晤得万午亭。余乃托言有交章行严之信，君知章君否？午亭言："行严已被捕矣，子从何处来者？"余答以湖南。午亭半晌遽反身入，良久复出，则请余登楼细谈。既登，则见刘林生在焉。余惊喜，遂细询其由。林生言："昨夜巡捕掩至，黄庆午、徐运奎皆被捕去，共计被捕者十二人。余以剧迟归幸免"云云。余始知此事原由，则大恼，然亦无可如何。良久复来二人，一陈树人，一张味莼也。陈君新自日本归，曾识覃礼门。余乃托其致一信于礼门焉。未正，始回寓。夜，复至昌明公司。

湖南省哲学社会科学研究所古代近代史研究室校注《宋教仁日记》，湖南人民出版社 1980 年版，第 13～15 页

11 月 25 日（十月十九日） 张之洞致电上海王爵堂对其未经废约，先招外权，必坏大局之举表示反对，责成及时予以纠正。

张之洞《致上海王爵堂中丞》（光绪三十年十月十九日申刻发）：

台端办理此事，具见苦心。惟事关三省大局，凡有筹划，必应公商允洽，方可实施。废约之责，专在于盛，三省官绅只可向盛理论。催办不应，则公电外务部主持，断无径与外人直接商办之理。……此事台端并未与三省官绅商妥，何遽委托美人赴美办事，就令前约作废，将来美人责践前言，何以应之。赴美办事之费，三省官绅既未认许，款从何出。此举似欠斟酌，万万不妥。务望将所派律师设法撤回，免受巨累。至祷。皓。

国家清史编纂委员会·文献丛刊《张之洞全集》（11），武汉出版社 2008 年版，第 165～166 页

11 月 26 日（十月二十日） 张之洞致电盛宣怀鉴于美公司违背合同，不存在索偿所失利益之事，望其力争严驳，尽早废约。

张之洞《致上海盛大臣》（光绪三十年十月二十日戌刻发）：

美公司违背合同，其曲在彼，只能三省及美工师公同核估修成之路实费工料若干，照数补还，安得向我索偿所失利益。务恳尊处力争严驳，勿稍松劲，三省官绅断不认偿此费，想卓见早已筹及也。

国家清史编纂委员会·文献丛刊《张之洞全集》（11），武汉出版社 2008 年版，第 166 页

11 月 27 日（十月二十一日） 张之洞致电粤省官绅商讨如何筹措粤省赎路款。粤省官绅复电拟仿日本劝业银行发售储蓄债票章程参酌办理。张深表欣慰，承诺鄂愿为粤认筹十万元。

张之洞《致桂林岑制台，广州张抚台、伍叔宝太史诸公》（光绪三十年十月二十一日未刻发）：

废约必先赎路,赎路必先筹款,自是入手关键。已切电盛大臣,造成粤路只能核实公估价值,不能听美公司浮开要索。但路在粤境,赎回后行车之利亦粤得之。似赎路之款,未便令三省公认匀摊。粤商财力雄厚,其在南洋各埠者富商尤夥,是三省筹款,必推粤为最易。湘省境内路最长,款最巨,鄂省路较短,而财力素薄。两省官绅固不敢不勉担义务,尽力图维,若再令兼顾他省,则财力实有不逮。大致办法:抵制外人则三省当同心协力,筹备路款则三省当按地分摊,事最公允。惟粤省赎路之款数至五六百万,诚恐一时遽难齐集。窃为代筹一集款之法,因势利导,莫如售票开标。……如此办法,乃是各省人集股赎回,粤省已造成之铁路一百余里,并不须全由粤人自筹也。

国家清史编纂委员会·文献丛刊《张之洞全集》(11),武汉出版社2008年版,第166~167页

张之洞《致桂林岑制台,广州张抚台、伍叔宝太史》(光绪三十年十一月初四日午刻发):

此事鄙意专主废约自办,然必须三省筹款之法确有把握,自办一节乃能着实。除电询湘绅议覆外,祈转致伍太史诸公,粤省已有筹集巨款之策否,开标之法能否举行,此外别有何良策。望飞速详电示覆,以便接见柏士,婉词谢绝,仰免干预。切盼。质。

《岑制台、张抚台来电》(光绪三十年十一月初七日酉刻到):

粤绅覆电,云现拟仿照日本劝业银行发售储蓄债票章程,参酌办理。每票二元,集票五十万分,得银一百万元,以二十万元开会,每月集票一次,开投一次,所有一百万元票底,无论曾经获分会彩与否,俱作为铁路股分,刊刻征信录,榜示于众。粤人性质,持此劝集,尚有把握。傥废约在速,仓卒未能劝集全数,拟请我帅商会三省大帅,设法筹垫备足应付,陆续开票归还。是否可行,请电示遵办。

国家清史编纂委员会·文献丛刊《张之洞全集》(11),武汉出版社2008年版,第171页

张之洞《致梧州岑制台,广州张抚台、伍叔宝太史》(光绪三十年十一月初八日巳刻发):

粤绅筹款之法,事借众擎轻而易举,必能岁集巨款,慰甚佩甚。此议如行,鄂愿为粤认筹十万元,以为之倡。何时需款,即望电知拨汇,特先奉达。庚。

国家清史编纂委员会·文献丛刊《张之洞全集》(11),武汉出版社2008年版,第171页

11月28日(十月二十二日)　朝廷上谕披露社会中民间负担之重,输纳之艰,日以加甚,官吏差役的敲榨勒索更加肆无忌惮。

《上谕》:

从来立国之道,惟在保民。近年以来,民力已极凋敝,加以各省摊派赔款,益复不支,剜肉补疮,生计日蹙。深宫眷怀民瘼,常切疚心。闻各省督抚,因举办地方要政,又复多方筹款,几同竭泽而渔,其中官吏之抑勒,差役之骚扰,劣绅讼棍之播弄,皆在所不免。吾民有限之脂膏,岂能堪此剥削?言念及此,能无恻然。兹特明白宣示:所有各省派捐等款,除有大宗收数者姑准照办外,其余巧立名目及苛细私捐,著即概行禁止。凡地方应办要政,仍当次第推行,一切学堂、工艺有关教养之事,但当官为剀切劝导,应由绅民自行筹办,不准藉端抽派,致滋苛扰。各该督抚务当督令属员,深维邦本,共体时艰,毋负朝廷不忍重累吾民之至意。

朱寿朋编《光绪朝东华录》第5册,中华书局1958年版,总第5251页

11月30日(十月二十四日)　张之洞竭力防缉与华兴会有关联的湖北革命党人。

张之洞《致桂林岑制台、李抚台,长沙陆抚台》(光绪三十年十月二十四日卯刻发):

近日武汉查获华兴会革命票匪来鄂勾结乱党消息甚紧,正在竭力防缉。

国家清史编纂委员会·文献丛刊《张之洞全集》(11),武汉出版社2008年版,第167页

△ 陶成章为响应湖南华兴会起义而奔波，四至杭州而不归。

张篁溪《光复会首领陶成章革命史》：

至十月初十日成章等始与昌言湘鄂之议。于是沈(沈荣卿，编者)张(张恭，编者)两君，乃命其部下筹措一切。过数日，湘鄂杳无动静，成章遂由义乌经诸暨，而至杭城。阅上海各报，始知湖南马福益已就义，福建因按兵不动。成章仍由杭城而至义乌，往返四日，每日步行一百一十里，不辞劳瘁。自是魏兰归处州，擘筹画。成章则由义乌至永康，又由永康至东阳之玉山尖，与大开和尚等商大计。复由台州而至上海。昔禹治水，三过其门而不入；成章盖四至杭州而不归。

中国史学会编《中国近代史资料丛刊·辛亥革命》第1册，上海人民出版社1957年版，第523页

11月(十月)　黄兴抵东京，继续营救在沪狱中同志，探讨革命的道路，从事革命的宣传组织工作。

刘揆一《黄兴传记》：

与公避走日本，向商学两界募款四千余金，公即派彭渊恂寄回上海，会合林万里、万声扬等营救。适遇龙璋为泰兴县令，由彼向会审公廨保释，同人因之次第出狱。

中国史学会编《中国近代史资料丛刊·辛亥革命》第4册，上海人民出版社1957年版，第280页

宋教仁《程家柽革命大事略》：

黄兴、宋教仁以马福益之军，起义湖南，军败出走。田桐、白逾桓、但焘亦游学之东，以同志日渐加多，意欲设立会党，以为革命之中坚。以谋诸君(程家柽，编者)，君力阻之，谓革命者阴谋也，事务其实，弗惟其名。近得孙文自美洲来书，不久将游日本。孙文于革命名已大震，脚迹不能履中国一步，盍缓时日，以俟其来，以设会之名，奉之孙文，而吾辈得以归国，相机起义，事在必成。

冯自由《革命逸史》第6集，中华书局1981年版，第48页

△ 黄兴会见并结识热心中国革命的日本友人宫崎寅藏。

毛注青《黄兴与宫崎寅藏》：

据近藤秀树编的《宫崎滔天年谱稿》载，一九〇四年十一月下旬某天，黄兴曾往东京神田广市场亭乐屋访问宫崎寅藏。宫崎这时正在广市场登台卖艺。黄兴则于华兴会长沙起义事泄失败后逃往上海，在沪又因万福华刺王之春案牵连入狱，刚被释放来日，图谋再举。从我所接触到的资料看，这次可能是他们两人的初次见面。是年宫崎寅藏三十有三，黄兴比他小三岁。

《辛亥革命史丛刊》编辑组《辛亥革命史丛刊》第2集，中华书局1980年版，第115页

吉野作造《宫崎滔天著〈三十三年之梦〉解说》：

这是我日后所听到的话，即黄兴在一九〇四年革命失败，由上海亡命日本，当时还是个无名青年的他，来到东京之后，窘于衣食和住的问题。此时，黄兴忽然想起《三十三年之梦》，并相信其著者必定乐意帮助他，因而自告奋勇地去求宫崎的帮助。这话起初我是从已故滔天君那里听来的，后来我又直接问了黄兴氏。

〔日〕宫崎滔天著，佚名初译，林启彦改译注释《三十三年之梦》，花城出版社1981年版，第251～252页

黄一欧《辛亥革命杂忆》：

宫崎寅藏身材高大，平日多着和服，椎髻美髯，道貌岸然。他喜欢喝酒，酒量很大，每当酒酣耳热时，常以先君所作的诗词用日语引吭高歌，听来韵味盎然。他擅长说唱浪曲，这是

日本民间曲艺的一种，起源于大阪，流行于东京、横滨等地。起初艺人沿街说唱，后来进入书场演出。先君于一九〇四年十一月初访宫崎寅藏时，他正在东京神田区广市场说唱。他登台演唱，擅长表现历史故事、时事和民间传说等。在东京、横滨、大阪等地都登台演唱过，卖的满坐，反应很好。我也去听过的，其声调很像湖南农村之打山歌，别有风味。宫崎寅藏待人谦和，从无疾言厉色。我那时才十四五岁，他对我有时谑称"少爷"，或呼我的幼名"菊儿"，有时则直呼"一欧"，就像对待自己的亲侄子一样。宫崎寅藏生平疏财仗义，很有些江湖侠气。他不仅跟中山先生和先君交往密切，与其他革命志士也结下不平凡的友谊。

田伏隆主编《辛亥革命在湖南》，岳麓书社 1997 年版，第 100 ~ 101 页

△ 秋瑾与留日女生陈撷芬等在留学生会馆召开大会，重组共爱会，名之曰"实行共爱会"，旨在"反抗清廷，恢复中原"。主张女子从军，救护受伤战士，一面通信国内女学，要求推广。

《共爱会之实行》：

留学东京女学生，于癸卯年，建议于东京组织一共爱会。经众人赞成，时历一年，迄未实行。甲辰年十月林君宗素、秋君璇卿，邀至全体女学生齐集留学生会馆，开会演说。即于是日选出会长陈君撷芬，书记潘君英，招待秋君瑾。

《东京留学界纪实》第 1 期，乙巳（1905 年）正月东京出版

徐自华《秋女士历史》：

甲辰年，孑身航海，至东后，遂有名于学界。重兴共爱会，女士为会长。性慷慨，工词令，雄辩高谈，听之忘倦，登坛演说，舌灿莲花。

郭延礼编《秋瑾研究资料》，山东教育出版社 1987 年版，第 77 页

陈去病《鉴湖女侠秋瑾传》：

隆誉日起，留东学子，慕君者众。每大会集，辄邀君与俱。君亦负奇磊落往，会必抠衣登坛，多所陈说。其词淋漓悲壮，荡人心魂。与闻之者，鲜不感动愧赧而继之以泣也。当是时，留东学生日益多，其议论咸慷慨激烈，以革命为归。

殷安如等编《陈去病诗文集》，社会科学文献出版社 2009 年版，第 296 页

△ 徐锡麟（伯荪）到上海见到蔡元培后也加入了光复会。

陶成章《徐锡麟传》：

顷之，以观博览会赴日本大阪，乘便游东京，寓本乡龙冈町某旅馆。是时，正值俄约问题兴起，众学生自编义勇队，受日政府干涉，改名军国民教育会。浙江学生因章炳麟言革命入狱事，开会于牛込区赤城元町清风亭，锡麟出资赞助其事。会所中遇陶成章、龚味荪，相谈颇洽。散会后，即偕其徒张某访陶成章于驹込追分町浪花馆。成章导之以见松江钮永建（字铁生，前为义勇队代表人），相谈宇内之大势，锡麟大悦，颠覆清政府之念，由此益专。遂购图书刀剑以归。……锡麟常置一短铳，行动与俱。俄人既逼辽东，锡麟闻之恸哭，画俄人为的，自注丸射之，一日辄试铳数十次，遭弹丸反射，直径汰肩上，颜色不变，试之愈勤。……甲辰冬，以事过上海，寓于五马路周昌记，因至虹口爱国女学校访蔡元培，成章亦在焉。时元培与皖、宁诸志士组织一秘密会，名曰光复，邀锡麟入会，从之。

中国史学会编《中国近代史资料丛刊·辛亥革命》第 3 册，上海人民出版社 1957 年版，第 56 ~ 58 页

陈魏《光复会前期的活动片断》：

徐烈士锡麟为人目光远大，热心公益，克己从人，对待会友亲如家人手足，为众望所归。

会友们都叫"伯荪哥"(徐烈士号伯苏),以表示敬重和亲昵。徐烈士是绍兴府学堂的副监督兼算学教员。他当时奔走于绍兴府属和邻近的其他府属各县,积极进行联系党会的工作,很少离绍他往。因此,上海和其他各处的革命党人,都来绍兴同他联系。于是绍兴便成为会友集中之地了。

中国政协文史资料委员会编《辛亥革命回忆录》第4集,文史资料出版社1963年版,第127~128页

△ 天津商会成立。

△ 陶成章、魏兰约处州双龙会首领王金宝(青田人)响应湖南华兴会起义,为清吏侦知,王金宝在桐庐被捕后解处州死难。

冯自由《浙江志士与革命运动》:

甲辰秋湖南黄轸、刘揆一、马福益等谋在长沙起事,期为十月初十日,预告蔡元培,欲浙江协约共起。元培以告陶成章,成章即偕魏兰、魏毓祥等赴嘉兴晤龚宝铨、范拱薇等商进行方略。议既定,复至杭州,趋兰溪,入金华布置一切。拟后长沙期约三日起事,先以计袭取金、衢、严三府,然后由严州出安徽以扼南京,由衢州出江西以应长沙,而用金华之师以堵塞杭城之来兵,且分道以扰绍兴、宁波、湖州各县,以震撼苏杭。筹备略竣,而长沙之消息无闻,成章大疑,遂疾趋杭城刺探,始悉长沙事已于九月二十六日败露,乃急访金华以按秘其事。然其时龙华会会主沈荣卿已以其谋告诸双龙会山主王金宝,且劝以处州应之,偕衢州之师以共出江西。金宝遂令部将管马德约各党徒预备发动,又传檄遂昌管事周某,使率其属先取遂昌,预备出江西以为各路义师之前导。周某又出示晓谕遂昌清吏,令筹办欢迎酒席。县令飞报浙抚,杭城下戒严令。值党人宣布起义停顿,金宝始解散其属。然清吏已悬赏金二千购之,其友程象明贪利忘义,甘为眼线,密报清吏。获金宝于桐庐,遂于十月某日加害于处州城,党人在处州之经营为之一挫。

冯自由《革命逸史》第5集,中华书局1981年版,第49~50页

陶成章《浙案纪略》:

甲辰十月,浙江革命党人魏兰、陶成章等,有金、卫、严三府并举谋,龙华会会主沈荣卿以其谋告诸金宝,使为协约共起。金宝遂令部将管马德约各处党徒预备群伏,将如约期以起义,又传檄遂昌管事周某,使率其属,先取遂昌,预备出江西以为各路义军之前导。周某又出示晓谕清遂昌守吏,令具欢迎酒席。清吏大惊,警报杭城,下戒严令。值党人义举中止,荣卿又以告金宝,金宝解散其属,亲身入永康见荣卿与计事,遂赴兰溪。清吏悬赏二千购金宝。程象明者,青田人,金宝之莫逆交也。见赏格,甘为眼线,获诸桐庐,解送处州。金宝属下军士谋于中道劫取,不克。甲辰十月某日,虏杀青田王金宝于处州府城,城内外无人不为金宝痛惜,哭奠者络绎于道,骂程象明者不绝于口。金宝死时年二十六。金宝虽一卤莽武夫,然品貌清俊,状若贵公子,有恂恂儒雅气象,性情慷慨,远近闻金宝名,咸来归附。其仇满心出自天性,非由外铄也。

中国史学会编《中国近代史资料丛刊·辛亥革命》第3册,上海人民出版社1957年版,第54页

冬 秋瑾致书湖南第一女学对其遭顽固派破坏深表关切,鼓励全体师生切勿因此而自颓其志,提出游学日本学艺自立为妇女解放的主要途径。

《女子世界》第2年第1期刊载秋瑾的《致湖南第一女学堂书》:

君居乡间,妹游海国,观面无从,相思日切。久欲上书,因无闲暇。今闻贵学堂遭顽固破坏,然我诸姊妹切勿因此一挫自颓其志,而永永沉埋男子压制之下。欲脱男子之范围,非自立不可;欲自立,非求学艺不可,非合群不可。东洋女学之兴,日见其盛,人人皆执一艺以谋身,上可以扶助父母,下可以助夫教子,使男女无坐食之人,其国焉能不强也?我诸姊妹如有此志,非游学日本不可;如愿来妹处,俱可照拂一切。妹欲结二万万女子之团体学问,故继兴共爱会,名之曰实行共爱会。公举陈撷芬【为会长】,而妹任招待。寄呈章程三十张,望不妥处删改,并请推广如何?

《秋瑾集》,上海古籍出版社1979年版,第32页

△ 秦力山三入广东谋划运动驻粤湘籍防军反正,事泄失败。

冯自由《秦力山事略》:

甲辰(一九〇四年)至香港,寓《中国报》,日与陈少白,郑贯公、黄世仲等谋,欲运动驻粤湘籍防军反正,尝往来广东三次。是年十二月被清提督李准派兵搜索,狼狈逃港。

冯自由《革命逸史》初集,中华书局1981年版,第88页

《投身〈中国日报〉崭露头角》说1904年冬:

湘人秦力山到香港,日与《中国日报》负责人谋划满清驻粤湘籍防军的策反工作,黄(世仲)即参与此事。秦力山三入广东谋起事。翌年一月(甲辰十二月)事泄,粤提督李准派兵搜捕,力山逃回香港。世仲又函介秦于是年春去新加坡访华侨革命家陈楚楠。

申友良编著《报王黄世仲》,中国社会科学出版社2002年版,第17页

12月4日(十月二十八日)　宋教仁在上海与胡经五、柳病农、覃礼门、胡范庵等话别。

宋教仁《宋教仁日记》:

辰正,至胡经五寓所。巳正,【至】柳病农寓。时已约定今日登轮,柳济贞乃交余洋银十元。午正,回,清检行李衣物,又与店主清算伙食帐。下午未正,至覃礼门寓作别,谈良久。申初,至胡范庵寓,与范庵谈良久,嘱其稍待风潮平静,即须设法回常云云。申正,至街间购得絮被一床,遂回,乃呼力夫运行李至□□埠头,余随之。酉正,登轮。良久,柳病农、龙铁元等皆至。余复登岸至胡经五寓,与经五话别,并沽酒小饮。戌正,始起身回至舟中,经五、胡范庵皆送至舟中乃返。余遂展被就寝,然心中甚不安,寝不能寐也。

湖南省哲学社会科学研究所古代近代史研究室校注《宋教仁日记》,湖南人民出版社1980年版,第15~16页

12月5日(十月二十九日)　宋教仁乘船离开上海东渡日本。

宋教仁《宋教仁日记》:

辰正,轮舟开行,余犹未起。巳初,起,登楼视之,已出黄浦江矣。惟见水天一色,海雾蒙蒙。是时,余方寸觉大舒快,耳目顿为之一新焉。午时,已出口,入黄海中,晴天无际,波浪微作,舟行其畅也。

湖南省哲学社会科学研究所古代近代史研究室校注《宋教仁日记》,湖南人民出版社1980年版,第16页

12月6日(十月三十日)　宋教仁东渡日本时认识杨笃生、杨度二人。

宋教仁《宋教仁日记》:

是日,风仍不止,舟行震荡不止,甚闷苦,卧而观书,亦不快慰,乃登甲板远望,见白浪连天,眼界为之一阔,始稍安。下午,头甚眩晕,入夜犹未止也。晤得杨笃生、杨晰子,一即启华

译书局之人,一则万福华案被嫌疑,皆赴东者也。

湖南省哲学社会科学研究所古代近代史研究室校注《宋教仁日记》,湖南人民出版社1980年版,第16~17页

12月8日(十一月初二日) 宋教仁抵达日本长崎。

宋教仁《宋教仁日记》:

辰初,舟将入长崎港,遥望之,群山耸立,海水湾环,其秀逸之状,令人神往焉。巳初,舟入口,有医师上船验舟人病,良久毕。巳正,舟系碇焉。余与龙铁元、柳病农等遂乘小舟登岸,至市上游览。……余乃至邮便局购一邮片,书此次来由,以寄达东京吴绍先、李和生处。

湖南省哲学社会科学研究所古代近代史研究室校注《宋教仁日记》,湖南人民出版社1980年版,第17~18页

12月9日(十一月初三日) 清政府电饬驻日公使杨枢密查留东学生设立同仇会事。

《光绪朝东华录》十一月丁丑条:

电谕驻日公使杨枢,密查留东学生,设立同仇会事。

朱寿朋编《光绪朝东华录》第5册,中华书局1958年版,总第5254页

△ 张之洞发出《札北臬司通饬各属查禁逆书》,要求严查《警世钟》、《猛回头》等宣传革命思想的书籍。

张之洞《札北臬司通饬各属查禁逆书》(光绪三十年十一月初三日):

照得刊布逆书,罪在不赦。造言惑众,律有专条。各国通例,凡民间著书有紊纲纪、害治安之字句者,必查禁销毁。诚以法律范围,固断不容稍有逾越者也。近来票会匪党,专以悖逆不轨之词,编造成书,到处传播,冀以阴结死党,煽惑人心,若不严加防检,随时查禁,何以定民志而遏乱萌。兹经本部堂访获警世钟一书,系自上海传来,诬谤朝廷,搅扰和局,诋良民为奴隶,赞会匪为志士,狂吠毒螫,凶惨万状。其倡言排外,将以继穷凶极恶之拳匪而激成瓜分。其妄谈革命,将以耸茫昧无知之愚民而自戕同类,以发匪洪秀全之凶残杀掠,荼毒生灵,而戴之如父母,以忠勋曾文正之奠定东南,削平大难,而疾之若仇雠。窥其意,惟恐中国邦本之不摇,人种之不灭,无以遂其乘机焚杀淫掠之思,丧心病狂,大逆不道,言之实堪发指。又有猛回头一书,词意亦极悖谬,与警世钟大同小异,亦系此等乱党所为。当此边氛未靖,时局孔艰,凡吾国民,正宜讲明忠君爱国之大义,同心固结,努力自强,各安生业,勿启衅端,共享太平,日臻富庶,以谋保国保种之道,岂可自相残贼,召侮速亡。此等逆书,亟应严拿查禁。除札饬江汉关道照会税务司于入口书籍从严检察,遇有逆书如警世钟、猛回头等类立即扣留,解由关道送省销毁,并根究贩运逆书之人提案惩办,一面访察造书之人,另行设法办理外,合亟札行。该司迅即通饬各属遵照,出示严禁。嗣后无论坊贾居民,概不准将警世钟、猛回头等逆书行销传送。如先经存有是书者,立即送官销毁。傥敢故匿不报,或翻印传布,一经查出,定即治以应得之罪。仍将查禁情形据实禀覆。此系特饬查禁之件,各地方官慎勿视为具文,含糊了事,致干未便。

国家清史编纂委员会·文献丛刊《张之洞全集》(6),武汉出版社2008年版,第446页

12月12日(十一月初六日) 张之洞致电湘省官绅重申废约自办,询问湘省筹款事宜。

张之洞《致长沙陆抚台、龙侍郎诸公》(光绪三十年十一月初六日午刻发):

粤汉铁路事,敝处已奉廷寄,饬筹妥办。外务部另有函交美商柏士,来鄂商办。查柏士

即倍次,浮言甚多,断不宜再与纠缠。此事鄙意专主废约自办,然必须三省筹款之法确有把握,自办一节乃能着实。前接湘绅公呈,力任筹款,深用佩慰。现在如何集议,约可岁筹的款若干,祈会商诸绅切实妥筹,迅赐电覆。

国家清史编纂委员会·文献丛刊《张之洞全集》(11),武汉出版社2008年版,第171页

12月13日(十一月初七日)　宋教仁顺利抵达日本横滨,结束自上海迄日本东京的海程。

宋教仁《宋教仁日记》:

辰正,舟过东京湾,望见海岸山色隐隐。良久,舟已入口,暂停轮俟医生检疫,讫,复移近岸下碇,即横滨市之码头也。至此,而自上海迄日本东京之海程已讫矣。余等遂检行李,拟登岸。良久,向岸上望之,见有多数人在埠招待来客,盖皆吾国留东京之学生,特来招待此次新来之友人者也。余再三视之,见李和卿亦在焉。余急呼之,和卿始觉。急欲相近谈话,而苦于一刻不能即下舟。又良久,余等将行李交与运送店,嘱运至东京,皆龙铁元以能解日语照料者。既讫,遂登岸。与李和卿且行且言,无限心情,亦不知从何处讲起。既而至税关,待其验看行李。时有龙济云者,在东京之湖南西路同乡会招待员,特来招待此次西路新来者也(此次西路,并余有二人),和生遂邀余至其寓名高野屋者,龙君款洽一切。良久,余遂偕和卿往停车场,而不识路,雇人力车乘之。既至,龙铁元等已购有往东京之车券,遂一同登汽车。时已十二时矣。旋车即发行如飞,未正,抵新桥,东京之停车场也。余等下车,甫出场口,遇戴渭卿,亦闻余来,特来招待者也。时龙铁元言,已有旅馆名江户川馆,可住。余等遂同雇人力车乘往焉。沿途见市面殷盛,房屋雄阔者虽不多,然街道宽大清洁,时见电车往来,较上海又是一番景象矣。申正,至江户川馆,遂入寓焉。初入,见其门以内即有地板,室内皆铺以革席,人入必脱履,盖日本习俗皆如是。余等入其楼上二室内居焉。坐定未久,吴绍先、田梓琴、贺联仙等来,皆来视余者,尚有数人余不识其姓名。相见之下,皆各喜慰无似,询问一切,余略言此次一路情形。坐谈最久,梓琴始去。夜,李和卿来,劝余与伊同寓,余亦欣然。和卿寓在神田香澄馆者也。余遂以此情告柳病农等,乃呼车至,移行李至香澄馆。余与和卿、绍先遂同至香澄馆,即暂住于和卿房。时和卿同居者,有申锦章、梁星甫,一湘人,一鄂人也。是夜,皆来与余谈,良久而去。余与和卿、绍先更坐谈至夜分,始就寝。

湖南省哲学社会科学研究所古代近代史研究室校注《宋教仁日记》,湖南人民出版社1980年版,第19~20页

李道美《祖父、伯祖父与宋教仁》:

是年十二月十三日,宋教仁乘海船到达横滨市,正当处于人生地不熟的时候,第一个前往码头接待他的就我伯祖父李和卿。宋教仁在他的日记中回忆招待此次新来之友人时写道:“余再三视之,见李和卿亦在焉。余急呼之,和卿始觉。急欲相近谈话,而苦于一刻不能即下舟。”“遂登岸,与李和卿且行且言,无限心情,亦不知从何处讲起。”后来,他们在日本学习与开展革命活动时,无话不谈,遇事争论起来,也是面红耳赤的。因为李、宋两家是至亲关系。

马志亮主编《喋血共和——忆宋教仁》,岳麓书社1996年版,第117页

△ 广西农民起义军首领陆亚发被俘,12月17日(十一月十一日)陆被清政府凌迟处死,历时半年的柳州起义归于失败。

12月14日(十一月初八日)　孙中山把洪门总注册的事全部委诸黄三德,自己搭上从纽约开往伦敦的轮船,意欲创设同盟会联合各省豪俊推动革命。

冯自由《美洲致公堂与大同报》：

于是总理及黄三德等周游南北数十埠，历时半载有余，每到一处，总理必集众演说，而黄三德亦必开台拜会（洪门称开会拜盟曰开台做戏）。然是时在美之洪门团体异常散漫，各埠分堂对于总堂之信仰久已有名无实。加以保皇会林立各埠，各分堂职员身跨保皇会籍者，实繁有徒。而《大同报》新聘之记者仍未抵美，总堂尚缺一言论机关为各分堂之指导。因是各分堂对于总注册事，大都阳奉阴违，延不举办，会员之报名注册者，寥寥无几。计各地致公堂职员出而赞助者，仅有洛山矶之杨廷光、吕统绩，山的古之谭淦明，纽柯连之陈秋谱，美疏拉之黄暖家，纽约之雷月池、黄溪记，波士顿之梅宗炯等人而已。

冯自由《革命逸史》初集，中华书局1981年版，第153页

刘成禺《先总理旧德录》：

甲辰先生由日来美，谋开党之大团结。先生曰："自《苏报》邹容《革命军》发生后，中国各省已造成士大夫豪俊革命气象，但无纲领组织，徒借筹款，附党于三合会，不足成中国大事也。"乃谋设同盟会，指挥事业，适先生三民主义、五权宪法政纲草定，鄂学生在英、法、德、比者，与予通信，询及先生行动，以贺子才、魏宸组、史青、朱和中、周泽春等最出力。有冯承钧者，撰黄笔小报寄美，先生见之曰："此皆好同志也。今吾有创同盟会之意，在美华侨，皆粤籍劳工，与中原士大夫毫不生关系。吾其有欧洲之行，见各省豪俊乎？惜此行旅费不足，容徐图之。"予乃电欧洲鄂学生，告先生有愿渡欧洲意。鄂学生集资六万[千]佛郎汇美，促先生行，先生始建同盟会于欧洲。由欧洲回日本，乃开大会于东京，此同盟会始末也。同盟会者，定议于美洲，建会于欧洲，成立于东京。

尚明轩等编《孙中山生平事业追忆录》，人民出版社1986年版，第676～677页

△ **鄂督张之洞将富有激进革命思想的胡秉柯、时功玖、贺子才、朱和中、史青、魏宸组、耿觐文、时功璧等激烈者派往西洋留学。**

张难先《湖北革命知之录》：

鄂人因庚子汉口之大流血，如梦方醒；嗣经壬癸海内外笔舌之战，结果，革命说为全国公认之救国途径。于是热烈之志士时时有一中山先生印象，盘旋牢结于脑海，几欲破浪走海外以从之，不能得，则如醉如痴，甚至发狂。此实当日普遍之情形。总督张之洞亦以曹亚伯、吕大森、冯特民、孔庚、李书城、胡秉柯、时功玖、陈同如、贺之才、朱和中、史青、魏宸组、耿觐文、时功璧等，鼓吹革命，常有戒心。甲辰秋，择其激烈者派往西洋留学，以杀其势。乃派贺之才、史青等赴比；魏宸组、胡秉柯等赴法；朱和中等赴德。……盖是时爱国青年，多集花园山李步青寓倡谈革命。虽无组织，而团结则甚密也。诸少年颇不以之才等离鄂为然。子英曰："事已至此，岂能自由？然如此伟大革命，我辈群龙无首，岂等夷所能领导？正好借此机会，往西洋觅孙逸仙耳！"众默契，而转促之才等速驾。之才等抵上海，闻总理招鄂人刘成禺赴美，主旧金山大同报笔政，因办放洋手续，由日本来沪。之才、秉柯等，与刘俱两湖经心同学，特请成禺向总理代达悦服之忱；并将其行踪通知。成禺以总理将由美赴欧，乃介之才等谒总理。之才等抵欧，而总理仍在美。乃函请总理莅欧。十一月，接刘成禺自美寓函云："总理已至伦敦，住其友慕尔干家，囊空如洗，嘱之才等尽力接济。"计留比者筹得四千余佛郎，留德者筹得二千余马克，留法者筹得千余法郎，汇去；并敦请总理来游。得复电，允往比京。

严昌洪等编《张难先文集》，华中师范大学出版社2005年版，第114页

冯自由《留欧学界与同盟会》：

甲辰(一九〇四年)春,冯自由荐湖北人刘成禺任旧金山《大同日报》主笔。刘抵美后,以欧洲留学生多属鄂,且半属旧友,特专函介绍贺之才(培之)、史青(丹墀)、魏宸组(注东)、胡秉柯(质斋)四人与孙总理相见。贺等得书,乃函邀孙总理赴欧共商国事。嗣闻孙总理方勾留纽约,以缺少川资未能克日就道,遂由留比、法、德三国学生尽力凑集得八千余佛郎,电汇孙总理作旅费之需。

冯自由《革命逸史》第2集,中华书局1981年版,第122页

朱和中《辛亥光复成于武汉之原因及欧洲发起同盟会之经过》:

余等欲乘此机会寻访孙逸仙,故各欣然就道。比至上海,刘成禺尚未行,予等因嘱见孙时务通知于予等。过香港则往访《中国日报》主笔冯自由,过新加坡又往访《图南日报》主笔黄伯耀,无非为寻孙起见。及至欧洲,各以其住址通知美国旧金山《大同日报》主笔刘成禺。

《建国月刊》第2卷第5期

冯自由《贺之才述欧洲同盟会成立始末》:

湖北当道忌诸人甚,时思有以远之。癸卯冬选派学生分赴东西洋留学,朱和中遂被派赴德,贺之才、史青、魏宸组、胡秉柯被派赴比,未几李书城、耿覲文、时功玖、孔庚等亦被派赴日。贺等道经上海,遇刘成禺,曰,孙中山先生方在伦敦,诸君此行,可与之会晤共商大计,因作函为贺等四人介绍。贺等抵比后,被清使杨某禁之一室,如待小学生然。抗争数月,始获自由,因以刘之介绍函寄往伦教,并附函约孙来比。(时孙寓荷兰公园友人康根家中)数月后,始得复音,云适往某处旅行,不及早答,且云甚愿赴比一游,惟缺少川资云云。贺等即为筹款寄去,一面电邀朱和中来比,贺之才与胡秉柯并亲至哦斯丹埠码头相迓。

冯自由《革命逸史》第2集,中华书局1981年版,第125~126页

史青《留比学生参加同盟会的经过》:

湖北派往比国留学的二十四人于一九〇三年冬经过上海治装待发,前两湖书院学生刘成禺归自海外,适在上海。他早在海外与孙中山先生有联系,因将孙中山在伦敦的住址告知二十四人中的魏宸组、胡秉柯、贺之才、史青四人(四人均系由武昌三书院派出洋者),并沥介绍书交给他们,嘱予到达欧洲后持书赴伦敦谒孙中山先生。一九〇四年魏等抵比国时,曾持函赴伦敦康德黎先生家访问孙中山先生未遇。

中国政协文史资料委员会编《辛亥革命回忆录》第6集,文史资料出版社1963年版,第21~22页

冯自由《美洲致公堂与大同报》:

旋渡欧洲与留欧学生贺之才、魏宸组、史青、胡秉柯、王鸿猷、朱和中等组织革命同盟会。濒行前犹赖欧美学界同志接济旅费始能成行。

冯自由《革命逸史》初集,中华书局1981年版,第153页

12月15日(十一月初九日)　在沪奥斯科俄舰水兵二人,砍毙华人周生有。

《俄兵杀人》:

俄逃舰阿思哥尔之兵丁虽圈留在沪,仍在租界中结队游行,屡滋事端。前日午后,又有甲乙二兵在大马路浦滩,因坐人力车不给车资,反将车夫殴击,适有修理码头之木匠将铁斧置于道旁,即被攫而行凶,误中路人周生有之首,脑壳破裂,至仁济医院,不及救治而毙。甲乙则由中印各捕拿住,带押捕房。昨午后上海县汪令带同刑仵莅验,确系砍死。俄副领事额君亦带医生到院同验,委系砍毙。尸身由店东沈阿俊暂行棺殓。汪大令返署后,禀明道台,照会俄领事,请即究办,尚不知作何了结云。

《警钟日报》,1904年12月17日

12 月 18 日(十一月十二日)　张之洞致电湘省官绅询问具体筹款赎路之法以便拒绝倍次干求。后湘省官绅复电详述筹款措施,称湘省筹款无大碍。

张之洞《致长沙陆抚台、龙侍郎诸公》(光绪三十年十一月十二日申刻发):

倍次正在此间纠缠,亟须得湘绅筹款的切实办法,俾可拒绝倍次干求。前日粤绅覆电,筹款已详叙切实办法。务望转致湘绅,将所筹集款之法先将大概撮要电知,至祷至盼。应商之事甚多甚急,必须面谈,并祈转致诸公,请张渔珊观察来鄂一谈,尤盼。

国家清史编纂委员会·文献丛刊《张之洞全集》(11),武汉出版社 2008 年版,第 172 页

《龙绅等来电》(光绪三十年十一月十六日丑刻到):

湘省公议,三省合办,归我公主持。先办湘潭至汉口一路,约须款千万内外。分五年修成,年须款二百万内外。三省照摊,每省年各七十万。湘省赈粜捐,昨恳商中丞请拨为铁路经费,已蒙俯允。似此至少亦年可得五十万。其余二十万由湘人集股,尚易筹画,已拟有切实章程,必可承认。

国家清史编纂委员会·文献丛刊《张之洞全集》(11),武汉出版社 2008 年版,第 172 页

12 月 20 日(十一月十四日)　上海《警钟日报》刊登"共和"来稿《〈孙逸仙〉书后》盛赞孙中山救国义举,也称道宫崎寅藏支持中国革命事业。

"共和"来稿《〈孙逸仙〉书后》:

今天下救时之彦,爱国之儒,万喙一辞,众声同应,莫不曰民族主义哉!民权主义哉!奔走呼号,欷歔太息。独立之谈,喧阗于学校,共和之议,哄动于市朝,宜若可以挫异族之凶锋,倒专制之弊政矣。……夫逸仙粤党之魁杰,西学之巨擘,固夙倡导民权自由之说,而最富民族思想者也。生平执民族主义,欲挈两广为根据,以光复祖国,建设共和政府,以与世界列强相竞争。当日清战役,窃乘时机,密备军械,倡义广州,事败不就,遽走英美。庚子之变,既又招集壮士,指授方略,而惠州复有六百义军之举。其实行类始终不渝,百折不挠若是。《易》曰:"君子以独立不惧",逸仙有焉。滔天者,东瀛侠士之雄也,悯黄种凌夷,支那削弱,欲藉手有为以建不世之奇勋,成兴亚之大业,方之虬髯,诚有过之,宜其患难与偕而厥志弗渝也。夫中国民族精神之销亡久矣,甲午乙未之变,文恬武嬉,举世熙熙嗥嗥,歌舞太平,狗苟蝇营,以奔竞富贵禄利之私,偃息于异族专制羁勒之下。而孙君观察世变,独抱殷忧,倡革命于举世不言之中,不惜其头颅性命,以救国民而图自立。事虽不成,而其识量之大,气魄之雄,固已迈绝等伦矣。此其与中国之关系为何如耶?顾尝闻之西方革命之说矣,曰中央革命,曰地方革命。中央革命者,革命之洪水以中央政府所在地为起点,而延及于地方,如英伦三岛是也;地方革命者,革命之洪水以地方为起点,而奔赴于中央政府所在地,大陆诸国是也。二者之收效固同,然其成功则有难易。故中央革命其势顺,顺则易;地方革命其势逆,逆则难。而要之事之成否,仍视乎主动力之多寡,以为定衡,逸仙之所以为其难也。然不以其难而不为,此逸仙之所以为逸仙欤?夫士当热心任事时,志大气锐,视天下无不可为,乃一旦失败,则乃心灰气沮,尝然而丧其所守者,往往有之。而能奋进不止,力自振起,以前奔者盖鲜。逸仙虽暂屈伏,所志弗就,然方如行星初出,其成败尚不可测,而其志趣实力则固方驾华、拿,并驱加、玛,而非常人所能及矣。题乎某氏有云:孙逸仙者,非一氏之私号,而新中国新发现之名词也,有孙逸仙而中国始可为。方今世变日棘,欧美民族之势力亦日益涨进,顾无有如孙者出以斡回危局,相与赞成伟业,而孙君亦以孤掌难举,伏处以待时。吾恐迟之数年,内擅外强分割,而吾民族亦自此九幽,终沦万劫不复,欲措手而无如何矣,岂不可惧哉?嗟夫!时势待英

雄为造就,而英雄亦待时势为建设,逸仙之不能速成者,毋亦时势之有未至乎?是故二十世纪新中国之人物,超越前古,而必悬孙以为之的。第一之孙起,当有无量之孙以应之,则皇皇汉族,庶有复兴之一日乎?不禁馨香祝之矣。余以其人与其事有关于吾国种之兴替也,爰志其崖略如此。世有知者,或继孙而兴起焉,则幸甚。

《警钟日报》,1904 年 12 月 20 日

△《申报》发表社说指斥俄军水师漠视华人生命,俄军将领漠视中国主权,中国官员畏怯无用。

《论俄国水师在上海租界中杀人事》称俄军:

大抵性好酗酒逞凶,以杀人为儿戏……俄舰既归中国守护,自应将凶手移交中国,按律以惩。……责之俄舰管带,而管带托称我国自有军律,他人不必与闻。……岂视华人如刲豕羊,心中竟无怜悯耶?抑烛知华官之畏怯无用?

《申报》,1904 年 12 月 20 日

△ 张之洞致电盛宣怀强调议废合同固须奉有朝命,然为免牵动交涉,尤须突出废约出自三省绅民之公论。后盛复电称将电告驻美使臣梁诚修改照会详情。

张之洞《致上海盛大臣》(光绪三十年十一月十四日申刻发):

查美公司粤汉铁路合同,前系奉旨批准,此时议废合同,固须奉有朝命。然专言朝命,将来或恐牵动交涉,此次致梁使咨文,自应归重三省绅民万口一词,力持废约之议,公呈外务部,上达宸听。朝廷俯顺舆情,不能不准予废约,断不能强三省数千万人民令其迁就从前坏局。必须将此议补入,详细痛切发挥,以见废约出自三省绅民公论,方觉决断吃紧。洞为三省人民代表,更应专以民情公议为主。美国素重民权,此说较易动听,不致引入交涉。祈斟酌补叙为要。如咨文已发,可飞速补电梁使,俾于照会美外部文内照改叙入。

《盛大臣来电并致外务部》(光绪三十年十一月十六日丑刻到):

公电已达。盐电注重民权,更吃紧,补电梁使如下:合兴事,三省绅民万口一词,力持废约,公呈外务部,上达宸听。朝廷俯顺舆情。洞为三省代表,断不能强数千万人迁就坏局,自蹙生路。因饬由洞等废约。请专以民情公议为主,补入照会。洞、宣。翰云。已发。

国家清史编纂委员会 · 文献丛刊《张之洞全集》(11),武汉出版社 2008 年版,第 173 页

12 月 22 日(十一月十六日) 中国驻美公使梁诚致函美国国务院,称合兴公司擅自违约引起中国人民不满。

《中国驻美公使梁诚致美国国务院函》(1904 年 12 月 22 日于华盛顿):

兹奉命通知阁下:中国政府决定取消并废除一八九八年四月十四日与一九〇〇年七月十三日分别与美国合兴公司签订之合同。该公司之所作所为,除迫使本国政府采取此一步骤外,别无他法可寻。一九〇〇年七月十三日续约第十七条规定:"美国人不能将此合同转与他国及他国之人。"不顾这一明文规定及本国政府代表之反对,该公司大部股票竟已售与比人及其他外国人,该公司之管理实权已转入非美人之手。该公司之代表曾允诺将外人违约持有之股票再如实转给美国股东,惟现仍在外人之手。

一八九八年四月十四日合同第十四条曾规定,缔约双方彼此均不得损碍遵守合同之利益,该公司不顾中国政府之反对,并违背合同条款之规定,竟强使存放债票之信托公司将大

部债票交与投资公司。该公司派来中国一位并不代表美国股东之代表,不经中国政府有关代表之批准,竟违约擅自全部接管该路事宜。该路粤段修筑费用业已超过预计之数甚巨;该路所雇工程人员利用职权,营私舞弊;该公司外国雇员不断枪杀人命;并有人卷款潜逃;对交出凶手与退赔赃款之要求,均置之不理,实系严重违犯中国对该路及其雇员具有监督之权力。对中国政府代表就该公司在对待中国政府及人民上之非法行径不断提出之警告,均置若罔闻。

鉴于美国合兴公司承建之铁路系经过中国人口最稠密之三省——广东、湖南、湖北,该三省人民自应深切关心工程之进展。该公司之所作所为业已引起民愤。过去数月中,各地经常集会谴责该公司及其雇员。群情激愤,同声指斥,民怨沸腾,一致要求废除与美国合兴公司之合同。民众上书外务部,并已转呈皇上。朝廷顺应民意,业已饬令湖广总督张中堂及铁路局有关官员废除与美国合兴公司之合同。代表三省人民之总督,为挽回这一具有影响国家安全与人民福利严重后果之不可收拾局面,自不能不顺应千百万人民之意愿。

值此中美两国商务关系不断增进与改善之际,本国政府确信,一再表示维护中国主权完整之美国政府决不容许任何一国人民从事有损美国在华利益之任何干预。

兹随函附上中国铁路局来电副本一纸(附件从略),以供参考。敬祈早日回复为盼。

《美国外交文件,1905年》,第124~125页,许毅《清代外债史资料1853~1911》上册,档案出版社1990年版,第679页

12月23日(十一月十七日) 万福华被判处监禁十年。

《刺客案第二十记》:

昨日下午二时半,又复审刺客案……万福华监十年,作苦工。

《警钟日报》,1904年12月24日

12月31日(十一月二十五日) 张之洞致电瞿鸿禨,望其设法劝阻商务部插手废约之事,待办有端倪后自当咨报。

张之洞《致京瞿尚书》(光绪三十年十一月二十五日亥刻发):

鄙意专主筹款自办,与湘、粤绅往复各电皆同此说,断不愿以美接美。分段修造,款必能筹,只在湘粤各绅肯听鄙言耳,请释尊虑。惟更有密启者,昨接商部漾电,二十三日奉旨,著商部、张之洞妥筹办理,以挽利权等因。此事甚难,筹巨款尤难。若专任鄙人,必能办成。若参以商部,枝节必多,不可思议,于此路事无益有损。台端如能设法讽劝商部不必深管,听外间办理。此时只有为难,并无利益,办有端倪后,自当咨报商部。此事无意外掣肘,庶可有成。其工程用款,一切当令三省官绅公同经理,鄙人只管考察督催筹画,断不经手也。

国家清史编纂委员会·文献丛刊《张之洞全集》(11),武汉出版社2008年版,第174页

12月(十一月) 蔡锷第三次赴日后回国。

陈新宪《蔡松坡在日本》:

第三次赴日是一九〇四年十一月,十二月即回国,返湖南邵阳省亲。

田伏隆主编《忆蔡锷》,岳麓书社1996年版,第141页

唐希抃《回忆蔡松坡先生创办广西陆军小学》:

一九〇四年,松坡先生在日本士官学堂毕业后,回籍省亲。

田伏隆主编《忆蔡锷》,岳麓书社1996年版,第148页

△ 黄兴等在东京联合湘、滇、直等省留学生组织革命同志会,从事民族革命斗争。

程潜《辛亥革命前后回忆片段》:

我于一九〇四年十月到日本东京,在振武学校肄业。是年十二月,我和湖南留日学生黄兴、宋教仁、程子楷、赵恒惕、欧阳振声、曾继梧、陈强、仇亮,云南留日学生杨振鸿、罗佩金、殷承瓛、郑开文、唐继尧,直隶姜登选,江苏章梓、伍崇实,河南曾昭文等共百余人,组织革命同志会,从事民族革命。

中国政协文史资料委员会编《辛亥革命回忆录》第1集,文史资料出版社1961年版,第70页

12月(十一月)　陶成章、魏兰赴日本,联合王嘉祎、蒋尊簋、孙翼中、鲁迅等人成立光复会东京分部。常与黄兴、秋瑾等人聚集,研究归国后在浙江继续策划会党起义。

《鲁迅与光复会》:

上海成立光复会后不久,陶成章写信到东京与王嘉祎等协商,于同年十二月成立光复会东京分部,由王嘉祎负责。

罗慧生《鲁迅与许寿裳——从一个侧面看鲁迅》,浙江人民出版社1982年版,第49页

沈瓞民《回忆鲁迅早年在弘文学院的片断》:

当时鲁迅在弘文学习日语,是比较紧张的。一有余暇,就参加集会,听讲演,与浙江革命机关暗中接触。在一九〇四(甲辰)年,鲁迅正式参加浙江革命志士所组织的光复会,从事革命工作。

…………

同时参加光复会的,有许寿裳、孙翼中等人,许、孙均为东京出版的《浙江潮》编辑。我另有《记光复会二三事》一文。

薛绥之主编《鲁迅生平史料汇编》第2辑,天津人民出版社1982年版,第42~43、49页

魏兰《陶焕卿先生行述》:

乙巳正月,始晤于东京,并与黄兴、蒋智由、陈威、陈毅、秋瑾、彭金门各志士商议办法。

汤志钧编《陶成章集》,中华书局1986年版,第431页

阙良庆《魏兰与陶成章》:

一九〇五年初,魏兰与陶成章会晤于东京,常与黄兴、秋瑾等人聚集,相互激励,研究归国后在浙江继续策划会党起义。

中国政协浙江文史资料委员会编《浙江辛亥革命回忆录》续辑,浙江人民出版社1984年版,第81页

冬　黄兴得悉广西会党首领陆亚发在柳州起事,谋在湘再举革命。

邹永成口述,杨思义笔记《邹永成回忆录》:

黄克强得知这消息,想乘机在湖南再举。那时我和邹代藩、蔡锷等都回到了宝庆府城,我们便在河街岭益美祥号曾子亿店中召集了周召期、曾广轼、吴任、肖立人、张监士、傅作益、石成功、徐清泉、曾子亿等同志十余人开秘密会议。决定周召期赴长沙、宁乡活动;邹代藩、曾广轼、石成功等在宝庆、新化活动;蔡锷到武冈去劫夺转运局的枪炮起事;我同吴任担任赴广西运动黄忠浩部倒戈,并与陆亚发取【得】联络。

庄建平主编《近代史资料文库》第7卷,上海书店出版社2009年版,第28~29页

△ 蔡锷回国后先受江西巡抚夏时之委,任江西材官学堂监督。后应桂抚李经羲之邀赴广西训练新军。

杨思义《蔡锷轶事》:

一九〇三年秋,黄兴在长沙组织华兴会,谋反清起义,松坡时在湖南武备学堂任教习,亦预其谋。适赣抚夏时召其赴南昌,任随营学堂及材官学堂总队长,图扩展华兴会势力于赣,以为黄助,遂往焉。翌年秋,华兴会起义事败,黄兴出走,省内外机关多被破获,江西随营学堂及材官学堂亦牵涉遭解散。松坡愤而回宝庆,与谭人凤、谭心休、邹代藩、邹永成、谢介僧等,于郡城河街岭益美祥号,设机关,谋劫武冈转运局之枪械起义,以响应黄兴之再举。旋桂抚李经羲来电召其赴广西练新军,松坡为争取兵权、扩大革命势力计,认为机不可失,乃留谢介僧、谭心休等于郡城继续活动,自率学生雷飙、何鹏祥、岳森、杨穆等赴桂林。抵桂后,先后开办随营学堂、干部学堂、陆军小学及学兵营等,训练新军骨干,数以千计。

田伏隆主编《忆蔡锷》,岳麓书社 1996 年版,第 139 ~ 140 页

周震鳞《关于黄兴、华兴会和辛亥革命后的孙黄关系》称蔡松坡(锷)先生:

回到了湖南担任武备学堂教习,这时他已放弃了康梁的改良主张,积极赞助排满革命。我在岳麓山高等学堂任教务长,他经常来访,革命情绪异常激昂,跃跃欲试。我每劝他韬晦蓄势,目前应该加意培养革命青年,等到掌握了实力再动。但由于他锋芒太露,不久就被反动学校当局辞退,随即被调到广西,训练新军,开办干部学堂。我当时介绍了部分高等学堂中革命意志坚强的学生,投考干部学堂,随蔡去广西。从此克强先生往来于湘桂之间,积极进行革命活动。

中国政协文史资料委员会编《辛亥革命回忆录》第 1 集,文史资料出版社 1961 年版,第 333 页

△ 孙中山是年为汉公(刘成禺)所著《太平天国战史》作序。序文将洪秀全与朱元璋相比较,反对“是朱非洪”,“以成功论豪杰”。

孙中山《〈太平天国战史〉序》:

朱元璋、洪秀全各起自布衣,提三尺剑,驱逐异胡,即位于南京。朱明不数年,奄有汉家故土,传世数百,而皇祀弗衰;洪朝不十余年,及身而亡。无识者特唱种种谬说,是朱非洪,是盖以成功论豪杰也。

胡元亡汉,运不及百年,去古未远,衣冠制度仍用汉官仪。加以当时士君子,半师承赵江汉、刘因诸贤学说,华夷之辩,多能道者。故李思齐等拥兵关陕不出,刘基、徐达、常遇春、胡深诸人皆徒步从明祖,群起亡胡,则大事易举也。

满清窃国二百余年,明逸老之流风遗韵,荡然无存。士大夫又久处异族笼络压抑之下,习与相忘,廉耻道丧,莫此为甚。虽以罗、曾、左、郭号称学者,终不明春秋大义,日陷于以汉攻汉之策,太平天国遂底于亡。岂天未厌胡运欤?汉孙子[子孙]不肖应使然欤?抑当时战略失宜有以致之欤?

洪朝亡国距今四十年,一代典章伟绩概付焚如,即洪门子弟亦不详其事实,是可忧也。汉公搜辑东西太平遗书,钞译成册,中土秘本考证者不下数十种,虽当年遗老所见所闻异辞,文献足征大备,史料官书可据者录之,题曰《太平天国战史》,洵洪朝十三年一代信史也。太平一朝,与战相终始,其他文艺官制诸典不能蔚然成帙;又近时官书伪本流行,关于太平战绩,每多隐讳。汉公是编,可谓扬皇汉之武功,举从前秽史一澄清其奸,俾读者识太平朝之所以异于朱明,汉家谋恢复者不可谓无人。洪门诸君子手此一编,亦足征高曾矩矱之遗,当世守其志而勿替也,予亦有光荣焉。

此序。

孙文逸仙拜撰

广东社会科学院历史研究室等合编《孙中山全集》第1卷，中华书局1981年版，第258～259页

△ **刘成禺奉孙中山先生命主编《大同报》。**

李西屏《武昌首义纪事》：

武昌刘成禺奉孙中山先生命主编《大同报》，风行南北美洲。

中国政协湖北省文史资料委员会编《辛亥首义回忆录》第4辑，湖北人民出版社1961年版，第3页

△ **中国留日学生良莠不齐，思想比较复杂，秦力山、胡汉民等均有所察觉。**

秦力山《说革命》：

近年以来，几五六千人矣。其游学也，多含有保举之目的，故人类小齐，棍骗及宿娼之事，所在多有。然其中亦有为学生放一光彩者，则新组织之暗杀党，虽尚无成绩，而逆料他日之成就必能后来居上。至去岁十月，湖南华兴会之谋独立，则东京学生已不下千人以上在其中，事实上之进步，亦较然可睹（其详载在各报）。

彭国兴、刘晴波编《秦力山集》，中华书局1987年版，第157页

冯自由《胡汉民入党时纪实》：

第二次到日本，则在甲辰（一九〇四年），所学为法政大学之特设速成法政科，期以二年毕业。同行者有汪兆铭、朱大符、叶夏声、陈融、张树枏、古应芬、金章等数十人，皆粤督岑春煊所派之官费生也。先是汉民之堂弟毅生已于癸卯（一九〇三年）春夏间负笈东渡，会孙总理自越南莅日本，旋组织革命军事学校于东京青山，各省学生从游者十四人，毅生其一也。此校开设半载，即以内哄解散。及翌年汉民来，与毅生同租居于神田三崎町，渐与党人相往还。每赴横滨，恒至华侨学校及余与廖翼朋等寓所叙谈，时东京横滨间尚未有党人之固定组织也。

冯自由《革命逸史》第2集，中华书局1981年版，第177页

冯自由《未入革命党前之胡汉民》：

甲辰（一九〇四年）粤督岑春煊派学生至日本法政大学习速成法政，以二年期毕业。汉民于是二次东渡，同行者有×××、朱大符、金章、陈融、叶夏生等数十人。毅生时任横滨华侨学校教员，因绍介汉民与横滨民党梁慕光、廖翼朋等相识。

冯自由《革命逸史》初集，中华书局1981年版，第187页

《胡汉民自传》：

其时学生全体内容至为复杂，有纯为利禄而来者，有怀抱非常之志愿者，有勤勤于学校功课而不愿一问外事者，有好为交游议论而不悦学者，有迷信日本一切以为中国未来之正鹄者，有不满意日本而更言欧美之政制文化者。其原来之资格年龄，亦甚参差。有年已四十五十以上者，有才六七岁者，有为贵族富家之子弟者，有出身贫寒来自田间者；有为秘密会党之领袖以亡命来者，有已备有官绅之资格来此为仕进之捷径者。

胡汉民《胡汉民自传》，传记文学出版社1969年版，第14页

由于成员复杂，东京留日学生的革命倾向曾一度低落，秦力山剖析其原因。其《说革命》谓：

吾恐革新之运动，不能一致而群策群力，则效力恐终难望也。……支那人不欲新其国则已。若欲新其国，则决非联为一致不可；若欲联为一致，其非有一国民总机关不可。……一则以小团体中志节之腐败，遂刺激而杂（离）其群，不得已而欲以独力一泄其孤愤；一则多由外界对于本团体感情之恶，不欲以众浊而混其一清。

彭国兴、刘晴波编《秦力山集》，中华书局1987年版，第163～164页

△ 陈楚楠发起创立《图南日报》，宣传革命思想。

冯自由《中国革命运动二十六年组织史》：

《图南日报》为南洋华侨革命党机关报之鼻祖，出版于于甲辰年春，地址在新加坡福建街二十一号，发起人为尤列、陈楚楠、张永福等，资本则全出自楚楠、永福二人。初由尤列介绍郑贯公任该报总编辑。贯公以方筹办《广东日报》辞，乃改聘陈诗仲承之。郑、陈均前任香港中国报记者也。此外，更聘尤列为名誉编辑，黄伯耀、何德如、康荫田、胡伯镶、邱焕文诸人分任撰述、译务。第一日尤列作发刊词，署名"吴兴季子"，初印一万份，后减作一千份，然长期定阅者仅三十余份。盖其时风气未开，各商店多视为大逆不道，群起反对，且严诫其子弟伙友不许购读，故出版多日仍难推销，仅作宣传性之赠送品而已。

《民国丛书》第2编第76册，上海书店1990年版，第83页

△ 湖北汉川人梁钟汉积极投身革命，大力宣传革命思想。

梁钟汉《我参加革命的经过》：

耀汉初入统领吴元泽前锋营当兵目，后改为常备兵，旋进入防军特别小学当学生，与同学黄中芗、周耀东及同营张运生、黄警亚、季雨霖、李亚东等联络一气，成为心腹。……该营的管带曾广大因耀汉系由日本留学回国从戎，常集合队伍，叫耀汉对众演讲外国革命维新故事。耀汉借此机会，演讲世界革命趋势，中国阽危情状，慷慨淋漓，声泪俱下。每次演讲毕，并高唱军歌，激发士气。耀汉从此结识吴昆、徐竹坪、冯特民、李筱香、成邦杰、彭临九、辜天保、吴楚翘、蔡大辅、邹幼云等数十人，在武昌左二巷成立"群学社"。创办之始，由我与耀汉作种种布置，并由我筹办开办费两百串。我此时亦参加新军第四十一标左队当士兵，队官是福康时。七弟辉汉正在武昌西路高小读书。他亦要退学当兵。我劝阻他道："你尚年轻，正应求学，我同你去日本留学，兼可纳交一般海外同志，徐图进展。"我就离开左队，预备偕七弟辉汉起程赴日本，适有黄金门、富鹤年二人，由日本回国，住在"群学社"，与耀汉计议，谓宜开办学校，培养革命人才，作根本之图。耀汉韪其言，筹款开办"明新公学"，表面上是"明明德、在新民"，实隐明朝复新之义。学校设在武昌郎家巷。招考中级学生两百名。开学后，因插班生多，添招壹百名，公推耀汉为经理，担任经费。学生每月膳费三串文。敦聘武昌府儒学黄福为堂长(即今之校长)。黄金门、富鹤年二人为监学，黄兼国文、理化教员，富兼历史教员，徐竹坪任经学教员，张庸任算学教员，李亚东任体操教员，蔡襄云任图画教员，黄瀛洲任音乐教员，韩人马某任英文教员。我见开办后，气势兴旺，足为革命前途之生力军，惟嫌房屋狭小，不敷应用。当筹款改租中和门金龙桥道员邹理和的房屋为新校舍。耀汉常召集教员李亚东、徐竹坪、黄金门、张庸等，及优秀学生宋国祯、梁雨亭、胡宗城、万鸿阶、陈雄才、李端书、程庆芝、林厚斋等在"群学社"开会。耀汉发言时强调人之所以为人，以其有独立之人格与自主精神，若任人驱使宰割，实与禽兽无异。"明新公学"课程，以灌输革命思想为主，如讲国文课时，举"雍也可使南面"、"人皆可以为尧舜"等，以明皇帝人人可为，不容一姓独占；又举"君之视臣如土芥，则臣视君如寇仇"、"国人皆曰可杀，然后杀之"等，鼓励学生反对暴君。授算术课时，以"嘉定三屠"、"扬州十日"为习题，问屠一次屠多少人，杀一日杀多少人，三屠与十日，得数若干等。

中国政协湖北省文史资料委员会编《辛亥首义回忆录》第2辑，湖北人民出版社1957年版，第5~6页

△ 国内再次出现留学日本的热潮,据统计1904年年初留日学生约有三千到四千人,到年底留日学生人数达八千到一万。

〔日〕实藤惠秀著,谭汝谦、林启彦译《中国人留学日本史》:

一九〇四年以后,留日学生年年增加。是年年初就有三至四千学生在日本。日本驻华公使内田康哉在该年二月一日发行的《太阳》第十一卷第二号发表《清国时事》一文,有“三千留学生”之语;佐佐友房在同期的《南清杂感》一文说:“来自中国各省学生约三千人,其中湖南省三百五十人,湖北省四百二三十人,皆属张之洞所派者,其他各省如江苏、浙江、福建、山东、四川等亦有派遣留学生。”寺田勇吉在一月发行的《中央公论》第二十卷第一号发表《清国留学生问题》说:“闻目前清国人留学我国者……达三四千人。……《万朝报》甚至谓多达五千人以上。”到了该年年底,估计留日学生达到八千或一万名。

〔日〕实藤惠秀著,谭汝谦、林启彦译《中国人留学日本史》,三联书店1983年版,第36页

△ 安徽巡抚招募新军,柏文蔚等报名参加,在军内组织同学会秘密宣传革命。

安文生《安庆光复前后》:

一九〇四年,安徽巡抚招募新军,柏文蔚、杨缵龙、李孟州、李幼卿、胡万泰、李干玉、李士善、田次埙、余申甫、张石泉、张孟桑、孙叔真、李德瑚、张树侯、刘松甫、王化崇、倪映典、熊成基、龚维鑫等报名参军。柏文蔚并在军内组织“同学会”,秘密宣传品有《猛回头》、《警世钟》、《扬州十日记》等。

中国政协文史资料委员会编《辛亥革命亲历记》,中国文史出版社2001年版,第533页

△ 广东将弁学堂建立,新军的革命运动逐渐扩张活跃起来。

莫雄《清末广东新军与辛亥革命》:

将弁学堂是在一九〇四年正式成立的。将弁学堂设于广州北横街,初办时以李湛阳为总办(山西银号大老板),周善培为监督(字孝怀,留日士官生),训练仿照日本军制、军学,而且聘了不少日本人当教官,成立步、骑、炮、工、辎等五个兵种的学兵营。以韦汝聪(中山人,留日士官生)为指挥官,上校营长黄士龙(广东花县人,江南水师学堂毕业),第二任营长王体端(东莞人,留日士官生),学兵营步兵队第一队少校队官陈昌言(将弁学堂毕业),第二队队官邓铿(惠阳人),炮兵少校队官杨其伟(字定斋,广州人),邓铿(字仲元,惠阳人),李济深(字任潮,广西苍梧人),叶举(字老卿,惠阳人),伍冠球(字庸伯,番禺人)等人都是学兵营的排长,张文(字香池,梅县人),梁鸿楷(新兴人),梁士锋(阳江人),杨锦龙(茂名人),徐维杨(花县人)等都是学兵营的学兵。

中国政协文史资料委员会编《辛亥革命亲历记》,中国文史出版社2001年版,第533页

△ 王和顺带领农民起义。

冯自由《南军都督王和顺》:

王和顺,字德馨,号寿山,广西邕宁人。少负奇气,以行侠尚义闻。弱冠入伍,隶提督刘永福部为哨官,每战恒身先士卒,上官多器重之。时清政不纲,洪门会党潜伏两粤腹地已久,纷然并起,以反清复明相号召。和顺知其可用,思以兵法部勒之,为光复祖国用,立弃官入会,以义勇得众心,名以大著。壬寅癸卯间(一九〇二至一九〇三)有陆亚发者,广西著名之游勇头领也,与和顺素相莫逆,佥以其时清军在桂兵力异常空虚,大可乘机而动,遂相约分头

举事。亚发一举而陷柳州，庆远、思恩、郁林各属，纷纷响应。和顺亦占据南宁、梧州等属多县，以相犄角。清将苏元春等望风而逃，清廷大为震惊，特令粤督岑春煊以七省之兵临之，悬赏十万购陆、王二人首级。复遣使招降，饵以禄位，均不为动。相持两载，卒以众寡不敌，亚发死焉。甲辰（一九〇四年）十二月和顺率余众退至邕属四塘墟，犹阵斩清帮统吴胜贵以示威，后知事无可为，乃携其侄阿福走香港，潜匿九龙光汉学校，由同志史古愚、伍汉持、李自重等庇护之。旋托其侄于李自重，使雇佣于金利源药材行，遂避地越南西贡，赖堤岸侨商黄景南、李亦愚之助，得免于冻馁。

冯自由《革命逸史》第 2 集，中华书局 1981 年版，第 199 页

△ 李自重、史古愚等创办香港光汉学校，提倡军国民教育。

冯自由《李海云事略》：

甲辰（一九〇四年）归香港，与史古愚、伍汉持等组织光汉学校于九龙，提倡军国民教育，全港学校翕然宗之。那打素医学校（即今香港大学，编者）学生李树芬、陈元英素昵自重，且与金利源有乡谊，课余常下榻其间，相与纵谈时政，至为相得。海云与其伙友李以衡因亦萦怀国事，渐有光复之志。

冯自由《革命逸史》初集，中华书局 1981 年版，第 216 页

冯自由《香港同盟会史要》：

时李自重与史古愚、伍汉持、陈典方、崔通约设光汉学校于九龙，提倡军事教育。香港各学校纷纷举行兵式体操，均延自重为体操教员。盖自重早年曾肄业于总理所设东京革命军事学校，以教授军事训练蜚声于时也。事为港政府所忌，乃禁止各校设体操一科，并拟驱逐自重出境。自重遂不得已他适避之。

冯自由《革命逸史》第 3 集，中华书局 1981 年版，第 221 页

陈雅整理《从兴中会至辛亥革命的忆述——李自重回忆录（遗稿）》：

是年冬，以从事翻译虽有收获，然究非本志，乃向陈少白、李纪堂等同志建议开办学校，既可宣传革命，从中物色同志，复可培养人材。陈、李均表同意，于是推纪堂出面进行。稍后李得悉九龙城有一龙律义学因故停办，于是乃设法租得该校校址，经一番筹备，乃底于成。命校名为“光汉”，盖乃取光复汉族江山之义也。……光汉学校由史古愚兄（烈士史坚如胞兄）任校长，余任舍监兼日语、体育教员，陈典方（少白胞兄）、方××，吴××、分担各科教席，伍汉持任校医。首期招生五十余人。此为香港兴中会进入教育领域，开展工作之首。

中国政协广东省文史资料委员会编《广东辛亥革命史料》，广东人民出版社 1981 年版，第 212～213 页

△ 台湾新竹蔡洁琳等在台湾各地秘密组织复兴中会，准备发动武装起义，推翻日本殖民统治。

△ 李根源考上云南省官派留学生，赴日本学习陆军，后倾向革命。

李希泌《先父李根源忆述黄克强先生》：

一九〇四年，先父考上云南省官派留学生，赴日本学陆军。到日本后，先入振武学校。先父东渡前在昆明堂肄业，该校是清末废科举后设立的，先父在该校偷读《訄书》、《革命军》和《新湖南》等革命书刊。他经常与倾向革命的同学罗佩金、赵伸、李日垓等谈论革命。由于他在国内对革命已有认识，故到日本后，一有机会遇见革命派的领袖孙中山和黄克强两先

生,很自然地便和他们情投意合了。

田伏隆主编《忆黄兴》,岳麓书社1996年版,第150页

△ **河南新蔡刘纯仁(粹轩)积极从事思想启蒙。**

新蔡张山甫辑《刘粹轩年谱》(稿本):

车翰如、安沼白等在汴提倡新学,调查书局售出新书报章,以新蔡所购独多。君在汴,翰如、沼白访谈甚契。初晤巩县王抟沙、任镜海、张和熏,偃师杨勉斋。时文明渐启,新蔡、巩县最得风气之先,有"河南文明两萌芽"之称。读严复所译《原富》、《法意》、《群学肄言》、《社会通诠》、《穆勒名学》诸书。改新蔡大吕书院为高等小学堂。提倡改良各私塾教授法。筹四乡各庙产办立各处蒙学堂。创立新蔡放足会。新蔡顽固家目君等为疯狂,官吏更忌恨之,君等不顾也。

中国政协河南省文史资料委员会编《河南文史资料》第39辑,河南人民出版社1991年版,第7页

△ **禹之谟力倡革命救亡之说,积极开设工厂与开办学堂,次年从事爱国活动更趋积极。**

冯自由《丙午靖州禹之谟之狱》:

禹之谟,湖南湘乡人,少有大志,博学能文,生平喜读先儒王船山遗著,谓胡、曾、左、彭好大喜功,误入歧途,皆由不善读书之过,闻者多目为狂徒。弱冠尝游江浙。饱览长江沿岸形势,油然萌故日河山之感。甲午(一八九四年)清日构衅,慨然投笔从戎。湘军某统帅以其文弱书生,使任运输事务。因得往来关内外及辽东西各险要,军食赖以无缺。战后以劳绩保知县,因见国是日非,辞不受命。旋赴上海,专心研究各种实业。半年后复游日本,投身大阪千代田等工厂学习工艺,日有精进。寻以其父春轩病重,忽遽归国。戊戌(一八九八年)政变,谭嗣同等六人死之。之谟谓非我种类,其心必异,倚赖异族政府改行新法,等于与虎谋皮,遂力倡革命救亡之说。庚子(一九〇〇年)七月唐才常、林锡生谋起兵武汉,之谟亦与其谋。事败,尚不知,入唐寓,所见逻骑满室,知有变,乃从容作寄信人得脱。旋往来宁沪间,有所计议,久无所成。癸卯(一九〇三年)归湘潭筹设毛巾厂,延技师教导乡民以各种纺织事业,邑人多受其惠。甲辰(一九〇四年)复推广至长沙,并附设工校。次年更添设工场。整理机织,皆亲自操作,职工咸乐为之用。又借湘乡会馆创办惟一学堂,城中各校赖其力成立者甚多。

冯自由《革命逸史》第2集,中华书局1981年版,第169页

1905年禹之谟继续为乡里创办新学堂而斗争。邓介松《启蒙时期青年运动的急先锋禹之谟》:

一九〇五年,清廷明令废科举。禹之谟于腊月中回乡号召青年进学堂。以青树坪为中心的六个乡(旧称六都),青年响应的就有五十多人,我兄弟二人在内,约期齐集永丰(现为双峰县城)。禹预先在永丰雇了四个倒扒子(永丰河里船名),亲自送这一批青年进省,一路殷勤照料,并宣传革命排满。

那时长沙学校还不多,……为了安顿这一批青年,禹之谟倡议就湘乡试馆及与试馆毗连的昭忠祠开办湘乡中学堂和师范学堂。试馆原是科举时代士子应试时的宿舍,昭忠祠是祀咸、同年间湘军阵亡的湘乡县籍的官兵的。

禹之谟在长沙创办湘乡中学堂和师范学堂,自己首先捐银百两并向湘乡在省绅、商募捐开办费。同时召集旅省同乡开会,决议提拨湘乡宾兴会(全县学款管理机关)学田租谷及其在长沙的房产租金为经常费。守旧派反对这个决议,而新派则坚决执行,明争暗斗,形成对

立。新派以禹为首，以湘乡中学堂及师范学堂为中心。旧派以程希洛为首，以劝学所为中心（程为劝学所长）。每逢县里开学，双方针锋相对，甚至动武，大打出手。……

湘乡县学款历来全由旧派把持。食盐附加学捐，向由贪官劣绅伙通[同]经收附加盐税的畅远盐行狼狈为奸，化公为私，共同分赃。新派查出这个黑幕，组织清算。

为了发动青年促进革命，禹之谟只顾多办学校，多收学生。任何艰难困苦，皆所不辞。在创办湘乡中学堂的同时，禹又在长沙和几个朋友创办另一所中学，初名广益专修科，后改为广益中学堂。这个学堂一直成为长沙有名的私立学校。

田伏隆主编《辛亥革命在湖南》，岳麓书社 1997 年版，第 359 页

1905 年秋，禹之谟从事爱国活动更趋积极。冯自由《丙午靖州禹之谟之狱》：

适日俄媾和，清廷谋以福建向日抵换辽东，湘人群电北京政府抗争，之谟实为之倡，以是湘中教育会商会皆推为会长。

冯自由《革命逸史》第 2 集，中华书局 1981 年版，第 169～170 页

姚渔湘《禹之谟传》：

秋，日俄媾和，清廷谋以福建向日本抵换辽东，之谟提倡反对，众人附和，于是湖南群电北京政府抗争。又粤汉铁路争归商办，之谟莅会演说，痛陈利害，数日间集款百余万。以是湖南教会、商会皆推之谟为会长。

湖南省文献委员会编《湖南文献汇编》第 1 辑，湖南文献委员会 1948 年印行，第 168 页

黄兴密函禹之谟成立同盟会湖南分会，推销《民报》。姚渔湘《禹之谟传》：

会是时，总理与黄兴、陈天华、宋教仁等组织中国同盟会于日本东京。黄兴密函之谟，使在湖南设立分会，及推销《民报》。湖南民党由之谟介绍入会者，颇不乏人，《民报》亦由其一手代销，销路甚盛。

湖南省文献委员会编《湖南文献汇编》第 1 辑，湖南省文献委员会 1948 年印行，第 168 页

△ 刘思复留学日本渐有志于光复事业。

冯自由《心社创作人刘思复》：

甲辰年（一九〇四年）赴日本留学，渐与革命党人相往还，益有志于光复事业。

冯自由《革命逸史》第 2 集，中华书局 1981 年版，第 191 页

△ 张静江充驻法公使孙宝琦商务随员，逢人必谈革命，留学生贺之才等对之颇怀戒心。

冯自由《新世纪主人张静江》：

张人杰，字静江，浙江吴兴人，上海张园主人之子也。父殁，分得遗产巨万，性豪侠，好施与，以体弱足躄，不良于行。癸卯甲辰间（一九〇三至一九〇四）孙宝琦任驻法国公使，静江夤缘得充使馆商务随员，遂在上海巴黎间经营中国古董贸易，设一店曰通运公司，法人之有中国古董癖者，咸趋之若鹜，以是获利甚丰。旅法数年，渐结识西欧无政府党诸学者，获聆蒲鲁东、巴枯宁、克普泡特金等学说，因之思想锐进，立论怪特。隐然以中国无政府主义之宣讲师自任。时我国留欧学生之倾心革命真理者，大不乏人，以静江身任使馆随员，而口操过激论调，疑为别有作用，多未敢与之往还。某岁比国烈日城开博览会，静江随清公使孙宝琦往观，逢人必谈革命，留比学生贺之才等对之尚怀戒心。

冯自由《革命逸史》第 2 集，中华书局 1981 年版，第 209～210 页

△ **杨笃生离开日本到北京,在译学馆任国文教授,进行革命活动,不久,转往英国。**

冯自由《新湖南作者杨笃生》:

及同志万福华刺王之春案发,余庆里机关被搜,检去手枪、炸药、名册、会章等等,按捕黄克强等十余人,杨毓麟名亦在列。笃生因是改名守仁,以避侦者耳目。继乃变计溷迹政界,以从事中央革命,谓发难边区不如袭取首都收效之速。居京数月,赖张伯熙之助任译学馆教员。会清廷派遣五大臣出洋调查宪政,笃生认为时不可失,遂力谋厕充随员以行事。

冯自由《革命逸史》第2集,中华书局1981年版,第117页

△ **钮永建(惕生)在广西龙州边防大营任总文案,训练教导团学生。**

杨恺龄《民国钮惕生先生永建年谱》云钮永建:

应广西太平思顺兵备道兼防督办庄蕴宽(思缄)之邀,至龙州边防大营任总文案,兼边防教导团总理,带随员两人,文案为刘熏麒,督带为陈炳焜、谭浩明。学生十余人,训练教导团学生约二百余人。时秦毓鎏(效鲁)亦在龙州任边防法政学堂监督。

王云五主编《新编中国名人年谱集成》第13辑,商务印书馆股份有限公司1981年版,第20页

△ **山东徐镜心积极从事革命活动。**

孙丹林《山东辛亥革命之经过》:

一九〇四年秋冬之交,我考入山东大学。翌年暑假,开登州同乡会于济南泺源书院旧址师范学堂丁佛言宿舍小楼上。徐镜心(字子鉴)适自日本留学归来,亦预斯会。值丁佛言为他人书联,浼徐撰语为:"事到万难须放胆,理当两可且平心。"临行,徐问我寓所,我告以西门外杆石桥大学堂邹字一号,徐执手寒暄,云于翌日访晤。三五日后,徐惠然临存。我留午餐,渠濒行之际,留书三册。一为白浪滔天(宫崎寅藏)所撰之《三十三年落花梦》,一为章士钊所编之《黄帝魂》,一为巴县邹容所著之《革命军》。

中国政协文史资料委员会编《辛亥革命亲历记》,中国文史出版社2001年版,第577页

△ **本年出版的主要革命报刊、杂志与图书。**

冯自由《开国前海内外革命书报一览》:

一、日报类

名称	时期	出版地	编辑及发行人
……			
图南日报	甲辰(一九〇四)	新加坡	陈楚楠 张永福 尤 列 陈思仲 林义顺
是报为华侨在南洋群岛创刊革命机关报之嚆矢。出版二年而止。			
俄事警闻	甲辰	上海	蔡元培 刘光汉 陈去病
警钟日报	甲辰	上海	蔡元培 刘光汉 汪允中 林 獬 陈去病 林中素 陈竞全
广东日报	甲辰	香港	郑贯公 黄世仲 陈树人 胡子晋 劳纬孟

冯自由《革命逸史》第3集,中华书局1981年版,第139页

冯自由《开国前海内外革命书报一览》:

二、杂志类

名称	时期	出版地	编辑及发行人
……			
二十世纪大舞台	甲辰(一九〇四)	上海	陈去病
汉声	甲辰	东京	湖北学生界改名
扬子江丛报	甲辰	上海	杜课园
扬子江白话报	甲辰	上海	杜课园
女子魂	甲辰	东京	抱真女士

冯自由《革命逸史》第3集,中华书局1981年版,第145页

冯自由《开国前海内外革命书报一览》:

三、图书类

名称	时期	出版地	编辑及发行人
……			
猛回头	甲辰(一九〇四)	上海	陈天华
警世钟	甲辰	上海	陈天华
最近政见之评决	甲辰	东京	陈天华
太平天国战史	甲辰	东京	刘成禺
三十三年落花梦	甲辰	上海	宫崎寅藏、金一
支那问题之真解决	甲辰	美国	孙逸仙
清秘史	甲辰	上海	陈去病
新湖南	甲辰	东京	杨笃生
波兰衰亡史	甲辰	上海	薛蛰龙
中国民族权力消长史	甲辰	东京	陶成章
郑成功传	甲辰	东京	匪石
女狱花	甲辰	上海	王妙如
多少头颅	甲辰	上海	亡国遗民
女娲石	甲辰	东京	海天独啸子
瓜种兰因	甲辰	上海	汪笑侬
种界魂	甲辰	上海	不详
创世英雄	甲辰	香港	徐桂
自由血	甲辰	上海	金天翮

冯自由《革命逸史》第3集,中华书局1981年版,第151~152页

△ **海外各埠革命党与保皇党双方笔战之情形。**

冯自由《清季革命保皇两党冲突始末·各地党报之文战》:

革命党	地点	年代	当事人		保皇会	地点	年代	当事人	
民生日报	檀香山	甲辰	程蔚兰	张孺伯	新中国国报	檀香山	甲辰	陈继俨	梁文卿
大同报	旧金山	甲辰	唐琼昌	刘成禺	文兴报	旧金山	甲辰	梁朝杰	梁君可

冯自由《革命逸史》第6集,中华书局1981年版,第16页

1905 年(光绪三十一年·乙巳)

1 月 1 日(甲辰年十一月二十六日)　日本横滨华商总商代表孔兆成、董阜成致外务部电,请外务部迅速依法处理上海俄兵惨杀商民事件。

《横滨总商致外务部电》(光绪三十年十一月二十六日):

横滨华商孔兆成等电称:上海俄兵惨杀商民,商等愤甚,请速执法办理。

横滨总商代表　孔兆成、董阜成

《俄兵砍毙华人案抄档》,杨天石等编《中华民国史资料丛稿·拒俄运动》,中国社会科学出版社1979年版,第248～249页

△ 宁波人为俄兵杀毙周生有一案发布传单布告同乡,望于二十八日同至领事署观审,以防偏袒。

1905 年 1 月 2 日《时报》刊发《宁波人传单》(二十六日发):

本帮工商为俄兵杀毙周生有一案,本定二十六日会议暂时停业要求,因昨见绅董传单,知俄领事已允交犯,定于二十八日会同华官讯问。惟传单中并未指定何处会审,而外间传闻皆谓仍由俄官主政。在俄领事署开审,只恐华官不能力主抵偿,为此布告同乡,望于二十八日同至领事署观审,以防偏袒。

四明同人启

杨天石等编《中华民国史资料丛稿·拒俄运动》,中国社会科学出版社 1979 年版,第 250 页

△ 因不满袁树勋对俄国水手杀死周生有(亦作周生友)一案持放任主义,第一商学会王堂于公历元旦发表演讲,强调杀一周生有即杀我一同体之人,理当奋力抗争。

第一商学会王堂演稿《西历元旦之新感情》:

嗟嗟! 我华人今日所处之地位何如? 吾思之,睠睠然悲,悄悄然忧,戚戚然惧。何以故? 因吾耳闻目见、脑触身经者,皆种种可惊可怖之危境也。呜呼! 吾欲无言而不能自已。诸君其谛听哉!

…………

俄国亚斯古而特逃舰水手杀死甬人周生有一案,沪道始持放任主义,迨寓沪甬人大动公愤,始稍稍与俄领事交涉,俄领事诿为无权处分,移归北京公使办理云云。呜呼! 俄领事此言,固沪道顶礼祷祝,万金欲买而不可得者也。死者已,将在沪华人未死而待死者,无一人非可死之人,无一事非可死之事,无一时非可死之时矣。推而至于全国,莫不如是,此又吾所谓危境也。

…………

俄兵杀人,不归我刑法之下,欺我无法律也。上海一地,人民众多,此而可杀,孰不可杀! 杀一周生友,即杀我一同体之人也。

《警钟日报》,1905 年 1 月 5 日

△ 张之洞致电龙湛霖等湘绅,望他们就废约自办铁路事派员赴鄂面商以解决筹款问题。

张之洞《致长沙龙侍郎诸公》(光绪三十年十一月二十六日子刻发):

废约事敝处前已屡电盛大臣,嘱其力办。近数日已会盛衔电致驻美梁使,宣布废约之事。柏士前持外务部函来商借款,鄙人已经严词拒绝,声明已筹有款自办,力破以美接美之说。面驳之外,加以函驳,此事鄙人可谓极力主持矣。惟目前切实办法,全在多筹的款。而三省路工长短不同,各尽义务,只可按地分摊。……鄙人以湘绅尚义急公,深为佩慰。……湘省同乡诸公必须能自筹巨款,则不敷之数,鄙人当竭其浅陋之见,力筹一巨款,以成两省盛举。此事官款则利归官,绅款则利归绅,……昨接梁使电,现已与美外部辩争废约,是此事已经布告海外,环球皆知。鄙人已经挺身力任其难,必须办成,方免为外人所笑。此等重大之事,若湘中诸公竟无一人来鄂当面详谈,商定大略,安能决计坚持,临机因应。如张渔珊观察不能来,无论何位皆可,多一两位尤好,盼甚盼甚。

国家清史编纂委员会·文献丛刊《张之洞全集》(11),武汉出版社2008年版,第174~175页

△ **日军攻陷旅顺口。**

1月2日(十一月二十七日)　东京浙江留学生致电沪道袁树勋,对于俄水手砍毙周生有(亦作周胜友)一案,要求据理力争,按公法处理。

《浙省东京留学生致沪道公电》:

探得沪道袁观察于前日接到东京浙江留学生公电,以俄水手砍毙周胜友一案,务请据理力争,以符公法云。

《时报》,1905年1月2日

△ **鉴于周生有案所引起的民愤,沪道袁树勋致电外务部欲免激于公愤,别滋事端,须向俄领事力争,设特别公堂,会同审讯。**

《外务部收沪道袁树勋感电》(光绪三十年十一月二十七日):

此案凶手虽已解至俄领署中,然来函只另订立【日】期,请县观审。查中俄条约有会同之文,而无观审之语。此犹指寻常交涉而言,若败兵归我保护约束,案情又属不同。今允其照约会审,似已通融。在沪甬人不下二三十万人,激于公愤,势甚汹汹。各日报又从而鼓动之,益欲得俄犯而甘心。幸各绅董竭力开导,暂免暴动。然众怒未已,非设特别公堂,会同审讯,风涛所撼,难以弹压。窃恐别滋事端,除向俄领力争,务求宪部切商俄使饬遵。大局幸甚!树勋。

《俄兵砍毙华人案抄档》,杨天石等编《中华民国史资料丛稿·拒俄运动》,中国社会科学出版社1979年版,第259页

△ **宋教仁与张步青谈创办杂志之事。**

宋教仁《宋教仁日记》:

未正,至胜光馆访张步青,谈及组织杂志事。步青亦赞成之,郭瑶皆、鲁文卿亦愿与闻。

湖南省哲学社会科学研究所古代近代史研究室校注《宋教仁日记》,湖南人民出版社1980年版,第21页

△ **张之洞与盛宣怀、外务部就停废合兴小票事进行协商。**

张之洞《致上海盛大臣》(光绪三十年十一月二十六日午刻发):

停废小票一节,请速电梁使登报声明,悉照尊议办理。

《盛大臣来电并致外务部》(光绪三十年十一月二十五日丑刻到):

敝处九月致部东电,十月致梁漾电,均请禁止提票。梁覆外部,乞坚持到底。今受托人

于美外部尚未照覆之前,违命擅交,请挈衔公电梁使,登报声明合兴背约,华政府已徇三省绅民公议,照请废约。所有小票一概作废,借杜去路。如此则合兴讼我,我为被告,延公正人核实还款赎票,较易收束。

《盛大臣来电并致外务部》(光绪三十年十一月二十七日申刻到):

停废小票一节,电梁使曰:宣已电合兴受托人,新发小票,督办并未允发,总公司代中国政府不担此四百万之责任。请告美外部催照覆废约事。并望速登各报,声明合兴背约,政府已徇三省绅民公议,照请废约。特宣布于众,万勿购此四百万之票。洞、宣云。可否即发,乞速核示。

张之洞《致外务部、上海盛大臣》(光绪三十年十一月二十八日丑刻发):

电梁使告美登报,宣布勿购此四百万之小票,必须急办。此四百万,中国政府三省绅民断不承认。请速发。

张之洞《致外务部、上海盛大臣》(光绪三十年十一月二十八日卯刻发):

仅云政府不担此四百万,恐美国借端牵入交涉,似于总公司不担之外,宜添三句,云洞为三省绅民代表。三省数千万绅民决定废约,断不担认此四百万之小票三十字,则明是三省人民与合兴兴讼,有胜无负,紧要紧要。请杏翁速发。

国家清史编纂委员会·文献丛刊《张之洞全集》(11),武汉出版社2008年版,第175页

1月3日(十一月二十八日)　宋教仁在越州馆召开筹备杂志会议,与张步青被举为经理。

宋教仁《宋教仁日记》:

酉初,余复至越州馆开组织杂志发起会,时到者十余人,余演说此事发起之原因及简单之办法。讫,雷道亨不以为然,倡办小说报之说,与余再三辩难,卒经大众之决议,以办杂志较善,事始定。乃议举发行经理人二人,公举得余及张步青任之,并嘱予拟一章程,余允之。事毕散会。

湖南省哲学社会科学研究所古代近代史研究室校注《宋教仁日记》,湖南人民出版社1980年版,第21~22页

1月4日(十一月二十九日)　王宠惠、张又巡等留美学生呈请外务部、鄂督张之洞、粤督岑春煊,详细分析了撤废合兴公司合同的法理根据及中国依据国际法所可采行的合法行动,条陈粤汉铁路收回办法四条。

杨度《粤汉铁路议》转述王宠惠、张又巡之言曰:

谨将粤汉铁路法律上之要旨罗陈如下。粤汉铁路法律上之问题,可分两层解说,其关乎外交者,曰美政府能否干预;其关乎内政者,曰中国政府能否废约。

一　美国政府能否干预

美国政府所以能托词干预者,厥有二端:一曰为保护条约之权利而干预,一曰为保护商人之权利而干预,今逐一详论之于下。

一为保护条约之权利而干预。粤汉铁路合同,其订立之两造,一为中国政府及铁路总公司,一为美华合兴公司,而美国政府不与焉。按国际公法,凡订立合同,必两造均为政府方成条约,否则谓之契约。条约与契约微有差别。条约属于外交,外国得而干预之;契约属于内政,外国不得而干预之。英国著名公法家贺罗氏(见所著《国际法论》第四版第三百三十八页注)曰:“凡政府与个人所订立之契约,不在国际法范围内。”由此视之,粤汉铁路之合同,

是契约而非条约也，审矣。既非条约，则美国政府断不能托词保护条约之权利而干预此事；果其悍然不顾公法而干预之，则是蔑视我政府，侵犯我主权也。

一为保护商人之权利而干预。粤汉铁路之合同，自其表面视之则一契约也，自其里面视之则一特权也。此特权唯何？即许筑铁路自汉口达广东省城是也。以特权言之，万国通例，凡一国之特权，无论许与本国人或外国人，其发给及撤回等事，皆属一国之内政，非他国所得而干预者也。即一千八百六十八年七月四日中、美两国在美京华盛顿所订立之条约，其第八款所载之语是也。

以契约言之，美国政府亦不得干预。……今粤汉铁路一事，其违约之咎在美国商人，而不在中国政府，吾不知美国政府，究有何辞以干预之也？

…………

由是观之，粤汉铁路一事，实中国之内政，美国或他国政府，无丝毫之权利可以干预之。若果悍然干预，无所忌惮，则是故意侵犯我国之主权也。国可亡，家可破，身可杀，唯主权不可侵犯。

二　中国政府能否废约

粤汉铁路之合同，自其表面视之，则一契约也；自其里面视之，则一特权也。以美国法律言之，契约与特权无甚差别。盖美国联邦宪法，有不许政府干犯契约义务一条。而裁判所解释之曰：政府所许与私人之特权，亦在此禁例内，故政府不得而干犯之。吾国政府无此蒙例以限制之，故特权与契约可分作两事言之。细查此案之原委，则粤汉铁路之合同，无论视之为特权、为契约，均有可度之据，请详陈之。

一、特权之说。……然则粤汉之合同，视之为特权可也。

既为特权矣，中国政府可以收回之乎？曰：可！美国法律，凡创立公司，原定之条规若不遵守，则其特权即可收回。美国法案，言及此例者甚多，详见英文稿。

…………

总之，中国政府实有可以撤回美华公司之特权之权。其故有二：一曰美华公司已干犯原约第七款并续约第十八款，二曰美华公司已干犯续约十七款。（撤回其特权之后可夺其筑路之权，不能将其产业充公，此不可不别也。）

二、契约之说。以粤汉铁路之合同为一契约而论之，中国政府亦可以废约，以其违背契约内所载之条款也。其条款为何？曰续约第十七款，曰原约第七款及续约第十八款。谨按英、美法律，凡契约之条款，若一造不遵守，则他造可以废约。又凡订立契约，若一造故意干犯所订立之条约，则他造不独可以废约，且不必偿还彼所已用之款。今美华公司既已故意干犯契约内所订明之条款，则中国政府不独可以废约，即该公司现成之铁路，亦不必购回之，此不过据法律言之也。若以势力言之，恐中国政府未必能行之。美国法案中赞成此例者不胜枚举，英文稿所载者，仅其大略耳。

此汉文稿粗陈其略，英文稿中列有美国例案甚繁，皆可据为交涉辩驳之证。总之，此案我政府有权废约，美政府不能干预。律文具在，有恃何恐？即使美政府违例干预，我自可据律与争。近闻合兴用美富人摩根出面，收回比股，无论其是否掩饰之词，要之合兴违约在先，收股在后，我之废约仍是合例。况合兴违约之处尚不止售股一端耶！我果能坚持力争，美政府必不恃强蔑理，所冀朝野一心，力挽狂澜，无稍退让。事之成败，只在争执之坚否。美国素称重律之邦，苟我政府所争悉当于美律，则挽回大局，只在今日一转移间耳。

…………

窃闻粤汉路权关系全国,数月以来,朝廷主之于上,官绅力争于下,废约之议,粗有眉目;然而善后事宜,任大责重,或请以美继美,或请中美合办,阳称改易公司,阴为比人转圜。要之葛藤不断,后患方长。侧闻鄂、粤二督,三省绅民,力主自办之议,某等每读报章,无不额手为中国庆,以为庶几挽回有日也。虽然,彼主以美继美、中美合办之说者,皆曰赎路之巨款难筹耳,强美之责债可畏耳。夫使贸然废约,无策以善其后,则收回自办之果能与否,正难预言。然则欲图自办,必先筹所以腾缓偿款与对付强美者。某等游学美邦,系怀祖国,苟有所见,敢不彼[披]陈!谨公同商议,于学生中之通法律理则[财]学者选令主稿,拟成收回路权之办法三条,对付合兴之办法一条,前三条先行缮出,后一条正在调查待书,稍缓即寄。倘蒙俯赐采择,力挽狂澜,三省幸甚,中国幸甚!

谨拟收回粤汉路权自行办理之策三条:一、腾缓偿款;二、筹本借债;三、包工造路。每条先提纲要,次论理由,末详办法。

…………

以上三条,自我国政府以国家之资格径自宣明废约,知照合兴之后即径行自办,不须俟至与合兴讼结之日。盖我之处合兴,当截分为二项人,以造路一面言,合兴乃承办路工人;以借款一面言,合兴乃持小票人。一经声明小票照旧由我政府接付息金,则我与持小票人之交涉已清,然后与承办工程人清结账目。故收回路权为一事,对付合兴又为一事。至于对付合兴,必经法庭,谨当细按律文例案详议续呈。

刘晴波主编《杨度集》,湖南人民出版社 2008 年版,第 147 ~ 150、160 ~ 161、168 页

1 月 5 日(十一月三十日)　童拯在《警钟日报》发表论说强调杀人者抵命为万国通例,主张官民联合共同对付,坚持不懈,迫使犯人之国不得不从。

童拯《为俄兵砍毙华人事敬告全国同胞》:

呜呼!呜呼!伤心哉!痛心哉!其惟无父母之孤子及保护不全之国民乎!

华人周胜友被俄兵无端砍毙,此事若在他国,决无难办之理。即除治外法权而论,盖杀人者抵,万国通例。……吾甚愿此事官绅诸公出尽死力以挽回之。……吾民亦当思一恰当对付之法,以待此事交涉后如不满意而随准之。或曰:立一民命互保会。仿西商团练队,富者为马队,贫者为步队,每省约马队一万,步队二万,专为外人戕害华人,理不得直之用。不涉国家他事,一切费用由民自筹,请国家准后派武弁随时观察,以明无他。此实英国义勇军之办法,可继[济]外部办交涉口舌之穷,兼可为民皆知兵互保地方之益。然未知国家能上下合一,就此开通,抑长此终古,而任令吾民骇汗奔走,日呼号于水火之中,惊恐之内,上下不可恃,灾害即将及己之情形也乎?呜呼哀哉!呜呼哀哉!

《警钟日报》,1905 年 1 月 5 日

1 月 6 日(十二月初一日)　鄂督张之洞与湖南巡抚陆元鼎、湘绅龙湛霖电商,请就废除粤汉铁路合兴公司合同事派员来鄂面议,龙复电应允。

张之洞《致长沙陆抚台、龙侍郎诸公》(光绪三十年十二月初一日辰刻发):

须知粤汉铁路废约自办,业已宣布中外,此举有进无退。鄙人既力任其难,诸公宜相助为理。傥稍迟延观望,美国及他国必然生心干预,废约不成矣。大局安危所关,亟须速筹办法,免致贻笑外人。筹款之法甚多,苟为敝处力所能及,无不极意维持。大约敝处每年可筹一百五十万,惟必须面商,方可定局。……此外有愿来鄂与议者,多请一两位来鄂尤善。若

诸君有不肯担不便担之事，洞当一人担之。事机甚迫，幸勿犹豫误时。至祷至盼。何日成行，祈先电覆。卅。

张之洞《致长沙龙侍郎诸公》（光绪三十年十二月初一日辰刻发）：

顷接沪盛电，转述驻美梁使电，美另有他商摩根收回比股，不愿废约。此事已争到现在地位，若此约不废，功败垂成，大局不可救矣。诸君究愿废约自办否，速示覆。

《龙绅等来电》（光绪三十年十二月初五日亥刻到）：

连日会议筹款，已得百万。民款仍用招股之法，将谷捐包括在内，免滋物议。现正设法多筹铜元。湘已议到，因恐妨官局之利，故改名银行。今拟禀请于岳、常等处，试铸铜元，专销西路，庶于鄂、湘两不相妨。午帅过鄂，乞我公会商定局。席道汇湘不日赴鄂，面聆训示。湛霖、先谦等同叩。

国家清史编纂委员会·文献丛刊《张之洞全集》(11)，武汉出版社 2008 年版，第 176 页

△ 美国务卿海约翰照会梁诚，声明合兴公司仍在美国人管理之下，不允许废止粤汉铁路合同，指出合兴公司已收回股票。

《美国代理国务卿鲁蜜斯致中国驻美公使梁诚照会》（1905 年 1 月 6 日于华盛顿）：

去年十二月二十二日来照，关于中国政府决定废除其与美国合兴公司于一八九八年四月十四日及一九〇〇年七月十三日签订之合同一事，现仅通知阁下。国务卿海约翰昨日已致电驻华公使康格，表示本国政府不容许中国政府对本国政府认为确系美国人之公司采取这一行动。本国政府坚持在听取此案有关各方意见前，有权在涉及该公司利益之外交问题上与中国政府进行交涉。并指令康格公使强硬要求中国政府推迟此一拟议之行动，直到有关各方之意见均已听取之时为止。目前更加迫切需要此一措施。盖本院获悉美国股东业向外国股东购回足够数量之股票，已取得绝对控制该公司之权。并已饬令康格公使将与中国外务部交涉之结果电告本院。

《美国国务卿海约翰致中国驻美公使梁诚照会》（1905 年 1 月 6 日于华盛顿）：

我荣幸地通知阁下：本大臣已接到的确消息，粤汉铁路美国业主，已真实地将该公司全部股份之大半收回，并重获控制之全权。查管辖该公司之权，一向未曾全离美国人之手。望中国政府洞悉此次美国业主不惜重亏，以将就中国议论，及辩驳此路之处，应得贵政府惠待及美政府之保护也。

《美国外交文件，1905 年》，第 128 页，许毅《清代外债史资料 1853—1911》上册，档案出版社 1990 年版，第 680 页

1 月 7 日（十二月初二日）　清政府电饬驻美使臣梁诚力争华工禁约。

1 月 8 日（十二月三日）　在《二十世纪之支那》成立会上，宋教仁被推选为杂志总庶务。以后，又选举程家柽为总编辑，改选黄瀛元为总庶务。后来宋为创办《二十世纪之支那》杂志而四处奔忙。

《宋教仁日记》：

午初，至越州馆，开办杂志会。时到者约二十余人，由余演说发起情形，并诵章程草稿一遍，社员皆决议认可。乃议公举职员事，皆决议用推举法，举得余为总庶务。

湖南省哲学社会科学研究所古代近代史研究室校注《宋教仁日记》，湖南人民出版社 1980 年版，第 23 ~ 24 页

僡甄《革命先驱程家柽》：

一九〇五年程家柽与宋教仁、陈天华、白逾桓等创办的《二十世纪之支那》杂志,程为编辑长,从它的刊名和成员来看都在突破地域性团体的狭隘圈子。该刊鼓吹革命至为激烈,为日本便探所注目。

中国政协安徽省文史资料委员会编《辛亥风云》,安徽人民出版社 1987 年版,第 171 页

宋教仁、景定成《程家柽革命大事略》:

宋教仁、白逾桓、吴昆、田桐、罗杰、鲁鱼、陈天华偕君等著一书报,曰《二十世纪之支那》,专以鼓吹革命为事,以君总其成,而充编辑长。

中国政协安徽省文史资料委员会编《辛亥风云》,安徽人民出版社 1987 年版,第 160 页

后来宋教仁为创办《二十世纪之支那》杂志而四处奔忙。宋教仁《宋教仁日记》1 月 24 日(十二月十九日):

巳正,往田梓琴寓,不遇,乃至道德馆,晤龙际云、翁国钧,言及办杂志事,二君皆原附入一股。午初,至筑地馆,访杜星五,坐谈良久,并留午膳。未初,至崎越馆,访雷道亨,并促其速作《二十世纪之支那》发刊辞。未正,至卧龙馆黄绩臣处,会议组织速成陆军事,坐良久。程润森(江苏人)、平山周(日本人)至,罗子云等与程润森议不合,乃未决议而散。酉初,复至越州馆,在白楚香处取得杂志社日金十五元而回。夜,写致《警钟》社、《中外日报》馆、《时报》馆、《中国日报》馆等信,皆为杂志事,欲其代登章程于彼之报内也。

湖南省哲学社会科学研究所古代近代史研究室校注《宋教仁日记》,湖南人民出版社 1980 年版,第 28 ~ 29 页

2 月 6 日(正月初三日)宋教仁购得华盛顿肖像一张为出版《二十世纪之支那》杂志插图之用,并致信万午亭担当发行之事。宋教仁《宋教仁日记》:

午正,至黄毅侯寓,遂偕郭瑶皆至东明馆,购得华盛顿肖像一张,将为插入《二十世纪之支那》之用也。未初,遂偕黄、郭二君至熊田印刷所,以华盛顿像与之,嘱其印刷。申初,至留学生会馆,阅报良久,并购得正则英文教[书]及《西力东侵史》。申正,至一书肆,购《外国人名地名辞典》及《扬子江》。酉初,回。写致万午亭信,嘱其当《二十世【纪】之支那》发行所事。戌初,至越州馆杨仲达处。仲达言及有人将往东三省施运动手段一事,欲与余商其详法;余不甚赞成之。

湖南省哲学社会科学研究所古代近代史研究室校注《宋教仁日记》,湖南人民出版社 1980 年版,第 35 页

2 月 9 日(正月初六日)宋教仁与郭瑶皆、黄毅侯等为出版《二十世纪之支那》杂志寻找印刷处,最后确定下来。宋教仁《宋教仁日记》:

辰正,至卧龙馆,遂邀郭瑶皆、黄毅侯同至熊田活馆所,议印刷杂志事。彼之干事对毅侯言,前日所定之价,其便宜过甚,欲议增加之。余等皆不允,乃计议另觅印刷处印刷之,遂索回前所交之黄帝、华盛顿肖像而去。午正,复同二君至秀英舍议此事,经毅侯再三磋磨,议始成。每期刷三千部,每部一百二十页,都值一百八十二元。遂交黄帝肖像以便先刻。讫,辞去。

湖南省哲学社会科学研究所古代近代史研究室校注《宋教仁日记》,湖南人民出版社 1980 年版,第 35 ~ 36 页

2 月 10 日(正月初七日)宋教仁托田梓琴转告《二十世纪之支那》杂志社书记员速发邮信至各社员处,催缴股金。宋教仁《宋教仁日记》:

辰正,至顺天学校,遇到田梓琴,遂托其转属《二十世纪之支那》社书记员速发邮信至各社员处,催缴股金。

湖南省哲学社会科学研究所古代近代史研究室校注《宋教仁日记》,湖南人民出版社 1980 年版,第 36 页

2 月 11 日(正月初八日)宋教仁应郭瑶皆之邀同往金井歌子家询以办杂志事宜,后者答以明日调查清白,后日告复。宋教仁《宋教仁日记》:

巳初,郭瑶皆来,遂邀余同往金井歌子家。既晤面,则二十四五之女郎。余固不能日语,

遂以笔谈。……谈至一时半之久。余复询以办杂志规例及对于日政府有无交涉;渠答以明日为余调查清白,后日当即告复。

湖南省哲学社会科学研究所古代近代史研究室校注《宋教仁日记》,湖南人民出版社1980年版,第36页

2月12日(正月初九日)宋教仁至留学生会馆收《二十世纪之支那》杂志股金,而来缴股金者甚少。后回寓所收到金井歌子寄来邮片告知杂志须纳保证金。宋教仁《宋教仁日记》:

未初,至留学生会馆收股金,白楚香、张步青等皆至,都坐待至三时之久,而来缴股金者甚寥寥也。申正,事毕,回。途遇柳聘农邀余至其寓,坐谈良久。酉初,回。金井歌子寄邮片来,言杂志须纳保证金事。

湖南省哲学社会科学研究所古代近代史研究室校注《宋教仁日记》,湖南人民出版社1980年版,第37页

3月1日(正月二十六日)宋教仁接到《中国日报》馆记者冯自由愿代派《二十世纪之支那》的函件。宋教仁《宋教仁日记》:

接《中国日报》馆记者冯自由来函,言愿代派《二十世纪之支那》。

湖南省哲学社会科学研究所古代近代史研究室校注《宋教仁日记》,湖南人民出版社1980年版,第42页

△ 宁波士民对俄水手杀毙华人均怀愤怨,主张宁波士庶联合群力,团体坚结,实行同盟罢工,迫使俄国交出凶犯。

《宁波人可以兴矣》:

自俄水手杀毙华人,宁波士民,咸怀愤怨。而俄官抗犯不交,由沪道电禀南洋大臣,由南洋大臣电禀外部,由外部转商俄使,复由外部电达驻俄公使,使之向俄廷争执。时历数旬,未得要领,不可谓非中国一大交涉也。……吾谓二十世纪以来,世界有强权,无公理。故今日俄水手之案,争执之权,不在上而在下。夫生命自由,为人生最重之权利。……宁波人民,团体坚结,以强悍著闻;今宁人见杀于外人,犹不能报仇雪耻,则凡中国人民,孰能免外人屠割惨戮之祸哉!……况宁波士民,经商沪渎,实繁有徒,而为商船水手及洋行卖贩者,尤不可胜【计】。吾甚望宁波士庶,联合群力,同盟罢工。夫宁波人者,外人所恃为营商者也。今同盟罢工,则外人之商业必蒙最大之影响,不能不出而调停,而俄犯可以交出矣。况近岁以来,宁人以四明公所之故,力抗法人,吾甚望宁人之再以抗法者抗俄也。

《警钟日报》,1905年1月8日

△ 张之洞继续就筹款自办粤汉铁路事与湖南巡抚陆元鼎、湘绅龙湛霖电商。

张之洞《致长沙陆抚台、龙侍郎诸公》(光绪三十年十二月初三日申刻发):

湘绅于振粜捐官款外,每年自筹的款五十万,甚慰。未知即是谷捐否。谷捐聚零成整,可换给股票。小户之票,大户可收买,此是集股,并非抽捐,路成后利益同沾,最为公溥,似不难试办。惟路工每里万金,断不敷用。……总之,款非三百万不足用,工必须三年造成方好,四年太迟。盖聘工程师复估绘细图,购料开工,已将及一年,是三年成即四年成矣,四年即五年矣。

国家清史编纂委员会·文献丛刊《张之洞全集》(11),武汉出版社2008年版,第179页

1月9日(十二月初四日)　上海各帮绅董会议俄兵砍毙华人案,遵照各帮工商要求,会同宁波工商,暂停交易,会议办法。

1905年1月9日《时报》刊发报道《各帮绅董会议俄兵砍毙华人案》:

沪上各帮绅董因周生有被杀一案俄领事不肯交凶,亦不会审,大动公愤。已与宁波绅董

会议,照各帮工商之意,会同宁波工商,暂停交易,会议办法。但各帮绅董与宁波绅董皆竭力劝解,以期幸免不测之事。

杨天石等编《中华民国史资料丛稿·拒俄运动》,中国社会科学出版社1979年版,第253页

△ 出使日本大臣杨枢关注法政,奏请仿效日本,为游学官绅设法政速成科。

《出使日本大臣杨枢请仿效日本设法政速成科学折》:

惟是变法之要,首在于多储人才,明定宗旨,诚以人才多则诸事易举,宗旨明则众志不惑。即如日本,于明治维新之初,岁遣学生多人游学欧美,分习诸科,并于本邦设速成司法学校,令官绅每日入校数时,专习欧、美司法行政之学,以应急需。又宣发誓命,先定为立宪之国,然后开议会、决公论,一切变法之事,皆依立宪政体而行,故能次第敷施,有条不紊,变法未久,而骤臻富强也。

中国与日本地属同洲,政体民情,最为相近,若议变法之大纲,似宜仿效日本。盖法、美等国,皆以共和民主为政体,中国断不能仿效。而日本立国之基,实遵守夫中国先圣之道,因见列强逼处非变法无以自存,于是一意立宪,以尊君权而固民志。考其立宪政体,虽取法于英、德等国,然于中国先圣之道,仍遵守而弗坠,是以国本不摇,有利无弊。盖日本所变者治法,而非常经,与圣训正相符合。即中国舆论,亦以日本之变法参酌得宜,最可仿效。

迩者学务大臣暨各省督抚,陆续选派学生来东就学,综计人数已逾三千。然其中习普通科者居多,习法政专门者尚少。……上年日本之公爵近卫笃麿,子爵长冈护美,因感戴我朝赏宝星之荣,曾与前总监督汪大燮会议,欲于日本东京为中国游历官设速成法政学院,学章甫拟就,而汪大燮已卸任,近卫笃麿旋事故,事遂中止。奴才抵任后,思设法续成之。适有东京法政大学校总理梅谦次郎,亦建斯议,奴才当向长冈护美取得前拟学章,作为稿本。而梅谦次郎酌中改定,遂于该学校内,特设法政速成科,专教中国游学官绅。奴才均竭力赞成,日本文部亦经认可。……现在京师学务处暨直隶、江苏、安徽、福建、浙江、湖南、广东等省督抚,均经照议选派。统计来学官绅,已有三百余人,议定六个月为一学期,满三学期,便可毕业。……查日本从前法律与中国同而与欧美异,故通商各国,亦向日本索有治外法权,迨日本颁布宪法之后,通商各国,方允将条约更正。可见修改法律,乃今日切要之图。况各省教案,多因本地官绅不谙外国法律,以致办理失宜,酿成交涉。现在中国惟有将法律修改,庶可查照近年中英通商条约第十二款、中日通商条约第十一款内所载,与各国公议,将治外法权一律收回,不受外人挟制。然则外国法政之学,上下急应讲求,不宜稍缓。是科之设,不习日语日文,便可进讲专门之学,较之入他学,以六七年之功修,始得一完全之科学者,诚为事半功倍。奴才自当随时策励诸生,勤加研究,以期他日成材,上备国家之用。所有特设法政速成科学,教授游学官绅缘由理合恭折具陈,伏乞皇太后、皇上圣鉴。谨奏。

光绪三十年十二月初四日

故宫博物院编《清光绪朝中日交涉史料》第68卷,故宫博物院1932年印,第34~35页

1月10日(十二月初五日) 张之洞就力争废约自办事续与湖南巡抚陆元鼎、湘绅龙湛霖、两广总督岑春煊等湘、粤两省绅士电商。次日将湘粤收回自办复电转告盛宣怀。

张之洞《致长沙陆抚台、龙侍郎诸公,广州岑制台、张抚台、伍叔宝太史诸公》(光绪三十年十二月初五日未刻发):

查此路若不争回自办,关系全局利害。盛拟覆电虽亦仍主废约,而词意未能吃紧。应如

何驳覆之处，祈诸公迅速会商电示，以便覆盛。切盼。

次日，张之洞《致上海盛大臣》(光绪三十年十二月初六日酉刻发)：

尊处转来梁使初一电及拟覆梁使电，均已电湘、粤两省绅士，令筹议速覆。昨接湘绅支电，云盛电所举摩根，仍系合兴旧人，且系比党。所谓收回比股，决无此理。湘省除收回自办外，更不承认第二种办法。尤不能听其援引外人，抵制我国。求速电盛公，早自定计，勿再影射，不胜企祷等语。特转达。

国家清史编纂委员会·文献丛刊《张之洞全集》(11)，武汉出版社2008年版，第180页

1月上旬(十一月末至十二月初)　留欧学生朱和中等电汇川资给孙中山，孙随后抵比利时布鲁塞尔，会见湖北留学生，在留学生中组织欧洲同盟会。

朱和中《欧洲同盟会纪实》：

西历一千九百〇四年(甲辰)冬月，予在柏林，贺子才在比京，同时接到刘成禺之通知，言总理已至伦敦，住其师慕尔干处，并言其囊空如洗，将有绝粮之虞，望我辈竭力接济等语。我当即电汇一千二百马克，且云发薪后汇。旋得贺子才来电称，已汇去三千法郎，并请总理来欧洲大陆，已有复电，将来比京，请即日前来会晤。乃即复电，并起程赴比京。抵车站，则贺、胡诸同志已到站迎迓，且云船特于明日午后三点钟到达比国北海港俄斯敦，同人已推定李蕃昌、贺子才及我三人前往迎接。届时在海港鹄立以俟，比及船到，则总理飘然至矣。是时天气初寒，总理御皮领大衣，我辈趋前握手为礼，分乘马车二辆入旅店小憩。旋再登车入比京，则同志二十余人及四川同学住列日之代表孔庆叡均迎于车站。总理一一与之为礼，即住胡秉柯同志寓。于是相与谈论，总理问我辈主张革命，其进行方法如何。我以更换新军脑筋、开通士子知识为言。总理不以为然，谓秀才不能造反，军队不能革命。我乃将武汉三镇经过之事实详细陈述。总理意甚悦，终以借会党暴动为可靠。我又将唐才常等失败之经过反复申言之，且以会党在长江，自新军成立以后，无有势力，又将经过之事实证之。总理言："我正在改良会章。"我言："会党之志在抢掠，若果成功，反为所制。"反复争论三日三夜，结果始定为双方并进。最后予乃正言曰："革命党者最高之理论，会党无知识分子，岂能作为骨干？先生历次革命所以不成功者，正以知识分子未赞成耳。"总理乃列述史坚如、陆皓东诸人之学问以证之。予曰："人数甚少，无济于事，必大多数知识分子均能赞成我辈，则事半功倍矣。"总理深以为然。至第三日，总理似有所决定，为言今后将发展革命势力于留学界，留学生之献身革命者，分途作领导人。我辈乃大悦，皆曰：此吾辈倾心于先生之初愿也。是晚同人设盛筵以享总理。香宾酒数巡后，众兴益豪。总理乃言："革命之方略既定，当各言建国之要。"于是各抒所见。夜深矣，总理起立而言曰："讨论已三日三夜矣，今晚应作一结束。"众敬听之，则总理提出宣誓事也。诸人又复纷纷持异议，谓："我辈既真心革命，何用宣誓？"总理反复辩论宣誓之必要，同人难者愈多。我向来表言最多，独于此事则默然。总理见众议不决，乃问我曰："子英兄，尔意如何？"予曰："我辈既决心革命，任何皆可牺牲，岂惮一宣誓？"总理喜曰："然则尔愿意宣誓乎？"予曰："愿。"总理曰："即从尔起。"予曰："可。"众乃无言。胡质斋以纸笔进，总理秉笔直书曰：

立誓人某某当天立誓，驱除鞑虏，恢复中华，建立民国，平均地权，矢信矢忠，有始有卒，有渝此盟，神明殛之。

黄帝纪元四千六百四十二年冬月某某誓

监誓人孙文

我见之,眙质斋而笑。总理见之曰:“何以笑?”予曰:“康梁说先生目不识丁,我见誓词简老,知康梁所言之妄。”总理曰:“我亦读破万卷也。”于是由我起,总理教我宣誓,诸同人亦次第宣誓如仪。是为欧洲同盟会成立之始。次日,总理及同人在胡秉柯寓后院由胡摄一影,以为纪念。同人之尚未宣誓者,陆续前来宣誓,当时约有三十余人,至今尚记忆者有:胡秉柯(字质斋),贺子才(字倍之),史青(字丹池),魏宸组(字注东),陈宽沆,王治辉,刘荫茀,李审昌(字寿卿),李崇武,程培鑫,李鱼门,李标,杨荫渠,刘庠云,喻毓西,黄大伟,姚业经,孔庆睿。又在列日之七八人已不能记其名。葆经、高鲁、王鸿猷、冯启钧随后加入(此外尚有何人现已不能记忆)。当时各同志闻我等已捐资,争相捐助,又得万余法郎。于是我等纷纷致函东京报告此事,并请各同志于总理到日本时踊跃参加。

中国政协文史资料委员会编《辛亥革命回忆录》第6集,文史资料出版社1963年版,第5~7页

张难先《湖北革命知之录》:

总理至,住胡秉柯寓,问和中等主张革命,其方法如何。和中以必须更换新军头脑,开通士子知识对。总理不以为然,谓秀才不能造反,军队不能革命,须靠会党暴动。和中乃举唐才常失败之经过反复言之,并云会党自新军成立后,已无势力,即将武汉军学界之实况详告。总理喜,言我正在改良会章。和中复言会党志不纯洁,若倚之以成功,其害将有非和中所忍言者。反复辩论三日夜。总理乃决定曰:今后将发展革命势力于留学界,使忠实学生作领导人。众大悦曰,此吾辈倾心于先生之大愿也。总理曰:讨论已三日夜,今晚应作一结束,请诸君宣誓。众持异义。总理极论宣誓之必要,难者愈多。和中未发言。总理谓和中曰:“子英兄,尔意云何?”和中曰:“我辈既决心革命,任何皆可牺牲,岂惮宣誓。”总理喜曰:“然则尔愿意宣誓乎?”和中曰:“愿。”总理曰:“既愿,即从尔起。”和中曰:“可。”于是遵总理教宣誓。诸人见和中宣誓,乃一一如仪宣誓。总理革命力量之达于留学界,和中实元勋也。

严昌洪等编《张难先文集》,华中师范大学出版社2005年版,第118页

孙中山《与旅比中国留学生的谈话》:

会党之宗旨本在反清复明,近日宗旨已晦,予等当然为之阐明,使复原状,且为改良其条教,俾尔辈学生亦得参加。盖会党之规章,成于明末陈近南先生。当时陈先生以士人无行,往往叛党,故以最粗最鄙之仪式及一切不通之文字为教条,俾士人见而生恶,不肯加入,因此保存至今。今日应反其道而行之,使学生得以加入,领袖若辈,始得有济。且君等闻张汶祥之事乎?张乃会党之总头目,犯案累累,清廷方悬赏缉拿。左宗棠为两江总督,忽一日清廷廷寄缉拿张汶祥,时汶祥已至江宁,忽左军纷纷出城。左令中军官查问,则云欢迎龙头大哥。问大哥为谁,则所通缉之张汶祥也。左大骇,乃令其心腹加入会党,从中举左为龙头,势成乃再缉拿张汶祥。予因不愿诸同志为左宗棠,但我同志必须能指挥下等社会有组织之团体,而后于事由济。不然此等团体固在,我辈一动,而彼等出而阻碍,甚妨碍我辈之进行也。

广东社会科学院历史研究室等合编《孙中山全集》第1卷,中华书局1981年版,第271页

冯自由《贺之才述欧洲同盟会成立始末》:

中山先生自内地失败后,避居海外,四出鼓吹革命,而闻者多拥耳却走,莫之赞助。无已,惟思联络秘密会党,如三合、三点等会,若辈知识悬殊,不能与共大事,遂怏怏而之英伦。又以旅囊空空,一举步则舟车之费无所出,蛰居愁城,其失意之状可想矣(此事中山先生亲为余言之)。自至比京后,始知知识界中亦有同调,不禁喜出望外。宣誓既竟。则为极痛快之

演说，亦若痛饮黄龙即在目前者，其得意之状，较之就第一任临时大总统时实有过之（民元中山先生在南京就临时总统任，余亦归国，相见后，余曰，我辈夙昔志愿，竟成事实矣，何等痛快！中山先生蹙频曰，何来痛快？直苦恼耳）。余等并告以东京同志甚多，均可加入同盟，因为之作函介绍李书城、但焘、时功玖、耿觐文等，中山先生遂决意为东京之行。

冯自由《革命逸史》第2集，中华书局1981年版，第127页

年初　马福益派谢寿祺到上海面告刘道一，谓马已避走广西，欲集洪会各派之精锐于洪江，作孤注一掷之势，望助饷械，并派人指挥。黄兴和刘揆一等商议后均表赞成。

刘揆一《黄兴传记》：

时予弟道一，亦因营救同人在沪，得与马福益派来之谢寿祺接洽，谓马君避走广西，以为前之失败，半由该党人不慎所致，深自愧恨。今欲集洪会各派之精锐于洪江，作孤注一掷之势，望助饷械，并派人指挥。公与揆一计议，以为洪江地僻山多，进战退守，足以持久，且可号召各方，次第响应，故甚赞成。

中国史学会编《中国近代史资料丛刊·辛亥革命》第4册，上海人民出版社1957年版，第280页

△ 新加坡革命报刊《图南日报》刊印宣传推翻清廷、预言革命必胜的月份牌，很受侨胞欢迎，销量大增。孙中山藉此而知陈楚楠，特邮寄二十美元购买二十份作为纪念。

冯自由《新加坡图南日报》：

是年冬，《图南报》更别开生面。乘庆祝乙巳（一九〇五年）新禧之机会，印刊一种富有刺激性之月份牌，分赠华侨，以资宣传。上题“忍令上国衣冠沦于涂炭，相率中原豪杰还我山河”二十字。下题“暂理皇汉帝位满清光绪三十一年岁次乙巳为耶稣降生后一千九百零五年至零六年”及“文字收功日，全球革命潮，图开新世界，书檄布东南”等句。中刊自由钟及独立旗各一，异常美观。英、荷两属各埠华侨工界各团体会所多悬诸座右，而报纸销场亦因之递增至二千数百份。

冯自由《革命逸史》初集，中华书局1981年版，第172页

冯自由《新加坡图南日报·孙总理与图南报之关系》：

孙总理向知南洋尚无革命派报纸，恒引为憾事，及甲辰秋自日本至檀香，尝助《檀山新报》为文，与保皇派之《新中国报》大开笔战。偶见《图南报》致《檀山新报》请求交换报纸函，及寄来报纸月份牌等，知吾道不孤，至为欣悦。乃亲寄美金二十元至《图南报》购取乙巳年月份牌二十张，复移书尤列查询该报为何人组织，以便通讯。又《图南报》记者陈诗仲未就《图南报》职时，总理在日本已闻其因事脱离《中国报》，及莅檀岛，乃函嘱余介绍诗仲任《檀山新报》主笔。诗仲初允就聘，后以驻香港美领事不允签发护照，始改就《图南报》之约。总理先后得余及尤列报告，知《图南报》操笔政者即属彼意中之陈诗仲，尤为惬意。

冯自由《革命逸史》初集，中华书局1981年版，第173页

△ 张忞、平刚创建贵州最早的资产阶级革命科学会。

周素园《贵州民党痛史》：

经世学堂之设，严修谆谆注重算学，颇引起黔人科学上之兴趣。顾其时分门别类，尚无具体程序；且得书尤不易，上海制造局之译籍，已难能而可贵，求更进于此者，乃无有矣。大抵学者各因其性之所近，以择业而从事，前无师资，为力倍勤。然偶有创获，声闻随之。科学

会者,彭述文、漆运钧、平刚、张铭、胡肇安、传文堃诸人所组织,其目的有二:一修学,一革命也。始述文读王夫之、黄宗羲遗著,种族问题盘亘胸中。兼鉴甲午以还,割地丧权,国将不国。治者阶级即属同种之汉族,已不能容忍;况于盗踞华夏之戎裔。九世复仇,春秋大义,将务研究科学,广集同志。又以乐嘉藻素号稳健,戴为会长,以避免社会之指目。

中国史学会编《中国近代史资料丛刊·辛亥革命》第6册,上海人民出版社1957年版,第408页

1月11日(十二月初六日)　宗孟女学校刊布特别广告,拟定于一月十六日开新舍落成国民女学会,关注中国存亡,拟主要议论刺客案、俄兵杀毙宁波人事与论粤汉铁路事等三事。

《宗孟女学校特别广告》:

本学校于本月十一日(1月16日)开新舍落成国民女学会,已详登各报。是日演说时拟议论三事。一、议论刺客案,以某女士所言翻案办法□之大众。二、议论俄国败兵杀毙宁波人一事。宁波人素称热心、有血气,何以此次被俄人杀毙宁波人周生有之后,宁波人竟缩首无用,大失其昔年见义勇为之名誉。我辈女子尚知之,何以彼宁波人,堂堂须眉,竟退避畏怯如此耶?三、议论粤汉铁路事。此事关系中国全局之存亡,某侍郎等卖国误民,我辈女子且知之,何以中国之靦然称官吏者,竟彼昏不知耶?凡我国民关心以上三事者,届期务请光降赐教为盼。是日影戏中有一出,系俄国败兵杀毙宁波人之状。凡我中国人之有人性者观之,宜若何触目而惊心也!此布。女士陈巍衍、童同雪、郑素伊同启

《警钟日报》,1905年1月11日

1月16日《警钟日报》"地方要闻"载有《宗孟女学校开会》的新闻报道:

今日午后三时至九时,宗孟女学校行新校落成礼,并提□万福华案、俄水手案及粤汉铁路事。本埠热心男女志士均届时往听。

《警钟日报》,1905年1月16日

1月12日(十二月初七日)　张之洞致电四川总督锡良,再次强调川汉铁路宜自办,至于鄂省境内之路,需川、鄂两省协商后再共同奏报朝廷。

张之洞《致成都锡制台》(光绪三十年十二月初七日未刻):

川汉铁路,上年在京鄙人抒其管见,即蒙采纳入告,深佩忠忱定识。此事集股自办最为上策,惟路太长,工太巨。此路在川境内取道何处,入楚境后取道何处,已筹定否。全路共长若干里,每里需费若干,已略加估计否。川省谷捐每年能筹款若干,已有约数否。查此路之在楚境者,视川境所短无几。湖北虽财力薄弱,自不能处于局外。鄙意此路延长三千余里,全工观成不易。从来铁路办法,皆先从有贸易货物处办起,修成一段,即可收一段运费。川汉之路必宜先从万县至宜昌一段下手,以避三峡众滩之险,商货人客皆多,获利较易。至宜昌以下轮运通畅,万县以上民船甚多,则车利必较少。铁路必先择有货运无水路处开办,两端从此接长,方有养路之资,以后集股亦易。此一定办法也。自万至宜此中间一段我已兴工,则长江上下,外人即无从插手,余路可听我从容布置矣。但事关川、楚两省,必须两省督抚通力合作,一切勘路、筹款、购地、督工,方无窒碍。前年冬曾奉谕旨,本省督抚皆有责成。其入楚境之路,鄙人亦不敢置身事外。似应川、楚商定办法,会同具奏,较为周妥。现已明告各国,由中国自办,外人自不能强为干预,望勿过急为祷。切盼详筹示覆。

国家清史编纂委员会·文献丛刊《张之洞全集》(11),武汉出版社2008年版,第181页

1月13日(十二月初八日)　宋教仁至秋瑾寓提出愿加入演说练习会,秋瑾表示同意。

宋教仁《我之历史》:

巳正,至秋璇卿(璇卿,秋瑾字)寓,谭良久,时秋君与诸同志组织一演说练习会,每月开会演说一次,并出《白话报》一册,现已出第二册。余向秋君言,愿入此会,秋君诺之。戌初回。

宋教仁《我之历史》,文星书店1962年版,第17页

1月14日(十二月初九日)　在上海的各省商董于商务总会集会,决定停用俄国银行钞票,开四明公所会议,准备停工罢市。

《宁人遍发传单》:

俄人杀毙周生有一案,俄领事不欲公同会讯,现宁人不服,遍发传单。略云:"谨启者:为俄兵杀毙同乡周生有一案,已于初九日(一月十四日)下午二点钟,各帮绅董会合宁帮绅董在虹口商务总会公议,我等工商定于初十日(一月十五日)下午二点钟开四明公所公议,特此预告。"

《警钟日报》,1905年1月15日

△ 上海道袁树勋致电外务部,称"周生有案俄领已于今晨十钟在该署开讯",但不能承认,也未派员观审,并称宁帮公愤,各帮均抱不平,经奔走开导,并未滋事。

《外务部收上海道袁树勋霁电》(光绪三十年十二月初九日):

收上海道袁树勋电称:齐电敬悉。周生有案俄领已于今晨十钟在该署开讯,职道昨已照复,不能承认,亦未派员观审。宁帮公愤,固极汹汹,各帮咸抱不平,亦有暴动之意。职道深虑变出意外,奔走于各帮商董,竭诚开导。俄署开审,幸未滋事。闻各帮商董有明日会议之说,众怒一发,势难解散,惟有再三劝谕,以不至暴动为幸耳!会议后如何情形,容续闻。树勋。

《俄兵砍毙华人案抄档》,杨天石等编《中华民国史资料丛稿·拒俄运动》,中国社会科学出版社1979年版,第260页

1月15日(十二月初十日)　周生有的宁波籍同乡工人到四明公所前聚集,要求停工罢市。

1905年1月16日《时报》刊载《四明公所暂未会议纪略》:

昨日午后二点钟,宁帮各业工商本欲在四明公所会议,因阖沪各省商董已于前夜公同刊发传单,告以已有办法三条,劝暂缓开议;且经各商董先饬人四处劝解,故工商等暂且隐忍守待。如再不能办到,仍必出于停工罢市,勒交凶犯审办。计昨日一点钟前后到四明公所者,不下三四千人,后见并未开议,始逐渐走散。

杨天石等编《中华民国史资料丛稿·拒俄运动》,中国社会科学出版社1979年版,第255~256页

△ 上海商工因月前俄兵杀害周生有一案,久拖未了,公议决定停止使用道胜银行钞票。

△ 上海道袁树勋致电外务部,称商会各帮绅董公议自明日起不与道胜往来,而工党均欲停工罢市,外务部致电盛宣怀妥善处理俄领事自审上海俄舰水手斧毙周生有案善后事宜。

《外务部收上海道袁树勋东电》(光绪三十年十二月初十日):

收沪道袁树勋电称:前电甫发,探闻商会各帮绅董公议,自明日起,不与道胜往来,并电宪台及商部,请力争。正拟电闻,又得宁绅函告,四明公所已定明日开议,工党均欲停工罢市,各绅董力劝不从。职道漏夜飞函,布告宁商,阻止暴动。能否暂免,不可预必。职道明晨当出城与各董筹商,务乞钧部迅赐照会俄使,并电胡大臣向俄政府理论,速饬俄领遵照。至叩!勋。东。

《俄兵砍毙华人案抄档》,杨天石等编《中华民国史资料丛稿·拒俄运动》,中国社会科学出版社1979年版,第261页

《外务部发商约大臣盛宣怀蒸电》(光绪三十年十二月初十日):

发商约大臣盛宣怀电称:上海俄舰水手斧毙周生有一案,迭据江海关道来电,拟开特别公堂会审。本部屡电胡使切商俄外部并照会俄使,速饬交凶审办。屡次争辩,迄未定议。俄领遂自审判,定为监禁四年,并作苦工。该道不认,商民集议,众怒所激,恐酿事端。朝廷慎重民命,顾全大局,此事惟有据理力争,该商民等自应静候妥办,倘或不忍小忿,聚众暴动,深恐别生枝节,更难结束。贵大臣熟诸交涉,兼悉商情,希即督同江海关道,剀切开导,速为妥筹。本部现经奏闻,顷已面商雷使,允电俄领与尊处商办。所有办理情形,随时电达为盼。外务部。蒸。

《俄兵砍毙华人案抄档》,杨天石等编《中华民国史资料丛稿·拒俄运动》,中国社会科学出版社1979年版,第260~261页

1月16日(十二月十一日)　张之洞电询两广总督岑春煊等粤省官绅废约态度。

张之洞《致广州岑制台、张抚台、伍叔宝太史诸公》(光绪三十年十二月十一日子刻发):

顷盛电外务部、商部及敝处,谓如久不覆美外部,必认为默许等语。此事关系全局利害,湘绅已有电覆,仍主废约。贵省众志如何,曾否定议,祈迅赐电覆,以便转盛,俾免误为默许也。切盼。

国家清史编纂委员会·文献丛刊《张之洞全集》(11),武汉出版社2008年版,第182页

△ 张之洞发表《札各府暂停中学、先办师范讲习所》,饬令各府先行举办师范学堂以培训教员。

张之洞《札各府暂停中学、先办师范讲习所》(光绪三十年十二月十一日):

照得国民教育,必自小学始。欲得小学教员,必自养成师范始。各国皆以初等小学任为国民义务,以期教育之普及,是各州县初等小学,尤为教育国民之根本。……诚以小学不兴,不但普通、实业各中学永无合格学生,而国民教育亦终无普及之一日,惟小学教员非由师范学堂毕业出身者,其于教授法、管理法必致茫然无所措手,是以兴办师范,尤为小学之先务。

国家清史编纂委员会·文献丛刊《张之洞全集》(6),武汉出版社2008年版,第453页

1月17日(十二月十二日)　上海道袁树勋致电外务部,要求宪台与俄使切商,遵天津条约会审一次,照俄军例以使众心稍慰。

《外务部收上海道袁树勋队电》(光绪三十年十二月十二日):

收上海道袁树勋电称:两蒸电敬悉。荩虑远大,必得兼顾,敬佩!前与担文密商,亦见及此。惟职道处此极难之际,稍涉松动,即示意外之变,非得已也。仰蒙宪台鉴亮,主持不动,即将来俄人借词,其过只职道一人。昨日幸即解散,以三日为期,如无办法,风潮复起,解散

更难。职道才绌识浅，寝食不安，日夜焦思，实无完全办法，而宁人与各帮既抱不平，断难就此息事。今晨复与各帮熟商，咸谓非会审不可。按照军律，似亦可行。各帮以会审为主，职道另筹一策，设法解散，与担文商之，能否应手，尚不敢必。俄领定罪四年兼作苦工，又罚去一切利益，系照误杀定案。职道意求宪台与俄使切商，遵天津条约会审一次，照俄军例，则众心稍慰。论之过高，办之不行，徒费唇舌。众商明白者十之一二，工作[人]则无一明白者。如此与俄使商之，以顺人心，稍可邀允。俄领无权，诸领均言与俄人直接交涉，未便与闻。此案不因众怒，则早已定议。事机逼紧，非有一结束办法，恐出变故。如职道另筹解散之法不行，则仿照英渔船之案办理，亦可收束。愚昧之见，是否有当，伏乞训示。树勋。队。

《俄兵砍毙华人案抄档》，杨天石等编《中华民国史资料丛稿·拒俄运动》，中国社会科学出版社1979年版，第261～262页

△《大公报》报道河南省宜阳县派捐滋事，各地民众因反对地方当局借办“新政”之名而肆意加派，抗捐斗争此伏彼起。

《派捐滋事》：

汴省自办警察后，分府、州、县亦仿照办理，然亦有成有不成。宜阳县费大令拟办警察，向百姓派捐，求免不允。某日，大令行香之期，百姓竟用石将大令之乘舆打毁。大令大怒，出示非办不可。传闻百姓又将衙署围困。此事不知如何结局，候探明再行续志。

《大公报》，1905年1月17日

△ 张之洞致电盛宣怀、外务部、商部，申明粤、湘、鄂三省绅民废约自办志坚意决。

张之洞《致上海盛大臣，京外务部、商部》（光绪三十年十二月十二日卯刻发）：

顷又接湘绅公电，云海电词甚婉转，从前渠覆福开森之第三条及后解释词意一电，此时正可援以磋商，况收回比股并无确据，废约是惩其出售，非劝其收回。优待是国际全局，义取两利，非纵庇一商，损我权利。盛公覆电不主此立论，阳言废约，阴实回护。求切商盛公，速电梁大臣，请美外部主持公理，勿庇失权之商等语。特此转达。语虽激烈，不免过火，然足见三省绅民并未默许，务祈明察。此电并呈外务部、商部察阅。

张之洞《致上海盛大臣》（光绪三十年十二月十二日亥刻发）：

三省绅民坚持废约自办之说，不认第二种办法，诚以合兴前既违背合同，种种失信于三省绅民，此后虽愿设法改良，三省绅民亦不敢相信。与其勉强迁就，易启龃龉，何如注销合同，互敦睦谊。合兴既有资本，可营之业甚多，何必沾沾于粤汉铁路。观三省绅民宗旨，实在无可转圜。犹之美待华工，虽政府极愿维持，而工党坚执，美政府亦无如之何。鄙人为三省绅民代表，其不能抑勒舆情，使不废约，正如美政府之不能挽回工党。务望台端切电梁星使婉商美政府，允将合兴原订合同及赎约一律注销，以昭公道。至应如何措词方中肯綮，祈卓裁酌定，径覆梁使为祷。

国家清史编纂委员会·文献丛刊《张之洞全集》（11），武汉出版社2008年版，第182页

△ 张之洞电询粤省官绅废约自办之意，并请直接电告盛宣怀。

张之洞《致广州张抚台、伍叔宝太史诸君，梧州岑制台》（光绪三十年十二月十二日亥刻发）：

未接粤绅覆电，盛公必认粤绅为默许，利害关系极重，诸公宗旨究竟如何，焦盼至深。此

事既力争于前,断无退沮之理。湘绅覆电,除废约自办,更不认第二种办法。美重民权,非诸公婉力坚持,不足相抵。昨得云帅真电,虑巨款一时难集,此无足虑。废约非旦夕可议。只要抱定宗旨,一面筹款,一面抗争,百折不回,或有转圜之一日。俟废约定议,彼时赎路款如果不足,或三省公摊,或暂行息借,均可从长计议。此时盛公专待官、绅覆电,粤岂能缄口不言。务速切实径电盛公,并电敝处,以便覆盛,盼祷。

国家清史编纂委员会·文献丛刊《张之洞全集》(11),武汉出版社2008年版,第182~183页

1月18日(十二月十三日)　锡良奏请为川汉铁路筹费开办,议定集股章程。后经商、户、外三部议复,获准颁行。

锡良《川汉铁路集股章程折》:

奏为川汉铁路筹费开办,议定集股章程,恭折具陈,仰祈圣鉴事:窃维铁路兴筑固难,筹费尤难,然若集借外款,应者争至,则亦未为甚难也。惟川汉路工,上年奴才在京与两湖督臣张之洞再四熟商,均主自办,曾经奴才屡疏陈请;川省士绅远迩同词,亦皆力请自办。但计里四千有奇,计费五千万以上。中国招集民股最为难事,川省地居僻远,耳目拘隘,昔为邻省办矿等股,寸效未睹,至今人多畏之,骤欲集数百万股之多,此诚难之又难者也。

奴才督饬司道及该公司,并与在京在籍诸绅往复熟商,惟有开示诚心,祛疑惑之端,而破庸俗之论。一则将修路关系全川之故,利害得失,群明晓谕。一则民间恒虑出资后,事或辍于半途,款或移于他用。兹将公司内官款民款悉作股本,无论异日有何急要,决不提挪。一则自办者,即不招外股,不借外债之谓也。而士民犹恐持之不坚,将来中外纷歧,利权侵损。兹当首严其戒,期于始终一致,如非中国人之股,公司概不承认。

经此定议以后,稍明时务之人汲汲焉不俟终日即窍启,寡闻者亦不似从前以建轨为骇怪。

该绅等咸请公司酌拟集股章程,选举端人,分途广募;并请仿照历届办理积谷等项,按租出谷,百分取三,意在轻而易举,积微成巨。该公司又请在重庆府城试铸铜圆,拨其余利,充作公司股本。综此数项,虽尚无实在确数,然按年皆为有着。此外如有可筹之款,不涉苛细烦扰,尚拟陆续兴办。

筹费既有成议,审路考工又不容缓。水陆之险皆在川、鄂接壤之区,应从宜昌开工,先能修至万县,即可避峡江覆溺之患,商货顿易流通,轨料均便输运。电商两湖督臣张之洞意见亦复相同。将来勘路、兴工、购料诸事,当再会商张之洞悉心筹画,通力合作,一俟商定,另行专折奏陈。

中国科学院历史所第三所工具书组整理《锡良遗稿》(奏稿),中华书局1959年版,第454~456页

《商、户、外三部议覆川督奏折》:

臣等伏查川汉铁路,该省官商均力主自办,洵为挽回利权之举。惟轨长费巨,自非多方筹措,未易图成。而集股定章,亦应审慎周详,预防流弊。……查按租抽谷,实为筹款大宗,既经该督与川省士绅熟拟章程,分途广募,是筹款办法,均愿力任其难,自应准如所请办理。惟原章有违抗不完提案究追之条,若使办理稍有未善,抑勒强派,在所不免。虽经声叙选派公正绅董,不得假手胥役,仍应由该督随时严饬各该州县,倘有苛扰需索情事,一经察觉,即将该处地方官及乡绅人等,从严参办,以防疏弊。

至原章第四十五条,所拟试铸铜圆,及另片奏请酌加土药税厘各节。户部查该省铸造铜圆,应准设局试办,惟实在每年能得余利若干,未有确数。……至酌加土药落地厘,每百斤收

银五两二钱八分，既据片称，尚于出境营销无甚阻碍，应如所请办理。惟该省按年应征土药税厘正额若干，现在收数能否畅旺，并令饬查报部备考。此外如有可筹之款，应由该督饬同公司并与该省诸绅设法筹集，随时奏咨立案，仍不得稍涉烦扰。

至所拟章程五十五条，臣等详晰审酌，略为参改，尚属周妥，合将拟改之四条，缮具清单，恭呈御览。如蒙俞允，应由臣等咨行该督钦遵办理。

宓汝成编《中国近代铁路史资料》第2册，中华书局1963年版，第1061～1062页

△《川汉铁路总公司集股章程》具体内容包括集股总章、认购之股、抽租之股、官本之股、公利之股与付息总章等六项。

《川汉铁路总公司集股章程》（光绪三十年十二月）

谨将川汉铁路总公司集股章程缮单恭呈御览：

第一章　集股总章　自第一条起至第十条止。

第二章　认购之股　自第十一条起至第二十一条止。

第三章　抽租之股　自第二十二条起至第三十五条止。

第四章　官本之股　自第三十六条起至第四十一条止。

第五章　公利之股　自第四十二条起至第四十六条止。

第六章　付息总章　自第四十七条起至第五十五条止。

第一章　集股总章凡十条

第一条　川汉铁路系奏明自办。川省绅民皆自愿筹集股分，恳请不招外股，不借外债，是以专集中国人股分。其非中国人股分，一概不准入股，并不准将股分售与非中国人，以符奏案。

…………

第三条　本公司以库平银五十两为一股……

第四条　本公司凡有入款——无论官款、民款——一律作为股分，按股填给股票。俟全路告成之后，停止收股；即将自开办之日起至路成之日止，动用款项，合计股数，作为实在成本。……

第五条　本公司股分奏明专为修筑川汉铁路之用，无论地方何项要公，不得动用此项股本。

第六条　集股之法，约有四端：一、认购之股，即以已资入股者；二、抽租之股，即按租计谷抽收者；三、官本之股，即由国家库款拨作股分者；四、公利之股，即系本公司现时筹款开及别项利源，收取余利作为股本者。以上四项，均各另有专章。

…………

第二章　认购之股凡十一条

第十一条　凡官绅商民自愿入股冀获铁路利益者，即作为认购之股。办法如下：

第十二条　本公司集股以五十两为一股。……

…………

第十四条　本公司开办伊始，利益尚未显见，认购股票之人，自不免意存观望，必赖有人提倡劝集，方能踊跃从事。应延访在省公正绅者，作为集股总董、副董，并分董各州县选派地方绅矜商富夙负众望者，作为劝办川汉铁路股分董事。

…………

第十八条　认购股票之人,只准取息分利,不准提取本银,倘一时需钱使用,准将股票转售与人,惟须将承售之人姓名、住址详细报明本公司换给股票。……惟只准售与中国人,倘转售或抵债与非中国人,本公司概不承认,股票作废。

…………

第三章　抽租之股凡十四条

第二十二条　凡按租抽谷入股者,即作为抽租之股。办法如下:

第二十三条　抽谷办法,以湘省绅士所议按租均抽之法最为平允,现拟量加参酌,并仿照本省上年初办积谷及办团办捐成案变通办理。……

第二十四条　按租抽谷,无论多寡均随时填给收单,倘照时价核计,数至五十两者,即将收单缴换股票一纸,其不及五十两者,听将收单自行收存,俟积成股数,再行换领股票。如愿添缴现银换领股票或转售与本县之人凑领股票,均听其便。……

第二十五条　此项按租抽谷之股,数至五十两已领有股票者,自照股票计息章程办理,其不及五十两仅领有收单尚未换领股票者,一律照给息银,每年由各分局将何乡、何人应得息银若干,按乡缮具清单,分贴各乡,俾众周知。……

第二十六条　按租抽谷,路成之日,即将抽谷之股停止,遇有别项派捐,不得援以为例。

第二十七条　按租抽谷,应责成川省各州县自光绪三十一年收租之日开办,选派公正绅董,按乡稽抽,均由各州县于奉文一月内酌拟办法,禀报本公司核定,总以不假手胥役以杜骚扰为主。……

…………

第四章　官本之股凡六条

第三十六条　凡以官款拨入公司作为股本者,即作为官本之股。办法如下:

第三十七条　官本之股亦以五十两为一股,按股填给股票。……

第三十八条　官本所得股息、红利,均按年解归原拨之衙门作为公款存候拨用。……

第三十九条　现由藩库拨归公司之宝川局鼓铸存本银贰拾捌万两,即作为官本之股。

第四十条　凡拨作本公司官本之股,无论何项要公需款,均不得向本公司提取股本。

…………

第五章　公利之股凡五条

第四十二条　凡因本公司现时筹款开及别项利源,收取余利,作为本公司股本者,即作为公利之股。办法如下:

第四十三条　公利之股,虽其事本因铁路始行议及开办,究与铁路系属两事,只能提取其利作为股本,不能即据其利为公司所私有,是以名为公利之款,仍按五十两一股填给股票。

第四十四条　公利之股每年应得四厘息银,及路成后应得红利,均按年照数提存,会同各该专管人员,报明听候拨作为地方紧要公用。

…………

第六章　付息总章凡九条

第四十七条　本公司息银,无论官款、民款,统按四厘行息。自收银之下一月初一日起算,制有息折,凡有入股之人填给股票即随发息折一扣,惟股票以五十两为一张,息折则无论入股多寡,均按人发给一折。……

第四十八条　本公司开办在光绪三十年之十二月。以后均以每年之第十二月为付息之期,无论总售票处及各州县之分售处,均在此月内付息,以归一律。其有入股尚未及一年者,均按月除闰摊计所需息银。即在收存应解项下截留支付。抽租之股,一律照办。

第四十九条　付息既以十二月为限,结帐自应在付息之后。以后各分售股票处,限正月内将一年收付之帐结报本公司,本公司于每年四月内将一年收付之款列榜晓示,登报布告。路成之后,即将每股应得红利数目随榜揭明,以便各股东按股支取。

…………

四川省档案馆编《四川保路运动档案选编》,四川人民出版社 1981 年版,第 128~136 页

△《**川汉铁路按租抽谷详细章程**》颁行。

《川汉铁路按租抽谷详细章程》

第一条　按租抽谷办法,其已于奏定章程内载明者,均按照奏定章程办理,不再赘及。仍与现定章程一并刊发,以便查阅。现在所定章程,专载奏定章程所不及备载之事。

第二条　各州县应在城设立公(铁路公司)、局(租股局),或即归并于所设分售股票局。选派绅董二三人,或正董一人,帮董一二人经理按租抽谷之事,酌给薪水,若系兼办已支有别项薪水者,即不得再支。其书算人等,亦准酌给薪工。……

第三条　各户应缴抽租股款,均令送交城局经收,随时掣给收单,不必赴衙署完纳,以免书差勒措需索诸弊。其有离城实在僻远,应酌设分局代收者,由各州县各就地方情形,斟酌察办。

第四条　各州县于奉到章程一个月内,先将该处市斗较京仓斗计大若干,确切查明。……将来何乡完纳租股,即按何乡市斗核收折价。以杜高下其手,影射取巧诸弊。

第五条　各州县于奉到章程一个月内,按照总公司颁发册式、收单式,查明境内约计需用若干,刊刷齐备。先将刊成样张,随案附送查考。所需单册纸张及刊印缮写人工,均准开支,以免赔累而杜苛派;惟必先据实禀报,听候总公司核定,方准开支。

第六条　抽收租谷,必先就田查租。……

…………

第九条　各户租数,均各按本年实收租数为准。……

第十条　此项租谷,均抽自收租之家。……

第十一条　各州县开收此项租谷日期,应定于榜示一个月之后,以为填印收单及各户陈请复查更正地步,惟必须将择定开收日期,于榜内预先填明晓示,以便各户预备交纳,并禀报总公司查考。若通电地方,并先电禀。电费准其作正开支。

第十二条　各州县收取此项租谷,奏定章程系按开收之日市价作准。……

…………

第十七条　每届付息之期,由城董于一个月前核明某户应付息银若干,按保开单,呈请州县出示盖印,发交各乡董保长实贴,晓谕各户赴城照数领息。并按保造册、付过一户,即于册内本户名下加盖某年息银付讫图记。……

第十八条　各户应领息银,准由经董于所收该年抽谷折价内划扣支付,统于十二月底将支过数目及扣存未领各户数目,开报州县官转报总公司查核。

第十九条　各户应领息银,若当年未及领取者,准由经董扣存,开单布告各户,令其随时持单领取。

第二十条　以上章程,系就通省大概而言。各处地方情形不同,若有应行增损之处,许各就本地情形据实察请酌夺更改,总以不烦不扰为主。

四川省档案馆编《四川保路运动档案选编》,四川人民出版社 1981 年版,第 138~141 页

△ 张之洞将粤省绅商公电转告盛宣怀、外务部、商部,强调美国合兴公司既已弃信背约,理当力争废约,免致后患。

张之洞《致上海盛大臣,京外务部、商部》(光绪三十年十二月十三日寅刻发):

顷接粤省绅商公电,云歌电敬悉。合兴显背合同,已失信用,必应作废。前美政府云如该公司改其规模办法,即不认保护,具见美国国家保全名誉。粤省认定此言,统筹路费,计划略定。今据海大臣文称,该公司近在中国颇遭物议,是明认美商有背约之举,今始借词收回股票,事后弥缝,难信他日再无意外举动。况仅收大半,则未收尚多。美股前为比得,公司腐败,全得三省华人公愤助力,始渐收回,岂能令比股销除便许续办。查两国立约,信用一失,即无执行原约之权。乞转电盛、梁两大臣,据理力争,勿再游移,致贻后患。并恳我帅坚持,全粤感祷等语。特转达,请速电梁使与之驳辩。

国家清史编纂委员会·文献丛刊《张之洞全集》(11),武汉出版社2008年版,第183页

△ 总理学务大臣遵旨拟定《考验出洋毕业学生章程》,获清廷批准。

《考验出洋毕业学生章程》:

一毕业文凭,应由该督先行调取咨送,以凭详覆,至在本国学堂肄业年份及当差劳绩年份即据该督查明声叙,应俟考验后酌量并计。

一俟奏准后,由臣等咨行该督,转饬保送各生,于明年三月间到京候考,届时奏请钦派大臣,会同考验,以昭慎重。

一分两场考试,第一场按照所学科目,分门发问;理化等学,并须试验,以文凭相符确有心得为合格。第二场以经史命题作论说两篇,占其学识,以宗旨纯正,文笔明畅为合格,各计分数,两场合计。

一在日本大学医科、工科、理科、农科学校毕业者,如科学合格,而素不能文,二场之愿考与否,准其自行呈明,惟只靠一场及两场与考未能合格者,均于引见时,在排单内注明奖给出身,应如何量示区别之处,恭候钦定。

一考试等第,分一、二、三等,不必全备。如所学均优,即统列一等,学业稍次,即统列二、三等,总以学生之程度为断,不必强分高下,致有幸获抑置等弊。

一考试后拟定等第,带领引见,请旨录用。其毕业年份,应得何项奖励均查照定章,于排单内分别注明,恭候钦定。

一与考学生如平日素有著作,以及在校记述,准其于考试前自行呈送学务大臣,以备参考。

一古人选举首重德行,各国教法均尚德育。使趋向偏谬,议论嚣张,即有异等之才,亦万不可用。保送出洋毕业学生,应责成原保大臣查察其品行心术,实系端谨无过,方予送考,毋稍迁就。

毕业年份、学业程度均以所得文凭为据,未得优等文凭者,不得以空言保奖滥予送考。至在本国学堂肄业年份及当差劳绩年份既准并计,均应确实查明,力杜冒滥。

《东方杂志》第2年第3期,"教育",1905年

1月19日(十二月十四日)　孙中山抵伦敦,寄居摩根家。

《中华民国国父实录》:

未返旧金山,遂即于该年冬自美赴英(蒋永敬《从吴稚晖旅英日记来补正国父几次旅英

日程的缺误》所记：国父系去年十二月十四日即一九〇五年一月十九日抵达伦敦），寄居摩根家。经济至感困难。在抵英前，并无鄂学生汇款事。

罗刚编著《中华民国国父实录》，正中书局1988年版，第770页

△ 张之洞致电湘绅，谓“务望斟酌字句，意直语婉”。同时致电盛宣怀解释湘绅情词迫切，要求他全力办妥废约之事。

张之洞《致长沙陆抚台、龙侍郎诸公》（光绪三十年十二月十四日卯刻发）：

驳盛语意切直，具征志气坚决。惟美不认三省官绅之电，梁使前已有电言之，故废约事，三省官绅止能责成盛公力争，不能与美直接，故鄙人不能径与梁使商也。来电昨已转盛，略将激烈语改去，此后诸公有电，务望斟酌字句，意直语婉，俾可转电盛公，责以大义。盛慑于公论，方可有益。总之，鄙人只能助诸公划策，代诸公争理，为三省通盘筹划，权衡损益，决疑定计，迫盛大臣以出力设法，务废此约，不便独立与梁使、美外部议也。特此缕达，祈察照为荷。

张之洞《致上海盛大臣，京外务部、商部》（光绪三十年十二月十四日酉刻发）：

湘绅急于争回路权，措词不免过于忿激，敝处不得不为转达。然事关大局利害，湘绅情词迫切，其意要自无他，此时与美争废合同，全赖官绅与总公司协力同心，未可自家先存意见。订约既系总公司独任，废约自系总公司专责。……总之，三省筹款自办，鄙人必竭力提倡筹集，废约则尊处专责，自应由尊处电梁。至应如何措词，如何筹办，悉由尊处斟酌，万勿推诿。

《盛大臣来电》（光绪三十年十二月十六日申刻到）：

筹款自办，事在废约之后，尚可从容。现在似应先筹废约。全赖协力同心，未可自存意见，实深钦佩。惟数月来总公司屡将三省官绅之电转美，美不承认。此次尊处领首，美即承认照覆，语意婉转。彼盖知总督有代表三省之权，不能不承认，非比总公司只能就合同言合同也。尊处锡、吻两电，注重舆情，若仍仅列宣名，与前电不符，美又必不承认。然梁使美部覆文，辗转商酌已半月，傥不从权，恐误事机。当即将尊电斟酌，照前会衔电梁。以后务请尊处主稿，鄂径发、沪转发均可。美公司电则可由总公司单覆，并非推诿。外交最重分际，乞原谅。

国家清史编纂委员会·文献丛刊《张之洞全集》(11)，武汉出版社2008年版，第183页

1月中旬（十二月中旬） 中国留日学生就《要求归政意见书》展开大辩论，多数人反对，明确赞同革命。

《东京留学界议请归政立宪之汇志》：

前《万朝报》译载德国某报之论，谓各国商业统计表，支那领土内不列长城以北，意盖以长城以北，已承认俄国之占领矣。此实瓜分政策也云云。留学界因之骚动。四川全体学生将发电要求归政立宪，更有发布《要求救亡意见书》者，亦将北上伏阙上书，后以各同乡会反对而止。闻此二事皆非自动力，悉出于梁启超之运动也。

四川开会之发起人，姓邓，为梁启超之弟子，曾入成城、同文、政法各校，政（？）被斥退。此次开会，不过借此博名誉耳。

杨天石等编《中华民国史资料丛稿·拒俄运动》，中国社会科学出版社1979年版，第349页

杨天石《1901年至1905年的拒俄运动》：

一九〇五年初,中国留学生就《要求归政意见书》展开大辩论。结果,大多数人反对。福建、安徽、贵州、直隶四省同乡会批评其为“不切时势,无补时局”,江西同乡会批评其为“徒事喧嚣,毫无实际”,两广同乡会在留学生会馆贴出了“两粤学生全部大反对川策六条”的标语,广西同乡会则明确宣告:“抵御瓜分之策,以革命为宗旨。”

杨天石《从帝制走向共和——辛亥前后史事发微》,社会科学文献出版社2002年版,第105页

1月21日(十二月十六日)《警钟日报》发表时评,批评旅沪宁波绅董害怕罢市影响营业,借保全治安之名,阻止罢市。

《宁波人太无公德》:

中国之民,重身家而轻社会。事之于身家有利者,则经营惟恐其后;事之于身家有害者,则退避不敢复撄,而一群之公利不暇兼顾。今观于在沪宁波人,而益叹华民无公德。自周生有为俄人所杀,俄人抗犯不交。在沪宁人,咸怀愤怨,颇有罢工之举动。而公所绅董,皆以达官拥厚资,沪上一隅,所营之业甚众,知一旦宁人罢市,则所失必多。乃托保全治安之名,以阻止宁人之罢市。而死者之冤愤,团体之公益,不暇计矣。吾今以一语谨告宁波绅董曰:公等阻宁人之义愤,使外益启骄心,此后生命财产,必无自保之一日,则所失之大,较之罢市时之所失,奚啻倍蓰!吾甚愿诸公之一计利害也。谨告宁波人,谨告宁波之绅董。

《警钟日报》,1905年1月21日

△ 张之洞致电盛宣怀要求其阻止美国公司擅自开工筑路,并查明金元小票事宜后及时回复。1月28日(十二月二十三日)盛宣怀对此作了回复。1月29日(十二月二十四日)张之洞又致电粤省阻止美国公司开工,并请盛宣怀转告驻美使臣梁诚藉外交途径阻止。

张之洞《致上海盛大臣》(光绪三十年十二月十六日午刻发):

文电示粤境路工,美公司又有开工之说。查此路由尊处电饬停工,自非得尊处允许,美不能擅往开工。现在正议废约,一切均未商妥。粤路万无听其开工之理,务请尊处严词驳阻为要。又,金元小票已为合兴提去者共若干万,已由合兴售出者共若干万,其余是否尚存梁星使处,并祈查明电覆,切盼。

1月28日(十二月二十三日),《盛大臣来电》(光绪三十年十二月二十三日申刻到):

铣电所询粤汉小票,照原约交合兴任其出售。照续约第五条,使臣逐张签印,即交受托公司收存,共票四千万元。旋经管理处估定,广州至三水,工费一百二十八万六千八百余元,广州至英德,工费二百九十万一千六百余元,长沙至洙州,工费九十二万六千七百余元,共计美金五百五十四万余元。九扣,计需六百二十二万二千余元。除开办时由受托公司提去小票二百二十二万二千余元,梁使来电,已售本年屡请发票四百万元,宣电梁使知照受托不准发,彼以停工挟制,我即准其停工,并撤去管理处工程局,只留行车处。讵料受托违梁使命,已付合兴。我请梁使宣布于众,勿购此票,亦未办到。彼既有款,难保不再开工行车。总办致陈道善言函内,叙及粤省至高唐将已完工,彼留工程司,意欲将未完之工先行补足,以便开车取利。我若禁止,又必要我认亏。应否即电粤督抚知照领事不准开工,并电梁使,以免临时别生枝节。乞钧裁。宣。祃。

1月29日(十二月二十四日),张之洞《致梧州岑制台,广州张抚台、伍叔宝太史诸公》(光绪三十年十二月二十四日午刻发):

盛大臣祃电,云行车总办致陈道善言函,叙及粤省至高唐将次完工。彼留工程司,意欲将未完之工补足,以便开车取利。应即电尊处知照领事,不准开工。并电梁使,免致临时别生枝节等语。查此事现正切商废约,美尚坚持。若一准开工,彼必谓我已认许,无从更议废约。务请尊处知照美领事,万不能听合兴擅自开工。

张之洞《致上海盛大臣》(光绪三十年十二月二十四日午刻发):

粤路一准开工,便无从更议废约。已电粤知照领事,不准开工。祈尊处电梁使,并饬陈道善言妥为阻止。切祷。

2月2日(十二月二十八日) 张之洞《致上海盛大臣》(光绪三十年十二月二十八日巳刻发):

岑云帅径电,云已电告美领,万不能听合兴擅自开工。宥电云,顷准美领覆称,铁路自奉上宪分嘱后,并无起意兴工情事等语。特转达。勘。

国家清史编纂委员会·文献丛刊《张之洞全集》(11),武汉出版社2008年版,第184~185页

1月22日(十二月十七日) 湖南巡抚陆元鼎的《署湖南巡抚陆元鼎奏湖南省节次拿办会党汇案具报折》披露了长沙起义的基本情况。

陆元鼎《署湖南巡抚陆元鼎奏湖南省节次拿办会党汇案具报折》(光绪三十年十二月十七日):

窃照湖南风气强悍,素多伏莽。其初无非军营散勇沾染习气已深,不能复安耕凿,勾结无业游民立会放票,小而索诈,大而劫掠,苟图得财而已。乃自庚子岁,富有票匪蔓延入湘,而后内地匪徒群相效尤,包藏祸心,潜谋不轨。历经严加搜捕,根株尚未尽绝。近因桂氛不靖,湘防戒严,匪徒乘机思逞,到处煽诱。教堂林立,边地绵长,保护防范甚重且难。间有啸聚滋事之案,皆赖文武员弁严密查防,迅速拿办,旋起旋灭,未至扰害地方。

查光绪二十九年五月,衡阳县属有匪首谢濬功即春甫,先与陈方田开堂放飘,约同已获正法之贺金声,倡言仇教,希图起事,漏网未获,因闻桂匪势炽,复招集党徒欲往广西与匪接应,合为一伙。即经访闻掩捕,讯供禀报。又十月间,该县与邵阳县交界之洪乐庙地方,有匪徒李衡即僧果贤,先听从刘惠明、谢濬功纠邀入会,推为副龙头;旋复自行创立山堂,刷印飘布散放,声势甚盛。经营县会同拿获,并起获飘布多张,印有九台山乐善堂等字样,语多悖谬。讯供禀报,均经前抚臣批饬正法,于年底汇案奏报在案。

臣本年六月到任,正值防务吃紧之时,深知湘中会匪滋多,欲遏邻氛,宜清内奸。当经通饬整顿警察团练,认真防范,并令会同营汛防军一体稽察巡缉。旋于九月间,风闻有同仇会匪入湘放飘,潜图起事,密派大员督饬营县查拿,在于醴陵县及省城先后拿获匪目肖溃[贵]生、游得胜、何少卿三名,并搜出伪印、伪令旗、华兴票等件,发司督府讯明。肖溃[贵]生本系赌棍,先听从王甫臣入八宝会充当老九,本年八月,复听从马幅[福]益即马干入岳麓山会,更名肖汉,推为正龙头。马幅[福]益并交该匪华兴票多张,派充中路副办,托其散放。游得胜系属散勇,先听从傅友蛟入会为匪,本年八月复听从马幅[福]益领受华兴票,派充西路总办。并据供明该华兴票名同仇会,内有东、南、西、北、中五路总办、副总办等名目,马幅[福]益系五路督办。曾闻马幅[福]益言及,有人在外洋购办军火,欲运到湘,定期十月在省城起事,马幅[福]益现已闻拿逃逸等语。维时省城谣言四起,群情惶惶。即经臣拟饬将肖溃[贵]生、游得胜二匪先行正法,其何少卿一名情节较轻,电商督臣张之洞暂为备质;一面飞咨各省,并饬各属搜捕。匪党屏迹,人心为之一定。

又十月间,广西会匪第三队头目黄遇泷即李泷,系柳州股匪覃火生党羽,兼通邪术,因在昭平县被官军击败后图窜入湘。该会第三队头目罗永菖以该匪系属湘人,嘱令来湘探听军情,并沿途纠约痞徒以为应援。时滇、黔边滇军叛变,湘西告急,张发云一军正拟拔队赴桂援剿,南路兵力甚单。该匪假装逃荒难民,溷入边境,探明虚实,正欲回桂报信,希图窜扰。当经盘获,搜出伪印公文,讯供禀报,派员会审,即行正法。

以上各犯均系著名匪目,心怀叵测,潜谋滋事,若非及时就擒,难保不酿成巨患。各该员或身任地方,或奉派督捕,不避艰险,先后拿获惩办,均属异常出力。查湘省迭次惩办会匪,历经前抚臣遵照光绪十七年六月初六日及二十五年五月初八日钦奉谕旨,准照异常劳绩保奖,均蒙允准有案。各该员情事相同,似未可没其劳绩。且现在邻氛未靖,缉捕巡防实关紧要,欲观感奋兴,端在申明赏罚。所有出力员弁,合无仰恳天恩俯准择尤保奖,以示鼓励,出自逾格鸿施。除将出力各员弁衔名咨部外,谨恭折具奏,伏乞皇太后、皇上圣鉴,训示。谨奏。

中国第一历史档案馆,北京师范大学历史系编选《辛亥革命前十年间民变档案史料》,中华书局1985年版,第396~398页

1月23日(十二月十八日)　秋瑾与林宗素等中国女留学生在中国留学生会馆举行徐毓华追悼会,发表演讲,主张要争取女权,妇女也要为救国救民作贡献。

倪墨炎《秋瑾及〈歌两章〉》:

瑾等中国女留学生在中国留学生会馆举行徐毓华追悼会,与会者尚有林宗素、潘英、刘震权等。追悼会由林宗素读祭文,秋瑾演讲,"演说内容主要是要争取女权,妇女也要为救国救民作贡献。"

姜德明主编《倪墨炎书话》,北京出版社1998年版,第3页

日本东京调查员《外国特别调查》:

据最近调查,中国女子在东京者百人许,而其最著名者共三十人,就中长于英文者有吴弱男女士及陈撷芬女士一流;长于汉文者,有秋瑾女士、林宗素女士一流;长于数学、几何、代数者,有陈光璇女士、黄振坤女士一流;长于音乐者有潘英女士一流。

《女子世界》第2年第3期,1905年

1月25日(十二月二十日)　沙俄拒不交凶、独自审判等一系列倒行逆施,促使上海人民反抗怒火日益高张,当时上海部分进步倾向刊物发表评论对此予以支持。

《东方杂志》发表《时评》:

今该舰已逃至中立港内,受人拘留,则上海非俄兵耀武扬威之地,亦非俄军施行军律之地,俄领事乃犹引军事犯之例为言,果何意也?总之,该凶手实应交与华官办理,不应归俄官讯办;应按中国律例或租界章程办理,不应照俄国军律办理。此是定理,亦是定法。

《东方杂志》第2年第1期,1905年

1月26日(十二月二十一日)　《请看俄国之工人》的作者分析俄国民党由农民革命进为工民革命,由暗杀主义而为暴动主义,主张中国学习俄国,实现政体改革。

《请看俄国之工人》:

近日以来,俄都大势,岌岌可危。工厂之人,同盟罢工,以要迫俄皇之变政。……及返观之我国,则宁波商工,以强悍之性著闻。今宁人为俄人所杀,工商之民畏葸退缩,惟官绅之命

是从，无复同盟罢工之举。何彼勇而此怯欤？盖太西以工立国，故工人资格与士、农同；中国自古代以来，即以工艺为末技，工艺之学，儒者耻为，而国中之为工者，遂较士、农为尤贱。工智不开，实由于此。……智识既卑，财力既薄，故团体亦不坚。西国之工，计事后之利益者也。……中国之工，计目前之利益者也。……且西国之工，计团体之利益者也。……中国之工，计一人之利益者也。……此则由于华工进化较逊俄工，程度、阶级固不同也。虽然，俄国之民党，其进化亦有后先，由农民之革命进而为工民之革命，由暗杀之主义迫而为暴动之主义。及观于中国近事，则开封、宜城、丹徒，皆因加赋之故，蜂起抗官，此农民革命之渐也。万福华激于公愤，枪击王之春，以消灭联俄之主义，此暗杀主义之渐也。傥农民革命易以工民，暗杀主义易为暴动，则政府何难倾覆，而政体又何难改革哉！是在吾民自为之耳。

《警钟日报》，1905年1月26日

1月27日（十二月二十二日）　鉴于陈天华提出《要求救亡意见书》及准备赴北京向清廷请愿谋求实行宪政，徐运奎拜望宋教仁，商议如何反对加以阻止。至是月30日（十二月二十五日），黄兴、宋教仁等商议在同乡会上明确予以阻止。

陈天华《要求救亡意见书》：

近日以来，警电纷至，危迫情形，视前尤急，同人等焦心灼虑，苦无良策，乃于无可如[何]之中，作一死中求生之想，则惟有以救亡要求政府也。

夫各国国民之要求政府，则立宪问题也，自由平等问题也，均财问题也。吾等今日之要求，尚不能及是。弟求其勿致吾于死亡而已。救亡者政府之责任，岂待吾等之要求而后许？则以今日之政府，所蹈无一非可亡之道，而不惜国之亡者也。主人有屋，托人管理，不慎于火，管理者以非其屋也，将任其延烧，为主人者，岂能不以屋如焚焰，必责其赔偿而急促之使救火乎？政府管屋者也，国民主人也。吾等之要求亦类是也。

要求者有目的有条件。目的惟何？但使朝廷誓死殉国，勿存为一印度王之思想，卖吾侪以救活；为大臣者实事求是，勿抱一为小朝廷大臣之主义，以吾侪之权利，为彼等富贵之媒。则吾侪必捧吾之身命财产，呈献之政府之下，万死不避。不尔者，亦必求对付之手段，断不能任其今日割五城，明日割十城，不动声色而断送吾侪于永世沉沦之内。此吾等要求之目的也。

条件惟何？一曰勿以土地割让于外人也，而矿山、铁路、航权，必竭力以保之。二曰勿以人民委弃于外人也，而人民之生命产业利权，丝毫不可容外人之侵犯。三曰勿以主权倒授于外人也，而外人之驻兵于内地，以及用人行政之权，尤必力杜其渐。此三者，要求政府对外之条件也。四曰当实行变法。五曰当早定国是。六曰当予地方以自治之权。七曰当许人民以自由著述，言论集会之权。此四者，要求政府对内之条件也。凡皆吾侪所以要求于政府者也。

吾侪对于政府，独可以不负义务乎？吾侪之义务惟何？一曰人人有当兵之义务。二曰人人有纳租税之义务，三曰有为政府募公债之义务，四曰有为政府任奔走开导之义务。吾侪之义务有一未尽者，不待政府诛之，吾侪必自诛之。吾侪对于政府尽义务矣，而政府之于吾侪所求者，或不之许，或许而阳奉阴违行之不力，或竟显违吾侪所订之条件，则吾侪必尽吾力之所能，以对付于政府。诛一人而十人往，诛十人而百人往。吾侪不死尽，政府不得高枕而卧也。彼欲置吾侪于死亡，而希图保全，吾必使之与吾侪同尽。是则吾侪之所以自处处政府也。

难者曰：今瓜分之谈，尚属影响，而行如是之举动，不几类于无事张皇乎？应之曰：瓜分者岂必待改图易色,而始谓之瓜分哉?土地、人民、主权,有一不完全,则不可谓之国。今土地则已去者无论,指名坐索者又纷纷矣。如俄之要求厦门等地,及要求蒙古、新疆之矿山,其余各国不胜枚举。人民则非洲、美洲之工人,东三省之难民,惨无天日。而上海则俄国水兵公然杀人于市,而惟定以四年之监禁。嗟!我同胞曾草芥之不啻也。

主权则无一不受外人之指使。近奉天府尹,被拘禁于俄,山东巡抚必待德之许可,尚得谓有主权之存乎?若是者即不瓜分,而已早等于瓜分,且甚于瓜分。况东报谓各国承认俄国长城以北之占领。俄国占领长城以北,各国岂无所取,则瓜分也明矣,特因日俄战争而有所需待,不然早已揭晓,岂能至今日耶?揭晓云者,亦不过执工商政略而握实际之主权,非必易大清之年号,而为一千九百几年之年号也。诸君欲为堂堂正正之死节,断无如此机会。且救死者必于将死未死之时,不可待于已死;救亡者亦必于将亡未亡之时,不可待于已亡。救死于已死,救亡于已亡,则救与不救等。吾侪之有一线之希望者,正以尚有可以图存之时间,而不欲复蹉跎以逝也。非然者则吾侪之哓哓,何为者耶?以吾侪之眼视各国之国民,如登春台,欣羡无已。而各国之国民,为生存竞争之故,要求于政府者无已时,则以吾侪今日之要求,岂能目为多事乎?无病而呻不可也,安卧于覆屋之下,尤非智者之所出也。

…………

各国民党之对于政府也,必先提出要求之条件,要求而不纳,然后有示威之举动,无不如此者。吾侪躐等以为之,则政府不知吾等意向所在,而国民亦不知吾等之宗旨为何,纵掷数人之头颅,亦不过等诸无意识之作为。而吾侪之主义,终难暴白于天下。惟先将主义标出,能可平和则平和,当激烈则激烈,一出于公,而不杂以一毫之私,使政府有所择取,使国民有所依,然于将来或不至全无影响。此吾侪今日之苦心也。政府之无可望,则久已知之矣。谓因此恐荒功课,骚动学界,则吾侪岂于今日而欲全数之辍学哉?亦先以意见书,公举数人送之政府,其余则仍可日夜并学,以待政府之任使。倘政府必举立国之三要素,甘心委让于人,而国民是仇,则公等虽有学问,又安所归,将抱是以为作贰臣之贽献乎?则非吾侪之所及知也。

…………

言至此,客无辞而退。更有昂然而进者曰:吾侪平日之所主张,非革命乎,今仍欲倚赖于政府,何其进退失据也。则应之曰:政府之将以土地、人民、主权三者与外人,一弹指间也。而吾子之革命,旦夕可举乎?吾恐议论未定而条约上之效力发生,已尽中华之所有权移转于他人手矣。则何如要求政府,与之更始以图存乎?若其不能报复而止也,无所谓革命也,故吾侪必先以条件商之政府,政府而果如所请也,夫又何求。不然岂特吾子,吾侪独能默认政府之卖我以求利者乎?若于此时徒为高阔之论,而不见有实行之期,则非所敢附和也。

……吾侪之欲以救亡要求政府也,非谓如是即可以救亡也,乃欲以求吾致死之所也。政府能与吾侪共致死于外人,则外人乃吾侪致死之所也。政府必欲以吾侪送之于外人,则政府乃吾侪致死之所也。吾侪固有九死而无一生者也。然吾侪即不欲死,而外人必欲死吾政府,必欲死吾。死仍无可避也。死有重于泰山,有轻于鸿毛者,道在诸君自择之也。吾侪意绪已乱,罔知大计之所出,揭其见之所及者如此,匡正而指摘之幸甚。右书订二周内北上实行,拟用留学生全体名字,有志偕行者请至神田西小川町ㄱ一东新社,商订出发,反对者请即函告,否则作为默认。

刘晴波、彭国兴编,饶怀民补订《陈天华集》,湖南人民出版社2008年版,第161~165页

1月27日(十二月二十二日)宋教仁《宋教仁日记》:

巳初，彭希明、徐运奎来，谈最久。时陈星台将有北京之行，运奎谋与余极力反对其说，余允之。

湖南省哲学社会科学研究所古代近代史研究室校注《宋教仁日记》，湖南人民出版社1980年版，第31页

1月28日（十二月二十三日），宋教仁应彭希明之邀至山本馆刘霖生处，与黄兴、章士钊会商反对陈天华所发《要求救亡意见书》，拟于次日在同乡会上明确予以阻止。宋教仁《宋教仁日记》：

申正，彭希明来，要余至山本馆刘霖生处，晤黄庆午、章行严，会商一切事件。时陈星台发有《要求救亡意见书》于留学界，其宗旨专倚赖政府对外与对内之政策，而将北上陈于政府。余等皆反对其说，拟于明日开同乡会时，行干涉主义，议决。

湖南省哲学社会科学研究所古代近代史研究室校注《宋教仁日记》，湖南人民出版社1980年版，第31页

1月29日（十二月二十四日），宋教仁至湘西学会演说，针对瓜分问题，极力反对要求政府，对应之策是力主各省独立自治。宋教仁《宋教仁日记》：

辰正，至湘西学会，是日为湘西开本月例会之期，时至者约五十人上下。先经谢伯勋演说开会理由。讫，余乃次演对于瓜分问题，大反对要求政府之说，而主张各省独立自治。座中有反对者，亦有赞成者，未决议而散。

湖南省哲学社会科学研究所古代近代史研究室校注《宋教仁日记》，湖南人民出版社1980年版，第32页

1月30日（十二月二十五日），黄兴、宋教仁等召开湖南同乡会于锦辉馆，议决不赞同陈天华归国北上向清廷请愿实行立宪的计划。宋教仁《宋教仁日记》：

辰正，往锦辉馆，赴湖南同乡会。时至者约二百人，皆决议不赞成要求政府之说，而主张全省独立自治，至午正始散。

湖南省哲学社会科学研究所古代近代史研究室校注《宋教仁日记》，湖南人民出版社1980年版，第32～33页

冯自由《〈猛回头〉作者陈天华》：

乙巳（一九〇五年春）天华忧伤过甚，忽发奇想，建议于东京骏河台之我国留学生会馆，主张用全体留学生名义向清廷请愿实行立宪政治，盖有感于庚子、甲辰二役倡义之失败，企图别出途径，借布党人势力于政界，期有所活动也。留学生会馆干事乃取决于各省同乡会，黄克强、宋教仁、冯自由等均不以为然，各同乡会亦表示异议，事遂无成。

冯自由《革命逸史》第2集，中华书局1981年版，第120页

1月30日（十二月二十五日）　鉴于美国公司已收回售给他国股票，而美国政府不允中国废约之请，张之洞致电湘粤官绅速筹切实可行办法以图抵制。

张之洞《致长沙陆抚台、龙侍郎诸公，岳州端抚台、梧州岑制台，广州张抚台、伍叔宝太史诸公》（光绪三十年十二月二十五日亥刻发）：

外务部号电，云驻美梁使电称，张、盛电仍废约，美外部谓比股既收，万不应废。摩根等既有信望，美廷须坚持保护等语。希查照。又，外务部敬电，云粤汉路事。美使照称，准本国政府电训，不允中政府将合兴合同作废，因该公司前售他国股票，现经美国人多出优价买回，如中政府废此合同，是与抢劫无异，一定不能听从等因。希速酌核电覆，以凭照覆美等语。此事关系三省利害，究应如何抵制，必须妥筹实在办法，免致徒托空言。务请诸公迅速会商，筹定办法，电覆敝处，以便转覆外务部。切盼。

国家清史编纂委员会·文献丛刊《张之洞全集》(11)，武汉出版社2008年版，第184～185页

1月31日(十二月二十六日)　黄兴访宋教仁商议如何阻止陈天华归国北上之行。

宋教仁《宋教仁日记》:

午正,黄庆午来,相商阻止陈星台北上之行。以星台前对余说有曾谒梁卓如及屡次通信之事,遂拟以改变宗旨、受保皇党运动责之。庆午乃约余明日同至渠处开特别谈判,余允之。

湖南省哲学社会科学研究所古代近代史研究室校注《宋教仁日记》,湖南人民出版社1980年版,第33页

1月下旬(十二月中下旬)　孙中山由伦敦到柏林,召开第二次组党会议。经朱和中介绍,马德润、刘家佺等以及由英国返回德国的孙鸿哲入盟,德国从此建立了革命组织。

冯自由《兴中会组织史》称孙中山:

旋开第二次会于德京柏林,得会员刘家佺等二十余人。

冯自由《革命逸史》第4集,中华书局1981年版,第22页

朱和中《欧洲同盟会纪实》:

是时比京同盟会组织奉总理命加以扩充,进展甚速,几于全体学生有十分之九加盟。迭函催问柏林进展情形,予以缓进较稳答之。未几留比学生姚启钧加盟,乃函告留德学生刘家佺。刘以告宾,宾立即访予。……于是分途进行,旬日之间,百枚马克纸币雪片飞来,予均汇总理,乃与宾商请总理来柏林之事。先是马得[德]润先我辈三月来柏林,马在自强学堂已学德文,故程度较高,至是已入柏林大学听讲,予知其如佛经所说,"我慢贡高",必不愿与我等为伍,更不愿居我等之后。予乃以比京曾见总理之事告之。是时马将与张九维同游伦敦,嘱往见总理,函总理请邀马、张加盟,谁知马、张始终反对加盟。是时马、张已回柏林,总理将来柏林,但马、张亦不反对迎总理。于是迎总理于车站者二十余人,住予寓罗兰多尔福街三十九号。予以总理在比京时间太短,精神上不舒服,乃定上午总理自理信件,午餐后出外游览,晚餐后同人来寓集会,使同人之学业亦不至耽误。居住十二日,故讨论特为详尽。逐日所讨论者乃建设之事,予等多无异议。惟薛仙舟对于平均地权反驳甚力,马德润对于五权宪法亦不甚赞成,主张直抄译德国宪法、普鲁士宪法以为模本。我辈均不以马为然,以为德国君主国家之宪法不足道。薛仙舟乃举美国宪法之优点以证之。马益无词。至最后一晚,同人知其将要宣誓,马、张是晚即不至。我辈宣誓毫不发生辩论,益以比京业经有先例也。次日总理邀我往访马于其寓,张亦在焉。总理反复请其加盟,至言愿推马为首领,愿服从马革命,马终不赞成。张意似活动,终以从马为是。总理见我始终不发一言,乃问我曰:"子英兄,尔意如何?"予曰:"革命者牺牲之谓也,牺牲须出于自己,他人谁能代为牺牲?"马面赤,然终不肯加盟。自是遂绝来往。宾步程新迁于安斯巴哈街十号,房甚爽垲,乃邀总理与同人午餐。予以午餐不便,多人聚集餐馆亦不便,乃令仅备果品。各同人欢悦来集,兴高采烈。总理为述少年轶事及革命经过,众益钦服。是晚,总理回巴黎,我辈二十余人送上车站。予以恐同人说我包办之故,柏林同盟会公共通讯处以宾寓当之,至我寓则总理住已多日,自然知之。至柏林加盟之人,以过后曾经破裂,一反一复,不足为据,其名表故略之。

中国政协文史资料委员会编《辛亥革命回忆录》第6集,文史资料出版社1963年版,第8~9页

张难先《湖北革命知之录》:

朱和中回柏林,刘家佺、宾步程等复请总理至柏林。在车站迎候者二十余人。当下榻于罗兰多尔福街三十九号朱和中寓。留德学生加盟者二十余人。此为第二次之集会。

严昌洪等编《张难先文集》,华中师范大学出版社2005年版,第115页

宾敏陔《我之革命史》:

乙巳年六月间，总理在美，由留欧同学中数人秘密发起，汇去川资，请总理来欧。先抵比京，由贺子才、冯承钧、胡铮等招待，入会者二十余人。留德学界闻讯，公推朱和中代表欢迎，由余在柏林筹备一切。数日后，总理偕朱和中莅德，住于余寓内，是夜即召集同人如刘家佺、马德润、周泽春、王相楚、王发科等十余人，在余寓内入会，签字摩指并举手盟誓。当时德润因五权宪法一条宗旨不甚相合，临时退会，此外并无异议。次日，余与刘、朱三人陪总理漫游柏林胜地，并摄相纪别，住三日即至法国巴黎，临行时并指定余寓为通讯总机关。至所需车票，余已为定妥，并电巴黎友人至车站迎接。

丘权政等选编《辛亥革命史料选辑》，湖南人民出版社 1981 年版，第 87～88 页

冯自由《贺之才述欧洲同盟会成立始末》：

时朱和中坚请中山先生赴德国，由朱介绍入党者，有马德润，刘家佺，王发科，王相楚，陈康时，钱汇东，周泽春诸人（一说马德润始终不肯发誓立据），由德返英入党者仅有孙鸿哲一人，转道赴法，由陈宽沆先期介绍唐豸，复由唐介绍汤芗铭，向国华等加盟。于是留欧同盟会之气势，为之一振。

冯自由《革命逸史》第 2 集，中华书局 1981 年版，第 127 页

汪康年《朱和中》：

德国炮工大学校专习枪炮制造，中国留学诸生本无习此制造科资格，故前丁文玺、张一爵、易宗尧、高孔时入校时，均以算学、化学、物理程度不足，改习他科。惟朱和中天资明敏，学术精深，得入是科。然因屡次试验在前，颇为德人所忌。该校定章：本班六十四人，年终大课得及格者仅十四人。朱曾学过两年，去岁学期试验亦在十四人之列。理应升班，俾得卒业。乃德国兵部、外部均忌刻朱，要令出校，不准再学。朱乃一面直上书于德皇，求其允许；一面与校中总办、兵部侍郎克斯庭交涉，求其代为调停。日前已奉德皇谕旨下使署，允朱入第三级、第四级，并学至卒业云。

汪康年著，匡淑红编选、校点《穰卿随笔》，中共中央党校出版社 1998 年版，第 244～245 页

《朱和中》：

一九〇三年，朱和中被派往德国留学，勤苦发愤，掌握了德、英、俄等多种文字，考入柏林兵工大学。一九〇四年，孙中山宣传革命由美抵欧，留德学生推朱和中为代表到比利时迎孙。返德后，与宾步程、薛仙洲、刘家全、周泽春、魏宸组等二十余人，组织同盟会旅欧支部，由孙中山主持结盟仪式，全体会员宣誓："驱除鞑虏，恢复中华，创立民国，平均地权。矢信矢忠，有始有卒，倘有食言，任众处罚。"孙中山即寄居朱之寓所，共商国是。离别时，朱破指血书："矢信矢忠，矢始矢终，倘有食言，愿受九刀十八洞，九棍十八穿之刑也。"

湖北省志人物编辑室编《湖北人物传记》第 4 辑，湖北省志人物志编辑室 1984 年印行，第 100 页

△ **孙中山赴法国巴黎在留学生中建立革命组织。**

冯自由《兴中会组织史》：

开第三次会于法京巴黎，得会员王鸿猷等十余人。然是时尚未确定新团体之名称也。

冯自由《革命逸史》第 4 集，中华书局 1981 年版，第 22 页

张难先《湖北革命知之录》：

旋总理由柏林至巴黎，巴黎留学生闻比、德之风而兴起，胡秉柯复赴法，为之奔走，加盟者十余人。此为第三次之集会。

严昌洪等编《张难先文集》，华中师范大学出版社 2005 年版，第 115 页

刘光谦《总理在欧洲最初倡导革命之情形》：

总理由柏林来法,寓巴黎东郊横圣纳(Nincemes)某旅馆中。光谦时留学巴黎,留学生往谒者甚众,每三四人至,总理即口讲指划,力言满清政府之腐败,国家之危急,继即详述革命学说,旁及平均地权、节制资本、约法及革命军前进时,后方政治如何组织,地方治安如何维持以及种种计划等,间亦由留法同学魏宸组等代讲。光谦每日下午必往听。……某日演讲毕,总理曰:“诸君对于革命学说既已明了,且又赞成,是同志矣,应立一凭据,以资信守。”听讲者均赞成。……既誓,总理云:“两广军事,不日即动,惟军费拮据,甚望诸同志勉力资助。”时光谦每月得学费四百佛郎,乃出其半,计二百佛郎,诸同志亦各有助。总理又云:“诸君加入革命矣,仍应努力求学,即返国后,亦可仍为清廷官吏,他日革命军起,诸君以官吏地位领导民众,更易奏效。如诸君学业未毕,而国内革命军已起事,遇有必要,余当来电,电到即盼返国,为我臂助也。”

尚明轩等编《孙中山生平事业追忆录》,人民出版社1986年版,第535～536页

朱和中《欧洲同盟会纪实》:

总理自回巴黎后,巴黎同学自然以闻比京、柏林两地发生同盟会之故,为之振奋。胡秉柯于是赴巴黎,旬日之间,成立巴黎同盟会,其详情不得而知。只知总理住旅馆,同盟会通讯处在唐豸寓内。当时加盟者有唐豸、汤芗铭、向国华,以外尚有何人,不得而知之,据《孙文学说》,加盟者十余人。

中国政协文史资料委员会编《辛亥革命回忆录》第6集,文史资料出版社1963年版,第9页

水钧韶《回忆孙中山先生在巴黎》:

中山先生是一九〇五年春天由英国到巴黎来的。我有一个亲戚叫夏坚仲,他在一九〇二年在日本见过中山先生,平时又对我们谈过他的革命主张和为人,因此,我们事先都知道这位革命家,也很佩服他。孙中山先生到了巴黎,就由夏坚仲引我到旅馆去见中山先生,同去的还有张静江、李石曾等几个人。中山先生热情接待我们,给我们谈革命的道理,说明要挽救中国,必须驱除鞑虏,恢复中华,创立民国,平均地权等道理。当时我的认识还不够,只是眼见清廷腐朽,内政不兴,甲午以来在军事上的节节失效,对中山先生的革命主张也很赞成。当时很希望把中国建成一个象法兰西共和国那样的国家。

尚明轩等编《孙中山生平事业追忆录》,人民出版社1986年版,第164页

孙中山《建国方略·有志竟成》:

乙巳春间,予重至欧洲,则其地之留学生已多数赞成革命。盖彼辈皆新从内地或日本来欧,近一二年已深受革命思潮之陶冶,已渐由言论而达至实行矣。予于是乃揭橥吾生平所怀抱之三民主义、五权宪法以号召之,而组织革命团体焉。于是开第一会于比京,加盟者三十余人,开第二会于柏林,加盟者二十余人;开第三会于巴黎,加盟者亦十余人。

广东社会科学院历史研究室等合编《孙中山全集》第6卷,中华书局1985年版,第237页

1月(甲辰十二月)　秋瑾在日本经人介绍与陶成章结识。

冯自由《鉴湖女侠秋瑾》:

是岁冬浙人陶成章以事赴日,陶亦隶籍会稽,与瑾同邑。瑾由其戚之介,识之于旅次,知成章与敖嘉熊、龚宝铨(章太炎之婿)等运动浙省党会有年。因叩以所运动事,成章尽以其所历告之,并为介绍光复会同志机关二处,一函致上海蔡元培,一函致绍兴徐锡麟。

冯自由《革命逸史》第2集,中华书局1981年版,第164页

陶成章《浙案纪略》:

甲辰冬,成章以事东渡。成章与陈氏子为同学,瑾因之以识成章。日语讲习会终,瑾将还

里省亲，因叩成章所运动事。成章尽以其所历告之，瑾乃索为介绍。成章以其为女子，不便，然亦难竟拒之，遂为介绍同人机关二处，一函致上海“光复会”会长蔡元培，一函致绍兴徐锡麟。

中国史学会编《中国近代史资料丛刊·辛亥革命》第3册，上海人民出版社1957年版，第60～61页

△ 孙中山与乔义生结识。

冯自由《革命党与欧美志士之关系》：

一九〇四年冬，余（乔义生，编者）在英京认识孙先生。当时余正毕业英京医科大学。因闻孙先生提倡中国革命，遂立志加入革命党焉。三月后，余奉孙先生命回国，就湖北武昌卅一标军医长（黎元洪任协统），在军中代售《民报》、《猛回头》、《警世钟》等书，以期发挥革命大义于军人中。

冯自由《中华民国开国前革命史》上编，良友印刷公司1928年印行，第299页

△ 孙中山走访刚抵伦敦的严复，表示坚持革命主张，不同意严关于改革中国政治应从教育问题着手的意见。

严璩《侯官严先生年谱》：

时孙中山博士（文）在英，闻先生之至，特来访。谈次，先生以中国民品之劣，民智之卑，即有改革，害之除于甲者，将见于乙；泯于丙者，将发于丁。为今之计，惟急从教育上着手，庶几逐渐更新乎？博士曰：俟河之清，人寿几何？君为思想家，鄙人乃实行家也。

王栻主编《严复集》第5册，中华书局1986年版，第1550页

△ 邓实、黄晦闻等人在上海组织国学保存会，旨在保存国粹，发扬国光，扶危继绝，拯救国学于水火之中。

邓实《国学保存会小集叙》：

粤以甲辰季冬之月，同人设国学保存会于黄浦江上。绸缪宗国，商量旧学。摅怀旧之蓄念，发潜德之幽光。当沧海之横流，媲前修而独立。盖学之不讲，本尼父之所忧。《小雅》尽废，岂诗人之不惧？爱日以学，读书保国，匹夫之贱，有责焉矣。

夫神州奥区，学术渊海；三坟五典，为宇宙开化之先；金版六弢，作五洲文明之祖。左史右史所记，金匮石室所藏，有历史以来，号四千载，其载籍之博，曰十三经。自秦火之残，犹藏于博士；乃咸阳一炬，尽荡为飞烟。汉兴，诸经仅得之屋壁，或出之淹中。诗史萌牙，书犹口说。嗜利禄者拾其香草，好华藻者绣其鞶帨。大道以多歧而亡羊，中原方有事而逐鹿。诗书之业，辍于干戈；六艺之圃，鞠为茂草。况复门户水火，则兰艾同焚；诸子九流，则冰炭不合。流至今日，而汉宋家法，操此同室之戈；景教流行，夺我谭经之席。于是蟹行之书，纷填于市门；象胥之学，相讧于黉舍。观欧风而心醉，以儒冠为可溺。嗟乎！念铜驼于荆棘，扬秦灰之已死，文武之道，今夜尽矣。

同人吾为此惧，发愤保存。比虎观之谈经，拟石渠之讲艺。说经铿锵，歌声出乎金石；折鹿岳岳，大义炳若日星。有《春秋》经世之志，无雕虫篆刻之风。维时天寒景短，岁暮风长。青松之枝，冬日而弥秀。鸡鸣之音，风雨而不已。即以兹晨之美，先为小集之会。嘉宾在坐，连逢掖以成云；壶觞既开，聚芳馨而成彩。白日将暮，我思古人；清风徐来，既见君子。生刍一束，其人有如玉之美；葛屦五两，履霜无坚冰之渐。金石之怀，历久而靡变；竹柏之节，至死而逾烈。《诗》曰：“匪先民是程，匪大猷是经。”于乎哀哉！维今之人，不尚有旧，夫岂旧之不

可尚哉？君子不以所恶废乡，风人每以达变怀旧。凡在吾党，当同此心已。

《国学保存会简章》：

本会以研究国学，保存国粹为宗旨。

《国粹学报》第1期，1905年

△ 郑权、郑祖荫等在福州成立秘密团体汉族独立会，分别任正副会长。

《郑祖荫》：

三十一年（一九〇五年）夏，进步学生在仓前山益闻学堂召开大会，成立福建学生联合会，祖荫等人倡议定期举行福建学生联合会代表与共和山堂负责人联谊会，以扩大革命力量。不料此事被福建布政使周莲侦知，大肆搜捕革命党人，祖荫等人避往外地。不久，他们分别返回福州，在仓前山古榕书院开会，成立"汉族独立会"，作为革命党人的核心机构，郑权任会长，祖荫为副会长。为了开展活动，他们联络社会上一些热心公益事业的乡绅，在古榕书院内组织"公益社"，以发展地方公益事业作掩护，进行革命活动。

陈名实编著《福建爱国名人》，方志出版社2002年版，第195页

邓少平《辛亥志士林斯琛》：

一九〇五年夏，福建爱国学生组织了福建学生联合会，在益闻学堂召开成立大会，选黄光弼为总代表，林月樨为副总代表。会后示威游行，高呼口号。为加强和学生们的联系，林斯琛、郑权、郑祖萌[荫]等人倡议，定期举行福建学生联合会代表与共和山堂负责人联谊会，用这种形式来加强联系，扩大革命力量。不料这事被福建藩司周莲所知，侦骑四出，大肆搜索，强令藤山文明社解散。林斯琛避居厦门，始免于祸。次年，林斯琛集结亲密同志及中坚分子二十八人，组织汉族独立会于仓前山古榕书院，作为福建革命党人的核心机构。他们宣称"贪生怕死莫入此门，升官发财请走别路"。规定凡入会的，必经两层手续，先参加共和山堂，教以口号、手语，以联气谊，而试以事功，久而久之，知其果能共事，才可介绍加入汉族独立会。汉族独立会会长为郑权，副会长为郑祖荫，林斯琛和邹燕庭任训练委员。

陈忠霖主编《名人与仓山》，海潮摄影艺术出版社2008年版，第168页

△ 蔡锷任湖南武备学堂及附设兵目学堂的教官，因救国心切，革命情绪异常激昂，不久即被当局辞退。

《蔡锷年表》：

应湖南巡抚端方之邀，任湖南教练处帮办，兼武备、兵目两学堂教官。

田伏隆主编《忆蔡锷》，岳麓书社1996年版，第446页

唐希抃《回忆蔡松坡先生创办广西陆军小学》：

一九〇五年春，任湖南武备学堂及附设兵目学堂的教官。他愤恨清廷腐败，国家衰弱，列强有瓜分之议，势甚危急，救国之心很切，革命情绪异常激昂，不久即被当局辞退。

田伏隆主编《忆蔡锷》，岳麓书社1996年版，第148页

△ 秦力山至南洋访尤列、黄伯艘（黄世仲之兄）于新加坡，欲谒陈楚楠未果。

冯自由《秦力山事略》：

乙巳（一九〇五年）春，乃至南洋访尤列、黄伯艘（黄世仲之兄）于新加坡。尝至《图南报》谒陈楚楠，以病不果。

冯自由《革命逸史》初集，中华书局1981年版，第89页

冯自由《南洋华侨与革命运动》:

湘人秦力山,于庚子大通起事兵败后,再渡日本。乙巳春,藉《中国报》记者黄世仲之介绍,欲到新加坡访陈楚楠。抵坡后,因病不果。及痊愈,即匆匆赴缅甸,濒行留书楚楠道歉。是年六月,间复由滇边致函详述往事,前后两函均有史料之价值,附录如左(二函均陈楚楠藏)。

(其一)楚楠智者大鉴:久耳公名,颇深渴慕(自港来时黄君世仲以函介绍见君)。兹以事过星坡,初以为可以识思明州之少年同志矣,然徵闻内地志士南来,志在运动者不鲜,以是多扰及公,弟以旨趣略殊,恐人一见而以为挟有同等之目的来也。故不复再来见公,公可谅鄙苦衷,毋以鄙为倨傲,则幸矣。胡氛正恶,故国之事鲜有快意可为告者,兹于本日首途往孟加纳,留此以当一面,顺问起居幸福。弟巩黄即秦力山顿。

(其二)楚楠先生侠鉴:……

冯自由《革命逸史》第6集,中华书局1981年版,第164~165页

△ 彭家珍以边省革命不足以制虏死命,力主投身军政界,实行中央革命,并积极实践。

冯自由《彭家珍事略》:

彭家珍,字席俗,四川金堂人。先世系出湖南,以作宦入蜀,遂家焉。父仕勋官主事,尝一度考察日本,颇有志兴革。家珍生,而母患心疾,其父实兼任抚育之劳。年十六,从父命考入武备学堂,成绩斐然可观。既卒业,复往日本专攻军事学,饶有心得。时留东同乡学生甚众,就中主急激革命论者颇不乏人。家珍与彼等游,油然萌保种救亡,舍我其谁之志。尝与同志数四讨论进行方略,以为边省革命不足以制虏死命,因力主投身军政界,实行中央革命之策,同志咸韪其议,而病进取之不易也。乙巳(一九〇五年)春归国,赖其父执某之揄扬,见知于川督锡良。锡以其丰资英发,学识宏富,甚器重之。初从锡良入滇,供职陆军学堂任教练官,继调赴沈阳,充奉天讲武堂及东三省学兵营讲师。新军第二十镇内军官之有革命思想者,多出其门下,商震、程起陆、熊斌、刘骥数人,其最著也。

冯自由《革命逸史》第2集,中华书局1981年版,第285~286页

△ 科学补习所成员王汉在河南彰德谋刺清户部侍郎铁良,未果。清吏严行搜捕,王被迫在旅馆投井死难。

李西屏《武昌首义纪事》:

清廷特派铁良南下,搜括民财,王汉、胡瑛均愤甚,会谋刺之。王汉者,湖北圻水人,字竹庵,亦字怒涛;少从姊夫同里何焜阁孝廉问《易》,所至,恒持《易》一卷,未尝须臾失手。初与黄冈何自新、熊十力为讲学会于蕲【春】、黄【冈】间,愤清政不纲,外患日亟,共筹革命大计。旋同赴武昌,交刘静庵等,规设科学补习所为革命机关部。尝对人曰:"吾国士大夫,酣嬉游乐,将以靡弱亡国,革命不可空谈,须决心拼一死。"至是欲刺铁良,念老母在,恐牵累,不欲于鄂行之。因与胡瑛一同赴河南彰德,候铁良乘火车至,邀击之。既抵彰德,胡瑛萌退志,汉誓以支身犯难,叹曰:"平日高谈革命,一旦临事,则畏死。"亡何,铁良车抵彰德,汉独持枪伺站上,猛击之。书生故不习兵枪,连发不中。卫兵来捕,汉急驰道旁井自溺,时一九〇五年二月(正月)也。铁良令彰德知府查究,吏发其尸,得绝命书数千言,皆鼓吹民族、民权大义,明愿以身殉之意。胡瑛乃貌行商,与彰德绅耆交涉,收其尸骨殓葬之。汉死时,年二十有二,新婚仅月余,竟无子。自汉刺亲贵铁良,士人闻其风,多崚厉敢死。吴樾、徐锡麟皆继汉之后,而

以一死褫清廷魄，作天下之气。

中国政协湖北省文史资料委员会编《辛亥首义回忆录》第4辑，湖北人民出版社1961年版，第3～4页

张难先《湖北革命知之录》：

汉愤不欲生，与胡瑛、陈教懋将运来枪枝，往藏鹦鹉洲，洲僻在汉阳南郊，罕与人耳目接。前即在此辟一密室，备非常用。至是汉、胡瑛同匿居焉。刘静庵则避居于美教堂圣功会，探悉虏廷假伪立宪名义，搜刮东南财赋，派户部侍郎铁良南下，由江、浙、皖、赣抵鄂。静庵与瑛、汉密谋除之。刘年长，瑛、汉请行，于是携鹦鹉洲所藏手枪以去。先拟狙击汉口大智门车站。比至，铁车已开，知铁尚有事于河南彰德，尾追及之。汉轰击，不中，杂人丛中逸。搜索急，汉以膏虏廷刃为羞，投井死。留有手枪、遗书于逆旅，旅主人隐其事，托言系商人以折阅自杀，扬于市，募金瘗之，时为光绪三十年腊月。年二十二，结婚仅月余，无子，妻高氏苦节至今。

严昌洪等编《张难先文集》，华中师范大学出版社2005年版，第64页

2月1日（十二月二十七日）　宋教仁入顺天中学校上日语、英语课。陈天华欲赴北京请愿清政府实行立宪以救危亡。宋教仁邀黄兴对陈采“干涉主义”，阻止其行。

宋教仁《宋教仁日记》：

午餐后，至黄庆午寓，遂同至东新译社，与陈星台大开谈判，而余则实证其受保皇党之运动，辩难良久，尚未解决。星台以日本警察干涉此事，赴警署而去。

湖南省哲学社会科学研究所古代近代史研究室校注《宋教仁日记》，湖南人民出版社1980年版，第34页

△ 在警署时，日本当局通知陈天华，禁止散发《要求救亡意见书》。

△ 鉴于美国政府不允中国政府废除合同，张之洞致电盛宣怀，责成他妥筹两全之法，既能使美约可废而又不至使美政府为难。

张之洞《致上海盛大臣》（光绪三十年十二月二十七日戌刻发）：

顷准外务部敬电：粤汉路事，美使照称准本国政府电训，不允中政府将合兴合同作废。因该公司前售他国股票，现经美国人多出优价买回。如中政府废此合同，是与抢劫无异，一定不能听从等因。希速酌核电覆，以凭照覆美使等语。已转电湘粤官绅，妥筹速覆。查美使照会语气，系恐美商受亏，款无着落，故极力保护坚持。在三省官绅力争废约自办，系专为保守主权地权起见，亦必百折不回。鄙意办大事不能惜费，此举必使合兴公司不致受亏，已售之金元小票及优价买回之他国股票款皆有着，庶可与美政府平心理论。前此屡致梁使电，皆空言废约，而未言废约后如何办法，是以美政府坚不听从。此事究应如何抵制，必须妥筹实在办法，阁下身在局中，周知底蕴，且有律师可询可访。务望以大局主权为念，切筹平允妥当办法，使约可废，而美政府不致为难。

国家清史编纂委员会・文献丛刊《张之洞全集》（11），武汉出版社2008年版，第185页

2月2日（十二月二十八日）　黄兴告知宋教仁成功劝阻陈天华北上请愿之议。

宋教仁《宋教仁日记》：

申初，庆午来，言陈星台事已干涉其不作云，良久去。

湖南省哲学社会科学研究所古代近代史研究室校注《宋教仁日记》，湖南人民出版社1980年版，第34页

△ 秋瑾因经济告竭回国筹措学费,行前恳陶成章介绍参加光复会。陶分别写信给上海蔡元培及绍兴徐锡麟。

徐双韵《记秋瑾》:

一九〇四年农历年底,秋瑾因资助长沙起义失败东来同志的生活,以致经济告竭,乃回国筹措学费,行前恳陶成章介绍参加光复会。陶就分别写信给主持人上海蔡元培及绍兴徐锡麟。她到上海后,先到虹口爱国女学见蔡,并回绍兴东浦热忱学堂见徐,遂加入了光复会。单太夫人典卖衣物,筹措了几百银元给她回日读书。她从绍兴到上海时,陶成章也回上海,曾偕秋瑾访问龙华会处州负责人吕熊祥等。

中国政协文史资料委员会编《辛亥革命回忆录》第4集,文史资料出版社1981年版,第209页

2月初(正月) 刚刚入盟的王发科反悔,串通王相楚、陈康时叛盟。孙中山致留德留比学生函诘责他们在加盟革命上出尔反尔,品行不端。后欧洲同盟会实施重组。

朱和中《欧洲同盟会纪实》:

欧洲同盟会起源于武昌花园山之老同志,大多数集于比京。故比京为同盟会之起点,亦为革命之重心,虽遭任何风波,绝不动摇,因其已有三四年革命活动之历史,非一时高兴投机者。柏林则良莠不齐,巴黎情形更复杂,伦敦竟不能成立同盟会。此时留学生之真实状况也。惟其如此,是以我主张缓进,运动主秘密。乃总理与比京一再催促,又因宾步程、刘家佺渴望总理一来,并急欲加盟,势不获已,是以勉强成立。犹幸经过良好,未发生若何意外。又总理用费由我辈担任,自然以多人为宜。未几总理来函,称现与法国政府交涉,正在有效期间,旅馆须住头等,前所集之款只敷回东旅费,巴黎用费须同人另筹。宾步程与我召集会议,各同人以前积蓄多已尽数输付,此后须寅支卯粮,然皆忍痛为之。而不稳分子如王相楚、王发科之徒,则动摇矣。

中国政协文史资料委员会编《辛亥革命回忆录》第6集,文史资料出版社1963年版,第10页

朱和中《欧洲同盟会纪实》:

与二王在咖啡馆别后三日,忽接总理从巴黎来函,述二王盗盟据之事,云:二王并汤、向四人至旅馆,总理推心置腹,引入卧房闲谈。未久,四人坚请总理至咖啡馆,以四人陪去,两人回房。侍者见其同出,不虞其他。此两人遂割总理之皮包,盗去盟据。总理归,见皮包被割,始疑有贼,及检查物品,则只失去盟据及法政府致安南总督一函。总理始悟同志之叛盟,疑我等全体均叛,乃责我等云:"若有悔心,盍不明言?纵欲收回盟据,亦应好说,何须用此卑劣手段?"我接得此信,真如晴天霹雳,立即回信,言二王来法,我等不知,盗盟据之事我等更无人同意。一面开会讨论此事,皆激烈慷慨,痛詈二王。惟薛仙舟言,事已如此,惟有从长计议办法。乃公写一信,言盟据虽失,我等执心不变,二王之事,同人无一不痛恨者。如先生准许补签盟据,一律愿补。我一面又电比京告知此事,谁知比京较近,已先得总理函。比京同人知此事,知非函件所能解决,乃公推胡秉柯赴巴黎,则总理不在前旅馆,用种种方法,始觅得真住址。往见总理,总理甚怒,且言:"我早知读书人不能革命,不敌会党。"胡告知比京全体同人得知此事,即公推彼前来,无一人与闻盗盟据之事,并无一人有悔心。正谈论间,我函及柏林同人公函亦至。总理阅之,始霁颜曰:"叛党只此四人,全体未叛。"转欢悦而慰胡曰:"质斋兄,此事真象已明,前言请勿介怀。"胡曰:"我等恐先生不谅,是以来耳。今先生已了解,我等之目的已达,不过立筹此后改进方法耳。"总理曰:"既如此,尔为复各同志如何?"胡曰:"复同志只有柏林一地,又系友生叛盟之地,待我将此纷纠办完结,然后复他们不迟。"总

理才说："盟据失去无碍，既已宣誓，盗据亦何益？"胡曰："可以重书，他们不都是愿意重书吗？"总理曰："最不该盗我法国政府至安南总督之要函。"正谈说时，侍者言有大清帝国使馆差人送信来，云有函交孙逸仙博士。总理接而拆阅之，则所失法国政府致安南总督之原函也。总理既得此函，乃曰："函虽得，然此中秘密已泄露矣。"

中国政协文史资料委员会编《辛亥革命回忆录》第6集，文史资料出版社1963年版，第11～13页

水钧韶《回忆孙中山先生在巴黎》：

我们去见过中山先生不久，有一天，听坚仲说，中山先生放在旅馆中的一批文件被人盗窃了，而且送到清使那里去告密。坚仲是清使孙宝琦的亲戚，他很清楚这件事。……夏坚仲是孙宝琦的亲戚，他是最忠实于中山先生的。因此，当告密人把盗窃来的文件送到孙宝琦处告密时，他就到孙宝琦那里设法疏通。结果，孙宝琦就把革命党人的宣誓书烧毁了，把其余的文件，交给夏坚仲退给中山先生。这些文件就是坚仲拿出来给我，由我从邮局给中山先生寄去的。孙中山先生在这件事情发生后，很快就从巴黎搭船到日本去了。他在巴黎只住了大约两星期。

尚明轩等编《孙中山生平事业追忆录》，人民出版社1986年版，第164～165页

宾敏陔《我之革命史》：

孰意总理去后，王发科、王相楚二人迫踵秘密至法，适总理有事外去，取其皮包剖之，将比、德同人会册携去，奔告驻法公使孙宝琦。孙认为此事关系汉人在欧留学生前途甚大，接受名册而斥之去。孙公使比即将册邮寄驻法、比欧洲留学生监督阎海明，听其如何处理。阎接册后，将各人之姓名逐一剪下，邮还本人，余等在柏林接此函后，始知事泄。同时，法总统亦有函来示知情形，嘱其各自防范，以免危险。

丘权政等选编《辛亥革命史料选辑》，湖南人民出版社1981年版，第88页

冯自由《贺之才述欧洲同盟会成立始末》：

时中山先生兴高采烈，拟由巴黎取道东至日本，会新任安南总督某与伊有旧，素赞助中国革命。中山先生因与法国殖民大臣有所接洽，尚未得要领，遂暂寓利倭尼街之瓦克拉旅馆，坐待好音。一日外出，归寓忽发觉被盗，其唯一行箧为一小革箧，被刀割一大洞，所有同盟证书及与安南当局有关之重要文件均被窃去，因之大惊，急电比京余等告以状。余等公推胡秉柯赴法，谋善后策，始查悉为王发科等叛盟的故。王为人甚矫情，而胆小如鼠，平日喜谈论，饰为爱国忧民之状，朱和中为所骗，引为同志。入党后，即万分懊悔，寝食不安，日夜与王相楚、陈康时同谋叛盟，遂相偕赴法，巧言说唐豸。唐不为动，遂与汤芗铭、向国华等合谋同访中山先生。其本意拟向先生哀求，发还愿书。值先生外出不遇，及见其行箧，遂萌祛箧之念，以小刀割之，尽攫所有，急携赴清使孙宝琦处，叩头哭诉，备言悔状。宝琦不欲兴大狱（或云宝琦之所以不加追究者乃张人杰、夏循垍进言之力，夏与宝琦为戚属，而张则方为使馆商务随员也），命吴宗濂将盟书寄还本人。后于密函中发现安南事件，则大惊，急赴法外交部破坏其事。事后，先生为余言，被窃后，惶急之状，为伦敦使馆被困以来所未有。一则数十同志之生命攸关，二则恐因此遂失却联络知识阶级之机会，三则安南事件为所破坏，深为可惜。噫，王发科等之肉，其足食乎？

冯自由《革命逸史》第2集，中华书局1981年版，第128页

冯自由《留欧学界与同盟会》：

惟当孙总理客居巴黎，与法国殖民大臣有所接洽之际，忽发觉其贮藏重要文件之小箧为人割破，所有党员入会誓约及与安南政府有关书札均被窃去，后乃查悉为王发科、王相楚二

人所为，陈匡时、汤芗铭、向国华三人亦与其谋。事缘王等五人入会后，猝然惧祸反悔，初往利倭尼街孙总理寓所瓦克拉旅馆，拟面求总理发还盟单。值总理外出，久候不归，知总理所有文件素藏小皮箧中，乃以小刀割破皮箧，尽将内贮函牍单据窃取以去。即由王发科、王相楚二人持诣驻巴黎清公使孙宝琦，自行检举，且谓所发现孙某与法政府交涉关于安南之来往书札极有价值，足以立功赎罪等语。孙宝琦闻言大惊，惟不欲速兴党狱，命使馆参赞吴宗濂会同二王将各盟书发还本人，不许借故生事，一场风波速尔平息。时张人杰（静江）方任巴黎使馆商务随员，虽未与革命党发生关系，然其人思想新颖，家资富厚，颇得孙宝琦信用。或谓宝琦之所以不加追究，乃张与使馆参赞夏循坦二人之力，似非无因也。留欧学界经此次风潮之后，驻比、德、法各革命团体遂决行重新改组，各会员一律再写誓约，凡品行有亏及信仰不坚者，概从淘汰。党基由是渐固。

冯自由《革命逸史》第2集，中华书局1981年版，第123页

冯自由《贺之才述欧洲同盟会成立始末》：

盟书被窃之消息传至比京，贺之才、史青等急召集同党，提议重书誓文事，与会者一致赞同。惟此后选择党员异常慎重，凡品行有亏及信仰不坚者，概从淘汰。计重具愿书者，仅有史青、贺之才、魏宸组、胡秉柯、喻毓西、刘荫茀、李藩昌、李仁炳、程光鑫、陈宽沆十人，在法者仅有唐豸一人，在德之朱和中、周泽春、钱汇东三人，于事后特至比国，与贺等协商重组团体，后亦加入。所可幸者，留欧同志受此打击之后，其志益坚，而团体益固。改组既定，同人遂公筹款项，付中山先生作东归之计，并先期由贺之才函告东京之李、但、时、耿诸人，述同盟会成立之经过，并令其筹备欢迎。数月后。轰轰烈烈之东京大会遂于是成立矣。

冯自由《革命逸史》第2集，中华书局1981年版，第128～129页

△ 在巴黎，孙中山一面联络学界，一面设法接近法国政府高级官员，以获法国援助。其努力获得回报，法国外交部官员拉法埃·罗会见了孙中山。

冯自由《欧洲同盟会》：

中山在巴黎时，欲与法国军政当局有所接洽，以旅囊空空，不得已再求助于留欧同志。于是各党员乃再发起筹款，供中山国际酬酢之需，计巴黎得千余佛郎，柏林千余马克，比京三千余佛郎，于是中山始得专心办理外交，尤以对法国参谋部之交涉为最得手。

冯自由《中华民国开国前革命史》上编，良友印刷公司1928年版，第189页

〔美〕金姆·曼荷兰德著，林礼汉、莫振慧译《一九〇〇至一九〇八年的法国与孙中山》：

十九世纪末，法国已作为帝国主义列强之一出现在亚洲。那时，它已得到越南殖民地这块推行其远东政策的奠基石，同时，不断地增加对清朝中国的财政投资。当时法国派驻印度支那的总督保尔·韬美（Paul. Doumer）是一个野心勃勃的人，他竭力主张修建一条由越南通往中国云南的铁路，以越南的东京为商业跳板，借以沟通中国南方市场。然而，法国政府在亚洲却面临一些棘手的事情。一件是害怕别的强国对中国南方的影响会居支配地位，甚至威胁它在印支半岛的统治。当时法国的主要对手是英国，但法国也害怕日本势力的加强，特别是日俄战争的结局将会出现这种局面。另一件则是清朝内部的危机……

孙中山与法国的关系出现过令人迷惑不解的局面。法国在亚洲的政策总的来说是稳健的。它着眼于保护其在印度支那及中国南部的既得利益；而孙中山则致力于推翻清王朝，企图在法国殖民地边境的那一边建立起一个革命的共和政府。尽管双方的目标不同，但在一个短时期内，法国政府曾对孙中山表示同情。在一九〇〇年至一九〇八年间，孙中山与法国

官员及军官多次接触，希望得到他们的支持。至少有四次，孙中山利用了法国印支殖民地作为他在中国南方发动起义的基地。然而，这种由较低级官员与孙中山革命运动进行的接触只是短暂的，因为法国政府很快得出结论：与中国革命运动的任何接触，都将与法国在亚洲的根本利益相冲突。因此，法国政府的方针是死硬地反对给孙中山及其同党所追求的目标以任何的同情或支持。

…………

布加卑于一九〇五年来华时，对于如何迅速而省力地建立起这样一个情报网，已经有了设想，因为在他离开法国以前，一位"法国外交部代表"找他谈过话，竭力使他认识到中国南方动乱的根源在于蓬勃兴起的共和革命运动。这位外交部"代表"不是菲利浦·贝特洛（Philippe Berthelot），就是拉法埃·罗（Raphael Reau），很可能是后者。贝特洛于一九〇二年至一九〇三年曾在中国任职；一九〇五年孙中山游历法国时，他与孙见过面，这有孙中山在他的本子上的题字——"中国问题之真正解决"——为证。据说就在这个时候，孙中山得到一纸法国政府介绍他去会见法国驻印支总督的信件。这封信可能是贝特洛经办的，但是现在在法国国家档案中已查不到此信，也不知道孙中山后来是否使用过它。拉法埃·罗与孙中山也有过交往，并且熟悉中国南方的形势。他担任过法国驻香港领事馆的官员，在一九〇三年三月第一次与孙中山会晤。一九〇五年初，他们在巴黎又一次会见。拉法埃·罗在他与孙中山会见后给外交部的报告中说：孙中山作为中国南方反清运动的领导人，曾经得到日本的援助，现在他正设法使他的同志对法国产生好感，以求得法国的援助，孙中山甚至建议法国可取代日本，成为他的革命运动的主要支持者。

《辛亥革命史丛刊》编辑组《辛亥革命史丛刊》第4辑，中华书局1982年版，第229～232页

〔法〕巴斯蒂《法国的影响及各国共和主义者团结一致：论孙中山与法国政界的关系》：

在西贡停留数星期后，孙中山在一九〇三年五月到了曼谷。后来他再回西贡一段时期，然后去日本和美国。他是在一九〇五年途经欧洲返回亚洲时，才再度与法国政界联系上的。在一九〇五年二月初到六月十一日间，孙中山两次停留巴黎的时候，他终于会见了在一月十日新任国众议院议长的韬美。韬美把孙中山介绍给他在政界和商界的朋友。孙中山认识了埃里奥（Edouard Herriot）、毕盛、班乐卫（Paul Pairleve），以及以"殖民派"著称那议会中小组的领袖，他们都是坚定的共和主义者，又是法国共济会会员或和共济会有密切关系的人。传说孙中山当时曾出入共济会会场，还被接纳为会员，但还没有任何档案资料足以证实这点。无论如何，共济会与工商界的联系使孙中山得以认识一些金融家，尤其是东方汇理银行和当时的总理鲁维埃（Rouvier）所创办的法国工商业银行。孙中山从他们那里获得大量的援款。一九〇五年二月九日和五月十八日，孙中山被外交部的雷奥（Ulysse Reau，孙中山所说的"罗氏"）两次接见；雷奥曾经在华南法国领事馆任职，能说流利华语。法国外交部档案中保存一份英文版的《支那问题真解》（*The True Solution of the Chinese Question*），书上有一九〇五年二月十一日孙中山给当时外交部亚洲局局长贝特洛（Philippe Berthelot）的题词。有的学者据此推论孙中山曾会见贝特洛。但对这次会见值得怀疑，因为不保存任何会谈的记录，而且贝特洛后来也从未提及与孙中山会面一事。

…………

孙中山是个精明的心理学家，他懂得利用正义和自由来触动韬美和共济会员友人的心弦。日俄战争使他们看到印度支那防卫力量的薄弱。他们想尽办法努力加强印度支那的防卫力量。孙中山当时论证：法国如果援助他，就可以抵制日本的威胁；日本假如战胜，从此以

后便会支配北京的政策;假如战败,便会在华南要求补偿。这就是韬美一伙人决定考虑孙中山要求的最大理由。也是支持进步和共和事业的理想给需要维护的物质利益披上高贵的外衣,也给一个不管怎样还是冒险的行动以决定性的诱惑力。

林家有、李明著《孙中山与世界》,天津古籍出版社2004年版,第339~341页

△ 黄乃裳在厦门主办《福建日日新闻》,在报上抨击美国要求续订歧视华工的条款。

2月9日(正月初六日)　张之洞将粤绅、湘绅公电转达给盛宣怀,认为三省民众群情难平,望能全力废除此约以保全中国主权、安靖南省之人心。并呈外务部、商部。

张之洞《致上海盛大臣,京外务部、商部》(光绪三十一年正月初六日寅刻发):

粤绅等来电云:有电敬悉。铁路合同系中国与美商订立,应照国际私法条例办理。该公司显背原约,始议作废。美廷虽有保护之权,此则不在保护之例。三省民情不服,若任以美接美,难保不再蹈前辙,致激他变。且股票能以优价赎回,他日亦可以优价沽出,是美非美,何从考查。又此路交与美商承筑,中国仍有自主之权,款虽美款,路是我路,约由我立,背约应由我废,备款赎路,何谓抢劫。现在中美交好,美廷素敦信义,谅必不袒背约之商,致碍公理。傥坚持不废,三省商民另筑一路,以图抵制。粤民万众一心,有进无退。我公忠义,中外同钦,务望设法维持,三省托命,祷甚。铨萃、道镕、庆桂、国廉、崇龄暨阖省商民同叩。俭。湘绅等来电云:有电谨悉。美政府既经有人运动,曲袒合兴,自在意中。此时尚甫发端,惟求竭力抵制,勿为危言所动。窃谓宜宣告美政府,比股即真收回,该公司私售在先,岂能无罚,法律之判定,是惩其既往,岂劝其将来。往日以赎约而私售,今日因废约而收回,反覆难信,安知异日不因此约不废仍复售出。况约已逾期,例可作废。背约之事不只一端。美国素著文明,宜重公理。该公司先时私售与比,尚且甘心,今日显归中国,岂不冠冕。至比国之股美已赎回,比人未谓美人劫抢,中国之路中国收回,可谓劫抢乎。美人赎回于既售之后,足为此路可以收赎铁证。岂美可赎于比,独不许华赎于美耶。若虑妨美体面,请即援美人赎比之例,称为赎约不称废约。美赎于比,比之名誉无损,华赎于美,美之体面何伤。目下三省士民协力筹划,若骤激之,恐美商在华办事必多棘手。美政府于公司数十百人尚要多方保护,华政府于三省数千万人岂能全用压力。美国固重民权,华民岂无公义。请即据达外部,转美政府。摩根久不问公司之事,此次亦经人运动出来。总之,此约傥不力争,湘人民早晚为黑奴之续,湘土地早晚为东三省之续。移山填海,之死靡他。湛霖、先谦、自元、祖同叩。艳。等语。特并转达。杏翁支电读悉。三省众情坚迫如此,台端如有驳诘要义,务望筹示速办,相机设词,总以能废此约,保全中国主权,安靖南省人心为度。至从前各绅忿激之词,出于一时情急,或者系故用激将之法,望勿介怀为祷。

国家清史编纂委员会·文献丛刊《张之洞全集》(11),武汉出版社2008年版,第186页

2月13日(正月初十日)　张之洞致电盛宣怀,谓如美国政府知合同虽废而合兴不致受亏,废约之事可能易行,望其电告驻美使臣梁诚与美国政府开诚布公完成废约之事。

张之洞《致上海盛大臣》(光绪三十一年正月初十日午刻发):

前致感电所言不使美公司受亏各节,乃密告尊处以结局实在办法,免致尊处或有为难。至与美政府理论应如何措词,方中窾要,此责自在台端。盖废约自办,当分两截。合兴违背合同之事,惟总公司身亲其境,了彻始终,此时据约责言,援律争辩,非原议之人不能吃紧,故

废约必由台端力持。自办在联合三省力任筹款,期于约废后应付之款确有着落,此则敝处所当担承也。……推美廷之所以保护合兴者,惧废约后合兴或有所损失耳。若美廷知约虽废,而合兴不致受亏,似转圜较易。务望尊处熟筹深虑,切电梁使与美政府开诚布公,商废此约。此约废则三省绅民无不感公颂公,群谤自息,谅卓见必已筹及。祈力图之。

国家清史编纂委员会·文献丛刊《张之洞全集》(11),武汉出版社2008年版,第186~187页

2月15日(正月十二日)　新加坡华侨许雪秋等谋于4月19日发动潮州起义,事泄未举。

冯自由《东军都督许雪秋》:

乙巳(一九〇五)正月十二晚众举雪秋任革命军司令,总领全部职权,陈宏生任闽粤度支部长,吴金铭任参谋长;并议派陈宏生赴福州晤黄乃裳商议闽省响应事,李杏坡担任联络学界事,吴东升担任联络各省同志事,吴金铭担任联络饶平会党余丑、余通、陈涌波等合作事。于是各事进行,粗具端倪。更设法向潮汕铁路当局运动取得承办铁路建筑工程之特权。密派余丑、余通、陈涌波为筑路工头,使招集同志七百名充铁路工人。复由吴金铭以绅士名义禀请道府镇台,准在潮安上七都祠招募团练四百名,亦以同志充之,均约定三月十五日同时举事。讵因李杏坡用人不慎,其部下在华美乡事泄,总兵黄金福遂派哨官梁栋元将杏坡拿获斩首,吴金铭亦同时被捕,刘龙苍乃约邑绅郭竹君等联名保释。旋复有人告发雪秋为革党首领,道府派委员陆桂元、刘英生密查,雪秋前曾捐纳道台衔,与道台某向属旧识,至是乃身怀手枪,只身向潮州道署自投,侃侃抗辩。道台某以其为地方大绅,遂不深究。雪秋经此次蹉跌,乃重赴南洋募集饷糈,企图再举。

冯自由《革命逸史》第2集,中华书局1981年版,第184~185页

冯自由《新福州建设人黄乃裳》:黄乃裳携带《图存篇》回国宣传:

及抵汕头,遂结识许雪秋、陈宏生、林受之、曾杏村、许唯心诸人,极力倡导革命。潮梅之有心国事者仰其高年壮志,莫不惟命是从。

冯自由《革命逸史》第2集,中华书局1981年版,第162页

方瑞麟《先烈许雪秋传》:

其交游中以吴金铭、刘凌苍、辜景云三君为最善,亦最得力。吴、刘等均为学界中人,平素服膺孙总理三民主义之说,与雪秋邻居,过从甚密。金以雪秋为聪明人,志气不凡,且饶家产,交游又广,可资急用,时以民族主义说之,雪秋大感动。

邹鲁《中国国民党史稿》第5册,中华书局1960年版,第1300页

2月18日(正月十五日)　张之洞与驻美公使梁诚电商收回粤汉铁路事宜。梁提议加价收回,张表示同意,委托其全权办理。

张之洞《致华盛顿梁钦差》(光绪三十一年正月十五日申刻发):

现三省认筹巨款,岁可得五六百万两,确有着落,废约自办并不为难,毫无游移。屡电盛大臣妥筹办法,迄未定议。今美政府既言注销合同为我自有主权,彼断不越权阻遏,而尊论谓废约后不过认偿合兴费用数百万元而止,尤为扼要。鄙意拟即照尊议施行,请查明已售出之小票共数若干,能否由三省担认依票面期限照付本息,免失大信,抑竟须全数付现收回。所谓偿费数百万元,是否即备赎票之用,此项偿款能否分年陆续匀付,统望妥筹确核,电示机宜,即当与湘粤绅商公同决议,电盛照办。

《梁钦差来电》(光绪三十一年正月十八日戌刻到)：

自十二月初一日美股东收回比股，局面大变，事机已失，外部坚持不认废约，前已电陈。查公司转移，视乎股本。我能设法加价收股本，公司归我，以华接美，事较和平，略省偿费，惟条理繁多，如果可行，请尊处派廉干妥员来办。谨电达。

张之洞《致华盛顿梁钦差》(光绪三十一年正月十八日午刻发)：

加价购收股本，公司归我，以华接美，此法甚善，拟即照办。鄙意但冀此路收回自办，以保地权，多费不惜。祈速查明股票加价若干，方可购收，迅赐电示。此事如能办到，可挽救中华南方大局，三省绅民感颂，台端功德岂可言罄。拟一切奉托台端经理，毋庸派员前往，以省靡费，而免周折，务恳鉴允。速复。

国家清史编纂委员会·文献丛刊《张之洞全集》(11)，武汉出版社2008年版，第187~188页

2月22日(正月十九日) 清政府命张之洞责成盛宣怀设法挽回粤汉铁路权利。

《上谕》：

有人奏《粤汉铁路亟宜速筹结局》一折。粤汉铁路前已谕令张之洞等妥议筹办，迄今尚无成议。著该督责成盛宣怀，赶紧设法挽回，以保路权。事关大局，不得延宕贻误。原折著抄给阅看。钦此。

苑书义等编《张之洞全集》，河北人民出版社1998年版，第9292页

2月23日(正月二十日) 邓实、章炳麟、刘师培等在上海创办《国粹学报》月刊，邓为主编。其旨在"发明国学，保存国粹"，宣传反清革命思想，反对"醉心欧化"。

潘博《国粹学报叙》：

然则救亡图存，抑亦二三君子之责也。友人邓君秋枚……因创为此报，欲以保全吾国一线之学。

《国粹学报》第1期，1905年

冯自由《刘光汉事略补述》：

粤人邓实(秋枚)、黄节(晦闻)等倡设国粹学报于上海，光汉及章太炎均任撰述，光汉复拟筹建国粹学堂，手编国学教科书五种行世，又著论中国宜建藏书楼，劝各省州县编辑书籍志、乡土志，以沟通全国文化，条例各万余言。各地士子多响应之。

冯自由《革命逸史》第3集，中华书局1981年版，第187页

黄节《〈国粹学报〉叙》：

吾国得谓之国矣乎？曰不国也。社会莫不始于图腾，继以宗法，而成于国家者也。吾学得谓之学矣乎？曰不学也。万汇莫不统于逻辑，阐为心理，而致诸物质者也。呜呼悲夫！四彝交侵，异族入主，然则吾国犹图腾也。科学不明，域于无知，然则吾学犹未至于逻辑也。奚以国奚以学为？呜呼悲夫！溯吾称国之始，则肇自唐虞。蚩尤作甲兵，始伐黄帝，至于夏殷周，而苗祸亘千百年。然则唐虞之称国也，吾以见民族之棼焉。呜呼悲夫！溯吾学派之衰，则源于嬴秦。始皇烧《诗》《书》百家语，藏书博士，室塞民智。至于汉武立博士于学官，罢黜百家。以迄刘歆，则假借君权，窜乱经籍，贼天下后世。然则秦皇汉武之立学也，吾以见专制之剧焉。民族之界夷，专制之统一，而不国，而不学，殆数千年。呜呼！奚至于今而始悲也！春秋楚人执宋公以伐宋，宋公谓公子目夷曰：子归守国矣，国子之国也。公子目夷复曰：君虽不言国，国固臣之国也。是故对于外族则言国，对于君主则言国，此国之界也。国界不明，诸

夏乃衰。简书不恤,京师吴楚,以至会申楚伯,淮夷不殊,则吾国对外族之界亡矣。汉兴,黄生与辕固生论汤武受命,而曰:冠虽敝,必加于首;履虽新,必贯于足。申桀纣而屈汤武,孝景知其非,然犹曰言学者毋言汤武受命不为愚,则吾国对君主之界亦亡矣。呜呼!国界亡则无学,无学则何以有国也。吾登高西望,帕米尔高原而东,喜马拉山脉而北,滔滔黄河,悠悠大江,熙熙乎田畴都市,宅于是间者,乃不国乎?而吾巴克之族,犹足以自立;黄帝尧舜禹汤文武周公孔子之学,犹足以长存,则奈何其不国也?奈何其不学也?

…………

立乎地圜而名一国,则必有其立国之精神焉,虽震撼挽杂,而不可以灭之也。灭之则必灭其种族而后可;灭其种族,则必灭其国学而后可。

…………

同人痛国之不立,而学之日亡也,于是瞻天与火,类族辨物,创为《国粹学报》一编,以告海内曰:昔者欧洲十字军东征,弛贵族之权,削封建之制,载吾东方之文物以归,于时意大利文学复兴,达泰氏以国文著述,而欧洲教育,遂进文明。昔者日本维新,归藩覆幕,举国风靡,于时欧化主义,浩浩滔天,三宅雄次郎、志贺重昂等,撰杂志,倡国粹保全,而日本主义,卒以成立。呜呼!学界之关系于国界也如是哉!宋之季也,其民不务国学,而好为蒙古文字语言,至名其侈辞以为美,于是而宋亡。普之败于法也,割稚丽司、来罗因以和,而其遗民,眷眷故国,发为诗歌,不忘普音,于是而普兴。国界之兴亡于学界也又如是哉!夫国学者,明吾国界以定吾学界者也。痛吾国之不国,痛吾学之不学,凡欲举东西诸国之学,以为客观,而吾为主观,以研究之,期光复乎吾巴克之族,黄帝尧舜禹汤文武周公孔子之学而已。然又慕乎科学之用宏,意将以研究为实施之因,而以保存为将来之果。悬界说以定公例,而又悲乎言之无文,行而不选,意将矫象胥之失,而不苟同伊缓大卤之名,期光复乎吾巴克之族,黄帝尧舜禹汤文武周公孔子之学而已。呜呼,雄鸡鸣而天地白,晓钟动而魂梦苏。天下志士,其有哀国学之流亡者乎?庶几披涕以读而为之舞。

《国粹学报》第1期,1905年

邓实《〈国粹学报〉发刊辞》:

学术所以观会通也。前哲有言,执古之道以御今之有,睹往轨,知未辙。史公之言曰:知天人之故,通古今之变。又曰:好学深思,心知其意。班孟坚曰:函雅故,通古今。盖化裁为变,推行为通,观会通以御世变,是为通儒之才。但所谓观其会通者,非断断于训古词章之末,株株守一先生之说也。乃综贯百家,博通今古,洞流索源,明体达用。……海通以来,泰西学术,输入中邦,震旦文明,不绝一线。无识陋儒或扬西抑中,视旧籍如苴土。夫天下之理,穷则必通。士生今日,不能借西学证明中学,而徒炫晰种之长,是犹有良田而不知辟,徒咎年凶;有甘泉而不知疏,徒虞水竭,有是理哉?……夫前贤学派,各有师承,懿行嘉言,在在可法……惟流俗昏迷,冥行索途,莫为之导,虽美弗彰。不揣固陋,拟刊发报章,用存国学。月出一编,颜曰《国粹》。虽夏声不振,师法式微,操钟鼓于击壤之乡,习俎豆于被发之俗,易招覆瓿之讥,安望移风之效。然钩元提要,刮垢磨光,以求学术会通之旨,使东土光明,广照大千,神州旧学,不远而复。是则下士区区保种爱国存学之志也。知言君子,或亦有取于斯。

《国粹学报》第1期,1905年

冯自由《记刘光汉变节始末》:

复为上海《国粹学报》撰述,专提倡民族主义,影响教育界甚巨。

冯自由《革命逸史》第2集,中华书局1981年版,第213页

△ 黄节撰写《黄史》，先后在《国粹学报》上发表者有《种族书》、《礼俗书》、《伦理书》、《黄史列传》等，借探讨汉民族兴替发展史来宣扬传统民族主义精神。

黄节《黄史总叙》：

黄史氏曰：大哉史乎！吾观夫六经、诸子，则吾群治之进退有可以称述者矣。……近世西方科学发明，种界实迹，往往发见于洪积石层者，足补旧史所不逮。……痛乎夷羼杂，而惧史亡，则有国亡种亡之惨，乃取官书、正史而读之。手之所披，目之所接，人兽错出，其有籍、道而降者，又窜乱十九。风雨如晦，鸡鸣不已，时复访及野乘，驰心域外，则窃有志乎《黄史》之作。条别宗法，统于黄帝，以迄今日，以述吾种人兴替之迹，为书十、表三、记八、考纪十、列传一百八十、载记二，凡若干卷。……悲夫！禽兽逼人，民生憔悴，至于此极也。吾筮《易》得鼎，曰：鼎柔上而居中，五位之正，以柔正也。若据位以为实，则五以金铉，而四则覆餗矣。《易》取共和，请以黄帝统。乙巳正月。

《国粹学报》第1期，1905年

△ 爱国女学校开学，蔡元培在此实施革命教育，将该校作为革命党通讯与会谈地点。

俞子夷《回忆蔡元培先生和草创时的光复会》：

从此时起直到暑假，往来的客人难得有间断的日子。回忆中印象较深的，如黄兴常穿响皮底鞋。赵声、徐锡麟，每来辄谈捐官、做官等事。赵的一套武官行头（皮衣包、帽笼及一双靴）时常寄存在我所住的厢房内（男子住校者只我一人）。秋瑾的服装举止，完全像日本女学生，鞠躬礼十分到家。……陶成章、龚未生[味荪]住在校内，译催眠术，蔡师对催眠术颇感兴趣，据说此术亦可用作暗杀工具。

假后的女学，面目一新，校舍扩充，师生增加，更重要的是教学内容有很大改革……如增设法国革命史、俄国虚无党史等科，蔡师手著《校歌》，有"特殊新教育，旧法、新俄吾先觉"句，可以明确这个女学为训练青年女子实行暗杀以实现虚无主义的机构。特重化学科，五六个高班生每日学一时，由我担任。新辟的校舍，楼下供蔡师全家及我居住，楼上一部分划给学校，留出一间作化学实验室。此室及楼下宿舍与学校间虽有便门可通，但平时不用。学生来实验室上化学课，须从大门出入。这样表面上看，像一普通住家，可以减少外人对楼上试制炸药的注意。某日，将要实验氢气点火，先一晚我预试不慎爆炸，损坏器皿不少。玻片飞溅，我唇边擦破出血，火油灯亦被震熄，但稍远处桌上正在滤洗的硝基甘油无恙，险哉！险哉！事后误传，当是炸药爆炸，实情如上。

一九〇五年春，芜湖安徽公学校长李德音来上海请化学教员，蔡师介绍我去。暑假回上海，蔡师将离沪他去，女学名义上由蒋师维乔继，实际工作由徐紫虬任教务，吴书箴任庶务。从此女学转变成普通中学。革命性的特殊新教育，昙花一现，为时仅一个学期。

中国政协文史资料委员会编《文史资料选辑》第77辑，文史资料出版社1981年版，第10～11页

2月26日（正月二十三日）　鄂督张之洞致电湖北学生监督李宝巽，对湖北留日师范学生学习现状比较满意。

张之洞《致李宝巽》（1905年2月26日）：

东京。湖北学生监督李道台宝巽：篆电悉。师范毕业诸生，试验及格，学业可观，深堪欣慰，即传谕各学生嘉奖。

李学通主编《近代史资料》总109号，中国社会科学出版社2004年版，第23页

2月28日(正月二十五日)　英法资本联合企图取得湖北到四川之间铁路的修筑权。

梁玉文、蔡济生《辛亥四川保路运动大事记》:

光绪三十一年一月(一九〇五年二月)英国华中铁路公司与法国东方汇理银行联合,决定承筑四川铁路,派代表濮兰德游说湖广总督张之洞,鼓吹全国铁路应由中央统一经营。

中国政协四川省成都文史资料委员会编《成都文史资料选辑》第1辑《纪念辛亥革命七十周年专辑》下,中国政协四川省成都文史资料研究委员会1981年印行,第251页

春　姜守旦等筹划在萍浏醴等处起义。黄兴得讯后函告马福益,要求发动雷打石会党和萍乡、安源煤矿矿工中的会党成员响应。

2—3月间(一月)　陶成章在东京与秋瑾等磋商革命工作。

张篁溪《光复会首领陶成章革命史》:

乙巳正月,与魏等晤于东京;并与黄兴、蒋智由、陈威、陈毅、秋瑾、彭金门各志士,共磋商。成章以国人中于迷信最深,乃嘱陈大齐于东京习催眠术,多方招徕,并著有《催眠术精义》一书。

中国史学会编《中国近代史资料丛刊·辛亥革命》第1册,上海人民出版社1957年版,第523页

△ 秋瑾首次归国省亲,并携一蔡姓女子归国。蔡氏名竞,为夫所弃,瑾悯其遇,在东京为其筹款归国。

3月2日(正月二十七日)　唐绍仪与英代表费利夏(S. M. Fraser)、韦礼敦(Wilden)在印度加尔各答开议藏约,中英西藏问题谈判正式举行。

3月4日(正月二十九日)　张之洞致电盛宣怀询问如何回购合兴公司股票,以华接美。而盛坚持尽废合同,购回公司股票则是釜底抽薪妙法,理应坚持。

张之洞《致上海盛大臣》(光绪三十一年正月二十九日酉刻发):

尊意以美虽允收回比股,仍宜责其别项背约之事,庶可理直气壮。敝处但期此约作废,应如何措词,悉听尊处主裁。屡电谆切奉商,何以久未见覆,深为疑闷焦急。究竟尊处曾否电梁使转达美政府,美政府是否承认别项背约之事。此事非延宕可了,尊意毕竟如何,务望迅赐电示。昨梁使来电,谓由我购回公司股票,以华接美办法较易收束,敝处已请其试办。梁谓此举务宜秘密,防彼居奇,公司中人,特以实告,千万勿泄,至要至祷。

国家清史编纂委员会·文献丛刊《张之洞全集》(11),武汉出版社2008年版,第188~189页

《盛大臣来电》(光绪三十一年正月三十日到):

废约事,宣终必与公同心,将来自必水落石出。所责其别项背约事,梁使来函已照会美政府,此欲证其应废合同尚不止售比股一端,目前惟有彼此坚持尽废合同。而湘绅所谓赎约者,即是结束之法,平空议价必多浮冒,购回公司股票为数有限,此是釜底抽薪妙法,去夏已议及此,惜为人阻挠,今专托梁使想可秘密。望公坚持办理,勿为摇动。

苑书义等编《张之洞全集》,河北人民出版社1998年版,第9282~9283页

3月7日(二月初二日)　张之洞致电驻美公使梁诚询问收回股票事宜进展如何,次日梁复电。后来张电询付款方式,梁表示正在筹商之中。

张之洞《致华盛顿梁钦差》(光绪三十一年二月初二日亥刻发):

合兴股票,承筹设法收回,密为试办,现已有端倪否,盼甚。此事以速定为妙,祈将近日筹办大概情形先电示。沃。

张之洞《致华盛顿梁钦差》(光绪三十一年二月初六日戌刻发):

合兴既肯开价,此事即有端倪。至如何核驳,想尊处必能考究精核,得其要领,使彼无词,感甚。大约可驳者若干,祈先密示。但六百数十万美元是否可分年陆续付还,抑须整款全清,其售出之金元小票是否即在六百数十万之内,归合兴清理,祈探明电覆。

《梁钦差来电》(光绪三十一年二月初十日酉刻到):

合兴函开,已支造路费三百九十七万九千六百余元,按合同加五厘,用十七万三千九百余元,二共四百十五万三千六百余元。应以面值四百六十一万五千一百余元之小票作抵。中国赎回此项小票,按合同加二五计,需美金四百七十三万五百余元。公司特权矿权顶售损失等项,连已成之广州、三水一段现存物料,及测量图表,估计均在内,计需美金二百一万九千四百余元,实共需美金六百七十五万元。另,事成公司办事人酬资二十五万元等语。查造路费多未核准,物料、测量等项已在造路费内,不应复开,公司特权索值过奢。事成酬劳尤为无理,已经严斥。摩根赴欧,合兴总办惠惕尔人品难信,不欲与议。现设法向美股真正代表人密商办法,随时电闻。此次收回,吃亏已巨,非详慎磋磨,恐多糜费,致负委托。

国家清史编纂委员会·文献丛刊《张之洞全集》(11),武汉出版社2008年版,第189~190页

张之洞《致华盛顿梁钦差》(光绪三十一年二月十一日亥刻发):

合兴开价,浮索太多,应如何核驳,悉仗尊裁。查金元小票在廿五年期内赎回,须加二五,此时我接顶公司,能否将售出小票归我承认,照章按期付息,暂不赎回,免另息借巨款。惟原议小票借款以铁路抵押作保,今收回自办,与彼无涉,情事与前不同。应如何设法担保,使彼可信,不须遽赎小票,祈体察情形,密筹速示,至感。

国家清史编纂委员会·文献丛刊《张之洞全集》(11),武汉出版社2008年版,第192页

张之洞《致华盛顿梁钦差》(光绪三十一年二月十四日亥刻发):

合兴前已开价,只视我核驳之数,以定允否。所争不过在驳数多寡,想不致再有异议。此间拟及时设局开办,祈速察探实情,如别无翻悔,迅赐电覆,以便筹办。

国家清史编纂委员会·文献丛刊《张之洞全集》(11),武汉出版社2008年版,第194页

张之洞《致华盛顿梁钦差》(光绪三十一年二月十六日午刻发):

路事近日磋议如何,念甚。美政府有偏袒帮助美商之意否,合兴浮价如察看不能多驳,宜见机速结,迟则恐彼夜长梦多,别生枝节。此举重在收回路权,不争银数多少。此事现奉寄谕,著张某责成盛某妥筹废约云云。廷旨并不分寄盛处,是内意注重敝处,鄙人自当力任其难,请台端迅速放手办理,不必顾虑盛处。敝处定议,则盛无从梗阻矣。望速赐电覆。

《梁钦差来电》(光绪三十一年二月十八日未刻到):

合兴总办惠惕尔言,须伊到华,始能议办。谅必别有命意。鄙意合兴抬价似系不愿顶售,须俟摩根由欧回美,始能切实商办。设局宜稍缓。诚。十六日。

国家清史编纂委员会·文献丛刊《张之洞全集》(11),武汉出版社2008年版,第195页

张之洞《致华盛顿梁钦差》(光绪三十一年二月十九日午刻发):

惠惕尔必欲来华,不过意在勾串彼党搅局耳。窃思合兴顶售事,彼已开价,我如不加核驳,彼断不能翻悔。鄙意重在收回地权,不惜多费。若株待摩根回美,旷日相持,致彼变卦,坐误事机,悔将无及。前来电谓当觅真正美股之代表人与议,务望抱定宗旨,迅与妥商。能

量加驳减固善,万一不能,即照数认还亦可,但当筹计如何付款之法,或酌认利息,分年摊还,或另借整款,如数清偿,统祈体察情形,速为商定。现在三省绅民志坚气愤,其势汹汹,若此路不能收回自办,必致酿成事变,地方官无从弹压,以后诸事更难办矣。再,前询金元小票能否由中国公司接顶,按期付利一层,未承示覆,亦望探询电示。事关全局,专仗荩筹,赎价吃亏事小,损失主权事大,幸勿为小失大,切祷。盼速覆。

国家清史编纂委员会·文献丛刊《张之洞全集》(11),武汉出版社 2008 年版,第 196 页

3 月 13 日(二月初八日)　孙中山在大英博物馆借阅书籍。

△ 鲁迅在仙台医专从一幅枪杀中国人的画中感到作为弱国国民的不幸,医学并非一件紧要事,最重要的是要救民,遂产生用文艺来改变国人精神的想法,考虑中止学医。

蒙树宏编著《鲁迅年谱稿》1905 年(光绪三十一年·乙巳)二十四岁:

3 月 13 日,仙台医专因日本在日俄战争中胜利而召开祝捷会。在这前后,学校于坡形教室放映幻灯片(《藤野先生》一文说是放电影)。当中有一幅画枪杀中国人,因为据说他给俄国做侦探;而围观的则是一群中国人。这给鲁迅以很大的刺激。

蒙树宏编著《鲁迅年谱稿》,广西师范大学出版社 1988 年版,第 48 页

鲁迅《呐喊·自序》:

有一回,我竟在画片上忽然会见我久违的许多中国人了,一个绑在中间,许多站在左右,一样是强壮的体格,而显出麻木的神情。据解说,被绑着的是替俄国做了军事上的侦探,正要被日军砍下头颅来示众,而围着的便是来赏鉴这示众的盛举的人们。这一学年没有完毕,我已经到了东京了,因为从那一回以后,我便觉得医学并非一件紧要事,凡是愚弱的国民,即使体格如何健全,如何茁壮,也只能做毫无意义的示众的材料和看客,病死多少是不必以为不幸的。所以我们的第一要着,是在改变他们的精神,而善于改变精神的是,我那时以为当然要推文艺,于是想提倡文艺运动了。

鲁迅《鲁迅散文精选》,长江文艺出版社 2009 年版,第 120 页

3 月 16 日(二月十一日)　张之洞致电盛宣怀设法挽回利权,盛表示秉承钧旨迅速办理。

张之洞《致上海盛大臣》(光绪三十一年二月十一日亥刻发):

闻有人电招惠惕尔来华与议路事,鄙人深知惠惕尔素系比党,决不可信,敝处断不与议,特先声明,能阻使不来最妥。望即电覆。

《盛大臣来电》(光绪三十一年二月十七日未刻到):

廷寄自当钦遵,秉承钧指迅速办理。顷已电致合兴公司,云现又奉旨,责成废约,梁大臣并已于西十二月廿二号照会美政府在案,特再声明。昨贵公司来函所云余利小票及派总工程师,切毋庸议。张宫保来电,惠君来华断不与议,特并声明。此电系由梁大臣转交合兴公司,并知会美政府,但未知康使照会外务部,已否照覆。

国家清史编纂委员会·文献丛刊《张之洞全集》(11),武汉出版社 2008 年版,第 193 页

3 月 19 日(二月十四日)　宋教仁到会馆开会,争取《二十世纪之支那》杂志顺利出版。因陈星台起辞编辑之任,无果而散。3 月 21 日(二月十六日)宋教仁经郭瑶皆介绍面晤程润

生，请其担任新的总编辑，程应允。3 月 26 日（二月二十一日）程被推为总编辑。后宋辞总庶务之任，众举黄益庵担当。

宋教仁《宋教仁日记》：

辰初，至会馆开会。时到者三十余人。余乃演说杂志所以不能出版原因：一由于各社员股金未交，经济不足；一由于文稿不能收齐，不能付印，所以迟迟至今尚未出版。且即能出第一期，而下期不能出，亦甚无谓，必须全体队员设法维持方好。说毕，陈星台乃起辞编辑之任，众人皆短气焉。直至午正，迄不得一良法而散。

湖南省哲学社会科学研究所古代近代史研究室校注《宋教仁日记》，湖南人民出版社 1980 年版，第 47 页

宋教仁《宋教仁日记》：

接振武学校戴君渭卿等来片，谓《二十世纪之支那》社既总编辑皆辞职，宜从此解散云云。未初，郭瑶皆来，谓陈［程］润生有意充当《二十世纪之支那》社总编辑，邀余去与之议妥。未正，遂偕去。既晤面，余遂告以情形并现无总编辑事，陈［程］君应之。

湖南省哲学社会科学研究所古代近代史研究室校注《宋教仁日记》，湖南人民出版社 1980 年版，第 47～48 页

宋教仁《宋教仁日记》：

巳初，同李和卿、刘子渊、戴抱贞等饯杨仲达行，仲达将于明日起行归国也。未正，至会馆开《二十世纪之支那》会，至者二十余人。先由余报告戴渭卿等欲解散之意见，及田梓琴等欲维持一定不解散之意见，以待社员公决。卒之，赞成不解散占多数，于是戴渭卿等皆退会。各社员乃推举总编辑，举得程润生。嗣余辞总庶务之任，众乃举得黄益庵当之。

湖南省哲学社会科学研究所古代近代史研究室校注《宋教仁日记》，湖南人民出版社 1980 年版，第 49 页

3 月中旬（二月中旬前后）　秦力山发表《敬告缅甸同胞文》，鼓动寓缅华侨积极爱国。

秦力山发表《敬告缅甸同胞文》：

诸君经商缅甸，海上之隔故乡万余里，陆地不通行。故虽国境伊迩，视故国民生国计，恍惚桃源秦隐，漠然无所喜感。诚以本国政府无力足以保护商人，而本国人之习惯，又原以身家为政府之附属物，以政府为国家，自与政府不相往来，遂一意专心于实业。国权之进退消长，遂非其所用心，于是本国之历史，亦以无用而被弃，此势所必至，不足骇怪者也。惟自欧风美雨近逼远东，故国版图，日以浸削。……故诸君身旅缅甸，而不动权利丧失之感情。自外人言之，则曰诸君无爱国心，然仆固深知不干卿事，亦逆料诸君爱国之热心，异日必有冠绝于亚洲者。则以诸君未尝考究历史，与不知内地亡国之现象，若一知之，则诸君皆为新国家实业界之干城也。……覆巢之下，必无完卵，恐异日诸君将袖手旁观，经商海外，亦有所不能也。……自物竞之学说发明，始知有生之物，其所以得而生存者，皆由于争竞。……今日世界之人种，号称五色。其三色已成过去之竞争物，不旋踵则将至于无（今日斐、澳、美三洲之土人已逐渐减少）。其相持未至十分胜负者，则黄白两人种是已。而其地大人多，足以代表黄人者，厥为中国。

…………

且夫吾人之所竞争者，非同于乡邻斗狠也，而全在于智识道德之高下。故虽亲若父子兄弟，亦不肯相让一步。则对于外者，或相差甚远也。故仰地之同胞，对于他埠之同胞有竞争，对于内地之同胞亦有竞争，合四百兆同胞，相磨相荡相提携，然后对于同类之国（即日本等），足以固吾疆围。再合亚洲各国相磨相提携，然后可以与虎视眈眈，而欲于历史上博最终之胜利者之亚利安人种也（即白种），于道德上竞争之，于学术上竞争之，使黄种与中国继继承承，

越世界累年,立于不败,岂不懿哉。……然则诸君现在之责任为何?一曰兴办教育也。……二曰联络声气也。……为今之计,正当设一大公司,派专员入内地从事调查。且与海内外各埠,通同一气,以奏实业上之凯歌。则诸公匪独谊不容辞,抑亦以大利所在,不致辜诸君之热肠者。至于政治上之运动,则仰江风气未开,想诸君必河汉吾言,则毋宁待之异日。……诸君闻吾言,而有所思耶?抑付之一笑,而以为多言耶?然则否安得不号呼于诸君之前,而冀或一听耶。

彭国兴、刘晴波编《秦力山集》,中华书局1987年版,第100~109页

3月22日(二月十七日)　驻美使臣梁诚致电张之洞美政府不允言废约但不袒阻顶售,后张复电只要合兴肯顶售,不必明言废约,请其与摩根妥商后告知。梁复电愿竭力促成此事。

《梁钦差来电》(光绪三十一年二月十九日未刻到):

声言废约,美政府断不允,而顶售公司,则不能袒阻。合兴在事人恐不可靠,已径电摩根妥商,俟得覆再电闻。诚。十七。

张之洞《致华盛顿梁钦差》(光绪三十一年二月二十一日丑刻发):

十七电悉。三省绅民之意,专在收回自办。合兴但肯顶售归我,即不必明言废约,务请与摩根切实电商。

张之洞《致华盛顿梁钦差》(光绪三十一年二月二十三日亥刻):

合兴前已开价,即系情愿顶售铁据,万不能再听其悔议。宜趁彼党分争之际,速与摩根确商定议,迟则彼党或合力相持,愈难措手。此时但期公司归我,浮价不必计较。务祈尽力挽回,以速为贵。

国家清史编纂委员会·文献丛刊《张之洞全集》(11),武汉出版社2008年版,第196~197页

张之洞《致华盛顿梁钦差》(光绪三十一年二月二十四日申刻发):

总之,此事必须办到收回自办方妥,但能不至牵入交涉诸事,皆可迁就。

《梁钦差来电》(光绪三十一年二月二十五日酉刻到):

顶售事需股东公允,惠惕尔、摩根虽愿办,仍无权独断。事关重大,尤不肯轻易定局。诚当遵历次电示,竭力磋磨,不稍松劲。

《梁钦差来电》(光绪三十一年二月二十八日午刻到):

摩根及美股东举前兵部路提、按察司英格澜代议路事,准二十九日来馆面商,容详电。

张之洞《致华盛顿梁钦差》(光绪三十一年二月二十八日戌刻发):

此次面议甚要紧,必须能争回,方免三省绅民鼓噪。前据留美学生电,公举三人,堪备路事顾问,系在美国习法律学已毕业之学生,其姓名学术,尊处自必深知。此次路提等来议路事,此三生既谙彼国法律,似可令其随同与议,以资辨论,当可有益。如尊意谓然,祈即就近传知该生等赴馆,听尊处指挥。

国家清史编纂委员会·文献丛刊《张之洞全集》(11),武汉出版社2008年版,第198页

《梁钦差来电》(光绪三十一年二月三十日申刻到):

路提伤足,改期初一日来议。已请前外部大臣福士达、铁路律师良信襄办。

张之洞《致华盛顿梁钦差》(光绪三十一年三月初二日酉刻发):

尊处已聘前外部福士达、铁路律师良信襄办,极慰。凡因合兴事,或明聘人辩论,或暗托人援助,所有费用统归三省公认,由敝处汇寄,尽可请放手办理。昨与路提面议谐否,如何,祈先电示大略。

《梁钦差来电》(光绪三十一年三月初三日亥刻到):

昨晤商路提等,初持国体大局诸说,坚不允售。经诚婉商直折,遂谓听中国任意修改合同,由美政府切实担保,永不转替。诚仍执不可辨论半日,始允再集股东议售,准旬内覆答。详察词意,当可不至翻悔。所有交价办法,俟覆到再议。合兴索价过奢,且不欲开列细数,在宫保统筹全局,不较锱铢。惟事关款目,诚应认真核驳,免为将来局外訾议。如数购收之说,请勿宣露。

国家清史编纂委员会·文献丛刊《张之洞全集》(11),武汉出版社2008年版,第200页

张之洞《致上海盛大臣》(光绪三十一年三月初　日发):

闻合兴公司曾向尊处开送顶售公司价值事,在何时,开价若干,祈速密示,切盼。

《盛大臣来电》(光绪三十一年三月初九日到):

敝处并未与合兴议及顶买,公司亦未开过价值。惟去夏席道在沪曾与湘绅商拟密收合兴股分,五月初十买进一百二十股,每股一百八十五金元,其计美金二万二千二百元,席道因接湘电中止,该股票尚抵在银行。镇东现议全数顶买,尤为痛快,未知索价若干,可否密示。

国家清史编纂委员会·文献丛刊《张之洞全集》(11),武汉出版社2008年版,第201页

《梁钦差来电》(光绪三十一年三月十七日申刻到):

路事顶售可望有成。惟合兴须电商允各股东,以免违例轇轕。路提言价万不能减,且谓惠愓尔所开二十五万,俱系赔给工程司、执事人等合同未满撤退及注销订购物料合同之用。仍与磋商。诚。翰。

张之洞《致华盛顿梁钦差》(光绪三十一年三月十七[八]日丑刻发):

翰电悉。路事顶售可成,全仗鼎力,感佩已极。惟合兴尚须电商各股东,恐仍是推宕之笔。尊意谓为可望,想已体察入微,确有转机。务望趁此催令合兴迅速电商各股东,及早定局,免致日久生变。售价如果难减,即不减亦可,但定议后如何分期付价,须与妥商。

《梁钦差来电》(光绪三十一年三月二十三日亥刻到):

合兴商股东尚未全覆,势须静候,均无变局。所有发出小票由我接认,按年摊本还息,即交摩根代理。惟股本购价及合同特权等费,必须付现。现与磋磨,即是此款。

国家清史编纂委员会·文献丛刊《张之洞全集》(11),武汉出版社2008年版,第202页

张之洞《致华盛顿梁钦差》(光绪三十一年三月二十八日亥刻发):

此事宜从速定局,免生他变。尊处既聘有前外部大臣及铁路律师相助为理,不妨许以重酬,急商催办之法,务底于成。闻上海美领事言路提欲来华议此事,恐彼党别有狡谋。请尊处告合兴,此事政府及三省绅民均属敝处办,不归盛处办,敝处专与阁下商办,若路提来华,敝处断不与议。

国家清史编纂委员会·文献丛刊《张之洞全集》(11),武汉出版社2008年版,第204页

3月23日(二月十八日)　《二十世纪大舞台》的革命倾向引起中外反动派注意。上海当局悍然封闭报馆,逮捕工作人员六人。当时,陈去病因事离沪脱险。

陈绵康《陈去病与南社》:

一九〇五年三月,《警钟日报》和《二十世纪大舞台》被封,工作人员被捕,他当时恰巧不在上海幸免于难。

中国政协江苏省吴江县文史资料委员会编《吴江文史资料》第9辑,
中国政协江苏省吴江县委员会文史资料委员会1989年印行,第35页

3月25日(二月二十日)　上海《警钟日报》以批评清廷外交失地,持论过激,引起列强和清政府不满。后因该报揭露德人在山东密谋,上海道袁树勋突然封禁《警钟日报》。

冯自由《上海国民日日报与警钟报》:

至乙巳(一九〇五年)二月二十日以批评外交失败,为清吏所忌,卒被封禁。此外陈去病(佩忍)所办之《二十世纪大舞台》杂志,林獬(白水)所办之《中国白话报》,亦先后为当道干涉停刊。上海革命党人之喉舌,自是缄默者数载。

冯自由《革命逸史》初集,中华书局1981年版,第136页

冯自由《俄事警闻及警钟报》:

至乙巳年(一九〇五)二月二十日遂为德国领事照会当道强行封禁,并有令拘捕主笔刘光汉,光汉预匿他处得免。

冯自由《革命逸史》第2集,中华书局1981年版,第78页

冯自由《记刘光汉变节始末》:

是年冬俄人进兵东三省,全国骚然,蔡氏乃与光汉发起《俄事警闻》,日以危言,警惕国人。旋改名《警钟日报》,隐然以继承革命系统之《苏报》及《国民日日报》自任。且延林獬及陈去病、汪允中、林宗素为编辑,出版数月,因辱詈德人,德领事遂邀集各国领事封禁报馆,且欲逮治光汉。《警钟日报》由是停刊。光汉乃匿居于浙江平湖大侠敖嘉熊家。

冯自由《革命逸史》第2集,中华书局1981年版,第213页

蒋维乔《中国教育会之回忆》:

民元前乙巳年二月,《警钟日报》揭载德人经营山东密谋。上海德领事,致函申辩,报端加以反驳,措词犀利,适中其忌,遂提出交涉。我国官厅,本恨《警钟》多革命论调,遂于二月二十一日突然出票拘人,主笔刘申叔,得信较早,避去。馆中有五人被拘。二十三日,开审,中有一人,交保,释出,余四人,仍被押。然因非重要职员,以后皆陆续开释。

中国史学会编《中国近代史资料丛刊·辛亥革命》第1册,上海人民出版社1957年版,第493~494页

陈去病《革命闲话》:

当蔚丹殉义之日,正《警钟》被锢之时。予方自杨庄兄嫂家还沪,舟行吴淞江,摇几十时许,才达曹家渡。亟登陆,驱车至帕克路,犹未知封禁之消息也。及闻友人言,不觉愕然。立赴惠福里侦察之,则赫然一印捕屹立其前,不能越雷池一步矣。予遂低首去之。偏[遍]访刘申叔光汉,不可得。既悉其已赴嘉兴敖梦姜所,他友亦俱星散。或谓予所创《二十世纪大舞台》杂志,可请其发还也。予以志中有孙静庵寰镜所撰那拉氏小说,穷亟丑诋,为当道所不许。因力却之,而匿于满庭芳之小客栈。时与清之官吏往还酬酢,人亦莫予疑也。如是者月余。会蔚丹、竞全相继卒,遂自青浦间道归于家。

殷安如等编《陈去病诗文集》,社会科学文献出版社2009年版,第1256~1257页

△ 刘师培在上海担任《警钟日报》编辑主任,针砭时政,阐扬革命。因批评清廷外交失败为德人所忌,遭到官府封禁,刘遂"旋易名金少甫,主讲皖江中学及安徽公学"。

冯自由《刘光汉事略补述》:

乙巳年(一九〇五年)春是报以批评清廷外交失败为德人所忌,于二月二十日为清吏封禁,光汉以是逃匿于平湖大侠敖嘉熊家者数月,旋易名金少甫,主讲皖江中学及安徽公学,二年成就甚众。

冯自由《革命逸史》第3集,中华书局1981年版,第186~187页

冯自由《记刘光汉变节始末》:

时敖方创设温台会馆，为浙两党人之交通机关，因光汉来投，引为臂助，颇资得力。光汉寓嘉熊处半年，因安徽友人之招，乃往芜湖。历任安徽公学、皖江中学、赭山学堂各校教职，与张通典、苏曼殊、范光启诸人同事。

冯自由《革命逸史》第2集，中华书局1981年版，第213页

3月28日(二月二十三日)　宋教仁接待戴渭卿，商议杂志及索还退会股金事。

宋教仁《宋教仁日记》：

辰，接江浴岷来信，皆责余不上学校及杂志社不退还戴渭卿等股金之词。顷之，戴渭卿来，谈及杂志退会事，渠言振武学校诸君皆有索还股金之意；余答以必处置周杞，君可勿虑云云。

湖南省哲学社会科学研究所古代近代史研究室校注《宋教仁日记》，湖南人民出版社1980年版，第50页

3月30日(二月二十五日)　吴稚晖陪同孙中山参观英国议院。

杨恺龄《民国吴稚晖先生敬恒年谱》：

三十日，国父与先生(吴稚晖，编者)至英国议院参观。

王云五主编《新编中国名人年谱集成》第13辑，台湾商务印书馆股份有限公司1981年版，第32页

3月31日(二月二十六日)　革命党人黄兴、刘揆一等应会党首领马福益约，自日本去湘西洪江，发动起义，再举失败。

刘揆一《黄兴传记》：

乙巳二月，乃同回湖南。公以前次江轮所运之枪械，中途闻湖南事败，埋藏汉阳鹦鹉洲木商人家。洪江不通火轮，故令谢寿祺先归，雇心腹民船装运。吾辈潜与守藏者取械，仅得枪四十三枝，子弹七排而已。亦只得密藏船底，从汉阳运至常德一带，均幸无事。方抵沅陵，谁知厘卡从前商船中搜出私盐等违禁物，故在吾舟穷搜苦索，遂被泄露。卡弁直扑公前，公即倒提其人掼落水中。揆一与谢寿祺向他弁格斗，一被击倒舱中，余二弁逃往附近防营告急。予三人各携枪登岸走避。而防兵二十余人，从后鸣枪追击。被吾等还击，死伤数兵。时天已昏黑，防兵不敢穷迫，吾等亦弃枪脱险，路遇同志杨任，邀入其戚家休憩。

中国史学会编《中国近代史资料丛刊·辛亥革命》第4册，上海人民出版社1957年版，第280～281页

3月(二月)　孙中山返回伦敦，与吴稚晖同访康德黎。

杨恺龄《民国吴稚晖先生敬恒年谱》：

三月，国父至伦敦，在留学生处获悉先生住址，亲往造访，欣欢愉恒，始相订交。乃同往访其师康德黎，并在其家用膳，康德黎殷勤招待，共同畅谈革命，益相钦服。

王云五主编《新编中国名人年谱集成》第13辑，台湾商务印书馆股份有限公司1981年版，第32页

吴稚晖《我亦一讲中山先生》：

我已居英国两年，我也已经自命为革命党了。有一天，有一个人敲我的寓门，说是孙逸仙。他问了留学生，才知道我寓址的。我才初见十年意想中的孙汶或孙文。他的温和端正，我是不吃惊的了。我早由我的朋友钮惕生在三年前告我。其时他住伦敦西城"肯星敦"。我第二天去看他，他同我去看他的老师"康脱利"，在康家吃晚饭，康夫人也厚待得很。孙先生引我去，因为他马上要赴美洲，托康先生夫妇缓急招呼我也。

吴稚晖《吴稚晖先生文萃》，华文书局1968年版，第170～171页

4 月 2 日（二月二十八日）　宋教仁至会馆赴《二十世纪之支那》社职员会，有程润生、黄益庵等十余人，议妥办事方法。

宋教仁《宋教仁日记》：

辰正，至会馆，赴《二十世纪之支那》社职员会，时到者十余人。程润生、黄益庵等商议办事方法，余乃将一切印记、簿册交黄益庵。至午初毕事，至富士见楼，赴湖南代议士会，议新章程。

湖南省哲学社会科学研究所古代近代史研究室校注《宋教仁日记》，湖南人民出版社 1980 年版，第 51 ~ 52 页

4 月 3 日（二月二十九日）　邹容瘐死于上海租界西牢，蔡元培等则组织中国教育会同人在愚园举行追悼会悼念。

冯自由《〈革命军〉作者邹容》：

狱既定，太炎、蔚丹间在狱中罚作苦工。蔚丹年少性刚，往往不耐狱卒侵凌，时相龃龉。又以啖麦饭不饱，益不能平。太炎乃为之日讲佛典，更授以因明入正理论，曰："学此可以解三年之忧矣。"在狱岁余，卒以愤激内热致疾，太炎屡请狱吏为延中西医诊治，皆弗许。至乙巳（一九〇五年）正月，势渐沉重。延绵四十日，二月二十九日夜半竟以不起，年二十一岁矣。翌晨太炎往视，抚尸痛哭，目终不瞑。时距出狱期仅七十日，世人咸疑清吏设法死之。

冯自由《革命逸史》第 2 集，中华书局 1981 年版，第 49 页

△ 章炳麟后来回忆狱中具体详情。

章炳麟《狱中生活》：

光绪三十年三十七岁。

羁系逾岁，狱犹未决，清廷复要各国公使杂治。是年三月，上海县知县赴会审公廨，摄余与威丹听判。知县宣读外务部会同各国公使判文："章炳麟监禁三年，邹容监禁二年，许以羁系时日作抵，期满后不得驻上海租界。"时清廷自处原告，故不得不假判决于各国公使，然自是革命党与清廷居然有敌国之势矣。听毕，入外人所置狱中。狱吏课以裁缝役作。友人或求纳致古籍，狱吏许之。始余尝观《因明入正理论》，在日本购得《瑜珈师地论》，烦扰未卒读，羁时友人来致；及是，并致金陵所刻《成唯识论》。役毕，晨夜研诵，乃悟大乘法义。威丹不能读，年少剽急，卒以致病。

光绪三十一年三十八岁。

在狱研诵《瑜珈师地论》。威丹狱期将满，春正月，病温，医师以为必死。二月，就会审公廨保释，得诺。出狱前一日，摄赴工部局医院，医师予药一函，归服之，夜半即死。明旦，余往抚其尸，口张目视，恸不能出声。晡时舆尸出狱，上海刘季平舍地葬焉。

章炳麟《民国章太炎先生炳麟自订年谱》，商务印书馆 1980 年版，第 10 页

张篁溪《章太炎先生在狱佚闻录》：

先生在狱他无所苦，惟不准与人接谈。附耳一二语，尚可，多则巡捕来干涉。在狱中不许可读书，有时向主者要求，间亦可得旧书，惟洋装书不许入狱。

在狱中无从得笔墨，故无从作字。然欲作家书时，或写信与朋友时，亦能要求得之，写好，须交主者阅过，乃肯代递。

先生在狱，罚做裁缝，缝袜底，亦有时缝衣裳，所缝者为犯人所着之衣，草草缝去，不能工也。此等衣服，为粗布单衣单裤，犯人着之，先生亦着之。此外在狱中工作，尚有多种，如击

石子为最苦，大抵牢中派事，亦视其人之能胜与否而任之，商人多派粗工，老犯人又欺侮之，故商人最苦。先生所作皆轻工，盖已在优待之列矣。先生担任者二，缝袜底一也，犯人衣上，编号写字二也。最后先生升一美缺，曰烧饭。

烧饭一缺，牢中人以为甚美，厨房派八犯人，各司其事，混言之曰烧饭，先生职实称饭也，每犯每顿各得饭重一磅，一律无多少，惟烧饭者之权利，可偷饭，先生之权利亦然，故先生此缺，他犯人皆极羡之。

牢中时间有限制，每日作工八小时，作工多少无限制，先生缝衣写字，任随多少，未尝限也。在狱中，每星期日有肉吃，非星期日吃素菜。牢中每期日停工，各犯得稍稍游行，惟有巡捕监视之。星期日必有教士来讲道，劝犯人改过。有数教士，恒至先生室中慰问，或作长谈，与教士谈，虽久，巡捕弗来干涉。先生在狱中，有不相识之西人，亦时来视。

…………

计狱中五百人，每年死者约百人，比牢外人死较多。每犯一室，室深八尺，广四尺，廊外装电灯，衣服居处，还算洁净，卧无被褥，每犯各线毯一条。每日用餐麦六分米四分，初时粗粝难下咽，后亦习之。邹容下狱，与先生同时，又与先生同在一室缝衣。……邹容在牢时，容色甚悴，若瘟若癫，夜不寐，大声骂人，先生问之，渠似不知，人谓渠有精神病。牢中每星期必有医生来察视，犯人有病，则为之治病，甚者由医报告，送入病院。邹容病急时，已许某日某时出狱矣，先一夕服医生药，遂死，故外间坐疑，多谓遇毒。

先生在狱中无忧容，自谓忧亦无益。自邹容死，外论颇详，因是先生颇受优待，或竟不敢毒害先生，亦未可知。然先生身体甚健，进药亦无因也。

中国史学会编《中国近代史资料丛刊·辛亥革命》第1册，上海人民出版社1957年版，第394～395页

章炳麟《与篁溪书述狱中事》：

狱久不决，量满洲政府意，余当重于威丹，计齿则余长威丹且二十岁，百年大剂，先死固其分也。《涂山》一绝，比于李斯之思上蔡，既非身具五刑，则斯言亦为泰过。不意斯人，先我雕殒！扬子有曰："苗而不秀者，吾家之童乌乎？"威丹固蜀人，上揆童乌，所志已远；亦幸余非扬子，无寂寞投阁之诟耳。

狱事既决，狱卒始不以人道相待，时犹闭置空室，未入铁槛，视狱卒陵暴状，相与咋舌裂眦。余语威丹："尔我体皆弱，又不忍辱，与为白人陵藉而死也，无宁早自为计。然以禁锢期限计之，我三年，尔二年，尔当生，我当死。"威丹哽咽流涕曰："兄死，余不得不死！"余曰："不闻子胥兄弟事耶？且白人内相陵逼，而外犹恶其名。余死，彼惧烦言之不解也，必宽假尔。"因复议引决事，时刀索金环毒药诸物既被禁绝，惟饿死。威丹曰："饿死，小丈夫事也。"余曰："中国饿死之故鬼，第一伯夷，第二龚胜，第三司空图，第四谢枋得，第五刘宗周。若前三子者，吾不为；若后二子，吾为之。"因作绝命词三首，前二首与威丹联句成者；最后一绝，余续成之。

"击石何须博浪椎（邹），群儿甘自作湘累。要离祠墓今何在（章），愿借先生土一抔（邹）。"

"平生御寇御风志（邹），近死之心不复阳（章）。愿力能生千猛士（邹），补牢未必恨亡羊（章）。"

"句东前辈张玄著，天盖遗民吕晦公。兵解神仙儒发冢，我来地水火风空（章）。"

既入铁槛，余断食七日不死，方五六日所，稍作欬，必呕血数刀圭。因忆周亚夫事，非必由愤懑致之，盖不食则血上溢也。同系者告余曰："断食七日不必死，有素嗜罂粟膏者，眩掉

呕写,绝粒四十二日,犹故不死,况于彼为六分之一耶?"因复进食。然所食皆麦饭带稃,日食三合,粗粝鲠会咽,顾视便利,则麦复带稃而出,其不能输精成血可知。同系五百人,一岁死者百六十人,盖三分而瘐毙其一矣。余复谓威丹曰:"食亦死,知必死,吾有处之之道。"自是狱卒陵藉,余亦以拳拟之,或夺其椎。固自知力不逮,亦太史公所谓知死必勇者,以是遭狱卒踶趹二次。印度人尤暴横,每举足不择腰膂腹背,既仆地,则数狱卒围而击之,或持椎捣其胸间,至闷绝,乃牵入铁槛中。以伤死者甚众,既无检尸具结之事,故恣肆无所顾忌。或时为医生检得,则罚金四五圆耳。而狱卒复造私刑为钳制计,其法以帆布为梏,反接两手缚之,加以木楔,名曰软梏。梏一小时许,则血管麻木,两臂如针刺状,虽巨盗弗能胜,号呼宛转,声彻全狱,其虐较拶指为甚。凡狱囚与外交通书札,则以此钳制之,故暴戾之状,不闻于外。余复受梏三次,由今思之,可以致死者数矣。威丹略解英语,稍与委蛇,未罹斯酷。而威丹竟先余死,呜呼哀哉!

仲春二月,时近清明,积阴不开,天寒雨湿,鸡鸣不已,吾弟以亡。旦日十点钟顷,余始往视,距气绝八十[小]时矣,目犹未瞑,同系者亦多【目】为疑案,呜呼哀哉!

威丹既殁,白人稍善视余,使任执爨之役,因得恣意啖食。余之生,威之死为之也。假令业职不亡,复循旧趣,他日生干猛士,砉然可知。恨含敛时未令医师剖验,不知果以病终否耳。

中国史学会主编《中国近代史资料丛刊·辛亥革命》第1册,上海人民出版社1957年版,第391~393页

章太炎《革命军约法问答》:

今西人所设狱,外观甚洁清,而食不足以充腹,且无盐豉,衣又至单寒,卧不得安眠,闻铃即起,囚人相对,不得发一言,言即被棒,此直地狱耳。……五百囚人,一岁而死者一百六十有奇。

《民报》第22号,1908年

章炳麟《赠大将军邹君墓表》:

君及炳麟皆就逮,系上海租界狱。两人日会聚说经,亦时时讲佛典,炳麟授以《因明入正理论》,曰:"学此,可以解三年之忧矣。"时清政府自贬,与布衣讼,南洋大臣遣法律官担文来廷辩,两造争汉、虏曲直于上海知县前,闻者震诧。吏卒不能决,上其事外务部,外务部亦惭。明年,与外国公使杂定之,两人者皆罚作,而清尊严亦转替。君以少年为狱囚,狱卒数侵之,心不能平。又啖麦麸饭不饱,益愤激,内热,数有遗下。明年正月,疾发,体温温不大热,但欲寐,又懊侬烦冤不得卧,夜半独语骂人,比旦皆不省。炳麟知其病少阴也,念得中工进黄连、阿胶、鸡子、黄汤,病日已矣。则告狱卒长,请自为持脉疏汤药,弗许;请召日本医,弗许。病四十日,二月二十九日夜半卒于狱中,年二十一矣。诘朝日加已,炳麟往抚其尸,目不瞑。

汤志钧编《章太炎政论选集》下册,中华书局1977年版,第795页

章太炎《邹容传》:

明年二月,容病心悸,西医来验视云:"病易治。"食以牛乳。又二十日,曰:"病稍甚,吾当请而释之。"其夕,积阴不开,天寒地湿,鸡初鸣,卒于狱中。旦日,余往抚其尸,距气绝八小时矣,目不瞑,同系者皆疑医师受贿酖之。

《革命评论》第10号,章太炎《名师骑士》,东方出版社1998年版,第221~222页

蒋维乔《中国教育会之回忆》:

二月二十九日,邹容病毙于狱中。叶浩吾有函告蔡孑民,已由《中外日报》馆,备棺殡殓,十日之内即须埋葬,嘱会中觅地及筹葬费。

中国史学会编《中国近代史资料丛刊·辛亥革命》第1册,上海人民出版社1957年版,第494页

《邹容狱毙》：

章、邹《革命军》一案，判定章监禁三年，邹监禁二年。兹闻邹容于昨日黎明四点钟时，病死狱中，由某君派人收殓，髀肉尽消，空存皮骨。生敬邹容者，当为惨然。

《申报》，1905年4月4日

△ 邹容在狱中逝世，亚卢（柳亚子）、陈去病、李印泉（李根源）、光汉（刘师培）、师姜（高旭）等作诗或文哭悼，歌颂邹容的革命思想。

亚卢（柳亚子）《哭邹威丹烈士》：

白虹贯日英雄死，如此河山失霸才。不唱铙歌唱薤露，胡儿歌舞汉儿哀！哭君噩耗泪成血，赠我遗书墨未尘。私怨公仇两愁绝，几时王气划珠申？

柳亚子《柳亚子诗词选》，人民文学出版社1959年版，第7页

亚卢（柳亚子）《哭邹威丹烈士》：

咄咄英风忆长乐，幽幽黑狱贮奇愁。蜀中王气今何在，放眼乾坤少一头。十五万重启罗格，那堪人尽作天囚。自由死矣公不死，三百年来第一流。

《醒狮》第2期，1905年

陈去病《稼园哭威丹》：

半春零雨落缤纷，烈士苍凉赴九原。正是家家寒食节，冬青树底赋招魂。怜君慷慨平生事，只此寥寥《革命军》。一卷遗书今不朽，诸君何以复燕云？

《浩歌堂诗钞》第2卷，杨天石等编著《南社史长编》，中国人民大学出版社1995年版，第43页

光汉（刘师培）《闻某君卒于狱中，作诗以哭之》：

七字凄凉墨迹新，当年争说自由神。草间偷活吾滋愧，奇节而今属故人。

《国粹学报》第4期，1905年

李印泉（李根源）《吊威丹》：

革命军声震，天地为变色。我来吊荒塚，桃花共泣血。

上海通社编辑《上海研究资料续集》，上海书店出版社1992年版，第58页

师薑（高旭）《祭邹容文》：

黄帝四千六百十四年夏六月十四日，某等谨以清酌庶馐，致祭于志士邹容之灵曰：

呜呼，哀哉！蚩尤作虐，妖雾是造。珠申贱种，盗窃大宝。奴尔哈之肆其妖焰兮，更继之福临、胤祯之无道。敲扑我膏血兮，朝逆示而夕伪诏。痛神州黄种陆沉兮，群狐跳梁而叫啸。亦有认盗贼以为骨肉兮，峨冠博带而程朱其貌。我轩辕栉风沐雨所百战经营之大地兮，甘拱手而赠予剧盗。至今已二百五十余年兮，仇九世而犹未报。空凄云暗天国昏霾兮，何昊天之不吊！

…………

呜呼，哀哉！大海汹汹，大云蓬蓬。龙蛇斗陆，雷雨交锋。君子化为猿鹤兮，小人化为沙虫。人固无不死兮，死亦有泰山鸿毛之不同。抱雄心而未得逞兮，知君虽死而犹为鬼雄。阴助同胞以杀贼兮，魔虞渊落日使再中。彼酋长果来降附，谢猾夏罪兮，我犹不失归命侯之封。虏运从来无百年兮，岂今二百五十余年而未终！庶人人熟读仲尼之《春秋》兮，深濡染乎尊国攘夷之风。他日犁庭扫穴恢复我旧山河兮，是圣邹容著书之功。倘竟沉沦于九渊之下，为万重奴隶以终古兮，我心其能无恫！圣邹容之灵其福我祖国兮，焚香顶礼期与后死者相感通！

呜呼，哀哉！尚飨。

《醒狮》第1期，1905年

民国成立,邹容被南京临时政府追赠为大将军。章炳麟《赠大将军邹君墓表》:

逾六年,武昌兵起。民国元年,临时政府赠大将军,四川军府以礼招其魂归,大总统孙公亲拜遣焉。

汤志钧编《章太炎政论选集》下册,中华书局1977年版,第795页

4月5日(三月初一日)　中国教育会同人,在上海愚园召开追悼邹容大会。

蒋维乔《中国教育会之回忆》:

三月初一日,教育会同人,在愚园开邹容追悼大会,到会者五十余人。

中国史学会编《中国近代史资料丛刊·辛亥革命》第1册,上海人民出版社1957年版,第494页

1906年《复报》第四号"批评"栏载《生章炳麟与邹容》:

居今日之中国,而不以民族主义为前途唯一之目的者,此其人必与现政府有特别之姻缘者也;否则抱高官厚禄之志愿,欲为小朝廷大臣者也;否则无国家思想,不知天地为何者也;否则为康、梁邪说所惑,混淆其良知者也。除此数种人外,此主义固有黄河伏流一泻千里之势矣。然比特近岁之现象耳,求诸四五年前,实渺不可得。……

其首以微言大义,变易一世,光祖宗之玄灵,振大汉之天声,使有今日之影响者,舍章余杭、邹巴县外,更谁属哉!两先生宗旨同,言论同,为言论而遭虏廷疾视,代众生入地狱亦同,惟生死独大异,而其近今皆有特别之纪念则又同。……

传有之曰:"不有居者,谁守社稷;不有行者,谁捍牧圉。"两先生之一生一死,亦可作如是观矣。生者以言论救天下,死者以血肉殉同胞。……然则两先生之造福于国民,岂浅鲜哉!

汤志钧编《章太炎年谱长编》,中华书局1979年版,第202~203页

冯自由《〈革命军〉作者邹容》:

自蔚丹入狱后,所著《革命军》风行海内外,销售逾百十万册,占清季革命群书销场第一位。各地书肆以道关邮检查故,多易名贩运,或称《革命先锋》,或称《图存篇》,或称《救世真言》,或与章太炎《驳康有为政见书》并列,而简称曰"章邹合刻"。此书文辞不如太炎之《驳康书》,论理不如秦力山之《革命箴言》,徒以通俗浅显,适合当时社会之需要,几于人手一编!卒赖其言为驱胡建国之本,功不在孙、黄、章诸公下也。

冯自由《革命逸史》第2集,中华书局1981年版,第49~50页

章炳麟《赠大将军邹君墓表》:

君既卒,所著《革命军》因大行,凡摹印二十有余版,远道不能致者,或以白金十两购之,置笼中,杂衣履糍饼以入,清关邮不能禁,卒赖其言为光复道原。

汤志钧编《章太炎政论选集》下册,中华书局1977年版,第795页

4月6日(三月初二日)　邹容病死狱中后,中国教育会经营邹容安葬事宜,陈去病为之奔忙。

蒋维乔《中国教育会之回忆》:

初二日,在爱国女学校,会议邹容善后事宜,拟将柩暂停于会馆,一面择地,一面通知其家属,后有义士刘东海愿以其宅畔空地,为邹容墓穴。会中乃就此地,开始经营葬事。

中国史学会编《中国近代史资料丛刊·辛亥革命》第1册,上海人民出版社1957年版,第494页

俞前、殷安如《陈去病年谱简编》:

邹容病死狱中后,中国教育会设法择地安葬。陈去病言于蔡元培,说:"沪郊华泾乡的革命党人刘三和邹容都是留日同学,此人慷慨好义,且在乡饶有田产,拟请刘三捐此隙地,胜另

行买地多矣。”先生又写信给刘三，刘三去见蔡元培，承诺殡葬邹容事，并到四川会馆提运邹柩回华泾殡葬，距邹容之逝约两个月。

殷安如等编《陈去病诗文集》，社会科学文献出版社2009年版，第1075页

刘三应陈去病之请，创地为邹容营葬，受到革命党人的普遍赞誉。冯自由《〈革命军〉作者邹容》：

上海刘三（季平）乃收其骨密葬沪西华泾乡黄叶楼旁，同志鲜有知者。

冯自由《革命逸史》第2集，中华书局1981年版，第49页

张篁溪《苏报案实录》：

邹容不耐狱中之苦，于一九〇五年四月三日（清光绪三十一年乙巳二月二十九日）瘐死狱中，初由《中外日报》馆备棺殡殓，继有刘东海刘三（季平）等以上海华泾乡宅畔空地捐作墓基，将邹柩迁葬。

中国史学会编《中国近代史资料丛刊·辛亥革命》第1册，上海人民出版社1957年版，第384页

章炳麟《赠大将军邹君墓表》：

初，狱之竟也，处炳麟三年囚，君二年囚。至是，君程未满才七十日，遽死，内外告疑有他故，于是上海义士刘三收其骨，葬之华泾，树以碣，未封也。……刘三者，性方洁，寡交游，业为君营葬，未尝自伐，故君诸友不能知葬所。十一年冬，炳麟始求得之。

汤志钧编《章太炎政论选集》下册，中华书局1977年版，第795页

《上海县续志》卷二十七：

巴县邹容墓，在廿六保廿一图华漕镇西百余步。容殁于西狱，旧友刘季平助宅旁地，杨斯盛助葬资，山阴蔡元培题碣。当时所著书嫌疑未剖，书“邹”为“周”。

高平叔《蔡元培年谱长编》上册，人民教育出版社1996年版，第300页

陈去病《赠刘三》（蜀郡邹威丹既卒，予以书抵刘三，乞谋片土。刘君慨然割宅旁地数亩葬之，复为封树植碑，以彰其烈。予甚感之，时因谒墓，爰赠此诗）：

刘三今义士（借定庵句），慷慨重交游。以我一言故，而为烈士谋。千金收骏骨，抔土树松楸。差喜章枚叔，生还可暂休。

《浩歌堂诗钞》第2卷，杨天石等编著《南社史长编》，中国人民大学出版社1995年版，第43～44页

柳亚子《海上赠刘季平》：

风尘满地识刘三（季平别署刘三），我亦当年龚定庵。恩怨满腔忘不得，天涯握手一潺湲。

《磨剑室诗集》稿本，杨天石等编著《南社史长编》，中国人民大学出版社1995年版，第44页

陈去病《革命闲话》：

邹字蔚丹，四川巴县人。初游日本，著《革命军》。发行后，举国震骇。旋还上海，以“苏报案”，与太炎俱逮入狱，竟死之。子民为开会追悼于刘氏之愚园，并筹埋骨之所。予谓华泾刘三，义士也。其宅傍多隙地，容驰书商之。倘得其慨诺，胜买地多矣。书达，三果来谒子民，并邀浦东杨斯盛任葬埋之事。刊巨石于前，曰：“邹容之墓”。

殷安如等编《陈去病诗文集》，社会科学文献出版社2009年版，第1256页

△《警钟日报》判决后结案，部分成员被判入狱。

《警钟报案结》：

《警钟日报》一案迭次公堂研讯未结，昨日上午十点钟，英副领事德为门君莅廨，会同屠兴之司马，将此案重行提讯。……判将发报之戴普鹤管押一年，校对之胡少卿管押六月，租

机之朱存仁交保开释,机器充公,排字人徐如芬交保候质,汪新生交保开释。

《申报》,1905 年 4 月 7 日

4 月 9 日(三月初五日)　宋教仁从徐竟成处获悉邹容已于前初二日死于上海狱中,应允来日曜日开追悼会。

宋教仁《宋教仁日记》:

徐竟成来告,言邹容已于前初二日死于上海狱中,我等可于来日曜日开追悼会。余应之。

湖南省哲学社会科学研究所古代近代史研究室校注《宋教仁日记》,湖南人民出版社 1980 年版,第 54 页

4 月(三月上旬)　秋瑾持陶成章绍介函谒蔡元培于沪上爱国女学校。

陶成章《浙案纪略》:

瑾既返沪,即谒元培于爱国女学校。

中国史学会编《中国近代史资料丛刊·辛亥革命》第 3 册,上海人民出版社 1957 年版,第 61 页

4 月 12 日(三月初八日)　马福益再起兵湖南洪江,事败走广西,后在回湖南途中在萍乡车站被捕,4 月 20 日(三月十六日)被湘抚端方杀害于长沙。黄兴后以马氏遗像题赠日本友人。

冯自由《甲辰马福益长沙之役》:

次年春,由桂返湘。欲谋再举。卒为湘抚端方所擒杀。

冯自由《中国革命运动二十六年组织史》,《民国丛书》第 2 编第 76 册,上海书店 1990 年版,第 167 页

李西屏《武昌首义纪事》:

马福益再起兵湖南洪江,事败被擒。

中国政协湖北省文史资料委员会编《辛亥首义回忆录》第 4 辑,湖北人民出版社 1961 年版,第 5 页

曹亚伯《黄克强长沙革命之失败》:

乙巳春,清廷任端方抚湖南。下车之日,即杀刘道一于浏阳门。旋又捕马福益于萍乡。马福益被捕时,用铁链锁其肩骨,俗名强盗骨,以刀洞穿肩骨,系之以铁链,解至长沙,观者如堵。因马福益为黄兴案中之一人,刑讯极苦。马福益亦直供不讳,声言革异族命,为汉族复仇,死何所憾。于被捕之三日,亦斩于浏阳门。予嘱谢申岳往观之,谓血流盈丈,状至惨也。

曹亚伯《武昌革命真史》前编,上海书店 1982 年版,第 9 ~ 10 页

刘约真《醴陵革命人物马福益纪要》:

马福益,醴陵西乡瓦子坪人。魁梧有胆略,以侠义著,闽、赣、湘、鄂四省洪江会共推为领袖。时黄兴谋利用内地秘密会党覆满。黄部有与洪江会通者,因说福益与黄面会,福益许之。浏阳普迹,向以农历八月十五集各省商贩,互市牛、马,即订以是日会于普迹。黄与刘揆一等伪为贾者往。福益与其属已先至,将币致敬,欢若平生。遂开会讨论进行方法,议决以翌年十月初十慈禧万寿节,在长沙发难。湖南各县,与闽、鄂、赣同时响应。黄部自海外运械弹济之。未几,谋泄,清大吏密令捕福益,于萍乡江口获之,反缚过醴,神色自若,以光绪三十一年三月就义于省城浏阳门外。其属誓复仇,益倾向革命党,继续图大举。

湖南省文献委员会编《湖南文献汇编》第 1 辑,上海书店 1948 年版,第 244 ~ 245 页

黄一欧《辛亥前后回忆》:

一九〇五年四月,马福益被湘抚端方杀害于长沙,先君在东京得到消息,异常悲痛。次年十二月《民报》创刊周年纪念会后,先君曾以马福益遗像一帧题赠日友末永节(即狼啸

月)。词云:

湖南党魁马福益氏,甲辰岁谋起革命军,乙巳三月十六被满贼端方惨戮于长沙。闻就缚时,曾手刃六人焉。克强氏识。狼啸月先生惠存。

马福益遗像曾刊于宫崎寅藏创办的《革命评论》第七期"中国革命专号"。我在宫崎家里寄住时,亲耳听到先君不止一次满怀深情地同宫崎寅藏谈过他和马福益联系的情况,称赞马福益是湖南会党首领中了不起的人物。

田伏隆主编《忆黄兴》,岳麓书社 1996 年版,第 111 ~ 112 页

张平一《我所知道的马福益》:

会众及革命党人闻福益遇难,无不悲愤填膺,对清政府益增敌忾同仇之心。次年,参加萍浏醴起义之会党成员中即有不少人系怀抱"为马福益大哥复仇"的心情而投入战斗者。福益在群众中之影响,可概见矣。

中国政协文史资料委员会编《辛亥革命回忆录》第 2 集,文史资料出版社 1962 年版,第 244 页

刘揆一《黄兴传记》:

杨(杨任,编者)谓:风闻马福益自广西归来,党徒前所定之路程迎送。不意其折走他径。三月八日已在湘乡境地被清兵捕拿。吾等闻而忧急。賫夜向洪江进发。比及天晓即有来自洪江之会党彭茂春,报告马君实已被擒。洪江党人多有奔赴营救者。且该地机关,已于前三日被侦缉队围捕。在内党人与之抵抗,互有死伤,力劝勿再前进。公与揆一遂转走古丈、石门,以出湖北公安。有时负贩而假作商贾;有时乘轿而诡称委员。月余始达汉口。闻马福益被逮后,署臬司张鹤龄闻之,犹太息曰:"若一解入省垣,无法解救!"以清廷正因甲辰革命风潮,命满人端方巡抚湖南故也。而党徒之往中途邀劫者,又不幸相左,故尔遇害。同时被捕之谭菊生,因马福益力白非其党徒,得免于难。吾等悲愤之下,惟有力图光复,以报死友而已。

中国史学会编《中国近代史资料丛刊·辛亥革命》第 4 册,上海人民出版社 1957 年版,第 281 页

4 月 16 日(三月十二日) 宋教仁至玉川亭赴追悼邹容、王汉大会。

宋教仁《宋教仁日记》:

申初,至玉川亭,赴追悼邹容、王汉大会。时到者将近二百人,亦天良之不容泯没者也。

湖南省哲学社会科学研究所古代近代史研究室校注《宋教仁日记》,湖南人民出版社 1980 年版,第 55 页

4 月 17 日(三月十三日) 张之洞致函学务处言考验出洋游学生须从出洋之前开始,以正本清源以免滋生流弊。

张之洞《札学务处考验出洋游学生》(光绪三十一年三月十三日):

案查奏定出洋游学自行酌办立案章程第三条,载明此次定章以后,各省自备资斧之出洋游学生,应先由其家父兄亲族呈报本籍或留寓所在地方官,查明本生性质驯良,文理明顺者,准其申送该省学务处详加考验,禀请督抚复核,发给咨文,转给该学生领赍出洋等语,通行在案。诚以从前自备资斧出洋学生,品类不齐,多滋流弊,与其严行防禁于出洋之后,何如慎重考察于出洋之前。正本清源,立法具有深意,前于北学务处详请自备资斧候选县丞廷治赴东游学案内,明晰批示并通行遵照在案。查近年各州县禀派自费出洋学生,于学生性质是否驯良,文理是否明顺,并不声叙,亦不加具考语,尤属含糊,殊非慎重考核之道。应即札饬北学务处通饬全省各府厅州县遵照,嗣后凡遇自费出洋学生,均须由该地方官详加考验,必须品学合格,方可出具切实考语,申送学务处复验,将品行文理切实加【以】考详,候本部堂传见该

生,亲加察验。果属材堪造就,再行缮给咨文,以防流弊而肃学规。如该州县地方官无切实保结,学务处无切实考语,断不咨送。

国家清史编纂委员会·文献丛刊《张之洞全集》(6),武汉出版社2008年版,第458页

4月20日(三月十六日)　曹亚伯未被端方杀害,反而被外派出往日本调查宗教。

曹亚伯《黄克强长沙革命之失败》:

予乃两湖书院学生,端方曾署两湖总督,认为有师生之谊,加以予为耶稣教徒,适是时两湖历史副教授陈庆年(正教授杨守敬),端方聘为上宾,待予甚厚,故端方不杀予。然又不任予在长沙运动革命,不得已派予往日本为调查宗教委员。此仇教之清廷,派学生出洋调查宗教,此为第一次。

曹亚伯《武昌革命真史》前编,上海书店1982年版,第10页

4月24日(三月二十日)　宋教仁在湘西会场提议调查邹容死由事,并派张继回国前往上海调查,劝诸君捐钱,赞成者甚众。

宋教仁《宋教仁日记》:

酉正,至会馆,赴商议调查邹容死由会,到会者共四十余人。公决定派张溥泉往上海任调查之事,而设机关于东,以黄庆午及四川顾、王、曹三君任之,经济则由众人捐集云。

湖南省哲学社会科学研究所古代近代史研究室校注《宋教仁日记》,湖南人民出版社1980年版,第56页

4月26日(三月二十二日)　宋教仁致函上海《国粹学报》馆,与辩黄帝纪年说。

宋教仁《宋教仁日记》:

写一函致上海《国粹学报》馆,与辩黄帝纪年说(彼说当用黄帝八年之第一甲子纪年,余谓当用黄帝之即位年纪年,且黄帝之第一甲子亦不在八年,而在三年也)。

湖南省哲学社会科学研究所古代近代史研究室校注《宋教仁日记》,湖南人民出版社1980年版,第58页

暮春　黄兴化名张守正,致函湖北科学补习所成员刘静庵,中多隐语。

张难先《日知会始末》:

日知会者,乃科学补习所党人刘静庵独力缔造之革命机关也。静庵治学猛,于儒术外,兼究佛耶;故其时佛门大师,教会长老,多乐与之游。补习所失败时,(刘静庵)任黎协统元洪书记官。因索党人急,静庵请假,避高家巷美教堂圣公会。狱缓,回幕;而官署之检查信件,仍严。不久,黎获张守正致静庵书(守正即黄克强化名),中多隐语。黎疑之,讽静庵托病辞职出营。

中国史学会编《中国近代史资料丛刊·辛亥革命》第1册,上海人民出版社1957年版,第555页

5月1日(三月二十七日)　宋教仁获悉马福益被端方所杀,甚为悲痛。

宋教仁《宋教仁日记》:

午正,罗品山来,告余云马福益被端方所杀。余遂至刘林生处询问,知此信甚确,且共获有三人,已有二人被杀,此二人一不知谁何,一即马也,尚有一人系于狱中云。呜呼,亦惨矣!亦大可恨矣!

湖南省哲学社会科学研究所古代近代史研究室校注《宋教仁日记》,湖南人民出版社1980年版,第59~60页

5月7日(四月初四日) 黄兴由湖南同乡会公举为总理,固辞未就。

宋教仁《宋教仁日记》:

巳初,自日乃出馆回,往赴湖南同乡会。会在一川桥帝国教育会内。是日到会者二百许人,行第二次选举,举黄庆午君当总理,得八十七票;庆午固辞;于是得次多数八十二票者为杨晰子,众推举之,晰子亦固辞;争执不下,乃公议再举之,遂再投票,得多数者刘耕石,遂定焉。又举各职员,至未初始毕事。

湖南省哲学社会科学研究所古代近代史研究室校注《宋教仁日记》,湖南人民出版社1980年版,第61~62页

△ 在舆论压力下,清政府指令梁诚与美国政府商榷略改美约。

《商部复驻美大使梁星使函》:

今宜禁下等之工,而上等之工不与也;今宜禁受佣美人之工,而自行制造之工不与也;今宜禁未入美境之工,而业经在美之工不与也。

《时报》,1905年5月7日

5月8日(四月初五日) 美国限制华工条约,已届期满。粤中志士杜觉兆、张崧云等十人,致电北京,请拒美约。

5月10日(四月初七日) 上海工商界为反对美国迫害华工、歧视和虐待华侨,筹议抵制美货,发起反美运动。

苏绍柄《山钟集》:

光绪三十一年四月初七日,上海各帮商董因美禁华工事特开商务总会,集议对策。未刻到会者源源不绝。迨座客已满,由曾君登坛演说,激昂慷慨,语语动人。即提议抵制之法,大旨谓以两月为期,如美国不允将苛例删改,而强我续约,则华人当合全国,誓不运销美货以为抵制。其陈说办法甚为中肯,时在座绅商无人不举手赞成。随后公议电稿禀请外务部坚拒签约,并请南北洋大臣鼎力主电部抗阻,又遍电各省商会请为传谕各商协力举行抵制办法。

苏绍柄编《山钟集》,鸿文书局1906年版,第11页

《禀外商部公电》:

美例虐待华旅由工及商,梁使不肯签约。闻美直向大部交涉。事关国体民生,吁恳峻拒画押以伸国权而保商利,并告以舆情。不服群商拟相戒不用美货,暗相抵制。美念通商利益,必能就我范围,务乞坚持大局幸甚!沪商曾铸等公禀。

《禀南北洋大臣公电》:

美例虐待华旅,由工及商,闻美使要外部续约。事关国体民生,切恳电部劝阻画押以伸国权而保商利,大局幸甚!沪商曾铸等公禀。

《禀外部》:

工约近将提议众意菲槟两岛前未入约,今应不入议内,铸已据情函告美领如办不到□□□□□□□□□□□□□相戒不用美货六字,势必坚持到底,恐于政体有关为亟电禀,曾铸叩。

《致汉口宜昌镇江天津重庆烟台南京九江芜湖安庆泗州广州福州厦门汕头梧州长沙沙市香港杭州苏州等处商会公电》:

商会鉴美例苛禁华工波及士商游历,现梁使不肯签约。闻美直向外部交涉,现沪商已合

词,吁恳外部暂缓签约,并拟相戒不用美货,暗相抵制。祈传谕各商知之。沪商曾铸等公启。

苏绍柄编《山钟集》,鸿文书局1906年版,第27页

《抵制之实情卷二·抵约事件之发起》:

光绪三十一年四月初七日上海绅商集议抵制美约于商务总会,拟得办法五条。第一条曰相戒不用美货,余四条以窒碍难行删去。各绅签定后即电致各埠及外务部。惟外部电稿在座诸绅董皆不敢列名,于是,曾少卿观察铸起而愿列于首,同人乃陆续具名焉。

民任社编辑《中国抵制禁约记》,民任社1942年版,第13页

张蔼蕴《辛亥前美洲华侨革命运动纪事》:

按此约十年期满,曾少卿倡拒约于上海。冯夏威递废约书于驻沪美领事而自杀于其署前,盖尸谏之意。马达臣、潘信明、夏重民倡拒约于广州而遭当道逮捕。此满清之世,外交不振,爱国志士对于帝国主义不平等条约之自动奋斗精神,虽不收效,亦我国之"武士道"也。

中国政协广东省文史资料委员会编《孙中山与辛亥革命史料专辑》,广东人民出版社1981年版,第39页

5月4日《时报》"来函"栏中一文,作者斥责清政府腐败卖国,要求同胞们自结团体,禁用美货。其文曰:

呜呼,同胞!我政府之不足为吾民可恃也久矣。衮衮诸公类具奴隶性质,而无爱国思想,拥虚位,食厚禄,日以苟且国存为事。其种种怪状已为吾民所见知,当无待鄙人之赘述。夫专制国体其政府有压制吾民之权力,吾民有服从政府之义务,数百年来民气销磨殆尽。故自中外开通,凡有交涉,彼外人遂利用我政府之压制而迫使吾民以服从,往事之已然,真使我同胞隐忍吞声痛哭流涕者也。夫蓄之久则其发之也必锐,怨之极则其敌之也必勇。屈极求伸,无往不复,遂于今日而发其端焉。……

呜呼,同胞!水决则波扬,兽困则思斗。今日之事,万不能忍,亦万不容缓。我同胞其结以团体,持以毅力,勿依政府,勿惧外人,勿为威所劫,勿为害所动,勿顾私利而自图,勿听浮言而散涣,是鄙人之朝夕馨香而祝之者,固不能不有赖于我同胞也。今谨就鄙见所到者为我同胞告之:

一、禁用美货专在商民,务使与政府不着一丝牵挂。盖前事者后事之师,……我政府固具有畏外之特质而又深忌民权之发达者,彼外人宁不知之,故依赖政府非惟不能得其保护,且反生其阻力,盖我政府固不以国民为事者也。

二、西人外交其势力所不到者则以阴柔出之。今我之不用美货,实为其势力所不到之处。

三、细查美货,已有先我言之者。鄙意更欲于调查后将各货名目谱滋成歌曲,刊印分派,使妇孺皆知。更查列我同胞之赴美亲受其虐者,某人某事一一串成歌曲,亦刊印流传,以宣扬其暴状。

和作辑《一九〇五年反美爱国运动》,中国社会科学院近代史研究所近代史资料编辑部编《近代史资料》1956年第1期,知识产权出版社2006年版,第18~19页

5月12日《时报》报道说,十一日福建帮商董开会,曾铸演说,提出抵制美货办法五条:

一、美来各货一概不用,机器等一应在内。

二、美船揽载,华人不应装货,各埠一律。

三、美人所设学堂华人子弟不应入堂读书。

四、美人所开之行,华人不应应聘为作买办及通译等事。

五、美人住宅所雇佣工劝令停歇,庖御等人一概在内。

中国社会科学院近代史研究所近代史资料编辑部编《近代史资料》1956年第1期,知识产权出版社2006年版,第64页

△ **檀香山《新中国报》曾发表《拟抵制禁例》一文首倡“不用美货,以为抵制”。为此,《时报》刊出《筹拒美国华工禁约公启》,号召全国积极抵制美货。**

《筹拒美国华工禁约公启》:

美设苛例,名为限制华工,实则禁绝一切华人入境,今举其苛例之重要者如左:

一往美经商,初时原属不禁,乃美国近日立例:“惟店铺之股东始得谓之商,其余店中所雇用之人,若总办若管帐若司买卖人等,又凡开酒楼饭馆、开雪茄烟香烟工厂、开制靴帽厂、开裁缝店者,均不得有商人资格。”是名不禁商而实则禁矣。

一往美游学,初时亦属不禁,乃美国近日立例:“惟学习高等或专门学业,因在故国无从学习者,又必能缴验学至卒业回国之费用者,方为合格。”是名不禁游学而实则禁矣。

一据梁震东(梁诚)星使驳黑脱所定苛例第五款有云:“查一千八百八十八年九月十三日所拟续禁华人例第二款,准中国官员、教习、游学、经商、游历五项人来美例内,声明与条约并行,其余各例未见言及教习、游历两项之人,而一千九百零二年四月二十九日定例,并未将一千八百八十八年九月十三日定例第二款包入,将来教习、游历必均入禁例之内。”云云,是并教习、游历而亦禁矣。

按定约本载明:唯准官员、教习、游学、经商、游历五项人入美,其范围本已极窄,今据上文所述,则并此五项人而去其四,所余者唯官员一项耳。况于此外又复有下文所列之种种苛例以为不禁之禁乎。

(甲)虽携有合式之护照,倘填写稍有不合即不准入境。

(乙)护照合式矣,尚必须关吏反复盘诘,倘有一语不合即不准入境。

(丙)甲乙两项均合式矣,而医生若指为有病即不准入境。此外尚有不著于法律之苛例。

(子)华人到美者,无论合例不合例,一概先行拘入木屋候审。

(丑)未审问以前不许亲友探问,虐待甚于囚徒。

(寅)入木屋者常候至数十日,始行开审。

(卯)审问时,无陪审之人,又不许旁听,又不许将口供录布,其审判一任关吏之意。

(辰)既经注册及假道之华工,须用机器量身,此法系欧洲用以待囚犯者,无罪受辱,可恨至极。

(巳)如遇香港等处有时疫症,华人欲往美者均须到一痘房裸体用硫磺水熏浴。张荫恒贺英皇加冕时,一切参赞随员曾受此辱。

其他种种苛刻烦扰之处不胜枚举。又彼从前禁例上载有:“期与定约不相违背”一语,于其续增苛例犹不无有所限制,乃至去年美议院并将此语删去,以为将来愈禁愈严之地步。总而言之,此等苛例实皆缘约而行,盖因禁约第二款有“遵现时之例及嗣后所定之例”一语,第三款有“遵守美国政府随时酌定章程”一语,以阶之厉。故无论彼设何等苛例待我,而我不得不受也。夫约当以彼此合意而成,今我不肯画押,而彼欲迫我,则此约之有利于彼而有害于我可知,是此约我国万无可画押之理。今请言此约之有害于我者:

一、损害国家之尊荣。古今各国均无此等禁约……辱国莫甚焉。

二、玷辱国民之人格。种种横逆,几不以人类待我,我岂能堪!

三、失两独立国彼此同等相待之权利,彼来,受我保护;我往,乃受彼苛禁虐待;天下不平事孰有逾此!

四、失万国通商应享之利益。据美人加孙氏调查谓:华人于四年半之间,以美金五千余万(合华银一万万有奇)寄回中国,若禁例行,则我国失此一大利源矣。

由上所志，此约有百害而无一利，我国理当拒而弗纳，而今美政府既强我政府画押矣，危机一发，稍纵即逝；急则治标，徐图善后，事关全国之荣辱，人人有切肤之痛，合群策群力以谋抵制，是所望于爱国诸公。

《时报》，1905年4月7日

春夏间　湖北汉川人梁耀汉成立革命团体群学社于武昌左二巷。

《群学社》：

一九〇五年，汉川梁耀汉自日本归国，投军肄业陆军特别小学堂。梁为县中巨富，散财结士，在武昌军学界极为活跃。他于黄鹤楼宴请张其亚、吴昆、徐竹坪、彭临九、黄警亚、冯特民、辜天保、吕丹书、黄西平、谭质臣、林竹轩、林厚斋等七十余人，共商组织办法，决定成立群学社。地点在武昌左二巷某号房屋。经费由梁耀汉和黄警亚分担。为了扩大影响，培育青年，群学社又租得武昌郎家巷房屋一栋，开办明新公学，招中级学生二百名，每名每月收膳宿费三串。梁耀汉自任总理，各同志分担教学任务：黄金门国文、历史，富鹤年物理，徐竹坪经学、哲学，张庸算术，朝鲜人马某英文，李亚东体操，蔡襄之图画。群学社以孙逸仙为“革命共主”，力图扩大组织。

贺觉非、冯天瑜《辛亥武昌首义史》，湖北人民出版社1985年版，第83～84页

5月14日（四月十一日）　张之洞致电瞿鸿禨坦陈赎路之难，为利于收回主权，驻美使臣梁诚正全力以赴，但袒美者可能会饰词耸听以挠败成局，请其权衡利弊不为所动。

张之洞《致京瞿尚书》（光绪三十一年四月十一日酉刻发）：

粤汉路事，初以系铃解铃，望之某公。乃延宕数月，总是拖泥带水，不肯摆脱一切。继悟此事非将其撇开不可，乃径电梁使，密筹机宜，切实与商。无如合兴狡猾变幻多端。经敝处坚持力辩，百折千回，近始允我购回，火候已到八九分。现梁正在磋磨，大约无甚变局。此中曲折，非但不敢令袒美者得知，亦以先事无大把握，不敢轻率电达台端。此时事已将成，难保无袒美者饰词耸听，以图挠败成局，公具有权衡，想断不为其所动。总之，此事敝处既已力任其难，必当妥筹结束，收回主权，但必须袒美者不与闻，方免横生枝节，三省幸甚。

国家清史编纂委员会·文献丛刊《张之洞全集》（11），武汉出版社2008年版，第204页

5月15日（四月十二日）　湖南巡抚端方在《湖南巡抚端方奏拿获同仇会首要马福益折》中披露了马福益密谋长沙起义的基本情况。

《湖南巡抚端方奏拿获同仇会首要马福益折》（光绪三十一年四月十二日）：

窃查光绪三十年九月间，同仇会匪入湘放飘，潜图起事。当经前署抚臣陆元鼎派员督饬营县，先后拿获匪目肖溃生、游得胜、何少卿三名。讯据各供认听从伪督办马幅益即马乾入会散飘，约期谋逆等情不讳。即将肖溃生、游得胜正法，何少卿监候待质。所有惩办情形业经汇案奏报，一面通饬各营县严拿匪目马福益未获。奴才于本年正月到任，正值桂匪未靖，边防尚未解严。该匪首马幅益党羽众多，踪迹诡秘，深虞勾结为患。随经选派得力员弁，悬立重赏，购觅眼线，分投四路查拿。兹经湖南尽先都司杨明远、湖北尽先千总赫成额、补用府经历吴章带同眼线，跟踪追捕，至江西萍乡县地方，探明藏匿处所，会同该处地方文武，将该匪首马幅益众获解湘。经奴才督同署按察使张鹤龄、候补道俞明颐迭次研鞠。据马幅益即马乾供称：年四十岁，湖南醴陵县人，曾在江南充当营勇，因事革退。光绪十七年，创立回仓

山会，开堂放飘，自称为四路伪总统，分派匪党谢受祺、郭幅、何士才、尹汉庭为东西南北四路头目，辗转散放飘布约有一万余张。去年八月，同仇会匪首刘姓等图谋不轨，因该匪首伙党甚多，易于纠集，派为五路督办；并托谢受祺交给华兴飘布多张，遂由该匪首分给已获正法之肖溃生等，令其转散纠人，约期于十月初五日在长沙省城作乱。嗣因肖溃生等破获惩办，匪党四散，随即逃匿等供。饬提留质之何少卿质审，供情彼此相符。随将马幅益就地正法，并摘要电奏在案。

伏查该匪首马幅益即马乾，以军营散勇创立回仑山会，自称为四路伪总统，开堂放飘，煽惑极众，嗣复充当同仇逆会督办，胆敢约期在于省城作乱，实属悖逆不法。兹幸拿获惩办，匪首伏诛，逆会根株已拔，伙党瓦解，人心大定，裨益地方，良非浅鲜。查湘省拿办会匪，历经前抚臣遵照于光绪十七年六月初六日及二十五年五月初八日钦奉谕旨，准照异常劳绩保奖，均蒙俞允。今该员杨明远等隔省追捕，将逆会渠魁擒获，实属任事勇往，极应公予奖叙，以示鼓励。合无仰恳天恩俯准，将湖南尽先都司杨明远，以游击尽先即补；湖北尽先千总赫成额，以守备尽先即补；湖南分缺先补用府经历吴章，俟补缺后，以知县在任候补，出自逾格鸿慈。

中国第一历史档案馆等编选《辛亥革命前十年间民变档案史料》，中华书局 1985 年版，第 398～400 页

5 月中旬（四月中旬） 孙中山再度至布鲁塞尔时，得贺子才介绍，走访国际社会党执行局（第二国际常设执行机构），与该局主席王德威尔得、书记胡斯曼晤谈。

M. 伯纳尔《孙中山访问第二国际书记处》：

孙中山同世界社会主义运动之一致，可从他在一九〇五年春第二次赴欧旅行中得到证明，当时他访问了在布鲁塞尔的第二国际书记处。一九〇五年五月十八日，佛兰德语社会主义报纸《人民报》(*Vooruit*)有一篇短文记述了他们的讨论，几天后它的法文版(*Le peuple*)也有报导。这次讨论似乎用英语进行，因此语言的困难和作者关于中国的乌托邦观点，肯定对这篇报导有所影响。但是，看来这篇报导多半还是确实可信的：

这星期我有幸成为中国革命社会党的领袖、我们的孙逸仙同志，和我们的朋友王德威尔得（樊德维）及胡斯曼的中介人。

孙同志来比利时，是为了向国际社会党执行局请求接纳他的党为成员，该局的书记是胡斯曼同志。

孙同志首先扼要地解释了中国社会主义者的目标，……他们的纲领：第一，驱除篡权的外来人，从而使中国成为中国人的中国。第二，土地全部或大部为公共所有，就是说很少或没有大的地主，但是土地由公社按一定章程租给农民。而且中国有一种十分简单的财政制度：每人按其财产付税，而不是象欧洲那样，把负担放在大多数没有财产的群众身上。

我们黄种的同志希望改进这种制度，使之同我们党的原则更趋一致，防止往往一个阶级剥夺另一个阶级，如象所有欧洲国家都曾发生过的那样……

中国工人发现他们自己还处在过许多世纪行会一样的地位。他们全组织起来了，境遇比世界上任何国家的都好。象中世纪的工匠一样，今天中国工人的生活是远非可怜的。穷人很少，而真正富有的甚至更少。

行会是反对使用机器的，……中国人一点也不笨。他们是世界上最幸福的人之一，他们知道欧洲工人在资本主义制度下多么痛苦，因而不希望自己成为机器的牺牲品。这是他们处在落后状况的原因。

另一方面,中国社会主义者要采用欧洲的生产方式,使用机器,但要避免其种种弊端。他们要在将来建立一个没有任何过渡的新社会,他们吸收我们文明的精华,而决不成为它的糟粕的牺牲品。换句话说,由于它们,中世纪的生产方式将直接过渡到社会主义的生产阶段,而工人不必经受被资本家剥削的痛苦。孙同志说:“几年内我们将实现我们梦寐以求的理想,因为届时我们所有的行会都是社会主义的了。那时,当你们还在为实现你们的计划而努力的时候,我们将已生活在最纯正的集体主义制度之中了。这对你们将同样是有利的,因为除了这种范例所具有的吸引力外,全世界也会相信,完整的集体主义制度并不是虚无缥缈的梦想或乌托邦。这种办法所取得的转变,将比许多年的著作或成百次会议所取得的还要多。”

中国社会科学院近代史研究所编《近代史资料》第3期,科学出版社1979年版,第1~3页

5月21日(四月十八日)　曾少卿与美总领事晤谈限美国两个月改约,否则听任中国抵制。

《抵制之实情卷二》:

四月十八日曾少卿观察等与上海美领事晤于领事署及赵园言及抵制事。美领事请以六个月为限。六个月之后美不改约,则听中国抵制。曾观察不允,谓只能限两个月至于乃月十八日止。旋散。

民任社编辑《中国抵制禁约记》,民任社1942年印行,第13页

5月24日(四月二十一日)　张之洞致电湖南巡抚端方告知赎约之事大功将成,请其转告湘绅放心,勿贸然北上转致别生枝节。

张之洞《致长沙端抚台》(光绪三十一年四月二十一日寅刻发):

粤汉路事,数月来费尽磋磨,合兴公司方允顶售归我。虽比股东尚在观望,据梁使电,美股东已全允,主权总可收回,是此事火候已到九分。顷闻湘绅拟约粤、鄂绅同入都,未知何意。现在事机已顺,宜静听敝处与梁使消息。祈速转致龙侍郎诸公,万勿贸然北上,恐转致别生枝节,要紧要紧。政府已有电密达,必不为某公所摇动,可请湘绅放心。至湘省筹款购地局关防文牍,已交曾道广镕亲自赍上。日内当已抵湘接洽矣。湘绅之意云何,请询明电覆。

国家清史编纂委员会·文献丛刊《张之洞全集》(11),武汉出版社2008年版,第206页

5月25日(四月二十二日)　张之洞致电两广总督岑春煊告知赎约之事大功将成,赞其允诺息借民款三百万移作铁路经费之功。次日,张又电嘱其继续筹款以善路政。

张之洞《致广州岑制台》(光绪三十一年四月二十二日戌刻发):

粤汉路事,数月来坚持不摇,费尽磋磨,梁使亦深费筹策,彼始允将合兴公司顶售归我。虽比股东不无观望,幸合兴代表人摩根肯就范围,美股东已全数允售。据梁星使电谓,事机颇顺,不致变卦。是此事已有九分可望成功,特此密达。尊意允以息借民款三百万移作铁路经费,有此巨款以作根基,以后招股附益不难矣。

张之洞《致广州岑制台、张抚台》(光绪三十一年四月二十三日戌刻发):

铁路事固赖绅民协力,然将来若全不由官主持,则意见纷歧,情势涣散,流弊亦多。惟欲官与民事事公同商办,不由民间专操其权,须筹官款提倡,将来行车之利,按本均摊,官款并

非无着。官款多于民款，或官款与民款相等，绅民乃肯让官有权。鄂省路较短，费较少，所拟每岁筹备铁路之项全系官款。湘省拟岁筹五十万或二百万，亦官款多于民款。粤省官款似亦不可少于商款，承示将息借民款三百万移充路用，如此款本息由官按期陆续筹集归还，则此三百万即可作为官款矣。此外，如能再筹常年的款若干，以存官权，而重路政，尤善。

国家清史编纂委员会·文献丛刊《张之洞全集》(11)，武汉出版社2008年版，第206~207页

5月(四月)　秦力山由香港转至缅甸从事革命宣传活动，后革新《仰光新报》，宣传民族民主革命思想。

冯自由《秦力山事略》：

居坡两月，遂赴缅甸，谋取道入滇有所活动。既至仰光，寓陈甘泉宅。先是康有为于数年前曾率其徒侣至缅。设保皇会于仰埠五十尺路，华侨误信其说者，颇不乏人，闽人庄银安其一也。既而保皇会棍骗之真相次第暴尽，侨胞亦因而觉悟前非，陈甘泉、庄银安、徐赞周、杜诚浩、林国重、陈金请人于癸卯(一九〇三年)冬组织一中华义学以教育华侨子弟。后二年复创设《仰光新报》以启迪民智。闻力山自祖国来，众咸招待优渥，一如旧好，陈、庄、徐等乃请其修订《中华义学章程》为民族主义教育，力山于修订章程外，复为选序文三千余言，阐扬民族主义，透辟无伦，此文旅缅华侨至今犹有多人能琅琅朗诵也。力山又著《说革命》二十四章，凡六万余言，皆经验有得之谈，登诸《仰光新报》，仅刊至十六章，余稿八章，竟为该报顽固派股东所毁弃，读者罔不引为憾事。是年春三月，力山自仰光至缅甸新都满德礼，与滇人李瑞伯筹商云南起义方法，居数日，再进缅边蜡夙，投张石泉处。张任英官译员，富有民族思想，与力山极为相得，力山在蜡夙从诗多章。

冯自由《革命逸史》初集，中华书局1981年版，第88~89页

冯自由《南洋各地革命党报述略》：

仰光为缅甸首府，甲辰年康有为自印度游缅，以保皇变政相号召，侨商受惑者颇不乏人。闽商庄银安被推为仰光保皇会分会长，并担任创办机关报，名之曰《仰光新报》，地址在大端口勒达街二十号。银安自任经理，其股东新旧不一，甚有认保皇变政之言论为危险性者。故该报形式陈腐，主张和平，不过稍偏于康梁方面而已。乙巳五月，东京《国民报》记者湘人秦力山自香港抵仰光，由同志陈甘泉介见庄银安，历述康梁棍骗华侨，及彼与唐才常在庚子年汉口一役失败之经过，银安豁然觉悟，遽宣布脱离保皇会关系。力山因著《革命箴言》二十四章，凡六万余言。由银安嘱《仰光报》逐日揭载，登出后，全缅侨众读之，大为感奋。

冯自由《革命逸史》第4集，中华书局1981年版，第141页

冯自由《秦力山与仰光新报》：

《仰光新报》设于缅甸仰光大埠勒达街二十号。其股东新旧不一，至为复杂，故报社毫无宗旨。庄银安初任是报经理，以主笔政者不得其人，且动辄受股东掣肘，故不能有鲜明之主张，特一保守式之报纸而已。秦力山初至仰光时，见该报形式腐败，遂向银安痛言革新该报言论之必要，并愿代撰论文，以唤起一般侨胞之迷梦。银安乃为介绍于该报编辑。力山因著《革命箴言》二十四章，凡六万余言，注销后，各埠人士，风动一时。据力山于乙巳六月二十日自滇边致星洲《图南报》陈楚楠书略云："顷著有《说革命》一书，已寄诸仰报。该报但销数千份，此书若在贵报重登，或得照邹书一例能翻刻成本送人尤妙也(共有六七万字)。惟此书成于十二日之内(以弟先欲入川恐赶不及)，多有理论未完全之处。将来公如肯俯就一灾枣梨，望嘱诗耀两兄为之校斧，或于同胞之条理与理论，均不无小补，弟因邹书徒事谩骂而不言理，

故不得已而有此作也。书中驳诘康党之处甚多,可一惩其烦焰。孙君逸仙自巴黎来信言,六月过星,约相待一见,惜弟已出缅甸矣。”等语。先是力山离仰光后未久,有滇边干崖土司刁安仁出游印度,途经缅甸,与侨商丘仁恩相识。丘见其谈吐不凡,有志仇满,爰介见银安、赞周、甘泉诸人,各倾吐心腹,引为知己。安仁归时慨然以举兵滇边为己任,并以物色人材相托。及力山二次到仰,徐、陈、庄等遂介绍力山入滇为安仁助。力山素有志联络滇人反清,闻之大喜,遂于是岁夏秋间于缅甸新都满得礼埠,与寓该处之滇省志士李瑞伯结识。居数日,再进缅边蜡夙投滇人张石泉处。石泉时任该地英官译员,富有民族思想,与力山尤为莫逆,因有兰谱之盟。力山寓蜡夙多日,尝赋诗词多章,所著《革命箴言》全文即成于此时,是文仅刊至十六章,即为该报之顽固派董事所反对,竟将余稿八章强行毁灭,读者莫不引为憾事。然其效力实足造成后来旅缅华侨之革命思想,厥功不容湮没也。是岁冬力山复至仰光,改变装束,欲亲投北京实行暗杀,行程未定,而吴樾轰炸清五大臣之事起,旋得同志张鸣岐自北京来书,谓各省关津因吴案戒严,切嘱不宜轻进。力山正犹豫不决,适干崖土司刁安仁派人求助,谓干崖方开办军国民学堂,缺乏体育及师范教员,敦促力山等代延教员多人,力山于是挈陈仲赫、陈守礼、李贞壮、陈仁和、谢玉兔等五人欣然就道。及抵干崖,安仁深喜得人,乃将地方民政委诸其弟,而以校务付托力山,自率男女十余辈东渡日本留学,力山乃为作书介见孙总理黄克强等,是为革命党人与云南土司发生关系之开始。安仁既东渡,力山以校务为土司幕友把持,无法改善,大有去志。

冯自由《革命逸史》第2集,中华书局1981年版,第229～231页

秦力山《说革命》:

吾滞仰光二十日,濒行,仰光之《仰江报》记者萧小珊君走送于赞周之家。余曰:贵报宗旨正大光明,望力维持之,毋使中变,则他日倒满立国,未始非此五寸之管居然当毛瑟四千也。记者则应之曰:谨受教,虽然阅报者之脑质尚未有一线曙光,同胞犹死守于极东之宗教与伦理,其对于膻胡政府感情至今未变也,诚如是,则吾人一身鲜不为众矢之的。巩黄闻此言,不禁泪涔涔下,曰:吾今而后,知国家之亡,全不由于人之侵袭,而鲜不出于自亡,抑一族之人民不患在于权利之丧失,而患在乎精神之奴隶。我同胞其犹有未醒者欤,则请观乎吾之《说革命》。

第一章　革命之定义

革命云者,英语谓之 Revolution,犹之乎星辰日月之运行,春夏秋冬之代谢,与反叛二字绝不相混,而为一独立之名词。英语之反叛为 Punopoy,吾人若以革命为反叛,则大误也。盖革命虽为一特别之名词,而置于名词之上(即作一动词用),适成为一动词。譬如“食”字然,有时用于食饭,有时而用于食其他之物品,食字不徒用之于食饭也;革命云者,亦若是则已矣。譬如“打”字然,有时用于打人,有时用于打其他之动物,打字不徒用之于人;革命云者,亦若是则已矣。故吾辈若释革命二字,当分为广狭二义。

其广义为何?今试有一物于此,其全体尚未破坏,而有一部分之丧失或糜烂,吾人为弥补之,或更易之,使成一完全之物,是之谓改良。有一物于此,其全体皆腐败,或腐败其大半,今欲修补之,反不如更张之,其资力既省,而效力益神,于是乎弃此而另置一物,其义直同于革命。今略数其事,路德以旧教之腐败,起而号呼奔走,创立新教,于是有宗教革命;华盛顿以美利坚不堪母国之压制,不惮艰难险阻脱专制之羁绊,以建立共和国制度,于是有君主革命。年代愈降,公理日昌,万事尽新,文明渐启。气机出,而工艺革命;解剖兴,而医学革命;论理学明,而文学革命。均产说起,而社会革命;轮舟铁道出,而交通革命。甚至移接之术

启，而有生之物亦变其本来面目，而动植物亦可以革命。无论一事一物之微，一学术一制度之巨，凡顿改其旧观者，无不可以谓之革命焉。吾支那人闻革命二字，则谈虎色变，若谓非猾贼巨盗，不敢为此。此何异闻动物中有虎，虎为食人之物，嗣后虽见一马一狗，亦疑其将食人，相率退避，不敢向前。嘻，谓非颠痫而若此乎！

其狭义为何？曰：国家者，一政治团体之脑海也。今之政治学家，既公认国家为一有机体，则犹之一人焉，耳目百体之灵蠢强弱，直以一脑而担负其责任。故近世各国制度、学术、工艺、军事、交通、美术等，以及百般文明机关之发生，皆在于君权革命（此言君权革命而不曰君主革命者，含日本、英、德、意、奥等国在内）以还。吾人当二十世纪竞争剧烈之秋，若欲希望种族与国家之生存，则一国之文物制度，自不得不因新理而革命旧谬。然苟欲达此目的，则不得不先去其障害之物。其物维何？则现政府是也。巩黄敢武断之曰：旧政府不去，而望新学术与新制度之有效力，诚南辕而北辙也。苟旧政府去，则支那一蹴而跻无上上雄之国矣。今请于下文为诸君详言其理，吾固不欲同于昔作《革命军》者之徒本肆口唾骂也。故吾之著此书，悉主于狭义而言君主革命。

…………

彭国兴、刘晴波编《秦力山集》，中华书局1987年版，第114～116页

△ 刘揆一与黄兴东渡日本。

刘揆一《黄兴传记》：

适东京同人来函，称孙公逸仙有自欧美来日本图与公等把晤之说，乃于五月间，随公重复东渡。

中国史学会编《中国近代史资料丛刊·辛亥革命》第4册，上海人民出版社1957年版，第281页

△ 李根源在东京与黄兴相识。

李根源《辛亥前后十年杂忆》：

次年乙巳四月，见黄克强先生于东京。

中国政协文史资料委员会编《辛亥革命亲历记》，中国文史出版社2001年版，第122页

△ 唐群英后转入成女高等学校习师范，黄兴、赵恒惕介绍唐群英参加华兴会，成为该会唯一女会员。

龙之祖、凌霄九、曾启球、罗绍志、唐存正《中国女权运动先驱唐群英》：

一九○五年五月，由黄兴介绍加入华兴会。

田伏隆主编《辛亥革命在湖南》，岳麓书社2001年版，第349页

△ 刘静庵将圣公会附设之阅报室日知会改造为革命党人利用教堂为掩护秘密进行革命活动的革命机关。

张难先《日知会始末》：

前所员曹亚伯在湘，同黄克强张继脱险后，亦来鄂主圣公会。静庵既失职，走告其会长胡兰亭，兰亭留与亚伯居。旋静庵不自安求去，亚伯商之兰亭，谓："静庵狷介人，耻素餐。"即聘为日知会司理。静庵缄默寡言，虽隶党籍，尚不为人所指目，故乐就焉。日知会者，圣公会附设之阅报室也。会为辛丑前会长黄古[吉]亭（即蔽黄克强脱险者）所创办，原设武昌府

街,定购各种新闻杂志及新书,任人入览,以瀹进知识。后迁候补街高家巷圣公会内,静庵即服务于此。其理会务也,整理书报,详订章则,对阅书报者,招待极周,迎机启示。数月,会务大进,党人稍稍来归。于是静庵商诸兰亭曰:“国势诚岌岌矣!公中国人,当不忍其沦胥。下走愚妄,窃愿借此谋革命以救国,公能许我乎!”兰亭曰:“君意诚善!若外人何?”静庵曰:“贵会诸外籍人,均领教屡矣!类皆道德高尚,愿力弘大,当能本基督救世之旨,同情吾辈。”兰亭慨然曰:“国危至此!尚何所顾虑?愿与君共为其难,即如君言,第好为筹划也。”静庵感泣,便从事草规约,不欲以空文而累实事,仍用日知会名义,惟质变耳,吸收党员,不尚严格形式,惟在灌输宗旨,使其真正认识革命而归依之。每星期日,公开演讲,阐述世界大势,本国危机,及现今救亡之道。演词主径直而求通俗。又数月,无论是否党人,凡来听讲者,多醉心革命,执守不惑矣。

中国史学会编《中国近代史资料丛刊·辛亥革命》第1册,上海人民出版社1957年版,第555～556页

张难先《湖北革命知之录》:

盖自甲辰冬,科学补习所失败,暗潮极大,党员星散。而刘静庵虽潜伏于日知会,运用机会,颇具朝气;然乙巳一年中,日知会仍为教会之阅报室。

严昌洪等编《张难先文集》,华中师范大学出版社2005年版,第133页

曹亚伯《武昌日知会之运动》:

予过武昌,寓于高家巷圣公会胡兰亭牧师家。圣公会之日知会,实系革命机关,表面则讲道阅书报。因附设于圣公会也,故推胡兰亭任会正,刘敬安副之。干部有评议员五,选举冯特民、陆费逵、李亚东、濮以正等任之。开幕之日,吴禄贞捐月薪五十两,以作开办之费,斯时吴禄贞将调至北京陆军部也。蓝天蔚亦暗助不少。结合军学两界之重要会员,分途运动。如吴兆麟、李亚东、辜天保、范腾霄、卢保三、徐竹坪、黄家麟、潘善伯、李胜美、黄警亚、蔡达生等数十人,援引青年,广结同志,宣传陈天华所著之革命小册子,如《猛回头》、《警世钟》诸书。渐次军学两界之有心革命者,均归纳于高家巷日知会,会务发达,一日千里。张纯一、余仲勉、范焕文等又充文华大学教授,张纯一于乙巳春夏之交,曾为日知会征求同志作宣言,文极诚挚,足令见者莫不心动。当时仅印千份,一散而尽,经丙午冬季之变,竟无存者。

中国史学会编《中国近代史资料丛刊·辛亥革命》第1册,上海人民出版社1957年版,第572页

程起陆《日知会在黄冈的活动》:

日知会原是圣公会内一个阅览室,是牧师黄吉亭所主办的,一九〇五年夏始由原科学补习所革命党人刘静庵管理,从此就成为革命党人利用教堂为掩护秘密进行革命活动的革命机关。

中国政协文史资料委员会编《辛亥革命回忆录》第2集,文史资料出版社1962年版,第75页

李六如《武昌起义纪略》:

约在光绪三十一年(一九〇五年),同盟会会员湖北人曹亚伯由日本归国,与张难先等重整旗鼓,成立日知会(借基督教圣公会附设的日知会名义)。

中国政协文史资料委员会编《辛亥革命亲历记》,中国文史出版社2001年版,第322～323页

江炳灵《座谈辛亥首义》:

科学补习所是两湖革命党联合运动的开始,湖南有黄克强、宋教仁等人,湖北有刘静庵、吕大森、张难先、欧阳瑞骅等人。科学补习所侧重运动会党,如黄克强联络会党在西太后生日起事,就是证明。

日知会比科学补习所进了一步,它已侧重于军、学界,与会党联系较少。日知会的刘静庵、张难先、胡瑛等人都在军队中活动。

中国政协湖北省文史资料委员会编《辛亥首义回忆录》第1辑,湖北人民出版社1957年版,第12页

潘康时《潘怡如自传》:

刘静庵、季雨霖等组织日知学社,其分子多属第六标之官佐。徐镇坤以实告余。余以为官性、奴性夹杂其间,革命性薄弱,兼含有危险性,不敢与之接近;期从兵士入手,另筑基础。余于是即将新军中之军歌完全更改,如"大清深仁厚泽十余朝",改为"大清篡窃已历十余朝","列圣相承,无异舜与尧",改为"列代相承无异金与辽",借以征求军中之有志革命者。未几,日知学社由曾广大禁阻。

中国政协湖北省文史资料委员会编《辛亥首义回忆录》第3辑,湖北人民出版社1958年版,第34页

李西屏《武昌首义纪事》:

自科学补习所封闭后,王汉刺铁良不中,党人愤甚。复聚武昌,图谋再起。刘静庵、曹亚伯因皈依基督教,与武昌圣公会会长胡兰亭善,假其圣公会之阅报室,名曰日知会,为宣传革命机关,借避耳目;允之。特约冯特民、范尚立、张汉杰、李亚东、陆费逵、辜天保等集议,推刘静庵主其事。静庵者,潜江人,名贞一,字静庵,治宋明理学,识趣深远,言动不苟,为同志敬服。每逢星期日,假文华书院,讲演中国危亡状及世界革命史,以为暗示,听者咸感动。其布散宣传品于军学各界者,则有章太炎《驳康有为政见书》、邹容《革命军》、陈天华《猛回头》及《警世钟》、吴之铨《孔孟心肝》等书。宋教仁、胡瑛、吴昆、张难先、何自新、梁耀汉、李兴汉、张纯一、熊十力、徐竹坪、张汉、范尚立、吴之铨、殷子恒、宛思演、孙武、季雨霖、李长龄、时功璧、何子植、李楚翘、廖汇川、张润生、钟大声、熊子襄、邱介甫等皆先后入盟,其余为信教入日知会者不与焉。

中国政协湖北省文史资料委员会编《辛亥首义回忆录》第4辑,湖北人民出版社1961年版,第4页

范鸿勋《日知会》:

圣公会是属于美帝国主义的一个基督教派,它所设的教堂不止一处,都标明为圣公会。在武昌高家巷的是我国籍牧师胡兰亭所主管。他具有一定的进步倾向,与革命同志曹亚伯及静庵相识。静庵遂借为掩护,未久,仍回营。静庵因所接信件中有隐秘语,为营吏所疑,讽令请假离营。适曹亚伯自长沙来,商请胡兰亭留静庵住堂管理日知会(原是圣公会内一个阅报室)的书报。这是一九〇五年(光绪三十一年)夏季的事。

静庵既得日知会以为工作据点,遂遍商于革命同志,重新组织,另订章程。表面上仍以开通民智为宗旨,置备书报,任人阅读。凡属宗旨相同者自由加入为会员,以乐捐方法为经费之来源,普通一元,多者五元;未捐款及未签名入会的,只要宗旨相同,一样地被认为同志。会内分设干事、评议两部;干事部又分设总务、经理、文书、交际四科。公推静庵为总干事,陆费逵(浙江省人,在汉口办报)、冯特民(武昌县人,为《申报》访员)、濮以正(安徽省人,当兵》等为评议,范腾霄(利川县人,见习士官)、朱子龙(江陵县人,在工程营当司书生)、李亚东(河南省信阳县人,见习士官)等为干事,共二十余人。会员和会外的同志约二百人,可分为军界、学界、新闻界、宗教界四类。其中以军界中同志为最多,有督队官(现在的副营长)、队官、排长、见习士官、士兵。……

日知会在几个月间曾开演讲会多次,有时放演电影或作物理、化学的试验。文华书院(是圣公会所设的一个中等学校)中的教师张纯一(汉阳县人)、余日章等,均参加上述的文化活动。张具有革命思想,多择星期六或星期日下午举行讲演会,每每延至初夜。到会人数,逐渐加多。演说内容,初系说明时势,暗示有革命的必要,以后就坦直宣传革命,辞意激昂,有时声泪俱下,很能吸引听众。……

日知会虽成为当时革命同志们的联络中心,但并未成为一个组织完整的革命团体,对于

革命同志并未建立一个领导关系,同志们各以私人友谊及同乡关系结合为小团体多起。……

在武汉的革命同志们组织日知会的时候,孙中山先生在日本东京成立了同盟会。武汉的革命同志,一致推崇中山先生,并认同盟会为全国革命运动的总汇。但彼此间尚未达到统一组织或从属关系。

中国政协湖北省文史资料委员会编《辛亥首义回忆录》第1辑,湖北人民出版社1957年版,第78~81页

杨玉如《辛亥革命先著记》:

当科学补习所解散时,刘敬庵与武昌圣公会会长胡兰亭有旧,因避住会内。圣公会原有一阅览书报之所,名日知会,目的在传宣西教者也。旋敬庵被黎元洪开除营籍,由胡会长聘为会所司理。敬庵视事后,整理书报,订立规则,应接尤为周至,阅览室为之改观。敬庵见会务扩张,阅者日众,大可引导革命,于是商准胡会长,另拟会章,由传教进而革命,名不变而质变矣。时在乙巳年(一九〇五年)冬月也。其与同盟会开始组织约同时,但彼此尚未发生关系耳。

杨玉如《辛亥革命先著记》,科学出版社1958年版,第12页

△ 敖嘉熊组织温台处会馆难以为继。

冯自由《浙江志士与革命运动》:

乙巳(民前七年)四月,嘉熊迭遭家难,商业亦复亏折,温台处会馆因之不能维持,乃尽出其妻簪珥等物以济之,复无济于事,于是办事诸人逐渐走散,豹、梦熊归乡,魏兰赴爪哇,成章、宝铨、熊祥诸人入绍兴,助徐锡麟设立大通学校。而温台处会馆事业遂空。

冯自由《革命逸史》第5集,中华书局1981年版,第49页

△ 北洋六镇新军全部练成,共计兵额近七万人。

《北洋六镇新军全部练成》:

第一镇又名"京旗常备军",以旗人为主干,驻北京,统制铁良,嗣铁良改任他职,凤山、何宗莲相继任之。第二镇,即直隶第一镇,因京旗列为第一镇,乃改为第二镇,驻直隶永平府及山海关一带,统制由王英楷、马龙标、张怀芝、王占元先后任之。第三镇,驻直隶保定府及奉天锦州府一带,即在日俄战争时编成,统制先后为段祺瑞、段芝贵、曹锟。第四镇,驻天津附近之马厂、小站一带,统制先后为吴长纯、段祺瑞等。第五镇,驻山东,由袁世凯在山东所编练之武卫右军先锋队改成,统制先后为吴长纯、张怀芝等。第六镇,先驻京师宿卫宫门,并分扎南苑、海淀一带,统制先后为王士珍、段祺瑞、吴禄贞。

戴逸、李文海主编《清通鉴》,山西人民出版社1999年版,第8849~8850页

6月1日(四月二十九日)　张之洞致电湖南巡抚端方告知赎约将成,询问湘省筹款修路之事如何展开,盼其与湘绅筹商后及时回复。

张之洞《致长沙端抚台》(光绪三十一年四月二十九日戌刻发):

粤汉路事,自敝处径电梁使,筹商办法,将旁人撇开,事无旁挠,宗旨乃定。然合兴百端抵抗,种种为难。……复嘱梁使密托某君设法运动,幸比股今亦允售,真喜出望外也。惟索价奇昂,意将藉以困我。经梁使一再驳减外,计将合兴公司全分收回,一切归我自办,应付售价六百八十余万金元,内有已售出之借票二百二十二万余金元,由我接认,按期付

息，应照原价九折抵扣，不须付现。……综计应付现款四百八十余万金元，约合华银七百二十余万两。粤省已备有的款三百万两，鄂、湘两省应合筹四百二十余万两，以路长短为衡，湘须筹三百万，鄂须筹一百二十余万，方可济事，未知湘省有无存储现款。第此路一经收回，路工即须开办，需款正繁。此项付美之款，似可暂借洋款为宜。鄙意拟向英商筹借数百万，英商欲以两湖膏捐作保。窃思此不过借作抵押，每年仅还本息数十万，何至筹借不出，甚不要紧。

国家清史编纂委员会·文献丛刊《张之洞全集》(11)，武汉出版社2008年版，第207~208页

△ 驻美使臣梁诚电告张之洞续约中议价及具体付款情形，张复电拟借洋款全数付清，并致电两广总督岑春煊等粤省官员，询问粤省认筹三百万两"几时可以如数付清"。

《梁钦差来电》(光绪三十一年四月二十九日寅刻到)：

昨路提等邀诚偕福等赴纽约，面商数次。初以加价为请，继谓第便义余利小票须我认给，又以惠第尔所索酬赀廿五万为言，均经拒绝。又索两款，一系已售出之借票，五月一号应付息银五万余元，须我付给。诚查此款理应我付，可以照准。二系合兴允售开价日起至将来画押日止，其售价须按四厘加息。已经驳斥。此议价之情形也。议价画押后三个月交价，统计售价约索六百八十余万。已售出之借票二百二十二万余元，由我接认，仍以九折抵扣售价。其已提未售之借票四百万，傥摩根允购，以九折计，可抵售价三百六十万。如不允购，原票还我，则售价现款即须多筹此数，未免吃力。经磋商，路提电达摩根，要其承购，与已售之票统由我接认，交摩代理，指款作押，分年摊付本息，以纾目前之急。此议办付价之情形也。摩准两日内覆电，应如何办理，乞速电示遵。诚。沁。

张之洞《致华盛顿梁钦差》(光绪三十一年四月二十九日戌刻发)：

合兴索价固多浮冒，但为大局计，不便过于计较，可驳者自应议驳，其万不能驳者只可认许，统请尊处酌定，无不遵办。鄙意已提未售之借票四百万元若留在摩根之手，恐葛藤终难尽断，拟另借他国款一气还清，较为爽快。约计除已售借票二百二十二万余元，以九折抵扣外，实应付现款四百八十余万金元。粤省已备有的款三百万两，余应由鄂湘两省凑集。惟筹借需时，恐画押后三个月交价未能全清，应与订明，如三个月内未清之款，由我酌认利息，分批拨付，至迟不过六个月，此层想可办到。

张之洞《致广州岑制台、张抚台》(光绪三十一年四月三十日午刻发)：

粤汉路事，自敝处径电梁使筹商办法，将旁人撇开，事无旁挠，宗旨乃定。然合兴百端抵抗，种种为难。彼以美前兵部大臣路提等出场争论，情词坚悍。我乃特延美前外部大臣福士达、铁路律师良信等与之驳辩，相持累月，翻覆无常，波澜叠起。敝处与梁使往复电商，笔枯舌敝，坚定不移，加以多方布置，摩根始有转圜之意。迨美股东全数允售，而比股东又多方作梗，事几中变。复属梁使密托某君设法，幸比股今亦允售，真喜出望外也。惟索价奇昂，意将借以困我。经梁使一再驳减外，计将合兴公司全分收回，一切归我自办，应付售价六百八十余万金【元】。内有已售出之借票二百二十二万余金元，由我接认，按期付息，应照原价九折抵扣，不须付现。尚有已提未售之借票四百万金元，现存摩根手。梁使意拟令摩根承购此票，由我接认，指款作押，分年摊付本息，冀可少筹现款，以纾目前之急。鄙意现既定议收回，不宜留大宗借款于美国最有权力之人之手，不如另借他国之款，一气清还，俾断葛藤。综计应付现款四百八十余万金元，约合华银七百二十余万两。粤省认筹三百万两，鄂、湘两省合筹四百二十余万两，足以济事。两湖拟暂借洋款应付。尊处允以息借民款三百万备拨，此款

是否业已收齐。梁使来电,售价须于画押后三个月内付清。特先奉达,祈即早为预备。该款约几时可以如数付清,务请先赐电示,以便覆梁使定议。

国家清史编纂委员会·文献丛刊《张之洞全集》(11),武汉出版社 2008 年版,第 208~209 页

6 月 4 日(五月初二日)　孙中山由巴黎复函宫崎寅藏,告赴日本行期,自己将于 7 月 19 日抵达横滨。

孙中山《复宫崎寅藏函》:

宫崎先生大人足下:

日前寄英国之书,久已收读,欣闻各节。所以迟迟不答,盖因早欲东归,诸事拟作面谈也。不期旅资告乏,阻滞穷途,欲行不得,遂致久留至于今也。

兹定于六月十一日从佛国马些港乘 Tonkin 号佛邮船回东,过南洋之日,或少作勾留未定。否则,必于七月十九日可以到横滨矣。相见在迩,不日可复与先生低[抵]掌而谈天下大事也。谨此先布,幸少待焉。

余容面述,即候

大安不一

各同志并祈问好。

弟中山谨启　六月四日写于佛京巴黎旅馆

广东社会科学院历史研究室等合编《孙中山全集》第 1 卷,中华书局 1981 年版,第 274 页

宾敏陔《我之革命史》:

总理一人在巴黎,川资尚无所出,来函于余,速筹速汇,以便启程。接函后,商之留德同人,均无承讯。遂与朱和中二人私议,计总理来函有嘱汇至新加坡一路川资等语,彼此切实核计,算二等船费若干,由巴黎至马赛二等车费若干,沿途零用钱若干,统计汇去佛郎二千元。孰意总理接款后邮函申斥,略云:"吾乃中国革命领袖,若以来函所云,车船以二等计算,有失中国革命家脸面,绝对不可,望再筹汇"云云。此时余与朱君罗掘俱穷,同人亦不敢再谈革命,幸当时余任留德学生会会长,遂将会金二千余马克合成三千佛郎汇去,总理得以成行。余亦于二年内陆续将膳费节省归还会金。

丘权政等选编《辛亥革命史料选辑》,湖南人民出版社 1981 年版,第 88 页

△ 郑贯公等人在香港创办《有所谓报》(其全称为《唯一趣报有所谓》)进行反美拒约宣传,给省港人民正在进行的抵制美货运动以很大支持。

《开智社有所谓出世之始声》:

异族狮睡于上,汉奸虎伥于中,同胞牛马于下,罹此专制野蛮之网罗,凡有血气,莫不怦怦焉,作无可奈何之想,曰舍暗杀主义以为民除害,吾汉族将无噍类矣。……报纸者,以言论寒异族(指帝国主义,编者)独夫之胆,以批评而褫一般民贼之魂,芟政界之荆榛,培民权之萌蘖,……察人情之趋向,激社会之热肠,……以寓言讽时,讴歌变俗,因势利导,化无用为有用。……此有所谓之所由命名。

《有所谓报》,1905 年 6 月 4 日

冯自由《郑贯公事略》:

《广东报》言论较《公益报》为开展,惟资本不足,发刊年余,便已歇业。乙巳(一九〇五年)夏复组织小报,题曰《惟一趣报》,又名《有所谓》,专以小品文字牖导社会,粤中文士助任

撰述者，有胡子晋、王君演、王斧、陈树人、卢伟臣、卢星父、骆汉存等十余人，销路之广，驾各大报而上之。时当美国公布华工禁约未久，各省抵制美货之潮流，风起云涌，尤以广州、香港二地为最。

冯自由《革命逸史》初集，中华书局1981年版，第84页

冯自由《华侨革命开国史》：

香港《广东日报》停刊后数月，即乙巳年秋间，郑贯公复创办一种小规模日报，名《有所谓唯一趣报》。内容庄谐并重，专以小品文字见长，其排字印刷均假手其他印务公司为之，故不用自置铅字机器等物，又不须多大资本，取价低廉，趣味浓厚。出版未久，即已风行一时，其销路竟驾诸大报而上之，是为香港、广州二地小型报纸之滥觞，亦为当地革命报纸之第四种。是报操笔政者除贯公外，有黄世仲、陈树人(猛迈)、胡子晋(骏男)、卢星父(仙乎)、卢伟臣、王军湄(军演)、骆汉存诸人，英才济济，可称一时之盛。当乙巳、丙午(民前六、七年)间，港人曾先后发起冯夏威、陈天华两烈士追悼会于西营盘杏花楼，参加者数千人，此两会皆由郑贯公等主持，实隐然执全港新学界之牛耳。

冯自由《华侨革命开国史》，上海商务印书馆1946年版，第14~15页

冯自由《广东报纸与革命运动》：

癸卯后香港有《世界公益报》、《广东报》、《商报》、《有所谓报》等先后出版，除《商报》属保皇党机关外，余三报均为党人郑贯公所组织，阐扬民族主义，不亚于《中国报》，一时革命派报纸之声势为之大张。

冯自由《革命逸史》初集，中华书局1981年版，第114页

△ 张之洞令金鼎前往日、美等国考察湖北游学生品行学术。

张之洞《札金鼎前往日、美等国考察湖北游学生品行学术》(光绪三十一年五月初二日)：

照得湖北省近年遣派游学东西洋学生人数众多，其中勤学精思、志端行粹之士固多，而游惰不知向学，放纵不守范围者，亦难保其必无，亟应派员前往考察劝勉，以资去损获益。查有湖北试用知府金鼎堪以饬委。应令该守即日束装，前往日本及美、德、法、比等国，将所在湖北游学生品行、学术详加察访，优劣勤惰分别登记。遇有应行整顿之事，即会商原派驻洋监督，或就近禀商出使大臣，妥酌办理。务将本部堂劝勉告诫，期望深厚之意，恳切宣布，总期各学生及时感奋，各勤所学，恪守礼法，勿越范围，以备学成回国，一人得一人之用，以免虚糜而收实济。

国家清史编纂委员会·文献丛刊《张之洞全集》(6)，武汉出版社2008年版，第463页

6月7日(五月初五日) 黄世仲所著《洪秀全演义》在《有所谓报》上开始连载，鼓吹民族主义革命。

郭延礼《黄世仲的代表作〈洪秀全演义〉》：

《洪秀全演义》全书五十四回，先刊在一九〇五年(光绪三十一年)六月出版的《有所谓报》上，刊至第二十九回，继之，自第三十回起，又刊在一九〇六年下半年的香港《少年报》附张上(自一九〇六年七月二十六日刊起)，后来石印成册。目前所能见到的最早的本子有两种：一种是"清光绪三十四年(一九〇八年)戊申石印"本，标为"民族小说"；另一种是一九一四年(民国三年)上海锦章图书局本。现在通行的比较可靠的本子是人民文学出版社一九八四年出版的《洪秀全演义》(王俊年校点)。

郭延礼《中国近代文学发展史》第3卷，山东教育出版社1993年版，第2018页

冯自由《〈洪秀全演义〉作者黄世仲》:

番禺黄世仲,字小配,别号禺山世次郎。少颖悟好学,读书过目成诵。弱冠后,以居乡不得志,偕乃兄伯耀先后渡南洋谋生,初至吉隆坡,充某赌馆书记,华侨各工界团体以其能文,多礼重之。时闽商邱菽园发刊《天南新报》于星洲,鼓吹维新学说,风动一时。世仲于工作余暇,常投稿该报发抒所见,辄被采录,文名由是渐显。

庚子辛丑(一九〇〇至一九〇一)间,尤列创设中和堂于南洋英属各埠,工界从之者如归市,世仲弟兄预焉。中和堂固兴中会之别派,其楼顶高悬青天白日旗,揭橥革命排满,至为明显。世仲遂亦倾心民族主义,尤喜读香港《中国日报》,恒不去手。壬寅(一九〇二)冬以尤列绍介,归香港任《中国日报》记者。适是岁除夕洪全福、梁慕光、李纪堂等倡义广州之计划失败,党人梁慕义等殉难者十余人。《广州岭海报》主笔胡衍鹗(清瑞)借题对革命党大肆抨击,世仲著论斥之,持矛刺盾,异常透辟,双方文战月余始息。癸卯(一九〇三年)康有为排斥仇满之政见书出世,《中国日报》与章太炎先后为文驳之。《中国报》文字多出世仲手笔。是年郑贯公另创《世界公益报》于香港,世仲特辞退《中国报》席,以助其成。其后贯公复发刊《广东报》及《有所谓报》等,世仲均与其事,乙巳(一九〇五年)广州志士潘达微等组织《时事画报》。世仲为撰《二十载繁华梦》小说,书中演述富绅周某宦途及家庭琐事,绘声绘影,极尽能事,大受社会欣赏。在清季出版之社会小说名著中,此书实为巨擘。丁未(一九〇七年)世仲自创小报曰《少年报》,亦提倡民族主义,刊行一载而止。世仲所著《洪秀全演义》,即先后登载于《有所谓》及《少年报》。戊申(一九〇八年)七月复由《中国报》以单行本出世,是书系摭拾太平天国遗事轶闻及故老传说,效三国演义体编演而成,洋洋三十万言,章太炎为之序。出版后风行海内外,南洋美洲各地华侨几于家喻户晓,且有编作戏剧者,其发挥种族观念之影响,可谓至深且巨。

冯自由《革命逸史》第2卷,中华书局1981年版,第41~42页

杨世骥《黄世仲》:

《洪秀全演义》是世仲作品中最有价值的一部。此书予光绪乙巳(一九〇五)连续登载香港《有所谓报》及《少年报》,凡五十四回而止,越年,香港《中国日报》社始发行完整的六十四回本。卷前有章炳麟及世仲自己的序文,并附《例言》二十二条。世仲撰此书的目的在宣扬民族思想。

杨世骥《文苑谈往》,中华书局1945年版,第70~71页

△ 张之洞致电外务部陈述赎约之艰难,如政府坚持废约,而办此事者方可赎约成功,万不可为美使柔克义饰词所动。并将相关情形电告驻美使臣梁诚,促其早日完成顶售之事。

张之洞《致外务部》(光绪三十一年五月初五日午刻发):

粤汉铁路自奉旨交敝处筹议废约办法,已在美政府受人运动干涉此事之后,措置极为棘手。又以局中人意见多歧,以致众议纷腾,变端百出。敝处不得已乃径与驻美梁使直接电商,避废约之名,筹收回之实,事无旁挠,宗旨始定。无如合兴力筹抵抗,翻覆无常。经梁使操纵兼施,多方布置,相持数月,渐有转机,而摇撼者多。因恐事无把握,一切为难情形未敢轻渎清听。兹幸美股、比股均允顶售归我,虽售价过昂,为大局计,不便过于计较。据梁使来电,大致已粗有成议,惟分期付价及接认已售之金元借票,尚在磋商。……查顶售之议,合兴尚未画押,难保其必无翻悔。傥柔使到京后果向贵部饶舌,务恳严词驳拒,自不能再生异议,三省大局幸甚。盖政府则坚持废约,办此事者则作为赎约,彼方肯就范也。

张之洞《致华盛顿梁钦差》(光绪三十一年五月初五日午刻发):

顶售事已有成议,所争不过价值及付款之期,万不能再容其变议,一切均请斟酌,及早定局。顷已电达外务部,如柔使果有异议,请其严词驳拒矣。

国家清史编纂委员会·文献丛刊《张之洞全集》(11),武汉出版社2008年版,第209~210页

6月9日(五月初七日)　张之洞致电湖南巡抚端方等湘省官绅,要求湘省认摊赎约之款,不必再与粤省相商。6月11日(五月初九日)又电两广总督岑春煊等粤省官吏询问在筹款三百万虚悬情形下如何汇借外款及设立粤汉铁路总公司总局以兴办路政。

张之洞《致长沙端抚台、龙侍郎诸公》(光绪三十一年五月初七日未刻发):

路事三省合办,已成之路,无论在何省,其利皆三省共之,以所用成本按成摊利。粤境所造三十余英里之路,不能专归诸粤,则现在赎路之款,粤亦未便多摊。论路长短,湘长于粤,粤已认三百万,为数已多,实不便再加。此时经营伊始,各尽义务,未可稍涉偏私。现拟借五百万,以二十年分还,岁筹本息不过五十万上下,以十年分还,岁筹本息亦不过七十万上下,鄂湘两省总可设法筹出,似毋庸再与粤商。况已成路工各费,合兴断不开细帐,一时亦无从核算,应仍请照敝处艳电办理。

张之洞《致广州岑制台、张抚台》(光绪三十一年五月初九日丑刻发):

敝处初以粤借民款三百万,足资抵拨,甚慰。兹知此款亦尚虚悬,自非息借应急不可。……尊处能另设法筹借最善,如必欲由敝处汇借,则将来合同须三省分担责任方妥。尊意拟以何项进款作抵押,年限或愿长抑愿短,筹付本息指何的款,统祈迅赐筹示。……至绅中领袖,必其人乡望素孚,关心大局,为鄙人所稔悉者,始能通电筹商。将来三省应各设粤汉铁路公司专局。至粤汉铁路总公司总局,似当在鄂设,粤湘均宜选派公正明白实心任事之员绅来鄂,公同经理。弟当遇事与粤湘诸绅会商兴办,以期联络一气。……总之,无论路在何省,各省分筹之款不能全无参差,总归于照本摊利,毫无偏枯,至公至平。若畛域过分,各存意见,必致窒碍难行。卓见如何,并望裁示。

国家清史编纂委员会·文献丛刊《张之洞全集》(11),武汉出版社2008年版,第210~211页

6月11日(五月初九日)　孙中山从法国乘东京号邮船离马赛港东返。

△ 张之洞致电湘粤两省官吏赎约合同初定,征求意见是否同意签字画押。

张之洞《致长沙端抚台,广州岑制台、张抚台》(光绪三十一年五月初九日卯刻发):

此事赖三省合力坚持,幸有成议。偿费虽巨,就此收回三省地权利权,保全实大。业经梁使磋商定议,其应付借票利息及付款未清以前利息,均属例所应有。付款初限三个月,现已商展至六个月,无可再展,拟即照准,俾及早画押,免再翻悔。即祈邀集在事各正绅,公商定局,立赐电覆,以便转覆梁使照办,幸勿稍迟。其借款事另电详达。

国家清史编纂委员会·文献丛刊《张之洞全集》(11),武汉出版社2008年版,第212页

6月14日(五月十二日)　广东拒约会成立,21日改名为抵制苛约不用美货公所。

6月17日(五月十五日)　张之洞致电粤省官吏,谓驻美使臣梁诚准备照议画押,对粤省如何借款提出建议。

张之洞《致广州岑制台、张抚台》(光绪三十一年五月十五日午刻发):

赎路事,三省意见相同,已即日电致梁使照议画押,作为定局。借款尚无眉目,筹商正自不易,还期不宜太长,拟以十年为限。……总之,此次合兴售价,凡从前糜费、滥支、行贿及股票涨价、停工期内亏耗,悉数包括在内。我既购赎此路,则所付之八百余万美金统归三省分认,不能复计粤境路工之实用成本若干矣。……至此次借款,断不宜以铁路作抵。鄂、湘两省借款拟以两湖膏捐作抵,尊处似宜以广东膏捐作抵。……定局后应行筹议之事甚多,即借款合同亦须三省正绅公同签字,湘绅期月底来鄂,粤绅亦宜推举领袖一二人来鄂,会议一切。

张之洞《致华盛顿梁钦差》(光绪三十一年五月十六日辰刻发):

承示与路提等商定节略,当即分电湘、粤官绅核议。现准两省先后电覆,均允如议照办。即祈迅速知照合兴,缮立合同,彼此签字画押,作为定局。其粤境已成之铁路并材料、栈房、车头等件,及上海总公司存件,如何点交接收,统望询商电示,至盼。

国家清史编纂委员会·文献丛刊《张之洞全集》(11),武汉出版社2008年版,第213~214页

6月18日(五月十六日)　张之洞照会英总领事,鉴于《楚报》议论谬妄,阻挠新政,奖助乱人,蔑弃礼义,妨碍治安,实属违背律法、损害邦交,请查照新定律法从严究办。

张之洞《照会英总领事楚报议论谬妄,请查照新定律法从严究办》(光绪三十一年五月十八日):

照得楚报馆创设之初,本部堂访闻其所延主笔内有实非良善之人,特派员面商贵总领事设法禁阻。承贵总领事允为切实告诫,不准其妄发议论,违犯官长,具征贵总领事立心公正,敦睦邦交之意。不料该报馆甫经出报,即专与湖北官府为难,妄肆诋诬,每以毫无影响之事,捏造谣言,意在阻挠新政,奖助乱人,蔑弃礼义,妨碍治安。实属违背律法、损害邦交。……以上各条贵总领事阅之,谅亦能灼知其谬妄猖狂,不容曲贷矣。此外无中生有,捏诬巧诋之事,不一而足,几于无日无之。本部堂访闻该报馆主笔广东人吴某,原系上海警钟报主笔,为邹容、章炳麟等之同党,事发脱逃,潜来湖北,又倚恃此报系律师贺立克出名,辄敢借楚报以肆其煽乱之谋。因本部堂之职守本以靖国安民为责任,故于会匪逆党及售卖警钟报、猛回头等逆书之乱党,惩办甚(下缺)。贵总领事敦睦邦交之意大相违背。应请贵总领事查照贵国所定在中国开报之律法,从严究办,以免摇惑人心,阻挠政治,诱启乱萌,妨损商务。是为至要。合行照会。为此,照会贵总领事,希即迅速查办见覆是荷。须至照会者。

国家清史编纂委员会·文献丛刊《张之洞全集》(6),武汉出版社2008年版,第465~466页

6月24日(五月二十二日)　《二十世纪之支那》杂志在日本东京创办。宋教仁任主持,程家柽任总编辑。该杂志旨在宣传爱国主义,鼓吹革命独立,建设民主共和"新国家"。

《〈二十世纪之支那〉创刊》:

《二十世纪之支那》是清末中国留学生办的一个革命刊物。宋教仁在甲辰长沙起义失败后逃亡日本。他到日本后半个多月,就发起创办这个杂志。

一九〇五年一月八日,杂志社成立,宋教仁被推为总庶务(后为黄瀛元),程家柽为总编辑。六月二十四日,《二十世纪之支那》第一期出版,次日发行。(《二十世纪之支那》第一号封底版权页印:一九〇五年五月二十三日印刷,六月三日发行,编者)

戴逸、李育民主编《中国近代史通鉴》第5卷《辛亥革命》,红旗出版社1997年版,第107页

《宋教仁日记》:

六月二十四日晴，……酉正，至张步青寓，知《二十世纪之支那》杂志已出版，已发邮约明日开会发行矣……

六月二十五日晴，……未初，至会馆赴《二十世纪之支那》杂志会。……

湖南省哲学社会科学研究所古代近代史研究室校注《宋教仁日记》，湖南人民出版社1980年版，第79页

夏敬观《宋教仁传》：

宋教仁，字遁初，湖南桃源县人。幼孤，穷苦励学，肄业湖北文普通学堂，感国弱政敝，慨然兴革新中国之志。与黄兴、刘揆一、陈天华辈，创华兴会于湘，谋五路揭竿起，教仁任常德路。复与胡瑛假设科学补习所，号召同志，潜谋声援。事败，走日本，入宏文学校，升早稻田大学。教仁为学，精研法政、经济、舆地、形势，文笔犀利，剖解乱萌，检校利弊，言出动人。初创《廿世纪支那》杂志，……同盟会论坛健将也。

卞孝萱、康文权《辛亥人物碑传集》，团结出版社1991年版，第9页

卫种《二十世纪之支那初言》：

发刊之趣意

一国之文明，系于一国之学术，而学术之程度，恒视其著述之多少为差。著述者，其研求学术之结果乎。

欧美文明诸邦，若德法英美等，每岁发刊图籍，不下六千余种，故其学术日研而日进，其所发明之学理日阐而日新。如建塔，如积薪，后来者居上，昔以为崭新之论者，今则以为陈言矣。后之视今，亦犹今之视昔，追嬗于无穷，而著述亦生生不尽也，故其文明程度，遂与之日高。

欧美勿论矣，即近而观诸日本，何独不然，其一专书勿论矣，即杂志何独不然。就日本之杂志而论，每月所刊行者，计百数十种，其种类不同，而结构各异，其程度不同，而深浅各异，上者足补学士专家之推理，下者以供妇人孺子之诵读，其势力与教育相为表里，其普及较他书尤广也，其影响较他书尤大也，其民德民智民力之进步不已者，未尝不因乎此。

反而观诸支那，则见其退而不见其进也。客岁统计，尚得十余种，今且不及十种。我国民程度，即此可占。夫杂志者，促民德民智民力之进步，挑发而引导之活机也，以今日之支那与欧美日本相较，宜有以挑发引导我国民者，实非倍蓰不为功，乃百不逮其一。况列强之殖民于我土地者，已星罗棋布，以最劣之民族与最最优者相竞争，其处必败之势，亦属天演公例。爰是则吾人不可不有以捏救之，捏救之方策如何？亦曰挑发而引导之，使其德其智其力，皆有所进也；然后对于内足以组织完全之国家，对于外足以御列强之吞噬；于是树二十世纪新支那之旗于世界。此则我“二十世纪之支那”杂志所以发刊之趣意也。然吾人将执纂之际，或有否定者焉，曰：以汝之学弇鄙而不文，不足以就斯学，我支那祖国无烦吾子忧也，汝其勿为。随之而有奖励者坐我之侧而慰我焉，曰：汝虽不文，而凭此一点赤诚，必欲唤起我同胞之睡梦，汝之志诚足嘉；且以支那今日之状态，正溺于文胜之弊，汝之不文，言且易入，国民其或有听汝之言者乎，则汝之不文，正汝之便益也，汝其勉之！汝其勉之！

吾人将闻前者之说而惧乎？将闻后者之说而喜乎？然其实不足惧亦不足喜也，吾人惟有守此进取之志而一振我二十世纪之支那。

主义

虽然吾人发刊之趣意，既如上所述已，而吾人之主义，亦不能不问。主义者，杂志所必要，犹商估之有看板乎。

世界有名之主义，为今日列强所趋势者，则政治家之帝国主义其最著也，与吾人之主义

同耶？否耶？在十九世纪初，平等博爱之说，大昌于世，学者无不唱和，则宗教家之社会主义是也。自帝国主义既出，而风会一变，此主义乃昔盛而今衰，与吾人之主义同耶？否耶？又欧洲大陆，今日虽悉定宪法，脱专制之毒，而国民之权利与自由，皆从国法上所认定。乃各国人士，尚以为政府时有专横，必欲尽拔其根株然后快，遂倡无政府主义。然此主义既出，而学者每斥为邪说，为各国所不容，与吾人之主义又同耶？否耶？此三主义者，吾人将何所适从耶？将兼容而并包耶？将一无所择耶？孰适用于二十世纪之支那？孰不适用于二十世纪之支那？所谓吾人之主义者，究何在也？

抑二十世纪中，我同胞对于支那者，其意见相殊，因而主义各异，其并立而角峙者，则急激与平和之两主义是也。然此二者，乃政党党员对于政府之主义，与吾人之主义微有不同。吾人对于政府者其间接，对于国民者乃直接也；然则吾人之主义为何，更不能不再问。

吾人将以正确可行之论，输入国民之脑，使其有独立自强之性，而一去其旧染之污，与世界最文明之国民，有同一程度，因得以建设新国家，使我二十世纪之支那，进而为世界第一强国，是则吾人之主义，可大书而特书曰：爱国主义。

爱国主义与支那

支那为世界文明最古之邦，处世界最大之洲，为亚洲最大之国，有四千年引续之历史可爱，有三千年前迄今之典籍可爱，有四万万之同胞可爱，有二十行省之版图可爱，有五岳四渎之明媚山川可爱，有全国共同之语言文字可爱。支那乎！支那乎！吾将崇拜而歌舞之，吾将顶祝而忭贺之，以大声疾呼于我国民之前曰："支那万岁！"……

《二十世纪之支那》第1号，1905年6月

冯自由《水牛将军田桐》：

田桐字梓琴，号恨海，别署玄玄，湖北蕲阳人，弱冠考入武昌文普通中学。博学强记，尤工书法，崭然露头角。癸卯（一九〇三年）冬东渡留学，结识皖人程家柽（韵笙）、燕人张继（溥泉）等，益倾心民族主义。翌年夏秋之交，与同乡刘炳标（仲文）、白逾桓（楚香）、鲁鱼（雯青）诸人创刊《二十世纪之支那》杂志，发扬革命真理，及反抗日人占据江东，异常尽力。

冯自由《革命逸史》第2集，中华书局1981年版，第147～148页

冯自由《田桐事略补述》：

梓琴遂于癸卯岁（一九〇三年）东渡日本求学。与黄兴、曹亚伯、陈天华、白逾桓、宋教仁、刘揆一等交最密，反满革命之志，由是益坚。旋与刘仲文、白逾桓、鲁鱼、宋教仁等创刊《二十世纪之支那》杂志，鼓吹民族主义，不遗余力。出版达三期，以同志蔡汇东有评论辽东半岛文，触日政府忌，没其书，严究主名。梓琴与教仁几被逮，稍间乃解。

冯自由《革命逸史》第2集，中华书局1981年版，第151页

江介散人《革命闲话·二十世纪之支那》：

甲辰夏秋之交，田桐、白逾桓二人协议，以东京留学生无革命机关报，各省同乡会机关杂志偶言革命者有之，乃邀集各省热心革命志士破除地方团体意见，以主义为依归。有苏人高剑公，粤人何湛林，湘人雷光宇、罗杰，鄂人张炳标、刘湘、解鸿顺等皆与焉。炳标，官费生也。鄂中官费生有暑假旅行费、书籍费，炳标慨捐为杂志开办之费，计与各人共醵之金不满三百圆而出版矣。及炳标入测量学校，荐鲁鱼代会计，旋程家柽加入焉。冬间湘中事败，陈天华、宋教仁相继至，而社务益发展焉。

《太平杂志》第1卷第1号，1929年，第58～59页

6月26日(五月二十四日)　宋教仁拜访黄兴,告以张继(溥泉)在沪查明邹容死由。

宋教仁《宋教仁日记》:

未正,至黄庆午寓,谈良久。时张溥泉已至[自]上海回东,言邹容死由,并无谋害情形,实系病亡。身后一切事务,上海同人等经营颇为周匝,有刘君者捐地在上海西南十余里为其葬地云云。

湖南省哲学社会科学研究所古代近代史研究室校注《宋教仁日记》,湖南人民出版社1980年版,第80页

张继《回忆录》:

光绪三十一年乙巳,二月,威丹卒于狱中,同志等派余赴上海料理后事。四川会馆执事领余至闸北四川义庄内,见数十棺停于大厅中,其一置厅中之壁下,书"周容"。执事告余曰:"此即邹容也。"不数日,余发肺炎,甚危;幸医治得法,获愈,返倭报告。

丘权政等选编《辛亥革命史料选辑》续编,湖南人民出版社1983年版,第281页

6月下旬(五月下旬)　中国教育会开会重行选举,蔡孑民以多数当选正会长,钟宪鬯当选副会长。

蒋维乔《中国教育会之回忆》:

五月下旬,开会重行选举,蔡孑民以多数当选正会长,钟宪鬯也当选副会长。

中国史学会编《中国近代史资料丛刊·辛亥革命》第1册,上海人民出版社1957年版,第494页

6月(五月)　孙中山在巴黎结识俄国革命者F·契切林,就革命问题进行长时间交谈。

〔俄〕C·齐赫文斯基《孙中山的外交观点与实践(1905—1912)》:

据孙中山的秘书陈友仁说,孙中山于一九〇五年在巴黎结识了F·契切林,并与他就革命问题进行了长时间的交谈。

《国外中国近代史研究》1983年第4期,第7页

△ 对于上海商会提出抵制美货号召,杭州、常州、镇江、济南、烟台等几十个地区函电纷驰,一致表示"全体赞成"。

△ 俄军侵入新疆伊犁。

上半年　中国留日学生已猛增至近两万人。黄兴、宋教仁、刘揆一、程家柽、陈天华、秋瑾等都已有合组统一大党之意,黄兴、宋教仁乃就商于程家柽。程认为,当时革命党最难解决的问题是如何打开外交途径,而其人选,非孙文莫属。

冯自由《中国同盟会史略》:

吾国革命党人之提倡逐满建国,始于兴中会,然兴中会自庚子(一九〇〇年)秋惠州革命军之败挫,及广州史坚如之谋炸抚署二役以后,党中健将如杨衢云、史坚如、郑士良、黄福诸人先后斲丧,元气实力为之大伤。故从庚子秋以至乙巳(一九〇五年)夏之五年间,兴中会实无如何之军事动作可言。……就中各革命团体至乙巳春夏间尚保全相当势力者,为湖北之日知会,及湖南之华兴会,江、浙、皖之光复会。时距长沙举义失败及万福华枪击王之春之狱未远,各派首领多避地日本,共图卷土重来之计。顾以各派势均力敌,未能集中力量,合组一大团体,以与清政府抗衡,识者憾焉。

冯自由《革命逸史》第2集,中华书局1981年版,第135~136页

冯自由《宋教仁遗著〈程家柽革命大事略〉补述》:

君之旧友刘成禺、潘赞华,以次东渡,力为联合,革命之说,日以益振。陕西、山西,来游渐多。有老儒吉田义一者,熟于法国革命史,君请其讲演,而伪其名曰政治史,君执译事义务弗辍。其开发人心,尤不在少数。其有碍于言论,则偕其游于犬养毅、宫崎寅藏家,令其晓以大势,务使豁悟乃已。而黄兴、宋教仁以马福益之军,起义湖南,军败出走。田桐、白逾桓、但焘亦游学之东,以同志日渐加多,意欲设立会党,以为革命之中坚,以谋诸君。君力阻之,谓革命者,阴谋也,事务其实,弗惟其名。近得孙文自美洲来书,不日将游日本。孙文于革命名已大震,脚迹不能履中国一步,盍缓时日,以待其来。设会之名,奉之孙文,而吾辈得以归国,相机起义,事在必成。

冯自由《革命逸史》第6集,中华书局1981年版,第47~48页

《胡汉民自传》:

其时破保皇而全张革命排满者,以章炳麟、邹容、陈天华为最有功。章炳麟《驳康有为书》,使康氏结舌,实影响于知识界有民族思想。邹容著《革命军》,更爽直痛快,无有伦比,一时畅行于长江流域,以其书易读,中下层社会皆欢迎之。陈天华之《警世钟》、《猛回头》,亦其次也。惟邹、章只言破坏,不言建设,只为单纯的排满主张,而政治思想殊形薄弱,犹未能征服留学界"半知识阶级"之思想也。余与汪、朱既研求政治法律之学,则颇有志于此。其时学生全体内容至为复杂,……而其政治思想则可大别之为"革命"与"保皇立宪"两派,而其时独以倾向"保皇立宪"者为多(立宪保皇相表里,其名不同,其实一也)。亦有初至日本倡言革命,迨将毕业则亟言保皇或立宪者。故日本留学界虽大有生气,然此二万余人者,乃复杂混乱,无所不有。

胡汉民《胡汉民自传》,传记文学出版社1969年版,第14页

7月2日(五月三十日)　直隶总督袁世凯会同张之洞及江督周馥联衔上奏,请定十二年后实行宪政,简派亲贵大臣分赴各国考察政治。后来两广总督岑春煊也奏请举行立宪。7月16日(六月十四日)清政府为筹备君主立宪,派载泽、戴鸿慈、徐世昌、端方分赴日本和欧美等东西洋各国考察一切政治,以作施政参考。

《1905年·光绪三十一·乙巳》:

七月二日(五,卅),直督袁世凯、鄂督张之洞、两江总督周馥联衔奏请于十二年后实行立宪政体。

吴铁峰《清末大事编年》,湖南大学出版社1996年版,第180页

《十年以来中国大事记》:

直督袁世凯、鄂督张之洞、两江总督周馥联衔奏请于十二年后实行立宪政体。

《东方杂志》第9年第7期,1911年

《立宪纪闻》:

乙巳六月,直督袁制军世凯奏请简派亲贵分赴各国考察政治,以为改政张本。

中国史学会编《中国近代史资料丛刊·辛亥革命》第4册,上海人民出版社1957年版,第12页

1905年8月3日《中外日报》刊载两广总督岑春煊电奏:

欲图自强,必先变法,欲变法,必先改革政体。为政之计,惟有举行立宪,方可救亡。

侯宜杰《二十世纪初中国政治改革风潮:清末立宪运动史》,人民出版社1993年版,第53页

7月6日(六月初四日)清廷下发谕旨表示赞同。《立宪纪闻》:

朝旨俞之,特派载公泽、戴尚书鸿慈、徐尚书世昌、端制军方四人,游历各国,考求政治,

以期择善而从,时六月初四日也。

中国史学会编《中国近代史资料丛刊·辛亥革命》第4册,上海人民出版社1957年版,第12页

7月16日(六月十四日)《派载泽等分赴东西洋考察政治谕》:

光绪三十一年六月十四日内阁奉上谕:方今时局艰难,百端待理,朝廷屡下明诏,力图变法,锐意振兴,数年以来,规模具而实效未彰,总由承办人员向无讲求,未能洞达原委,似此因循敷衍,何由起衰弱而救颠危。兹特简载泽、戴鸿慈、徐世昌、端方等,随带人员,分赴东西洋各国考求一切政治,以期择善而从。嗣后再行选派,分班前往。其各随事诹询,悉心体察,用备甄采,毋负委任。所有各员经费如何拨给,著外务部、户部、议奏。

故宫博物院明清档案部编《清末筹备立宪档案史料》上册,中华书局1979年版,第1页

7月27日(六月二十五日)清政府又加派商部右丞绍英为考察宪政大臣。

《立宪纪闻》:

二十五日,续派绍左丞英会同载、戴、徐、端前往考察。

中国史学会编《中国近代史资料丛刊·辛亥革命》第4册,上海人民出版社1957年版,第12页

《派绍英出洋考察谕》:

谕军机大臣等:著派商部右丞绍英随同出洋考求各国政治。

《大清德宗景(光绪)皇帝实录》第546卷,新文丰出版公司1978年版,第5222页

8月(七月中旬)清廷决定五大臣分途考察。《立宪纪闻》:

七月中旬,廷议派定载、徐、绍赴日英法比等国,戴、端赴美、德、义、奥等国,分途前往,冀省时日。

中国史学会编《中国近代史资料丛刊·辛亥革命》第4册,上海人民出版社1957年版,第12~13页

9月22日(八月二十四日)电谕:

前有旨派载泽等分赴各国考察政治,该大臣等各至一国,著各该驻使大臣会同博采,悉心考证,以资详密。钦此。

中国史学会编《中国近代史资料丛刊·辛亥革命》第4册,上海人民出版社1957年版,第24页

7月4日(六月初二日)　清帝亲临保和殿,举行第一次出洋毕业生考试。14日(六月十二日)清政府在第一次归国留学生考试中录取十四人,授予考试出洋回国学生金邦平等进士出身,陆宗舆等举人出身。夏秋间,过庭(陈天华)著文对金邦平等人行为予以猛烈批判。

《湖广总督张之洞奏陈约束鼓励出洋游学生章程》(光绪二十九年八月):

疏云窃臣前四月间面奉皇太后懿旨,以出洋学生流弊甚多,饬筹防范之法。……伏查日本学生,年少无识,惑于邪说,言动嚣张者,固属不少,潜心向学者亦颇不乏人。自应明定章程,各一通。迭次与日本使臣往返商榷,复由该使臣转达其政府与各学校校长公同会议,期于中国学生有裨而于彼国法权无碍,斟酌至于再四,日来始克议成。计拟定约束章程十款,鼓励章程十款,又另议自行酌办章程七款。凡所以严防范考察之力,广鼓舞裁成之道,纲领粗具。于是从此切实施行,则以后游学生护符逃薮,所失凭依。已往者当知敛戢,续往者亦有范围。上以示朝廷彰瘅之公,下以昭学术邪正之辨,庶足挽横流而宏造就。至鼓励章程中,拟给学生举人、进士出身,系遵光绪二十七年八月初四日上谕办理。其拟奖翰林升阶者,系于大学堂专科及大学院研究科毕业之生,学业精深,在彼国亦视为上选,计其绩学年分,已逾十五六年,较之新进士馆选,其难已加数倍。且须视回国后由钦派大臣详加察核,果系品行端谨,毫无过犯,并按照所学科目切实考验,确与所得学堂文凭相符,始行奏请给奖,似尚不致滋冒。以上各节均经随时与外务部王大臣详加商酌核定,始与日使定议。如蒙俞允,拟

请旨饬下外务部,将前项约束鼓励章程照送日本使臣内田康哉转达彼国政府,分饬各学堂一律照办。一面由外务部连同自行酌办立案章程刊印成册,飞咨出使日本大臣、出洋学生总监督,照章认真举办,并通咨各直省暨京师管学大臣,一体遵照办理。谨奏。疏入。从之。

《光绪政要》第29卷,文海出版社1985年版,第1867~1869页

《民国纪元前七年六月初二》:

清廷为提倡新学,造就人才,一面开设学堂,一面派遣学生出洋留学。而此时科举之法依然仍旧,为免新学出身者无进身之阶,乃于本日在保和殿考留学生,中式者则赐以进士与举人出身,尽先拔用。此次留学生殿试,经论题为《楚庄王曰讨人搜简军实论》,史论题为《汉武帝诏求奇材轶能可使绝域者论》。与考者十四名,全为留日学生。

朱汇森主编《中华民国史事纪要(初稿):民国纪元前七年(1905)》,中华民国史料研究中心1976年印行,第477~478页

光绪三十一年六月《予出洋学生出身谕》云:

本日引见之出洋学生金邦平、唐宝锷,均著给予进士出身,赏给翰林院检讨。张锳绪、曹汝霖、钱承鋕、胡宗瀛、戢翼翚,均著给予进士出身,按照所习科学,以主事分部学习行走。陆宗舆,著给予举人出身,以内阁中书用。王守善、陆世芬、王宰善、高淑琦、沈琨、林棨,均著给予举人出身,以知县分省补用。钦此。

《光绪政要》第31卷,文海出版社1985年版,第2140~2141页

过庭《丑哉金邦平》:

满洲政府用其牢笼人心手段,于是有殿试留学生之举。其裒然为之举首者,金邦平也。吾意邦平处此,天良未泯,必当惭愧无地,羞辱不堪,不敢复见天下士,而邦平则何如?

…………

夫邦平何人也?竟亦尝受文明教育,粗解民族主义者也。当其抵掌而谈,意气慷慨,国民度亦有以未来之主人翁目之者。而今若是,吾人更何所望于留学生也。

虽然邦平者,留学生中之败类也。留学生必无有欲效之者。满廷欲更求多数之邦平,或难如其愿以偿乎?

然而自邦平十四人授官后,而留学生遽增其数,其果受直接之影响于邦平等否,吾不得而知。但有此一番考试,湖北即汇送毕业生四十余人,以步邦平等之后尘,而西洋毕业生羡慕无已,遂为毛遂之自荐,上书学务处,以求预殿试之荣。咄!留学生之结果,如是,如是!

"笑骂由他笑骂,好官自我作之",奴隶之代表语也。若邦平者,即演此现象者也,宁复知人世间有羞耻事,又何诛?特吾黄帝而有是子孙也,留学界而有是败类也,不能不重悲不幸也。呜呼!十年以来,东邦留学者既日益众,其间一二不肖,亦或污我留学学生之历史,然多在私德之范围,以比邦平之无耻贱行,剥丧天良,相去犹远。吾传语留学生界,自兹毋攻人之恶,以削公权、除学生籍为惩罚也。有自去留学生籍而入于奴籍者,公等尚对之无异言,放饭流啜而问无齿决,何不知务也?

此次殿试者多人,邦平与粤人唐某独得翰林,由其诡得某校之学士证书也。事后唐某作书与某同学曰:"吾今此所得,莫非运动之力。吾本无文凭,故运动难。然卒出全力以举之,非为一人,为我同学将来计也。君既有好文凭,若加以运动,我更助以君运动,夫又何难达好官之目的耶?"见其书者,莫不作恶欲吐。然唐某固以谋保举当翻译来东京,原不必以留学生目之,故吾不丑唐某而丑邦平。至同试某某在东亦高谈革命者,今皆随邦平、唐某之后,吾不暇一一诛击,但觉邦平已足为彼辈代表矣。噫!

《民报》第1号,1905年

△ **张之洞与梁诚互致函电，沟通赎路草议签字后出现变故情形。**

张之洞《致华盛顿梁钦差》（光绪三十一年六月初二日子刻发）：

赎路事草议业经签字，何以各股东尚须候与摩根会议，且须迟至西八月五号始议。究竟此事能否作为定局，不致翻悔，其迟延之故，是否尚思别筹运动。如能催令早日画押最妥。

国家清史编纂委员会·文献丛刊《张之洞全集》（11），武汉出版社2008年版，第216页

《梁钦差来电》（光绪三十一年六月初二日午刻到）：

缘小股东尚有梗议者，须摩根回美始能压服。

张之洞《致华盛顿梁钦差》（光绪三十一年六月初三日巳刻发）：

此间借款已有成说，必须确知画押日期，方敢定局。务望函催合兴速定日期，电示。至此次赎路正约，鄙人应与台端一同列名签字。敝衔请书湖北湖南广东三省代表人、湖广总督张某字样。届时托何人代押，容再电商。

《梁钦差来电》（光绪三十一年六月二十七日亥刻到）：

比王晤摩根，力阻售让。诚与福士达等在此间抵拒，谅不中变。路提已授外部大臣。

国家清史编纂委员会·文献丛刊《张之洞全集》（11），武汉出版社2008年版，第217页

7月6日（六月初四日）　张之洞致电粤省官吏询问粤路实际情形，并对官民如何共同办理路政阐述意见，次日粤省官吏及时予以答复。

张之洞《致广州岑制台、张抚台》（光绪三十一年六月初四日亥刻发）：

借款事已粗有成议。赎约虽尚未画押，交收事宜应先筹及。粤路究竟共成若干里，孰为干路，孰为枝路，是否均系合兴公司所修，材料存储若干数，祈密速访查电覆。……此次合兴之约，非官力岂能争回，现在赎约巨款，非官力从何筹借，将来接造轨路，非官力谁为弹压防护，即如筹款一节，无论或招股，或摊派，或投标，非由官为维持劝导，亦恐筑室道谋，终无实济。况铁路为国家大政，安有官不与闻之理，所言实属荒谬。惟官欲有权，不可不助之以款。……总之，三省同心，官民合力，此路始易观成。

《岑制台、张抚台来电》（光绪三十一年六月初八日午刻到）：

路权无论官、绅，惟视占款之多寡，能有若干之款，即有若干之权。此乃一定之理、必然之势。……粤绅覆经集议，除开股票一事，此外别无筹款办法，恐难深恃。现拟将尊处代借之三百万，先作粤省赎路官本。将来绅款能集若干，即作为若干绅股。

国家清史编纂委员会·文献丛刊《张之洞全集》（11），武汉出版社2008年版，第217～218页

7月7日（六月初五日）　孙中山从法国马赛乘船离欧，途经越南西贡时，致书陈楚楠，说明这次赴日本的打算。

冯自由《南洋华侨与革命运动》：

楚楠仁兄大人足下：星洲一会，欣慰生平。惜惟时匆匆，不能畅述一切为憾。弟今不停西贡，直往日本，先察探东方机局，以定方针。方针一定，再来南地，以招集同志，合成大团，以图早日发动。今日时机已熟，若再不发动，恐时不我待，则千古一时之会，恐不再来也。日前所言林氏之亲戚，祈将其姓名住址详开寄我，以得有便，或请他来，今或派人往见他。以联合闽广，而共大事。有信寄横滨如左之住址便妥。

日本横滨邮箱二百六十一号黎炳垣先生转交孙逸仙医生。

西贡人心亦大开，已有同志欲创报馆于此，以联络各埠之声气，惟不知办法及其人员。

弟今许助补此两缺点,大约二三个月后由东京南回,则此事可以成矣。此亦一可喜之事也。匆匆不尽,余俟后续。此致即候大安不一。各位同志统此问好不另。

弟中山谨启　七月七号西贡发

冯自由《革命逸史》第6集,中华书局1981年版,第169~170页

7月9日(六月初七日)　因东京和强乐堂写真馆演支那妇人丑态,出中国人丑,宋教仁遂与陕西人潘会文站立该堂门口劝阻中国人莫入。

宋教仁《宋教仁日记》:

酉初,至卧龙馆,偕胡经武、郭之奇至和强乐堂观活动写真。既购券将入,忽闻人声鼎沸,急入观之,则演支那妇人丑态,而留学诸君皆大哗,群起而散去也。余乃亦去,将回,既而思诸人皆散,无以善后,余乃与郭之奇同站立该堂门口,凡有中国人来观,皆说明其故,戒其莫入。立良久,有一陕西人至,潘姓名会文,亦与予有同心者,余乃属其书一长条贴于门口,以使人人皆知之。既贴,而该堂司事人不许贴,余等争之。正辩论之际,其馆主□氏自内出,乃延余等入而款以茶,遂婉言谢今日之不是,亦称余等不必贴此字。余等乃言曰:“贵君演写真有自由权,虽如何出吾国丑,吾不能干涉之;则吾等禁戒吾国人不来看,亦有自由权,虽贵国政府亦不能干涉之。”云云。渠语塞,惟婉转要余等无损其名誉。余等不许,渠乃终听余等贴此字。余等乃去。

湖南省哲学社会科学研究所古代近代史研究室校注《宋教仁日记》,湖南人民出版社1980年版,第83~84页

7月初(5月底)　秋瑾来上海与会党发生关系。

郭延礼《秋瑾年谱》:

秋瑾来上海。会陶成章自日本归,由陶氏介绍见“温台处会馆”执事吕熊祥等,是瑾与会党发生关系之始。瑾出绍兴同志公函,促陶氏归绍。

郭延礼《秋瑾年谱》,齐鲁书社1983年版,第61页

△ 孙中山自法赴日本,途经新加坡时由尤列介绍华侨陈楚楠、张永福等会见,计划革命运动,并上岸小叙。

陈楚楠《晚晴园与中国革命史略》:

船过科伦坡,致电尤列,预约届时率同志登船相见。及船泊新加坡,时秦力山已赴滇边干崖担任教务,尤列偕陈楚楠、张永福、林义顺登船晋谒,并请先生登陆,共商国是。先生因不得入境之五年限期未满,不能自由登岸。陈楚楠报告与张永福合资创办《图南日报》和种种困苦,先生连说:“不要紧,不要紧,革命党总要苦斗,将来自然有好结果。”并告以欧美和日本各处的留学生,大多数已经参加革命工作,革命声势已日益膨胀,不久便可大举推倒满清,建立民国。并嘱陈楚楠等觅一能说各种方言,熟悉各方面情形之人,以俾再来新加坡时协助往各处工作。

丘权政等选编《辛亥革命史料选辑》续编,湖南人民出版社1983年版,第33页

冯自由《新加坡图南日报》:

是年六月自欧洲东归,先期函电尤列、秦力山等,嘱于舟过新加坡时引诸同志相见。届期,秦力山以深入滇边未能赴约,尤列遂领陈楚楠、张永福、林义顺等登轮晋谒。总理告以欧洲留学界已成立革命党机关,此次赴日本,谅不日亦可成立,嘱尤等在南洋预为布置,以利进

行，尤等咸为乐从。是为孙总理与南洋同志结合之嚆矢。

冯自由《革命逸史》初集，中华书局1981年版，第173～174页

冯自由《林义顺事略》：

乙巳（一九〇五年）六月，孙总理由欧洲取道赴日，舟过星州，陈、张、林等偕尤列登轮求谒。总理谓此行到东即建立革命党总部，星洲可设分部，嘱各人预为筹备。

冯自由《革命逸史》初集，中华书局1981年版，第175页

冯自由《南洋华侨与革命运动》：

甲辰孙总理在美获读《图南日报》，知革命种子已传播于南洋群岛，特移书尤列，查询为何人所设办。乙巳六月，由欧洲取道赴日，途中自科仑布致电尤列，嘱介绍《图南报》诸同志相见。迨船抵星埠，尤引楚楠、永福、义顺诸人登轮求谒，并欢迎上陆，共商国事。总理以当地政府五年不许入境禁令尚未期满辞之。并谓在欧时，德、法、比诸国留学生已成立革命党团体，此次到日本，即当组织革命党总部，南洋各埠可设分会，不日当由日本寄来章程及办法，嘱各人预为筹备，楚楠等从之。总理抵日，遂于是年七月与黄克强、冯自由等发起中国同盟会于东京。

冯自由《革命逸史》第6集，中华书局1981年版，第166～167页

△ 孙中山与法国前印度总督韬美及殖民部长进行接触。

冯自由《欧洲同盟会》：

中山以留欧革命团体已告成立，而驻日同志频函促归，遂拟由巴黎取道日本。行有日矣，会新任安南总督韬美 Doumer 与中山有旧，素赞助中国革命。中山因与法国殖民大臣有所接洽，尚未得要领，乃暂寓利倭尼街之瓦克拉旅馆，坐待好音。

冯自由《中华民国开国前革命史》上编，良友印刷公司1928年版，第189页

7月上旬（六月上半月）　秋瑾自沪返绍省亲，在绍兴见徐锡麟于东浦热诚学校，由徐介绍在上海加入光复会。

陶成章《浙案纪略》：

瑾既返沪，即谒元培于爱国友学校，旋往南京欲运动资本家辛某之子汉无效，乃复归沪。由沪旋绍，见锡麟于热诚小学校，锡麟即绍介瑾入"光复会"，是为乙巳六月间事。

中国史学会编《中国近代史资料丛刊·辛亥革命》第3册，上海人民出版社1957年版，第61页

王时泽《回忆秋瑾》：

陶成章当时在江浙一带从事革命活动，与章太炎、蔡元培等组织光复会。秋瑾因其亲戚陈静斋的关系认识了陶成章，又因陶的介绍而加入了光复会。

中国政协文史资料委员会编《辛亥革命回忆录》第4集，文史资料出版社1981年版，第226页

冯自由《鉴湖女侠秋瑾》：

瑾之归里，本为筹学费计，既抵家，求给于母，母家固不中赀，勉为筹数百金付之。

冯自由《革命逸史》第2集，中华书局1981年版，第164页

冯自由《丁未浙江光复军倡议实录》：

是年冬，陶成章以事赴日，瑾由其戚陈某介绍，识之于旅次。知成章与敖嘉熊、龚宝铨等运动浙省会党有年，因叩以所运动事，成章尽以其所历告之，并为介绍同志机关二处，函致上海蔡元培。一函致绍兴徐锡麟。乙巳春间，瑾回国省亲，遂谒元培于爱国女学校，旋往南京，欲运动资本家辛某之子汉无效，乃复归沪。由沪旋绍，见锡麟于热诚小学校。瑾之归里，本

为筹学费计，既抵家，求给于母。母家固不中赀，勉为筹数百金付之。瑾得资，复至日。

冯自由《革命逸史》第 6 集，中华书局 1981 年版，第 126 ~ 127 页

编者按：关于秋瑾加入光复会的时间、地点，具体记载不尽一致，学界一般认为在夏历六月初。

陶成章《浙案纪略》："秋瑾者，素热心于办事！凡开会时，彼如有可到会之资格者，无不到；凡革命党秘表会之有可入者，亦无不入。始与集某等十人，在横滨相结为三合会。至同盟会成立，即又入同盟会(浙人之入同盟会者，秋瑾为第二人云)。比返绍兴，复由徐锡麟之介绍，乃又入光复会。"(中国史学会编《中国近代史资料丛刊·辛亥革命》第 3 册，上海人民出版社 1957 年版，第 17 ~ 18 页)

秋宗章《大通学堂党案》："岁丙午，秋瑾归国，因成章而识锡麟，复因锡麟而入光复会。"(周芾棠等辑《秋瑾史料》，湖南人民出版社 1981 年版，第 95 页)

冯自由《光复会之活动》："同盟会成立后三月日本文部省颁布取缔留学生规则，留学界大愤。陈天华于十一月十二日，愤投大森海湾自杀，同盟会员秋瑾、易本羲一派主张全体归国，另在上海办学。胡汉民、汪兆铭一派主张求生宜忍辱负重，力反对之。于是秋瑾愤然归国，与诸同志创设中国公学于吴淞，旋由徐锡麟介入光复会。时瑾方在沪组织中国女报，又与中国公学教员陈伯平等税屋于虹口祥庆里为活动机关。锡麟时正实行捐官擒王计画，无暇兼顾大通学堂，遂举校务及全浙军务悉委瑾任之，相约光复军在皖浙二省同时发难。瑾于是入绍兴主持一切。"(冯自由《革命逸史》第 2 集，中华书局 1981 年版，第 80 页)

郭延礼在《秋瑾参加光复会先于同盟会考》一文中对此作了一定考证，认为地点在上海，时间是一九〇五年夏历六月初秋瑾过沪赴日前夕。(郭延礼《自西徂东：先哲的文化之旅》，湖南人民出版社 2001 年版，第 176 ~ 178 页)

7 月 16 日(六月十四日)　菲律宾华侨冯夏威为抗议美国苛待华工在上海美国领事署门前自杀以示抗议，引起强烈社会反响。

冯自由《新小生李是男》：

乙巳(一九〇五年)某月粤人冯夏威为美国新订华工禁约，自杀于上海美国领事署前，国人大愤。各省志士纷纷组织拒约会，以抵制美货为号召，是男亦与邑人之有志者李自重、陈元英等发起联志社于台山西宁市，以为拒约之响应，由是革命思想油然而生。

冯自由《革命逸史》第 2 集，中华书局 1981 年版，第 251 页

冯自由《粤记者陈耿夫被害始末》：

岁乙巳(一九〇五年)旅美华侨冯夏威以愤美政府颁布华工禁约，自杀于上海美领事署门前，各省志士大愤，纷纷组织拒约会及鼓吹抵制美货，以图挽救。耿夫在越南闻之，乃向侨胞尽力提倡，为国内拒约会之声援。侨商刘岐山、甄璧、林焕廷等深为感动，爰假海防台湾街三十二号万新楼为拒约会办事处，风声所及，西贡、堤岸、金边各埠侨胞亦相继发起，耿夫之力为多矣。

冯自由《革命逸史》第 2 集，中华书局 1981 年版，第 293 页

冯自由《广东报纸与革命运动》：

甲辰、乙巳(一九〇四至一九〇五)间，粤中风气顿开，学校报馆缤纷并起，如《羊城报》、《七十二行商报》、《国是报》、《亚洲报》、《群报》、《时事画报》、《二十世纪报》等相继出版。适有华侨冯夏威为美国新颁华工禁例，自刎于上海美领事馆门外，举国大愤，各省志士纷纷组织拒约会以保国权，粤港各报莫不极力提倡，以伸正义。

冯自由《革命逸史》初集，中华书局 1981 年版，第 114 页

冯自由《李煜堂事略》：

乙巳(一九〇五年)美国宣布禁止华工入口苛例，粤人冯夏威自杀于上海美领事署前，以儆国人，举国大愤，咸揭抵制美货相号召。先生乃联络广州、香港工商学报各界成立拒约会，以为后援，港上美商患之，爰托律师何启出而和解，即世称十二条款者是也。

冯自由《革命逸史》初集，中华书局 1981 年版，第 193 ~ 194 页

冯自由《关外大侠蒋大同》：

乙巳(一九〇五年)美国宣布禁阻华工入境苛例，举国大愤，粤人冯夏威且自杀于上海美领事署前，以警告国人，大同闻之，义愤填膺，遂纠合同学，提倡抵制美货，以为内外各埠拒约会之应声。而《京话日报》主笔浙江人彭翼仲深表同情，亦联合鼓吹，共相号召。北方抵制美货之风潮，一时大盛，不期为驻京美使所侦知，遂向清外务部指名惩治。清外部即电保定陆军速成学校督办冯国璋捕之，冯爱惜大同之才，密令逃逸，而以先事逸去闻。适赵尔巽出任盛京将军，冯暗中推荐之，彭翼仲与赵亦有交谊，更为之游扬。

冯自由《革命逸史》第2集，中华书局1981年版，第254页

7月17日(六月十五日)　曹亚伯在长沙起义失败、流亡东京的一段时间内更加悲观，以至“专奉耶氏之说”。宋教仁与曹亚伯相见，坐谈良久，并一同至圣公会作礼拜。

宋教仁《宋教仁日记》：

午初，曹亚伯来，坐谈良久。亚伯已成为纯粹之宗教家，戒烟，禁酒，专奉耶氏之说，此次来东特入此间圣书学院学宗教学者也。未初，亚伯邀余偕至崔通约寓，谈最久。崔君亦耶教，与亚伯尤亲切。申初，遂邀余至圣公会同作礼拜。既至，则男女皆列坐肃然如临大祭，一教士立于上演说教旨，口操日语，余都能了解也。良久毕事，遂复偕亚伯等回至亚伯寓，坐谈最久。

湖南省哲学社会科学研究所古代近代史研究室校注《宋教仁日记》，湖南人民出版社1980年版，第86页

△ 秋瑾自沪乘三等舱二次东渡。

7月19日(六月十七日)　孙中山抵日本横滨，后到日本东京，为筹建资产阶级革命政党积极活动。

《孙逸仙乘船抵横滨》：

临时内务大臣桂太郎阁下：清国流亡人士孙逸仙于本月十九日搭乘自法国入港的该国邮船“东京号”前来日本。借宿于横滨市山下町一百二十一号的一户人家。

谨此报告如上。

神奈川县知事周布公平

明治三十八年七月二十八日

440687，明治38年7月29日收到　秘第1980号，章开沅、罗福惠、严昌洪主编《辛亥革命史资料新编》第6册，湖北人民出版社2006年版，第111页

江介散人(田桐)《革命闲话》：

乙巳年夏，孙公将来日本，同人欢动。抵横滨后，复由程家柽传告，东京学生往来京滨之间者甚多。孙公礼贤下士，复留餐宿，自捧面盆盥客。

《太平杂志》第1卷第1号，1929年，第4页

张难先《湖北革命知之录》：

民国纪元前七年乙巳七月(阳历)，总理由美至日本，留学生赴横滨欢迎者百余人。

严昌洪等编《张难先文集》，华中师范大学出版社2005年版，第124页

刘揆一《黄兴传记》：

适东京同人来函，称孙公逸仙有自欧美来日本图与公等把晤之说，乃于五月间，随公重复东渡。由日本民党宫崎寅藏之介绍，与孙公相会于东京凤乐园。

中国史学会编《中国近代史资料丛刊·辛亥革命》第4册，上海人民出版社1957年版，第281页

△ 宋教仁与程润生同赴宫崎滔天之约,畅谈中国革命形势,宫崎滔天告知孙逸仙(中山)即将来日本,建议与之结交。

宋教仁《宋教仁日记》:

巳初,至程润生寓,与润生同赴宫崎滔天之约,滔天君居内藤新宿,距此约十余里。余等乘电车去,良久,始抵近滔天君居之处,遂下车行。既抵滔天君家,则滔天已外出,惟其夫人在,速客入,属稍待之。余等遂坐。良久,一伟丈夫,美髯椎髻,自外昂然入。视之,则滔天君也。遂起与行礼。润生则为余表来意,讫,复坐。滔天君乃言孙逸仙不日将来日本,来时余当为介绍君等云云。又言君等生于支那,有好机会,有好舞台,君等须好为之,余日本不敢望其肩背,余深恨余之为日本人也。又言孙逸仙所以迟迟未敢起事者,以声名太大,凡一举足皆为世界所注目,不敢轻于一试。君等将来作事,总以秘密实行为主,毋使虚声外扬也。言次复呼取酒来,遂围坐而饮之。滔天君又言孙逸仙之为人,志趣清洁,心地光明,现今东西洋殆无其人焉。又言现今各国无一不垂涎于支那,即日本亦野心勃勃。日本政党中始终为支那者,惟犬养毅氏一人而已。余前往支那一切革命之事,皆犬养氏资助之。现今大隈重信之政策皆其所主张者也。孙逸仙亦深得其助动力,盖纯然支那主义者也。君等既有作事之志,不可不一见犬养毅氏,余当为介绍,改日偕余去可也。至下午四时,始饮酒毕。

湖南省哲学社会科学研究所古代近代史研究室校注《宋教仁日记》,湖南人民出版社1980年版,第86~87页

△ 熊克武在东京结识孙中山。

熊克武《辛亥前我参加的四川几次武装起义》:

到东京后,由于我接触爱国志士日多,又能看到进步书报,耳目一新,就更倾向于革命了。但革命应该做什么,怎么做,还是茫然。我早就听说过孙逸仙的名字,知道他是革命家,很希望有机会见到他。乙巳(一九〇五年)我和但懋辛同住神田区猿乐町四十五番地五明馆,七月初岩仓铁道学校川籍学生鄢奉先、吴嘉读来告诉我们,该校暑期补习班翻译程家柽昨天下课时,在黑板上写着"孙逸仙先生到了东京"几个字,我们听到这个消息非常兴奋,等鄢、吴走后,就去找程家柽打听孙先生的住址。刚好孙先生就在程的家里,我们如愿以偿,第一次会见了这位伟大的中国革命家。孙先生问及我们来日本想学什么,我们说:"打算投考陆军学校,毕业后回国带兵,革命救国。"孙先生即指示我们:"青年人立志革命救国,很好,很好!不过列强急谋瓜分中国,清廷腐败无能,亡国灭种祸在旦夕,爱国志士应积极准备革命,以救危亡;要是都等到学成归国再来革命,时间恐怕来不及了。"我们领悟了孙先生的意思,当【即】表示随时可以听候号召,放弃学业,投身革命。孙先生又问:"要革命就得加入革命党,你们愿意参加吗?"我们回答:"我们今天就是为要革命而来的。"孙先生含笑点头,当时就叫我们填写誓约,过了几天,正式宣誓入盟,从此开始了我们的革命生活。

中国政协文史资料委员会编《辛亥革命亲历记》,中国文史出版社2001年版,第260页

△ 上海工、商、学各界一千四百人会议,议决自即日起不用美货。次日,上海商务总会召开各帮商董会议,会上各帮巨商自行签名不订美货,并电全国三十五商埠共同抵制。

《抵制之实情卷二》:

六月十七日午后四时半,沪学会及本埠学界、商界、工界并各埠派来代表人假西门外务

本女塾大讲堂开特别大会，公议实行不用美货办法。男女实到者除上海各学会、各学堂及内地商界学界代表人外，本埠商界中到者如洋布董事苏葆笙君、邵琴涛君，丝业董事施子英君，火油业老顺记、南顺记，锦章等杂货业，慎裕号等纸烟业，福和号等铁业，万炽号等及钱业、参业、麻袋业、糟业、南北货业、海味业、广帮、建帮、汉口帮、山东帮、商务总会、商学会等计共一千四百五十余人。先由杨月如君宣布会场规则，次由吴畹九君宣布开会宗旨，次由马湘伯君演说，言中国数千年来未有团体，今因外患而学界商界遂能联络一气，尚为中国不幸中之幸。惟不用美货一事，我国倡言已一月，而新旧美使尚谓中国素无团结力，抵制之说无足惧者。试问在座诸君，肯忍受斯言否？其实不用美货，我人有自主之权，无论美人不能干预，即政府亦不能禁止，故此事乃至容且易，无须商量者。又痛言天下只有自立，决无依赖他人之道。有人以为不用美货，有大不便于我国者，呓语耳。是故我人如能协力实行，则日本尚可以胜俄，安知我国必不能挽回美约云云。穆恕君演说谓不用美货一事，我辈当坚持到底。继由吴畹九君宣布：苏葆笙君自愿赞成公议，从六月十八日以后誓不再定美货之信，复由徐凤石君代表苏葆笙、叶洪涛、邵琴涛三君愿自后不定美货之意。议毕，满场一致举手，决议即日不用美货，并助各商业共筹处置美货、存货之善后办法，并拟稿送由商务总会电致外部、商部及内外各埠，末由马湘伯君三呼万岁而散。

民任社编辑《中国抵制禁约记》，民任社 1942 年印行，第 17～18 页

7 月 20 日（六月十八日） 田梓琴（桐）偕黄兴、宋教仁、程家柽等数人往谒孙中山。

冯自由《田桐事略》：

乙巳（一九〇五年）夏六月，孙总理自欧洲抵横滨，梓琴偕黄兴、宋教仁、程家柽等数人往谒之，大倾服。

严昌洪等编《张难先文集》，华中师范大学出版社 2005 年版，第 137 页

△ 孙中山同杨度在东京富士见町会谈了三天，杨自已不愿入盟，但介绍黄兴与孙相见。次日，孙与黄兴、章行严相见于牛込区若宫町黄、章的寓所，谋求组织统一的革命团体。

章士钊《与黄克强相交始末》：

吾抵东京，寓牛込区若宫町二十七番地。未久，克强移来同居。适中山孙先生由横滨携小行囊，独来东京，旨在合留学生议起大事。而留学生时以杨度为有名。彼寓富士见町，门庭广大足以容客。于是中山与杨聚议三昼夜不歇，满汉中外，靡不备论；革保利弊，畅言无隐。卒乃杨曰："度服先生高论，然投身宪政久，难骤改，橐鞬随公，窃愧未能，度有同里友曰黄兴，当今奇男子也，辅公无疑，请得介见。"（刘禺生《世载堂杂忆》称：杨度与中山初见于横滨永乐园。愚按：孙、杨横滨之会或有之，然决非初见。禺生又谓：同行有梁焕彝。吾知焕彝留英，未到过东京。禺生记事疏阔，往往类此。）中山喜。翌日，吾若宫町宅，有先生足迹见临。克强与吾，皆初见先生。

田伏隆主编《忆黄兴》，岳麓书社 1996 年版，第 128 页

刘成禺《永乐园杨哲子输诚》：

杨度在东京，欲谒中山先生辩论中国国是，予与李书城、程明超、梁焕彝介往横滨。孙先生张宴于永乐园，辩论终日。哲子执先生手为誓曰：吾主张君主立宪，吾事成，愿先生助我；先生号召民族革命，先生成功，度当尽弃其主张，以助先生。努力国事，期在后日，勿相妨也。哲子回车，喟然叹曰：对先生畅谈竟日，渊渊作万山之响，汪汪若千顷之波，言语诚明，气度宽

大；他日成功，当在此人。吾其为舆台乎！

刘成禺《世载堂杂忆》，辽宁教育出版社 1997 年版，第 176 页

△ **曾少卿与美总领事面商工约事。**

《抵制之实情卷二》：

前因工约限期将届，曾于初八日致函美领，业经初九日登入报章。适嘉定有事来邀，即于初九日入嘉，至十二十三日迭接美领事、袁道台、张殿撰、施观察函催回申，遂于十五日来申，两次函订晤商。而十六、十七两日上午美领另有要公，午后仆又在复旦、震旦两学院会议要事，直至十八日始获与罗志思君面商一切。兹将问答情形照录如后。罗君曰："昨致袁道台一函，君曾见乎？"答曰："已阅悉。今日道台送到贵公使京电，亦已阅过。"罗曰："前在敝署及赵园所商六月开会定约之事，君犹记忆否？"答曰："记得，限二个月，君言六个月，仆等未之允也。"罗曰："敝国开会时在十月，刻非其时，奈何强人所难？"答曰："事有常变，不能概论。即如四月十八日贵署之会，是日适逢礼拜，仆于礼拜向不办公，所以违而应招者，亦以事关重大，不敢不到。譬如贵国属岛有人袭取，必候开会定议乎？即遣兵轮乎？"罗曰："此乃警事，与和约事不同。"答曰："寻常和约静候开会是也，此次之事岂寻常乎？政府不能争，民人起争之。按照约满年限，应于上年开议矣，何必今日？"罗曰："此事敝国近已改良，况昨日敝公使来电，亦欲早日定妥（十七日晨美使致美领事电文不用美货仅损美商，而商人在美已严加抗议废禁约，近更为此事出力，本署现与外部商订约稿，极望早日定妥）。"曾曰："如此极好，请君写一凭字与我，当为传知众人。"罗曰："凭字我不便写，然君岂不能信我乎？"曾曰："余极信君，特恐众人不我信耳。"罗曰："君乃商董，窃望转劝商民，弗与敝国为难，静候政府办理。况换约有非他人所能参预者。本领事深恐牵动大局，有碍邦交，故不惮言之谆谆。"曾曰："此次之事，办法文明，不愁牵动。此非一人私言，不见各国报章乎？称誉抵制文明亦既报不一报矣。至于换约静候政府，此言是也，然而不用美货，人各有权，不特贵国不能干预，即敝国政府不亦能勉强，所谓人人自有权也。"罗曰："现在敝国政府已尤改良，或者关员尚有虐待之处亦不足为怪。即如近日杭州有敝国牧师被盗，险伤身命之事，敝国因此不与贵国和好可乎？"答曰："劫贵国牧师者盗也，非敝政府所命也。虐敝国士商者官也，乃贵政府所命也。贵国夙号文明，关员肆虐，岂宜与敝国强盗等量齐观？"罗曰："不用美货，独不畏敝国亦不消贵国货乎？"答曰："消与不消应从尊便，敝国向来度量最大，可免代虑。"罗曰："已定之货出否？"答曰："出。"罗曰："此事君能发起，必能收拾。"曾曰："譬之然火，点而即扑易也，一经燎原，收拾不易。凡近来敝国商民颇饶热力，极讲合群，恐非空泛之言所能排解，然既荷委托，下午四点钟姑与大众商之。如其谐也，三日内奉复。万一不谐，恕不报命。"遂握手而别，报时钟已十二下矣。

民任社编辑《中国抵制禁约记》，民任社 1942 年印行，第 13 ~ 15 页

△ **上海商务总会决议通电全国抵制美货，反美爱国运动掀起高潮。**

《抵制之实情卷二》：

六月十八日上海商务总会因决议不用美货办法，特预先布告定于午后四点钟集议。先时上海各帮商董毕集，并有美国商家及美人报馆记者在焉，初诸美人请与演说，众议只允旁听，不允其演说。后又有人在商董议事室陈请加入，要求华商不定美货一层，经诸商董议可。惟钱业董事谢君谓不用美货可展缓四个月，而不定美货则从今日始，庶已定之美货仍可销行

等语。大众不以此说为然，随后曾少卿观察登台演说开会宗旨及与外人交际之事，并勉诸华人势力合办以实行抵制。次由戈君朋云演说美虐华人之可愤后，由叶君浩吾演说不用美货、不定美货，宜合力并办。演说既毕，有请商会董事即日定一办法后，由汪君甘卿演说抵制美约系商家交涉，不可涉及国际以致转生波折，并说宜速定一不定美货之办法，其已定之货宜切实调查，标明牌号，疏通以后不得再定，庶不致强人以所难，方能做到真正不用美货地步。演说既毕，由周箴金观察登台演说不定美货之办法，先由本埠各帮巨商自行签名允认（清单附后），签名之时拍手之声如雷震动。后有纸烟业代表人韩润生上前申明英美纸烟公司现已改为英国独办，后有人斥其伪造，当场搜出品海香烟一匣以为证，遂不许其陈请。复有邬某登台演说不定美货之难，未及五六语即为众人所斥退。各帮签名毕，即提定通告全国三十五埠电稿，遂散会。

民任社编辑《中国抵制禁约记》，民任社1942年印行，第15～16页

7月下旬（六月下旬）　经宫崎寅藏介绍，孙中山首次与黄兴会晤于东京中国餐馆凤乐园，共商筹组革命大同盟事。孙建议兴中会与华兴会联合，黄极表赞同。

宫崎寅藏《回忆友人黄克强》：

黄兴则潜至上海，终被官兵所捕，经过九死一生，后得朋友相助获释，再一次冒险东渡日本。他到日本后，宋教仁、刘揆一也相继冒险来日本作客。他们在这里与湖南的同志们紧紧团结在一起，并和广东的孙逸仙一派的革命学生联合起来，在留日学生中间广泛鼓吹革命主张。到三十八年夏（一九〇五年），孙逸仙由欧洲回到日本后，来我家里访问。他询问在日本的中国人中，有无杰出人物？我说："仅仅两三年间，留日学生猛增，有一个叫黄兴的，是个非常的人物。"孙说："那我们就去看看他。"我说："我到他那里去把他请来吧！"孙说："不要那么麻烦了。"于是，我们两人就一起到神乐坂附近黄兴的寓所访问。和我同住过的末永节，那时和黄兴同住在一起。到达黄寓时，我要孙逸仙在门口等一等，我推开格子门喊了一声："黄先生！"末永节和黄兴一起探出头来，看到孙逸仙站在外面说："啊！孙先生！"黄兴想到有许多学生在屋里，立即作手势，示意孙先生不要进去，我们会意了，随即出门等待。顷刻，黄兴、末永节、张继三个人出来了，将我们带到中国餐馆凤乐园。寒暄过后，彼此不拘礼节，大有一见如故之感。他们很快就开始谈起国家大事来。我不大懂中国话，不知道他们讲些什么。但是，中国的革命豪杰在此欢聚一堂，畅所欲言，使我们感到高兴。我和末永节互相频频干杯。约有两小时，孙、黄两人一直商议国家大事，酒肴少沾。直到最后，两人才举杯庆贺。

田伏隆主编《忆黄兴》，岳麓书社1996年版，第136～137页

郭之奇《清末留东回忆》：

我到东京不久，尚未能操日语。一日到牛込区若宫町二十七番地柳大任寓所，时黄克强先生亦住其处，此外尚有大任之侄某君。我方与大任侄闲谈之际，有一长发和服日人偕一西装革履人士叩门入室，云要会黄克强先生。是时克强不在，我辈款之，方知日人乃宫崎寅藏，所谓白浪滔天者是也，其他一人即中山先生。中山与宫崎用英语对话，柳君留日已久，日语较熟，与宫崎对答，自能通彼此之情，我则既昧英语，又初到日本，端坐茫然而已。宫崎与中山先生必欲见克强先生，坐候甚久，傍晚克强先生始归。三人寒暄逾时，我亦不知其所云云。然时已晚，自宜款以酒食，而克强先生囊中一无所有，由我醵金五元为鱼酒之会，他们边饮边谈。

中国政协湖南省文史资料委员会编《湖南文史资料选辑》第10辑，湖南人民出版社1978年版，第24～25页

冯自由《中国同盟会史略》:

乙巳夏冯得总理在欧洲德、法、比、英四国成立新革命团体及不日东渡之通信,即以告留东各省同志,莫不欣喜若狂。及是岁六月中旬,舟抵横滨,东京同志来商进取者大不乏人。时各省同志中负人望者,以华兴会领袖黄兴为最,孙总理前尚未与之认识,至是始由日人宫崎寅藏介绍黄及宋教仁、陈天华等数人与总理相见于东京凤乐园。黄等对总理备致倾慕,并愿率领华兴会全体会员与总理合组新革命团体。总理深表赞同。

冯自由《革命逸史》第2集,中华书局1981年版,第137页

邹鲁《中国同盟会》:

当总理之抵日也,革命潮流,至为澎湃。惟尚无统一机关,集中革命力量,以便进行。迨宫崎介绍总理与黄兴(字克强)相识,黄兴固华兴会之首领也。总理乃约黄兴等会于《二十世纪之支那》社,向之力陈革命必须先团结力量之义,黄兴等莫不深以为然。

中国史学会编《中国近代史料丛刊·辛亥革命》第2册,上海人民出版社1957年版,第5页

张继《回忆录》:

一九〇四年冬,离沪赴倭,与克强同寓于牛込区神谷坂旁。一九〇五年夏间,总理由美来倭,宫崎寅藏介绍克强晤面,商组革命大同盟事。最感困难者,行严不参加。

丘权政等选编《辛亥革命史料选辑》续编,湖南人民出版社1983年版,第281页

姜泣群《朝野新谈》甲编:

考吾国革命由来已久,志士之亡命海外者不可胜数,惟漂泊无定,势力微弱。直至孙文、黄兴二氏相见于东京之后,革命事业方见发展,收联络之功有一泻千里之势。今日之成,当时运动之力居多也。

毛注青编著《黄兴年谱长编》,中华书局1991年版,第85页

居正修《访问邓家彦先生第一讲》:

一天他(马君武,编者)告诉我说,你知道有一位大革命家要来吗?我说不知道,是谁啊!他说是孙逸仙先生。我们听了非常高兴。马君武不是我们小团体里的人,但小团体的人都很愿意见见总理,所以要马君武给我们介绍。因为我们组织了小团体,总觉得没有人指导,如果总理来了,我们想从此可以上轨道,不会走错路了。过了两天,总理到了日本,并没有多少人知道。有一天,马君武和他来到明光馆,来了以后,马君武给我们介绍。当天晚上,总理住在明光馆和我们谈革命,说革命要推翻满清,建设共和,又说不仅建设共和,社会革命也非常重要,还对我们讲平均地权。

丘权政等选编《辛亥革命史料选辑》,湖南人民出版社1981年版,第90~91页

《黄克强自述革命历史》:

适孙中山自美洲来日本,因日人宫崎寅藏介绍相见,谈论极合,始立同盟会。

上海《申报》,1912年9月28日

张难先《湖北革命知之录》:

迨宫崎介绍,总理与黄兴相识,黄固华兴会之首领也。

严昌洪等编《张难先文集》,华中师范大学出版社2005年版,第126页

张继《回忆录》:

一九〇四年冬,离沪赴倭,与克强同寓于牛込区神乐坂旁。一九〇五年夏间,总理由美[欧]来倭,宫崎寅藏介绍克强晤面,商组革命大同盟事。

《张溥泉先生全集》,中国国民党中央委员会党史委员会1982年印行,第234~235页

编者按:孙中山同黄兴第一次见面的情况,学术界存在不同观点。

姚大慈《柳午亭、郭之奇忆孙黄初次会见》:"关于孙、黄两公初次会见之事,曾见有章行严先生《与黄克强相交始末》一文述之。友人方恪斋(湖南文史馆馆员)尝为予言,闻之柳午亭云:

'孙中山先生初到东京,极注意于杨皙[晳]子(度),劝其弃去立宪主张,从事革命大业,中外古今,纵谈数日未已。皙[晳]子亦心服之,但仍不欲弃其立宪主张,中山先生亦不肯放手。皙[晳]子苦其纠缠,尝为予言及。予曰:"何不把克强介绍给他?"皙[晳]子恍然大悟,遂依予言行之。中山先生甚喜,越日,遂往访克强。谈次已届晚餐时候,是日克强行囊偶乏,会郭之奇在坐,给以十元,始得备餐而罢。'

"大慈按:予以午亭所言与行严所记孙、黄初见时,情境各别,因举以询郭之奇。之奇云:

'午亭所言,诚有其事,但予忘之久矣。十年前,午亭偶为予谈及,并云予尝出资十元,以备晚餐,予始恍然忆及。以予所记,克强先生初到东京,即与柳聘农同住于若宫町二十七号。一日下午二三时,予往访之,适值其外出,予因小坐以俟。已而有二客联袂而至,云来访克强先生者,互通姓名,始知为孙中山先生与白浪滔天。予告以克强先生外出,二人遂就坐,旋即以英语接谈,娓娓不倦,殊无去意。予时英文尚未学好,不知其何所云云。约历二三小时,克强先生始归,与中山先生相见甚欢。时将近黄昏,当备晚餐矣。克强先生问予带钱未?予问所需几何,云四五元可矣。予乃奉以五元,午亭误记为十元也。于是克强先生始得备餐留客,予亦于始相与俱别,两人亦始终未谈及国家大事。行严谓孙、黄初次相见,在他所住之若宫町二十七号。以予所记,克强先生先住于若宫町,其后迁往他处,行严始偕俞大纯(俞大维之堂兄)继居焉。孙、黄两公在行严寓所纵谈天下大事,自然不误,但非初相见。其初次相见地点,亦系若宫町二十七号,但非行严移居之后,而是克强先生住居之时,且克强先生住居若宫町,在行严之前,亦无于行严继居之后,后来同住之事。年载久远,其间小节,行严所记,未免有误,不足为怪,或者行严先生竟未知两公已先行见过一次也。'

"大慈按:孙、黄两公初次相见,之奇亲身参与,所言自应不误,足以补行严之所未备,用特具述于上。

1962年7月8日"

(田伏隆主编《忆黄兴》,岳麓书社1996年版,第211~213页)

段云章在《孙文与日本史事编年》一书中指出:"对孙、黄首次会见尚有另说。据章士钊《与黄克强相交始末》(载《辛亥革命回忆录》第2集,文史资料出版社1962年版,第141页)称:孙文与杨度见面,杨曰:度服先生高论;然投身宪政久,难骤改,鬓翰随公,窃愧未能。度有同里友曰黄兴,当今奇男子也,辅公无疑,请得介见……。中山喜。翌日,吾若宫町宅,有先生足迹见临。克强与吾,皆初见先生。日本东京学艺大学中村义教授撰《滔天是孙文与黄兴初次见面的中介人吗?》论证后说可靠。(华中师范学院辛亥革命史研究室、中南地区辛亥革命史研究会编《国外辛亥革命史研究动态》第3辑)王学庄撰《孙黄东京初会的介绍人问题》(载《辛亥革命史丛刊》第8辑)则论证为前者。"(段云章编著《孙文与日本史事编年》,广东人民出版社1996年版,第131页)

朱育和认为有三说。他在《辛亥革命史》中指出:"关于孙中山同黄兴第一次见面的情况,有三说。一种是陈少白、冯自由说。曹亚伯持此说,见曹著《武昌革命真史》,上海书店印行,第15页。一种是杨度说。章士钊、左舜生、金冲及等持此说。见章士钊《与黄克强相交始末》,《辛亥革命回忆录》第2册,第141页;左舜生《黄兴评传》第25页;金冲及、胡绳武《辛亥革命史稿》第1卷,第385页。还有一种偶然说,郭之奇持此说,郭称孙抵日后与宫崎同去柳大任处,时黄兴亦在柳寓,孙、黄得以初次接触,见郭之奇《清末留东回忆》,《湖南文史资料选辑》第10辑,第24—25页。"(朱育和《辛亥革命史》,人民出版社2000年版,第208页)

△ 同盟会成立前夜孙中和黄兴第一次见面时就商讨武装起义发难地展开过激烈争辩。

《宫崎滔天谈孙中山》:

由于我不懂他们的话,不知道吵的是什么问题。后来问人才知道:黄主张从长江一带开始干,孙则主张从广东开始干。黄对孙说:"你不要光讲自己老家好不好?"孙说:"你要在长江一带干,但从哪里运送武器呢?长江一带很难运送武器进去,你知道吗?而广东则有几个运送武器的地方。"争来争去,终于是黄屈服了。

中国政协广东省文史资料委员会编《广东文史资料》第25辑,广东人民出版社1979年版,第316~317页

△ 程家柽、吴旸谷与其兄春旸以及王善达晤孙中山于犬养毅宅,共谋兴中事业。

《吴烈士旸谷革命史》:

是年,孙中山先生至东京,烈士与其兄春【生】,暨王君善达、程君家柽会中山犬养毅所,

共谋兴中事业。

中国史学会主编《中国近代史资料丛刊·辛亥革命》第7册,上海人民出版社1957年版,第189页

《吴烈士旸谷革命事略》:

其至日本也,与其国民党巨子宫崎寅藏最友善,时相过从纵饮,因畅论世界人道主义,宫崎慨然曰,今世列强人物,乌有主持人道者。有之,则过去世界一人,吾得诸孔子,现世界一人,吾见孙逸仙先生,此真救世之大英雄,吾辈其千载一遇乎!继因宫崎君复识其党中要人犬养毅及大隈重信诸政杰,益见东亚时机危迫,且恐革命稍迟,虽欲救无及也。是年夏,先总理至日本,烈士与其从兄春生,偕宫崎君及程君家柽、王君善达,晤先总理于犬养毅所,积年救国愿望至是始获所依归。遂与闻革命主旨及建设大略,而尤谆谆于组党为举事入手之唯一办法。翌日,偕诸人复晤先总理于程君家柽处,吾国志士至者,如黄先烈克强、廖先烈仲恺、胡君汉民、张君溥泉、汪君精卫、陈君天华等十余人,而发起同盟会之议以起。越数日,复集会,到者六十余人。

中国政协安徽省文史资料委员会编《辛亥风云》,安徽人民出版社1987年版,第183页

7月20日(六月十八日)　上海商务总会通电全国抵制美货,反美爱国运动掀起高潮。

7月22日(六月二十日)　原定期限届临,上海商务总会再次召开特别大会,决定正式实行抵制美货。

△ 自是日起,《有所谓》报同人连续刊出《本报抵制美约非常要告》,向社会宣示,改约目的一日不达,本报一日不承接有关美货广告。

《本报抵制美约非常要告》:

本社凡于有益同胞之事,无不疾声警告。美人续行禁制华工之例,于吾同胞关系甚大。本社亦国民之一分子,奚肯放弃天职。特于是日起,至改约之日止,凡代刊广告,有关美货者,概不接刊,以示自行抵制之意。盖报纸广告,实为介绍销货而设。本社珍重公德,热爱同胞,故不能不于利权上有所牺牲也。特此普告。本社同人郑贯公等披露。

《有所谓报》,1905年7月22日

7月23日(六月二十一日)　秋瑾自上海乘船抵东京。

秋瑾《致秋誉章书》其四:

妹在绍,前月二十六动身,在申半月,十五日上船,二十一到东。

《秋瑾集》,上海古籍出版社1979年版,第37页

△ 秦力山复由滇边致函陈楚楠详述往事。

冯自由《南洋华侨与革命运动》:

楚楠先生侠鉴:往岁在港沪间,尝闻有思明州少年者,非常倾慕。今春道过星洲,在港起程时,世仲再三言公见义勇为,嘱必奉访,并致书乃兄伯耀介绍,不料抵星后,骤因病发,滞仁济月余,从未尝出门,又因言语不通,公邸复远,俟病瘥后,匆匆下船,但以一书交邮道歉,想已达览矣。交臂之失,罪在不赦(是日已与公相见,公在仁济抱少君就诊,至去后始为告知)。鄙人以己亥秋间东渡读书。明年北行运动拳匪不行,旋南赴汉中,与林君述唐创富有一局。

秋间率偏师举旗大通，与满师转战三次，寻败，继而汉局全隳。其年九月，以逼处不得已，烧彼南京之大军械局（马鞍山）。是时网罗日逼，遂来星埠见圣人于庇能，始知其为拐骗，乃绝交去。又至日本居两年半归，再创设《少年中国报》，以短于资本，不数月罢去。遂往来长江两年，去年往来广东三次，腊月在省城被李准搜索（疑为保党之所为），行时又仅存一人，所有行李净尽。今年原欲入龙州，因友人梁君镇堂二月初四被捕，所谋成水泡，遂来渡省，顷拟由陆入川。所谋数事，未得十分头绪，将来能往与否，须数月后始知之。近得港中新闻，阅悉为诗仲辩诬一段（《中国报》所载者），诗仲弟向不见面，秋间叻报大肆簧鼓，弟在彼时，已在贵报与驳诘数次，不料保党复以相陷，康徒毒焰久已燎原，弟于此尤为深恨，顷著有《说革命》，已寄赠仰报。贵处原有仰报，故未寄来（仰报但销数千份），此书若在贵报重登（仰报无版权系弟赠与者），或得照邹书一例，能翻刻成本送人尤妙也（共有六七万字）。惟此书成于十二日之内（以弟先欲入川恐赶不及），多有理论未完全之处，将来公如肯俯就一灾枣黎，望嘱诗、耀两兄为之校斧，或于同胞之理论与条理，均不无小补。弟因邹书徒事谩骂而不言理，故不得已而有此作也。书中驳诘康党之处甚多，可一惩其烦焰，余详伯耀函中，不缕不缕。敬请毅安。

弟秦力山顿。

中六月二十一日自云南边界。

孙君逸仙自巴黎来信，言六月过星，约相待一见，惜弟已来缅甸矣，想足下已见之矣。又弟以行止未定，前途茫杳，如承复书，竟无可达之处，如目的已达，即将由滇而蜀，复自长江东下，否则将来或有见面之日也。

冯自由《革命逸史》第6集，中华书局1981年版，第165～166页

7月25日（六月二十三日）　宋教仁至程润生寓获知孙逸仙已至东京，可与晤面，宋应允。

宋教仁《宋教仁日记》：

未初，至程润生寓。润生告余言孙逸仙已至东京，君可与晤面云。余允之。未正，至黄庆午寓，坐片刻。

湖南省哲学社会科学研究所古代近代史研究室校注《宋教仁日记》，湖南人民出版社1980年版，第89页

7月28日（六月二十六日）　孙中山与宋教仁、陈天华等会晤于《二十世纪之支那》杂志社，强调联络人才重要，欲结束各革命团体“不相联络，各自号召”局面，建立统一组织。

宋教仁《宋教仁日记》：

接程润生来信，称孙逸仙约余今日下午至《二十世纪之支那》社晤面，务必践约云。未初，余遂至该社，孙逸仙与宫崎滔天已先在。余既见面，逸仙问此间同志多少如何？时陈君星台亦在坐。余未及答，星台乃将去岁湖南风潮事稍谈一二及办事之方法，讫。逸仙乃纵谈现今大势及革命方法，大概不外联络人才一义，言中国现在不必忧各国之瓜分，但忧自己之内讧。此一省欲起事，彼一省亦欲起事，不相联络，各自号召，终必成秦末二十余国之争，元末朱、陈、张、明之乱，此时各国乘而干涉之，则中国必亡无疑矣。故现今之主义，总以互相联络为要。又言方今两粤之间，民气强悍，会党充斥，与清政府为难者已十余年，而清兵不能平之，此其破坏之能力已有余矣；但其间人才太少，无一稍可有为之人以主持之。去岁柳州之役，彼等间关至香港招纳人才，时余在美国而无以应之也。若现在有数十百人者出而联络之，主张之，一切破坏之前之建设，破坏之后之建设，种种方面，件件事情，皆有人以任之，一旦发难，立文明之政府，天下事从此定矣（逸仙之言，余尚多，不悉记）。谈至申正，逸仙约余

等来日曜日往赤坂区黑龙会会谈。余允之。遂回。

湖南省哲学社会科学研究所古代近代史研究室校注《宋教仁日记》,湖南人民出版社1980年版,第90~91页

△ 张人杰(静江)自巴黎至伦敦与孙鸿哲、吴稚晖相会,连日竟谈革命甚欢。

杨恺龄《民国吴稚晖先生敬恒年谱》:

七月,张人杰(静江)自巴黎至伦敦,孙鸿哲在饭店相遇,即与先生同往其旅馆访晤,先生与张人杰由此相识。二十八日张人杰偕林斐成来访先生,连日谈革命甚欢,并约先生赴法,至三十一日辞返巴黎。

王云五主编《新编中国名人年谱集成》第13辑,商务印书馆股份有限公司1981年版,第32页

7月29日(六月二十七日)　黄兴召集在东京的华兴会员集议,讨论与兴中会联合问题。因意见不一,最后决议加盟与否,听任各人自愿。

宋教仁《宋教仁日记》:

二十九日。晴。巳正,至陈星台寓,邀星台同至黄庆午寓,商议对于孙逸仙之问题。先是,孙逸仙已晤庆午,欲联络湖南团体中人;庆午已应之。而同人中有不欲者,故约于今日集议。既至,庆午先提议,星台则主以吾团体与之联合之说;庆午则主形式上入孙逸仙会,而精神上仍存吾团体之说;刘林生则主张不入孙会之说。余则言既有入会、不入会者之别,则当研究将来入会者与不入会者之关系如何;其余亦各有所说,终莫能定谁是,遂以"个人自由"一言了结而罢。

湖南省哲学社会科学研究所古代近代史研究室校注《宋教仁日记》,湖南人民出版社1980年版,第91页

刘孝娥《先君革命史事闻见录》(未刊稿):

觉得华兴会创业艰难,组织起来不容易,如果解散,这对湖南革命党人和哥老会众是一个打击,无形中取消了革命组织,于心不忍,实在舍下[不]得解散,故坚持不入同盟会甚力。

饶怀民《刘揆一与辛亥革命》,岳麓书社1992年版,第100页

冯自由《记中国同盟会》:

黄等对总理备致倾慕,并愿率领华兴会全体会员与总理合组新革命团体,总理深表赞同。

包遵彭、李定一等《中国近代史论丛——中华民国之建立》第1辑第8册,正中书局1957年版,第33页

△ 同盟会开预备会于阪田町程家柽寓宅,会商组织名称为"中国同盟会"。

冯自由《宋教仁遗著〈程家柽革命大事略〉补述》:

无何孙文自美洲游日本,君集陈天华、黄克强、宋教仁、白逾桓、张继、但焘、吴旸谷与孙君会议于君之北辰社寓庐,孙文所斤斤者,仍以二十人为事,自午迄酉未能决。君以历年所筹画者,默体于心,谓开山引泉,已达大川,奚事涔蹄之量以二十人为哉。开欢迎大会于富士见楼,到者将三千人,君痛言革命之理,鼓掌之声上震瓦屋,孙文大悦!

冯自由《革命逸史》第6集,中华书局1981年版,第48~49页

田桐《同盟会成立记》:

开同盟会预备会于阪田町程家柽寓宅,到八九人,商量各事及会名。孙公主张定名"中国革命党"。黄公以此名一出,党员行动不便。讨论后,定名为"中国同盟会"。

丘权政等选编《辛亥革命史料选辑》,湖南人民出版社1981年版,第94页

冯自由《宋教仁遗著〈程家柽革命大事略〉补述》:

君谓国人革命之心,自明亡国,秘密结社,到处皆是。惟各自分立,不相系属,其势弱微,不克大举。譬之太平天国洪杨之军所以与湘淮之冲突者,盖以三合会与哥老会、安清道会等先未相通也。观于苗沛霖、张宗禹之与太平,同为清廷之仇敌而不能联为一贯,则其事可以知矣。曾国藩、李鸿章何能为哉?必其联合留学归国之后,于全国之秘密结社有以操纵之。义旗一举,大地皆应,旬日之间,可以唾手而摧虏廷。若兵连祸结,则外人商业必受损害,而戎马倥偬,军士非受尽教育,则焚教堂,杀外人所不能免矣。外交牵涉,国难骤立。今留学既众,曷若设立革命本部于东京,而设分部于国内通商各口岸,他日在东留学毕业而归,遍于二十二省,则其支部之设,可以不谋而成。

冯自由《革命逸史》第6集,中华书局1981年版,第48~49页

7月30日(六月二十八日)　孙中山在东京赤坂区桧町三番内田良平住所召开中国同盟会筹备会,出席会议者七十多人。会议确定以"中国同盟会"为会名,通过了"驱除鞑虏,恢复中华,创立民国,平均地权"十六字纲领,举行宣誓加盟仪式,推举黄兴、陈天华、宋教仁、马君武、汪兆铭等八人起草同盟会章程。

邹鲁《中国同盟会》:

七月三十日假东京赤坂区桧町黑龙会为会场,召开筹备会,讨论进行。是日莅会者,有总理及黄兴、张继、陈天华、宋教仁(字遯初)、冯自由、田桐(字梓琴)、梁慕光、吴春阳、程家柽、居正(字觉生)、黎勇锡、胡毅生、朱少穆、但焘、时功玖、曹亚伯、马君武、董修武、邓家彦(字孟头)、张我华、何天炯、康宝忠、谢良牧、刘道一、黄复生(原名树中)、蒋尊簋、张树枬、朱执信(原名大符)、古应芬(字勷勤)、杜之杕、姚粟若、宫崎寅藏、内田良平等七十余人。首由总理宣布开会理由,兼及革命形势。次由黄兴等相继演说,咸慷慨陈革命大义。既而讨论组织问题,总理提议定名为中国革命同盟会,讨论结果,简称为中国同盟会。时有主张为对满同盟会者,总理以革命宗旨,不专在对满,其最终目的,尤在废除专制,创造共和,众始无异识。次提议以"驱除鞑虏,恢复中华,创立民国,平均地权"十六字为会纲。时颇有置疑于"平均地权"一语者,经总理详加解释,遂无异议通过。于是黄兴提议书立誓约,素咸赞成,乃由各人自缮一纸,举右手宣誓。词曰:联盟人省府县人某某

当天发誓,驱除鞑虏,恢复中华,创立民国,平均地权。矢信矢忠,有始有卒,有渝此盟,任众处罚。

天运　年　月　日

中国同盟会会员某某

宣誓后,由总理授众秘密口号。如问何处人?答为汉人。问何物?答为中国物。问何事?答为天下事等。继推黄兴、陈天华、马君武等起草会章,提出下次大会讨论。散会前,众议会员盟书于干部未成立前,暂托总理保管;总理盟书则由黄兴保管。当会议将毕时,以出席人众,会场后部,坐席忽告坍倒,总理笑谓此乃颠覆满清,革命成功之兆。众闻言鼓掌欢呼,此亦一革命趣事焉。

中国史学会编《中国近代史料丛刊·辛亥革命》第2册,上海人民出版社1957年版,第6~7页

冯自由《兴中会组织史》:

是岁五月由欧东归,六月初抵横滨,留东各省志士纷纷晋谒,相与讨论全国革命党合组新党问题,遂于六月二十八日(阳历七月三十日)假座东京麹町区桧町黑龙会开第一次成立会,列席者六十余人。诸发起人中属兴中会者有总理及冯自由、梁慕光、黎勇锡、胡毅生等。

属湖北日知会者有曹亚伯、时功玖等。属湖南华兴会者有黄兴、陈天华、宋教仁、张继等。属光复会者有吴春旸等。属《二十世纪之支那》社者有田桐、鲁鱼等。众议定名为中国同盟会。盟书曰:“驱除鞑虏,恢复中华,创立民国,平均地权。”即兴中会在癸卯东京军事学校所用之誓辞也。又盟书上所用天运年号,亦即欧洲新革命团体所用之年号也。同盟会成立后,总理即通告留欧各国新团体,谓已确定会名曰中国同盟会,令一律通用,由是同盟会遂继续兴中会之革命工作,努力奋斗,百折不回,从乙巳以迄辛亥,经过七年之岁月,而产生今日之中华民国。

冯自由《革命逸史》第4集,中华书局1981年版,第22~23页

冯自由《中国同盟会史略》:

及留东各省革命党同志第一次集会期届,兴中会员孙总理、梁慕光、冯自由三人自横滨莅会,各省同志之由黄兴、宋教仁、程家柽等通知到会者,有张继、陈天华、田桐、董修武、邓家彦、吴春旸、康宝忠、朱炳麟、匡一、鲁鱼、孙元、权道涵、张我华、于德坤诸人。由冯自由通知到会者,有马君武、何天炯、黎勇锡、胡毅生、朱少穆、刘道一、曹亚伯、蒋尊簋、但焘、时功玖、谢良牧诸人。由胡毅生带领到会者,有汪兆铭、朱大符、李文范、张树枏、古应芬、金卓、杜之杕、姚礼修、张树棠诸人。由宫崎寅藏通知到会者,有内田良平、末永节诸人。计莅会六十余人中,与孙总理属旧相识者,只程家柽、马君武、张继、黎勇锡、胡毅生、朱少穆、冯自由、宫崎寅藏、内田良平、末永节等十人,其余皆新同志也。时甘肃尚未派学生游学,故是日到场者有十七省人。独甘肃一省缺席耳。众推孙总理为主席,于是总理详言全国革命党各派应合组新团体以从事讨虏工作之必要。众无异议。继复提议定名为中国革命同盟会。时有主张用对满同盟会名义者,亦有谓本会属秘密性质,不必明用革命二字者。再四讨论,卒从后说,确定名称为中国同盟会。总理更提议本会宗旨拟规定“驱除鞑虏,恢复中华,创立民国,平均地权”四事为纲领。有数人于平均地权一节略有疑问,总理乃历举世界革命之趋势及当今社会民生问题之重要,谓平均地权即解决社会问题之第一步方法,吾党为世界最新之革命党,应高瞻远瞩,不当专向种族政治二大问题,必须并将来最大困难之社会问题亦连带解决之,庶可建设一世界最良善富强之国家云云。演讲约一时许,众大鼓掌。曹亚伯首言我凭良心签名,全场无异议。黄兴倡议公推孙中山先生为本党总理,不必经选举手续,众咸举手赞成。即由总理拟一盟书方式,经众推黄兴、陈天华二人审定,辞句如下:

联盟人　省　县　人

当天发誓:驱除鞑虏,恢复中华,创立民国,平均地权。矢信矢忠,有始有卒。如或渝此,任众处罚。

天运乙巳年　月　日中国同盟会会员

会众签署盟书后,总理遂领导各人同举右手向天宣誓如礼。誓毕,总理谓在干事会未成立前,众人盟书暂由我保管,我之盟书则请诸君举一人保管,众推黄兴任之。旋总理至隔室分别授会员以同志相见之握手暗号,及三种秘密口号。一曰汉人,二曰中国物,三曰天下事。随与各会员一一行新握手礼,欣然道喜曰:为君等庆贺,自今日起,君等已非清朝人矣。语毕,室之后部木板卒然坍倒,声如裂帛。总理曰,此乃推翻满清之预兆。众大鼓掌欢呼。众复推定马君武、陈天华、宋教仁、汪兆铭为会章起草员,约于下次开会时提出。

冯自由《革命逸史》第2集,中华书局1981年版,第137~139页

张难先《湖北革命知之录》:

总理乃约黄兴等会于《二十世纪之支那》社,为言革命必须团结力量之义,兴深以为然,遂于七月三十(系阳历,阴历为六月二十八日)假东京赤坂区桧町黑龙会为会场,召开成立大

会，讨论进行。是日莅会者，有总理及黄兴、张继、陈天华、宋教仁、冯自由、田桐、梁慕光、吴春阳、程家柽、黎勇锡、胡毅生、朱少穆、但焘、时功玖、曹亚伯、马君武、董修武、邓家彦、张我华、孙元、何天炯、康宝忠、谢良牧、刘道一、蒋尊簋、张树楠、汪兆铭、朱大符、古应芬、李文范、金章、杜之杕、姚粟若、宫崎寅藏、内田良平等七十余人，籍贯包括全国十七省，惟甘肃一省阙焉，盖其时甘肃尚未有留日学生也。首由总理宣布开会理由，兼及革命形势，次由黄兴、曹亚伯等相继演说，咸慷慨陈革命大义。既而讨论组织问题，总理提议定名为中国革命同盟会。时有主张对满同盟会者，总理以革命宗旨，不专在对满；其最终目的，尤在废除专制，创造共和。讨论结果，定为中国同盟会。次提议以"驱除鞑虏，恢复中华，创立民国，平均地权"十六字为会纲。颇有疑于"平均地权"一语者，经总理详加解释通过。于是黄兴提议书立誓约，众赞成，由各人自缮一纸，举右手宣誓。词曰：联盟人某省某府某县某某某，当天发誓：同心协力，驱除鞑虏，恢复中华，创立民国，平均地权。矢信矢忠，有始有卒。如或渝此，任众处罚。天运×年×月×日中国同盟会会员××

严昌洪等编《张难先文集》，华中师范大学出版社2005年版，第126～127页

《宋教仁日记》：

辰正，至陈季甫寓。时季甫因病，欲将其代理之《二十世纪之支那》社庶务干事托邓清典代理之，而欲余作交代之凭证。余允之。巳正，至卧龙馆。午初，偕陈季甫至邓清典寓，证其交代一切事件，讫，午正回。写致戴琫璋信，为田中弘之绍介也。未初，至赤坂区桧町三番黑龙会，赴孙逸仙会也。既至，则已开会。到者七十余人。孙逸仙先演说革命之理由及革命之形势与革命之方法，约一时许，讫；黄庆午乃宣告今日开会原所以结会，即请各人签名云。乃皆签名于一纸，讫。孙逸仙复布告此会宗旨，讫；复由各人自书誓书，传授手号；卒乃举起草员，规定章程，举得黄庆午等八人，讫，乃闭会。

湖南省哲学社会科学研究所古代近代史研究室校注《宋教仁日记》，湖南人民出版社1980年版，第92页

曹亚伯《武昌革命真史》上册：

初开成立会于东京赤坂区之黑龙会，宫崎寅藏为热心之招待员，到者有龚国煌、时功玖、田桐、居正、李烈钧、唐继尧、阎锡山、尹昌衡等四十余人，首请孙文演说，说明革命即造反、造者即造世界，反者即反对异族强权卖国政府，演说甚长。次即予演说，说明汉人亡国、鞑子入主，凡属汉人皆当驱除异族，恢复汉人江山。再次则为黄兴演说，说明革命后，如何普及教育，如何振兴实业，如何整理内治，如何修睦外交。听者皆为奋发。演说毕，故意由同志假反对论反驳之，以探在座者之革命心理，是否坚定。予胜气与之争锋，众皆鼓掌。然后宫崎寅藏持出日本信纸一卷请众签名，众皆席地而座，静默不动。予则愤然而起挥笔写"曹亚伯"三大字，曰，凭吾良心签名。次程家柽曰："我亦凭我良心签名。"于是按次皆签名矣。最后有二人，年颇长，北方人，盘辫于顶，忘其名，不肯签字，以反对予所写之三大字太不恭敬为由。予则谓今日之会，非考翰林。黄兴补之曰，老兄欲考翰林，则请向满洲政府投考，众则解和劝勉，二人卒签名。会毕，孙文请大家少待，孙文先生至会所大门旁之一小室，请与会者按次传握手秘号，并宣读一纸誓约，宣读时，用左手向天，文曰，当天发誓，同心协力，驱除鞑虏，光复中华，创立民国，平均地权，矢信矢忠，有始有终，如或渝此，任众处罚。因进出于大门者四十余人，日本式之木屋，颇不坚实，大门内之地板，为之倒塌，众皆惊之，予则曰异族政府必倒，以此为兆。

曹亚伯《武昌革命真史》前编，上海书店1982年版，第15～16页

宫崎寅藏《回忆友人黄克强》：

从这个时候起,黄兴等人的革命活动开始活跃起来了。他和各省重要人物商量,准备组织一个革命团体,须先开个筹备会。因为会是秘密开的,开会地点,颇费考虑。我家房子很窄狭,十个人以上就容纳不下,不能利用。何处合适呢?经过反复商量,最后决【定】在内田良平家中开。届时到会的人数比预定的要多得多,屋子里挤得满满的。正开会时,突然"冬"的一声巨响,原来地板的枕木被压断了。革命同志都说这是推翻清朝的吉兆,大家不禁拍手欢呼起来。

田伏隆主编《忆黄兴》,岳麓书社 1996 年版,第 138 页

田桐《同盟会成立记》:

到会者四十余人,公众皆欢舞。忽有湘人张明夷以定名不当,谓既抱颠覆满廷之志,当为对象立名。孙曰:"不必也,满洲政府腐败,我辈所以革命,即令满人同情于我,亦可许其入党。"曹亚伯起曰:"今日大家主张革命,始来此间,如有异议,何必来?兄弟凭良心首先签名。"众皆和之,各书誓约一纸。是日天气炎热,为旧历六月二十四日,新历七月下旬也。

丘权政等选编《辛亥革命史料选辑》,湖南人民出版社 1981 年版,第 94 ~ 95 页

居正修《访问邓家彦先生第一讲》:

总理到日本不久,主张在日本应该有个组织,因为总理从欧洲回来,欧洲已经组织有中国革命同盟会,东京同盟会组织以后,我们小组织的人,一起都加盟。从此以后,我们小团体的进行,也就跟着总理走,而从前没有首领,这时候大不相同了。

黑龙会开会我是参加的,那次开会是在内田良平家中。我们小团体中,除了我以外,吴鼎昌、康宝忠、黄复生、刘鼎彝(四川彭县人)等都参加。成城学校也有不少人参加,就我认识的便有一二十余人(以后我被举为司法部长,票数很多,原因也就在此)。此外有位李肇甫(字伯申)也参加,他是年龄很轻的,比我们还小几岁。这天我印象很深的是认识了汪精卫,他带一副蓝眼镜,头发梳得很光。戴蓝眼镜大概是有眼病,我只见他常常拿下眼镜点眼药。胡展堂先生这次似乎也来了,个子很小,瘦瘦的很精干。黑龙会开会,本来定名是中国革命同盟会,后来因为革命两字,在中国内地不很通行,所以简称中国同盟会了。

丘权政等选编《辛亥革命史料选辑》,湖南人民出版社 1981 年版,第 91 ~ 92 页

刘揆一《黄兴传记》:

以革命事关机密,故于七月中旬开筹备会,以赤坂区黑龙会为会场。协议结果,将孙公主宰之兴中会与华兴会,及留学界深表同情者,合组为同盟会,中分八部职务。而以"驱除鞑虏,恢复中华,建立民国,平均地权"为信条。

中国史学会编《中国近代史资料丛刊·辛亥革命》第 4 册,上海人民出版社 1957 年版,第 281 页

《宋教仁遗著〈程家柽革命大事略〉补述》:

越日开成立大会于赤坂区桧町十五番地内田良平家,适有心怀首鼠而昧于孙文之为人者,崛然起立,诘问于孙文曰:"他日革命成功,先生其为帝王乎?抑为民主乎?请明以告我!"其在会场近三百人,正演说酣畅,闻诘问之言,忽然如裂帛中止。孙文、黄兴不知所谓,默然莫对,会之成否,间不容发。君(程家柽)知事急,乃越席而言曰:"革命者,国人之公事也,孙先生何能为民主君主,惟在吾人之心中,苟无慕乎从龙之荣,君主无自而生。今日之会,惟研求清廷之当否革除,不当问以帝王民主也。"议乃决,争具盟书,名之曰"中国同盟会"。其时为民国纪元前七年八月十六日也。公推孙文为会长,黄兴为庶务长,田桐为内务部长,胡衍鸿为文事部长,廖仲恺为会计部长,以君在东日久,推为外交部长,改《二十世纪之支那》曰《民报》。而二十二省各选分会长一人,以本部总其成焉。

冯自由《革命逸史》第 6 集,中华书局 1981 年版,第 49 页

编者按:对于与会人数,各书所记不一。陈锡祺在其主编的《孙中山年谱长编》一书中作了一定考证。他指出:"田桐《革命闲话》谓四十余人;《宋教仁日记》谓七十余人;冯自由谓六十余人或七十余人(《革命逸史》第2集),邹鲁《中国国民党史稿》亦谓七十余人。此据《同盟会成立初期之会员名册》,并参照冯自由、邹鲁诸书记载。名册使用公历、夏历不一,凡署乙巳六月二十八日或七月三十日者均是。安徽程家柽等未署日期,酌定。诸书记是会已有十七省留学生参加,误。其余各省最早参加者为:八月六日江苏高剑公,八月十三日四川许行怿,八月十四日山西谷思慎,八月十九日河南曾昭文,八月二十一日贵州于德坤、平刚,九月九日云南吕志伊。山东徐镜心署期为乙巳六月七日,疑误。但由彼介绍入盟者最早为乙巳七月二十七日。梁慕光等人系八月六日入会。"(陈锡祺主编《孙中山年谱长编》,中华书局1991年版,第343页)

△ **唐群英成为同盟会第一位女会员**。

龙之祖、凌霄九、曾启球、罗绍志、唐存正《中国女权运动先驱唐群英》:

七月,又经黄兴介绍会见了孙中山。八月二十日,华兴会与兴中会合并为中国同盟会时,她作为华兴会唯一的女会员转入同盟会,成为同盟会的第一个女会员。由于唐群英比相继加入同盟会的何香凝大三岁,比秋瑾大六岁,同盟会会员都尊称她为"唐大姐"。

田伏隆主编《辛亥革命在湖南》,岳麓书社1997年版,第349~350页

△ **各省留学生纷纷加入同盟会**。

冯自由《中国同盟会史略》:

自第一次开会后,留日各省学生逐日加盟者络绎不绝。

冯自由《革命逸史》第2集,中华书局1981年版,第139页

冯自由《曹亚伯传》:

七月孙总理自欧洲抵日本,与黄克强联合旅日全国各派革命党人组织中国同盟会,第一次成立会假座赤坂桧町黑龙会所,冯自由预约亚伯赴会。当各写盟书时,亚伯自书籍贯曰兴国州。有广西人某不知有兴国州地名,以为儿戏。亚伯曰:"君不知太平天国大败清军时有兴国州人包打洪山之事乎?(事见刘著《太平天国战史》)若无兴国州人,你们两广的天王洪秀全焉能安然在金陵登基也。"众笑解之。

严昌洪等编《张难先文集》,华中师范大学出版社2005年版,第71页

李根源《辛亥前后十年杂忆》:

同盟会成立,我即加入,并忝列同盟会第一次开会签名单中三十七人之列。

中国政协文史资料委员会编《辛亥革命亲历记》,中国文史出版社2001年版,第122页

陈雅整理《从兴中会至辛亥革命的忆述——李自重回忆录(遗稿)》:

一九〇五年(乙巳)夏,中山先生及诸同志于东京正式成立同盟会,余忝列为倡议人之一,并与冯自由二人受中山指令为中国同盟会省港澳地区代表。

中国政协广东省文史资料委员会编《广东辛亥革命史料》,广东人民出版社1981年版,第214页

冯自由《清季之西北革命运动》:

留东学界与西北革命清季各省革命风潮之汹涌,实以留日各该省学生为其主动,西北诸省其最著者也。当乙巳年(一九〇三[五]年)中国同盟会成立于东京,第一日与会者有十七省学生,十八省中只有甘肃一省因未派生出洋,故尚无人参加。计当时西北各省学生先后入党者:直隶张继、杜羲诸人,山西有谷思慎(仲言)、王荫藩、荣福桐、荣炳、景定成(梅九)、朱炳麟、燕斌、景耀月诸人,陕西有康宝忠、邹子良、曹雨亭、赵世钰、于右任诸人。时任驻日之山西同盟分会长者为谷思慎,任该会评议长者为景定成,任陕西同盟分会长者为康宝忠,任该会评议长者为赵世钰,彼等更另设一明明社,专介绍西北各省人加入同盟会,先经该会审

查后始引进之。

冯自由《革命逸史》第 2 集,中华书局 1981 年版,第 271 ~ 272 页

程潜《仇亮传》:

仇亮,原名式匡,字蕴存,号冥鸿。湖南湘阴人。幼能文善诗,应童子试,常列高等。年十六,补博士弟子员。及冠,食廪饩。肄业求实书院,究心明儒王船山、黄梨洲、顾亭林之学,民族思想油然而生。睹清政日非,列强交侵,赔款割地,国势阽危,以为欲救中国,非先推翻清朝帝制,使国内诸民族一律平等不可。乃愤然弃科举艺,之日本,游学宏文学院,与杨毓麟、陈天华辈创《游学译编》,鼓吹革命。益肆力研寻治术,博览群籍,因悟革命非武力不为功,于是,入日本振武学校习军事,刻苦自励,成绩优异。

岁乙巳,孙中山、黄克强组同盟会于东京,亮即参加,担任该会湖南支部长。正值中国留日学生革命情绪趋入高潮,亮与同乡程潜、程子楷、陈强,江西李烈钧,云南罗佩金、唐继尧、李根源、叶荃,湖北李书城、孔庚、耿觐文,河南曾昭文、韩凤楼,陕西张凤翙,河北姜登选,山西阎锡山等热心反清人士深相结合,潜心研讨民族革命方略,莫不意气轩昂,情绪奋发。亮以生性笃实长厚,尤为众所赞美,有仇长厚之称。不少同学由亮联络加入同盟会。

田伏隆主编《辛亥革命在湖南》,岳麓书社 1997 年版,第 365 页

林文静《蔡孑民先生二三事》:

同盟会虽由兴中会、华兴会、光复会所组成,但并不是所有光复会会员尽是同盟会会员。有原是光复会会员后加入同盟会的,这是多数,因蔡先生既是光复会会长,又是同盟会上海分部负责人,也有的光复会会员并未加入同盟会,如徐锡麟就是没有加入同盟会的。

中国政协浙江省文史资料委员会编《浙江辛亥革命回忆录》,浙江人民出版社 1981 年版,第 14 页

夏　魏兰归国后在上海设立讲习所宣传革命道理。后入嘉兴,任敖家熊创设的温台处会馆总理,经营浙江会党事务。

阙良庆《魏兰与陶成章》:

同年夏,魏兰偕陶成章一道归国,在上海设立讲习所,魏兰在讲习所竭力宣传革命道理。后入嘉兴,任敖家熊创设的"温台处会馆"总理,经营浙江会党事务,并推荐处属会党骨干、光复会成员吕逢樵、丁镁、魏毓祥、赵卓、魏毓蕃、魏仲麟、许绍南等人为执事员。其时,"温台处会馆"实为革命党与会党联络之中枢机关,后因经费不足,会馆难以维持而停办。

中国政协浙江省文史资料委员会编《浙江辛亥革命回忆录》续辑,浙江人民出版社 1984 年版,第 81 ~ 82 页

7—8 月间(六月)　陈独秀、常恒芳、柏文蔚等在安徽芜湖成立革命团体岳王会,举陈为总会长。他们利用暑假到皖北各地结交淮上革命志士。秋冬间在南京、安庆设立分会。

柏文蔚《五十年经历》:

……旋约陈仲甫、宋少侠、王静山、方健飞诸君作皖北之游,遍访江湖侠为之士。于是有石敬五(竟武)、宋健侯诸人,皆为吾人之健将焉。甲辰,余二十九岁,由皖北来至芜湖。是时郭其昌已死,徒众四散,官厅究缉之事亦渐寝息。于是由湘迁芜之安徽旅湘公学,易名为安徽公学,主持人为李光炯,邀余入校。是时所延请教师,有精于汉学之刘光汉君,化名金少甫,组织黄氏学校,专门从事暗杀工作。余与李光炯诸友,皆刺血为盟加入团体。旋以排满革命,徒众宜多,主义虽定,宣传宜广,又于中学及师范两校以内集学生之优秀者联络组织成立岳王会。盖岳武穆抵抗辽金,至死不变,吾人须继其志,尽力排满。此种组织,陈仲甫、常

恒芳皆最重要分子也。会员入会用江湖上宣誓方式，绝对秘密。后又在安庆成立分会，吸收对象主要是军人。而会员为了运动军队，投入新军当兵的也不少，后来形成一部分强有力的革命力量。

中国社科院近代史研究所编《近代史资料》第3期总40号，中华书局1979年版，第8页

常恒芳《记安庆岳王会》：

我那时是该校师范班学生，而且年龄比较大，因此也参加了这个组织。当时参加组织的还有武备学堂的部分军人。整个组织大概共有三十多人。所订章则，主要内容不外为反清。我们将章则拟好后，字句中还夹杂许多不相干的话进去，使人看不出，以防泄漏。第一次开会在芜湖，用烧香宣读誓约的形式，并在芜湖租了两间房子，作为联络据点。我们在通信的时候，都用假名字。例如当时有个姓孙的叫孙天一，刘光汉改名叫金少甫。刘当时不过二十岁左右，他在学校教历史和伦理学，还参加《国粹学报》。到了寒假，大家都要回家了，推举我留在芜湖负责。后来邓绳侯在安庆办了一个尚志学校，要我到那里去担任训导主任，我也就去了。我到安庆去是负有发展革命组织使命的。这时第一期武备学校训练已结束，第二期又在乡里招了一批兵，各县也有许多读书人都参加了，其中还有许多熟人。他们的革命热情都很高，教职员中有些都是从日本学师范学体育回来的，也在我们那里教书，于是我们成立了岳王会安庆分部。这时柏烈武在南京也联络了一些人成立了岳王会南京分部。岳王会总会仍设在芜湖，由陈独秀当会长，南京柏烈武为分部长，安庆分部长就是我。安庆仅有二三十人，我们感到人数太少，力量不够，因此又成立了一个外围组织叫"维新会"，老三营的人大概都参加了。这年秋天，清政府决定在总督所在地成立一镇，由于干部不够，乃在安庆举办干部训练班，人员由绿营里挑选，好的可以当头目，作为新军的干部。我感到要革命非有武力不行，看见有这样的一个机会，也想进去。但是我不是绿营里的人，没有被挑选资格，因此找了任练公所中有两个从南京柏烈武那里来的教练官，请他们把我保送到训练班。这个训练班分五个队，每个队里都有我们的同志。我入训练班后，虽然是学员，但因为我是岳王会的安庆分部长，仍然可以对岳王会的同志起领导作用。那时像迎江寺宝塔里和大观亭后面松树林，都是我们开会的地方。

中国政协文史资料委员会编《辛亥革命回忆录》第4集，文史资料出版社1981年版，第438～439页

安文生《安庆光复前后》：

一九〇五年，柏文蔚领导的安庆新军革命力量，与陈独秀领导的芜湖"安徽公学"革命力量，联合成立了安徽岳王会，团结全省爱国力量，为武装起义创造条件。

中国政协文史资料委员会编《辛亥革命亲历记》，中国文史出版社2001年版，第533页

△ 经犬养毅介绍，孙中山与越南志士潘佩珠会晤于横滨致和堂。

《潘佩珠年表》：

一日，犬养毅以一书招余至宅，为余介绍于孙逸仙先生。孙先生系中国革命党之大领袖，时方由美洲到日，为组织中国同盟会事，逗留横滨。犬养毅谓余曰：贵国独立，当在中国革命成功之后，彼党与君同病相怜，君宜见此人，预为后来地步。越日，余持犬养毅名帖及其介绍书，诣横滨致和堂谒孙。时夜八点钟矣。孙出笔纸与余笔谈革命事。孙曾读过《越南亡国史》，知余脑中未脱君主思想，则极痛斥君主立宪之虚伪。而其结果则欲越南党人加入中国革命党，中国革命先成功之时，即举其全力援助亚洲诸被保护国，同时独立，而首先着手于越南。

余所答词，则亦谓其民主共和政体完全。而主意则反欲中国革命党先援越南。越南独

立时,则请以越地借与中国革命党为根据地,可进取两广以窥中原。

余与孙力辩相持有数点钟之久。夜十一点,余起辞别。孙约以次夕再会谈。

越后日复至致和堂会孙,再申明前夕所谈之意。……其后吾党穷急时,得借手于彼党为多,则亦两夕会谈为之媒介也。

中国政协广东省文史资料委员会编《广东文史资料》第22辑,广东人民出版社1978年版,第224页

编者按:关于孙中山与潘佩珠相会时间,台北政治大学历史研究所蒋永敬在《孙中山与潘佩珠》一文作了考证。他指出:孙文于一九〇五年七月抵横滨,十月七日离日赴西贡;潘佩珠则在八月上旬(阴历七月)离日,至十月八日前(阴历九月十日前)返日,故孙、潘会晤时间应在阳历七月下旬至八月上旬之间。(广东孙中山研究会《"孙中山与亚洲"国际学术讨论会论文集》,中山大学出版社1994年版,第20~22页)

△ 蔡元培将爱国女校委托吴书箴、徐紫虬接续办理,吴任庶务,徐任教务。

蒋维乔《中国教育会之回忆》:

暑假,蔡孑民因接办爱国女学校满一年,无力支持。教育会新入会会员,吴书箴、徐紫虬二人,锐意接办,即由蔡孑民委托吴君任庶务,徐君任教务,接续办理,不设经理名义。蔡孑民先生常言云:"余长爱校,前后数次。凡革命同志,徐伯荪、陶焕卿、杨笃生、黄克强诸君到上海时,余与从弟国亲及龚薇生[味荪]等,恒以本校教员资格,借本校为招待接洽之机关。其时较高级之课程,亦参革命意义,如历史授法国革命史、俄国虚无党故事,理化则注重炸弹制造等。又高级生周怒涛等,亦秘密加入同盟会"云云。

中国史学会编《中国近代史资料丛刊·辛亥革命》第1册,上海人民出版社1957年版,第494页

△ 李根源等在横滨面见孙中山。

李根源《辛亥前后十年杂忆》:

甲辰(一九〇四年)七月,我由滇省考送日本留学,入振武学校习陆军。次年乙巳四月,见黄克强先生于东京。六月,偕杨秋帆(振鸿)、罗铭先(佩金)见孙中山先生于横滨,有陈天华、匡一、刘揆一、仇亮及日人头山满、宫崎寅藏等在座。中山先生勉励我等,谓:"革命是艰苦事,要卖命。"

中国政协文史资料委员会编《辛亥革命亲历记》,中国文史出版社2001年版,第122页

8月1日(七月初一日)　宋教仁同意于业乾合并《二十世纪之支那》与《醒狮》杂志的建议,嘱业乾与高天梅商议。8月4日(七月初四日)宋教仁至高剑公寓,获知《醒狮》同人皆不欲《二十世纪之支那》合并,应允剑公每日一文要求。

宋教仁《宋教仁日记》:

酉正,至于业乾寓,坐谈良久。时高天梅新发起《醒狮》杂志,业乾欲以《二十世纪之支那》合并之。余亦以为然,遂属业乾与天梅商焉。

湖南省哲学社会科学研究所古代近代史研究室校注《宋教仁日记》,湖南人民出版社1980年版,第93页

王启勇《留日学生与广西辛亥革命》:

一九〇五年八月马君武、陈去病、柳亚子等人合办了《醒狮》,大力宣传孙中山政治主张,反对康、梁保皇活动,反对外国瓜分中国。

中国政协广西区文史资料委员会编《广西文史资料选辑》第34辑《纪念辛亥革命八十周年专辑》,中国政协广西区文史资料编辑部1992年版,第190页

8月4日(七月初四日),宋教仁至高剑公寓,获知《醒狮》同人皆不欲《二十世纪之支

那》合并,接受剑公每日作文一篇的要求。宋教仁《宋教仁日记》:

下午,未正,至于业乾寓,谈良久。申正,至高剑公寓。剑公告余,言《二十世纪之支那》与《醒狮》合并事,《醒狮》同人皆不欲云云。剑公并请余作文,每日一篇,余允之。

湖南省哲学社会科学研究所古代近代史研究室校注《宋教仁日记》,湖南人民出版社1980年版,第93页

8月4日(七月初四日) 张之洞致电中国驻美使馆询问合兴股东会议情形及画押具体日期。后得知展期,张催梁诚敦促合兴公司迅速议妥签字,否则废约,由三省立时开办路工。

张之洞《致华盛顿中国使馆参赞张权》(光绪三十一年七月初四日申刻发):

今日为合兴股东会议之期,赎路事究竟有无变动,各股东会议情形,速确探电覆。

张之洞《致华盛顿梁钦差》(光绪三十一年七月初四日申刻发):

摩根原约西八月四号股东会议后即可画押,今已届期,所议如何,究定于何日画押,祈速电覆。

张之洞《致纽约梁钦差(华盛顿使馆转)》(光绪三十一年七月初九日申刻发):

摩根果为初到事繁,改期会议,改缓数日即可,何遽缓至二十余日,其为有意迁延,已可概见。三省绅民望画押之期如望岁,闻其屡次改期,颇为鼓噪,鄙人亦深受责备。务恳极力设法,催令迅速议妥签字,以符路提与福士达等原约。此事鄂、湘、粤三省绅民心坚如铁,万不能再任变更。如合兴再事迁延,惟有直告废约,由三省立时开办路工,其前次停工后虚縻借款利息,应向合兴索偿,以昭平允。

张之洞《致纽约梁钦差》(光绪三十一年七月初十日亥刻发):

昨英领接萨使电,谓美柔使面告,已电其政府勿许合兴将路权售归中国等语。是摩根此次延期缓议必有异心。……赎约已有成议,岂容复悔。鄂、湘、粤三省绅民志坚意决,此路断不容合兴承办。无论美人意见若何,我惟有从速开工。现已分头招雇工程师勘验兴修,别无他说。务祈密商福士达等妥筹抵制,切劝摩根及早签订正约,免生波折。

国家清史编纂委员会·文献丛刊《张之洞全集》(11),武汉出版社2008年版,第223页

8月5日(七月初五日) 秋瑾考入青山实践女学校校长下田歌子为中国女学生开设的速成师范班学习。

《实践女学校支那留学生分教场日记》(明治三十八年七月十七日至十一月七日)原始复印件:

八月五日　土　晴

本日学生秋瑾入校。

章念驰《秋瑾留学日本史实重要补正》,中国政协浙江省文史资料委员会《浙江辛亥革命回忆录》第3辑,浙江人民出版社1985年版,第20页

王时泽《秋女烈士瑾略传》:

一九〇五年秋,入日本实践女学校师范班研究教育。课余执笔为文,危坐达旦,愤辄自椎其胸,深以苟活不能雪国耻为恨。

《湖南历史资料》编辑室《湖南历史资料》1980年第1辑,湖南人民出版社1980年版,第220页

初秋 秋瑾组织浙江留日同学帮助陈范二妾湘芬、信芳走上独立道路,鼓励其女陈撷芬反抗父命解除婚约。

冯自由《鉴湖女侠秋瑾》:

瑾乃再莅日,时湘人陈范(梦坡)以苏报案关系,亡命横滨,其携来二妾湘芬、信芳均浙籍,系出故家,瑾以其有玷同乡名誉,乃使脱离陈氏范围。并劝同乡学生助以学费。湘芬、信芳因得离陈独立,瑾之力也。又陈范之女公子撷芬曾发刊女苏报于上海,名重一时,亦以党案随父居日,忽奉父命将嫁粤省商人廖翼朋为妾,留学界闻之大哗,瑾乃召集女同学开全体大会,向撷芬严厉警告。撷芬谓事出父命,不得不从。瑾曰:"逼女作妾即是乱命,事关女同学全体名誉,非取消不可。"众鼓掌和之。撷芬觍然退席,婚事遂以瓦解。瑾之天性义侠,略见一斑。

冯自由《革命逸史》第2集,中华书局1981年版,第165页

8月6日(七月初六日)　孙中山特派黎勇锡与何香凝商量,欲借其寓所为开会与收信地。

何香凝《我的回忆》:

一九〇五年孙先生由欧洲回到日本,积极筹备组织同盟会的工作。他的活动范围更广泛了,方式更多样了。他这次在东京一间名叫"高阳馆"的旅店居住。那些一贯与清政府相勾结、向来对于孙先生的行动深为注意的日本警察,又常常看见孙先生收发很多书信,会见很多客人,聚众宣传,高谈阔论,当然把孙先生的革命活动完全报告上去。孙先生的行动因此时常受到干涉。孙先生为了以后能够继续顺利地多做些革命工作,想找一个可靠的人,借他的寓所作为开会及收信地点,以便掩护。因为我和仲恺参加"革命同盟"的活动已经不少日子,而我们夫妇又是自己租赁房子居住,孙先生觉得在我家开会及收信极为合适,就叫黎仲实来找我谈。黎仲实转达了孙先生这个意思,我十分赞成,孙先生还特别提到严守秘密的重要,希望我不要雇用日本女中。我都一一答应了。为了保守秘密,我还特意去找一间合适的房子。几天以后,搬了一次,由本乡搬到神田,连女中也没有雇,每天下课以后亲自操持家务。我就是在这个时候才开始学会自己洗米、生火、烧饭等等家务劳动的。自此以后,我家就成为通讯联络站和聚会场所。

中国政协文史资料委员会编《辛亥革命亲历记》,中国文史出版社2001年版,第14~15页

8月7日(七月初七日)　孙中山到达日本后,首先吸收了原来同他有较密切联系的何香凝等人办理入盟手续。

《革命文献》第二辑中《中国同盟会成立初期(乙巳丙午两年)之会员名册》:

姓　名	籍贯	年龄	加盟年月日	主盟人	介绍人	备考
何香凝	南海		乙巳七月七日			

丘权政等选编《辛亥革命史料选辑》,湖南人民出版社1981年版,第134页

何香凝《我的回忆》:

那时,酝酿正式成立同盟会的工作已经相当就绪。而这时候仲恺返回香港筹借留学费用,不在日本。就在孙先生叫黎仲实来和我谈借房子开会的第二天晚上,我在我的寓所里办了加盟手续,那时我还住在本乡。我清楚地记得我举着右手,在孙先生的领导下读了"驱除鞑虏,恢复中华,创立民国,平均地权,有始有终,如或渝此,任众处罚"的誓言。我虽然早已参加了"革命同盟"的活动,并且早把"驱除鞑虏,恢复中华,创立民国,平均地权"四句口号作为我革命奋斗的目标,但是现在我又正式办理加盟手续了,再想到我们献身的革命事业有了越来越多的人拥护,势必越来越加快发展,我当晚兴奋激动得彻夜难眠。和我同时办理入

盟手续的还有黎仲实、马君武以及日后刺杀仲恺的真凶胡毅生等人,这就是孙先生在日本发展的第一批同盟会会员。我们这几个人和稍后入盟的廖仲恺、朱执信,后来都成为中国同盟会的骨干。

中国政协文史资料委员会编《辛亥革命回忆录》第1集,文史资料出版社1961年版,第16页

何香凝《对中山先生的片段回忆》:

一九〇五年,我参加了同盟会。那时盟员中女的只有我一个。加盟的手续,本来要两个人介绍,我填的加盟书,只有黎仲实一个人的签名,后来孙先生看了,他也签了个名字。于是由孙先生和黎仲实两人的介绍,我参加了同盟会。

我加入同盟会的宣誓仪式,是在我家举行的。我现在还清楚地记得我当时是举起右手,激动地读了"驱除挞[鞑]虏,恢复中华,创立民国,平均地权,矢信矢忠,如或渝此,任众处罚"的誓言。从此以后,我就由于孙中山先生的带领和引导,正式参加了同盟会的组织,成为这个革命团体的一员,我决心恪守誓言,终生献身于伟大的革命事业。

尚明轩等编《孙中山生平事业追忆录》,人民出版社1986年版,第33页

△ 宋教仁在程家柽寓所会晤孙中山。

宋教仁《宋教仁日记》:

未初,至程润生寓,晤孙逸仙,言今晚六时约诸同志在山口方相会。

湖南省哲学社会科学研究所古代近代史研究室校注《宋教仁日记》,湖南人民出版社1980年版,第94页

8月9日(七月初九日) 日俄开始在美国朴次茅斯议和谈判。

8月10日(七月初十日) 清外务部致电张之洞询问驻美使臣梁诚代政府与合兴公司订立草约之事,8月12日(七月十二日)张之洞复电详陈赎约内情,粤汉铁路合同,美国如食言,惟有废约。并请外务部、军机处鼎力支持,促成此事。

《外务部来电》(光绪三十一年七月初十日午刻到):

美使据新闻纸称:"中国梁钦使代政府与合兴公司订立草约,将粤汉铁路合同作废,愿偿美金六百七十五万元,系梁钦使自拟办法。并询中国政府曾否给梁钦使废约之权,此项草稿已否报知政府"等语。此事现在商议若何?希即电复。

苑书义等编《张之洞全集》,河北人民出版社1998年版,第9361页

张之洞《致外务部、军机处》(光绪三十一年七月十二日寅刻发):

粤汉铁路与合兴废约一事,敝处自奉上年十月二十一日寄谕饬令妥筹办理,以挽利权。即经钦遵电达盛大臣,会电驻美梁使,照会美外部,声明与合兴废约,原文由盛大臣于冬月愿电并达贵部在案。嗣因盛大臣与湘绅意见不洽,在东西洋各国中国留学生又纷电敝处,虑盛大臣回护前约,公请敝处独力担承。迫不得已,始定计由洞一人径电梁使,切实筹商办法。半载以来,内与三省官绅再三讨论,外与合兴公司往返辩驳。深恐牵动交涉,专用和平办法,改废约为赎约,于美国体面毫无伤损,相机操纵,费尽苦心。又经梁使竭力磋磨,始有成议。……查此次废约,叠奉寄谕,责成妥办,是以遵旨切电梁使妥商就范。……惟此事三省绅民志坚意决,为大局计,此路舍赎回自办,更无第二办法。……务恳贵部鼎力维持,查照梁使来电所陈,俯赐照会驻京美使,并电梁使照会美政府,必免变局,而竟全功,实于国家大局有益。三省数千万士民,皆将感颂贵部、贵处主持之德矣。

国家清史编纂委员会·文献丛刊《张之洞全集》(11),武汉出版社2008年版,第224~225页

8 月 11 日(七月十一日)　曾铸发表《留别天下同胞书》,表达了自己不惜为抵制美货而牺牲的决心,鼓励人们不用美货,但不可暴动,以免贻各国诘责中国不文明的借口。

《曾少卿留别天下同胞》:

初八日得某某密函,有谓某等闭门私议,已定害公之策,大旨不外运动当道,恐吓政府,有虽糜巨万在所不惜之语,并引林文忠已[一]事为证,函凡千二百言;有谓运动各领事,谓华人团体若成,势将不利各国,若不猛予力压,欧西之人窃恐不能安居中土,函凡七百余言。此两函最为警切,其余语不近情者尚有数缄,则等诸自桧接阅后虽感热诚,初未介意。初九日有素不相识之客二人来,一见请间叩其来意,除大旨与初八函告近似外,详言某等私意图害情形,历历如绘。即初十退货之议,仆未赞成。前日登报声叙者,不幸亦为不佞所逆料。盖某等谋定后,运动马先生,先生不察,遂为所愚。云二君将行,力劝暂时走避,若不走避,万难免祸。并谓:"公一身关系全体,不可轻于一掷。"言次,泪随声下,仆亦为之酸鼻。呜呼!吾国人心未死,尚有斯人。仆正告之曰:"兹事之发起为全国也,非为一己也。当四月初七之在商会集议也,决议相戒不用美货,众议既同,传电各埠。杨京卿谓传电必需领衔,请问谁愿领衔者。各董梭巡却顾重有难色,仆激于义愤,挺身搥胸而前谓杨京卿曰:"此公益事并无风险。即有风险,亦不过得罪美人,为美枪毙耳。为天下公益死,死得其所。由我领衔可也。"众皆拍手赞成。此初次集议情形也。既以一死许之,今日从而避之,有此理乎?且仆一人畏死,更惹全球轻视,谓中国人性质不过畏死而已。轻视如故,残贼如故,奴隶如故,牛马如故,固不消说,而仆遂为天下罪人矣。二君休矣,不必言矣。然有一言不容不为二君言者。仆知君等固血性男子也,请为传语同胞。死于美人,死于业美货者,皆仆正常死法,虽死犹生,死无遗憾。所不能无耿耿者,我死之后,我同胞既畏恫吓,又畏压制,团体因而解散,此后二万万方里,任人分割,四万万同胞,听人残贼,既无复成人格之一日,又无挽回国势之一日,此则九泉有知,死有余痛者。所愿曾少卿死后,千万曾少卿相继而起,挽回国势,争成人格。外人不敢轻视我、残贼我、奴隶我、牛马我,有与列强并峙大地之一日。则我虽死之日,犹生之年。至我死之后,不可与死我者为难,抵制办法,仍以人人不用美货为宗旨,千万不可暴动。若贻各国以不文明口实,则我死亦不瞑目。语竟二君掩泣而退。仆今静以待死,谨为死我诸君告:每日起居,十点前在寓,十点饭后到华兴公司,十二点回寓,二三点在家候客,四点钟到丝业会馆,五点到商会。

民任社编辑《中国抵制禁约记》,民任社 1942 年印行,第 47 ~ 48 页

8 月 12 日(七月十二日)　为推动反美拒约运动,《有所谓报》自即日起,迄同月 23 日止,连续十一天,连载郑贯公的论说《拒约须急设机关日报议》,倡导创设拒约会机关日报。

郑贯公《拒约须急设机关日报议》:

凡有会必有其自治之制度之规则,则其会必有一报以为机关。历观外国之会,无论属于政界者、学界者,皆有其机关之报焉。今既有拒约会,不能不有拒约报,理也,亦势也,试即其关系之重要略言之。此报之设,非徒开民智,鼓民气,使抵制之普及已也;若只欲开智鼓气,使抵制普及,则到处演说可,到处以图画使触目惊心亦可。然则必急急于设机关报者何居?盖拒约有会,则必有会所;有会所,则必有办事之人员;有办事之人员,则必有政治法律。今拒约会之成立,集各社会同胞之公同心,以成此公同体,其捍护维持经理此会,虽人皆有责,而不能不举员以代表。既举员矣,此员可以下政令以禁人之销货害群否乎?可以查出害群销货而裁判其罪否乎?可以到处查缉其私销暗用否乎?可以持票入人家而搜物拿人否乎?

可以有权理词讼之律师乎？可以有与外界战争之炮舰军人乎？由是观之，则虽具无形国家政府之性质之位置，而实无政法上种种之衙署之人员也，有报纸则有之。报纸能宣布公理，激励人心，何异政令告示？报纸能声罪致讨，以警效尤，何异裁判定案？报纸能密查侦察，以显其私，何异侦察暗差？报纸能布其证据，直斥其人，何异警察巡兵？报纸能与人辩诬讼冤，何异律师？报纸能笔战舌争，何异军人？由是观之，则报纸与会之关系重要如此，岂可不设？岂可不急设？

…………

嗟夫！远适异国而为工，已属人生之不幸，为工而又遭虐待，又遭驱逐，天下可哭可耻之事，孰有甚于斯！今日欲抵制续约，徒以区区不用其货为抗拒，已忍气吞声，无可奈何矣；况又小心翼翼，防暴动以惹交涉之风云，哀我同胞，何生不辰至此！虽然，强与强遇，则有公理，弱与强遇，只有强权。今日万不得已无可如何之秋，亦不能不鼓民气，合大群，坚持不用美货之抵制策，而冀能达其目的耳。于是乎不能不有拒约会，于是乎不能不有拒约报，又不能不有拒约之机关日报。吾建议至此，吾不知吾胸中何事怦怦也，寄语同胞，盍早图之。

《有所谓报》，1905年8月12～23日

△ **湖广总督张之洞致电军机处、外务部，指出合兴对废约事故意刁难。**

《粤汉铁路争回自办赎款三省筹还致军机处、外务部》（光绪三十一年七月十二日亥刻发）：

查粤汉铁路议与合兴废约一事，叠奉寄谕，责成之洞妥筹办理，以挽利权。遵经电商盛宣怀，会电驻美使臣梁诚照会美外部，声明合兴违背合同，三省绅民万口一词，力持废约。朝廷俯顺舆情，不能强数千万人迁就坏局，自蹙生路等语。美外部自接此照会，口气始松。嗣因盛宣怀与湘绅意见不洽，旋复患病。之洞屡次去电，皆不能复。三省绅民及在东西洋各国之中国留学生纷纷电致之洞，情词迫切，万口沸腾，力请之洞为三省绅民代表，独力担承。之洞不得不慨然肩任，许三省以必能收回，始稍帖然。乃径电梁使，切商办法。自之洞与梁使直接商办，不搀杂他人以后，宗旨始归画一。惟合兴股东要挟刁难，屡议屡悔，相持半载有余。之洞坚持定见，相机操纵，费尽苦心，始克磋磨就范。五月初，经梁使聘用之美前外部大臣福士达，与合兴聘用之美前兵部大臣路提、美前按察使英格澜等商定节略。……此粤汉铁路争回自办之实在情形也。

彼时因此约尚是草议，须得[待]比股东约期会议后方能作准。又须将鄂、湘、粤三省应摊此项偿费妥商筹备，始有把握。是以未敢轻率渎陈。现在此项赎路之款，三省绅民以急切难得现款，必须先借外债再行陆续筹还。又以偿费数巨，摊认不无为难。坚属之洞统筹合借，再为酌数分派。当向英国商妥，暂借英金一百十万镑，约合华银八百万两，以十年清还，年息四厘半，不折不扣，并不须以铁路作抵。已由英领事将草合同送来，准可作数。正在电致梁使，转催合兴股东从速定议。兹接梁使电称，合兴股东摩根受比王唆使，意图翻悔。美总统亦接到驻京美使柔克义电，称中国政府无意废约，且甚愿美国接办等语。查此事屡奉谕旨，饬筹废约，力保路权。三省绅民为大局起见，志坚意决，佥谓此路舍赎回自办，更无第二层办法。湘绅已呈明设立湖南铁路筹款购地公司。粤亦派定正绅来鄂会议开办路工事宜，并议定国民赎路股票办法，分投劝办。鄂士鄂民尤急盼观成。若仍令美国接办，比股必不能退。比股即是法股，法与俄合，是此路仍在俄、法掌握之中，危险不可思议。非但英国必有责言，即三省绅民及中国在东、西洋留学生，亦必群起哗噪，竭力愤争，不成不休，势将横生枝节，别酿事端。之洞固不能当此重咎，且于国体大有妨碍。仰恳圣明鉴察，此路所争者乃三

省铁路之主权,非争三省铁路之商利。敕下外务部将朝廷俯察三省舆情,决定除此办法,别无通融之意,照会驻京美使。并由外务部电知驻美梁使,照会美政府,俾得坚持前说,不致功败垂成,为外交笑柄,国家大局幸甚,三省士民幸甚。除俟美股东定【议】,再行奏明请旨画押,暨粤督[岑]请派张振勋出洋招股一事,容商妥另奏外,请代奏。文。

国家清史编纂委员会·文献丛刊《张之洞全集》(4),武汉出版社2008年版,第549~550页

△ **第二次英日同盟签订。**

8月13日(七月十三日) **宋教仁、黄兴、程家柽、田桐等中国留学生组织发起在东京麹町区富士见楼举行欢迎孙中山大会,到会一千三百多人。宋主持会议并致欢迎词,孙发表演说,号召“流血革命”,预言中国将大进步,“突驾日本”,赶超西方。**

过庭《记念东京留学生欢迎孙君逸仙事》:

孙君逸仙者,非成功之英雄,而失败之英雄也;非异国之英雄,而本族之英雄也。虽屡失败,而于将来有大望;虽为本族之英雄,而其为英雄也,决不可以本族限之,实为世界之大人物,彼之理想,彼之抱负,非徒注眼之本族止也,欲于全球之政界上、社会上开一新纪元,放一大异彩。后世吾不知也,各国吾不知也,以现在之中国论,则吾敢下一断辞曰:是吾四万万人之代表也,是中国英雄之英雄也!斯言也,微独吾信之,国民所公认也。

先是孙君由亚而美,由美而欧,所至之处,旅外华民及学生开会欢迎,公请孙君演说。各国之政党,亦皆倒屣以迎孙君。孙君既获闻各国大政治家之绪论,益以参观所得,学识愈富,热度愈涨,亟欲贡献祖国,乃于乙巳孟秋,由欧洲返日本横滨。旅东同人闻之,派代表百余人,恭迓于埠,于阳历八月十三日,开欢迎会于东京麹町区之富士见楼。

…………

抑吾闻孙君所抱持之主义,实兼民族、平民二主义者也。是日之演说,仅及民族主义,于平民主义则未曾提及。盖人数过多,则程度不一,故有难言之者。且中国所宜急于行者,亦以民族主义为先,此所以特缓平民主义,而急其所先焉,著手之次第应尔也。至于孙君所言,骤听似为人人所能言者,特人言之而不行,孙君则行之而后言,此其所以异也。况孙君于十余年之前,民智蒙昧之世,已能见及此而实行之,得不谓世间之豪杰乎?夫豪杰之见地,亦惟先于常人一着耳。

……人固不可失自尊心,然吾崇拜民族主义者也,以崇拜民族主义之故,因而崇拜实行民族主义之孙君,吾岂崇拜孙君哉!仍崇拜吾民族主义也。……是日之欢迎孙君者,余敢断言其非失自尊心,而出于爱国之热忱,识者当不以余言为谬。

《民报》第1号,1905年

宋教仁《宋教仁日记》:

十三日。晴。午初,至富士见楼,经理开会一切事宜毕。午正,至樱亭,孙逸仙已至,遂嘱其早至会场。余遂复至富士见楼。未初,孙逸仙至,遂开会。先由余述欢迎词,众皆拍手,大喝采。次乃请孙逸仙演说。时到者已六七百人,而后来者犹络绎不绝,门外拥挤不通。警士命封门,诸人在外不得入,喧哗甚。余乃出,攀援至门额上,细述人众原由;又开门听其进,遂罢。申正,孙君演说毕,程润生及蒯□□相继演说讫,又请来宾宫崎滔天及末永节二君演说,至酉初,始散会。

湖南省哲学社会科学研究所古代近代史研究室校注《宋教仁日记》,湖南人民出版社1980年版,第96页

邹鲁《中国同盟会》：

及乙巳七月，总理由美至日本，学生派代表赴横滨欢迎者百余人。八月十三日（阳历）开欢迎会于东京麹町区富士见楼，到会者凡千三百余人，座满不得入，伫立街侧以仰望楼上者，复数百人。实东京留学生空前之盛会。

中国史学会编《中国近代史料丛刊·辛亥革命》第2册，上海人民出版社1957年版，第5页

张难先《湖北革命知之录》：

民国纪元前七年（阳历），总理由美至日本，留学生赴横滨欢迎者百余人。抵东京，开欢迎会于麹町区富士见楼，到会者凡千三百余人。因座满伫立街侧，以仰望楼上者，复数百人。实东京留学生空前盛会。

严昌洪等编《张难先文集》，华中师范大学出版社2005年版，第124～125页

田桐《同盟会成立记》：

孙公礼贤下士，复留餐宿，自捧面盆盥客。东京留学生复开欢迎会于富士见楼，到者甚众。席中演说共和政体，吴昆笔述，留学生受大感动，掌声如雷。

丘权政等选编《辛亥革命史料选辑》，湖南人民出版社1981年版，第94页

△ 孙中山发表《在东京留学生欢迎大会上的演说》，认为中国革命乃适应世界潮流之举，如此能使之跻身世界民主强国之列。为此，批驳保皇党邪说，追求共和势在必行。

冯自由《胡汉民入党时纪实》：

汉民入会后数日，而留学界开大会欢迎中山先生于麹町富士见楼。中山先生演说时以声浪不高，临时令汉民传译，时为七月十三日。余亦在场也。

冯自由《革命逸史》第2集，中华书局1981年版，第178页

冯自由《未入革命党前之胡汉民》：

是年七月十三日留学界开大会欢迎总理于麹町区富士见楼，莅场者一千三百人。总理演说声低，汉民为之传译。

冯自由《革命逸史》初集，中华书局1981年版，第187页

孙中山《在东京留学生欢迎大会上的演说》：

兄弟此次东来，蒙诸君如此热心欢迎，兄弟实感佩莫名。窃恐无以副诸君欢迎之盛意，然不得不献兄弟见闻所及，与诸君商定救国之方针，当亦诸君所乐闻者。……近来我中国人的思想议论，都是大声疾呼，怕中国沦为非、澳。前两年还没有这等的风潮，从此看来，我们中国不会亡国了。这都由我国民文明的进步日进一日，民族的思想日长一日，所以有这样的影响，从此看来，我们中国一定没有沦亡的道理。

…………

渡太平洋而东至米国，见米国之人物皆新。论米人不过由四百年前哥仑布开辟以来，世人渐知有米国；而于今的文明，即欧洲列强亦不能及。……中国的文明已有数千年，西人不过数百年，中国人又不能由过代之文明变而为近世的文明；所以人皆说中国最守旧，其积弱的缘由也在于此。殊不知不然。不过我们中国现在的人物皆无用，将来取法西人的文明而用之，亦不难转弱为强，易旧为新。……中国从前之不变，因人殊不知改革之幸福，以为我中国的文明极盛，如斯已足，他何所求。于今因游学志士见各国种种的文明，渐觉得自己的太旧了，故改革的风潮日烈，思想日高，文明的进步日速。如此看来，将来我中国的国力能凌驾全球，也是不可预料的。所以各志士知道我们中国不得了，人家要瓜分中国，日日言救中国。倘若是中国人如此能将一切野蛮的法制改变起来，比米国还要强几分的。何以见之？米国

无此好基础。虽西欧英、法、德、意皆不能及。我们试与诸君就各国与中国比较而言之：

…………

又有说中国此时的政治幼稚、思想幼稚、学术幼稚，不能猝学极等文明。殊不知又不然。他们不过见中国此时器物皆旧，盖此等功夫，如欧洲著名各大家用数十余年之功发明一机器，而后世学者不过学数年即能造作，不能谓其躐等也。

又有说欧米共和的政治，我们中国此时尚不能合用的。盖由野蛮而专制，由专制而立宪，由立宪而共和，这是天然的顺序，不可躁进的；我们中国的改革最宜于君主立宪，万不能共和。殊不知此说大谬。我们中国的前途如修铁路，然此时若修铁路，是用最初发明的汽车(指火车，编者)，还是用近日改良最利便之汽车，此虽妇孺亦明其利钝。所以君主立宪之不合用于中国，不待智者而后决。

又有说中国人民的程度，此时还不能共和。殊不知又不然。我们人民的程度比各国还要高些。兄弟由日本过太平洋到米国，路经檀香山，此地百年前不过一野蛮地方，有一英人至此，土人还要食他，后来与外人交通，由野蛮一跃为共和。我们中国人的程度岂反比不上檀香山的土民吗？后来米国的南七省，此地因养黑奴，北米人心不服，势颇骚然，因而交战五六年，南败北胜，放黑奴二百万为自由民。我们中国人的程度又反不如米国黑奴吗？我们清夜自思，不把我们中国造起一个二十世纪头等的共和国来，是将自己连檀香山的土民、南米的黑奴都看做不如了，这岂是我们同志诸君所期望的吗?!

所以我们决不能说我们同胞不能共和，如说不能，是不知世界的进步，不知世界的真文明，不知享这共和幸福的蠢动物了。

若使我们中国人人已能知此，大家已担承这个责任起来，我们这一份人还稍可以安乐。若今日之中国，我们是万不能安乐的，是一定要劳苦代我四万万同胞求这共和幸福的。

若创造这立宪共和二等政体，不是在别的缘故上分判，总在志士的经营。百姓无所知，要在志士的提倡；志士的思想高，则百姓的思想高。我们为志士的，总要择地球上最文明的政治法律来救我们中国，最优等的人格来待我们四万万同胞。

…………

我们中国先是误于说我中国四千年来的文明很好，不肯改革，于今也都晓得不能用，定要取法于人。若此时不取法他现世最文明的，还取法他那文明过渡时代以前的吗？我们决不要随天演的变更，定要为人事的变更，其进步方速。兄弟愿诸君救中国，要从高尚的下手，万莫取法乎中，以贻我四万万同胞子子孙孙的后祸。

广东社会科学院历史研究室等合编《孙中山全集》第1卷，中华书局1981年版，第277～282页

宋教仁、景定成《程家柽革命大事略》：

……于是开欢迎大会于富士见楼，到者将三千人，君痛言革命之理，鼓掌之声，上震屋瓦，孙文大悦。君谓国人革命之心，自明亡国秘密结社到处皆是。惟各自分立，不相系属，其势弱微，不克大举。譬之太平天国洪杨之军所以与湘淮之冲突者，盖以三合会与哥老会、安清道会等先未相通也。观于苗沛霖、张宗禹之与太平，同为清廷之仇敌而不能联为一贯，则其事可以知矣。曾国藩、李鸿章何能为哉？旬日之间，可以唾手而摧虏廷。若兵连祸结，则外人商业必受损害，而戎马倥偬，军士非受尽教育，则焚教堂。杀外人所不能免矣。外交牵涉，国难骤立。今留学既众，曷若设立革命本部于东京，而设分部于国内通商各口岸，他日在东留学毕业而归，遍于二十二省，则其支部之设，可以不谋而成。众咸曰："善。"

中国政协安徽省文史资料委员会编《辛亥风云》，安徽人民出版社1987年版，第160～161页

1905年8月13日凌容众《凌容众日记》:

十三日:未初,偕小溪赴富士见楼,因开会欢迎孙逸仙也,不期而会者千余人。警察原限准三百人,继许九百人,楼中亦只能容千人,踵门而退者殆又数百人。……日本之白浪滔天演说云:"吾倾家以谋中国之革命,不成,无以为生,为优人以求食。所以不忍饿死者,欲留一命以见支那之革命也。吾初以今日之会,会者不过数十人,今见到会者如此之多,事之成就,不待三稔矣。"又曰:"吾所演之剧,即俄革命事;何日能演支那革命,吾心始快。"又狼啸月亦日本人,将日本变法历史,详述千言。……斯二人均日本进步党之杰,主联东亚以吞噬白人者,故热心如此。

毛注青《黄兴与宫崎寅藏》,《辛亥革命史丛刊》编辑组《辛亥革命史丛刊》第2集,中华书局1980年版,第117页

过庭(陈天华)《记东京留学生欢迎孙君逸仙事》:

最后为来宾演说。某君(宫崎滔天,编者)谓昔年孙君来此,表同情者仅余等数辈耳;中国人士,则避之如恐不速。今见诸君寄同情于孙君如此,实堪为中国庆慰!某君(末永节,编者)则曰:诸君自表面而观,谓敝国今日之强,为汉学之功,非取西法之效。故诸君亦惟先发挥其国学,丕定国基,再以西法辅之,则贵国之富强不难致,驾而过之亦不可知;否则,先其所后,后其所先,模仿敝国今日之皮毛,而遗本国固有之精髓,必无效可见,此可断言也。抑鄙人更有一言:敝国之国体与贵国异,敝国为万世一系,而贵国今日之政府为异族所有。故敝国可以君主立宪,而贵国必须共和。倘亦以敝国为标准,则其害有不可胜言者。敝国之德川氏不去,则万事棘手;贵国不先去满洲政府而欲有一事之克就绪,难为贵国信也。诸君勉旃,建三色之旗,击自由之钟,端与孙君与诸君是望。异日者,亚东之大联盟,其起点今日之会乎?言至此,拍掌声如雷。已而经理人告散会,来宾先去,孙君次之,众亦纷纷而散,时已为午后三时矣。

刘晴波、彭国兴编,饶怀民补订《陈天华集》,湖南人民出版社2008年版,第173~174页

徐特立《辛亥革命之始末》:

一切革命运动当初发难时,常有对于环境估计不足的机会主义。当同盟会初成立时,有人说:中国无一不在幼稚时代,革命很难望其速效。孙中山驳之说:"此甚不然,各国发明机器,积数十百年始成功,仿造者,岁月之功已足。中国革命之情况亦犹是耳。"又有谓各国皆由野蛮而专制、而君主立宪、而共和,次序井然,今日中国只可为君主立宪,不能为共和。中山斥之说:"美国谋独立而建共和,……说中国不能为共和,是诬中国。"

《解放日报》,1942年10月11日

邹鲁《中国同盟会》:

其时,留学生多有为保皇党所惑,谓中国只宜君主立宪,不宜于民主共和,至是闻总理言,始涣然冰释。

中国史学会编《中国近代史料丛刊·辛亥革命》第2册,上海人民出版社1957年版,第6页

宫崎寅藏《回忆友人黄克强》:

孙、黄二人的合作,推动了中国革命运动很快向前发展。当时黄兴和宋教仁、张继、程家柽等协商后,决定开一个留日学生欢迎孙逸仙的大会,于是用一个晚上,通知了各学校各旅馆的留日学生,并选定坂田町的富士见楼开欢迎会,届时,到会的学生数不清有几千人光景,仅就站在门外的,大约也有一千以上,开会时间到了,先由宋教仁致了欢迎词,接着程家柽和其他几个学生作了演说,最后孙先生作了长篇演讲,会场上不断地响起掌声。这时黄先生拉下了一点帽子,满脸笑容,为大会的成功感到高兴。这次参加大会的人有自费生和官费生两

种,其中官费生占大多数,听了孙先生一席话,开始倾向革命派一边。有的官费生拿了官费,自觉无味,就跑到留学生监督那里,说从今以后我不拿官费了。学监情知大势所趋,亦无可奈何,说道:"只要你们自己不公开,我也不管你们的事,你们还是照样拿公费好了。"所以,"官费革命"这一句话,当时是很流行的。

田伏隆主编《忆黄兴》,岳麓书社1996年版,第137~138页

李宏生、冷家熅《齐鲁辛亥英烈》:

山东留日学生徐镜心参加了东京留学生举行的欢迎孙中山大会,对孙中山发表的革命演说至为叹服,从此决心追随孙中山先生进行革命斗争。

李宏生、冷家熅《齐鲁辛亥英烈》,济南出版社1997年版,第2页

《吕天民行述》:

乙巳秋孙总理至日京,留学生开欢迎会于富士见轩,先考(指吕志伊)聆总理演讲革命大义,遂决心革命,矢志不移。云南留学生之入同盟会者,以先考为先导焉。厥后宣传党义,介绍同志,不遗余力。丙午迤戊申,任同盟会云南支部长,由先考介绍及主盟而入党者,先后达百余人。

"中华民国"开国五十年文献编纂委员会编《革命源流与革命运动》第12册,正中书局1964年版,第141页

〔日〕增田《鲁迅在日本见过孙中山》:

对于现代中国稍为关心的人,就会记起产生民国的"民国之父"孙文(中山)的存在,我也是这样。曾向他问过孙文的事情。听他说了些什么,现在大半忘记了,记得的是,他说孙文被叫做"孙大炮"。因为只听发音还不明白意思,再问他,就写了"大炮"两个字给我看,并且加添说"是吹法螺的意思",而独自笑了。又说,在东京的时候,孙文从海外归来的途中,在东京逗留,留学生们狂热地开欢迎会,我也去了,不知在演讲些什么,"唉呀"的一声,这样就结束了。

〔日〕增田涉著,钟敬文译《鲁迅的印象》,湖南人民出版社1980年版,第79页

△ 日本警视总监报告日本外务部有关中国留学生举行欢迎孙逸仙的会议情况。

《孙逸仙欢迎会》:

珍田外务次官阁下:

昨天(十三日)下午一时起,在麹町区阪田河岸富士见楼,召开了欢迎清国流亡人士孙逸仙的大会。发起人有清国留学生程家柽、田桐、彭君莱等三人。与会同国留学生约一千一百人。四时三十分大会开始。孙逸仙起立致辞,大意如下:

余五六年以前来游日本,嗣有所感,更赴欧美各国,观其风土,察其人情,颇有心得。尝阅内外报纸,闻诸位为邦家游学,吾之第二故乡日本,成绩斐然。将来致自国于文明,非诸位其谁与归?是留学诸位之责,不亦重大乎?余素不才无识,然睠怀故国,关心前途,若有隐忧,亦不在诸位之下。惟余之际遇,亦如诸位所知,现时尚不得回国。切望诸位以奋勉求学为事,使我中国得跻文明,增进自国幸福,是后可脱列国干涉,以保独立体面。至余将舒其素志,纵有若何艰难险阻,毫不介意。愿诸位专心力学,旷观世局,留意时务,使我国有所进步。诸位其勉旃哉。

此后,住在牛込区北山伏町三十一号的日野陆军大尉,福冈县人、原地方报社记者末永节,就本国历史如日本的封建时代,至目前的立宪政体做了讲话。五时散会。

谨此报告如上。

警视总监安立纲之

明治38年8月14日

440688 明治38年8月14日收到 甲秘第248号 章开沅、罗福惠、严昌洪主编《辛亥革命史资料新编》第6册，湖北人民出版社2006年版，第111～112页

8月14日(七月十四日) 四川黄复生加入同盟会。

王炎《黄复生》：

黄复生出生于一个贫寒的家庭。幼年胸怀大志，刻苦自学。稍长，就读于泸州川南经纬学堂，开始接触到一些维新思想。光绪三十年(一九〇四年)毕业后，由组新书社资送日本，习工科，次年七月十四日(一九〇五年八月十四日)黄复生加入同盟会，后担任同盟会本部评议员，四川省的主盟人。此后数年间，奔走于东京、上海、香港、重庆、成都等地，组织团体，联络力量，密谋革命。

罗明、杨益茂主编《清代人物传稿》下编第10卷，辽宁人民出版社1994年版，第228页

△ 美驻华公使柔克义致函美国国务卿，介绍其与中国外务部交涉合兴公司废约情形。

《美驻华公使柔克义致美国国务卿函——与中国外务部交涉合兴公司废约情形》(1905年8月14日于北京)：

关于上函所提有关美国合兴公司废约一事，在收到钧示后，我即派本馆中文秘书威廉斯往访外务部，并令其向中国大臣提出如下问题：

本署获得确悉，中国驻美公使已与美国合兴公司达成废约临时协议。中国公使在该协议中引证中国政府业已废除和取消该公司之路权及合同，不允许该公司继续修筑铁路，并向该公司提出合理赎金六百七十五万美元。

× × × ×

在未收到外务部对本月九日与威廉斯会晤中所作诺言之答复前，本月十二日，我再次要求会晤外务大臣，未果。后再请求于星期日会晤，幸被接见。

× × × ×

昨日接到外务部答复我书面提出之问题之复照，该照会副本现随函附上。尽管该照会表明中国公使可能系在其授权范围内缔结上述协议，惟并未说明已经缔结这一协议，也未表示如果缔结协议，是否系经中国政府批准。我对此答复并不认为满意，在进一步向外务部提出此事前，只候示遵。

《美国外交文件，1905年》，第132～133页，许毅《清代外债史资料1853～1911》上册，档案出版社1990年版，第687页

△ 两广总督岑春煊出示晓谕，压抑抵制美货运动。8月24日(七月二十四日)广州府奉岑春煊札谕，出示停止拒约。

8月16日(七月十六日) 神奈川县知事周布公平向内务大臣报告清国流亡人士孙中山的言行。

《清国流亡人士言行之报告》：

内务大臣芳川显正子爵阁下：清国流亡人士孙逸仙，深居读书，偶尔散步。此外无往来访客，惟屡赴东京，与逗留东京之本国学生会面。

此人近日颇为意气昂扬，自觉贯彻宿志之时已经迫近。据闻其说：从中国古代皇朝变迁的历史来看，颠覆之时必然是国政倾颓之际，必有革新志士出而建国改造，古今无异。目前清国国势不振，盖其时将近。近来本国青年多留学日本欧美，人数不断增加。其毕业归国之后，必有位居枢要之地者。彼等必厌恶旧习，而欲发展局面，且不免与顽固保守者冲突。基此原因，可知改革之势正在鼓荡，及身可见清王朝崩溃，这是贯彻余多年宿望之秋。所以极有必要在此等学生中灌注这些观点。又留东学生之中，赞成余之计划，闻此说而欲实行者不少，余今后应多与此辈接近，极力鼓吹，期以勉其成功。过去在实行过程中，没有利用本国多数人去实行历来宗旨，应在旧金山、新加坡等地开设报馆，向各处华侨灌输自己的主张。

神奈川县知事周布公平

明治38年8月16日

440690 明治38年8月17日　秘第2047号　章开沅、罗福惠、严昌洪主编《辛亥革命史资料新编》第6册，湖北人民出版社2006年版，第112页

△ **张之洞致电驻美使臣梁诚力争早签赎约**。

张之洞《致华盛顿梁钦差》(光绪三十一年七月十六日酉刻发)：

接初九日来电，不胜焦急，即将尊处与合兴前订定之草约详晰电奏，力陈此事非废约自办不可，痛切言之，请饬外务部照会美使，并电尊处。兹于十五日奉电旨：张之洞电奏悉。著照所请办理。外务部知道。钦此。枢。咸。等语。除外务部覆电另达外，特奉闻。此事现已奉旨，外务部亦有此事。梁使与合兴既有成议，唯一意坚持，以裨大局之语。内意已定，务请尊处坚持速办，至祷。

《致华盛顿梁钦差》(光绪三十一年七月二十日亥刻发)：

已照尊意将三省舆情切实电致外务部，请其照会美使，并电尊处矣。路提系原议签字之人，俟其到后，务祈恳切与商，勿失大信，如有需运动之处，请勿惜费。

国家清史编纂委员会·文献丛刊《张之洞全集》(11)，武汉出版社2008年版，第225页

8月19日(七月十九日)　慈禧太后和光绪皇帝召见五大臣，谕以切实考求，为将来实行立宪之预备。

《立宪纪闻》：

十九日，两宫召见，谕以切实考求，为将来实行立宪之预备。

中国史学会编《中国近代史资料丛刊·辛亥革命》第4册，上海人民出版社1957年版，第13页

△ **湖广总督张之洞致函驻汉英总领事法磊斯，表示粤汉路如须向外洋续借造路之款，将优先借英款**。

《湖广总督张之洞致驻汉英总领事法磊斯函——关于优先借英款等》(光绪三十一年七日十九月)：

此次借款，承贵总领士[事]代为介绍，办法极为公道，本部堂感谢良多。以后，粤汉路如须向外洋续借造路之款，自当先与贵国询商，果其利息、抵押等款较他处相宜，应先尽贵国承办。如造路借定英款，则粤汉铁路需用之外国工程师，当一半雇用英国人；其粤汉铁路需用机器、车料等项，除铁轨系用汉阳厂所造，枕木系用中国所产外，凡用外国物料

者，亦可先尽英商开价，由湘、鄂、粤三省总公司择公道便宜者订办。特此专函奉达，即希贵总领事查照。

关赓麟《交通史路政编》第14册，交通部交通史编纂委员会1935年印行，第29页

8月20日（七月二十日）　中国同盟会在东京召开成立大会，通过《同盟会章程》，以"驱除鞑虏，恢复中华，创立民国，平均地权"为纲领。选举孙中山为总理；下设执行、评议、司法三部，以《民报》为机关报。黄兴由总理指定为执行部庶务，居协理地位。

冯自由《中国同盟会史略》：

是年七月十三日留学界开大会欢迎孙总理于麹町区富士见楼，莅会者千三百余人，后至者多不得入。留学界公然开大会欢迎革命党首领，前未之闻也。是月中旬同盟会复假赤阪区霞关子爵阪本金弥邸开第二次正式成立大会，阪本邸与清公使馆密迩，会员颇有误投清使馆者。是日莅会人数三百余人，首通过会章，次选举干事。会章采三权分立制；各部干事，除总理一职已于第一次开会公推外，余依会章分别票选。

冯自由《革命逸史》第2集，中华书局1981年版，第139页

刘揆一《黄兴传记》：

旋开正式会于霞关之阪本金弥家，会众三百余人，举孙公为总理，公为庶务，以摄行会事，冯自由、陈天华、汪兆铭、邓家彦、谢良牧、宋教仁、曹亚伯、程家柽、马君武、胡毅生、朱少穆、张继、何天炯、时功玖、董修武、田桐、张我华、古应芬、梁慕光、黎勇锡、康宝忠、吴春阳、吴玉章、张伯乔、金章、姚粟若及道一弟等被选为书记、交际、会记、执法、评议、各省主盟等职务。并创办《民报》杂志，发挥三民主义。推章太炎、刘光汉、黄侃、汪东、陈去病、但焘、高旭、陈陶公、景定成、汤增璧以国学鼓吹革命；汪兆铭、胡汉民、陈天华、朱大符、马君武、田桐、景耀月、刘积学、狄楼海、瞿方书以政治鼓吹革命。其时在成城士官各校与联队之军人同志，如方声涛、蒋尊簋、李书城、李烈钧、程子楷、唐继尧、蒋作宾、阎锡山、何成浚、尹昌衡、赵桓惖、杨曾蔚、刘基炎、孔庚、程潜、李根源、石陶钧、叶荃、袁华选、黄郛、曾继梧、张凤翙、田应诏、耿觐文、陈强、温寿泉、唐蟒、欧阳武、梅焯敏、耿毅、张翼鹏、张文通、向瑞琮、华世中、余钦翼、何子奇、危道丰、刘洪基、杨鸿昌、齐琳等，未便现身党部者，公乃别设秘密集合机关，时相讨论军事焉。

中国史学会编《中国近代史资料丛刊·辛亥革命》第4册，上海人民出版社1957年版，第281～282页

邹鲁《中国同盟会》：

八月二十日下午，中国同盟会乃假东京赤坂区灵南坂坂本金弥邸开成立大会。加盟者数百人，籍贯包括全国十有七省，惟甘肃一省阙焉。盖其时甘肃尚未有留日学生也。二时开会，并举总理为总理，评议部长等亦同时举出，由黄兴宣读会章草案，经讨论修改通过。会章全文如下：

《中国同盟会总章》（中历丙午四月十三日改订）

第一条　本会定名为中国同盟会，设本部于东京，设支部于各地。

第二条　本会以驱除鞑虏、恢复中华、创立民国、平均地权为宗旨。

第三条　凡愿入本会者，须遵守本会定章，立盟书，缴入会捐一元，发给会员凭据。

第四条　凡各地会员盟书，均须交至本会收存。

第五条　凡国人所立各会党，其宗旨与本会相同，愿联为一体者，概认为同盟会会员。但各缴入会捐一元，一律发给会员凭据。

第六条　凡会员皆有实行本会宗旨、扩充势力、介绍同志之责任。

第七条　凡会员皆得选举、被选举为总理及议员及各地分会长,被指任为执行部职员及支部部长。

第八条　本会设总理一人,由全体会员投票公举。四年更选一次,但得连举连任。

第九条　总理对于会外有代表本会之权,对于会内有执行事务之权,节制执行部各员,得提议于议会,并批驳议案。

第十条　执行部设庶务、内务、外务、书记、会计、调查六科。庶务、内务、外务、会计每科职员各一人;书记科职员无定数;调查科设科长一人,科员无定数。各科职员均由总理指任,并分配其权限,但调查科员由总理与该科长指任。

第十一条　议事部议员由全体会员投票公举,以三十人为限,每年公举一次。

第十二条　议事部有议本会规则之权。

第十三条　凡选举总理及议员,以本部当地为选举区。

第十四条　凡在本部当地之会员,有担任本部经费之责。

第十五条　本部当地之会员得按省设立分会,会举会长,但须受本部之统辖。

第十六条　本会支部于国内分五部,国外分四部,皆直接受本部之统辖。其区画如左:

国内之部　西部:重庆——贵州、新疆、西藏、四川、甘肃

东部:上海——浙江、江苏、安徽

中部:汉口——河南、湖南、湖北、江西

南部:香港——云南、广东、广西、福建

北部:烟台——蒙古、直隶、陕西、东三省、山西、山东

国外之部　南洋:新加坡——英荷属地及缅甸、安南、暹罗

欧洲:比利时京城——欧洲各国

美洲:金山大埠——南北美洲

檀岛:檀山大埠——檀香山群岛

第十七条　各支部皆须遵守本部总章。其自定规则,须经本部议事部决议,总理批准,方得施行。

第十八条　各支部皆设部长一人,由总理指任。

第十九条　各支部当地会员有担任该支部经费之责。

第二十条　各支部每月须报告一次于本部。

第二十一条　各支部及其所属分会会员盟书及入会捐一元,皆由支部长缴交本部,换给会员凭据,转交本人收执。

第二十二条　各地分会皆直接受其支部之统辖。

第二十三条　各分会会长由该分会会员选举。

第二十四条　总章改良,须有会员五十人以上、或议员十人以上、或执行部提议于议事部,经议事部决议后,由总理开职员会修改之。

至于东京总部之组织,总理外设三部:一、执行部。二、评议部。三、司法部。执行部之下又分为六:曰庶务,曰内务,曰外务,曰书记,曰调查,曰会计。各部部长下有干事。评议部有评议长、评议员。司法部有部长,有检事长。

其时为便利起见,三部各别开会少,联合开会多。联合会议议决之事,即执行之。盖秘密革命时期为运用便利计也。其任职人员如下(先后任职者悉列之):

总　理　孙总理。

执行部

庶务科　初为黄兴，其后兴他适，朱炳麟（字奋吾）、张继、孙毓筠（字少侯）、刘揆一等相继主之。向例，总理他适时，由庶务代理一切，故庶务实居协理之地位。

内务科　朱炳麟（字奋吾）、匡一先后主之。

外务科　程家柽、廖仲恺主之。

书记科　初定马君武，君武不就，改任田桐。其后总理又增派胡汉民（原名衍鸿，字展堂）、但焘、李肇甫三人，共为四人。

会计科　初定刘维焘，维焘未就职，谢延誉继之。延誉他往，何天炯继之。

调查科　谷思慎主之。

评议部

评议长　汪兆铭（字精卫）。

评议员　田桐、曹亚伯、冯自由、梁慕光、胡汉民、董修武、范治焕、张树楠、熊克武、周来苏、但懋辛、朱执信、吴昆、胡瑛、康宝忠、吴鼎昌、于德坤、王琦、陈剑红、吴永珊、陈家鼎、秋瑾、孙毓筠、覃振（字理鸣）、王善德、程克、黄复生等。

司法部

判事长　邓家彦。

判　事　张继、何天翰。

检事长　宋教仁。

职务虽照上定，然黄兴实辅助总理计画一切，总理复信任之。故处理党务之事，多出其手。同盟会本部设于日本东京，复推其部务于各省，计先后任主盟者如下：

直隶　张继。

山东　徐镜心、丁惟汾（字鼎丞）。

山西　王荫藩、荣福桐、景耀月。

陕西　谷思慎、康宝忠。

安徽　吴春阳、高荫藻、权道涵、孙毓筠。

江苏　高剑公、陈剑虹、章梓、张鲁。

浙江　秋瑾。

湖北　时功玖、张昉、陈镇藩。

湖南　黄兴、仇式匡、宋教仁。

四川　淡春谷、张治、黄复生、董修武。

云南　吕天民。

贵州　于德坤、平刚。

河南　杜潜、朱奋吾。

福建　林时塽。

江西　张世膺、钟震川。

广西　刘崛、卢汝翼。

广东　胡毅生、何天翰。

南洋——胡汉民。

上海——蔡元培。

天津——廖仲恺。

香港——冯自由、李自重、谢英伯。

中国史学会编《中国近代史资料丛刊·辛亥革命》第2册,上海人民出版社1957年版,第7~13页

编者按:对《中国同盟会总章》,陈锡祺在《孙中山年谱长编》一书中作了适当考证,订正其中的错误。他指出:"目前所见《中国同盟会总章》,为一九〇六年五月改订,调查科原名经理部。廖仲恺是时尚未入盟,不可能任职外务。议员于德坤、胡衍鸿、吴永珊(玉章)三人入盟亦在此会之后。"(陈锡祺主编《孙中山年谱长编》,中华书局1991年版,第351页)

△ 中国同盟会纲领的来源。

冯自由《二民主义与三民主义》:

孙总理在乙未(一八九五)九月广州失败之后,即漫游欧美诸国,考察政治社会各种状况,对于社会问题尤热心研究。在己亥庚子间(一八九九至一九〇〇)与章太炎、梁启超及留东学界之余等晤谈时,恒以我国未来之社会问题及土地问题为资料。如三代之井田,王莽之土田与禁奴,王安石之青苗,洪秀全之公仓,均在讨论之列。其对于欧美学者之经济思想,最服膺者为亨利·佐治(Henry George)之单税论,即平均地权之思想所由起也。《民报》初期尝命廖仲恺将亨利·佐治之名著《进步与贫乏》(*Progress and Povery*)译登报端,廖仅译数千字而止。考平均地权之名辞,虽载于同盟会誓章,惟此名辞之首次发见,则在于同盟会成立前一年甲辰(一九〇四)孙总理手订之美洲致公堂新章。盖当时致公堂尝为跨籍保皇会之会员盗据数年。及孙总理到美,该堂职员黄三德等乃将跨党者驱逐,并请孙总理修订章程,借资整理。孙总理乃为编定规程八十条。其第二条曰:"本堂以驱除鞑虏,恢复中华,创立民国,平均地权为宗旨。"与同盟会誓约不差一字。可知孙总理怀此思想已有多载矣。又乙巳夏孙总理在欧洲收揽我国留比、德、法各国学生入党,其誓约亦与致公堂规程相同。及同盟会兴而孙总理此种理想始渐见诸文字。革命党青年之注意研究社会民生问题者,亦自兹始。

冯自由《革命逸史》第2集,中华书局1981年版,第133页

△《二十世纪之支那》改成《民报》作为同盟会机关报。

《宋教仁日记》:

是日为××××会成立开会发布章程之期,会场在赤坂区灵南坂阪本珍弥邸。午后一时,余到会。时到会者约百人。二时开会,黄庆午宣读章程共三十条,读时会员有不然者,间有所增减。讫,乃公举总理及职员、议员,众皆举得×××为总理,举得×××等八人为司法部职员,举得×××等二十人为议员,其执行部职员则由总理指任,当即指任××等八人为之,讫,总理复传授××。末乃由黄庆午提议,谓《二十世纪之支那》杂志社同人半皆已入本会,今该社员愿将此杂志提入本会作为机关报,何如?众皆拍手赞成,议决俟下次再商办法。会事既毕,乃大呼万岁而散。

湖南省哲学社会科学研究所古代近代史研究室校注《宋教仁日记》,湖南人民出版社1980年版,第98~99页

△ 蔡元培被指定为同盟会上海分会会长。

冯自由《光复会之活动》:

及乙巳年(一九〇五)七月各派革命党合组中国同盟会于东京,光复会员亦为主要发起人。故成立之初,即由皖人吴春旸推荐蔡元培为上海分会长,未几陶成章、刘光汉亦任民报

编辑。春旸、成章、光汉皆光复会员也。

冯自由《革命逸史》第2集，中华书局1981年版，第80页

冯自由《上海及江苏同盟会》：

乙巳同盟会成立之初，即已指定蔡元培为上海分会长兼主盟员，旋以元培将赴德国留学，会务不能有所进展。

冯自由《革命逸史》第2集，中华书局1981年版，第80页

△ 刘道一加入同盟会，被推担任书记、干事等职。

《刘道一》：

光绪三十一年（一九〇五）七月，中国同盟会在日本东京成立，刘道一当即宣誓入盟，被推担任书记、干事等职。他办事认真，善交际，长于辞令，既擅长英语，又能说日语，与人周旋应对，无不妥贴。同盟会有些对外交涉事宜，多由他出面办理，且被黄兴目为“将来外交绝好人才”。不久，撰写《驱逐满酋必先杀汉奸》一文，后以“锄非”笔名发表在《洞庭波》杂志上。文中陈述中国专制弊端，而推翻清廷，又必须先诛杀汉奸，因为“满酋非汉奸无以至今日，汉奸非满酋无以终余生”。

湖南省地方志编纂委员会编《湖南省志》第30卷《人物志》上，湖南出版社1992年版，第804～805页

△ 各省留学生纷纷加入同盟会。

冯自由《河南志士与革命运动》：

河南省革命之动机，实以该省留日学生为主脑，当乙巳年（一九〇五年）东京同盟会成立之后，最初乙巳、丙午二年，河南留学生加盟而载诸名册者，只曾昭文（光山县），杜君然（汲县），刘基炎（光山县），阎铁生（新蔡县），李锦公（商水县），陈庆明（延津县），刘积学（新蔡县），杨曾慰（祥符县），张鹞翎（荥阳县）等十余人。其后陆续加盟者，尚有朱炳麟、播印佛、陈伯昂、安昭白、刘醒吾、王传琳、张钟端、李绸斋、罗殿卿、程克、燕斌（女）、刘青霞（女）等二十余人。又有直隶通州人寄籍河南名车钺者，人极热心。自加入同盟会后，时赴学生各宿所宣传革命，劝人入会。豫省武备学堂所派留日学生被其感化者，颇不乏人。

乙巳冬，同盟会庶务长黄兴赴广西，张继代庶务长。丙午春，张继赴南洋，以朱炳麟代之。庶务长职权甚重要，总理不在本部时，例由庶务长摄理之。同时同盟会命各省籍会员自组织本省分会以处理党务及宣传诸事。河南会员乃推举曾昭文（可楼）为河南同盟会分会会长，刘基炎、杜潜、刘积学等分任各部干事，党务由是蒸蒸日上。

冯自由《革命逸史》第3集，中华书局1981年版，第271～272页

沈瓞民《光复会二三事》：

一九〇五年（乙巳），同盟会在东京成立，光复会陶成章、章炳麟、蔡元培等参加了同盟会。有人认为光复会已并入同盟会，这样说法是不符合史实的。如秋瑾先参加同盟会，后又入光复会，可证国内仍照光复会宗旨，进行革命活动，也极少参加同盟会者。因为当时资产阶级知识分子组织的革命团体，组织不严密，并非领导人参加后全体会员均要参加，何况同盟会仅是各革命团体的联合性质而已。因此，国内革命起义，仍以光复会名义办事。

中国政协文史资料委员会编《辛亥革命回忆录》第4集，文史资料出版社1981年版，第137页

徐双韵《记秋瑾》：

一九〇五年农历七月，孙中山先生因黄兴及蔡元培等的欢迎，从欧洲赴日，组织中国革命同盟会。秋瑾经黄兴介绍，与中山先生见面，倾谈之下，对中山先生的革命主张和方策大

为信服，即由冯自由介绍，至黄兴寓所填入会表，不久被推为浙江主盟人。

中国政协文史资料委员会编《辛亥革命回忆录》第 4 集，文史资料出版社 1981 年版，第 210 页

《山东革命党史稿》：

孙中山等人在日本创立的中国同盟会正式成立。徐镜心首批入会，并被推举为山东分会第一任主盟人，正式开始了专门从事民主革命的生涯。

中国史学会编《中国近代史资料丛刊 · 辛亥革命》第 2 册，上海人民出版社 1957 年版，第 12 页

马庚存《中国同盟会山东分会的成立》：

一九〇五年八月二十日，中国同盟会在日本东京举行成立大会，除甘肃省外十七省革命志士四百余人入盟，徐镜心、丁惟汾、谢鸿焘、齐树棠、彭占元等十余名山东籍留日学生出席了大会，成为第一批同盟会员。

马庚存《同盟会在山东》，山东人民出版社 1991 年版，第 48 页

张镜渊《李烈钧追随孙中山革命二十年》：

八月二十日，由孙中山倡导的“兴中会”、“兴华会”等革命组织联合组成“中国革命同盟会”在东京宣告成立，李烈钧经张继、张华飞、王侃介绍，加入同盟会，在孙中山领导下走上革命道路。

张镜渊《李烈钧追随孙中山革命二十年》，《江西政协新闻网》2008 年 11 月 18 日

王用宾《记山西在辛亥革命前后的几件事》：

山西留学日本之学生，自王用宾、谷思慎、何澄于前清乙巳（一九〇五）年加入革命同盟会后，先后介绍加盟者百余人，并组成“同盟会山西支部”。为在省内开展革命宣传，遂编印《晋话报》，由王用宾、景定成、刘绵训、景耀月诸同志分任撰稿之责。

山西省文史资料编辑部编《山西文史精选：晋省辛亥革命亲历记》，山西高校联合出版社 1992 年版，第 21 页

《辛亥人物简志（二）· 谷思慎》：

一九〇五年（光绪三十一年）七月三十日，孙中山先生在日本东京筹组中国同盟会，谷思慎七[八]月十四日即参与活动（入盟）。同盟会于八月二十日正式成立后，谷任执行部调查科负责人并兼陕西省主盟人。山西入盟者有些是由他联络并介绍的。同盟会执行部下设经理部，谷思慎负其主责。

中国政协山西省资料委员会编《山西文史资料》1988 年第 4 辑，总第 58 辑，山西省政协文史资料研究委员会 1988 年印行，第 146 页

李淑苹《谷思慎》：

一九〇四年秋，谷思慎作为山西省首批留日学生，入日本明治大学攻读法律。在日本，谷思慎很快接受了民主革命思想，积极参与孙中山筹建中国同盟会的工作，并于一九〇五年八月十四日先期加入同盟会，成为山西省第一个同盟会会员。八月二十日同盟会正式成立，谷思慎被任命为执行部调查科负责人、山西分会干事、陕西省同盟会主盟人。在谷思慎的积极活动和影响下，山西留日学生成批加入同盟会，成为北方各省之冠。山西辛亥革命参加者诸如景定成、温寿泉、荣福桐、阎锡山、赵戴文等五十余人，也都是通过谷思慎联络介绍入盟的，谷思慎实可谓山西辛亥革命的播种人。

刘贯文等主编《三晋历史人物》第 4 册，书目文献出版社 1994 年版，第 126 页

阎锡山《阎锡山早年回忆录》：

斯时正值孙中山先生在海外倡导革命，我闻其说，奋然兴起，即由结识而参加其所领导之革命运动。翌年（清光绪三十一年，公历一九〇五年）中国革命同盟会（简称同盟会）在东京成立，我们参加革命运动之同志，均为同盟会会员。我开始参加革命运动，距我到日之初

仅仅三月，而我个人对革命事业之背向，则自觉判若两人。我由此深深感到为政不可落后了时代，如落后了时代，则所培植之人才，皆为崩溃自己之力量。清政府选送日本士官学校第六批之留学生二百六十余人，超过前五批的总和，不能说不注重留学生了，但参加推翻清政府的革命运动的，也多是我们这第六批留学生，这完全是清政府领导失时所致。

我们在日本，清廷曾要求日本驱逐中山先生，并禁止革命书刊，日本政府未予接受。当时留学返国的革命同志，被清廷残杀者屡有所闻，我们即从日本致函北洋大臣袁世凯与南洋大臣端方，要求他们停止残杀，如不接受，即不惜以一万革命同志的生命换他们两人的生命。我们返国之后一则因清廷建立新军，须以留学生为主干，一则因我们对袁世凯、端方的神经战，使他们有了戒心，于是这一批留学生很快地都在清军中取得职位。

曾记得加入同盟会的誓言中有"驱除鞑虏，恢复中华，建立民国，平均地权"四句话，我对平均地权这一句的意义不甚了解，有一天向中山先生请教。他告诉我说："平均地权的'权'字，不是量，也不是质，这也就是说，不是说地亩多少，也不是说地质好坏，是说它的一种时效价值。"……这一席话历时三十分钟，在此短短三十分钟的谈话中，中山先生问我：你明白了吗？总在十次以上，那一种谆谆诲人的亲切态度，至今思之，尤觉敬服不置。

阎锡山《阎锡山早年回忆录》，传记文学出版社 1968 年版，第 5 ~8 页

刘崛《回忆点滴》：

一九〇五年孙中山先生在东京组织同盟会。我经胡汉民介绍入盟。入盟之后，在东京中国总会馆时常同孙中山先生见面。

当时同盟会还是秘密组织。我入盟的时候，没有举行什么宣誓仪式，只是宣读盟章，学习一些同盟会内部的暗号。如会员握手的方式，是右手四指并拢，不用拇指；会员的称号叫做"汉人"等等。

我入盟之后，孙中山对我很信任，派我为同盟会广西分会主盟人，负责吸收在日本的广西籍留学生和侨胞入盟。经我主持入盟的有八十多人，其后发展到一百二十人。现在还记得的有：谭昌、封濯吾、蒙民伟、蒋敦世、封承理、王金波、钟明甫、封高万、严端、陈汉刚、陆涉川、黄爱泉等人。

尚明轩等编《孙中山生平事业追忆录》，人民出版社 1986 年版，第 76 页

李四光《追忆同盟会成立大会》：

经过了若干时候，同盟会开正式成立大会，地点又是在赤坂区，这次的会所，是一座木头作成的洋房，到会的至少有一百多人，其中许多生面孔。孙先生讲演，极为流畅，极为透澈，先生说："……什么是革命？就是造反，反者是反对满清政府，我们现在力量还不够，是要大家造出来的……。"许多人相继发言，尤其极力诋斥当时渐渐萌芽的君主立宪议论。说到革命的实行，辩论更是纷纷，大有秀才造反之势，先生终是秉着和蔼沉默的风度，不赞一词。忽然有人提出质问，他问："我们是要排满革命，假如有满人要加入同盟会，我们怎样办？"一座为之哗然，都以为这位朋友，说话太无意识。在嘻嘻哈哈嘲笑的时候，君武先生站起来直接了当的回答，他说："我们是反对卖国亡国的满洲政府，如果满人中有与我们志同道合的，我们当然欢迎。"全体鼓掌，孙先生也鼓掌。闭会后，我和君武先生一同出街，走在路上，不意遇着留学生监督李宝巽（汉军旗），他开口便说："你们小孩子不读书，在外面干些什么我都知道，再不要胡闹！"我们转背便走，我和君武先生开了一个玩笑，我说："你去请他加入好不好？"君武先生："哈哈。"

尚明轩等编《孙中山生平事业追忆录》，人民出版社 1986 年版，第 562 页

冯自由《朱少穆事略》:

乙巳(一九〇五年)七月,孙总理从欧洲至日本,与黄克强、陈[程]家柽、张溥泉及余等发起中国同盟会,第一日加盟者五十余人,少穆与焉。浙江蒋尊簋入党,即少穆所介绍。

冯自由《革命逸史》初集,中华书局1981年版,第182页

周世贤《周震鳞的家世和生平》:

一九〇五年,孙中山、黄克强在东京发起成立同盟会。孙、黄两先生同作先父(周震鳞,编者)的加盟介绍人。

中国政协湖南省文史资料委员会编《湖南文史资料》第15辑,湖南人民出版社1982年版,第116页

程潜《仇亮传》:

岁乙巳,孙中山、黄克强组同盟会于东京,亮即参加,担任该会湖南支部长。正值中国留日学生革命情绪趋入高潮,亮与同乡程潜、程子楷、陈强,江西李烈钧,云南罗佩金、唐继尧、李根源、叶荃,湖北李书城、孔庚、耿觐文,河南曾昭文、韩凤楼,陕西张凤翙,河北姜登选,山西阎锡山等热心反清人士深相结合,潜心研讨民族革命方略,莫不意气轩昂,情绪奋发。亮以生性笃实长厚,尤为众所赞美,有仇长厚之称。不少同学由亮联络加入同盟会。

中国政协湖南省文史资料委员会编《湖南文史资料》第15辑,湖南人民出版社1982年版,第107页

陈灿章等《孙中山革命活动与旅日华侨的关系》:

旅日横滨华侨也有参加者,如缪菊辰、缪钦仿、林君复等是。横滨华侨继续加盟者,又有黄卓民、鲍炜超、卢逸堂、梁爵臣、张凤岗、鲍应隆等。

中国政协广东省文史资料委员会编《孙中山与辛亥革命史料专辑》,广东人民出版社1981年版,第18页

△ 日本友人内田良平、宫崎滔天、梅屋庄吉、阪本金弥、秋山定辅等给予同盟会大力支持。

胡汉民《初见总理与参加同盟会》:

东京留学中觉悟分子欢迎先生于富士见楼,复于内田良平私宅开筹备委员会,于坂[阪]本金弥别庄开成立大会,即日加盟者数百人,除甘肃无留日学生外,十七省之人皆与焉。

尚明轩等编《孙中山生平事业追忆录》,人民出版社1986年版,第538页

编者按:对于阪本金弥提供开会地址的情形,俞辛焞在《同盟会的成立与留日学生运动》一文中作了详细考察。他指出:"坂本金弥与孙中山的友人秋山定辅关系密切,曾协助秋山经营《二六新报》,一九〇五年任《二六新报》改订版《东京二六新闻》的社长,坂本常听秋山谈及孙中山,对孙中山十分敬仰。他听说孙中山等中国革命党人召开会议需要会场时,当即允诺提供自己的住宅。"(俞辛焞《孙中山与日本关系研究》,人民出版社1996年版,第69页)

俞辛焞、熊沛彪《孙中山宋庆龄与梅屋庄吉夫妇关系年表》:

一九〇四年五月,清政府以梅屋庄吉援助"乱党"为由,要求香港当局逮捕梅屋庄吉,梅屋被迫出走新加坡,不久,梅屋开始经营电影院。

…………

一九〇五年八月二十日中国同盟会在东京成立。

是月梅屋庄吉等组织成立"中国同盟会后援事务所"。

俞辛焞、熊沛彪《孙中山宋庆龄与梅屋庄吉夫妇》,中华书局1991年版,第158~159页

编者按:关于梅屋庄吉组建"中国同盟会后援事务所"及其具体运作情况,俞辛焞、熊沛彪在《中国同盟会后援事务所》一文中进行了详细论证。他们指出:孙中山"于一九〇五年七月十九日抵达横滨,接着赶往东京,联络华兴会和光复会的黄兴、宋教仁等一部分会员,吸收一部分留日学生,于八月二十日成立了中国同盟会,孙中山被推选为总理。在此之前,宫崎滔天著《三十三年之梦》,系统地介绍了孙中山的早期革命活动和革命思想。留学生通过这本书加深了对革命的认识,对革命的首倡者和领导者孙中山十分尊敬、仰慕。宫崎滔天还常向黄兴、宋教仁等革命党人介绍孙中山的革命主张

和活动。孙中山抵日后，他很快向黄兴、宋教仁、陈天华等人引见孙中山。可见，日本友人对同盟会的成立有过一定影响。中国同盟会成立时，梅屋庄吉联合日本的志士，在东京有乐町设立'中国同盟会后援事务所'，主要任务是从经济上支持同盟会。一天，梅屋庄吉拜访孙中山，两人促膝交谈。言及同盟会机关刊物时，孙中山因缺乏经费而面有愁容。梅屋庄吉立即表示可提供办刊物所需的费用。十一月二十六日，同盟会机关报《民报》创刊。孙中山在发刊词中提出了民族、民权、民生即三民主义的主张。《民报》编辑部设在牛込区新小川町二丁目八番地，发行所的牌子挂在宫崎滔天的家门旁，末永节任印刷人，梅屋庄吉等人提供经费。"（俞辛焞、熊沛彪《孙中山宋庆龄与梅屋庄吉夫妇》，中华书局1991年版，第39～40页）

孙中山《建国方略·有志竟成》：

抵日本后，其民党领袖犬养毅遣宫崎寅藏、平山周二人来横滨欢迎，乃引至东京相会，一见如旧识，抵掌谈天下事甚痛快也。时日本民党初握政权，大隈为外相，犬养为之运筹，能左右之。后犬养介绍，曾一见大隈、大石、尾崎等，此为予与日本政界人物交际之始也。随而识副岛种臣及其在野之志士如头山、平冈、秋山、中野、铃木等，后又识安川、犬冢、久原等。各志士之对于中国革命事业，先后多有资助，尤以久原、犬冢为最。其为革命奔走始终不懈者，则有山田兄弟、宫崎兄弟、菊池、萱野等。其为革命尽力者，则有副岛、寺尾两博士。此就其直接于予者而略记之，以志不忘耳。其他间接为中国革命党奔走尽力者尚多，不能于此一一悉记，当俟之革命党史也。

广东社会科学院历史研究室等合编《孙中山全集》第6卷，中华书局1985年版，第232～233页

编者按：其中的秋山即秋山定辅。关于秋山资助孙中山从事革命活动的情形，俞辛焞在《孙中山与秋山定辅》一文中作了深入剖析。他指出："一九〇五年八月二十日，同盟会在东京成立。成立大会是在东京赤坂区灵南的日人坂本金弥宅召开的。坂本为何给成立大会提供此种方便？这与秋山有关。坂本是秋山的好友。秋山的《二六新报》一八九五年六月因财政困难一时停刊，一九〇〇年二月复刊。复刊时坂本提供了一笔资金。一九〇四年七月秋山在成立研究亚洲问题的樱田俱乐部时，坂本又提供了经济援助。一九〇五年，坂本任东京二六新闻社社长。这些事实说明，坂本与秋山的亲密关系非同一般，坂本支持孙中山的革命活动，提供同盟会成立大会的会场，是在秋山的影响和支持下做的。从这种意义来说，秋山也支持了同盟会的成立，做了有益于中国民主革命的事。""同盟会成立后，准备发行《民报》，需要印刷机。孙中山找办报的秋山帮助解决。秋山欣然答应，从东京京桥的金津机械屋购买印刷机，赠送给孙中山。几天后，孙中山又请其帮助解决铅字及字版架，秋山一一答应，并及时送往。可见，中国资产阶级民主革命史上起过重要作用的《民报》，是在秋山定辅的直接热情帮助下问世的。"（俞辛焞《孙中山与日本关系研究》，中华书局1991年版，第545～546页）

△ 胡汉民及廖仲恺是时适以事回粤没有参加同盟会。

冯自由《胡汉民入党时纪实》：

乙巳（一九〇五年）六月，孙总理来自欧洲，遂召集各省同志发起中国同盟会；开会之第一日，毅生预得余通知，由渠带领到会之同乡学生，有汪兆铭、朱大符、张树枏、古应芬、李文范、金章、杜之杕、姚礼修、张荫廷等九人，皆粤省速成法政生，而汉民及廖仲恺不与焉。盖汉民、仲恺是时适以事回粤也。

冯自由《革命逸史》第2集，中华书局1981年版，第177～178页

△ 章士钊对加入同盟会持冷漠态度，认为党人无学，妄言革命，将来祸发不可收拾，主张苦读救国。

章士钊《与黄克强相交始末》：

上海之新败也，吾才短力脆，躁妄致敌，潜怀我杀伯仁之惧，兼蓄愿为周处之思；加以未达壮年，了无学殖，人众茫然无主，事到不知所裁，眼前失机犹小，将来误事必大；愿假数年之力，隐消大过之媒。际兹大党初建，应以分工为务，量其才力，资其性分，缓急文武，各任所宜。吾于焉发议，本党大队趋重实行，小队容其攻苦，审时度势，或庶几焉。孙、黄二公，不允

所请。吾坚持本议,久而不决。吾忆太炎与孙少侯,同寓新宿,受二公之托,要吾莅盟,吾不署[许]诺,则见诱禁闭一室,两日不放。卒之克强明吾本怀,敢证忠纯不二,听吾自择,众亦释然。当同盟会旗鼓大张之时,正鄙人闭户自精之候。时吾年已二十五岁矣,洋文不识ABCD,算学不解乘除加减,老泉二十七,初学篇章,才谢秦嘉,见笑聘室(聘妻吴弱男,行毕业青山女学院)。

田伏隆主编《忆黄兴》,岳麓书社1996年版,第128~129页

王森然《章士钊先生评传》:

卢江吴保初彦复之女,弱男女士,素善英语,同盟会人也,与先生友善,有意论婚而未成,章太炎与张溥泉商之曰:"若弱男以入会要行严,计必得。"久之弱男先生去,先生仍未入会,可见其志之坚也。

王森然《近代二十家评传》,上海书店出版社1996年版,第298页

刘成禺《先总理旧德录》:

先生来美,谈到在东京民报社所遇人物。忽曰:"汝识长沙章行严士钊否?"予曰:"在上海多与往还,定交于昌寿里王侃叔处。其撰《国民日日报》,则内地民族革命之第一声也。先生以为何如人?"先生曰:"行严矫矫如云中之鹤,苍苍如山上之松,他日学问事业,必有大贡献于国家民族,惜未能与予共生命艰难之事,只能领上乘号召之功耳。革命得此人,可谓万山皆响。"

尚明轩等编《孙中山生平事业追忆录》,人民出版社1986年版,第685页

△ 同盟会的活动最初侧重在从留学生中发展会员。

冯自由《中国同盟会史略》:

留东各省会员,亦各就本省会员中举出一人为本会分会长,专司本省留学界之入会主盟事务。

冯自由《革命逸史》第2集,中华书局1981年版,第140页

何香凝《我的回忆》:

我搬到神田居住以后,孙先生每星期召集同志在我家里开会两三次,经常在我家计议和筹划各种革命工作。按照日本规矩,进门就要脱鞋,人如果来得多了,都脱下鞋子,很多鞋子就会堆在门口,是会引起日本警察和清政府的走狗侦探怀疑的。因此,当孙先生每次开会的时候,我除了做好看门开门、照料茶水的工作以外,还专门做收藏鞋子的工作。孙先生收发信件也很多,有时还用假名。寄来邮件中有写"中山"、"高野"、"逸仙"、"孙宅"收的书信,我都收妥,交给孙先生。由于孙先生的正确领导和同志们的积极努力,一九〇五年八月,中国同盟会在东京正式成立,决定将来成立的新国家称"中华民国"。当时加盟者已有数百人,盟员籍贯遍及中国十七省。只有甘肃因为还没有留学生到日本,所以还没有甘肃省籍的盟员。及后不到年余,加盟的已过万人,国内各省都成立支部,从此革命风潮,日甚一日。

中国政协文史资料委员会编《辛亥革命亲历记》,中国文史出版社2001年版,第15~16页

吴玉章《辛亥革命前后的回忆》:

一九〇五年,不但中国革命运动高涨,整个东方,在俄国革命的影响下,都卷起了革命的浪潮。这种情况,对中国的革命非常有利。日益高涨的中国革命运动,迫切地需要一个比较集中统一的领导机关。在当时的中国,会党、教门之类的组织,显然已经过时,不能担负资产阶级革命的领导责任;而无产阶级政党的产生,那时还根本没有这种可能性;只有资产阶级政党的出现,才完全符合当时的历史条件。而且事实上,那些略具资产阶级政党性质的革命

小团体，如兴中会、光复会、华兴会等早已存在，当时的问题，只是如何把它们联合起来，使其具有更为明确的纲领和更加统一的行动。同盟会的产生，恰好完成了这一历史的使命，因此，它可算得是应运而生的。

…………

同盟会的各种组织，是渐次建立起来的。在当时清朝政府极端残暴的统治下，它的活动十分秘密，并且还采取了一些中国过去秘密结社的办法，例如它的一套秘密口号，虽然内容和会党的不同，但其形式就是从会党那里学来的。同时，它主要地还学习了西方资产阶级国家和政党的组织形式，例如它的总部，除总理之外，设有评议、执行、司法三部，这就是学的资产阶级国家的立法、行政、司法三权分立的办法。……当时，同盟会是以兴中会、光复会、华兴会为基础建立起来的，成分极为复杂，其中包括工农分子（主要是会党中的人）、知识分子、资产阶级分子以及地主阶级中的反满分子，它可算是各阶级联合反满的民族联盟，而以资产阶级居于领导地位，实际上是一种统一战线的组织形式。而且，它原来那几个小团体之间的畛域并未彻底消除，因此，内部的意见常不一致。……所有这些，不仅暴露了同盟会这种资产阶级组织的不可避免的缺点，同时也预伏了后来辛亥革命终归失败的危机。

中国政协文史资料委员会编《辛亥革命亲历记》，中国文史出版社 2001 年版，第 25 ~ 28 页

李书城《辛亥前后黄克强先生的革命活动》：

一九〇五年，黄先生在湖南起义失败潜赴上海，再到东京。适孙中山先生也来东京，他们会面之后，认为各方革命团体须统一组织起来，才能步调一致，力量雄厚，遂结合留日学生中的进步分子，成立中国革命同盟会，举孙中山先生为总理。孙先生提出了“驱除鞑虏，恢复中华，建立民国，平均地权”的党纲。当时入党的人对于排满革命的理论是深信不疑的，并且正是因为具有这种革命决心，才宣誓入党的。先一年章太炎、蔡元培、陶成章等在上海成立光复会时，他们的党纲上只有“恢复汉族，还我河山”两句话。同盟会会员对孙先生所提“建立民国，平均地权”的意义还不大明白，以为是将来革命成功以后的事，现在不必推求。孙先生对宣誓入党的同志讲解“建立民国”时，是举法国和美国为例；讲解“平均地权”时，是举德国在青岛所订地价税和按价收买土地办法为例（“耕者有其田”系在辛亥革命以后提出的）。因此，同盟会会员在国内宣传革命、运动革命时，只强调“驱除鞑虏，恢复中华”这两句话，而对“建立民国，平均地权”的意义多不提及。湖北共进会的誓词与同盟会的誓词相同，但把“平均地权”改为“平均人权”，意谓满人压迫汉人，人权不平等，所以要革命。

中国政协文史资料委员会编《辛亥革命亲历记》，中国文史出版社 2001 年版，第 204 页

△ 中国同盟会成立后，会务蒸蒸日上，形势迅猛发展，反清革命事业遂开出新纪元。

吴弱男《孙中山与早期同盟会》：

中山先生对吸收盟员敢于放手，对于志愿反清的人一律欢迎，很少再有其他条件，几乎达到来者不拒的程度。我为此曾向中山先生提出意见。他不以为然，说：“我们革命，处处需要人力，不该这样严格要求。”这句话清楚地表明他当时的注意重点在于广集人力，以当时环境而论，是有他的理由的。当时中山先生还有个指示，使我感到新奇。他说：“只要志愿参加同盟会，不论厨子、丫环、老妈，我们一律接收。”但其他的人却做不到这点。后来事实证明，中山先生的这一主张并未得到贯彻，谁也不肯把厨子、丫环、老妈介绍进来。

当年留日青年的情况既如上述，而参加同盟会的条件又不得不放宽，所以吸收的会员程

度不齐,人品复杂,不论在组织上、工作上,都难以得到预期的效果,同盟会所揭橥的目标也不易贯彻。例如,当年同盟会所提出的十六个字纲领,即"驱除鞑虏,恢复中华,建立民国,平均地权"四句话,加盟的人虽不得不整个接受,但实际上是否心口如一,就大成问题,特别是后两句话,并不是人人衷心接受的,甚至还有不少人持反对态度。一开始,在讨论会章时,不主张提"平均地权"的就十居八九。这也不难理解,一则同盟会原属兴中会、华兴会和光复会三个派别的联合组织,这三个会的共同主张,只有反清这一点;二则就成员们的家世和意识而论,绝大多数同封建土地所有制有着千丝万缕的联系,与平均地权显然矛盾。再则当时留日学生对日本人的意见都很重视。那时日本朋友中,几乎众口一词,认为改变土地制度,脱离现实,是办不通的,因此持反对意见的人,更加振振有词。但中山先生对这一条坚决主张,不肯通融,结果大家拗不过他,才没把这一条删掉,可是谁也没有把这句话同"驱除鞑虏"同等地郑重看待。关于"建立民国"这一条,当时大家所了解的就是以后将以法兰西、美利坚那样的共和国来代替大清帝国,谁都没预料到几年后就出现了辛亥革命那样迅速推翻清朝统治的局面,心目中总觉得新国家的政治制度还是比较遥远的问题,何况有法、美等国的现成模样,可以依样画葫芦,不必多费精神,因此对民主、共和缺少真正认识,也说不上早具信心。在这种情况下,后来孙毓筠、胡瑛等一变而为筹安会的主要角色,宋教仁在民元国民党成立时,不主张在党章中再提"平均地权"和"男女平权",也就不足为奇了。总之,当年参加同盟会的人,在许多重大问题上,态度不是一致的。如果再追问一下要求参加同盟会的动机,那就更是多种多样。拿我和妹妹亚男来说,当时的动机就局限在个人利害方面,认为在当时社会上,妇女没有地位,个人没有前途,才下了参加革命的决心。至于纯粹抱着个人不正当的目的,企图投机取巧的,那更不乏其人。

《中山先生轶事》编辑组编《中山先生轶事》,中国文史出版社 1986 年版,第 20~22 页

孙中山《建国方略·有志竟成》:

开第四会于东京,加盟者数百人,中国十七省之人皆与焉,惟甘肃尚无留学生到日本,故阙之也。此为革命同盟会成立之始。因当时尚多讳言"革命"二字,故只以同盟会见称,后亦以此名著焉。自革命同盟会成立之后,予之希望则为之开一新纪元。盖前此虽身当百难之冲,为举世所非笑唾骂,一败再败,而犹冒险猛进者,仍未敢望革命排满事业能及吾身而成者也;其所以百折不回者,不过欲有以振起既死之人心,昭苏将尽之国魂,期有继我而起者成之耳。及乙巳之秋,集合全国之英俊而成立革命同盟会于东京之日,吾始信革命大业可及身而成矣。于是乃敢定立"中华民国"之名称而公布于党员,使之各回本省,鼓吹革命主义,而传布中华民国之思想焉。不期年而加盟者已逾万人,支部则亦先后成立于各省。从此革命风潮一日千丈,其进步之速,有出人意表者矣!

中山大学历史系孙中山研究室等合编《孙中山全集》第 6 卷,中华书局 1985 年版,第 237 页

△ 同盟会设制造弹药机关于横滨。

刘揆一《黄兴传记》:

又设制造弹药机关于横滨,聘俄国虚无党人为教授,喻培伦、熊越山、黄树中、柳大任、陶铸、尹侗、王延祉、旷若谷、李刚与秋瑾、方君瑛、陈撷芬、林宗素、唐群英、蔡蕙、吴木兰诸女士,皆加入练习。

中国史学会编《中国近代史资料丛刊·辛亥革命》第 4 册,上海人民出版社 1957 年版,第 282 页

冯自由《丁未刘思复谋炸李准始末》:

刘思复，广东香山人。少有大志，好学能文。十五岁应童子试，补博士弟子员。旋抛弃学业，专研究科学及算术，饶有心得。壬寅年(清光绪二十八年)与同邑志士徐桂等创设演说社于石岐城，鼓吹改革，邑中士子多为感动。复倡办女学校一所，不顾旧绅士之剧烈反抗，毅然以改良社会、振兴女学为己任。甲辰年(清光绪三十年)赴日本留学，渐与留东革命党人相往还，益有志于光复事业。乙巳秋，东京同盟会成立，遂亦列名册籍。

冯自由《革命逸史》第6集，中华书局1981年版，第145~146页

冯自由《心社创作人刘思复》：

乙巳(一九〇五年)秋孙总理自欧洲往日本，组织中国同盟会于东京，思复亦列名册籍。旋至横滨，从惠州人李植生学制炸药。

冯自由《革命逸史》第2集，中华书局1981年版，第191页

冯自由《杨卓霖事略》：

乙巳(一九〇五年)七月孙总理黄克强等发起中国同盟会于东京，卓霖以黄克强介绍入会，未几日本取缔中国留学生事起，留学界全体异常激昂，陈天华更投海以励之，卓霖益思有所为，乃迁居横滨，研习制造各种爆裂弹及施用方法，刻苦逾恒。

冯自由《革命逸史》第2集，中华书局1981年版，第159页

△ 夏威夷政府改订租地年限条例，按新章对原租地者极为不利。为此，孙眉延请律师抗争。孙眉经济日窘，不少债务由郑照代为偿还。

冯自由《孙眉公事略》：

甲辰乙巳间(一九〇四至一九〇五)，夏威夷政府改订租地年限条例，依新章于旧租地者极为不利。德彰乃延律师抗争，此案至丁未年(一九〇七)春始由法院判决，旧租地者败诉，德彰以是报失不赀。茂宜牧场同时须归还政府。德彰不得已于是年秋偕老友杨德初归香港。

冯自由《革命逸史》第2集，中华书局1981年版，第7页

冯自由《老兴中会员郑照事略》：

民前六七年乙巳丙午间，孙德彰以历年协助国父革命，茂宜岛农牧场之资本日渐短缺，同时夏威夷政府修改租地年限条例，依新章于旧租地者极为不利，德彰数延律师抗辩无效，以此损失不赀，未几多年代理茂宜岛农牧场经售牲畜菜蔬之檀埠永雄源商号亦以来源不继，拒绝交易，德彰由是负债累累，届期债务多由照仗义代为偿付。

冯自由《革命逸史》第6集，中华书局1981年版，第7页

编者按：关于同盟会成立时间、地点问题，章开沅、林增平对此作了具体考订，认为宜以宋教仁的记述为准比较可靠。《同盟会的成立和发展》中所附注释指出：“同盟会成立时间有三种说法：《宋教仁日记》作阳历八月二十日，冯自由《记中国同盟会》作阴历七月中旬，即阳历八月中旬；田桐《同盟会成立记》则说是在黑龙会所开筹备会后‘数日’，冯说与宋说相近，田说则相差较大。按田说系二十多年后追忆，宋说系当时记载，自应从宋说。关于会址，宫崎滔天《清国革命军谈》亦说在灵南坂，冯书则说在‘霞关’，显系刊误。京都大学狭间直树先生最近曾特地到东京为我们作实地调查，也说霞关与灵南坂并非一地。到会人数，冯说作三百余人，然冯说系三十余年后追忆，可能将前后入会人数误为到会人数，此处亦从宋说。”(章开沅、林增平主编《辛亥革命史》中卷，人民出版社1980年版，第22页)

△ 湖南全省绅商抵制美货禁约，发布《奉劝中国的众同胞勿买美国的货物》传单，揭露美国帝国主义强迫订立及延续“华工禁约”，迫害中国工人、侨商和留学生的野蛮罪行。

《湖南各界抵制美货》：

七月二十日，省会著名资本家、长沙商务总会董事长王铭忠、长沙宁波富商吴渭清等人，

在福星街浙江会馆召开"湖南绅商抵制美货禁约会",到会者有各界群众四千余人。会议决定成立"湖南办理抵制美货事务公所",作为全省抵制美货运动的领导机构,民族资产阶级掌握了抵制美货的领导权。会后,开展了更大规模的抵制美货宣传运动,出版了许多宣传小册子,其中以《奉劝中国的众同胞勿买美国的货物》最有代表性。这本八千余字的白话文小册子,历数美国从十九世纪中叶以来虐待华工和歧视华侨的情况,号召人民群众要"齐心些,卖货的不卖美国货,买货的不买美国货"。

伍新福主编《湖南通鉴》,湖南人民出版社2008年版,第257页

△ 外务部与张之洞互致电函协商签订赎约之事。张请外务部照会美国柔克义大使,强调中国三省绅民志坚气盛,万难遏抑。如合兴再食言,惟有实行废约,即日自行开办路工。

《外务部来电》(光绪三十一年七月二十日丑刻到):

本部十七日电梁使云,昨经照会柔使,顷据照复,本大臣于未接本国政府来文以前,先行明言,如此办法,实难照允等语。此事业经尊处照会美政府,言明中国政府之意。现与福士达、路提、英格兰商定草约,彼此签押,经张督奏奉谕旨照准。希即切商合兴股东,从速定议。并再向美政府声明饬知柔使,以期接洽等语。希查照。外务部。

张之洞《致外务部》(光绪三十一年七月二十一日寅刻发):

查合兴违背合同,以底股售与比人至三分之二。经三省绅民查悉,异常愤激,万口同声,坚请废约。敝处念美国素敦睦谊,委曲求全,与梁使妥商,改废约为赎约,听合兴开价,照数认还,毫无驳减,……若此路仍听美比合办,三省绅民必群起抵抗。巨衅之启,后患不可胜言,美人亦何所利。务恳贵部剀切照会柔使,告以三省绅民志坚气盛,万难遏抑,合兴如再食言,我惟有实行废约,即日自行开办路工,别无他说。俟照会美使后,并祈电行美使知会美外部,至祷至感。

国家清史编纂委员会·文献丛刊《张之洞全集》(11),武汉出版社2008年版,第225～226页

张之洞《致京瞿尚书》(光绪三十一年七月二十一日亥刻发):

此事危险已极,非公鼎力主持,挽回迅速,几铸大错,三省官民同深感颂。……查柔使近忽以中国无意废约电其总统,恐有与梁不协者护其前失,冀搅散此局,因于柔使前微露口风,……合兴开价售约归我,只是商务,决不能牵入国际交涉,我即声明废约,断断不致与美失和。……敝电到部后,傥有持异议者,务望公终始维持,奠安大局,岂独三省蒙福,国家主权实赖保存。公功在社稷,曷胜盼仰。

国家清史编纂委员会·文献丛刊《张之洞全集》(11),武汉出版社2008年版,第226～227页

8月21日(七月二十一日)　广州启明、进取、南武各学堂联合编撰《美禁华工拒约报》(简称《拒约报》)出版,专刊美人虐待华人情形,积极推动反美华工拒约爱国运动开展。

梁家禄《〈有所谓报〉及反帝报刊》:

《拒约报》是一九〇五年八月二十一日在广州创刊的,总编辑是黄晦闲。这个报纸"专以发挥拒约为宗旨"。《拒约报出版广告》说:"美禁华工问题,关系重大,本社同人慨然廑此,特办斯报。"

梁家禄编《中国新闻业史·古代至1949年》,广西人民出版社1984年版,第59页

黎民铎《拒约报出世感言》:

今日为广州拒约报出世之良辰,异月苛约尽废,是日即旅美华人良纪念日也。喜夫!喜

夫！吾为废约之前途祝，吾不得不为拒约报之出世贺！

拒约而有报也，其诸林肯主废奴例之伟著欤？夫美国特设苛例以待我，天下不平之事，孰逾于斯？议续苛约之警告布，吾粤人士相骇奔告曰：此次不力筹抵制，美将曰，支那其无人，而热心之子，奋袂以起，森森然曰：此次拒约事，不可不设立一机关报，而于是拒约报乃以成立。

…………

虽然，吾伟之，吾转不禁悲之也。士夫不幸而丁此国势危岌，外交酷烈之时代，耳怵于苛约之警告，目惕于不买美货之街招，而心又惧乎吾国民体之不坚，民气之或挫，政界之压力，外界之强权，不得已而假文字以为醒世之铎、指南之针。

阿英编《反美华工禁约文学集：5卷补编》，中华书局1960年版，第694～695页

△ 清朝政府下令各省总督巡抚禁止抵制美约运动，8月31日（八月初二日）并将该命令以上谕形式向全国公布。

和作辑《一九〇五年反美爱国运动》：

据柔克义向美国国务院所作的报告说，柔克义在北京最终找到了大卖国贼袁世凯，通过袁贼使清朝政府下令各地督抚镇压人民，即七月二十一日的命令。袁贼当时是清政府的直隶总督兼北洋大臣，反美爱国运动开始的时候，他就对人民横施镇压："示禁天津商民，令勿附和上海商会抵制华工禁约之举。"

中国社会科学院近代史研究所近代史资料编辑部编《近代史资料》1956年第1期，知识产权出版社2006年版，第47页

因美国公使柔克义要挟清政府镇压抵制美货运动，8月31日（八月初二日）清廷发布禁止抵制美货斗争的上谕，后各省督抚相继开始禁制此一运动。

《上谕》：

御史王步瀛奏：各省工商抵制美约，风潮过激，请饬加意防范，以维大局一折。前据外务部王大臣面奏美国工约一事，迭经出使大臣梁诚及外务部先后与美政府商议，美政府已允优待华商及教习、学生、游历人等，并允于议院开时，尽力公平妥办各在案。昨据该御史奏称：公愤既兴，人众言庞，难保无宵小生，乘机窃发，恐误大局等语，亟应明白宣示，以免误会而释众疑。中美两国，睦谊素敦，从无彼此牴牾之事。所有从前工约，业经美国政府允为和平商议，自应静候外务部切实商改，持平办理。不应以禁用美货，辄思抵制。既属有碍邦交，且于华民商务，亦大有损失。迭经外务部电行该省督抚，晓谕商民，剀切开导，务令照常贸易，共保安全。著再责成该督抚等，认真劝谕，随时稽查，总期安居乐业，毋负朝廷谆谆诰诫之意。倘有无知之徒，从中煽惑，滋生事端，即行从严查究，以弥隐患。将此通谕知之。

朱寿朋编《光绪朝东华录》第5册，中华书局1958年版，总第5389页

8月22日（七月二十二日）　日本东京中国留学生主要聚集地出现孙文将作演说的海报，题为《孙逸仙先生大演说会，列强能否瓜分中国之问题》，引发清廷强烈反应。

《孙逸仙先生大演说会：列国能否瓜分中国之问题》：

无老无少，无贵无贱，无维新无守旧，无平和无激烈，苟非死其心，冷其血者，而一言瓜分，莫不心战胆寒，毛竖骨悚，有不啻狂热之炙手，冷水之浇背，而不知其所终极。诚以爱国一念，人皆所同，固无问其知愚不肖也。然中国之志士，非不焦心万虑，而无其解决之方；列

强之政家,非不踌躇满志,亦无其下手之策。诚以仅知中国之情,而不知列强之实;惟知列强之外,而不知中国之内。故非深透彼已之隐情,洞悉彼已之形势,从无窥其究竟,而以事策机先。孙逸仙先生者,忧心国事,迹遍全球,民情国政,莫不烂悉。值兹国势阽危,人心惶惑,正如舟之无柁,车之失御,四万万亲爱之同胞不啻彷徨于终夜。是以恳乞先生以所见所闻所深得者,于本周日曜日(二十七日)下午二时起至五时正,在神田区美士代町青年会馆,却批导窍,部解真元,一大演说。嗟乎!人心不同,虽其如面,然覆巢碎卵,立逼目前。苟为冠带血气之伦要,莫不以是为当今最务之急也。雄论宏议,闻所未闻,其欲知中国前途之补救者,曷弗来座一听之。

乙巳八月二十二日同人公启

入场券:特别座金二圆,预留座金一圆,普通座金五十钱。

再启者。入场券在会馆及成昌楼味莼□维新号并当日会场门外临时发售,但广大房舍,实属难觅,恐座位不敷,无以报命,祈早购券以俟,不胜幸甚。

《孙中山演说辞》:

余五六年以前来游日本,嗣有所感,更赴欧美各国观其风土,察其人情,颇有心得。尝阅内外报纸,闻诸子为邦家游学日本,大有功效。将来致自国于文明,非诸子其谁与归?是留学诸子之责,不亦大乎!余本不才无识,然睠怀故国,关心前途,若有隐忧,敢不让于诸子,惟余之际遇,现时不得回国,谅亦诸子所知。切望诸子务以勉励勤学为事,令我国得跻文明,增进幸福,是后可免列强干涉,以保独立体面。至余将舒其素志,纵令若何险阻艰难,毫不介意。愿诸子专心力学,旷观世局,留意时务,使我国有所进步。诸子其勉旃哉!

《杨枢报告孙中山在东京发表演说函》:

讵料本月初旬,正值各校暑期放假之时,逆党孙文来自英国,屡在东京开会,登台演说,藉以鼓动学生。而学生之赴会听讲者,日千余人,至为可惧。枢窃欲设法禁阻,惟孙文系国事犯,不能公然照会日本外务省代为惩办,不得已以私情往晤珍田谆,托密派巡捕,随时踪迹,窥其举动。嗣准珍田饬人密探,并抄录孙文演说一纸封送前来。寻绎其意,虽无狂悖不法之词,然革命之意已在言外。近又订于本月二十七日,在神田区美土代町青年会馆开留学生全体大会。枢日夜忧之,因密托日本外务省暨警视总监严行禁阻。顷据复称,业经停会。总之,孙文在东一日,学生一日不得安静。现拟设法讽日本政府,将孙文驱逐出境,能否办到,尚无把握。倘或不能办到,亦必另筹别法。惟使臣在外,一无治外法权,则事事都形棘手,尚求密示机宜,俾得遵循有自。本拟电陈一切,第恐过事张皇,非惟无益。

谨将外部抄来孙文演说及报告各一纸附呈浏览,恳祈转回堂宪为叩。专肃。叩敬均安,统希霭照。

杨枢谨肃七月二十五日　日字第一百零二号

《清政府镇压孙中山革命活动史料选》,《历史档案》1985年第1期,第36页

△ 程家柽通告宋教仁开会事及入场券价格,宋嫌其太贵。

《宋教仁日记》:

程润生来,言中山将于来日曜日开演说会,演说各国能否瓜分中国问题,定入场券:特别席料二元,预备席一元,普通席五十钱。余嫌其太贵,然已无可如何矣。

湖南省哲学社会科学研究所古代近代史研究室校注《宋教仁日记》,湖南人民出版社1980年版,第99页

8月25日(七月二十五日)　宋教仁接到留学生界因孙中山大演说会收费事所引起不满的信函,并转寄给孙中山。

《宋教仁日记》:

接不知姓名之人来一函,责中山开演说会定价之大不然,谓必大失人心云。又接彭荫云、熊岳卿、杨仲达等来片,均大说演说之失。余乃书一信,略述此事之宜变通,并将上数信亦封入,寄往中山处去焉。

湖南省哲学社会科学研究所古代近代史研究室校注《宋教仁日记》,湖南人民出版社1980年版,第100页

8月26日(七月二十六日)　宋教仁发表《袁世凯乃敢与国民宣战耶》一文痛斥袁世凯破坏反美拒约运动。

宋教仁《袁世凯乃敢与国民宣战耶》:

抵制美国华工禁约之运动方正激烈磅礴,薄海内外无不大声疾呼,摩拳擦掌,极力实行,遂使全美惊愕,寰球震动,此正我国民气伸张之好时运也。乃不意丧心病狂之袁世凯,竟有禁止抵制美约之事。

袁世凯通示直隶各州县及天津商民,略曰:"此次拒约之事,实系国家交涉事件,其关系甚大,倘播扬风潮,附和雷同,不但有误国计,且恐累及大局,务宜速止运动,安居乐业"云云。

《大公报》者,在天津极力主张拒约之日报也。袁世凯以其煽动民心,故亦封禁之。

推袁世凯之意,不过以美总统调停日俄和局,恐因此伤美总统感情,致于满洲问题有不利耳。……噫!袁世凯固满政府惟一之忠奴也,其迎合主意,献媚取巧,压制同胞,效忠异族,乃如是耶!乃如是耶!

虽然,袁世凯之势力所及,不过一直隶耳,而举中国之为直隶者,尚十有八也,不过一天津耳,而举中国及海外之为天津者,尚不啻数百千也,不过一《大公报》耳,而举国及海外之为《大公报》者,尚无虑数十也,袁世凯乎,汝果能一一禁止之乎?噫,汝误矣!

《醒狮》第1期,1905年

8月27日(七月二十七日)　黄兴被推举代表同盟会接收《二十世纪之支那》杂志。

宋教仁《宋教仁日记》:

巳正,至程润生寓,谈良久。午初,至鲁文卿寓,留午餐。未初,至江户川亭赴□□会,议《二十世纪之支那》交代事,议决两方各举一人为代表,一移交,一接收,免致分歧云。即举得黄庆午为接收者,余为移交者,讫,遂散会。申初,至黄庆午寓,谈良久。寻回。酉初,至秀光舍,该店言《二十世纪之支那》已印刷装制成,即可送交云。余遂至卧龙馆待之。酉正,秀光舍将书送来,交余清点。正交代间,忽有警吏数人至,向余言:此书须押收,不能发卖。余不解其由来,与之辩。彼等不听,只云须押收警署去,并邀余去质问。余遂任其将书押去,而余亦随后行。既到神田警署,该警吏乃向余言:"此杂志有害公安,须押收也。"余曰:"出版自由,非贵国宪法所许乎?"彼曰:"然,但只指不害公安者。"余曰:"此书害贵国之公安乎?抑敝国之公安乎?"曰:"自然为日本之公安。"众[余]曰:"害日本如何之公安乎?何篇文章犯公安乎?"彼停半晌不言,良久,乃以笔书曰:"不说明!"余曰:"我实不知,请说明以教我。"彼复停半晌,乃曰:"此依内务大臣之命令,余辈实不知。"余曰:"本杂志五月已出,何内务大臣不知,而至今乃始禁止耶?得毋清公使之运动耶?"彼曰:"此事与警察无关与也。"彼复问干事为谁?余曰:"程家柽与黄华盛。"彼曰:"发起何人?"余曰:"我一人发起人也,尚有数人已

回国矣。”复与诘辩良久,至亥初始回。

湖南省哲学社会科学研究所古代近代史研究室校注《宋教仁日记》,湖南人民出版社 1980 年版,第 100~101 页

△ 秋瑾经宋教仁介绍,在黄兴寓所正式加入同盟会。

王时泽《回忆秋瑾》:

秋瑾是在同盟会成立半月后,由冯自由介绍,在黄兴寓所入会的。她加入同盟会后,被推为浙省主盟人。后来浙江志士入会者,多为她所介绍。

中国政协文史资料委员会编《辛亥革命回忆录》第 4 集,文史资料出版社 1981 年版,第 226 页

冯自由《鉴湖女侠秋瑾》:

乙巳七月东京同盟会本部成立后半月,冯自由介绍瑾至黄克强(即黄兴)宅入党。浙人入同盟会者,蒋尊簋为最早,瑾其第二人也。

冯自由《革命逸史》第 2 集,中华书局 1981 年版,第 165 页

陈去病《鉴湖女侠秋瑾传》:

时孙中山先生方创同盟会于江户,以君抱负弘远,首邀之入会。自是君更字竞雄,号鉴湖女侠,日以物色人材为职志。江浙志士之与君相识者,咸因君介绍,而同盟会乃大扩张。

殷安如等编《陈去病诗文集》,社会科学文献出版社 2009 年版,第 295~296 页

8 月 28 日(七月二十八日) 《二十世纪之支那》只出了两期,因鼓吹革命和抗议日本侵占辽东半岛,日本内务省以“妨害安宁秩序”的罪名,强行没收刊物并勒令停刊。

宋教仁《宋教仁日记》:

辰正,程润生来,猝向余索报看,彼犹以为在余处也。余乃告以昨夜警吏押收之事,彼亦大惊,乃相与商议办法。润生言须同至警署诘问,并言:“余妻兄某为《万朝报》记者,熟悉报律,可往问之。”余以为然。巳初,遂同至神田警署,晤警吏二人。彼先以本日官报示余,见载有内务大臣告示,称《二十世纪之支那》第二号,妨害安宁秩序,禁止颁布发卖,并差押印本之处分云云。该警吏彼[复]问本社发行者何人?余答以无人,皆系社员公任。又问掌会计者何人?余答以已归国矣。又问募集经费者何人?余答以我一人而已。又问第一篇文稿从何至此?余始知报内第一篇《日本政客之经营中国谈》,所谓妨害公安者即指此也。乃漫应曰:“此香港友人投来者,不知何姓名也,现在香港出版矣。”润生复言:“贵国政府何其愚也!吾等非日本国法下人民也,何处不可出版?吾等即刻送到支那、欧米各国出版,其奈我何?适足见日本政府之野蛮而已,吾并将此文译为英、佛、露、独各文,送各国新闻登之,益发日本经营支那之政策,于日本之外交上亦不无影响也。且本报原无甚价值,今与大日本帝国政府作对待,本报荣誉多矣……”谈既竟,遂出。乃至《二六新闻》社,润生有一友人为该社记者也,将访之而不遇。乃同至《读卖新闻》社,访其记者,亦不遇。卒乃至《万朝报》社,访润生之内兄。其门番云:“尚在家未来也。”余乃与润生乘电车至本乡,造其家访之,则适又出门往报社去矣。余与润生皆怅,时已午正也。遂至一牛鸟肉屋购午膳食之,讫,复乘电车往京桥《万朝报》社。既至,晤其人焉。润生乃告以情形,并问其有何办法?彼言此系省令,无可挽回;且内务省并可控君等于裁判所以取罚焉,君等只期继续出报而已。润生并托其将此事登报,彼颌之。遂辞去。未初,复至《读卖新闻》社及《二六新闻》社,皆晤其记者,润生所言俱与《万朝报》社所言同。申初,回。酉初,至程润生家,见有警吏二人在焉,余坐谈良久而去。至黄庆午寓,不遇而回。戌初,一警吏来。问余《二十世纪之支那》社姓名册,余答以“干事黄华

盛已携往他处去，君可自访之，余不知也。”彼复问报中之主义，余曰：“革命而已。”彼曰：“支那革命之派多乎？”余曰：“甚多。”彼曰：“除孙逸仙外，尚有何人？”余曰：“此不关君事，君何必问？余亦不能告也。”彼遂去。

湖南省哲学社会科学研究所古代近代史研究室校注《宋教仁日记》，湖南人民出版社 1980 年版，第 101～102 页

冯自由《宋教仁遗著〈程家柽革命大事略〉补述》：

宋教仁、白逾桓、吴昆、田桐、罗杰、鲁鱼、陈天华偕君等著一书报，曰《二十世纪之支那》，专以鼓吹革命为事，以君总其成，而充编辑长。因触居留国忌讳，被其封禁，报没收入官，君几入异域之缧绁，以大隈重信、犬养义为其排解，方得免祸，而侦探日尾随于君后矣。

冯自由《革命逸史》第 6 集，中华书局 1981 年版，第 48 页

8 月 29 日（七月二十九日）　日本警吏继续追查《二十世纪之支那》杂志原稿，宋教仁答以寄往香港。其接黄廑午一信，约明日下午开同盟会司法部会。

宋教仁《宋教仁日记》二十九日记：

……未正，至卧龙馆，途遇一警吏，问余报之原稿何在？余答以寄往香港去矣。

湖南省哲学社会科学研究所古代近代史研究室校注《宋教仁日记》，湖南人民出版社 1980 年版，第 103 页

宋教仁《宋教仁日记》三十日记：

辰正，至卧龙馆。午初，至会馆，与门番勘定《二十世纪之支那》代售账目，讫。午正，回。神田警察署来书，属余十二时至署有事问商。余遂至该署。该警吏问《二十世纪之支那》原稿何在？余言：“已寄上海、香港去，且贵国内务省令，只押收印本，未云押收原稿，君何问及此乎？”彼无言。余遂去。

湖南省哲学社会科学研究所古代近代史研究室校注《宋教仁日记》，湖南人民出版社 1980 年版，第 103 页

△ 湖广总督张之洞和清驻美大臣梁诚与美国合兴公司代表在华盛顿签订《收回粤汉铁路美国合兴公司售让合同》，以美金六百七十五万元“赎回”粤汉铁路路权。

《收回粤汉铁路美国合兴公司售让合同》（一九〇五年八月二十九日，光绪三十一年七月二十九日，华盛顿）：

一千九百五年八月二十九日，湖南湖北【广东】省代表人湖广总督张之洞，出使美、墨、秘、古国大臣梁诚代表大清帝国政府，为本合同第一位；美国纽遮些省合兴公司，为本合同第二位，订定合同事：因一千八百九十八年四月十四日在美国华盛顿都城所订正合同及一千九百年七月十三日所修续合同，本合同第二位经蒙授权在大清帝国建筑铁路由汉口城起至广州城止，并得有管理此路之权；又因一千九百五年六月七日以前，大清帝国政府将前两项合同或特权注销，声明各该项合同所指铁路决定自办，并按例将注销决定各节知照本合同第二位；同时大清帝国政府愿给本合同第二位以公道偿费，将上开各项合同注销；又因本合同两位议定，第一位允给第二位注销合同偿费数目，计美金六百七十五万元，经将办法订立草约声叙如下。

《大清帝国政府与美国合兴公司订定草约》

兹因中国政府将建筑粤汉铁路之特权及合同注销作废，又不准合兴续办路工，惟情愿给与公道偿费，此项偿费订定总数计美金六百七十五万元。中国政府可将合兴在中国所有产业、已成铁路、铁路材料、测量图表、开矿特权，以及在中国所有应得权利，无论明指、暗包，一概全行收管。所有合兴已提之中国政府借票，除已售之二百二十二万二千元外，一概交还中

国政府查收。至此项已售之二百二十二万二千元，或交还或收存，仍听买主自便，如买主愿意收存，或全数或少数，每百元应按九十元计，由总数六百七十五万元之内扣抵。惟不论如何办法，此项二百二十二万二千元借票，在公历一千九百五年五月一号应付息银五万五千五百五十元，中国政府须自本日起，于三个月内，照数付给；又总数六百七十五万元内，中国政府须自本日起，于三个月内，先交二百万元，所余之数须自本日起，限六个月内，一律清付合兴照收。所有交款，订明由中国政府妥速筹办，中国政府每次所交之款，须自一千九百五年五月一号起至交款日止，按年息五厘计，加付利息。以上办法，应由中国政府及合兴股东彼此批准，方作定议。

一千九百五年六月七号　福士达路提、英格澜签押

又因本合同第二位之股东于一千九百五年八月二十九日会议，将上开草约按例批准，并经本合同第二位之股东多数及董事员等准照将上开草约实行，本合同第二位之执事人员将议定所有实行此约应须之合同；又因钦奉大清国大皇帝谕旨将上开草约按例批准，并派湖广总督张之洞，出使大臣梁诚实行原约，是以现今本合同两位议定如下：

本合同第一位允给第二位美金六百七十五万元，并由一千九百五年五月一日起，计至按期或分期交款之日止，按年息五元，加给利息，按照下开办法，于一千九百五年九月七日或此日以前，应交二百万元，及所余之数于一千九百五年十二月七日或此日以前，均由本合同第一位在纽约城，用美国金元交给第二位收受，并无折扣。俟第一位将此款美金六百七十五万元及其利息交付第二位收受清楚，第二位即将所有因前项各合同特权或因注销该项各合同之故可向大清帝国政府索取各事，概行解放。并按照上开办法，第二位又将合兴公司在中国之产业，已成之铁路、材料、图表、矿利诸特权，以及合兴公司所有在中国无论明指暗包之产业，均一概交还第一位收执。本合同两位均愿大清帝国政府将第二位按前项各合同在中国应得产业一概接管；惟彼此声明，非将末次执项交付，所有现情仍然不改，而第二位之名分及利益亦不因此合同而有改变。彼此又声明，本合同第二位由本日起四十日内，将已经售出之大清帝国政府借票二百二十二万二千元，或留存或缴还第一位之处，知照本合同第一位。如此项借票业主或业主等不如期将所定办法知照第二位，即作为该业主等愿意留存借票，第一位可将留存之票，每元按九折，在末次付执内扣抵。本合同第一位允付已售借票自一千九百五年五月一日及九月七日或此日以前应付利息，并允凡借票业主留存之借票本息到期，即行交付；又彼此订明，一千九百五年六月七日所订草约概经两位认实批准，一概按约实行。

于上开年、月、日，本合同第一位由湖广总督张之洞、出使大臣梁诚钦奉谕旨，将此合同录副签押；本合同第二位由该公司总办及书记将此合同录副签押，并将该公司印信盖用，以昭信守。

湖南湖北广东代表人湖广总督张之洞(梁代)、出使大臣梁诚
合兴公司总办惠惕尔
书记谷德
见证人英格澜、福士达

李济琛、陈加林主编《国耻录——旧中国与列强不平等条约编释》，四川人民出版社1997年版，第852～854页

8月31日(八月初二日)　张之洞与袁世凯、赵尔巽联衔奏请立停科举，推广学校，以期有利无弊。清廷诏准自1906年始所有乡会试及各省岁科考一律停止。

张之洞《会奏请立停科举推广学校折》(光绪三十一年八月初二日)：

窃维科举之弊，古今人言之綦详。而科举之阻碍学堂，妨误人才，臣世凯、臣之洞等亦叠经奏陈，久在圣明昭鉴之中，无烦缕述以渎宸听。是以前奉谕旨，递减科举中额，期以三科减尽，十年之后，取士概归学堂，固已明示天下，以作新之基而徐俟夫时机之至。所以为兴学培才计者，用意至为深远。臣等默观大局，熟察时趋，觉现在危迫情形更甚曩日，竭力振作，实同一刻千金。而科举一日不停，士人皆有侥幸得第之心，以分其砥砺实修之志。民间更相率观望，私立学堂者绝少，又断非公家财力所能普及，学堂决无大兴之望。就目前而论，纵使科举立停，学堂遍设，亦必须十数年后，人才始盛。如再迟至十年，甫停科举，学堂有迁延之势，人才非急切可成，又必须二十余年后，始得多士之用。强邻环伺，讵能我待。近数年来，各国盼我维新，劝我变法。每疑我拘牵旧习，讥我首鼠两端，群怀不信之心，未改轻侮之意。转瞬日俄和议一定，中国大局益危。斯时必有殊常之举动，方足化群疑而消积侮。科举夙为外人诟病，学堂最为新政大端，一旦毅然决然舍其旧而新是谋，则风声所树，观听一倾，群且刮目相看，推诚相与。而中国士子之留学外洋者亦知进身之路，归重学堂一途，益将励志潜修，不为邪说浮言所惑，显收有用之才俊，隐戢不虞之诡谋。所关甚宏，收效甚巨。且设立学堂者，并非专为储才，乃以开通民智为主，使人人获有普及之教育，具有普通之智能，上知效忠于国，下得自谋其生也。其才高者固足以佐治理，次者亦不失为合格之国民。兵农工商，各完其义务而分任其事业，妇人孺子，亦不使佚处而兴教于家庭。无地无学，无人不学，以此致富奚不富，以此图强奚不强。故不独普之胜法，日之胜俄，识者皆归其功于小学校教师。即其他文明之邦，强盛之源，亦孰不基于学校。而我国独相形见绌者，则以科举不停，学校不广。士心既莫能坚定，民智复无由大开，求其进化日新也难矣。故欲补救时艰，必自推广学校始。而欲推广学校，必自先停科举始。拟请宸衷独断，雷厉风行，立沛纶音，停罢科举。庶几广学育才，化民成俗，内定国是，外服强邻。转危为安，胥基于此。

国家清史编纂委员会·文献丛刊《张之洞全集》(4)，武汉出版社2008年版，第233~234页

八月初四日《上谕》：

袁世凯等奏《请立停科举以广学校，并妥筹办法》一折。三代以前，选士皆由学校，而得人极盛，实我中国兴贤育才之隆轨。即东西洋各国富强之效，亦无不本于学堂。方今时局多艰，储才为急。朝廷以近日科举每习空文，屡降明诏，饬令各省督抚广设学堂，将俾全国之人，咸趋实学，以备任使，用意至为深厚。前因管学大臣等议奏，已准将乡、会试中额分三科递减。兹据该督等奏称，科举不停，民间相率观望。推广学堂，必先停科举等语。所陈不为无见。著即自丙午科为始，所有乡、会试一律停止，各省岁科考试，亦即停止。其以前之举贡生员，分别量予出路，及其余各条，均著照所请办理。总之，学堂本古学校之制，其奖励出身，又与科举无异。历次定章，原以修身读经为本，各门科学，又皆切于实用。是在官绅申明宗旨，闻风兴起，多建学堂，普及教育，国家既获树人之益，即地方亦与有光荣。经此次谕旨，著学务大臣迅速颁发各种教科书，以定指归而宏造就，并著遍设蒙小学堂，慎选师资，广开民智。其各认真举办，随时考查，不得敷衍瞻徇，致滋流弊，务期进德修业，体用兼赅，共副朝廷劝学作人之至意。钦此。

苑书义等编《张之洞全集》，河北人民出版社1998年版，第1664页

△ 驻美使臣梁诚电告张之洞合兴股东批准草约，请于西九月七号前将美金二百九万八百六元电汇至纽约。张随即致电外务部，谓合兴股东批准草约，美国政府表示不予阻扰。

《梁钦差来电》(光绪三十一年八月初二日子刻到):

今日合兴股东批准草约,美外部电称,美廷决不阻挠。查草约载西九月七号,应交美金二百万元,五月一号起至交款日止,此款应按年息五元加息美金三万五千二百五十一元零。又五月一号应付借票利息美金五万五千五百五十元。以上三款统计,美金二百九万八百六元零,应于西九月七号即八月初九日在纽约兑交。计期已近,务祈合三省全力迅即筹足,于九月七号以前电汇到美,免致变局。

张之洞《致外务部》(光绪三十一年八月初二日辰刻发):

顷接梁使艳电云,今日合兴股东批准草约,美外部电称,美廷决不阻挠等语。特飞布。沃。

国家清史编纂委员会·文献丛刊《张之洞全集》(11),武汉出版社2008年版,第227页

△ 湖北、湖南、广东三省官绅集会议决自办粤汉铁路。

《德宗景皇帝·光绪三十一年》:

是日,鄂、湘、粤三省官绅议决自办粤汉铁路。

章开沅主编《清通鉴》第4册,岳麓书社2000年版,第1025页

△ 张之洞致电两广总督岑春煊就向英国商借赎路款之事与其协商,岑建议对借款合同条款应慎重对待,力求严谨周密,免致堕入英国奸计之中。

张之洞《致广州岑制台》(光绪三十一年八月初二日巳刻发):

此次赎路款与英国商借,早有端倪,息只四厘半,并无扣头,实为十分便宜,他国万办不到,此系英政府格外要好。惟其条款内有粤、湘、鄂三省境内别有修造铁路,须向外洋借款之事,当先尽英国商办,由我比较,择公道者酌定等语。此一款屡经商驳,英使、英领均极看重此条,非照允不肯定局。查该款所索利益,不过先尽英国询商,仍由我择宜酌定,并非定借英款。如路系由我筹款自办者,彼亦不能强我必借其款。两湖现已允许,广东应由尊处裁酌,似亦可允。尊意是否照允?祈迅赐电覆。

《岑制台来电》(光绪三十一年八月初二日巳刻到):

赎路借款息只四厘半,并无扣头,诚甚便宜。其条款所订三省境内别有修造铁路、须向外洋借款之事,当允尽英国商办,由我比较,择公道者酌定等语,论表面不过先尽询商,其借否之权仍操自我。惟英使、英领既看重此条,非照允不肯订约,其用意必有所在。……鄙意宁使利息稍重,总求磨去此节。万不得已,亦必于先尽英国商办之下,增入次向某国某国并商一句,庶与下句由我比较,择公道者酌定,语意圆满。又,切须增入借款之国不得强我定用其材料工匠,须由我自择何者便利而用之等语,庶不受其暗中朘削,万望加意磋商,仍盼电示。

国家清史编纂委员会·文献丛刊《张之洞全集》(11),武汉出版社2008年版,第228页

△ 张之洞致电北京军机处瞿鸿禨请其嘱盛宣怀勿再干预赎约之事,以免贻误大局。

张之洞《致京瞿尚书》(光绪三十一年八月初二日戌刻发):

查此事敝处费尽心力,争回路权,明知合兴开价浮冒,为大局计,不敢顾惜小费。从前湘绅公电,亦谓任彼浮开滥费,但能收回自办,尽可一概承认云云,所见最为远大。今事已垂成,盛忽电梁议驳。……似此故出万不能行之难题,有意搅局,使梁使无所适从,必致合兴因

此决裂罢议,咎将谁归。务恳尊处切嘱盛勿再干预粤汉路事,庶免掣肘,而毁成功,曷胜感祷。

国家清史编纂委员会·文献丛刊《张之洞全集》(11),武汉出版社2008年版,第228~229页

张之洞《致华盛顿梁钦差》(光绪三十一年八月初二日戌刻发):

合兴股东批准,大功告成,胥赖鼎力,至感至慰。付款必如期交付。……此事由敝处一力担承,盛电意在搅局,幸勿为其所动,至祷。

《梁钦差来电》(光绪三十一年八月初一日亥刻到):

英格澜、福士达公拟售让合同,全以草约为底本,声明中国大皇帝谕旨批准,及合兴议定,将草约办法施行。加入售出之二百二十二万二千金元借票,或留抵售款,或缴还中国,限四十日内由合兴通知中国。如不如限通知,即作为留抵售款,照原价九十元算。所有合兴在华产业利权,俟售款交完,即全缴还中国。惟草约画押六个月后,售款未清以前,一切仍旧等语。诚细核此稿,款式均尚合例,词意亦无出入,可否奏明请旨,照稿签押,乞钧裁。顷与合兴议定,西九月六号会签,尊处派何人代签,希并示。西九月七号第一期售款万不可缓,务乞如期电汇,请先电示。

《致华盛顿梁钦差》(光绪三十一年八月初三日巳刻发):

合同内加叙两节:一、金元小票限四十日内通知,逾限即作为留抵售款,此可照允。惟通知后如愿缴还,中国须两月后方能付款,应先声明。二、草约画押六个月后,售款未清以前,一切仍旧等语,须再酌。正约已签字,第一期款已付,我即可开办路工。若一切仍旧,是此数月内路工仍停搁不办,损失甚多,似不合理。必须声明,第一期付款后,任凭中国接办路工。此最要义。又,九月七号付款之期,须与商缓十日,缘摩根会议改期,并未如约,致我筹备之款不得不暂缓,今仓卒转汇,势不能不稍迟数日。惟迟付一日认一日利,谅合兴并不吃亏。此层能商到最妥,如万不能,请立赐电覆。画押事当即请旨,鄙人名下,即请台端代押,务祈速覆。

国家清史编纂委员会·文献丛刊《张之洞全集》(11),武汉出版社2008年版,第229页

《军机处来电》(光绪三十一年八月初五日辰刻到):

奉旨:"据张之洞电称,接梁诚电:'粤汉铁路废约,合兴股东已批准草约。美外部电称:美廷决不阻挠'等语。仍著责成张之洞、梁诚一手经理,盛宣怀不准干预此事,钦此。"

苑书义等编《张之洞全集》,河北人民出版社1998年版,第9371页

8月(七月) 孙中山与汪精卫谈约法问题。

精卫《民族的国民》:

革命以民权为目的,而其结果,不逮所蕲者非必本愿,势使然也。革命之志,在获民权,而革命之际必重兵权,二者常相抵触者也。使其抑兵权欤,则脆弱而不足以集事;使其抑民权欤,则正军政府所优为者,宰割一切,无所掣肘,于军事甚便,而民权为所掩抑,不可复伸,天下大定。欲军政府解兵权以让民权,不可能之事也。是故华盛顿与拿破仑,易地则皆然。美之独立,华盛顿被命专征,而民政府辄持短长,不能行其志,其后民政府为英军所扫荡,华盛顿乃得发舒。及乎功成,一军皆思拥戴,华盛顿持不可。盖民权之国,必不容有帝制,非惟心所不欲,而亦势所不许也。拿破仑生大革命之后,宁不知民权之大义?然不掌兵权,不能秉政权,不能伸民权。彼既借兵权之力,取政府之权力以为己有矣,则其不能解之于民者,骑虎之势也。而当其将即位也,下会国中,民主与帝制惟所择,主张帝制者十人而九。是故使

华盛顿处法兰西,则不能不为拿破仑;使拿破仑处美利坚,则不能不为华盛顿。君权政权之消长,非一朝一夕之故,亦非一二人所能为也。中国革命成功之英雄,若汉高祖、唐太宗、宋艺祖、明太祖之流,一丘之貉。不寻其所以致此之由,而徒斥一二人之专制,后之革命者,虽有高尚之目的,而其结果将不免仍蹈前辙,此宜早为计者也。

察君权、民权之转捩,其枢机所在,为革命之际,先定兵权与民权之关系。盖其时用兵贵有专权,而民权诸事草创,资格未粹,使不相侵,而务相维,兵权涨一度,则民权亦涨一度。逮乎事定,解兵权以授民权,天下晏如矣。定此关系厥为约法。革命之始,必立军政府,此军政府既有兵事专权,复秉政权。譬如既定一县,则军政府与人民相约,凡军政府对于人民之权利义务,人民对于军政府之权利义务,其荦荦大者悉规定之。军政府发命令组织地方行政官厅,遣吏治之。而人民组织地方议会,其议会非遽若今共和国之议会也,第监视军政府之果循约法与否,是其重职。他日既定乙县,则甲县与之相联,而共守约法;复定丙县,则甲、乙县又与丙县相联,而共守约法。推之各省各府亦如是。使国民而背约法,则军政府可以强制;使军政府而背约法,则所得之地咸相联合,不负当履行之义务,而不认军政府所有之权利。如是则革命之始,根本未定,寇氛至强,虽至愚者不内自戕也。洎乎功成,则十八省之议会,盾乎其后,军政府即欲专擅,其道无繇。而发难以来,国民瘁力于地方自治,其缮性操心之日已久,有以陶冶其成共和国民之资格。一旦根本约法,以为宪法,民权立宪政体有盘石之安,无漂摇之虑矣。先生之言,大略如是。嗟夫!自今以往,无其正之革命军则已。苟其有之,其必由斯道,以达国民主义之目的。我国民当沈毅用壮以向于将来,毋自馁也。

《民报》第2号,1906年

△ 李燮和由黄克强介绍加入同盟会。

冯自由《光复军司令李燮和》:

乙巳(一九〇五年)东京同盟会成立未久,燮和亦东渡留学,遂由黄克强介绍入会。

冯自由《革命逸史》第2集,中华书局1981年版,第216页

夏秋间　武昌刘成禺主编《大同报》,风行南北美洲。后来出国考察宪政的端方在旧金山曾劝告刘不要发表宣扬革命、抨击清廷的言论,刘予以拒绝,激进言论如常。

冯自由《美洲致公堂与大同报》:

乙巳(一九〇五年)秋,清廷派端方、戴鸿慈赴欧美各国考察宪政。保皇会于端、戴莅美日,百般谄事,惟恐不力,且欲借端力以逐刘出境,端询革命党主笔为何人?康徒以刘某对。端呵呵大笑曰:"刘成禺是我的学生,他一定听我的话。"遂派人请刘到旅馆会餐,刘届时往见,端礼遇甚优,相与话旧多时,最后语刘曰:"你是我的得意学生,总要给我一点老面子,那句话请你不要多说。"刘一笑而别。次日大埠唐人街喧传钦差大臣请刘老师吃饭,《大同报》竟因之多售百数十份,而报中论调固与前无异也。

冯自由《革命逸史》初集,中华书局1981年版,第154～155页

刘成禺《端方出洋趣史》:

予在《大同日报》主笔房草文,金山总领事梅县钟文澜,体胖汗渍,直登四楼,喘息未定,即曰:"端大人叫我寻你,务必与我同去见他。"予曰:"端方是钦差,我是主笔,两不相关,何故见他?"钟曰:"端大人说你是他的学生,凡是他的湖北学生,都来见过,就是你一个人未去,派我来,务必挟你同去。"予曰:"报馆事甚忙,容迟时日。"钟曰:"有汽车在门,你不去,我不

能回去交差。”予曰：“出报稿尚须整理二小时。”钟曰：“我坐候二小时。”事毕同去，端、戴皆在。端介予告戴曰：“此是我学生。”指戴曰：“此是戴少怀尚书。”问予近况毕，曰：“你是我的学生，何以不来见我？”予曰：“予在报馆，卖文为学费，白日读书，晚上作文。”端曰：“我未来金山，即读汝在《大同日报》所作之文。我语汝，从今以后，那些话都不要讲了。”予曰：“我不知指所讲何话？”端曰：“就是你讲的那些话。”予曰：“没有讲什么。”端曰：“就是你天天讲的那些话。”予曰：“我天天并未讲什么话。”端曰：“你自己还不明白，就是你讲出口的那些话，你也明白，我也明白，从今以后，都不要讲了。同是中国人，一致对外，此次考察回国，必有大办法，老弟，再不要讲了。”临行，端又曰：“我忝居老师，你屈居门人，你给我面子，那些话此后都不要讲了。”未几，金山大地震，端由欧洲惠金五百，函附湖北回电原纸，由监督周自齐手交。其回电为梁鼎芬覆端电，电文云：“请刘生湖北官费，此乱党也，已禀南皮作罢。”而端方口中所谓“那些话”，盖排满论也。

刘成禺《世载堂杂忆》，辽宁教育出版社 1997 年版，第 87～88 页

秋　秋瑾与刘道一等人组成“十人团”，积极从事革命活动。

徐双韵《记秋瑾》：

秋瑾同时还与刘道一等九人，组织秘密团体，名十人会，也以反抗清廷、恢复中原为宗旨。

中国政协文史资料委员会编《辛亥革命回忆录》第 4 集，文史资料出版社 1981 年版，第 209 页

《刘道一》：

留日期间，曾和秋瑾、刘福船、王慕周、侯菊园、冯焕明、黄人漳、于深、成邦杰、李秉章秘密组成革命团体“十人会”。

湖南省地方志编纂委员会编《湖南省志》第 30 卷《人物志》上，湖南出版社 1992 年版，第 804 页

△ 蔡元培等人积极从事暗杀活动。

黄世晖记《蔡元培口述传略》(上)：

自东京同盟会成立后，杨笃生君、何海樵君、苏凤初君等，立志从暗杀下手。乃集同志六人，学制造炸药法于某日人，立互相监察之例，甚严。何君到上海，访孑民密谈数次，先介绍入同盟会，次介绍入暗杀团，并告以苏君将来上海，转授所学于其他同志。其后苏君偕同志数人至，投孑民，孑民为赁屋，并介绍钟宪鬯君入会，以钟君精化学，且可于科学仪器馆购仪器药品也。

蔡建国《蔡元培先生纪念集》，中华书局 1984 版，第 255～256 页

陈独秀《蔡孑民先生逝世后感言》：

我初次和蔡先生共事，是在清朝光绪末年。那时杨笃生、何海樵、章行严等，在上海发起一个学习炸药以图暗杀的组织，行严写信招我，我由安徽一到上海，便加入了这个组织，住上海月余，天天从杨笃生、钟宪鬯试验炸药。这时，孑民先生也常常来试验室练习，聚谈。

重庆《中央日报》1940 年 3 月 24 日，高平叔《蔡元培年谱长编》上册，人民教育出版社 1996 年版，第 289 页

蔡元培《自写年谱》：

在东京之同盟会成立以后，会员杨笃生、苏凤初等六人，在某山上请一日本化学教授为导师，习制炸药；此为同盟会中的秘密小组。前任爱国学社军事教员何海秋[樵]君自东京来上海，以秘密形式介绍我入同盟会，并介绍入小组，并言苏君将来沪传习，委我预为安排。我于爱国女学左近租屋一栋，并介绍物理学家王君小徐及化学家钟宪鬯先生加入小组。苏君

到后,约我等愿习者开会,以一纸书黄帝神位等字,供于上方,杀一鸡,滴血于酒中,我等都跪而立誓,并饮鸡血酒。苏君乃开始教授。仪器及药品,皆钟先生自科学仪器馆携来者。若干日而毕业。苏君率同志数人往湖南。我等仍继续筹制炸弹,炸药易制,而王君小徐通访上海五金店,未有能代制精便的弹壳者。黄君克强及蒯君若木自东京来,均携有弹壳若干,装药后,由孙君少侯密送南京,于僻处试掷之,竟不炸。我等所组织的秘密机关,不能不解散;仍以爱国女学为接洽之所。杨君笃生来上海,知无可凭藉,乃往北京。过保定时,遇吴君樾,极相投契,吴君并表示为国牺牲之决心,索工具于杨君。杨君抵北京,任译学馆教员,乃密制炸药,装诸纸烟罐,以药线导火。吴君携以赴考宪五大臣车上,既发火,未及掷出而已炸,遂殉国。

蔡元培《黑暗与光明的消长》,东方出版社 1998 年版,第 387 ~388 页

9 月 1 日(八月初三日)　孙中山应廖仲恺等邀诣其寓所,对廖与胡汉民等详析中国革命之必要与三民主义之大略,指出欲不蹈欧美日之故辙须有民生主义,廖、胡等六人卒皆受盟。

冯自由《未入革命党前之胡汉民》:

乙巳(一九〇五年)六月,总理从欧洲东归,与余及黄克强、陈天华、程家柽、宋教仁等发起中国同盟会。是日毅生介绍加盟者,有×××、朱大符、李文范、张伯乔、古应芬、金章、杜之杕、张树棠、姚礼修九人。汉民适以事偕廖仲恺返粤,故不预焉。同盟会成立后十余日,汉民、廖仲恺同返东京,即宣誓入会。

冯自由《革命逸史》初集,中华书局 1981 年版,第 187 页

冯自由《胡汉民入党时纪实》:

开会后约十日,汉民偕其妻陈淑子妹灵媛及仲恺、江誉聪、郑拜言等同莅东京,俱寓神田区新宅。江誉聪,字叔颖,系江孔殷之子,尝从汉民受业,故乃父特托汉民挈之东游。汉民既知同盟会成立,即由胡毅生介绍偕仲恺向总理宣誓入会。偕来之江誉聪、郑拜言以同寓故,亦令与盟。惟郑拜言于签誓约后,终夜旁惶,恐怖万状。仲恺语之曰:“日本留学生谁非革命党?既入党矣,恐惧何为!”拜言终不自安,不数日竟悄然袱被归粤,留东粤籍党人知者,莫不引为笑谈。江誉聪在日未久,即随伍廷芳使美为官学生。

冯自由《革命逸史》第 2 集,中华书局 1981 年版,第 178 页

何香凝《我的回忆》:

在我入盟以后大约两个多月,仲恺方才回到东京。同船抵达的还有胡汉民夫妇。胡汉民夫妇寄寓在我的家里。仲恺有志革命很早,当晚孙先生来到我家,仲恺在晚饭后即行宣誓加盟。但是,胡汉民为了“平均地权”四个字与孙中山先生辩驳了差不多一个通宵。胡汉民认为不宜于在那个时候提出“平均地权”的口号。孙先生向他解释说:“你参加反清朝帝制,这很好,但是解决民生问题,也是我们革命目的之一,而要解决民生问题,首先就要平均地权,节制资本。”我记得那天夜里我在床上醒了又睡,睡了又醒,还听见他们在隔壁房间争论不休,一直辩论到深夜三时以后,胡汉民方才勉强加盟。可见胡汉民后来反对改组中国国民党,反对实行三大政策,是早有原因的。

“驱除鞑虏,恢复中华,创立民国,平均地权”是孙先生当年组织同盟会提出的口号,它初步概括地体现了孙先生当时的革命理想。这四句口号是一个整体,不可分割,也不应该分割。

中国政协文史资料委员会编《辛亥革命亲历记》,中国文史出版社 2001 年版,第 16 页

胡汉民《辛亥革命之回忆》：

一九〇五年，余以暑假与廖仲恺同行返粤，挈妇淑子妹宁媛往留学；仲恺则携其女梦醒往。途次闻孙先生已至日本，组织革命党，余与仲恺乃急返东京，至则中国同盟会已成立。盖先生以一九〇四年冬重至欧洲，揭三民主义，号召同志，首开会于比京，次在柏林，次在巴黎，然后更至日本。东京留学中觉悟分子欢迎先生于富士见楼，复于内田良平私宅开筹备委员会，于坂[阪]本金弥别庄开成立大会，即日加盟者数百人，除甘肃无留日学生外，十七省之人皆与焉。入会者必使书誓约，其词曰："当天发誓，同心协力，驱除鞑虏，恢复中华，创立民国，平均地权，矢信矢忠，有始有卒，如或渝此，任众处罚！"余既略闻其情，时方与仲恺夫妇同居，乃夜延先生至寓，是为生平第一次得接先生之丰采言论。先生为余等言中国革命之必要，与三民主义之大略，余等皆俯首称善。先生曰："皆已决心无疑义耶？"余与仲恺同词对曰："革命本素志，民族主义、民权主义俱丝毫无疑义矣；惟平均地权、民生主义，犹有未达之点。"盖是时法政学校所讲授之经济学，实为资本主义学说，即所得参考书，亦不过至社会改良而止，因举所疑为问。先生乃更详析，辨正余等之见解，且言："中国此时似尚未发生问题，而将来乃为必至之趋向。吾辈为人民之痛苦，而有革命，设革命成功，而犹袭欧美日本之故辙，最大多数人仍受痛苦，非吾人革命之目的也。"余曰："言至此，则无复疑问矣。"先生复言革命党之性质作用，党员对党之义务与牺牲服从之要求，则俱应曰："唯。"于是余与仲恺、淑子、宁媛，皆受盟；同居之江誉聪、郑拜言亦使受盟。（江、郑皆幼稚，尔时惟为防其泄漏秘密，党律严无敢犯者。）先生纵谈革命进行事宜，至于达旦。此为余投身革命党，从事实行之始。

中国政协文史资料委员会编《辛亥革命亲历记》，中国文史出版社 2001 年版，第 147～148 页

胡汉民《辛亥革命之回忆》：

孙先生为全党总理，置党本部于东京，以黄兴为庶务部长，其次则宋教仁、张继诸人也。任余为秘书，掌秘密文件，何天炯为会计，精卫为评议部长，复有执法部，专司纠察党员；而党中大事，悉秉承于总理。各省党员以省份，自举分部长，内地各设党部，皆用民主选举制。余与精卫以职责所在，日与先生亲，亦日与各干部同志计划革命一切问题。每有会议，先生常听取众见，而后以己意折衷处理之。遇非常问题，则先生先发表其主张之要点，使人得涉从之津涯。余等未见先生时，几疑先生为汉高、明太一流；及亲闻先生之议论，与见其处事接物之态度，不涉矜持，而自然崇高博大，乃叹其素养为不可及。先生与人，从不作一寒暄敷衍语，而涉于革命各种问题，则教人不倦，辄忘寝食。人或有疑先生不解中国礼法人情者，余知先生于乙未举事之前后，实亲与各种社会周旋；社会情伪，殆无人如先生知之深者。知之而若是，盖欲矫正中国社会虚伪之弱点也。故先生对群众演说，博辨详明；遇同志质疑，解答之至其人彻悟而后已；而寻常晤对，乃似不能言者。余一日见有日本某名士，携犬养毅之介绍书求谒。既进则极道其崇拜英雄之意，而语涉谀颂至数十分钟。先生仅微颔之，其人不能更有言，先生亦默然相对。久之，其人逡巡辞去。余询先生，先生曰："余不解其以何目的而来，余又不能伪与为无谓之周旋也。"余等常见先生于蔼然可亲之中，有凛然难犯之节。余等真正认识革命之意义，实由先生之指导。先生为同志言一问题，必就实际上求其原因结果之关系，必言其所以然，而不仅言其当然。常谓："解决社会问题，要用事实做基础，不能专用学理的推论做方法。"大有疑先生为空想家者，实则适得其反，先生盖真科学的也。先生惟以如是之认识力、批判力，更自强不息，故无时不立于群众之先头，而为之领导者，而其沈毅果决，百折不挠之勇气，亦为其所固有。先生自为医，于省澳之间，已以能惠恤贫人苦力称。其第一日语余等，即曰："革命为大多人之痛苦；其出发点于此，洵为中国有史以来所未有。"上之所

述,虽尚不足以尽先生生平之伟大,然余是时常从先生治革命工作,已得若干之印象感想矣。

中国政协文史资料委员会编《辛亥革命亲历记》,中国文史出版社2001年版,第148~149页

9月2日(八月初四日)　日驻清公使内田康哉询问孙逸仙是否被日本政府流放日本国外。

《清国驻日[日驻清国]公使询问孙逸仙去向》:

外务大臣桂太郎伯爵阁下:

北京报纸现有报道说:已由清国政府通过杨公使向我国政府提出请求,将孙逸仙流放日本国外,此事是否属实,恳请回电,以使下官有所了解。

驻清公使内田康哉

38年9月2日下午3时59分发

4406924525号(暗)第251号　章开沅、罗福惠、严昌洪主编《辛亥革命史资料新编》第6册,湖北人民出版社2006年版,第113页

△ **神奈川县知事周布公平报告孙逸仙之言行。**

《孙逸仙之言行》:

外务大臣桂太郎伯爵阁下:

清国流亡人士孙逸仙,对近日访问之本国人有如下谈论:

本人近期到东京,欲借用本乡区内一处地方集清国留学生为之演说,该地警署派人勒令停止,本人不得已,只有服从命令。事出意外,令人吃惊。本人游历欧美各地之际,屡屡对留学生演说,未曾一次遇阻,此真言论自由,不背文明国之名。然而日本对此类言论却加限制,与清国略同其趣,实在令人感叹。如此发泄不平。

谨此报告如上。

神奈川县知事周布公平

明治38年9月2日

440693明治38年9月4日收到秘第2047号(2)　章开沅、罗福惠、严昌洪主编《辛亥革命史资料新编》第6册,湖北人民出版社2006年版,第113页

△ **驻美使臣梁诚致电张之洞务请将赎路第一期款如期足额汇到纽约,以免致生枝节。后张复电第一期款已落实,将于西九月六号汇往纽约。**

《梁钦差来电》(光绪三十一年八月初四日辰刻到):

第一期款商缓十日。福士达谓,前遵尊电,将赎款备齐、悔约索偿各节警告摩根。正约六号签押与否,视此期交款为从违。若再生变,万无挽回。尊处如筹款不及,望电外务部立饬总税司向银行切保先拨款后商借。务祈如期电汇,并电覆。

《梁钦差来电》(光绪三十一年八月初四日戌刻到):

售出借票,迟早收回,无关轻重。扣抵售款之后,何时收还,我可自主。如何收还,应照票面章程办理,约内声叙反致授权于人。两月后付款一节,请毋庸议。售款未清,由我接办,合兴以不符通例,坚执不允。惟我能提前清款,彼必随时移交,不必候至六个月。

张之洞《致华盛顿梁钦差》(光绪三十一年八月初五日子刻发):

借款议已定,因英领避暑,合同未订。顷英领回汉,商令即电香港总督,先电汇第一期款。英领允即发电,万一港督必俟签字方肯付款,此间并备有现银三百十万两,另托汇丰承

汇。该行因数巨期迫,须电商香港总行,明日可得覆电。总之,一系早已借定之款,一系确实现银,两处必有一处先到,万无含胡,约计西九月七号必可汇到。

国家清史编纂委员会·文献丛刊《张之洞全集》(11),武汉出版社2008年版,第230页

《致华盛顿梁钦差》(光绪三十一年八月初六日戌刻发):

顷英领已续电港督,请将第一期款尽西九月六号汇至纽约,交尊处兑收。此间另将现款交汇丰,经汇丰亦已电沪[香]港总行,问明汇水,允即转汇,约计华八月初八日以前,两处总有一处汇到。特先电闻。

国家清史编纂委员会·文献丛刊《张之洞全集》(11),武汉出版社2008年版,第231页

9月3日(八月初五日)　宋教仁在黄兴寓所将《二十世纪之支那》杂志社之财产、印信等移交给同盟会接收代表黄兴,孙文在旁监收。

宋教仁《宋教仁日记》:

巳正,至黄庆午寓,以《二十世纪之支那》一切簿记、款项、图书、器具、印信,交与黄庆午。庆午接受之。时孙逸仙在,系约其明日上九时有人来会谈,为绍介□□□等五人也,逸仙允之。

湖南省哲学社会科学研究所古代近代史研究室校注《宋教仁日记》,湖南人民出版社1980年版,第104~105页

△ 张之洞致电军机处、外务部请协助向英借第一期赎路之款。

张之洞《致军机处、外务部》(光绪三十一年八月初五日子刻发):

赎回美公司粤汉铁路合同,昨已电奏请旨画押。奉旨后即请钧处飞电梁使遵照。赎路款已向英国商借,曾于七月十三日电奏合兴草约情形详晰陈明,奉旨:著照所请办理。外务部知道。钦此。现急须签订合同,刻期付款,已录此旨告英领作据。傥萨使来问,务请大部告以借款事已奉旨允准,俾免迟疑,切祷。此款前已与官绅议定,系由鄂、湘、粤三省筹还。合并声明。

国家清史编纂委员会·文献丛刊《张之洞全集》(11),武汉出版社2008年版,第230页

△ 岑春煊第二次照复美领事,陈述劝谕粤省商民停止抵制美货运动情形。

《岑督二复美领事文》:

接贵总领事官七月初九、十六(八月九日、十六日)等日两次来文又十七日来函一件,言华商抵拒美约事,本部堂均已阅悉。查抵拒美约之议,实因激于义愤而起,中外同心,不独粤东一省为然。而旅美华工尤以粤人为多,故众情更为迫切,在各商民自结团体,谋保公益,与一切排外仇教之举动迥不相同,若以压力强加禁止,不特抵抗愈坚,转恐激而生事。迭接贵总领事官照会,以现奉本国大总统札谕,已认从前以苛酷手段而行禁工之律者为不公,惟本国议院须俟西历十二月方能实议改革等因,是苛行禁工之事并非出于贵国政府之本意,本部堂实为忻悦。特恐商民未及尽知,是以先经剀切宣示,兹又出示劝谕粤省商民,西历十二月以前应行将拒约会先行停罢,任使商民照常自由贸易,一切聚议演说之举并即停止。……至商民购用美货与否,必须出于自由,本部堂只能饬属解劝,不能强加禁勒,且系民间贸易之事,与国际无干。来文乃遽指背约,并以美商不能将货出售,借端索偿,试问环球各国有无此等公理?本部堂意所未喻,愿贵总领事官一细思之。

《时报》,1905年9月8日

9 月 4 日(八月初六日)　宋教仁邀五人同至黄兴寓会晤孙中山,后黄往访宋告知会馆干事今日开会,议对付日政府定管理清、韩留学生事,并议及《二十世纪之支那》被禁事。

宋教仁《宋教仁日记》:

辰正,余至××处,邀×××等同至黄庆午寓,晤孙逸仙,谈良久始回。下午,黄庆午来,言会馆干事今日开会,议对付日政府定管理清、韩留学生事,并议及《二十世纪之支那》被禁事,言需调得原稿,由评议员会议决办法。余遂至程润生处取得原稿。申正,至会馆将交干事,而干事会已散,遂回。

湖南省哲学社会科学研究所古代近代史研究室校注《宋教仁日记》,湖南人民出版社 1980 年版,第 105 页

△ 高旭加入同盟会,任江苏分会会长。

△ 岑春煊按照美领事的指名,逮捕了拒约会中最得力的办事人员马达臣、潘信明、夏仲文,借以压制运动。

《美领事照会岑督全文》(8 月 30 日):

且闻马潘二人,日日演说鼓励华人勿停禁用美货,并无美国政府将来定改禁工条约。此二人均于禁用美货,藉以渔利图富者。昨有一人曾于礼拜六在拒约会聚会者,特为本总领事言之,谓马达臣演说声称,现在众人联合一心,督宪之示可以弗恤,并劝拒约会以督宪将来派某知县前来面饬停办反对美国商务之事,宜置之勿理。

《拒约报》第 4 期,1905 年 9 月 19 日,第 11 页

《岑督三复美领事文》:

接贵总领事官八月初一日(八月三十日)来文,省拒约会聚会演说之事仍未停止,会内有马达臣潘信明二人,均属狡猾,请为查究等因,本部堂均已阅悉。查此事近奉电传上谕……业经恭录出示晓谕,剀切开导在案。昨贵国大总统女公子暨兵部大臣来粤游历,本部堂适当患疾,特饬藩司代表供帐欢迎……来文所称马达臣潘信明二人,业经饬县拿获到案,应俟讯明,果有如来文所指之事,自当饬令严加惩究。所有聚会演说等事亦经饬属切实开导,劝令停止。至日前西关三板桥等处所贴绘图揭帖,乃系无知愚民所为,前接贵总领事官另文照会,当经本部堂立饬查禁,早经安贴无事,想贵总领事官亦已释然也。

《时报》,1905 年 9 月 22 日

冯自由《郑贯公事略》:

粤督岑春煊徇大绅江孔殷之请,严令解散拒约会,且逮捕马达臣、潘信明、夏重民三志士置之于狱,各界人士大愤,贯一乃联合粤、港各报,对暴官劣绅口诛笔伐,义声震于一时。

冯自由《革命逸史》初集,中华书局 1981 年版,第 84 ~ 85 页

△ 张之洞致电军机处,请速代奏请旨准予画押。后获准,张即电告驻美使臣梁诚。

张之洞《致军机处》(光绪三十一年八月初六日戌刻发):

质电奏为请旨画押事,想蒙代陈。合兴正约已定八月初八日画押,机不可失。恳速代奏请旨,准予画押,飞电梁使遵办,免误事机,曷胜叩感。

张之洞《致华盛顿梁钦差》(光绪三十一年八月初七日寅刻发):

顷接军机处鱼电开,奉旨:张之洞电奏悉。著准其画押。钦此。枢。鱼。等因。特飞达。

国家清史编纂委员会·文献丛刊《张之洞全集》(11),武汉出版社 2008 年版,第 230 ~ 231 页

9月5日(八月初七日)　宋教仁至会馆将《二十世纪之支那》原稿交与干事长杨晰子,后赴黄兴寓所获知南洋爪哇岛华商学堂有聘教习之信,并应允。

宋教仁《宋教仁日记》:

遂至会馆,交《二十世纪之支那》原稿与干事长杨晰子。申初,至黄庆午寓,坐良久。庆午言,南洋爪哇岛华商学堂有聘教习之信,君可去否?余暂应之。

湖南省哲学社会科学研究所古代近代史研究室校注《宋教仁日记》,湖南人民出版社1980年版,第105页

△ 张之洞致电外务部请照会英国萨使电饬英领画押,以便交款汇美。借款确定后,即由汇丰电汇至纽约,张随即电告驻美使臣梁诚。

张之洞《致外务部》(光绪三十一年八月初七日子刻发):

顷驻汉英领事电称,接萨使电,谓借款合同须由贵部将上谕照会立案,方可画押等语。务祈即日迅赐,将敝处文电奏声明赎路向英领借款一节所奉十五日咸电谕旨,照会萨使,萨使方肯电饬英领画押,以便交款汇美。事机万紧,万望勿迟,以免误期,至祷。

《外务部来电》(光绪三十一年八月初八日午刻到):

借款事已照会萨使,并请电饬领事画押。希查照。

张之洞《致华盛顿梁钦差》(光绪三十一年八月初七日申刻发):

顷已由汇丰电汇第一期款美金贰百玖万捌百柒元,准西九月六号即华八月初八日汇至纽约。祈饬提备用,如期画押,并即电覆。

国家清史编纂委员会·文献丛刊《张之洞全集》(11),武汉出版社2008年版,第231页

△ 日俄战争交战双方在美国朴茨茅斯签订和约,沙俄将前所掠南满种种特权让与日本。

△ 日本在日俄战争中获胜,时人多认为日俄战争是黄色人种对白色人种的胜利,这强烈地刺激了亚洲各国民族主义思想的兴起。

孙中山《对神户商业会议所等团体的演说》:

日本人战胜俄国人,是亚洲民族在最近几百年中头一次战胜欧洲人,这次战争的影响,便马上传达到全亚洲,亚洲全部的民族便惊天喜地,发生一个极大的希望。这是我亲眼所见的事。现在可以和诸君略为谈谈:当日俄战争开始的那一年,我正在欧洲,有一日听到东乡大将打败俄国的海军,把俄国新由欧洲调到海参卫的舰队,在日本海打到全军覆没。这个消息传到欧洲,欧洲全部人民为之悲忧,如丧考妣。英国虽然是和日本同盟,而英国人士一听到了这个消息,大多数也都是摇首皱眉,以为日本得了这个大胜利,终非白人之福……

从日本战胜俄国之日起,亚洲全部民族便想打破欧洲,便发生独立的运动……

广东社会科学院历史研究室等合编《孙中山全集》第11卷,中华书局1986年版,第402~403页

9月8日(八月初十日)　冯自由、李自重被中国同盟会总理孙中山委为香港、广州、澳门主盟人。

冯自由《中国同盟会及民报》:

八月十日,中山以广东为革命策源地,特派冯自由、李自重二人赴香港,组织香港、澳门、

广州等处同盟会分部,以扩张革命势力,并令冯主持香港《中国日报》编辑事务。是为同盟会派员回国之始。

冯自由《中华民国开国前革命史》上编,良友印刷公司1928年印行,第196~197页

《孙中山给冯自由李自重的委任状》:

中国革命同盟会总理孙文,特委托本会会员冯君自由、李君自重二人,在香港、粤城、澳门等地联络同志。二君热心爱国,诚实待人,足堪本会委托之任。凡有志入盟者,可由二君主盟收接,特此通知,仰祈察照是荷。

中国革命同盟会总理孙文

天运岁乙巳年八月十日发

广东社会科学院历史研究室等合编《孙中山全集》第1卷,中华书局1981年版,第286页

9月9日(八月十一日)　张之洞电告驻美使臣梁诚,准备将第二期付款定于西历十月六号在纽约全数付清。

张之洞《致华盛顿梁钦差》(光绪三十一年八月十一日寅刻发):

兹拟将第二期付款定于西十月六号即中九月初八日在纽约全数付清,意在断尽葛藤,早收利权。望将正项及加息扣算确数,并尊处一切用费,先期分晰电示,以便与湘、粤分摊。合兴应交还在粤之铁路、车栈、存料,在总公司之详细路线、图表、册籍及一应存件,应如何分别点验交收,统望详询该公司妥议,电覆照办。专此申谢。

国家清史编纂委员会·文献丛刊《张之洞全集》(11),武汉出版社2008年版,第232页

△ 张之洞致电致军机处、外务部、商部及湘粤官吏通报第一期赎路款已交付,第二期也确定了电汇时间。

张之洞《致军机处、外务部、商部,广州岑制台,长沙庞护院》(光绪三十一年八月十一日未刻发):

顷接梁使佳电称,本日第一期款美金二百万元,加息一百二十九天,美金三万五千三百四十二元四角五分,西五月一号应付借票息美金五万五千五百五十元,统共二百九万八百九十二元四角五分,已经付讫。佳。等语。特奉闻。

国家清史编纂委员会·文献丛刊《张之洞全集》(11),武汉出版社2008年版,第232页

张之洞《致军机处、外务部、商部,广州岑制台,长沙庞护院》(光绪三十一年八月十一日亥刻发):

向英国订借赎回粤汉铁路款,英金一百十万镑,今日同英领事面校华洋文合同,彼此签押,定于华九月初八日全款交清,届时当即将合兴第二期款全数付讫。前电汇梁使第一期款,系向汇丰暂借,兹即于此次借款内拨还矣。特奉闻。

国家清史编纂委员会·文献丛刊《张之洞全集》(11),武汉出版社2008年版,第233页

△ 张之洞与英国香港政府签订《香港政府粤汉铁路借款合同》,以湖北、湖南、广东三省烟土之税捐作保,借款一百一十万金镑用于买回粤汉铁路权利之用。

《香港政府粤汉铁路借款合同》:

一九〇五年九月九日,光绪三十一年八月十一日,汉口。

此合同系大清国太子少保湖广总督部堂张宫保与大英国香港政府订立。张宫保系钦奉特旨筹办收回粤汉铁路事宜。此次借款,奏奉中国皇上谕旨允准,为湖北、湖南、广东三

省督抚现任、后任订立。查粤汉铁路一切事宜案件，均归张宫保办理，因需款项将前给美国公司代为修造之权利赎回；兹经张宫保商请英国国家，借助其款，发给该美国公司买回股份，以完张宫保之专责；英国政府乃托令香港总督，允许照筹借助所需之款项；现订合同如左：

一、香港政府应允借与湖北、湖南、广东三省共一百一十万金镑，其交给办法，声明于下第七条。至三省如何分派摊认，其确数俟议定，再行知会。

二、此借款以十年为期，自光绪三十一年九月初八日起算。此项借款本银，分作十期归还，每一年一期，每期一十一万金镑，以第一年尾即丙午年八月十九日为第一期，但自第五期本分还清之后，如三省欲将下余未还本银一时全还，只须六个月之先豫为知会，方可将该本及至还日之应给利银同时还清，而自其本利全还之日后，此合同则作为废纸。

三、此项借款利息，系按每年每百金镑四镑半合算，每半年按照随时下余未还本银，核算利息一次。

四、所有归还本利数目、日期，均照本合同附开清单，随时在香港交其度支院，使金镑即照兑票若干镑数究收，或听香港政府于各期照当时镑价折合现银收兑其项。

五、此项借款以湖北、湖南、广东三省烟土之税捐作保，作为抵押，此项烟土税捐总以此次借款本利尽先偿还，此款或犹未还清，均不得再有用此项税捐借抵他款，用付本利一切事宜。将来若再有订立，或专或兼抵三省烟土之税捐之借款，总不得订明在此次借款之前，亦不得订明与此次借款平行办理，务必于合同内载明：所有付还本利等事，俱在此次借款之后办理。倘将来三省烟土之税捐不敷应付，湖广督部堂可商明湖南、广东，核明系何省还款不敷，即由何省添拨他项税厘，归还此款。倘仍不能应付各期本利，英国国家可请湖广督部堂商明湘、粤，核明系何省还款不敷，即由何省另拨他项妥当税厘，归海关管理，以保此次借款。

六、此项借款尚须交存汉口英总领事处金镑厘金票作保，此票银数合与此项借款本利总数相同，其上盖用湖广总督部堂关防，汉口税务司签字。倘每期应还借款本利，届时在香港不交香港度支院使，即可将此票在于湖北、湖南、广东境内作为完厘之用；所有三省官员有关此事者，即须一体饬知遵照。

七、此项借款订明由香港政府于公历本年十月六号一面将英金四十万镑寄至汉口汇丰，转交张宫保名下收用，一面将英金七十万镑汇至纽约，交中国驻美钦差梁大臣查收；香港政府仍可托驻汉口英总领事，随时张宫保给予凭据，以见此次借款确系为以上所议诸事之用，即系为买回粤汉铁路权利之用。

八、此次本合同画押之前已由张宫保奏明，钦奉上谕准此次借款合同，应即由外务部备文照会英国驻京大臣。

九、本合同内既提及广东烟土之税捐兼作此次借款，经张宫保电商广东，已经两广总督复允，情愿将该烟土之税捐作保；暨本合同干涉广东各条，将来必无异辞。

十、此合同用华文、英文缮成六分，一交湖广总督衙门，一交两广总督衙门，一交湖南巡抚衙门，一交香港总督，一交驻京萨大臣，一交汉口英总领事存案。此合同将来倘有疑义，即以英文为正。

督部堂　汉口英领事

李济琛、陈加林主编《国耻录——旧中国与列强不平等条约编释》，四川人民出版社 1997 年版，第 854 ~ 855 页

△ 张之洞对英总领事协助商借英款表示感谢,表示将来粤汉铁路修造之款,除中国自行筹集外,如须向外洋借款,当先向贵国询商开价,需要材料等事项也是如此。

张之洞《照会英总领事声明造路借款各节》(光绪三十一年八月十一日):

照得此次赎回粤汉铁路之款,承贵总领事代为介绍,借款办法甚为公道,将来粤汉铁路修造之款,除中国自行筹集外,如须向外洋借款,当先向贵国询商,开价如与他国所开息扣比较相同,先尽英国银行承办。如他国所开息扣等项较英国所开公道便宜,仍由中国酌择公道便宜者,另行筹借。如修造粤汉铁路之款已向英国借定,则将来粤汉铁路需用机器、材料除中国自有自造外,如向外洋购办,应先向英国商厂询问,开价仍与各国商厂开价比较,价同则先尽英厂承办,如他国所开货美价廉,仍由中国择宜订购。此外湖北、湖南境内另有修造铁路之事,倘亦须向外洋借欲,并可照上条修造粤汉铁路借款办法,一律办理。至修造铁路需用之工程师,言明一半用借款之国人,一半用日本国人,将路工分段承办,各办各事。凡铁路公司一切用人、择地、管路、行车等事,均由中国自主。工程师但管分内应办工程之事,余事皆不得干预。

国家清史编纂委员会·文献丛刊《张之洞全集》(6),武汉出版社2008年版,第470页

9月10日(八月十二日)　秋瑾被举为同盟会浙江分会长、主盟人。

田桐《革命闲话》:

分会长直隶张继,河南杜潜山……浙江秋瑾,广东未设分会,其余以人少未成立。此外,吴春旸回沪后,主张于江苏之外,上海设分会,以蔡元培为分会长,本部允之。

《太平杂志》第1卷第1号,1929年,第63页

秋宗章《关于秋瑾与〈六月霜〉》:

乙巳夏,同盟会成立于日本东京,姊被推为浙江分会一长。

王俊年《中国近代文学论文集:1919—1949小说卷》,中国社会科学出版社1988年版,第585页

9月11日(八月十三日)　香港兴中会分会改组为同盟会分会,以陈少白为会长。

冯自由《香港同盟会史要》:

余于是岁九月初旬抵香港,即与李自重、陈少白、郑贯公等筹备组织同盟分会。

冯自由《革命逸史》第3集,中华书局1981年版,第221页

冯自由《海外各地中国同盟会史略》:

香港中国同盟会成立于乙巳年秋冬间,是岁六月杪孙总理创设同盟会本部于东京,八月初十日首派冯自由、李自重至香港、广州、澳门等处组织分会。冯抵港,即与陈少白筹商改组兴中会为同盟会,新旧同志先后加盟者,有陈少白、李纪堂、容星桥、邓荫南、郑贯公、李自重、黄世仲、陈树人、李树芬、邓警亚、卢信、赓平子、温少雄、梁扩凡、李孟哲、李伯海诸人。众举陈少白为会长,郑贯公为庶务,冯自由为书记,黄世仲为交际,会所在中国党报社长室。香港分会向例须兼理西南各省之军务党务,及南洋美洲各地之交通事务,故分会长一职极为重要。

冯自由《革命逸史》第4集,中华书局1981年版,第149页

冯自由《海外各地中国同盟会史略》:

及十一月,黄克强亦来,旋绕道赴桂林,拟策动清防营统领郭人漳反正,此外鄂人吴昆、湘人梅霓仙等因公来往湘鄂桂粤诸省,均由香港分会招待。

冯自由《革命逸史》第4集,中华书局1981年版,第149页

9月17日(八月十九日) 同盟会开会议决出版机关刊物《民报》。

胡汉民《辛亥革命之回忆》:

先生(孙中山,编者)即提议刊行本党机关杂志,停一部分党所办之《二十世纪之支那》,而采余之意见,定党报名为《民报》。党中推余为编辑,标政纲六条,前三者即民族主义、民权主义、民生主义也,后三者则为对外之手段。(以张继长于日语,能对日人交涉,故用其名为发行人,张始终未尝问《民报》编辑事。)先是陈天华以曾作《警世钟》、《猛回头》,党中颇有欲推陈者。及见余在保皇派所开追悼戊戌庚子烈士会之演说,乃大叹服,且自承未深辨保皇立宪派之谬误,取所为文就正于余,恣听删改。

中国政协文史资料委员会编《辛亥革命亲历记》,中国文史出版社2001年版,第149页

9月18日(八月二十日) 慈禧太后和光绪皇帝电谕出使各国大臣,要求五大臣每至一国,各该驻使大臣会同博采,悉心考证,以资详密。

9月19日(八月二十一日) 宋教仁拜访黄兴,获知拟另出一新报取代《二十世纪之支那》。

宋教仁《宋教仁日记》:

午正,至黄庆午寓。庆午告余《二十世纪之支那》,前日□会议决不用原名,拟另出一报,一切关系,表面概与断绝,以□会不欲持排外主义启人嫌忌也云云。

湖南省哲学社会科学研究所古代近代史研究室校注《宋教仁日记》,湖南人民出版社1980年版,第111页

9月20日(八月二十二日) 张之洞致电驻美使臣梁诚,请其告知第二期付款具体数额以及其他相关资料交代办法,以便派员接收。

张之洞《致华盛顿梁钦差》(光绪三十一年八月二十二日丑刻发):

合兴第二期付款,准定中九月初八日交清,为期已近,务请将应付本息及一切用费核定电示。并合兴应还铁路、机车、房栈、产业、材料、图册等事如何交代办法,祈速商定电覆,以便派员赴沪、粤点收。万望勿迟,感盼。

国家清史编纂委员会·文献丛刊《张之洞全集》(11),武汉出版社2008年版,第235页

9月21日(八月二十三日) 宋教仁拜访黄兴,黄告知《二十世纪之支那》停办后拟出《民报》。

宋教仁《宋教仁日记》:

酉初,至黄庆午寓。庆午言《二十世纪之支那》停办后,拟另办之报,已名曰《民报》,下礼拜日拟开会商议办法。

湖南省哲学社会科学研究所古代近代史研究室校注《宋教仁日记》,湖南人民出版社1980年版,第112页

9月23日(八月二十五日) 光复会员徐锡麟全面规划,在浙江绍兴创办大通师范学堂。徐锡麟为监督,黄怡为校长。招收来自金华、处州、绍兴各府的会党成员,培训革命骨干。

冯自由《光复会之活动》:

锡麟素有大志,订盟后隐然以匡复为己任。时以元培专心学术,不耐人事烦扰,致会务

无大进展。乃独归绍兴创办大通学堂,成章、宝铨及有力会员吕熊祥、赵卓、蔡元康(元培族弟)诸人均入绍兴佐之。由是光复会之大本营遂由上海移于绍兴,旗垒为之一新。

冯自由《革命逸史》第2集,中华书局1981年版,第79页

陈魏《光复会点滴回忆》:

蔡元培先生是光复会会长,但蔡先生是一个文学家,又是一教育家,对于联系内地各会党的工作,非其所长,半年来会中的工作开展欠够。诸会友对他的为人,虽敬之重之,对他的会务发展的才能,微有不满;而徐锡麟烈士心量极大,挥金如土,热心公益,克己从人,对会友如家人手足,为人敬佩,人心归之。会友都叫他伯荪哥(徐烈士号伯荪),是表示尊敬他、亲爱他的意思。徐烈士是绍兴府学堂副监督兼算学教员,他的革命工作是奔走绍兴府属各县和其他府属部分县与各会党联系,拉他们入会,统一在光复会下,做光复汉土为目的的革命工作。徐烈士本身是难离开绍兴的,因此上海和其他各处的革命工作者都来绍兴联系。而革命的工作集中绍兴成为自然的趋势了。

中国政协浙江省文史资料委员会编《浙江辛亥革命回忆录》续辑,浙江人民出版社1984年版,第129~130页

冯自由《光复会》:

会长蔡元培闻望素隆,而短于策略,又好学,不耐人事烦扰,故经营数月,会务无大进展,加以敖嘉熊所创设温台处会馆成立未久,浙东各府志士咸荟萃于是,隐然奉嘉熊为领袖,嘉熊既不入光复会,则温台处会馆一日存在,光复会即不能大有施为,势使然也。乙巳(民前七年)四月后嘉熊迭遭家难,所营商业亦复亏折,其创设温台处会馆之原定计划,悉成泡影,而维持经费亦无以为继。因之,此会馆遂成无形的解散,陶成章,龚宝铨乃入绍兴,佐徐锡麟倡办大通学校,吕熊祥、赵卓等亦随之行。锡麟素有大志,且勇敢沈毅,为同志所钦仰。其组织大通学校也,即欲利用为起事机关。及既成立,而浙江革命之大本营遂由温台处会馆而移于大通学校,即光复会本部之事权亦已由上海而移于绍兴焉。是时留日十七省革命志士在东京发起中国同盟会已历数月,浙江人入会者有蒋尊簋、秋瑾数人。成章于丙午东渡,旋即加入,且见推为《民报》之发行人。元培于同盟会成立之初,已由本部指定为上海分部创办员,因是光复会员泰半入同盟会籍,独锡麟志大心雄,不欲依人成事。且因捐官办学二事与成章意见不洽,故卒未入会。秋瑾于乙巳七月由冯自由介绍入同盟会,且被推为浙省主盟员,为浙人入同盟会之第二人。是年冬由日返国,复由锡麟介绍入光复会,因与锡麟订约合作,故一切进行规划,咸以光复会名义行之。

冯自由《革命逸史》第5集,中华书局1981年版,第55~56页

冯自由《光复军大元帅徐锡麟》:

由是绿林豪杰麇集其间,而势力亦益盛。

冯自由《革命逸史》第5集,中华书局1981年版,第69页

陶成章《浙案纪略》:

然是时浙江内地多不知有同盟会事,仍其旧名为光复会。

中国史学会编《中国近代史资料丛刊·辛亥革命》第3册,上海人民出版社1957年版,第17页

陶成章《浙案纪略》:

金、处、绍三府党会,既相偕共集于大通。成章乃又为厘定规约数条,凡本学堂卒业者,即受本学校办事人之节制;本学校学生,咸为光复会会友。于是大通学校遂为草泽英雄之聚会之渊薮矣。

中国史学会编《中国近代史资料丛刊·辛亥革命》第3册,上海人民出版社1957年版,第27~28页

阙良庆《魏兰与陶成章》:

龚宝铨、陶成章、徐锡麟在绍兴创办大通学堂，魏兰介绍原会馆人员和金、处属会党骨干赴大通学堂办事，因此，在大通学堂内金、处、绍三府人员甚多。

中国政协浙江省文史资料委员会编《浙江辛亥革命回忆录》续辑，浙江人民出版社1984年版，第82页

冯自由《浙江志士与革命运动》：

自温台处会馆无形解散后，浙省党之革命机关部遂移于绍兴大通学校，其主动人曰徐锡麟，而龚宝铨、陶成章、陈则军、吕熊祥、赵卓、陈伯平、竺绍康等咸为之助。此校发议于乙巳三月，而开学则在八月二十五日，其学科首重兵式体操，特设体操专修科，凡有志者均可入学，期以六月毕业。开学后，宝铨、成章等乃遍招各县会党头目入校练习兵操，为军事进行之预备，金华、处州、绍兴三府之党会头目多负笈来学，为一时之盛。吾国各省秘密会党之能受正式军事教育，盖自此始。

冯自由《革命逸史》第5集，中华书局1981年版，第51页

冯自由《光复会》：

光复会之大本营即绍兴大通学校是也。先是徐锡麟尝于癸卯(民前九年)春赴日本观大阪博览会，与陶成章相识，归国后复与嵊县平阳党会首竺绍康相结，寻复入光复会为会员。其乡人倡办一小学校，名曰热诚，于各普通学科均不甚研究，特注重于兵式体操。锡麟偕其友陈志军亲自督率以训练之，又从南京兵轮上雇一军乐家来教授军乐，乡人因之叠生谣诼，锡麟父鸣凤闻而恶之。然本学校系绅士公立，无术可以解散，且又以学生年纪尚小，故暂置之。乙巳三月蔡元培族弟元康自上海至绍兴，告同志以劫钱庄助军需之法，同志均以为然。锡麟闻而识之心中，即向同志许仲卿借银五千元，至上海购买后膛九响枪五十杆，子弹二万颗，声言枪二百杆，子弹二十万。其购此枪也，先向知府熊起蟠领取公文，言明系各学校体操所用，明目张胆雇挑夫十余名，直过杭城，警吏皆不过问。既至绍兴，乃寄存于府学校，复往嵊县请竺绍康选同志中之强有力者二十人，派赴绍兴，每人给费二十元。遂回东浦与志军等商议，欲立一学校以为此二十人容身之所，且为藏赃之地，就商于东浦附近大通桥旁大通寺方丈，借其屋宇数间以为开办学校之用。事为锡麟父所闻，即言于该寺方丈，不许借屋宇以与其子。正徘徊间，而陶成章、龚宝铨自嘉兴来，乃共同商议。至府城，谒豫仓董事徐诒(亦作"贻"，编者)孙，商借豫仓空屋数间，为开办学校之用，贻孙从之。锡麟父闻而莫如之何，遂将存寄于府学校枪杆尽数移至豫仓。绍康偕其徒二十人，如约而至，择日开办学校，资由许仲卿出，仍其旧名曰大通学校。是时敖嘉熊所办温台处会馆经费支绌，势将停顿，成章乃招吕熊祥、赵卓等先后入绍兴襄理大通学校事，于八月二十五日开学，会稽平水人陈伯平新自福建还，闻其事亦来入学。锡麟开办大通学校之本意，原为劫钱庄助军需匿伏藏获之所，嗣以同志中无能通驾驶术者，遂罢其事。锡麟又欲于开学日集绍兴城大小清吏尽杀之，因以起义，请成章以告各府党人咸为同时响应。成章以浙江非冲要地，欲在浙江起事，非先上通安徽，并以暗杀扰乱南京不可，因力劝之而止。成章主议改成师范学校，设体操专修科，不论其为何府县人，皆可入学。因亲至杭州学务处递禀，请其转达三司，谓东西洋各国尽征民兵，号曰国民军，然皆系中学校及高等小学校卒业者，兵式体操之有素，故一行号召，即能成军。照我国目前情形，不能不行征兵之制。然市民村乡罔识步伐，据生等意，以谓欲行征兵，须先倡团练以为基础，今特设立大通师范学校，内设体操专修科。凡有志者均可入学，六月毕业，即行各归本乡倡办团练，以为征兵预备。清吏信为然，可其请。成章、宝铨、熊祥三人复遍游诸暨永康缙云金华富阳各县，邀诸会党头目至大通学堂学习兵操，于是金处绍三府会党到大通受兵式教练者，络绎不绝。成章乃又为厘定规约数条，凡本学堂卒业者即受本校办事人之

节制,本学校学生咸为光复会会员。凡党人来者仅习兵式体操专修科,均以六月毕业,文凭由绍兴发给,面上盖有绍府及山阴、会稽两县印,又盖大通学校图章于末,背面则记以秘密暗号。其开校及卒业时,悉请本城官吏及各有名士绅到校行开学及卒业式,设燕飨之礼,官绅学生同照一相,送府县及各学校留纪念。凡所以挟制官场士绅学界之法,无不详细周到,故是时同乡士绅虽有窃窃私议者,然皆不敢直言招祸。其后本校发生各种之风潮,皆能屹不为动,亦即因是之故!

冯自由《革命逸史》第5集,中华书局1981年版,第56~59页

陈魏《光复会点滴回忆》:

各地会党人心归一,都愿集中在光复会旗帜下,来绍兴联系工作者川流不息。愿听徐烈士指示的人也日多一日。愿佐徐烈士长住绍兴者,有陶成章、龚宝铨、吕熊祥、赵卓等。而陶成章长于谋略,善于措施,他对二十四史能够背诵,对史学很有研究;但他心量欠广,不能如徐烈士视会友如家人手足,故众人对他也是不能如对徐烈士同样亲爱。这个是他的缺点。但他做事慎重,前后周到,是他的长处。当时,人才集中,全面规划,在徐烈士领导下,定出总部设在绍兴城郊的乡间,对于训练下级干部、筹划经费来源、购买武器办法、团结其他会党等等,作出了全面规划。这时,适逢清政府废科举、兴办学堂,各省置有提学使,省有高等学堂、府有府学堂、县有县学堂等制度。因此,徐烈士是以办学设立学堂为名,而做总部工作的。

当时,城西有大通寺,地点适中,由徐烈士与该寺方丈面商借用空屋若干充办学之用,经同意后,正筹备一切。不料为徐烈士之父鸣凤先生所知,鸣凤先生是商界人士,性情顽固(在此之前,徐在东浦办热诚学堂时,鸣凤也很不赞同的),闻有此举,即去大通寺与方丈说不许借屋给他的儿子。事为城内豫仓董事候补县徐贻孙所知,因当时在提倡学务,他想从中得到好评,即与徐烈士说:"你要办学,我可将豫仓空屋借你办学。"于是,就在豫仓办学堂,仍用旧有"大通"二字作为堂名,称为"大通学堂"。又因军事训练,能使人起疑,故加上体操二字,名"大通体操学堂"。于是,大通学堂之名,从此诞生于豫仓仓库。而豫仓仓库,也随大通学堂留迹于历史作为纪念地了。

中国政协浙江省文史资料委员会编《浙江辛亥革命回忆录》续辑,浙江人民出版社1984年版,第130~131页

△ **浙江人过于相信个人的力量,看重个人活动,而轻视组织作用。但秋瑾相反,在革命活动中比较看重组织力量。**

陶成章《浙案纪略》:

盖浙人素多个人性质,少团体性质;其行事也,喜独不喜群,既不问人,亦愿人之不被问,以故癸卯甲辰以后,内部革命势力日增,而外界人迄不之知也。至于绍兴人之多入光复会者,实以蔡元培闻望素隆之故。惟秋瑾反是,喜群不喜独,且偏为张扬其事,故自秋瑾返绍兴后,而革命之风声乃大露。

中国史学会编《中国近代史资料丛刊·辛亥革命》第3册,上海人民出版社1957年版,第17页

朱赞卿《大通师范学堂》:

有一天,张佐邀俞奋和我到姚勇忱先生家里去谈。姚先生说:"广东人孙文是救中国的一个大伟人。"我们说:"是不是孙汶?"他说:"就是他。他的主张就是驱除鞑虏,恢复中华,建立民国,平均地权。团体的名称叫革命同盟。"并且说:"秋先生也很崇拜他。"过了几天,我们向姚先生要求加入,姚先生说:"这不是儿戏,加入时要宣誓的。"他并严肃地说:"如果加入了,以后不信不忠,有始无终,要受大众赴罚。"我们说:"这是当然的。"后来我们照式各

写了一张誓约交与他。他说："绍兴方面是黄校长主盟，浙江方面是秋董事主盟。"我们才知道同盟会是这样一回事。

中国政协文史资料委员会编《辛亥革命回忆录》第4集，文史资料出版社1981年版，第147页

△ 徐锡麟的捐官计划。

张篁溪《光复会首领陶成章革命史》：

夏间归国设讲习所于上海。既而魏兰亦言旋。时敖嘉熊力图扩其势，冀借温台人之团体，以起义师。在嘉兴创设温台处会馆，招冯豹、陈乃新为干事。成章荐魏兰为总理。魏兰与魏毓祥复引丁铢、魏毓蕃、赵卓、吕逢樵等为执事。成章偕龚宝铨、徐锡麟至绍兴，创立大通师范学堂。因温州龃龉，会馆未能成立，成章乃引吕逢樵、赵卓、丁铢等，先后至绍兴。复荐魏兰为东湖学堂总教习。成章与徐锡麟等密商，集金、处、绍各府会党人，为大通学堂学生，设体操专修科，朝夕训练。时有富人许仲卿，捐金前后五万，从成章计，欲以术倾清政府，乃入资为官。徐锡麟得道员，成章得知府，陈子婴、陈得谷、龚宝铨得同知。遂备文与徐锡麟等诣日本，求入联队，以体格不合见摒。又图入振武学校，及陆军经理学校，皆不成。

中国史学会编《中国近代史资料丛刊·辛亥革命》第1册，上海人民出版社1957年版，第523～524页

陶成章《浙案纪略》：

当大通学校成立先后，成章见绍兴同志中颇有资本家，于是又偶议捐官学习陆军，谋握军权，出清政府不意，行中央革命及袭取重镇二法，以为捣穴覆巢之计。锡麟韪其说，相约五人捐官学陆军。五人者何，即徐锡麟、陶成章、陈志军、陈德谷，龚宝铨即味荪也。以年齿高下，锡麟为长，成章次之，志军又次之，德谷又次之，味荪居末。由锡麟运动许仲卿出资，遂往湖北往见其表叔原任湖南巡抚俞廉三。是时，廉三正欲得浙江铁路总理之职，又素以顽固，为人所唾弃，思欲一雪其耻。锡麟知其隐衷，即以此两端饴之。廉三中其说，因代为纳粟捐官，复致函介绍于署浙抚满将军寿山。锡麟既归浙江，遂造抚院谒寿山，觇知其愚而贪，乘其言词吞吐之际，即纳贿三千金。寿山嘱幕友批准五人学习陆军之禀，复为致一函于驻日使臣杨枢。新浙抚张曾扬从湖北起辕时，廉三复再三重托之，谓锡麟系其表侄，余人均为其好友。锡麟等遂先后至日本。锡麟同行者，除其妻振汉外，有陈伯平、马宗汉等十三人。既到日本，以私费不能进去，旋复由廉三电浙抚，浙抚电驻日使臣，谓诸人已改作官费，请其即速保送。会有掏者，于进校时以体格不合见拒。乃又改谋入陆军经理学校，复不得。

中国史学会编《中国近代史资料丛刊·辛亥革命》第3册，上海人民出版社1957年版，第28～29页

秋　山东出版第一份宣传新思想的《白话报》。

李宏生、冷家煜《齐鲁辛亥英烈》：

刘冠三同泰安丁耕农集资创办了山东第一份宣传新思想的《白话报》。报馆设于济南白雪楼。李子元、张彝白任主笔。该报"言论激烈"，"论政首不贪污，论学首崇新知，引而归之革命"，"开山东革命宣传之先河"。

李宏生、冷家煜《齐鲁辛亥英烈》，济南出版社1997年版，第35页

△ 思黄（陈天华）撰文指斥五大臣之出洋假考察政治之名，以掩天下人之耳目。

思黄《怪哉上海各学堂各报馆之慰问出洋五大臣》：

盖鬼可畏者也，鬼而变易其面目，使人不知其为鬼而亲近之，则可畏愈甚。五大臣之出

洋也,将变易其面目,掩其前日之鬼脸,以蛊惑士女,因以食人者也。

《民报》第1号,1905年

9月24日(八月二十六日) 清政府所派考察宪政五大臣在北京车站起程赴欧美、日本考察宪政。

《立宪纪闻》

二十六日,绍车启行,抵车站,为吴樾炸弹所阻,五大臣受重惊。时政府大老以党人横行日下,非严行讥[稽]察,无以保全治安,乃议设巡警部,以徐为尚书,使当戒备之任,而出洋考政之事,遂暂置弗举。九月,驻俄使臣胡星使惟德奏称,俄已公布宪法,我国亟宜仿行,以期上下一心,共御外侮。至九月二十八日,朝命改派李星使盛铎、尚方伯其亨,以代徐绍,偕泽、戴、端前往考察。五大臣既奉命,调员筹资,至十一月十五日,始部署讫事,载赋皇华。分两道:泽、李、尚为一道,戴、端为一道,仍前议也。

中国史学会编《中国近代史资料丛刊·辛亥革命》第4册,上海人民出版社1957年版,第13页

△ 革命党人吴樾在北京前门车站炸出洋考察五位大臣,以身殉难。

冯自由《〈新湖南〉作者杨笃生》:

先是笃生尝于甲辰、乙巳(一九〇四至一九〇五)间与同志吴樾、马鸿亮、杨积厚、庄以临、侯景飞、金猷树诸人组织北方暗杀团。众多主用手枪,笃生独主用炸弹,众如笃生言,出郭门数里之山谷中试之,果猛烈异常。吴樾大喜,愿力任狙击铁良事。乙巳六月,五大臣出洋事起,樾曰:"击彼五大臣,不尤愈于击铁良乎?"遂于九月二十六日五大臣出发北京正阳门车站之日,决行荆、聂之事,以车动力猛,炸弹自行爆裂,死之。

冯自由《革命逸史》第2集,中华书局1981年版,第117~118页

冯自由《炸清五大臣者吴樾》:

吴樾,字孟侠,安徽桐城人。少有大志,极慕孙逸仙、章太炎为人。原名越,以亲友某尝密为纳监,乃弃前名,加木旁樾,盖表示与满清脱离关系也。有兄弟五人,樾居四,幼而聪慧好学,好为古文诗歌,尤嗜读历代掌故,独鄙弃八股文,不应考试。二十岁后,由乡到上海,欲入广方言馆习外国语不果。旋北上。由其族人吴汝纶介入保定高等学堂,刻意求学。课余之暇,浏览革命书报。更联络苏皖二省同学数十人创办旅保上下两江公学,自任义务教员。又创办《直隶白话报》,自任义务主笔。由是知交日众,在同侪中以任侠称。与湘人陈天华、杨笃生,苏人赵声,鲁人张榕,尤称莫逆。二十八岁,毕业于保定高等学堂。因凡应考毕业,例必得清吏奖励,乃于将举行毕业礼时,特出游东三省以避之。时上海《苏报》案起,樾闻之益愤清政之无道。及知邹容在狱遇害,乃请友人密贻书章太炎,戒其慎防。其实樾与太炎固无一面之识也。甲辰年(一九〇四年)冬,皖人万福华枪击王之春于上海,樾闻之精神勃发,语人曰:"吾人对付卖国贼,自当用暗杀手段,但制造卖国贼者满洲政府,擒贼擒王,不可不歼厥渠魁,以儆余众。王之春特一小卒,无狙击之价值,如此大才小用,殊属可惜。"闻者莫不壮之。未几,清户部侍郎铁良南下,搜括民财,急于星火,东西各省,元气大损,怨声载道。有鄂人王汉谋狙击之于顺德府,卒以戒备严密,无从下手,乃愤而遗书一通,并将所携手枪存于逆旅,自投井而死。樾闻其事,慨然曰:"吾辈以身许国,纵使一时不达目的,亦必须继续为之,务使贯澈所事而后已,岂可无故轻生,而贻薄志弱行之诮乎?"于是决意实行暗杀满清一二重臣,以鼓动全国民气,而完成王汉未竟之志。是时革命党员最热心暗杀事业者,以杨笃生为

最，尝在日本与黄克强、胡瑛诸人秘密研究制造炸弹方法，颇有心得。樾志既决，初从日本购得手枪，继念手枪之效力不大，乃欲改用炸弹。惟以未谙爆裂物学，乃就商于挚友赵声，声为介绍于杨笃生。笃生时居北京，遂授樾以制造炸药及装配炸弹诸法。尝偕至西山八大处附近婆罗山上实行掷弹试验，声如巨雷。山下兵警闻声而来查问，以诡辞答之，得未被识破。惟笃生所知之二种制法皆甚简陋，一为以银药或水银药装配弹内，使掷放时自行爆烈之法，此法于用硝酸配合时易致危险。留东同志因之受伤者已有数人，笃生遂弃不用。后乃改用普通黄炸药，先在铁壳之底开一孔，然后置药壳中，通以雷管及导火线，必将火线燃着，始能掷去。笃生仍以为不便，及偕樾试验数次，乃发明用撞针发火之法。此法与第二法略同，只以撞针代燃烧品，盖壳底之撞针与硬物相触时，壳内之雷管及炸药即因撞针接触火线而爆烈。其施放手续实较上述他法为容易，而少危险性也。樾练习数次而有心得者，即属最后之一种。其所用铁壳亦为笃生所预制待用之物，至是乃举而赠樾。樾以筹备既竣，遂进而选择目的物，伺机一逞。

冯自由《革命逸史》第3集，中华书局1981年版，第191～193页

郑逸梅《我国造第一颗炸弹之杨笃生》：

会清廷派载泽、戴鸿慈、徐世昌、端方、绍英五大臣出洋，名为考察宪政，同志吴樾拟狙击之。杨问其持何具以暗杀？樾出示手枪，杨曰："我有利器在，胜手枪百倍。"且言且出一革囊，藏一铜制圆罐，可五寸许，直径三寸，四周封固，樾不之识。杨曰："此我手造之炸弹也。"樾欣然持之去，及五大臣至正阳门车站，而破天荒之第一颗炸弹乃爆发，清廷固不知炸弹之出于杨所手造也。闻制造弹壳者，则为胡瑛。

郑逸梅《掌故小札》，巴蜀书社1988年版，第23页

《五大臣车站遇险》：

今日午刻，考察政治出洋五大臣当车站起程时，忽然炸弹爆发，将汽车炸裂，端方、戴鸿慈、徐世昌三大臣□获无恙，泽公及送行之□侍郎略受微伤，绍英伤耳部，亦不甚重。并毙随员一名，仆役三人，送行受伤者十余人，凶手在逃未获。泽、戴、徐、端四大臣改期，定于明日起行。

《申报》，1905年9月26日

《五大臣遇险续报》：

昨日所发之炸弹，系由车外抛入，幸不在五大臣所处之舱内，故并无大害。五大臣遇险后，已奏请改期起程，故行期尚未定。泽公已电致上海道，嘱将已购置船票退还。

《萨随员被弹炸毙》：

此次炸毙除仆役三人外，尚有随员薙阴图一人。

《杨京卿送行车站受惊失聪》：

二十六日午刻，送五大臣至车站，炸弹猝发，戴、端、徐三大臣无恙，泽公微伤，绍大臣伤项，随员死一人，仆从死三人，士琦耳聋。

《申报》，1905年9月27日

△ 十天前，吴樾在《意见书》中指斥清政府立宪是假文明之名，行野蛮之实，立志"剪除此考求究政之五大臣"。

《烈士吴樾君意见书》：

立宪之声嚣然遍天下，以诳误国民者，实保皇会人为之倡。宗旨暧昧，手段卑劣，进则不

能为祖国洗濯仇耻,退亦不克得满洲信任。诪张为幻迷乱后生,彼族黠者遂因以欲增重于汉人奴隶之义务,以巩固其万世不替之皇基。于是考求政治,钦定宪法之谬说,伛偻于朝野间,哀哉!我四万万同胞,稍有知识者,相与俯首仰目,怀此无丝毫利益我汉族之要求,谬说流传,为患益剧。樾生平既自认为中华革命男子,决不甘为拜服异种非驴非马之立宪国民也,故宁牺牲一己肉体,以剪除此考求究政之五大臣。其所以不得不出此之理由,敬为我汉族诸父老昆季陈之。

(一)唯一原理民族建国主义……

(二)扶满不足以救亡……

(三)满洲皇室无立宪资格……

(四)满政府对待汉人之政策……

(五)立宪决不利于汉人……

(六)主张立宪者对于国民行为之不忠……

综合以上之理由,立宪主义,徒堕落我皇汉民族之人格,侮辱我皇汉民族之思想,吾辈今日,非极力排斥此等谬说,则吾族无良,死心踏地,归附彼族者,必日加多。敢以区区之心,贡献同胞,必能协心并力,抱持唯一排满主义之图,建立汉族新国。则某虽死犹生。

《民报》第3号,1906年4月

张啸岑《吴越烈士事迹》:

孟霞既经决定革命的进行途径。乃于一九〇五年春,利用假期,草拟了自己的意见书,长达万言。原稿誊清后交给张啸岑一份,郑重嘱咐代为好好保存。在他完成任务以后如果离开了人世,就设法交付可以发表的人。如果仍在世间,即将其焚毁,免得牵累。万一无法发表,便交湖南杨笃生先生,或者安庆陈仲甫先生。后该稿件经陈仲甫先生于一九〇五年冬函向张啸岑索去。当时陈在芜湖安徽公学任教兼编白话报。似已将该稿节录刊载于白话报,并经上海、香港某某报转载。兹就记忆所及,略述于次。

一、驱除鞑虏:满族统治中国二百余年,入关初期,杀戮极惨,扬州十日,嘉定屠城,几乎鸡犬不留。对男子强迫剃发,汉族因而被杀者何止千万?历康熙、雍正、乾隆三朝,文字之狱,汉族读书人士,家败人亡,莫可数计!甚至株连九族,累及乡里。太平天国失败时期,杀人盈野,流血成河。此其所以必须驱除鞑虏,还我山河也。

二、改革政体:消灭君主独裁专政,建立人民共和政治,实行代议制度。厉行法治,养成全国人民遵守法制良好习惯。法律执行,一律平等。执行偏差,应该受到制裁。谨防不肖官吏,利用职权、欺上罔下。

三、整理财政:平均地权,实行耕者有其田。关税自主,对外采取保护税法,以防帝国主义经济侵略,对内以不苛不扰为原则。开发矿藏,开垦荒地,增加产量供应,发展大小工业。加强国力,改善生活,发达水陆交通,互通有无。确定预算、决算,最后期望收支和进出口的平衡。

四、振兴教育:各省会大埠设立工、理、文、农、商、法等科完备的大学,聘请中西学者专家授课。府、县、市、镇,各按其需要设立中小学堂及建设技术专门学堂。实行义务教育,扫除文盲。大学毕业生经严格考试,选送东西各国留学深造。务期学以致用,用当其才。

五、建设国防:实行征兵制度。常备军额以足够布防北西南各边疆要塞重镇为目的。东面海防多多训练海军官兵。建立各类小型舰艇,首求足敷大小港口防御之用。枪炮子弹,各设造厂,徐图达到不须外求。

六、决心自我牺牲：西方目我为“东亚病夫”、“狮子酣睡”，所以必须自我牺牲。如果因我的一击，能使病夫转为强健；齐心努力，救国救民。然后醒狮一吼，群兽慑服，外不致遭列强瓜分惨祸，内可以脱离鞑虏的奴役，使老大病夫之国，变为新兴富强之邦。则我的精神不死。死胜于生矣。

七、死后希望：我之一死距救亡的目的，尚属遥远。希望全国父老、兄弟、姊妹，急起直追，前仆后继。鞑虏无德，人心已去，其政权之被消灭，必在不远。可是革命最艰难困苦的阶段，不在今日的破坏，而在将来的建设。齐心努力，培植具有高深学术与纯洁修养的后进，是建设国家的唯一要图。

八、告慰老父：我父幼读长耕，劬劳顾复，教我成人。我已年近而立，愧未尽到人子之道。忠孝已难两全。为四万万五千万同胞设想，为后代子子孙孙设想，都不容我和我的同志，徘徊于十字路口，犹豫不决。我既已决计走此道路，望我弟季膏（吴楚）善事奉养，将来家中自有人代为照料。某女士（指严无畏女士）从我学史、地、英文，相处甚好。但情谊虽笃，亦不得不天各一方矣。

孟霞并常说：“吾辈革命大目标，不仅在于取得政权，乃是为了拯救同胞跳出火坑，免遭亡国奴的惨痛待遇。推倒满清政权以后新建的政府，如果腐败，也不惜再作一次政治上的改革。一定要求将来的国家做到人尽其能，地尽其利，屏绝依赖思想，抵制外来侵略。”他除敌视荒淫无道，卖国求荣的满清宗室、王公大臣外，对其余各界人士则力求团结一致，为国图存，从无仇视怨恨的批评。他认为即使在当时与革命对立的保皇党，如果康有为、梁启超辈放弃保皇保大清的念头，亦可作为将来的大政治家、大教育家。并说《新民丛报》，启发青年，功不可没。存心忠厚，常多类是。

中国政协安徽省文史资料委员会编《辛亥风云》，安徽人民出版社 1987 年版，第 195～197 页

冯自由《炸清五大臣者吴樾》：

乙巳（一九〇五年）春夏间清廷决定施行预备立宪，以消弭革命风潮之政策。是岁六月，命镇国公载泽，户部侍郎戴鸿慈，兵部侍郎徐世昌，湖南巡抚端方，及绍英等五人分赴东西洋各国，考察宪政，借以掩饰中外耳目，收揽人心。保皇党徒谓此为立宪之先声，莫不额手称庆，歌颂圣明。樾最初狙击之目的，原在铁良，及闻清廷忽有派遣五大臣出洋考察宪政之报，深恐立宪告成，益不利于汉族。乃变更计划，专向清五大臣下手。所志既决，即以所抱愿望详告其未婚妻，有“愿子为罗兰夫人”及“欲子他年与吾并立铜像”之语。复于入京前，以其所见笔之于书题曰《暗杀时代》，文长万余言，详见《民报》特刊《天讨号》《吴樾遗书》。又于实行前十日，先后邮寄两书于其未婚妻，其后书发挥反对满洲立宪之意见，最为透辟，兹录其遗书原序如次：

予生八年即失母，惟二兄抚养之。数年兄亡，余父弃官为贾，至是迫于家计不得安居。复奔走风尘间，集所得以为予弟兄教养之用。予年十三，遂慕科名，岁岁疲于童试。年二十，始不复以八股为事，日惟诵古文辞，有劝予应试者，辄拒之。年二十三，自念亲老家贫，里处终无所事，乃飘然游吴，不遇，遂北上。斯时所为交游者，非官即幕，自不免怦怦然动功名之念矣。逾年因同乡某君之劝，考入学堂肄业，于是得出身派教习之思想时往来于胸中。岂复知朝廷为异族，而此身日在奴隶丛中耶。又逾年秋，友人某君授予《革命军》一书，三读不置。适是时奉天被占，各报传惊，至时而知国家危亡之在迩。举昔卑污之思想，一变而新之。然于朝廷之为异族与否，仍不在意念中。逾时，某君假予以《清议报》，阅未终编，而作者之主义即化为我之主义矣。日日言立宪，日日望立宪，向人则曰西后之误国，今皇之圣明。人有非

康梁者,则排斥之,即自问自信梁氏之说之登我于彼岸也。又逾时,得阅《中国白话报》、《警钟报》、《自由血》、《孙逸仙》、《新广东》、《新湖南》、《广长舌》、《攘书》、《警世钟》、《近世中国秘史》、《黄帝魂》等书,于是思想又一变,而主义随之,乃知前次梁氏之说几误我矣。夫梁氏之为满酋游说,有革命之思想者皆能解言之,无俟我哓哓矣。然予复恨梁氏之说之几以误我者,其误我同胞当不止千万也,予愿同胞宁为梦梦不醒之汉族愚民,而不为半睡半醒之满洲走狗。盖梦梦不醒之愚民,其天良未泯。虽认贼作父,亦苦于不自知,一日复醒,究未有不欲杀尽逆贼而复九世之仇也。若半睡半醒之满奴,名则以玛自尼、加富尔自居,实则吴三桂、洪承畴之不若。甚至欲尽一己之利,甘作同胞之公敌。有告以宗旨之不正,而行事之皆私者,彼则积羞耻而成仇,遂不惜强辞以夺理,昌言曰:"国朝之制,满汉平等"。又曰:"满洲之政治为大地万国所未有。"又曰:"今皇仁圣,不惜牺牲己位,以立宪政。"此等云云,盖欲断送汉族于无自立之一日,而为满洲谋其子孙帝王万世之业也。满酋之使此辈为奴隶,甘害同胞,以利异族,则满酋之手段不亦其毒矣。此辈为奴隶者也,满酋使奴隶者也,不清其源,而绝其流,又乌乎可?予于是念念在排满。夫排满之道有二:一曰暗杀,一曰革命。暗杀为因,革命为果。暗杀虽个人而可为,革命非群力即不效。今日之时代,非革命之时代,实暗杀之时代也。

予遍求满酋中而得其巨魁二人:一则奴汉族者,一则亡汉族者。奴汉族者在今日,亡汉族者在将来。奴汉族者非那拉淫妇而何?亡汉族者,非铁良逆贼而何?杀那拉淫妇难,杀铁良逆贼易,杀那拉淫妇,其利在今日,杀铁良逆贼,其利在将来。杀那拉淫妇,去其主动力;杀铁良逆贼,去其助动力。主动力无尽,而助动力无尽。予于是念念在杀铁良。然此念虽立,其如徒手无具何?势不得不稍俟时日。逾时有万福华刺王之春案出,又逾时忽有刺客某刺铁良逆贼未成而遁,并有王汉谋刺铁良逆贼未遂而先自尽。之三子者,其志可嘉,其风可慕,然予不能不为之抱憾者。盖以万子之刺术固疏,而所指之事亦不过曰联俄之主义而已。夫以联俄之主义为非,则所是者必在联日。联俄主之满洲,联日亦主之满洲,满洲既不可恃,日人又安可恃乎?试问今日我同胞其不欲自去奴隶之籍则已。苟欲去之,则必先事排满,而排外非所计也。若刺客某,则又不免失之于怯。虽其目的较万子为善,而于生死关头,又不若万子之分明矣。若王子,则心有余而智不足,虽其一死足以加勉他人,而于事实上不免失之一筹。使于顺德失望时,即起身来京,或者卒成其志,究未可知。即不遇,亦可将铁良同类之人一刺,以为代价,则王子不虚死矣。虽然王子之死非勉他人,乃勉我耳。予之存此志已数月,(此志偶于友人某君前言之,计在万福华以前数月。)王子复先我而行之,虽其不成,亦足见王子之志与我同也。王子有灵,当不使我覆蹈万子之辙!

今者,予之枪具,已自日本购来,其迟迟吾行者,一因此身之事务未清,二因其人受再次之惊,家居多所防备,拟缓数月,观其动静然后就道。斯时友人某君知予之志,遂劝予笔之于书,以遗后世,以释人惑。予自维素不能文。即强为之,焉能言之成理,足以动人观听。且以我心之所求者,在实事而不在虚文,使来者皆事盛文,恐实事终无可成之日,予愿予死后化一我而为千万我!前者仆而后者起,不杀不休,不尽不止,则予之死为有济也。然一念万、王二子之后,竟未闻有接踵而兴者,则予当此发轫之始,似不宜不有所观感于同胞矣。今则迩来之所见,并信札之有关切于此者,亦连类及之,缀为若干篇。名曰《暗杀时代》。是为序。

乙巳八月二十八[六]日,清考察宪政大臣载泽等五人自北京赴天津,拟取道放洋。当其至前门车站登车时,京中王公大臣送行者极形挤拥,预定是晨十时启行,因端方一人迟到故慢开半小时以候之。樾于是月中旬已得消息,自天津到京,寓桐城会馆,诡言将入大学堂,故同乡中人无有知其将有激烈行动者。事前一日,自置酒馔与同馆友人汪炘等畅饮,谓明日有事往天津,再会不知何日。次早偕同志张榕同到车站,以身穿学堂操衣,不得入,遂急购前清官差所用无顶官帽及布靴,改装跟班人样式,操衣则包而提之,遂得混入车站内工人丛中,图登清五臣所坐花车。卫兵询系何部跟人,因口音不似北语,阻未得上。值端方登车时,始得冲入专车前段之夹道中。讵是时列车适与机关车拍合,车身猝然被撞,后退,来客为之倾侧。樾所用炸弹为撞针式,其针受此打击,未及抛掷,已自动爆裂,轰然一声,铁片四散。樾下半身先震碎,肠腹崩裂,手足皆断,即重伤死。血肉模糊,面目不辨。车旁伤毙三人,中有端方亲属,五臣中载泽、绍英同受微伤,徐世昌因有跟人五春元在侧,五受重伤。徐之帽及袍带均被弹片炸破。送行清臣中,伍廷芳两耳亦被震伤,同志张榕以立处距离较远,未罹于难。事变后,清廷大震,有诏令将所有外城工巡局委员及南营参将铁路委员等从严究办。徐世昌、绍英遇炸后不果行,九月清廷改派山东布政使尚其亨、顺天府丞李盛铎代之。

冯自由《革命逸史》第3集,中华书局1981年版,第193~197页

吴樾《与妻书》:

人之生死亦大矣哉!盖生必有胜于死,然后可生;死必有胜于生,然后可死。可以生则生,可以死则死,此之谓知命,此之谓英雄。昧昧者何能焉?生不知其所以生,死不知其所以死,以为生则有生人之乐,而死则无之。故欲生恶死之情,自日来于胸中而不去,则此辈之生,如秋蝉若朝菌者,可无足怪矣。若夫号称知命之英雄,向人则曰我不流血谁流血?此即我不死谁死之代名词耳。及至可以流血之日,而彼则曰:我留此身,将有所待。待之又久,而此身或病死,或他故而死。吾知其将死之际,未有不心灰意冷,勃发天良,直悔前言之不践,与其今日死,不如昔日之不生也。然悔之何及,徒益悲伤耳。此吾之所为有鉴于此,而不敢不从速自图焉。亦以内顾藐躬,素非强壮,且多愁善病,焉能久活人间?与其悔之他时,不如图之此日。抑或者苍天有报,偿我以名誉于千秋,则我身之可以腐灭者,自归于腐灭,而不可以腐灭者,自不腐灭耳。夫可以腐灭者体质,而不可腐灭者精灵。体质为小我,精灵为大我。吾非昧昧者比,能不权其大小之轻重以从事乎?而况奴隶以生,何如不奴隶而死?以吾一身而为我汉族倡不奴隶之,首其功不亦伟耶?此吾为一己计,固不得不出此。即为汉族计,亦不得不出此。吾决矣,子将何如?古人有言曰:人固有一死,死有重于泰山,有轻于鸿毛。子即不为汉族计,亦独不为一己计乎?子自思身材之短小,体气之柔弱,精神之欠乏,饮食之简少,且卫生之不讲,心境之不宽,劳苦之不耐,疾病之时至,非较吾为尤甚乎?吾窃不逊,若子能寿年一百,吾即能寿年一百一十。吾今自思,不过可得寿四五十,子当可作比例观。子且多寿有何所用?虽如彭祖,亦不过饮食之较多于人,而况子非其比。势不得不为一己计,则当捐现在之有限岁月,而求将来之无限殊荣。且也,以个人性命之牺牲,而为铁血强权之首倡,此为一己计者之即所以为汉族计也,非一举而两得乎?子其三复思之。如以吾言为然,则请为子画善死之策。如以为否,则请留此书于临死之日,再一阅之,以证吾之见地,如何?某白。

《民报》增刊《天讨》,1906年4月

马鸿亮《吴樾烈士传略》:

烈士常患失血症,慨然谓余曰:"丈夫不可病转床榻,使家人围泣送终。当烈烈有所为。吾同胞数千年来为暴君污吏所压抑,而满清以外夷入据,其专制之术尤精刻,古所谓'天视自我民视,天听自我民听',孟子所谓'民为贵,社稷次之,君为轻',及乎近代天赋民权之说,更湮没而不张,不有雷霆震撼之威,拔山盖世之气,乌足以旋乾转坤,而警觉吾同胞之梦也?吾志已决于是矣,愿吾子有以助我,而善吾后也。"余瞿然以起,悚然敬听,厥后遂与笃生烈士共相密谋。

丘权政等选编《辛亥革命史料选辑》,湖南人民出版社1981年版,第276~277页

张啸岑《吴越烈士事迹》：

在孟霞草拟意见书时，即已决定革命必须从推翻清室政权着手。而手无寸铁的书生，怎样去做才能达到目的呢？经与马铸风、张啸岑作过一星期的日夜密商，苦难得到结论。马铸风旋即赴沈阳就陆军学堂教员，只剩吴、张两人磋商。张主炸东交民巷外使馆界，吴主炸清室宫殿。彼此认为非如此则不足以震动已死的人心，唤醒同胞的弥天大梦。但念清廷首要如叶赫那拉氏(西太后)、载湉(光绪帝)、各王公和军机大臣等，皆深居简出，不易得到机会。张啸岑因改变主张，力劝吴孟霞南下与赵伯先合作，隐身于军事机构，助赵异日作大规模举动。而孟霞则仍决心单身前往北京，作久居之计，伺机行动。时值奉天省新民府兴办学校，约啸岑前往任职，孟霞乃力催啸岑速往任教，以便为孟霞担负北京的旅食费用。初步商定如此。隔天，孟霞于两江公学办公桌子的抽斗内留致啸岑信说："我于今日离保。家乡老父、弱弟，盼以待我者以待彼等。后会或许有期。速往新民府，谨慎前途为要！"等语，八月初旬，又接由新民府署转来一信，略谓"北京一切都好。所事已有端倪。用度不缺，毋须再寄。君为其难，我为其易。希多看书报，勿以我为念！"等语。此后去信，即不复来信了。九月初旬，报载清廷派载泽、端方、绍英、戴鸿慈、徐世昌五人分赴东西各国考察宪政，想借此迷惑人民，缓和要求政治改革的空气。几天后，又见报载考察宪政五大臣，在北京车站被炸未死。霹雳一声，传入啸岑耳鼓，啸岑逆知生死骨肉的友人，已离尘世矣。惊悸惨痛，病逾旬日。旋接陈仲甫先生信问："北京店事，想是吴兄主持开张。关于吴兄一切，务速详告。"当将孟霞交存意见书原稿，回寄于陈，亦所以遵吴之遗嘱也。寒假期间，啸岑前往北京，逐日到西城根桐城试馆，与久住试馆的同乡及管理负责人江紫嘉老先生盘桓倾谈。据江先生说孟霞平日在馆内不多到别人房间，可是别人到他的住房里去，他就殷勤接待。有点心，有荤菜，必定留人同吃。问他到京原因，不是说找朋友，就是说谋位置。谈话之间，总是说外国人要如何瓜分中国，中国人若不再自立，到了亡国的时候，就将怎样受苦，怎样难活；有时谈到明亡故事，说得生动感人。又曾说到南方人士如何开通，孙逸仙先生如何伟大等等。当考察宪政五大臣出发的早晨，孟霞手提小皮包，身穿蓝布长衫，头戴红缨帽子(工友服装)，在车站人丛中不断来往。识者疑为吴某借此机会出洋"勤工俭学"。迨专车将到开动时刻，孟霞一脚踏上火车梯蹬，即遭到曹卫盘问："你是跟谁的？"吴答："我是跟绍大人的。"不料绍英正在这节车厢内，警卫即进去向绍英的随从问话。孟霞知事不妙，随即开动手提包，不幸炸弹引线走火，未及远抛，遂以身殉国。轰然一声，震动全球。清廷惊慌失措，考察宪政的欺骗手段，由此结束。事后追究案情，保定高等学堂总办钱錁(候补道台)革职；原保人金寿民(候补同知)革职，永不叙用。试馆同乡，俱遭传讯。孟霞的老父、弱弟，逃避他乡。影响所及，中外报章，竞相记载。驻北京的外交官吏分电回国，报告中国维新派首领吴某以身殉国。国内街谈巷议，妇孺皆知吴越是排满首领，因不愿清廷败亡我们的国家，故坚决反清，不惜一死等情。是时孙逸仙先生适成立中国同盟会于日本东京。海外华侨，留学青年，争先恐后，赞助参加。革命热潮，风起云涌，莫可遏抑矣。

中国政协安徽省文史资料委员会编《辛亥风云》，安徽人民出版社1987年版，第197~199页

马鸿亮《吴越烈士传略》：

乙巳秋(光绪三十一年)，烈士自北京来函致杨醒余及余，嘱速汇百元，谓将乘考察宪政五大臣出洋轮之便至沪，度其意初欲在轮上狙击之。款虽如嘱汇往，然未达，已据报传北京前门车站刺客图刺考宪政五大臣未遂而自殉，照像招认，无出首者。然余闻报，即知烈士所为矣。惜乎！此弹即前此所未加以试验者，以致未即擎出而已轰然自炸，仅一萨彦阁之仆，

于车门阻烈士入内，相持之倾[顷]，遂乃轰然以同归于尽。虽荆轲之匕，力士之锥，未能命中；然已夺祖龙之魄，振志士之气，声闻全国，名振环球。徐烈士锡麟、熊烈士成基，相继起于皖，黄花冈诸烈士发于粤，武昌举义遂覆清祚，皆此一弹首发其难，有以速之成也。呜呼！伟矣！烈矣！

中国政协安徽省文史资料委员会编《辛亥风云》，安徽人民出版社 1987 年版，第 190 页

9 月 27 日（八月二十九日）　抵制美货运动终止。

《大事记》：

9 月 27 日　①抵制美货运动终止。②北京户部银行开市。

戴逸主编《中国近代史通鉴》第 5 册《辛亥革命》，红旗出版社 1997 年版，第 385 页

△ 张之洞致电驻美使臣梁诚请其预先告知合兴第二期付款实数，以便如数照拨。

《致华盛顿梁钦差》（光绪三十一年八月二十九日巳刻发）：

合兴第二期付款已订定华九月初八在纽约汇交，必须将实数先期电知，以便照拨。其售出金元小票，如须一并收回，此款尚待续筹，尤应预先知会，不得临时逼促，有意刁难。第一期款因彼批准迟延，此间得信距还期仅六日，致电汇大费周章，折耗汇水至十万余两，吃亏甚巨。此次务请速催回信，及早电知，俾可筹划。然金元小票总须缓两个月另付，不可与第二期款并作一起。至合兴应交还一应产业，不得借口金元小票尚未收回，再图延宕。

国家清史编纂委员会 · 文献丛刊《张之洞全集》（11），武汉出版社 2008 年版，第 235 ~ 236 页

9 月 29 日（九月初一日）　高旭等在日本东京创办《醒狮》，以“输入文明学说，提倡国民尚武精神”为宗旨，表露出强烈的汉族传统民族主义思想，反对专制政体和君主立宪。

醒狮社《本志订正再版第一出现》：

本社同人为输进文明，贡献学界起见，以学课之余，组织此社，以与同胞研究进化之方针。第一期发行后，即蒙海内外同胞之欢迎，数日间书即告罄。

《醒狮》第 2 期，“广告”，1905 年

熊月之《醒狮》：

《醒狮》没有一般杂志惯有的发刊词或本刊例言之类的东西，这首诗实质上起到了发刊词的作用，鲜明地表现了《醒狮》的宗旨：爱国、民主、革命。

丁守和主编《辛亥革命时期期刊介绍》第 2 册，人民出版社 1982 年版，第 367 页

9 月 30 日（九月初二日）　孙中山复函陈楚楠，告东京党务发展情形，并告将赴西贡筹款。

孙中山《复陈楚楠函》：

楚楠仁兄大人足下：

来示敬悉。弟现与同志在东京创办一杂志，名曰《民报》，不日可以出版，自当请足下为星洲之总理也。

近日吾党在学界中已联络成就一极有精彩之团体，以实力行革命之事。现舍身任事者已有三四百人矣，皆学问充实、志气坚锐、魄力雄厚之辈，文武材技俱有之。现已各人分门认担一事，有立即起程赴内地各省，以联络同志及考察各情者。现时同志已有十七省之人，惟甘肃省无之，盖该省无人在此留学也。……此团体为秘密之团，所知者尚少，然来投者陆续

加多,将来总可得学界之大半:有此等饱学人才,中国前途诚为有望矣。

在吾党中之留学生,有比宁(槟榔屿,编者)、咥华等地之富家子弟者,今有数人不日拟回南洋商之其父兄,请出大资财以助革命者。此事亦甚有望,如此则革命之举不日可再起矣。

弟于西十月七号由此发程去西贡,与彼中大商商办举行债券筹款一事。拟筹足二百万,以为革命之资。由南洋各埠富商认借,每券千元,实收二百五十圆,大事成功,还本利千元,由起事之日始,限五年内还清。西贡、咥华、比宁已有富商之子弟认股,将来又说其父兄,倘能答应,则二百万之款不日可以筹足。未知贵埠有无富商认借,此亦觅大利之一道也。望足下图之。欲知详细,请来西贡面商可也。东京留学界团体不日必有公函前来,星洲同志自后望常与通消息,以联两地之谊为幸。

近有冒充革命者×××,在东京为众所不容,遁回香港又被人所弃,今闻已去南洋,未知是否去贵埠?如此人到来,务要力为拒绝,不然则将来为害不浅。彼原长于文字,惟行为极坏,往年在香港、澳门二地教馆,俱犯出××之案,为学户所斥逐。彼本为康之学生,初为康党所不容而充革命,大攻保皇;今因所求不遂,又大攻革命。此真人面兽心,只知为利,稍有不遂,又立刻反噬。如有到来,切不可以其能文而招惹之也,至紧。此致。

弟文启　西九月卅日

《南洋与创立民国》影印原函,广东社会科学院历史研究室等合编《孙中山全集》第1卷,中华书局1981年版,第286~287页

9月(八月)　孙中山接晤程潜,讲述革命方略。

程潜《辛亥革命前后回忆片段》:

翌年八月,同盟会成立,我因仇亮介绍,加入了同盟会。我加入同盟会不到几天,仇亮引导我到东京赤阪区灵南阪日人金弥宅,谒见孙中山先生。先生态度和蔼可亲,与同志谈,谆谆不倦。我请面示革命方略,先生指示三点:一、首先打倒自己脑海中的敌人,抛弃富贵利禄的观念,树立爱国爱人民的思想,服膺主义,不与敌人妥协。二、革命军占领地区,必须立即成立政府,以为号召,即使占领地区小至一州一县,亦应如此。三、慎选革命基地,以发展革命力量。

中国政协文史资料委员会编《辛亥革命回忆录》第1集,文史资料出版社1961年版,第70页

△ 同盟会广东分会成立,陈少白任会长。

李西屏《武昌首义纪事》:

同盟会广东分会成立,陈少白任会长。

中国政协湖北省文史资料委员会编《辛亥首义回忆录》第4辑,湖北人民出版社1961年版,第5页

△ 鲁迅在仙台医专师从藤野严九郎学习解剖学,虽成绩良好却受到一些鄙视中国的日本学生的不满。后来流言虽终被制止,但他仍觉弱国之民处境十分恶劣,遂益发奋图强。

〔日〕鲁迅在仙台的记录调查会著,马力、程广林译《鲁迅在仙台的记录》:

围绕着周树人上述的成绩和及格问题,却产生了藤野先生是否预先把考试题目透露给周树人了的流言。现将当时与这一问题有关的铃木逸太的谈话,摘录于后。大体是照谈话进行的顺序,按口述的原样记了下来。括号内是提问者发问的要点。(关于泄露试题的流言,这事的情况……)有这事。我们已经说过了:"哪有这种没有根由的事",这样澄清过了。

又对藤野先生说:“我当然不相信,可是已经发生了这样的谣传,先跟您打个招呼。”藤野先生说:“喔,是吗。谢谢你。没有这回事呀,同学。”在这种场合,我是大家的所谓汇总人吧,才参与了这些事。……是谣传哪,因为不管怎么说人家考了个中等成绩啊。任什么也不懂就不可能有中等成绩。“一定是藤野先生怎么怎么样了”,就真有这么传说,也有这么说过的家伙嘛!所以我说:“哪有这种莫名其妙的事”,反正出了这种事,这可太可怜了,所以,我对大家这么说了,对藤野先生也说了,说:这种事情纯粹没有呀!把大家集合起来说过,这事我还记得。

薛绥之主编《鲁迅生平史料汇编》第2辑,天津人民出版社1982年版,第98页

△ **同盟会成立后,清室与日本交涉由文部颁布留学生取缔规则**。

何香凝《我的回忆》:

自从同盟会在东京成立以后,清朝政府发觉中国留日学生在日本活跃非常,便加紧勾结日本当局,设法制止日本留学生中革命思想的蔓延。

中国政协文史资料委员会编《辛亥革命亲历记》,中国文史出版社2001年版,第16页

10月2日(九月初四日)　有论者发表《日本全体留学生警告我国人》一文,指出日本人剥夺了中国留学生的三大自由,将中国与韩国并列,视为其第二属国,中国学生理当抵抗。

《日本全体留学生警告我国人》:

呜呼!我留学界今日有切身之痛,剥肤之灾,较之亡国灭种有过之无不及者,诸君其知之否乎?若犹未也,某等请谨陈其略。某等闻之,人之所以生也,贵有自由也!国不自由则非国,人不自由则非人,是故波兰也、印度也,自其形式上观之,岂不觍然人面哉?而究不得齿于人,数者无他,无自由故也!其自由剥夺之大者,又莫过于无言论、集会、出版之三大自由也。……同人等之来日本也,惑于日人扶导东亚文明之甘言,贸贸然来。不意一抵此地,凌辱百出,秃笔难述,然犹曰“此非出于日本政府之意也”。至今年而干涉拒约之传单,是禁吾言论自由也;查办留学生立会,【是】禁吾集会自由也;没收《二十世纪之支那》杂志,是禁吾出版自由也!三大自由而皆为日本政府所剥夺,未为波兰而已等于波兰,未为印度而已邻于印度,则吾侪所谓将为世界主人翁者,何在乎?!……彼不虑吾有数千人在其国,大言炎炎,毫无顾忌,其政府亦公然许其版权,任其流布,固不虑吾知之、报告之也。彼言之无罪,吾转而译之则有罪,是何说乎?原著之人,气焰冲天,狂词悖语,耳不忍闻,而吾侪对之平声静虑,不敢作一冲突之语,且于篇末重申之曰:“吾侪对于日本不可有恶感情也。”……其措辞亦可谓恭且顺也,而犹以为妨害治安,是必使吾侪甘为日本之顺民,默许日本之并吞中国。举凡日人之危言激论,皆若无所见闻,而后不妨害治安乎?

《申报》,1905年10月2日

次日,《续日本全体留学生警告我国人》曰:

变本加厉,层出不穷,至于近日而又有清韩留学生取缔之规则。此不必论起内容如何,其为特别之条件无疑。夫吾侪之在此也,有公使、有监督、有会馆,奚待日本之特定取缔规则也?其置我公使、监督及吾侪之自治章程于何地?若谓留学生有不自爱者不可不约束乎?则各校自有校章。即有犯刑事违警处分者,有日本之刑法、违警法。……清韩并称,韩固已为日本之属国……今日人以吾侪与韩人同一取缔规则,是以清国为第二之韩国,而以待遇韩学生者待吾侪也,虽表面上或无甚苛碎之条文,其意则可知矣。吾侪于此

而不思抵抗是默认为第二之韩国,而甘受韩学生之待遇也。吾侪其速奋起,吾侪其不可不奋起。宁不求学而不可受此特别之待遇。……今乃脱然大悟,知日本之不可亲,犹白人也。某等非敢怨日本,惟怨向之不思自强而惟倚赖他人。又敢正告同胞,曰其勿被日人同文同种之言所欺也。邻有自号与吾为兄弟者,当强盗将入吾门,彼以代吾驱除强盗为名,从而入吾室,则吾怨之当甚于强盗,何也?室既夺于人矣,为强盗所得与为邻所得,何以异焉?彼强盗者,明目张胆以为难于吾,吾得知而御之力不敌,而至于室为所夺,不能尤之也。至于号称兄弟者,吾且引为同调,彼因之而亡吾,吾其能已于怀乎?虽然真兄弟尚不可恃,况号称兄弟者乎?孰使汝恃之而自贻伊戚耶?是其失仍在我也。故某等不欲徒有排日之议论也,当务有排日之实力。使能养成排日之实力,日本知我知不可侮,而真心与我相亲,则我无须乎排日而已,亦无须乎排我,共相提携以保全东亚之平和,增进黄种之幸福,此中日两国皆有大利益也……

《申报》,1905 年 10 月 3 日

△ 我国历史上第一条自建铁路京(丰台)张(家口)铁路在詹天佑主持下开工修建。

10 月初(九月初)　陈天华积极参与同盟会创立的相关工作,并努力宣传民族主义思想。

冯自由《〈猛回头〉作者陈天华》:

是岁秋孙总理自欧洲往日本,集合各省革命党人组织中国同盟会,天华亦为发起人之一,被推为会章起草员。《民报》成立,复被推为撰述员,尝在《民报》发挥革命时代宜行开明专制之说。与同盟会颁布《革命方略》之军政时期相同。此开明专制四字,即梁启超利用以反驳民报所主张民权主义之论据也。又其所著《狮子吼》小说,发扬种族观念,尤感人至深。

冯自由《革命逸史》第 2 集,中华书局 1981 年版,第 120 页

△ 清廷促使日本政府驱逐孙中山出日本。

10 月 6 日(九月初八日)　留日学生召开戊戌庚子死难诸人纪念会,孙中山派胡汉民出席。胡在“戊戌庚子死事诸人纪念会”上演说,批判康有为和梁启超的保皇和君主立宪主张。

胡汉民《辛亥革命之回忆》:

所谓追悼戊戌庚子烈士大会者,康、梁之徒用为吸收学界同情之工具,每岁辄举行之。本党属余往,经登坛为演说三小时,举康、梁保皇之历史与其谬误,一一斥之;次及立宪派之萌孽,为同恶于保皇,更言不革命者不宜利用死人而欺骗生人,此种追悼之意义,为吾辈绝对反对。是日听众千人,拍掌狂呼,康、梁之徒皆瑟缩不敢置辩,即宣布从此不复开会于东京而散。余旋追录演稿于《民报》,另印小册子散布,批评康、梁一切,皆其真相。其中一二秘密,为当时人所不具知者,则余闻于先生;而梁启超当谈革命从先生游时,自泄于先生者也。余演说稿出,而梁启超等所著《戊戌政变》等书,遂无价值,学界青年渐以容保皇为耻辱矣。

中国政协文史资料委员会编《辛亥革命亲历记》,中国文史出版社 2001 年版,第 149 页

△ **外务大臣复电日驻清公使查实放逐孙中山之事。**

《查实放逐孙逸仙之事》：

驻清国内田公使：

关于贵电251号所询一事，帝国政府就放逐孙逸仙事宜已经下令，但至今日为止并未接受任何交涉。

桂大臣

明治38年10月6日

440694 第359号 外务大臣复电驻清公使，章开沅、罗福惠、严昌洪主编《辛亥革命史资料新编》第6册，湖北人民出版社2006年版，第113～114页

10月7日（九月初九日） 孙中山自横滨乘法邮船赴安南筹款，黄兴代理东京本部会务。

冯自由《朱少穆事略》：

是年冬总理将游南洋，以旅费短缺，爰向各省同志求助，少穆与同乡学生何斌兄弟筹措千金应之，复致书西贡粤商李卓峰等为总理助。总理至越南，颇受侨商欢迎，少穆与有力焉。

冯自由《革命逸史》初集，中华书局1981年版，第182页

△ **神奈川县知事周布公平将孙中山离日之事电告外务大臣。**

《孙逸仙离日出发》：

外务大臣桂太郎伯爵阁下：

清流亡人士孙逸仙于本日上午九时从本港乘法国邮船康德明号经由上海去香港（已致电兵库县）。谨此报告如上。

神奈川县知事周布公平

明治38年10月7日

440695 明治38年10月9日收到 秘第2047号，章开沅、罗福惠、严昌洪主编《辛亥革命史资料新编》第6册，湖北人民出版社2006年版，第114页

△ **经过日本长崎时，孙中山与俄国民粹派分子《民意报》主编鲁赛尔会晤，双方认为中俄两国革命相辅相成。**

《孙中山先生的足迹·九州》：

一九〇五年十月上旬，他自横滨乘法邮船赴越南筹款途中，来到长崎，经日本黑龙会员金子克己介绍，与俄国民粹派分子、《民意》报主编鲁赛尔会晤，一致认为中俄两国革命是相辅相成的。

中国政协湖北省文史资料委员会编《湖北文史资料》1991年第2辑，总第35辑，中国政协湖北省文史资料委员会1991年印行，第259页

《东亚先觉志士传记》中卷：

十月七日孙文偕萱野长知赴西贡筹款。经长崎时，由日本黑龙会员金子克己介绍，与侨居日本长崎的俄国民粹派分子、《民意报》主编鲁赛尔博士——原名苏济洛夫斯基晤谈中俄两国革命问题，共同认为二者应相辅相成，相互支持。随后在日本的日、中、俄三国革命志士联系加强，许多同盟会员向俄国革命者学习炸弹制造方法。

段云章编著《孙文与日本史事编年》，广东人民出版社1996年版，第139页

10月8日(九月初十日)　清廷诏改原工巡局为巡警部,负责管理京师地方警察和全国警政事务。

10月9日(九月十一日)　孙中山在横滨乘法国邮船出发前往西贡。

冯自由《中国同盟会及民报》:

是年冬,中山以赴南洋运动需款,乃向学界筹措旅费三千元。由何斌兄弟、谢良牧、朱少穆数人捐助足数。遂偕谢良牧、胡毅生、黎勇锡、邓慕韩四人乘法轮赴越南。

冯自由《中华民国开国前革命史》上编,良友印刷公司1928年印行,第197页

邓慕韩《追随国父之回忆》:

是时法国民党掌握政权,又为国父良友,竭力援助中国革命。国父在欧洲时,已有洽商。至是国父以日本党务组织就绪,须赴越南西贡,就近与法当局详细计划。该地吾国侨民有三四十万,粤籍占八九。欲在广东留学生觅数人,同往联络侨民,以利进行。然多为学业故,不暇抽身。时余肄业弘文学院,闻之,极欲随行。旋又恐牵动学业,踌躇不决。后以革命事大,学问事小,徒挂名党籍,不事实行,未免有负入党本意。乃具陈于国父,愿附骥尾,国父大悦。时为九月,国父在横滨乘法国邮船出发西贡。随行者胡毅生(汉民从弟)、黎仲实(高要人)及余三人,尚有梅县谢逸桥、良牧兄弟数人,同船往香港归国。

广东省三水市政协文史委员会《三水文史》1995年第20辑,广东省三水市政协文史委员会1995年印行,第108页

△ 外务大臣桂太郎复电驻清公使,告知孙中山离日后的具体去向。

《孙逸仙之行踪》:

驻清国内田公使:据说孙逸仙于七日搭乘自横滨起程的法国邮船康德明号经由上海发往香港。此行原是该人任意举动,而勿论(帝国)政府之放逐。

桂大臣

明治38年10月9日

440696第362号　电送第3149号,10月9日第362号电报　章开沅、罗福惠、严昌洪主编《辛亥革命史资料新编》第6册,湖北人民出版社2006年版,第114页

10月9日(九月十一日)　张之洞致电两广总督岑春煊拟派王秉恩、冯嘉锡会同粤绅在粤就近接收合兴产业。又致电上海盛宣怀、蔡守琦、赵凤昌在沪接收其图册。

张之洞《致广州岑制台、王道秉恩、冯牧嘉锡》(光绪三十一年九月十一日午刻发):

所有在粤路轨、机车、房栈、材料一应产业,拟派王道秉恩、冯牧嘉锡,会同粤绅就近接收,造册分送湘、鄂存查。在沪止有图册,已另派员就近收取矣。此后管路行车等事,容再电商遴员接办。

张之洞《致广州王道台秉恩、冯牧嘉锡》(光绪三十一年九月十一日未刻发):

美公司承造粤境铁路所有路轨、房栈、机车、材料及一应产业,订明于九月十二日交中国接收。兹特派该道、该牧就近会同粤绅向美公司查验簿籍契据,按件点收,勿稍疏漏。收清后分造清册呈核,并先电覆。

张之洞《致上海盛大臣、蔡守琦、赵令凤昌》(光绪三十一年九月十一日午刻发):

顷接梁使电,准九月十二日还款收路,合兴派 Ashmea. d 在沪,Sito 在粤,移交一切,希派员届时接收等语。除电粤派员接收路轨、机车、房栈、材料一应产业外,所有在沪总公司存储

图表、册籍一应对象，兹派蔡守琦、赵令凤昌就近接收解鄂。祈查照。

张之洞《致上海赵令凤昌》（光绪三十一年九月十一日未刻发）：

粤汉铁路争回，现与美公司订明准于九月十二日还款交路。所有在沪总公司存储图表册籍及一应对象，特派该令同蔡守琦前往点验接收，务须确查存件，按数收清，勿稍疏漏。验收后，所有图表册籍等件，即速派人解鄂，并先电覆。

国家清史编纂委员会·文献丛刊《张之洞全集》（11），武汉出版社2008年版，第237～238页

10月10日（九月十二日） 清政府接收粤汉铁路修筑权。

10月11日（九月十三日） 孙中山船过吴淞口，会见法国情报军官布加卑上尉，得知法国政府的态度将根据其运动的规模和力量而定，因为法不希望冒险与孙合作而损害法中关系。

〔美〕金姆·曼荷兰德著，林礼汉、莫振慧译《一九〇〇至一九〇八年的法国与孙中山》：

布加卑在河内停留期间，会见过一位他早先结识的中国人。这位中国人对布加卑说，一个意义深远的反清运动正在中国兴起，他是其中的一员。他还把在香港的一位反清运动的领导人介绍给布加卑。通过在香港的活动，布加卑作出了安排，终于在一艘停靠在吴淞的客轮上与孙中山会晤，时间是在一九〇五年十月十一日，历时八个小时。据布加卑会晤后所写的报告说：他对孙中山领导的运动感到兴趣，并且向孙暗示："假如能证实您的党是一个强有力的党，也许我国政府会对您所从事的事业感到关切。"但布加卑又强调：这只是他个人的意见；至于法国政府的态度，将根据运动的规模和力量而定。为了得到孙中山的帮助，布加卑表示，在视察南方诸省并与各革命组织领导人会晤期间，他的考察团成员将接受孙中山的指示。孙中山则表示，他所领导的秘密组织将作为布加卑在中国南方的情报机构。布加卑显然认为，他已经有了自己的情报网了，而且情报网的建立既省钱，又符合法国政府的利益。在与孙中山接触上，布加卑显然已超越了国防部指示的范围；可是后来他说，他从巴黎得到的指示正是鼓励他与中国革命党人接近。

《辛亥革命史丛刊》编辑组《辛亥革命史丛刊》第4辑，中华书局1982年版，第232页

〔美〕杰弗里·巴洛著，黄芷君、张国瑞译，章克生校《一九〇〇——一九〇八年孙中山与法国人》：

当年（一九〇五年）七月，中国情报处的职责，得到进一步明确，其时陆军部长艾蒂安（Eugene Etienne）指令法国驻华防军任命殖民地步兵部队布加卑上尉（Captain Boucabeille）为中国情报处主任。在前往就任的途中，布加卑在河内停留，以便拟订今后情报处与河内联系的纲要。在那里他跟法国驻印度支那陆军总司令兼殖民地总裁布罗尼（M. Broni）会晤。布罗尼是韬美离职后和鲍渥到达前之间的临时总督，很可能参与孙中山与阿杜安的会谈，一九〇五年，当鲍渥在巴黎时，布罗尼已再次代理总督。

当布罗尼获悉中国情报处即将进行对东京地区防务的研究时，他提议对将要担负中国情报处这一方面的任务的军官给与津贴。当布加卑抵达北京时，他把上项提议面告法国驻华防军司令。司令表示同意，并且委任由布加卑推荐的殖民地步兵队长克劳代尔上尉（Captain Claudel）担负上项任务。克劳代尔遵照指示，接受来自河内的命令，并且向那里递交有关殖民地防务问题的报告。

…………

布加卑充当了法国跟孙中山的主要联络人,他抓紧时间建立了联系。根据布加卑对该项关系的正式描述,关系是从一九〇五年八月底九月初在河内的一次接触开始的。当时他会见河内广东帮的一个姓李的头目。李某把布加卑介绍给一个中国人,此人曾在较早的一次到东京地区的旅行中充当他手下的一名侦探。这个中国人姓何,告诉布加卑说,华南一带正在掀起一场强大的独立主义运动,指望建立一个联邦共和国。

于是何某告诉布加卑说,香港有一个割据独立主义社团的成员,一个名叫泰的人。布加卑写信给泰,对方要他跟在日本的另一个姓戴的人联系,布加卑经由通信,安排好于十月十一日在上海的法国轮船"卡利多尼亚"号上会见戴某,而实际上戴某就是孙中山。双方会晤的时间选择,就这样一点而论令人感到兴趣,那就是,布加卑跟孙中山见面,言谈之间,甚至暗示在他到达北京见到他的指挥官和就任新职以前,有获得法国公开援助的可能性。布加卑显然觉得他完全不受法国驻北京公使馆的约束。

…………

在经历用半张票券证明相互身份的例行手续以后,孙中山和布加卑谈论了八个小时。孙中山和另一个中国人证实,一开头布加卑宣称,他是由法国陆军大臣派遣前来跟孙中山联系的。布加卑接着又谈到,他曾被派遣来传达法国政府赞助中国革命,希望得到更多有关中国革命发展的情报。他问孙中山:"你与各省军队有何种交往联系?"孙中山做了笼统的回答。于是布加卑告诉他说:"如果时机成熟,法国政府将立即给予援助。"孙中山答称,各革命社团还没有牢固地掌握局势。他请求法国人选派军官协助各省的组织工作。

…………

布加卑立即安排联络官陪同孙中山进入华南。经布加卑推荐,一个被选中的人是克劳代尔上尉。克劳代尔承担布加卑和代理总督布罗尼商定交给他的任务。他按照通知跟香港的一名中国向导黎仲实结识。黎是孙中山的支持者徒众之一。他们两人一起巡游邻接越南东京的广东、广西边陲地区。同时,孙中山派遣廖仲恺到北京,把登载激进派活动消息的中文报纸译成法文。指派的第二位军官瓦德卡准尉(Brevet - Captaine Vaudescal)于一九〇五年十二月在胡汉民的近亲胡毅生陪同下动身前往长江流域各省。

《辛亥革命史丛刊》编辑组《辛亥革命史丛刊》第6辑,中华书局1986年版,第234~237页

邓慕韩《追随国父之回忆》:

船抵吴淞,即有法国军官布久卑奉其政府之命,来谒国父。但素未谋面,浼船长介绍,相见后,各举密证相验符合,乃在舟中秘密商谈(当国父由欧洲东返时,法国政府已派定军官七人,为国父调遣,但事情重要,各人未有晤面,恐一错误,关系匪轻。乃电越南总督,届时慎重介绍,免有错失。越南总督乃觅河内帮长杨寿彭,告知此事。将其本人名刺,裂而为二,一授寿彭,转寄国父,一授军官布久卑,于二人相见时,将其名刺验对符合,乃可洽商。故舟中见面时,照此而行。适布久卑去后,国父曾以刺示余)。船行到港,中国报陈少白、李纪堂诸人来谒国父,均在舟中重新加盟。

尚明轩等编《孙中山生平事业追忆录》,人民出版社1986年版,第555~556页

孙中山《建国方略·有志竟成》:

当时外国政府之对于中国革命党,亦多刮目相看。一日予从南洋往日本,船泊吴淞,有法国武官布加卑者,奉其陆军大臣之命来见,传达彼政府有赞助中国革命事业之好意,叩予革命之势力如何。予略告以实情。又叩以:"各省军队之联络如何?若已成熟,则吾国政府立可相助。"予答以未有把握。遂请彼派员相助,以办调查联络之事。彼乃于驻扎天津之参

谋部派定武官七人，归予调遣。予命廖仲恺往天津设立机关，命黎仲实与某武官调查两广，命胡毅生与某武官调查川滇，命乔宜斋与某武官往南京、武汉。

广东社会科学院历史研究室等合编《孙中山全集》第6卷，中华书局1985年版，第237～238页

胡毅生《记布加卑与吾党之关系》：

抵沪，泊吴淞口，有法国军官上船访总理，在房中谈甚久，余等同立门外守候，总理寻启门，招余入，介绍与法军官相见，即布加卑少校也。布随出英文报一纸，令余读其中一段记事，余读毕，彼云甚佳，贵国人英语发音较法人清晰也，余目之，不解其意。总理乃以粤语谓余曰，此为法国在天津驻屯军之参谋长，奉政府命与吾党联络，彼欲派员赴各省调查吾党实力，如确有实力，则法国将欲助吾党独立建国。余已允派人随之同行，惟天津法军营中，须得娴英文者一人长驻，翻译文件，东京本部不知有何人愿往而能胜任者？余以廖仲恺对，总理以为可，并命余作书告之，书交布带至沪付邮寄出。翌日船向香港启航。

〔美〕陈福霖、余炎光著《廖仲恺年谱》，湖南出版社1991年版，第38～39页

10月12日（九月十四日） 山西学政宝熙奏请设立学部，是年12月6日清廷谕批设立。

《光绪三十一年九月十四日山西学政宝熙请设学部折》谓：

奏为科举停后专办学堂，拟请设立学部，并申明定章，择举切要办法三条，以一学制，而期成效，恭折具陈仰祈圣鉴事。恭读八月初四日上谕，袁世凯等奏请立停科举以广学校并妥筹办法一折，著即自丙午科为始，所有乡会试一律停止，各省岁科考试亦即停止，及其余各条均著照所请办理。……仰见圣谟深远，因时制宜，教育人才，实事求是之盛举，薄海士流，莫不闻风鼓舞，注重学科，化愚为明，自柔而强之基，实植于此。窃谓此后普及之教育，日推日广，则学堂统系，愈重愈繁。欲令全国学制划一整齐，断非补苴罅漏之计所能为，一手一足之烈所能济，且当变更伊始，造端宏大，各处学务之待考核统治者，条绪极纷，必须有一总汇之区，始足以期日臻进步。拟请饬下政务处会议，速行设立学部。上师三代建学之深意，近仿日本文部之成规，遴选通才，分研教育行政之法，总持一切，纲举目张，实于全国学务大有裨益。查科举既停，礼部国子监两衙门公事愈形清简，似宜统行裁撤，归并学部，以节经费，兼免纷歧。其礼部应办典礼，即责成太常寺鸿胪寺慎重将事，必不致稍贻陨越。所有部监之司官助教等员，半系文学出身，亦可择其学识通明者，十留二三，隶于学部，其余亟当统筹出路，设法疏通，以彰国家体恤群臣之美。至设立学部，用款不赀，各员俸廉，虽不必如外商两部之过优，亦未便照旧日定制之太薄，且学务千端万绪，需才孔多，当此部款支绌之时，势不能不兼资外省财力，略为补助。伏思各省岁科两试，三年中所耗考棚费用，多则四五万，少亦二三万，今拟请按照省分大小，将三年所筹之棚费，每年分提数成，作为学部常年经费，外省筹款，备极艰难，亦宜酌留一半，以备扩充各属中小学堂之用。虽所提无几，第以十九行省计之，亦颇觉积少成多，若再兼以礼部国子监两署经费，与部中添筹之款，当足资展布矣。

朱寿朋编《光绪朝东华录》第5册，中华书局1958年版，总第5408～5409页

是年12月6日（光绪三十一年十一月初十日《上谕》谓：

本日政务处学务大臣会奏，议复宝熙等条陈一折。前经降旨停止科举，亟应振兴学务，广育人才。现在各省学堂，已次第兴办，必须有总汇之区，以资董率而专责成。著即设立学部，荣庆著调补学部尚书，学部左侍郎著熙瑛补授，翰林院编修严修，著以三品京堂候补，署理学部右侍郎。国子监即古之成均，本系大学，所有该监事务，著即归并学部。其余未尽事

宜,著该尚书等即行妥议具奏。该部创设伊始,兴学育才,责任綦重,务当悉心考核,加意培养,期于敦崇正学,造就通才,用副朝廷建学明伦,化民成俗之至意。

朱寿朋编《光绪朝东华录》第5册,中华书局1958年版,总第5445页

10月15日(九月十七日)　粤省拒约公所在华林寺开追悼冯夏威大会。

侠啸《追悼冯夏威先生文》:

夏威先生,以身殉约,侠烈著于环球。凡有血气,莫不感动。粤垣开追悼会两次,到会者数万人。诔词联语,哀感顽艳。港中同人,闻风继起。是日为追悼之期,鄙人不文,不足以发扬先生之义侠。且省中同人,亦已据发无余蕴矣。区区之见,别有枨触。则此文也,谓哭已死之冯先生也可;谓哭被逮之马、潘、夏三君也亦可;即谓哭我同胞之被虐于美人也,亦无不可。对此茫茫,百感交集,伤心人固别有怀抱也。

呜呼,死生亦大矣!披我中国四千余年之历史,凡所称忠臣义士,孝子烈妇,其辉煌简策,彪炳今古者,代不乏人。及考其行事,大都为一姓而死,为一家而死。律以个人私义,诚无可议。吾不知于社会有何等之影响也?此非刻薄古人,亦其时代为之,受缚于旧学说,无容讳也。以身殉社会者,冯公其杰出哉!虽然,冯公死矣,前死者无责任,而后死者有责任。则我辈对于冯公,非一哭遂可谢其责也。马、潘、夏三君,一日未出狱,吾知冯公之灵不安也;拒约团体,或有中变,吾知冯公之灵不安也;美约一日不废,吾知冯公之灵更不安也。然则凡来追悼冯公者,不在乎议哭而在能善体冯公之用心,使毋怨恫斯可矣。今马、潘、夏三君,犹在狱也;拒约团体,或持之未坚也;美约但闻改良之说,而竟无敢昌言废约也。吾侪对于冯公,其亦知赧颜否乎?呜呼,冯公死矣,吾侪果何以慰冯公之灵乎?如其能合力以救马、潘、夏三君,能始终固结团体,以达我废约之目的,则虽不行追悼,而冯公之尽安也。如其否也,恐此后剧烈风潮,为苛约而死者将踵相接,吾惧悼不胜悼也!呜呼!冯公死矣,冯公九泉有知,当许吾言而不以为谬也。呜呼!吾哭冯公,不欲为高古雅驯之文字,以求肖于古文家言;又不欲为悲歌慷慨之音,以依附于激昂之士。脑有所触,笔不择言,求达吾意而已。呜呼!吾侪果何以慰冯公之灵耶!愤无以一悼谢其责也。呜呼!

阿英编《反美华工禁约文学集:5卷补编》,中华书局1960年版,第696~697页

10月中旬(九月)　孙中山经香港调解陈少白与郑贯公分歧,成立同盟会香港分会,为冯自由、陈少白等主持入盟式。经众推举,以陈少白为会长,郑贯公为庶务,冯自由为书记。

冯自由《香港同盟会史要》:

是年美政府颁布取缔华工禁约,华侨冯夏威自杀于上海美领事馆门前,以警同胞,因而各省抵制美货之怒潮风起云涌。香港及广州商工学报各界亦组织拒约会以响应之。是冬,驻美国商会特派代表向港粤各代表磋商转圜方法,港代表为何启、曹善允、李煜堂、吴东启、陈少白诸人。双方议定解决条件九款。郑贯公代表报界一部分,指为未经众议通过,认为无效,因是《中国报》与《有所谓》报为此大开笔战。经余多方调处无效,会总理自南洋赴日,过港时乃召少白、贯公二人至法轮,劝令和解,二人从之。然中美双方代表议决之九条件遂尔搁浅,诚属憾事。

冯自由《革命逸史》第3集,中华书局1981年版,第221~222页

冯秋雪《辛亥前后同盟会在港穗新闻界活动杂忆》:

在我的记忆中,郑贯公与黄世仲两人实为兴中会后期及同盟会时代华南进步报刊中之

两员闯将。二人先后参加过陈少白主持之《中国日报》,又均为香港兴中会及同盟会之骨干分子。就社会活动影响而论,郑、黄二人较陈少白尤为活跃。在当时一般人心目中,陈少白平时只知与富商巨贾周旋来往,并且在作风上老气横秋,不甚接近群众。郑、黄二人则豪迈健谈,朝气蓬勃,经常喜与工商学界一般群众联络接近。由于志趣不同,两人与陈少白合作不久即出现裂痕,遂先后脱离《中国日报》另行筹办他报。

中友良编著《报王黄世仲》,中国社会科学出版社 2002 年版,第 20 页

冯自由《香港同盟会史要》:

余于是岁九月初旬抵香港,即与李自重、陈少白、郑贯公等筹备组织同盟分会。正进行间,而总理适于十月间偕黎仲实、谢良牧、胡毅生、邓慕韩等乘法邮船赴越南西贡,舟过香港。余遂偕陈少白、李自重、郑贯公、李柏(纪堂)、容开(星桥)、黄世仲、陈树人等登轮晋谒。即由总理亲主持同盟会宣誓式,令少白等一一举手加盟。虽旧兴中会员亦须填写誓约。后数日开同盟会成立会于《中国报》社,众举陈少白为会长,郑贯公为庶务,冯自由为书记。是年继续入会者,有李树芬、李自平、邓荫南、邓警亚、梁扩凡、温少雄、廖平子、卢信、李孟哲、李伯海、王斧诸人。

冯自由《革命逸史》第 3 集,中华书局 1981 年版,第 221 页

冯自由《李煜堂事略》:

乙巳八月东京同盟会本部成立,自重与其妹婿冯自由同受孙中山先生委任归国推广党务,设置分部于香港、广州、澳门各地,先生率乃弟文启慨然加盟。

冯自由《革命逸史》初集,中华书局 1981 年版,第 194 页

冯自由《郑贯公事略》:

是年七月,东京同盟会本部成立,孙总理派余至香港组织分会,余既莅港,乃召集同志开成立会于《中国日报》,众举陈少白任会长,贯一任庶务干事,余任书记干事。

冯自由《革命逸史》初集,中华书局 1981 年版,第 85 页

冯自由《洪秀全演义作者黄世仲》:

乙巳八月,冯自由奉孙总理命,自日本至香港组织同盟会。未几,孙总理亦赴南洋,舟过香港,冯自由引世仲及郑贯公登法轮谒之,二人同时宣誓入会。世仲旋被选为香港分部交际员。

冯自由《革命逸史》第 2 集,中华书局 1981 年版,第 42 页

冬初　秋瑾天性义侠,在日本热情接待徐锡麟及其妻王振汉等人。

冯自由《丁未浙江光复军倡议实录》:

时湘人陈范以《苏报案》关系避居横滨,其二妾湘芬、信芳均浙籍,系出故家,瑾以其有玷同乡名誉,乃使脱离陈氏范围,并劝同乡学生助以学费,其天性义侠略见一斑。未几徐锡麟携其妻王振汉东渡留学,瑾为之照拂一切,锡麟归国,振汉仍留日。

冯自由《革命逸史》第 6 集,中华书局 1981 年版,第 127 页

陶成章《浙案纪略》下卷附录《清吏案牍·徐伟供》:

……大嫂是同县(山阴县,编者)柯桥王倍卿之女,曾往出洋,改名振汉。……大嫂徐王氏,到日本后改名振汉,与女学生秋瑾为友,秋瑾屡次演说,以革命排满为宗旨,振汉遂为所愚,亦主革命。

中国史学会主编《中国近代史资料丛刊·辛亥革命》第 3 册,上海人民出版社 1957 年版,第 84~85 页

△ 吴稚晖由曹亚伯介绍正式加入同盟会。

杨恺龄《民国吴稚晖先生敬恒年谱》:

曹亚伯自东京参加同盟会后,又至伦敦,访晤先生,出示同盟会盟书,先生读盟书字句大笑,且申言:"我辈革命,则革命耳,岂可学康有为之所为?"曹瞠目无以对,同坐孙鸿哲徐冷语曰:"我不入地狱,谁入地狱,余已先署此盟书矣。"先生顿签立盟书,由曹亚伯介绍正式加入同盟会。

王云五主编《新编中国名人年谱集成》第13辑,商务印书馆股份有限公司1981年版,第33页

△ 王金发由徐锡麟介绍参加光复会。徐锡麟对王金发极为赞赏,称他是革命党中不可多得之才。随即,王金发随徐锡麟等东渡日本留学,结识鲁迅、秋瑾等。

钱方来《秋瑾与王金发》:

王金发初识秋瑾,当在一九〇五年。当时徐锡麟在绍兴与陶成章等光复会领导成员密商,陶成章认为:通过捐官,出国去日本学陆军,回国谋取军权,实行"中央革命及袭取重镇二法",是进行革命的良策;徐锡麟也认为:"在野无措手地,必稍得政权乃可。"于是徐锡麟捐了道台,陶成章捐了知府,王金发也捐了都司衔,一同东渡。据陶成章在《秋瑾传》中说:"会锡麟等在绍兴运动有得,皆先后来日本。锡麟携其妻王氏即名振汉者,瑾为之照拂一切。"金发随徐锡麟一同出国,既然秋瑾照拂了徐锡麟的妻子,王金发当在那时已与秋瑾会面并相识。

王去病等主编《秋瑾革命史研究》,团结出版社1997年版,第177页

10月19日(九月二十一日)　岑春煊第四次照复美领事,进一步陈述劝谕粤省商民停止抵制美货运动的实际情形。

《岑督四复美领事文》:

接贵总事官八月十六日(九月十四日)来文,以禁用美货之事仍有私行聚议,所拿滋生事端之人,不当堂讯明惩办,反闻将行释放,并据美商禀称,各埠贩商原甚欲买美货,但因众人均被恐吓而不买用。又据三达火水公司禀称,河南有某拖船东主劝别拖船东主勿载美货。该公司有船在汕头甚至欲雇带水人不得,欲雇人起货,估俚(苦力工人)亦不肯为。此事多由该处华人报馆借得官任刊录各节,严斥该公司买办暨亲属,及劝止估俚所致各等因。本部堂均已阅悉。查粤省商民禁用美货一□,□奉谕旨即经饬令广州府南番二县亲诣广济医院当众敬谨宣读,并经本部堂迭次出示,晓谕商民遵旨解散,旬日以来,一切聚会演说之事概已停止。前此拘获之马达臣、潘信明、夏仲文三名业经发县查讯,尚未据将讯供情形禀复核办。本部堂为顾全两国睦谊起见,于此事实已尽力办理,第此次粤有商民停用美货,实由美国苛禁华工而起,现在工约如何改良尚无端倪,群情亦因之尚怀疑虑,事关阖省公愤,惟有严饬地方官尽力设法,以期逐渐消弥,势难操之过蹙,迫使生变,以致祸患不可胜防,则不惟于两国交谊无益,且恐有碍治安。贵总领事官近在此邦,一切情形均所目睹,谅亦能见及也。至谓华贩原甚欲买美货但因众人均被恐吓而不敢买用,查粤省商民并未有赴地方官处控告被他人强行迫胁之事,如果有华商欲买美货而被他人强迫恐吓者,应请贵总领事官将欲买美货之华商及强迫恐吓之人,详晰见示,以凭饬令地方官分别查办,倘事无佐证,本部堂亦无从按究。其三达公司所禀各节如果属实,自当设法查禁,本部堂现已再行出示,晓谕商民人等不得再有聚会演说及张贴禁阻他人购用美货之揭帖长红,暨饬各地方官于美国各公司雇用之

人照章保护，并严谕各报馆不得任意诋毁美国雇用之人，致干查究。

《时报》，1905 年 10 月 25 日

10 月 20 日（九月二十二日） 孙中山为《民报》撰写《发刊词》，将其全部革命主张概括为“民族”、“民权”和“民生”，第一次揭橥“三民主义”。

刘成禺《先总理旧德录》：

先生在旧金山论及设会必先有主义，主义定固乃能成功。林肯主义曰：For the people, by the people, of the people。所谓民治、民有、民享。孟鲁主义曰：美洲人不干与美洲以外，亦不容非美洲人干与美洲。主义愈简单明了，愈生效力，此汉高祖约法三章之主义，乃战胜项羽。今设同盟会，党纲宣言，予意欲提出三民主义：一曰民族，此中国排满革命之主义；二曰民权，此世界建设民主政治主义；至于现代国家社会主义社会经济政策，欧美风靡，他日必为世界人民福利最大问题，无适当名词，不能沿用民享，当讨论之。予进曰：“中国俗语，事不过三，所谓智仁勇，所谓土地人民政事，君子三畏三变，正德利用厚生。至若日本以三矢告庙，林肯以三民宣誓。先生开党，首定三民，亦约法三章也。”先生推案而起曰：“得之矣，第三主义定为民生。主义本汝言厚生意也。义意包括宏大，俄之虚无共产，德之国家社会政策，英、美、法之社会主义，皆在民生主义涵盖之下，推广之，特成世界主义矣。”

尚明轩等编《孙中山生平事业追忆录》，人民出版社 1986 年版，第 674 页

邓慕韩《追随国父之回忆》：

孙曰：吾国定名民国，党曰民党，报曰《民报》；现欲将吾平日所提倡之种族革命、政治革命、社会（亦名经济）革命，以一民字贯之。种族则拟为民族，政治则拟为民权，社会则尚未能定。座中各有献议，均未能当。邓慕韩提出：吾国常用国计民生，可否定名民生，众均曰善。遂以社会革命定名民生。由是民族、民权、民生三大主义之名词，于《民报》发刊词确定之。

《三民主义半月刊》1947 年第 10 卷第 3 期，陈锡祺主编《孙中山年谱长编》，中华书局 1991 年版，第 363 页

10 月 25 日（九月二十七日） 张之洞致电外务部指出川汉铁路的修建唯有借款方能进行，请其统筹详酌后给予指示。

张之洞《致外务部》（光绪三十一年九月二十七日申刻发）：

川汉铁路在川境者二千余里，半系大山，工费必需数千万，集款甚非易易。……故此路非借款万不能成。前承电示，贵部曾允英、美借款修此路，今若商借英款，英与美自能联合。至他国本无干涉，自不致有异议。且虽借英款，仍归自办。照会内预先议明，一切用人、择地、管路、行车及开矿利权，借款国之工程师丝毫不得干预等语，似无流弊，断不致将路权放失。此路成后，车利极优，分二十年摊还本息，所差当亦无几。见利之后，招股较易。鄂省仍须多方设法，随时募股集捐凑还，借款本息，当扫数清偿。总之，川汉一路款巨工艰，万分难办，特以西南上游大局所关，鄂省地方职守所在，不敢不勉为其难。筹思经年，舍此实无办法。谨此剀切屡晰密陈，务恳贵部统筹详酌，速饬指示，川、楚两省幸甚。祈电覆。感。

国家清史编纂委员会 · 文献丛刊《张之洞全集》（11），武汉出版社 2008 年版，第 249 页

△ 张之洞致电驻日公使杨枢、湖北学生监督李宝巽，指出鄂、湘、粤三省留学生误解争回粤汉铁路事，强调赎回美约，专为保守路权，转告留学生切勿轻信浮言，轻率行事。

张之洞《致东京杨钦差、湖北学生监督李道台宝巽》（光绪三十一年九月二十七日申刻发）：

查赎回美约，专为保守路权，岂有争诸彼国复让诸此国之理。此次所借赎路英款，于路权毫不干涉。至修路款借否，听我自便，如不借修路款，并无工程师半用英人之说。将来造路无论用何国工程师，皆由我指派地段，分段承修，于应办本分工程之外，路政丝毫不得干预，前致英领照会皆已言明。报纸讹传，何足凭信。此乃不利废约之人造谣诬毁，冀搅成局，该生等何竟受其愚耶。如该生等关心桑梓，果有筹款兴工，裨益路政之切实办法，本部堂必加采纳，何得轻信浮言，轻率发议，殊属不合。请星使传谕鄂、湘、粤三省诸生，以后遇事务须详审真伪，再加论列。

国家清史编纂委员会·文献丛刊《张之洞全集》(11)，武汉出版社2008年版，第249~250页

10月26日（九月二十八日）　蔡元培加入同盟会，后被孙中山任命为同盟会上海分会长。

高平叔《蔡元培年谱》：

曾任爱国学校军事教员之何海樵由日到沪，秘密介绍蔡元培先生加入同盟会。

高平叔《蔡元培年谱》，中华书局1980年版，第20页

冯自由《光复会》：

元培于同盟会成立之初，已由本部指定为上海分部创办员，因是光复会员泰半入同盟会籍。

冯自由《革命逸史》第5集，中华书局1981年版，第56页

黄炎培《敬悼吾师蔡孑民先生》：

乙巳秋，吾师忽召至其寓所，郑重而言曰："吾国前途至危……欲救亡，舍革命无他道，君谓然乎？"则敬答曰："然。"曰："欲革命，须有组织。否则，力不集，事不成。今有会焉，君亦愿加盟乎？"则敬答曰："苟师有命，何敢不从。"期以某日深夜宣誓，出誓文，中有句："建立民国，平均地权，驱逐鞑虏，光复中华。"吾师既指"平均地权"句说明其理由，小子卒在吾师之前宣誓加盟焉。

高平叔《蔡元培年谱长编》上册，人民教育出版社1996年版，第304页

△ 清政府改派尚其亨（山东布政使）、李盛铎（顺天府丞）会同载泽（镇国公）、戴鸿慈（户部侍郎）、端方（湖南巡抚）出国考察政治。

《派尚其亨李盛铎会同载泽等前往各国考察政治谕》：

谕内阁：著派尚其亨、李盛铎会同载泽、戴鸿慈、端方，前往各国考察政治。

《大清德宗景（光绪）皇帝实录》第549卷，新文丰出版公司1978年版，第5051页

《1905年·光绪三十一·乙巳》：

十二月二日（十一，六），戴鸿慈、端方自北京起程，熊希龄、邓邦述、关冕钧、施肇基、温秉忠及岳昭燏等随行。十二月十一日（十一，十五），载泽、尚其亨、李盛铎自北京启程。

吴铁峰《清末大事编年》，湖南大学出版社1996年版，第180页

△ 张之洞就鄂省设粤汉铁路总局事咨询两广督院、湖南抚院，就鄂省设川汉铁路总局事咨询四川督院。

张之洞《咨两广督院、湖南抚院就鄂省设粤汉铁路总局》（光绪三十一年九月二十八日）：

为照粤汉铁路，前因美国合兴公司违背合同，经本部堂倡议废约，合三省绅民极力争持，并迭奉谕旨，责成本部堂妥筹办理，以保利权，现已将全路权利向美公司悉数收回，亟应妥筹

开办。惟查此路合鄂、湘、粤三省并计，袤延二千余里，计在鄂者虽止数百里，然章程利病，与湘粤皆有关涉，凡一切筹款项、招股分、募工师、定路线、购地基、勘估工程、酌定权限、稽核款目，及路成后管路行车、计本分利一切应办事宜，有归鄂省自办者，有应与湘、粤两省筹商者，必须有总汇之所，筹议举办。并应于总局内选集湘、粤、鄂三省官绅，一并筹议，以期联合贯通。应即就湖北省城旧洋务局设立粤汉铁路总局，……除分别札委，并分饬各员将上项指饬粤汉铁路一切应办事宜秉公察理，同心筹画，先为鄂计，兼为湘粤计，不得偏重一省，务须平允可行。胪列条目，分别缓急次第，随时禀候本部堂酌核，咨商湘粤两省办理。

张之洞《咨四川督院就鄂省设川汉铁路总局》（光绪三十一年十月初三日）：

为照川汉铁路，目前亟须举办。此路道里绵长，计在鄂境者一千二百余里，前经电商川省，脉络务取贯通，而界限必须清楚。事关西南大局，亟应妥筹开办。凡一切筹款项、招股分、募工师、定路线、购地基、勘估工程、酌定权限、稽核款目，及路成后管路行车、计本分利及一切应办事宜，有归鄂省自办者，有应与川省筹商者，必须有总汇之所，筹议举办。并应于总局内选集川、鄂两省官绅一并筹议，以期联合贯通。应即就省城旧洋务局设立川汉铁路总局，……除分别札委，并分饬各员将上项指饬川汉铁路一切应办事宜秉公察理，同心筹画，先为鄂计，兼为川计，不得偏重一省，务期平允可行。胪列条目，分别缓急次第，随时禀候本部堂酌核，咨商川省办理。

国家清史编纂委员会·文献丛刊《张之洞全集》(6)，武汉出版社2008年版，第473～474页

10月27日（九月二十九日） 张之洞致电户部、外务部，强调粤汉路决计筹款自办，不借外款。

张之洞《致京户部大堂张尚书》（光绪三十一年九月二十九日午刻发）：

粤汉路决计筹款自办，不借外款，已告外务部。贵省绅士能筹，鄙人免担重责，最所欣愿也。

国家清史编纂委员会·文献丛刊《张之洞全集》(11)，武汉出版社2008年版，第252～253页

张之洞《致京外务部》（光绪三十一年九月二十九日午刻发）：

粤汉路决计筹款自办，不借外款。

国家清史编纂委员会·文献丛刊《张之洞全集》(11)，武汉出版社2008年版，第253页

10月28日（十月初一日） 香港报界学界商界，发起追悼殉约之冯夏威。

10月29日（十月初二日） 澳门各界追悼冯夏威。

《记澳门追悼会事》：

初二日，澳门前山拒约公所同人，在湾仔追悼冯夏威先生。是日到祭者以万数计，南北、金银、药材、鱼栏各行，均备鼓乐仪仗前往致祭，茶居行供应茶点，调聚号供应办事人员用膳，均当义务，甚为踊跃。先由贺穗垣宣布追悼原由，随即林伯和、杨云波、陈仲平、梁景堂次第演说，至午刻开祭。主席陈公泽暨各办事人员，及学界、商界、女界并一切各处人等，均分班行鞠躬礼，人虽甚众，幸而有条不紊，具有一种欢欣肃穆之意，行礼时每人派生花一朵作为纪念。又余美德女士，抚琴歌诗，雍容以和。祭毕，各学堂学生会操，均甚整齐，而学界中以前山福善学堂教习林孟醒，尤为尽力将事。至香港某书社学生到，先由启蒙等学堂学生，站在马头行欢迎礼，旋排队到坛，沿途观者啧啧称善。祭毕，各演说员复登坛演说，直至四点钟，

然后散会云,亦可谓盛矣。吁!夏威何感人之深哉!如初一日,香港追悼义举,已两志前报,兹闻到会各人归而告于店伴戚友,备述是日景象,而未到者皆以知之太迟,不能亲临,仰一观仪序为憾云。噫!何冯夏威先生感人之深耶,发起干事诸人,可以慰矣,抑亦见人心之感情,曳是不可以不纪。

《广东日报》,1905年11月1日

耀公《澳门追悼会祭冯夏威先生诔文》:

维二十世纪五年中历乙巳孟冬上旬二日,国民义务公所同人等,竭诚致敬,鞠躬拜手,谨以香花果品,奠于我族最崇拜之殉义伟人冯夏威之灵前而悼之曰:呜呼!江河日下,沧海横流,公其果撒手以去矣乎?然外潮激刺,来日大难,吾又不知公其果瞑目否也?我国痛美虐华工苛约久矣,公乃牺牲身命,视死如归,义慑强邻,振起民界。光五千年之历史,拯四百兆之同胞。所谓"武士道",公独纯焉!古之义侠传,公其优矣。呜呼悲哉!公而早死,何以沦生者之灵魂?公而不死,何以勉生者之义务!同人等,侨居蚝镜,亦国民之一份子。慨我旅美同胞,蒙圜球上最不平等之大耻辱也,非为旅美同胞之大耻辱,为我国前途死生之重要问题也。于是倡而议所以抵制之。人非凉血,而忍同情之不表耶?冯公冯公!九泉有知,当必喷其所谓热血,而扬眉捻须笑曰:同志其不孤哉,幸毋懈乃团体也!今者,葭灰应律,同灶馨香,谨表热忱,上妥灵爽。风飒飒而威仪肃,云□□而英魂降。无公德心者,谈道义而赧颜;煽反阻力者,对血烈而愧色。堂哉皇哉!伟哉大哉!此日之妙容,恤他年之伟像。或者苛禁其大开乎?则吾族同胞,当有享各国自由幸福之一日。请预为我四万万同胞下一语曰:微夫人之死,力不及此。是则斯追悼会之希望,抑亦后来人之一大纪念也。冯公冯公!魂其来兮,尚鉴兹哉!复为之诔曰:天祸炎汉,民族凋伤。利权放弃,远涉重洋。彼美工党,势力披猖。威逼政府,苛禁无良。野蛮暴虐,凛若冰霜。列强踵效,黄须不长。洪维烈士,崇拜冯公。牺牲身命,振聩发聋。遗书庄诵,痛切华工。爱群救国,愿为鬼雄。镜湖人士,景仰高风。心香一炷,大表情同。悼公年少,豪迈英姿。周游外国,察审安危。苛约不改,我族不支。勉生先死,其智知时。悼公遭遇,历苦弥坚。同胞受虐,义愤胸填。舍生救众,独任仔肩。魂归天表,其仁安然。悼公死志,义薄云霄。鸿毛性命,抗抵外潮。茫茫前路,落落孤标。扶舆正气,其勇难摇。呜呼冯公!高生共仰,呜呼冯公,其降灵爽。前山望兮云鼓荡,镜湖归兮日明昶。挹遗像之岩岩兮,如高洁之鹤鹭。佑斯会之久成兮,愿百拜而稽颡。呜呼冯公!伏维尚享!

阿英编《反美华工禁约文学集:5卷补编》,中华书局1960年版,第698~699页

△ **张之洞致电外务部、户部,主张粤汉铁路筹款自办,不借外债。湘路公司人选宜用王益吾为总理,张雨珊、席沅生两观察为总办,不宜另派其他人选。**

张之洞《致京瞿尚书、张尚书、左子异太常》(光绪三十一年十月初二日寅刻发):

粤汉铁路决计筹款自办,不借外债,前日已电覆冶翁,并达外务部矣。湘路公司前由湘绅公举王益吾祭酒为总理,张雨珊、席沅生两观察为总办,敝处已会湘抚衔照派。……务望诸公详加斟酌,似仍以雨珊、沅生两君总办为是,庶乎有实际而无枝节。

国家清史编纂委员会·文献丛刊《张之洞全集》(11),武汉出版社2008年版,第253~254页

10月(九月) 同盟会本部讨论中华民国国旗问题,没有取得一致意见。

邹鲁《中国同盟会》:

是年冬，同盟会本部讨论中华民国国旗之方式问题，总理主张沿用兴中会之青天白日旗，谓乃陆皓东所发明，兴中会诸先烈为此旗而流血者甚多，故不可不留作记念。各党员提出方式甚多，有提议用井字式，表示井田之义者；有提议用金瓜钺斧式，以发扬汉族精神者；有提议用十八星式，以代表十八行省者；有提议用五色式，以顺中国历史之习惯者。总理主用青天白日之式，几增加红色于上，改作红蓝白三色，以符自由博爱平等之义。当时虽因议论纷歧，暂为搁议，但潮惠、钦廉、镇南关、河口、广州诸役，则皆用青天白日满地红之三色。辛亥革命时，共进会在鄂用十八星旗，陈炯明在惠州用井字旗，陈其美(字英士)在沪用五色旗，亦皆不出同盟会旧议诸方式之一种。

中国史学会编《中国近代史料丛刊·辛亥革命》第2册，上海人民出版社1957年版，第41～42页

△ 河内、海防、西贡等地旅越华侨相继建立同盟分会。孙中山经与西贡侨商磋商后，成立广东募债总局，拟向南洋侨商发行革命军债券，募集革命经费。

刘汉翘《孙中山对越南华侨进行革命宣传忆述》：

据与黄祥熟悉的越南老华侨刘安先生告诉我，孙先生初到堤岸从事革命宣传时环境很艰苦。堤岸华侨当时还没有开会的习惯，平时唯一的公众聚会，只是到郊外的义庄听宣讲"圣谕"(清末，国内外的善堂都聘有讲生，专门向群众宣传封建皇朝的"教谕"，称为讲"圣谕")。因此，孙中山先生为向广大劳苦群众宣传革命，也只好到郊外的义庄等地演讲。开始时，不少侨胞把孙先生的这种活动，仍袭旧例称之为讲"圣谕"，并把前往参加开会的人，也称之为"去听圣谕"。据刘安先生回忆，有些骤闻孙先生讲革命道理的侨胞，不能一下子便接受过来，当场破口大骂孙先生"大逆不道"者有之，拾起牛屎来掷击孙先生者亦有之。后来，随着华侨的革命风气渐升，这种现状，才日渐消灭。

当时堤岸的上层华侨，很少是支持孙中山先生的。即有，亦只敢暗中支持，不敢公开露面。对革命反对最力的，是一些与法殖民当局有密切勾结的洋行"孖毡"。孙中山先生在堤岸向群众宣传革命时，他们常勾结法国警吏，诸多阻挠，或借故驱散群众。

中国政协广东省文史资料委员会编《孙中山与辛亥革命史料专辑》，广东人民出版社1981年出版，第28～29页

冯自由《海外各地中国同盟会史略》：

乙未年冬，总理偕黎仲实、胡毅生、邓慕韩等自日本到越南西贡，该地法国银行正副买办曾锡周、马培生及侨商李竹痴等大为欢迎。西贡为法国商行林立之区，而华人商店及各大米绞则在附近之堤岸，故总理留西贡一二日，即赴堤岸就华侨之欢迎会，该地闽粤商人李晓初、李卓峰、刘易初、黄景南、关唐、李亦愚、颜太恨、潘子东诸人招待优渥，即日成立同盟分会，举刘易初为会长，李卓峰副之，即以易初所设之美荻街三〇四号昌记行为通信机关，自后西贡堤岸两埠同志对于粤桂滇三省革命军事，均先后醵助巨款，为他处侨商所不及，就中以曾锡周、马培生、李卓峰所捐为最巨。总理到西贡数次，锡周、培生等有求辄应，毫无吝啬。黄景南开设卖豆芽小店，市人称之曰芽菜祥，每日恒以所得投入扑满中，贮为捐助革命之需，时人闻而义之。

冯自由《革命逸史》第4集，中华书局1981年版，第156页

陈良口述，陈宏樟整理《在西贡堤岸三次会见孙中山的回忆》：

孙中山先生一开始革命活动就重视海外华侨的热心爱国，认为是对祖国革命事业会起很大鼓舞支持作用的。自从光绪三十一年(一九〇五年)秋间，同盟会在日本成立后，不久，孙中山先生和黎仲实等几位同志，由日本到南洋一带进行革命活动，筹组同盟分会，道经西

贡堤岸,找曾锡周、周观臣(广东东莞人,都是老华侨)。……孙中山早年认识他们,由于对革命的看法一致,成了莫逆之交。每到安南西贡堤岸,必到他们两人处作客,周观臣与我是小同乡(在外埠邻县都是很亲密的),亲如兄弟。第一次我们见孙中山是由周观臣约定的,地点是在周观臣的家中。我们初次所谈,偏重于西贡堤岸两地华侨情况,包括商业、生活、两地的华侨社团组织等。孙中山的谈锋很劲,谈笑自若,对事物很乐观,对两地的华侨情况,比我知道的还多。他甚同情华侨的处境,称赞华侨的爱国观念,和欣赏南洋一带的洪门会党组织,说他很想多了解华侨情况,准备在此多留几天。

我第二次遇见孙中山是在距第一次会面后二周的晚上,地点在裕华公司楼上,在一个不大的客厅里挤着二十多人,有黄景南、陈伟甫、黎仲实(黎是随孙中山来的)、李亦愚、李卓峰、周观臣、关唐、李晓初等,都是一些孙中山先生旧相识,和少数新相识的知名华侨,亦有一些洪门会党的头领人物,如瑞庐的王芝甫、胞怀堂的李亚洪等。孙中山指出清廷腐败、丧权辱国,列强正在企图瓜分中国。并介绍国内的革命风起云涌,说要挽救中国的危亡,非驱除鞑虏,建立民国不可。斥责保皇党的君主立宪主张是救不了中国的。号召救国救民,人人有责。在座各人听了大受感动。后来,由周观臣提议认捐以支持革命,即席认捐的人很踊跃。当晚认捐总数约得一万二千元。认捐人中以黄景南为最突出,他一个人认捐三千元,他是一个做小生意的小商贩,收入不大,平日节吃省穿,手头上只积有数千元,这一次就捐献三千元。……在当时安南的华侨中起了很大的鼓舞作用。

我第三次会见孙中山,是在堤岸平而美获街三〇四号昌记楼上。这次,孙中山对我们指示了今后在西贡堤岸的革命宣传活动怎样进行问题,如何筹款募捐支持革命问题,对洪门会党合并统一问题等,指示得很详细。他说我们活动须采取秘密进行,以避免法国殖民统治者干涉和保皇党的破坏。他说:洪门会党本来就是反清廷的明朝遗老组织起来的,今天应当恢复原来反清宗旨,为反清建立民国事业作出贡献。并决定就在昌记刘易初处作为临时的通讯处和活动地点。

西贡堤岸两地的洪门会党在未统一合并前,约有廿余个之多,各立堂号,用字头识别。……各会党间互相排斥,有时因争利而聚众打架。……经过孙中山建议,合并了一部分洪门会党以后,对革命事业做出了很多贡献,成了同盟会在西贡堤岸革命活动的外围组织,变为负有革命任务的秘密政治团体了。

中国政协广东省文史资料委员会编《孙中山与辛亥革命史料专辑》,广东人民出版社1981年版,第30~32页

冯自由《南军都督王和顺》:

乙巳(一九〇五年)冬孙总理自日本至西贡。将有事于两粤边防,和顺谒之请益,即加入同盟会,总理命随至河内,同寓所甘必大街六十一号,解衣推食,礼遇至优。时总理行馆偶乏仆役,各同志内衣咸由总理亲属陈四姑亲自洗濯,和顺引为不满,见诸辞色。黄克强不能堪,语总理曰,先生以国士待和顺,而和顺不礼,盍稍抑之。总理曰:和顺出身行伍,举止粗豪,自所不免,吾为国纳贤,安可因细故与之计较。和顺闻之,益为感奋。

冯自由《革命逸史》第2集,中华书局1981年版,第199~200页

冯自由《乙丙两年印行之革命军债票》:

孙总理于乙巳(一九〇五)丙午(一九〇六)两年,先后印行革命军债券二种,一为乙巳年十一月发行之中华民务兴利公司债券,正面刊“公债本利一千圆券,第一回×字第××号。广东募债总局五年内清还。总理经手收银人孙文印。天运岁次乙巳年十一月×日发”字样。除由总理亲笔署名外,券号及年月日概由总理自行填写。券之背面刊有“中华民务兴利公司

今议立新章，兴创大利，以期利益均沾，特向外募集公债二百万圆，以充资本。自公司开办生意之日始，每年清还本利五分之一，限期五年之内本利清还，如到五年期满，有不愿收回本利者，以后则照本利之数，每年算回周息五厘，每年派息一次。特立此券收执为凭，广东募债总局立约”等语。按乙巳年十一月即中国同盟会东京本部成立后之第四月，是年十月总理偕同志黎仲实、胡毅生、邓慕韩三人由日本赴越南西贡，濒行尚向留学界同志筹措旅费，故行囊殊不充裕。嗣抵西贡堤岸，始向越南华侨募集军饷，因虑易招当地政府干涉，故用广东募债总局及中华民务兴利公司等名义发行，此券系在日本横滨印刷，旅日党员多未知之，即在西贡堤岸等处亦发出极少。从民元至今，仅发见数纸而已。

冯自由《革命逸史》初集，中华书局1981年版，第178～179页

△ 蔡锷兼广西测绘学堂堂长。

秋　长江流域同盟会成立，柏文蔚、林之夏、赵声等积极从事革命活动，南洋第九镇革命力量不断壮大。

柏文蔚《五十年经历》：

（甲辰，编者）秋九月，江南征新兵，赵伯先任三十三标第二营管带官，招余往任队官。余以欲实行革命非蓄养武力不可，乃决心辞去学校教师而往投赵声营中，充当前队队官焉。

乙巳年，余三十岁，充南洋第九镇三十三标第二营前队队官。当即在南京成立了岳王会南京分会，朝夕与赵声等研究进行革命工作。然障碍甚多，动招破坏。为了集中革命力量，将左队队官易人，畀之杨国弼。是时第二营在赵声领导下，余与杨君为基本，内而向士兵宣讲革命，外而与各界革命同志联络，得到很大便利。此时在南京比较重要之革命同志，如陆师学堂之陈绍濂、吴士初，三江师范之汪菊友，三十五标标统林之夏，与余等联系最为密切。是年秋，孙中山先生派吴旸谷来组织长江流域同盟会，余首先领导岳王会全体同志加入。其他如赵声、林之夏、冷遹、伍崇仁、孙麟、韩金声、林述庆、何遂、杨韵珂、倪映典等均以次加入，当即公推赵声为长江盟主，另设机关于鼓楼之东，并选定玄武湖之湖神庙为会议地点。由吴君呈报中山先生批准，特派员赍印信及委任状到宁，并颁发会章，公布革命纲领为：“驱逐鞑虏，恢复中华，建立民国，平均地权。”从此以后，我们革命党人在孙中山先生领导下，集中意志，遵照会章，积极向前发展焉。继之，陆师学堂之陈绍濂、吴吉初，警察局之李玉斋、张侠琴，三江师范之汪菊友均相继加盟，而学生兵士闻风加入者千人以上，构成以后革命之良好基础。是时赵声升任三十三标统带，余与伍崇仁、林述庆皆升任管带。三十五标标统为林之夏。为宣传革命，在内场功课外，另加精神讲话一门。野外演习多在明陵附近行之。林之夏原任三十三标教练官，与三十三标官兵本有特殊情感，嗣升三十五标统带，故常在野外与三十三标官兵会合，其演说感人之深，士兵中多有为之坠泪者。南洋第九镇革命深入之种子，赵、林之功伟矣。

中国社会科学院近代史研究所编《近代史资料》1979年第3期，知识产权出版社2006年版，第8～9页

11月2日（十月初六日）　日本文部省（教育部）徇清政府要求，颁布《关于许清国留学生入学之公私立学校之规程》（即《取缔清韩留学生规则》），对留日学生进行种种无理限制，并下令明年1月1日实行。中国留学生对此异常愤怒。

张篁溪遗稿《1905年留日学生罢课运动始末》：

辛丑(光绪二十七年,公元一九〇一)回銮后,朝野人士,震于日本维新之成就,咸思借镜图自强,于是官费派遣,自费东渡,赴日留学者,岁有增益。至乙巳(光绪三十一年,公元一九〇五)年,我国留日学生,达八千余人。是年十一月二日(阴历十月初六日),日本文部省(相当于我国教育部)忽以省令颁布《关于许清国留学生入学之公私立学校之规程》,我留日学生,群起反对。

中国政协北京市文史资料委员会编《文史资料选编》第33辑,北京出版社1988年版,第82页

具体关于日本文部省《规程》之颁布实情,张篁溪遗稿《1905年留日学生罢课运动始末》谓:

先是阳历七月间,日本各报纸,盛传日本政府将制订《清韩留学生取缔规则》之新闻。又风闻两年前张之洞曾与驻北京之日本公使内田康哉密商约束留学生之事。学生等以日本政府与清廷互相勾结,阴谋压制学生,故群情异常愤慨。适有安徽人某君刊行《二十世纪之支那》第二期方出版,即被日本警察以"妨害治安"为名全数搜去,予以没收。某君愤甚,乃张榜于留学生会馆,略谓:"日本警察剥夺吾国学生言论、集会、出版之三大自由,留学同人,宜速筹对抗之策。"并发传单,请求留学生总会干事,为之主持者二事:一、拟请总会干事召集各省评议员开会决议,向日人争回言论、集会、出版三大自由,并追还其没收之《二十世纪之支那》一千部。二、拟请总会干事禀商公使照会日本政府,撤回《清韩留学生取缔规则》事。留日学生总会,乃我留学同人在东京组织之团体也,其会址称曰留学生会馆,馆址在神田区骏河台,选有总干事、干事、评议员等职,遇事由评议部决议,执行部干事代表学生,与清廷所派之驻日公使,随时接洽,为上达下宣之居间者。此外,各省有同乡会,各校有校友会,亦各选有干事等职,遇事与会馆联系。时总会总干事为湖南人杨度。杨以追还出版物为某君个人之私事,未便由总会出面交涉,惟"取缔规则"攸关留日学生全体问题,不得不付之公议。留日同人以韩国在当时为日本之保护国,无独立之资格,今日本以清韩并列,是不啻以保护国视我也。姑不问其《规则》之条文如何,观其标题,即应誓死反对。杨度迫于众议,至使馆面见驻日公使杨枢,枢乃照会日本外务省,转咨文部省探询究竟。至九月间,始得文部省复照,略谓:"《清韩留学生取缔规则》,并无其事,惟关于招收清国学生之各学校,拟加整饬,报纸所载,或系因此讹传。"时日本报纸,纷纷传说:招收清国留学生之公私立各学校,将由文部省统一加以整饬。留学同人见之,以"清韩并列取缔学生"既非事实,"整饬学校"乃另一问题,条文尚未公布,无从知其内容,遂亦未多注意。至十一月二日(即阴历十月初六日),文部省以"省令第十九号",发布《关于许清国留学生入学之公私立学校之规程》,各报纸将全文发出,凡十五条:

第一条　公立或私立学校,许可清国人入学之时,必令附加一清国公使馆之介绍书,与入学愿书一并交呈。

第二条　公立或私立学校,如清国学生欲于所定学科中缺习一科或数科者,听之。

第三条　公立或私立学校,凡已准清国人入学,必须将教职员名簿、清国学生名册、出席簿及往复咨文等件,汇存备查。(前项之学籍簿,须记载生徒之姓名、原籍、年龄、住所、入学前之经历、介绍入学之官厅名称、官费私费之区别、赏罚、入学转学退学之年月日及其学年、毕业之年月日、转学、退学之事由等,详细记载之。)

第四条　公立或私立学校,许可清国学生转学或退学时,必须令其附一清国公使馆之承认书,与转学或退学愿书一并交呈。

第五条　公立或私立学校,每年须于一月及七月两次,将前半年入学之清国学生人数及

名单，报告于文部省。

清国学生之转学、退学或毕业者，亦照本条办理。

第六条　公立或私立学校，凡清国学生毕业或斥退者，须于一个月内，将事由报告于原介绍之清国公使馆。

第七条　公立或私立学校，经文部大臣认为适当者，选定后咨报清国政府。

第八条　公立或私立学校，欲受前条之选定时，其管理人或设立人，须将左（下）列事项呈报文部省。但照另项章程既已申告并经认可者，得省略之。

（一）办理清国人教育之沿革。

（二）专关清国学生之章程。

（三）校长或学校代表人之履历。

（四）教员之姓名、资格、学业经历及分任科目。

（五）清国学生定额，学年、学级之区别及现有人数。

（六）清国学生校外监督之方法。

（七）清国学生毕业者之人数及其毕业后之情形。

（八）供清国学生用之校地及讲堂、宿舍等之图说。

（九）经费及维持方法。

（十）教科书、教授用具及标本之清单。（前列第二及第八两项如有变更时，须经文部省认可。）

第九条　受选定之公立或私立学校，必须使清国学生住居宿舍或指定之旅馆，以加监督。

第十条　受选定公立或私立学校，遇有曾经他校以"性行不良"而被斥退之清国学生，不得准其入学。

第十一条　受选定之公立或私立学校，于试验时，文部省得派员监视，查阅其试题及答卷，如认为有失当者，得令其变更。（试题、答卷及成绩表，至少须于五年内保存之。）

第十二条　受选定之公立或私立学校，每一学年终了时，限一个月内，将清国学生教育成绩，呈报于文部省。

第十三条　受选定之公立或私立学校，如有违背章程或成绩不良者，文部省得取消其选定。

第十四条　其依本令所规定而递呈于文部省者，须经由地方长官。

第十五条　本令所规定，凡小学校及类似小学之各学校，无庸照办。

附则　本令自明治三十九年（公元一九〇六年）一月一日施行。

中国政协北京市文史资料委员会编《文史资料选编》第33辑，北京出版社1988年版，第83～86页

景梅九《罪案》：

这"取缔"本是日本名词，在中国可以译作约束或禁管。

中国史学会编《中国近代史资料丛刊·辛亥革命》第2册，上海人民出版社1957年版，第242页

11月8日（十月十二日）　张之洞与锡良电商川汉铁路事，建议鄂借川款，川自万县修起，鄂自宜昌修起，两端相接，估计六年建成。

张之洞《致成都锡制台》（光绪三十一年十月十二日子刻发）：

此次胡雨岚太史来鄂，面谈路事，当告以管路之权，鄂中绅士、学生坚不允让，因定各修

各境之议。兹承电示,俯允照办。此本初议,最为妥洽,鄂省自当亟筹兴办。惟博采众议,办法有二,应商川省。一、粤汉铁路现既向美国争回,三省分境自修,势不能缓。然鄂省财力较薄,既修接湘之路,又修接川之路,款分两用,工即不能速成。宜昌以上至巫山交界处,约五百余里,尽系大山,工艰费巨,只能尽力筹办,造成一里是一里,势不能刻期竣工。此一说也。一、宜昌以上路工,鄂若不能刻期告竣,则川无出路。川虽集有巨资,于万、宜之间修成车路一段,亦无所用。川路欲早见利,非鄂路及早接通不可。鄂省本拟暂借英款,已商有眉目。因外务部坚持不允,已作罢论。今为川、鄂两省计,莫若鄂省即借川款,以修接川之路,而即以借洋款之法改借川款。英款言明九五五扣,年息五厘。今川款无须扣头,可加息一厘,作为年息六厘,即七厘亦可,即以宜昌以上至边境铁路为抵押。以二十年为期,前五年专付息,后十五年连本摊还,利随本减,计每年借拨银二百万,以宜昌、万县之路接通之日为止,约须共借一千余万两。每次以收款之日起利,半年一付。到期本利不能清还,此路即交川省收管。合同条款均照借洋款办法,由两省会奏立案,如此则川自万县修起,鄂自宜昌修起,两端相接,约六年可成。此路早通早得大利,于川、鄂两省均大有益。闻川省岁可集款四百万,前数年以一半借鄂,由鄂分修,工可速成,利可早见。为全路计,似无便于此者。查鄂境之路山岭尤多,工费尤重,每年二百万断不足用。虽借川款,仍当自筹数十万添补。此又一说也。特将两策奉陈,祈询商川绅通盘筹划,早日见覆,以便筹办。惟无论如何办法,总宜两省自筹办理,万不可由内另派督办,致生荆棘。俟两省办法商定,方可会折覆陈。

国家清史编纂委员会·文献丛刊《张之洞全集》(11),武汉出版社2008年版,第255~256页

11月12日(十月十六日)　岑春煊再出示严禁拒约暴动。

11月13日(十月十七日)　商部参照各国博览会情形,拟定《出洋赛会通行简章》二十条,经清政府核准颁布施行。

《商部为颁发赛会简章札苏商总会文》(光绪三十一年十月十七日):

商部为札饬事。

本部准出使比国杨大臣咨称:赛会宗旨专为改良工艺,非精致华丽之品不足争衡。现当贵部整饬商务,无美弗臻。拟请妥定赛会章程,俾商业挽回利权,获益非浅,等因前来。

查东西各国重视赛会,商货辐辏,使节交驰。非特为振兴商务之基,亦藉为联络邦交之助。近年华商风气渐开,赴会日众,徒以不习外事,不谙会章,货品不精,装配不善,往往动多隔阂,获益甚微,至难与外人角胜。现经本部参照各国赛会情形,订定《出洋赛会通行简章》二十条,颁行各省,晓谕绅商,俾于赴会之先,预知利便之端,于会事不无裨益。为此札饬。札到,该商会即便遵照,将此项章程照式印刷,颁发各绅商,广为劝谕。嗣后遇有出洋赛会之事,遵章办理,以资倡导,而便遵循。是为切要。此札。附刷件。

右札苏州商务总会总理尤先甲准此

章开沅等主编《苏州商会档案丛编》第1辑,华中师范大学出版社1991年版,第461页

《出洋赛会通行简章》:

一　外国遇有赛会,由商部咨行各省督抚,晓示商人。有愿赴赛者,务于期限内呈报本省商务局、商会转报督抚,汇咨商部办理。

二　外国会场应设立总事务所,经理华商赛会事宜。届时或奏派监督,或出使大臣就近照料,或派员监理,由外务部、商部酌核办理。

三　商人呈报时应预备检查书，开明赴会人之籍贯、姓名、职业、营业所之牌号、地址，赴赛之物品类、号数、重量、容积、产地、价值，呈报总事务所检查。

…………

十七　赴会商人所陈列物品，应与各国所陈同类之品用心比赛，取彼之长补我之短，以图改良之计。

…………

章开沅等主编《苏州商会档案丛编》第1辑，华中师范大学出版社1991年版，第462～463页

11月21日（十月二十五日）　日本专使所提满洲条约中国已答复，并约定第二次会议时间。

《满洲条约中国已经答复》：

二十七日（阴历，编者）北京电云：日前第一次会议时，日本提出之满洲条约，中国各全权大臣已磋商妥善，于二十五日答复日专使第二次会议之期定于二十七日下午三点钟。译《字林报》。

《申报》，1905年11月25日

11月22日（十月二十六日）　中日两国《满洲条约十六款》内涵初步确定，外务部要求江督筹议对策。

《满洲条约十六款》：

探闻督辕日昨接到外部电，系中日满洲条约事，令江督筹议对付电文甚长，仅知有十六款，大略如左：（一）承认日本租借辽东半岛。（二）管理东清铁路。（三）驻扎铁路护兵。（四）设立邮局电线……（十六）此约以十年为限。

按日本对于满洲事件，其所要求于我者，已于日俄合约中微露端绪。使其然也，则满洲虽无割让之名，而已有委任统治之实。我国外交丁此冲厄，一涉畏葸，不为朝鲜之续者几希。

《申报》，1905年11月23日

11月25日（十月二十九日）　清政府命各省严禁革命排满学说，积极布置镇压革命者。

《诏》：

近有不逞之徒，造为革命排满之说，假借党派，阴行叛逆。各疆臣应严禁密缉。首从各犯，论如谋逆罪。

赵尔巽等撰《清史稿》第24卷，《二十五史全书》第10册，内蒙古人民出版社1998年版，第218页

△ 清廷颁布上谕派政务处王大臣设立考察政治馆以利宪政推行。

《设立考察政治馆参酌各国政法纂订成书呈进谕》（光绪三十一年十月二十九日军谕）：

前经特简载泽等出洋考察各国政治，著即派政务处王大臣设立考察政治馆，延揽通才，悉心研究，择各国政法之与中国治体相宜者，斟酌损益，纂订成书，随时呈进，候旨裁定。所有开馆一切事宜，著该王大臣妥议具奏。钦此。

故宫博物院明清档案部编《清末筹备立宪档案史料》上册，中华书局1979年版，第43页

△ 驻广州美国总领事官照会岑春煊，再次威胁总督镇压运动。岑春煊乃札行巡警局查拿为首之人，将所贴之揭帖撕去，并保护美人。

11 月 26 日(十月三十日)　中国同盟会机关报《民报》在日本东京创刊,以宣传同盟会纲领为宗旨。孙中山为《民报》撰写发刊词,第一次揭橥“民族、民权、民生”三大主义,号召进行民族民主革命,主张“举政治革命、社会革命毕其功于一役”。

邹鲁《中国同盟会》:

本杂志之主义如下:一、颠覆现今之恶劣政府,一、建设共和政体,一、维持世界真正之平和,一、土地国有,一、主张中国日本两国之国民的联合,一、要求世界列国赞成中国之革新事业。

中国史学会编《中国近代史料丛刊·辛亥革命》第 2 册,上海人民出版社 1957 年版,第 42 页

冯自由《共进会会长刘公》:

刘公,原名炳标,字仲文。湖北襄阳县人,素有远志,见清廷内政日非,外患日迫,慨然起革命之思。壬寅东渡日本留学,肄业东亚同文书院,暇则联络同志,鼓吹民族革命。其关于革命之宣传品,如《警世钟》、《猛回头》等书,留东人士,莫不人手一编。甲辰乙巳间,与田桐、程家柽、宋教仁等发刊《二十世纪之支那》杂志于东京,印刷费大部由君捐助。乙巳秋,孙总理组织同盟会,君旋加入为会员。及总理议设《民报》社,君亦出资助之。

冯自由《革命逸史》第 6 集,中华书局 1981 年版,第 203 页

田桐《同盟会成立记》:

《民报》为同盟会之机关报,而同盟会别无事务所,即以《民报》社为事务所。《民报》发行所招牌悬于宫崎寅藏之家,编辑部在牛込区小川町,所有党事皆在编辑部治理。

丘权政等选编《辛亥革命史料选辑》,湖南人民出版社 1981 年版,第 96 页

陈灿章、李励文《孙中山革命活动与旅日华侨的关系》:

同月二十五日,经日本政府主管报刊出版机关以第三种邮便物认可,即于二十六日初版发行。

中国政协广东省文史资料委员会编《孙中山与辛亥革命史料专辑》,广东人民出版社 1981 年出版,第 19 页

曹亚伯《同盟会之成立及吴樾炸五大臣》:

旋组织《民报》社于日本东京市牛込区新小川町二丁目八番地,以张继、黄兴总其成。文稿则以会员之能文者自告奋勇。会计为何天炯,字晓柳。庶务即田桐。出版之日,无法发行。予与萧钟英、陈谟、龚国辉(后改名斌)、龚国煌、冯大树数人,将印就之《民报》第一期,或包卷,或写封皮,或贴邮票,命女佣用小车推至邮局。不数小时而三千份《民报》皆发出送之中国内地矣。馀则二千余份散布于日本中国留学生中。予每日提一大包往校发卖,一时《民报》之声价,风行海内外。

曹亚伯《武昌革命真史》前编,上海书店 1982 年版,第 16 ~ 17 页

胡汉民《辛亥革命之回忆》:

《民报》序文,为先生口授而余笔之。是时先生恒使余与精卫为之执笔。

中国政协文史资料委员会编《辛亥革命亲历记》,中国文史出版社 2001 年版,第 149 页

孙中山《〈民报〉发刊词》:

余维欧美之进化,凡以三大主义:曰民族,曰民权,曰民生。罗马之亡,民族主义兴,而欧洲各国以独立。洎自帝其国,威行专制,在下者不堪其苦,则民权主义起。十八世纪之末,十九世纪之初,专制仆而立宪政体殖焉。世界开化,人智益蒸,物质发舒,百年锐于千载,经济问题继政治问题之后,则民生主义跃跃然动,二十世纪不得不为民生主义之擅扬时代也。是三大主义皆基本于民,递嬗变易,而欧美之人种胥治化焉。其他旋维于小己大群之间而成为故说者,皆此三者之充满发挥而旁及者耳。

今者中国以千年专制之毒而不解,异种残之,外邦逼之,民族主义、民权主义殆不可以须臾缓。而民生主义,欧美所虑积重难返者,中国独受病未深,而去之易。是故或于人为既往之陈迹,或于我为方来之大患,要为缮吾群所有事,则不可不并时而弛张之。嗟夫!所陟卑者其所视不远,游五都之市,见美服而求之,忘其身之未称也,又但以当前者为至美。近时志士舌敝唇枯,惟企强中国以比欧美。然而欧美强矣,其民实困,观大同盟罢工与无政府党、社会党之日炽,社会革命其将不远。吾国纵能媲迹于欧美,犹不能免于第二次之革命,而况追逐于人已然之末轨者之终无成耶!夫欧美社会之祸,伏之数十年,及今而后发见之,又不能使之遽去。吾国治民生主义者,发达最先,睹其祸害于未萌,诚可举政治革命、社会革命毕其功于一役。还视欧美,彼且瞠乎后也。

翳我祖国,以最大之民族,聪明强力,超绝等伦,而沉梦不起,万事堕坏;幸为风潮所激,醒其濒睡,旦夕之间,奋发振强,励精不已,则半事倍功,良非夸嫚。惟夫一群之中,有少数最良之心理能策其群而进之,使最宜之治法适应于吾群,吾群之进步适应于世界,此先知先觉之天职,而吾《民报》所为作也。抑非常革新之学说,其理想输灌于人心而化为常识,则其去实行也近。吾于《民报》之出世觇之。

《民报》第 1 号,1905 年

吴玉章《辛亥革命前后的回忆》:

至十月,同盟会的机关报——《民报》出版,孙中山先生发表了一篇发刊词,同盟会的纲领和主张,就更加明确了。同盟会在它的章程中,以孙中山先生所提出的"驱除鞑虏、恢复中华、创立民国、平均地权"为宗旨,孙中山先生又在《民报》发刊词中提出了三民主义的主张。这样,同盟会就有了一套比较完备的资产阶级革命的纲领。

中国政协文史资料委员会编《辛亥革命亲历记》,中国文史出版社 2001 年版,第 27 页

△《民报》出版后社会影响很大。

〔日〕宫崎滔天著,佚名初译、林启彦改译本《三十三年之梦》:

当时,《民报》的销路很好,不仅在东京的留学生之间,就是在中国国内,也拥有很多读者。因此,发送报纸便煞费苦心。《民报》社的各位同志真是不眠不休地努力工作。

〔日〕宫崎滔天著,佚名初译、林启彦改译注释《三十三年之梦》,花城出版社 1981 年版,第 283 页

孙中山《建国方略·有志竟成》:

同盟会成立未久,发刊《民报》鼓吹三民主义,遂使革命思潮弥漫全国,自有杂志以来可谓成功最著者。其时慕义之士,闻风兴起,当仁不让,独树一帜以建义者,踵相接也。

广东社会科学院历史研究室等合编《孙中山全集》第 6 卷,中华书局 1985 年版,第 238 页

△ 同盟会员的思想分歧甚多。

何香凝《我的回忆》:

一九〇五年十月,同盟会机关报《民报》发刊,投稿的多为同盟会会员,他们所写宣传革命的文字很受读者欢迎。但是,当时发表在《民报》上的文章和一般参加同盟会的人思想状况,也明显地反映了同盟会会员内部存在的思想分歧。这些文章上表达出来的和一般的思想动态,可以分为三类。其中第一类人仅有推翻清朝的单纯民族主义思想,至于推翻清朝以后中国往何处去,思想上还是完全模糊的,甚至还可以说根本就没有接触到这个问题。这一类的代表人物是章炳麟等。第二类人则在推翻清朝以后,要把中国引上资本主义的道路,也

就是欧洲或日本式资产阶级民主的道路。代表人物就是胡汉民、汪精卫,后来成为西山会议派的邹鲁、居正也是属于这一类人物。第三类人则接受了当时已经在日本青年学生中开始流行的早期社会主义思想,并试着把那种尽管还是处于萌芽状态的早期社会主义思想传播到中国来。他们在翻译日本社会主义者的著作的时候,把资产阶级译作"豪富",把无产阶级译作"细民",他们在《民报》上宣传"细民"与"豪富"的斗争,也就是反映无产阶级与资产阶级的矛盾。这一类的代表人物就是朱执信和廖仲恺。

当时中国同盟会参加者存在的这三类思想,都在《民报》的文章上反映出来。中国究竟往何处去?问题是提出来了,也有过争论,可是在那种情况下不可能得到解决,而彼此的见解也极不一致。

中国政协文史资料委员会编《辛亥革命亲历记》,中国文史出版社 2001 年版,第 17 ~ 18 页

△ 鲁迅应友人约,特地去横滨迎接浙江的光复会骨干徐锡麟来日本。

鲍昌《鲁迅年谱》上卷:

浙江的光复会骨干徐锡麟、陶成章、范爱农、陈伯平、马宗汉等,为了准备起义,登程来日本。鲁迅应友人约,特地去横滨迎接,表示对光复会的坚决支持。

鲍昌《鲁迅年谱》上卷,天津人民出版社 1979 年版,第 51 页

△ 同盟会设大华书局于东京神田区小川町十八番地,传播革命运动和进步思想的书报,作为掩护革命同志进行革命运动的场所。

陈灿章、李励文《孙中山革命活动与旅日华侨的关系》:

《民报》创刊后,并设立大华书局于东京神田区小川町十八番地,以横滨华侨同盟会会员缪菊辰为司理。这个书局的性质,一方面作为《民报》的代派所,并曾为《民报》的发行所,又为同盟会所编的《亡国惨记》的大发卖所。这本书是记清朝入关时残杀惨状的实录,借以激发国人的反清革命思想。该书局同时和国内各省各地书店联系,以交流内地和国外的传播革命运动和进步思想的书报。另方面,并作为掩护革命同志进行革命运动的场所。因为神田这个地区,是东京中国留学生活动比较集中的地方。如廖仲恺、何香凝、马君武、章太炎、陶成章、张继等常在该书局开会,以图谋革命运动的进行。

中国政协广东省文史资料委员会编《孙中山与辛亥革命史料专辑》,广东人民出版社 1981 年版,第 20 页

△ 根据日本文部省颁布的《关于许清国留学生入学之公私立学校之规程》,日本各收容中国留学生学校张贴布告,要求留学生履行相关手续,引起中国留学生强烈不满。

黄福庆《清末留日学生的政治活动——取缔规则风潮个案初探》:

(十一月)二十六日,收容中国学生各校,张贴布告,限各学生于二十九日前,须将原籍及现在地址、年龄及学籍经历一律具报,逾期则有不益之事。布告一出,学生大哗,各校学生纷纷在该校会客室讨论演说,并各举代表会议于留学生会馆。

中华民国史料研究中心编《中国现代史专题研究报告》第 2 辑,中华民国史料研究中心 1982 年印行,第 135 页

11 月 28 日(十一月初二日)　留学生总会经评议部决议,由执行部各干事及各省职员长联名,上书驻日公使杨枢,要求向日本政府交涉,取消第九、十两条。

张篁溪遗稿《1905 年留日学生罢课运动始末》:

文部省之《关于许清国留学生入学之公私立学校之规程》既公布，留学同人纷起反对，公使杨枢责令留日学生总会审决可否，以备咨复。总干事杨度召集评议部决议，而评议部依总会新章方告改组，评议员多未出席，故集会两次，均以人数太少未能开议。但因公使限令七日内必须议复，为期迫促，未便久延，乃由总会干事与各省同乡会干事等，于二十一日(阴历十月二十五日)开协议会于留学生会馆，将《规程》逐条加以研究。到会之干事，多数认为此项《规程》，大旨在整饬营利之学校，惟第九、第十两条，有妨学生之自由，并损学生之人格，拟请公使驳回，将此两条，附加说明，使之存其形式，而失其效力。贵州干事韩汝庚以附和说明无异画蛇添足，大声疾呼："第九条剥夺我居住自由权，日本惟对娼妓有勒令居住于指定地点之规定，今直以娼妓视我也，呜呼可！第十条'性行不良'一语，不知何者为良不良之标准？若以高谈革命为清廷所忌者，可以授意日本，诬指为'性行不良'，而绝我入学之途，是其设计之险毒，可谓蔑以复加。故非取消此两条，决不能轻易罢休！"同人以其言之有理，遂皆赞同其说，会议联名上书于公使。

中国政协北京市文史资料委员会编《文史资料选编》第33辑，北京出版社1988年版，第86~87页

杨度《与留日学生总会各干事上杨枢禀》：

具禀留学生总会干事暨全体留学生，谨禀钦使监督大人阁下：窃生等于日本明治三十八年(一九〇五)十一月二日官报中，见所载文部省令第十九号《关于许清国人入学之公私立学校之规程》十五条，自三十九年一月一日施行。绎其文意，无非为吾国学生谋学课之改良，期教育之完善，以使异邦来学者得善良之结果，以归饷其本国，其用意，至为美类。夫吾国来此留学者，日益加众，而日本所有公立私立学校，可令入学者，其美善者固多，然其未臻完善者亦非无有，此生等所未能无歉然于心而莫可如何者。今文部省乃起而整齐之，是吾国留学生之所望而不可得者也，故凡见此者莫不感慰。惟其中第九、第十两条，所规定范围极广，界限未明，将来施行之际，吾国留学生必有因此而受不利益之影响者。群情汹汹，或惧因此约束，遂有难于久留之势。生等揣文部省之本意，原为吾国学生谋利益起见，然一方为利益，一方必有不利益者。文部省于吾国学生实际情状与其困苦之处，容或未知而未顾及，亦事理之宜然。特将学生实状与此二条施行时之利害，略一陈述，祈鉴察之！

第九条云：受选定之公立或私立学校，必须使清国学生住居宿舍或指定之旅馆，以加监督。

日本人士，近日多于东京市内设立各种学校，以教育清国学生为名，然其规模狭陋，学课不良，任学生之来去自由，而并不加校外取缔，实于吾国学生，非徒无益，而且有害，揣其目的，不过以射利为宗旨。文部省有此规则，是等学校，当不在其选定之列，且足以令吾国学生之求学者知所趋向，诚为吾国学生之利益矣。然日本各校之建设既久，规模较大，声名素著，向来所设之寄宿等，亦未必尽适宜，故吾国学生，常有不愿居住者。若一旦文部省所选定，一以此规程限制之，则吾国学生所受不利益之影响，必有如下之数种：

(一)于经济有损害。吾国来此留学者，现已至数千人，其中官费少而私费多，私费之中，裕余者少而贫困者多。以贫困之人勉留于此，其衣服、居住、饮食等事，自不能不以价廉者为便利。使得自居于下宿屋，或数人赁屋合居，则可以己意为节省。若必欲使居于学校之寄宿舍或其监督之旅馆等，则食宿料即有一定之价格，凡同校者必皆一律而无差等，虽欲择别以为去留，势必有所不能。如东京各学校寄宿舍之学生，尚不过其食宿料价格无贵贱之殊耳。除食料以外，其余衣服冠履等类，尚皆由学生依其校制自行购备，精粗美恶，任个人之自由。然如某学校者，则无论其为校内或外塾，亦无论其为官费与自费，一月必须二十五圆。其所

以为此之昂贵者,名为食宿料及教科书、衣服冠履等类之费一概在内,皆由学校代办。其实,则教科书等应发者不发,衣服冠履等应制者不制,皆必以价廉而粗恶者以与学生。学生因书籍之不足以供研究也,衣服冠履等之不足以阅寒暑而被风雨也。求其改良,彼殊不问,无可如何,仍须自出赀费,别自略办。甚至于洗濯衣服等事,按月亦限以次数,若欲求多,则亦当自出赀。凡在彼校者,其书籍、衣服冠履等事之代金已每月照缴于学校,而究竟仍须自备。凡官费不得已而居其寄宿舍者,已无不因其种种计算而甚苦之。若将来自费生亦依文部省之规程,而逼以不得不入居,则试一计算,平日可以支三月之费用者,势必仅以供二月之费用而犹嫌不足。学校得此文部省之规程,愈可以迫狭各学生,使尽入其范围,以遂其营利之目的,将无以异于专利之旅馆。而学生则以经济之受伤损,虽欲不弃其求学之目的,以失志而归国,亦为势所不能矣!夫西洋各国,留学外国学生,其兼充工人以为学费者甚多,日清两国学生留学外国者,亦多如此。外国留学生之贫苦,原为事所常然,此当为所在国教育当事者之所怜护,而不能以庄严之格式求之。若西洋各国政府,而亦如日本文部省也,则日清两国学生之在西洋以必居寄宿舍等之故,而不能做工,势必不能更留。其影响之所至,与驱逐外国学生者当无以异矣!且日本国内学生,现今犹多兼贩卖牛乳等事,以为求学之费者,此日本教育界当事者所共知。是学生之贫富不一,未能以一律遇之而强相齐者。此国内与国外学生所同然,而非吾国学生皆为裕余,可不为虑及经济上之损伤也。

(二)于学问无补益。学校之有寄宿舍,必其关于学问上之设备完善,使学生入居于此者,可得学问上之补益,与居外者迥然不同,而后于学生为有益。东京所设各学校,其学问上之设备不完全,如前论教科书应发者不发等事,即其一端也。此外各学校管理若能严肃整齐,亦可使学生养成善良之习惯。然如数月前,某省官派学生数十人,居某学校外塾,诸学生见其管理太无秩序,要求改良,彼仍不顾;其后诸学生乃拟《自治规则》以自约束,求学校之承认,且为监督施行,其校长乃不得已而许之。如此等之寄宿舍,则不特于学问无补益,且以养成不良之习惯,学生即入居之,亦何益也?

(三)于卫生有妨碍。以吾国现今之国势,既不能不求学于人国,则虽以何等之艰苦,亦当忍而受之。惟以达吾求学之目的,其余皆所不计,此稍有识者所能知之而能言之者也。然各国之习惯,亦有其原来之差别,骤强同之,转有生害者。如吾国人之饮食,自哺乳之时而与日本殊,吾国人之不卧地,自数千年而已然。何者为良,何者为恶,姑不必论,但习惯既久,其关系遂有影响于生理者,此吾国学生以饮食不宜而成胃病,以卧地潮湿而得脚气等者,时时有之。学生等之顾惜大体者,往往不肯以此等事要求学校,惧人之讥我求安适也。然此等事,在日本人则习惯成性,而在吾国人之于卫生,谓其无所妨碍,实亦颇有难言者。故此间吾国学生,于居学校之寄宿舍及居旅馆等外,尚多赁屋自居,自由布置者,于卫生上亦其一原因也。若尽强令居于寄宿舍及学校监督下之旅馆,惟一依学校之布置,而学生又耻为格外之要求,即要求之,学校亦可不应,则疾病必较加多,是可逆睹者也。

(四)于兼学不利。东京各学校中,为吾国学生特设一班,又或于专为吾国学生设立之学校中,别设专科一班者,常有之。吾国学生不皆人人肄业于一学校也,其以一人而兼赴二三学校听讲者,亦常有之。其居处必择二三学校之间适中之地,乃能便于奔走。若各校之学生皆必居其寄宿舍及其监督下之旅馆,则居于甲校者,或以距乙校过远而不能兼学,或以乙校因其不居校舍有违文部省规程而不令通学,则学生必以专习一校为限。而兼习之道路已断,既与本人之志望相违反,而于吾国学生求学之方法,亦为不利益也。

以上四者,皆往事之经验,而学生之苦情。文部省徒知为吾国学生谋利益,而此种不利益之情况，必非所知。即令将来为文部省选定之各学校较此时略为整齐，然如前列四项之不利益，必皆为事实之所难免，文部省虽注意监察之，亦未见其能彻底改观也。

第十条云：受选定之公立或私立学校，遇有曾经他校以“性行不良”而被斥退之清国学生，不得准其入学。

吾国学生来此日众，流品既杂，良莠不齐。欲使各学校之生徒皆得善良之结果，自当去其败群者，此亦洗涤学界之良法，实心求学之士无不颂美之者也。惟“性行不良”四字，范围甚广，各学校之办事人，若非实心为吾代谋教育，则不难利用此规定，而以爱憎行乎其间。从前各学校，或有因学课不良、教习不善、管理不得其宜等事，学生要求改良而犯学校之怒，斥令退学且欲通知他学校不得收入者。夫学生果真性行不良，则本无求学之资格，斥退乃其应受者，亦何能以咎学校。若关于学问上之要求，则或者以知识之不足，未能知教育者之用意，乃有之耳。若谓之为“性行不良”而绝其求学之路，则其人以急于求学之原因，而得不能求学之结果，亦可冤矣！且学生之被斥革者，不仅皆为要求学课改良之一端而已也，即如上列关于经济及卫生等事而与学校争议者，亦间有之。在学生一方之举动，虽未必事事皆合事理，然学校之不完善，则亦事实所难辞。即令将来文部省选定之学校，亦未必遽能骤然大加改良，而学生之要求，或仍在所难免，皆事之可逆知者。若学校时于学课、卫生等之要求而有怒于学生，加以“性行不良”之名目令其退校，不得更入他校，则学生其何幸之有？且如前论，学校以寄宿舍及其监督下之旅馆，不皆可以居住之理由列有四项；若学生有以此四项为言者，是否即为“性行不良”之行为，亦一疑问。若不居其寄宿舍及其监督下之旅馆等者即为“性行不良”，则非为吾国学生谋居学校之便利，直以“性行不良”之名目，尽驱之聚居一处，为夺其居住自由权矣。且性行不良之人，非不可改悔者；若斥革退学之后而性行虽已改良，然犹不能复入他校，则是以一次之过失，而绝其终身求学之路也。夫各学校之收纳生徒，原可任其择别，其性行良者则收之，否则不收，岂非至易之事？何为不可慎之于入校之始，而必穷之于退校以后乎？此乃不利益之可见者。度文部省之用意，未必如上所言。然其影响之所至，则有必至于此者。此虽先事预言之，而可决其非过论也。

以上所列，乃举文部省规程中第九、第十两条，对于吾国学生可生不利益之影响者，特为述其利害与其苦情，以达大览。可否仰邀大力照会日本外务省转咨文部省，请其将规程第九条及第十条允与取消之处，敬乞裁察。若能如此，则吾国学生庶得以达求学之目的，而无不可复留之疑惧，是不仅学生之利益，抑亦两国交际之利益，而为日本代为吾国振兴学术之盛心，更为圆完无缺者也。特此肃禀，敬乞鉴察而图谋之，不胜引领待命之至。

光绪三十一年十一月初二日禀

张篁溪遗稿《1905年留日学生罢课运动始末》，中国政协北京市文史资料委员会编《文史资料选编》第33辑，北京出版社1988年版，第87～92页

11月（十月）　唐群英与秋瑾各捐资二百元以支持同盟会机关报《民报》创刊。

经盛鸿、李莉《同盟会第一位女会员唐群英》：

一九〇五年十一月，同盟会机关报《民报》创刊，经费见绌。唐群英与秋瑾各捐资二百元以支持。不久，中国留日女学生会成立，唐群英以她的人品、才干与威望，被大家推为书记，后任会长。

《世纪》，2001年第6期

△ **林文与福建留日学生发起成立同盟会十四支部(福建分会),由林文任支部长。**

12 月 3 日(十一月初七日)　弘文学院、经纬学堂、早稻田大学清国学生部、大成学校、成城学校、振武学校、东斌学堂、东亚实业学校中国学生代表在留学生会馆商议对策。12 月 4 日(十一月初八日)中国留日学生八千多人,为抗议日本政府颁布《取缔清韩留学生规则》实行总罢课,抗议清日勾结镇压革命学生运动的严重罪行,二百余人愤而回国。

《三志日本留学生抵制取缔事·各学生开会集议》:

十一月二日文部省令发布后,留学生各省府开特别会,各学校开校友会,提议大致有三:(一)主全体反对此规则。(一)主驳第九条校外取缔,要求修改。(一)主全不反对。其结果以多数者力主停学,和平派为其所迫,遂亦不得不退学云。

《申报》,1905 年 12 月 16 日

张篁溪遗稿《1905 年留日学生罢课运动始末》:

三日(阴历初七日)午后,忽接路矿学校学生发出之传单,略言:"文部省颁布之《规程》,辱我国体,我辈当另结团体,誓死力争,必尽废此全部《规程》而后止。"并号召于十二月五日(阴历初九日)以前,各校一律罢课。传单具名代表凡八人,领衔者,即前在会馆出席总会协议会时大声疾呼、主张取消第九第十两条之贵州干事韩汝庚也。是日晚间,余肄业之法政大学校友会干事浙江人邵章,召集同校各省代表人,开临时紧急会议,经大多数人表决:"反对《规程》,应用交涉手段,而不主张停课。"翌日(四日),路矿学校首先罢课,实务学校、经纬学校亦全班响应……

罢课风潮即起,已停课者奔走呼号,四方联络,未停课者,亦人心浮动,不遑旦夕。于是有议组织各校联合会者,众皆赞同,即刻进行。越日(五日),警察学校,巢鸭、大冢、牛込三处之弘文学院,高田村之同文书院,及大成学校、女子师范学校等俱停课。弘文学院于三日接得路矿学校发来传单后,同学集会讨论,决议暂不停课。四日上课者尚有半数,至五日则上课者仅有五人,为主张罢课者所干涉,遂未终课而退。时各校选出代表人,会议于会馆,正式成立各校联合会,即假会馆为会所。公举弘文学院毕业生湖南人胡瑛为总代表,会同总会总干事,办理上对公使、下联各校一切事宜。旋又经众决议,制定《自治规则》,大意除坚持罢课、相戒不得上课外,复须互相劝勉,约束行动,不得入饮食店,不得入公园及娱乐场所,不得入劝工场等。特选纠察员若干人,分布各区,随时查看,如有违犯《规则》私自行动者,订有罚例,由联合会公议处理之。故一时风气,颇有整齐严肃之观也。法政大学于三日开会决议,本不主张停课,四日余到校,则主张罢课者已不乏其人,在课堂间与上课者互相冲突,并在黑板上彼此辱骂,秩序未能维持,课遂不停而停。五日,上课者更寥寥无几,且有全班上堂即散者。午后,干事邵章假清风亭召开校友会全体大会,到四百余人。……翌日(六日),全校各班一律均未上堂,以主张罢课者声言:凡上堂听课之人,须以"汉奸"治之也。于是前之开会决议暂不停课者,至此完全推翻;而罢课之局,则虽未决议,乃告成功矣。东斌学校、早稻田大学等校,亦于是日停课。东斌学校初闻路矿、经纬等校停课之讯,即拟起而响应。五日,班长于课堂演说停课之理由,舍监出面干涉,促其上课,班长置之不理,因此发生冲突。六日,遂全体罢课。早稻田大学于五日由各班推举代表人开会讨论,主张停课者四班,主张不停课者六班,以多数之故,决议仍照常上课。然至六日,上课者仅有十二人,方至校门,为主张停课者所阻拦,互相争詈,几致斗殴,而课亦遂罢。自六日以后,东京公立及私立各学校,凡为吾国学生所特设之班级,已悉数停课,而与日籍学生合班听讲之各班级,因联合会纠察员之

晓以大义，力为劝阻，亦遂相继停止到校。时东京招收吾国学生之学校，共十七所，所未卷入旋涡者，仅振武学校暨女子实践学校两校已耳。

中国政协北京市文史资料委员会编《文史资料选编》第33辑，北京出版社1988年版，第93～96页

这个规则之中，首先成为问题的是第九条的“校外之取缔”，与第十条的“性行不良”。特别是所谓性行不良，可以泛指堕落的学生，也可以泛指革命派学生。日本方面则说是指前者。1905年12月15日《读卖新闻》报道文部次官木场氏的谈话：

在芸芸学生当中，实有不少无法无天之徒就读于各式各样之牟利学校。放纵淫靡、忘其学生之本分者，日渐增多。故文部省之颁令，旨在一面厉行监督此类学校，一面谋求刷新堕落学生之道，而决非有束缚清国留学生自由之意也。

〔日〕实藤惠秀《中国人留学日本史》，三联书店1983年版，第379～380页

吴玉章《辛亥革命前后的回忆》：

“取缔规则”颁布后，我留日学生悲愤填膺，决定全体罢学回国，不在日本求学受辱。这一决定，是在一时激愤和高度热情的支配下作出的，实行起来颇有困难。但既经决定，若不实行，必被日本帝国主义所耻笑。陈天华看到这点，特别是看到当时留日学生总会的领导人都不肯负责，便愤而蹈海，想以此来激励人们坚持斗争。……他临死前还写了一篇《绝命辞》，谆谆告诫留日学生必须奋起斗争，同时又给留日学生总会诸干事写了一封信，其中说：“闻诸君有辞职者，不解所谓。事实已如此，诸君不力为维持，徒引身而退，不重辱留学界耶?”这一封信，虽然感动了许多人，但却没有使留日学生总会那些冥顽不灵的最负责的领导者受到感动。当时留日学生总会的会长是杨度，他自己不肯负责，却把责任推给曾鲲化，而曾也一样不肯负责任。我这时仍是留日学生总会的一名干事，便勉力地出来积极活动。在一次留日学生的大会上，由于胡瑛的讲话很受欢迎，并且群众一问又知道他是《民报》社的人，便把他推为反对“取缔规则”组织的会长。当时同盟会是秘密的，只有《民报》社是公开的，《民报》社的人就等于公开的同盟会员，大家一听说是《民报》社的人就那样拥护，可以想见当时同盟会在群众中具有多么崇高的威信。

留日学生反对“取缔规则”的组织虽然活动起来了，但要领导无数学校、一万多学生的罢课，并要组织他们分批回国，确是一件很不容易的事情。这时绝大多数的中国留日学生都罢了课，但个别的学校如东京法政大学的留日学生却不肯罢课。这些人中，有许多人都只知以升官发财为目的，对国家民族的荣辱存亡置之不顾。大家见他们这样，都很生气，但又无可如何。当时范源濂在那里当翻译，也很气愤，他认为同是中国人就应该共同行动，因此便对法政大学的中国留学生说：“你们要上课，我就不给你们翻译了。”这样，法政大学的中国留日学生，也最后地参加了罢课。这么多的人，都罢了课，都要回国，船只怎么办？路费怎么办？特别是回国以后又怎么办呢？这一切都是问题。但是，大家凭着满腔热血，丝毫不顾地纷纷奔回祖国。记得秋瑾、刘道一等人都是这次回国的，四川的黄复生、熊克武、谢奉琦等人也是这次回国的。为了使回国的留日学生不致失学，湖南的姚宏业（洪业）、四川的孙镜清（当时他很好，后来当了贿选议员）等人便在上海的吴淞口办了一个中国公学。孙镜清的家里比较有钱，他一人就捐了二三千元的办学经费，姚宏业则多负些办学的责任，就这样把学校办起来了。……清朝政府对留日学生的回国，采取镇压与利诱兼施的政策。它一面到处缉拿革命分子，一面却专为归国的留日学生开特科考试，企图用爵禄来引诱他们。不少的人果然上钩，章宗祥、曹汝霖等就是参加了这种考试，取得了一官半职，从而完全投入了清朝反动政府的怀抱的。

当大批中国留日学生已经陆续回国的时候,在东京的中国留日学生中忽然出现了一个维持会的组织,说是愿意回国的仍可继续回国,不愿意回国的可以留在日本。这一组织是由法政大学的中国留日学生发起的,上面不但有江庸等人的签名,而且还有汪精卫的签名。大家一看,都感到惊奇,不明白是什么原因。原来是孙中山先生打来了一个电报,不赞成留日学生全体回国,怕同盟会员大批回国后,有被清朝政府一网打尽的危险。孙中山先生的指示是完全正确的,它使人感到那个全体回国的决定,虽然出于义愤,却很不合乎策略,应该适时地加以改变。不过汪精卫接到这个正确的指示后,不和大家商量,不经过一番酝酿,就冒然地组织起维持会来,则是十分错误的。也许他正是从怯懦的心情出发来接受孙中山先生的指示,亦未可知。……这时他既出来维持,而且又有孙中山先生的指示,人们便很自然地听从了。

中国留日学生反对"取缔规则"的斗争,引起了国际舆论的正当同情,因而使日本政界也发生了很大的波澜。日本政府的反对派曾借此向执政党大肆攻击,日本执政党为了缓和国际舆论、对付反对派的攻击,以巩固它的统治地位,不得不对中国留日学生表示让步,并派人来和中国留日学生总会商洽条件。但这时留日学生总会的负责人都已星散,会馆里虽然还有少数人在办公,但满口尽是埋怨之词。在这种情况下,我觉得必须把责任担负起来。……当我看到留日学生总会陷于瘫痪状态时,我毫不气馁,反而更加振作,每个星期总要到会馆去一两次,鼓励那里的办公人员坚持到底。后来终于又拖住了一个胡瑛。记得是十二月三十日的晚上,我和胡瑛两人冒着大雪和严寒,坐火车到乡下去找范源濂。范也很热心,认为应该趁日本政府让步的时候,把留日学生会馆恢复起来,并愿意代我们交涉。后来经过他到使馆活动,再与日本政府反复交涉,日本政府终于被迫答应了十多项条件,使日本政府拖延几年不肯承认的中国留日学生会馆,获得了合法存在的权利。一场轰轰烈烈的反对"取缔规则"的斗争,就这样在得到一定程度的胜利后,适时地结束了。

中国政协文史资料委员会编《辛亥革命亲历记》,中国文史出版社2001年版,第29~33页

12月5日(十一月初九日)　联合会派约有三百名学生在富士见楼聚会,讨论对策。秋瑾对留学生中倡言和平解决方式极为愤怒,冲破阻挠来到会场。会后,即加入纠察队任指挥。

《时报》云:

次日,即华历十一月初九日,并开会于富士见楼,……会中女学生演说,发挥女子爱国心至痛哭,哭已,复演说其出校之事,原实践女学校学生本住校内,秋瑾提议罢课赴会,校长语以罢课即须出校。彼时,秋瑾同学等十七人皆未有住处,而仍出校。

《时报》,1905年12月17日

《实践女子学园八十年史》:

明治三十八年十一月二十六日,文部省颁布了监督清国留学生的规则,这规则接受了清国当局的意志,加强了对留学生的监督和管理,禁止"秉性不良"的中国人入学。秋瑾表示反对,十二月五日,为响应留学生的反对监督的集会,和十七个女留学生一起决心退学而离开了学校。

章念驰《秋瑾留学日本史实重要补正》,中国政协浙江省文史资料委员会《浙江辛亥革命回忆录》第3辑,浙江人民出版社1985年版,第23页

景梅九《罪案》:

是日，约有三百名学生在富士见楼聚会，有倡言采和平解决方式者。当时肄业于实践女校的秋瑾甚为愤激，痛哭流泪，指责“中国人办事总是虎头蛇尾，从此后，不和留学生共事了”！

中国史学会编《中国近代史资料丛刊·辛亥革命》第2册，上海人民出版社1957年版，第243页

《东京朝日新闻》(明治三十七年十二月二十日)报道云：

下田歌子女史监督之下中国女学生甚多，在实践女学校有十六名，又同校中国留学生分教室有十四名，共计三十名。……该校最先退学者为秋×，彼为女留学生之俊秀，常在留学生会馆中演说，此次事起，彼首唱议退学，人皆称为女丈夫云。

《中外日报》，1905年12月29日

陶成章《浙案纪略》：

是时，取缔规则风潮起于学界，学生咸倡归国之议，瑾亦主张之，因结敢死队，瑾又为其指挥，纷扰者匝月。

中国史学会编《中国近代史资料丛刊·辛亥革命》第3册，上海人民出版社1957年版，第61页

陈去病《鉴湖女侠秋瑾传》：

当是时，留东学生日益多，其议论咸慷慨激烈，以革命为归。清廷患之甚，阴嗾日本禁止之，于是日校乃订取缔留学规则。事闻，学子大噪，君尤愤甚，率同志归。

殷安如等编《陈去病诗文集》，社会科学文献出版社2009年版，第296页

曼华(汤增璧)《同盟会时代〈民报〉始末记》：

值日本文部省颁布取缔留学生规则，一时留学界颇为愤懑，罢课者八千余人，以与日政府抗。……时同盟会员，对取缔规则，显分两派，各执一端，一则主张全体留学生遄返祖国，创学沪滨，秋瑾、田桐(字梓琴，与瑾同系同盟会评议部评议员)辈主之。一则反是，以求学异邦，宜忍辱负重，未可轻率归国，胡展堂(汉民)、汪季新(精卫)等主之。争论局终，卒以后者居胜。嗣秋瑾女侠，竟因是遄返国门。

中国史学会编《中国近代史资料丛刊·辛亥革命》第2册，上海人民出版社1957年版，第440页

肖仲祁《回忆孙中山先生》：

一九〇五年冬，日本文部省徇清公使要求，颁布留学生取缔规则，条文激切，学界愤怒反对，回国者二百余人，陈天华愤而蹈海自杀。秋瑾、宋教仁、田桐等发起在清风亭开会抵抗多次，我亦参加。又与杜星五、张溥泉等在锦辉馆反对梁启超(卓如)演讲君主立宪，大加棒责，梁启超逃跑。此皆中山先生革命学说感动致然。

尚明轩等编《孙中山生平事业追忆录》，人民出版社1986年版，第53~54页

△ 清国留日学生中两派开始形成，许寿裳等组织维持学界会，鲁迅捐钱以示支持。

蒙树宏《鲁迅和秋瑾》：

鲁迅捐给主张继续留日的留学界维持会一元钱，对担任留学界维持会书记的许寿裳的活动表示支持。

鲁迅研究学会《鲁迅研究》第13辑，《鲁迅研究》编辑部1988年版，第456页

周作人《鲁迅的故家·百草园·园的内外》之“秋瑾”条目中说：

秋瑾与鲁迅同时在日本留学。取缔规则发表后，留学生大起反对，秋瑾为首，主张全体回国。老学生多不赞成，因为知道取缔二字的意义并不怎么不好。因此，这些人被秋瑾在留学生会馆宣告了死刑，有鲁迅、许寿裳在内。鲁迅还看见她将一把小刀抛在桌上，以示威吓。

止庵编《关于鲁迅》，新疆人民出版社1997年版，第132页

12 月 6 日(十一月初十日)　清政府设学部,管理全国学堂事务。

12 月 7 日(十一月十一日)　陈天华撰写《致留日学生总会诸干事书》与《致湖南留学生书》,要求留日学生总会诸干事和湖南留学生严于律己,自觉履行职责,为救国而奋斗。

陈天华《致留日学生总会诸干事书》:

干事诸君鉴:闻诸君有欲辞职者,不解所谓。事实已如此,诸君不力为维持,徒引身而退,不欲有留学界耶?如日俄交战,倘日本政府因国民之暴动,而即解散机关,坐视国家之灭,可乎?否乎?今之问题,何以异兹?愿诸君思之。

《民报》第 2 号,1906 年

陈天华《致湖南留学生书》:

呜呼!同乡会不可解散。呜呼!愿我同胞养成尽义务守秩序之国民。当今之弊,在于废弛,不在于专制。欲救中国,惟有开明专制。呜呼!我同胞其勿误解自由。自由者,总体之自由,非个人之自由也。我同胞其听之耶?呜呼!愿我同胞其听之,其听之。

新化自治会刊《陈君天华绝命书》,刘晴波、彭国兴编,饶怀民补订《陈天华集》,湖南人民出版社 2008 年版,第 229 页

△ 第一批考察宪政大臣戴鸿慈、端方一行离京。

《出使各国考察政治大臣戴鸿慈等奏出使各国考察政治放洋日期折》(光绪三十一年十一月一十一日):

窃臣等恭膺简命出使各国考察政治,屡蒙训诲周详,仰见皇太后、皇上锐意图强,远稽博参,圣猷广大,钦服莫名。旋经臣等慎选参随,部署行李,又因八月间未能成行,并奉旨续派大臣前往,一切又须商酌更调,行期展缓。兹经料理就绪,复于十月二十七日请训陛辞,又蒙指示剀切,逾增感悚。臣等先与臣载泽等商定分途出洋,即于十一月十一日启程出京,取道天津,沿途经督臣袁世凯密为布置,极其周妥。于十一月二十日行抵上海,购定美国公司西伯里亚轮船船票,于十一月二十三日放洋,先赴美洲考察一切,再分赴德、俄、意、奥等国。俟考察事稍有头绪,即当随时奏陈,以纾宸廑。所有臣等放洋日期,理合恭折具报,伏乞皇太后、皇上圣鉴。谨奏。

光绪三十一年十二月初五日奉朱批:知道了。钦此。

故宫博物院明清档案部编《清末筹备立宪档案史料》上册,中华书局 1979 年版,第 4 ~ 5 页

△ 日本政府当局不顾中国留学生的抗议,而《朝日新闻》则视中国留学生的行为为“放纵卑劣民族性所致”的报道,更给在东京的中国青年火上加油。

永井算巳《所谓清国学生取缔规则事件之性格》:

东京市内各校之清国留学生八千六百人集体停课,……为当下之大问题。此盖由于清国留日学生对文部省命令之解释过于偏狭而生不满,以及清国人特有之放纵卑劣性情所促成,惟其团结之力则颇为薄弱。……

《朝日新闻》,明治三十八年十二月七日。靳明全《攻玉论:关于 20 世纪初期中国政界留日生的研究》,重庆出版社1999年版,第66页

12 月 8 日(十一月十二日)　留日学生、同盟会会员陈天华因反对日本取缔留学生规则,回击日本媒体对中国人的侮辱,激发留学生为救国而努力,愤而投海自尽。

《陈星台先生绝命书》:

呜呼！我同胞！其亦知今日之中国乎？今日之中国，主权失矣，利权去矣，无在而不是悲观，未见有乐观者存。其有一线之希望者，则在于近来留学者日多，风气渐开也。使由是而日进不已，人皆以爱国为念，刻苦向学，以救祖国，则十年二十年之后，未始不可转危为安。乃进观吾同学者，有为之士固多，有可疵可指之处亦不少。以东瀛为终南捷径，其目的在于求利禄，而不在于居责任。其尤不肖者，则学问未事，私德先坏，其被举于彼国报章者，不可缕数。近该国文部省有清国留学生取缔规则之颁，其剥我自由，侵我主权，固不待言。鄙人内顾团体之实情，不敢轻于发难。继同学诸君倡为停课，鄙人闻之，恐事体愈致重大，颇不赞成；然既已如此矣，则宜全体一致，务期始终贯彻，万不可互相参差，贻日人以口实。幸而各校同心，八千余人，不谋而合。此诚出于鄙人预想之外，且惊且惧。惊者何？惊吾同人果有此团体也；惧者何？惧不能持久也。然而日本各报，则诋为乌合之众，或嘲或讽，不可言喻。如《朝日新闻》等，则直诋为"放纵卑劣"，其轻我不遗余地矣。夫使此四字加诸我而未当也，斯亦不足与之计较。若或有万一之似焉，则真不可磨之玷也。

近来每遇一问题发生，则群起哗之曰："此中国存亡问题也。"顾问题有何存亡之分，我不自亡，人孰能亡我者！惟留学生而皆放纵卑劣，则中国真亡矣。岂特亡国而已，二十世纪之后有放纵卑劣之人种，能存于世乎？鄙人心痛此言，欲我同胞时时勿忘此语，力除此四字，而做此四字之反面："坚忍奉公，力学爱国。"恐同胞之不见听而或忘之，故以身投东海，为诸君之纪念。……鄙人死后，取缔规则问题可了则了，切勿固执。惟须亟讲善后之策，力求振作之方，雪日本报章所言，举行救国之实，则鄙人虽死之日，犹生之年矣。

诸君更勿为鄙人惜也。鄙人志行薄弱，不能大有所作为，将来自处，惟有两途：其一则作书报以警世；其二则遇有可死之机会则死之。夫空谈救国，人多厌闻，能言如鄙人者，不知凡几！以生而多言，或不如死而少言之有效乎！……鄙人以救国为前提，苟可以达救国之目的者，其行事不必与鄙人合也。今将与诸君长别矣，当世之问题，亦不得不略与诸君言之。

近今革命之论，嚣嚣起矣，鄙人亦此中之一人也。而革命之中，有置重于民族主义者，有置重于政治问题者。鄙人平日所主张，固重政治而轻民族，观于鄙人所著各书自明。……欲使中国不亡，惟有一刀两断，代满洲执政柄而卵育之。……故鄙人之排满也，非如倡复仇论者所云，仍为政治问题也。盖政治公例，以多数优等之族，统治少数之劣等族者为顺，以少数之劣等族，统治多数之优等族者为逆故也。鄙人之于革命如此。

然鄙人之于革命，有与人异其趣者，则鄙人之于革命，必出之以极迂拙之手段，不可有丝毫取巧之心。……故今日惟有使中等社会皆知革命主义，渐普及下等社会。斯时也，一夫发难，万众响应，其于事何难焉！若多数犹未明此义，而即实行，恐未足以救中国，而转以乱中国也。此鄙人对于革命问题之意见也。

近今盛倡利权回收，不可谓非民族之进步也。然于利权回收之后，无所设施，则与前此之持锁国主义者何异？夫前此之持锁国主义者，不可谓所虑之不是也；徒用消极方法，而无积极方法，故国终不锁。而前此之纷纷扰扰者，皆归无效。今之倡利权回收者，何以异兹？故苟能善用之，于此数年之间，改变国政，开通民智，整理财政，养成实业人才，十年之后，经理有人，主权还复，吸收外国资本，以开发中国文明……此鄙人对于利权回收问题之意见也。

近人有主张亲日者，有主张排日者，鄙人以为二者皆非也。……夫"同盟"与"保护"，不可同日语也。"保护"者，自己无实力，而唯受人拥蔽，朝鲜是也。"同盟"者，势力相等，互相救援，日英是也。同盟为利害关系相同之故，而不由于同文同种。英不与欧洲同文同种之国同盟，而与不同文同种之日本同盟。日本不与亚洲同文同种之国同盟，而与不同文同种之英国同盟。无他,利害相冲突,则虽同文同种,而亦相仇雠;利害关系相同,则虽不同文同种,而亦相同盟。中国之与日本,利害关系可谓同矣,然而实力苟不相等,是"同盟"其名,"保护"其实也。故届今日而欲与日本同盟,是欲作朝鲜也;居今日而欲与日本相离,是欲亡东亚也。惟能分担保全东亚之义务,则彼不能专握东亚之权利,可断言也。此鄙人对于日本之意见也。

凡作一事,须远瞩百年,不可徒任一时感触而一切不顾,一哄之政策,此后再不宜于中国矣。如有问题发生,须计全局,勿轻于发难,此固鄙人有谓而发,然亦切要之言也。

…………

近来青年误解自由,以不服从规则、违抗尊长为能,爱国自饰,而先牺牲一切私德。此之结果,不言可想。余鄙人所欲言者多,今不及言矣。散见于鄙人所著各书者,愿诸君取而观之,择其是者而从之,幸甚。语曰:"君子不以人废言。"又曰:"鸟之将死,其鸣也哀;人之将死,其言也善。"则鄙人今日之言,或亦不无可取乎?

《民报》第2号,1906年

曹亚伯《陈天华投海》:

自《民报》为宣传革命机关后,留学界之革命思潮,亦渐次膨胀。满洲政府、各省督抚皆相谋防止之策。于是要求日本政府驱逐留日之革命党,并取缔留日之中国学生。日本外务省以六千元与孙文,催其从速离去横滨,而取缔留学生之政令,亦不久实现。日本当局亦因贪中国之利权,不惜自低声价,代满洲政府施行取缔中国留学生之规则。斯时中国各省之留学日本者,几及万人,群起反对,而革命党之大文豪陈天华遂投海殉国,以坚留学生之志。于是,人心愈愤激,大有与满洲政府势不两立之气,不愿留学日本,以蒙数重奴隶之义。陈天华之死,全体痛悼,凡血性青年,皆赴义不顾身之热诚。

中国史学会主编《中国近代史资料丛刊·辛亥革命》第2册,上海人民出版社1957年版,第235页

冯自由《〈猛回头〉作者陈天华》:

《民报》出版未一月,值日本文部省徇清公使所求,颁布取缔留学生规则,留学界异常愤激。同盟会对于此事亦分为两派:一派主张归国,另在上海办学,以洗日人取缔之耻辱。天华与易本羲、秋瑾、田桐等主之;一派主张求学宜忍辱负重,胡汉民、朱执信、汪精卫等主之。两派互相驳论,争之至烈。秋瑾、易本羲等以是归国。天华愤不能平,乃作绝命书累万言,竟于十一月十二日投大森海湾自杀。

冯自由《革命逸史》第2集,中华书局1981年版,第120~121页

景梅九《罪案》:

这时思黄先生忽触起无限的悲观来,便作了一篇绝命书,自己蹈海而死!大家即时开了个追悼会,有几个晓得先生事迹的,痛哭流涕演说了一场,人人悲恨填胸,有愿和先生同死的景象,风潮又汹涌起来。大家要求各校留学生全体罢课,有不从的,用蛮力对待。

中国史学会编《中国近代史资料丛刊·辛亥革命》第2册,上海人民出版社1957年版,第243页

张篁溪遗稿《1905年留日学生罢课运动始末》:

天华原名显宿,字星台,一字思黄,别署过庭子。湖南省新化县下乐村人。……癸卯(光绪二十九年,公元一九〇三年)三月,以官费生被送赴日习师范,入弘文学院。未及两月,日俄战启,留日学生组织义勇队,举天华为运动员。任运动湖南事,因撰《敬告湖南人》一书,邮致湖南学界。冬,怵于瓜分之祸日迫,奔走彷徨于故旧间,相对则无一语。惟握手潸潸然,涕泪交横而已。复啮指血,成书数十幅,备陈灭亡之惨,邮递祖国各学校,读者无不动容。继又只身返国,往江西游说。当道不合,转赴湖南,日与帮会志士谈论亡国破家、种族沦胥之惨。

更为唤醒人心计,著《猛回头》及《现世政见之评决》,分致湘赣青年,作革命之鼓吹。清吏忌之,将图不利,遂于甲辰(光绪三十年,公元一九〇四年)三月,重来日本,转入法政大学。著《警世钟》一书,流传国内,不胫而走。六月归国,结纳湘粤间志士。闻黄兴、马福益等将起事,则亦参预其谋。先一年之夏,黄兴、刘揆一等组织华兴会,天华固曾与焉。旋以事泄,黄兴、马福益等皆出走,天华亦赴江西,转上海,与兴等会于公共租界新闸路余庆里,谋再有图。适万福华刺清吏王之春未中,西捕侦索甚亟,众皆逃匿。天华独不避,慨然曰:"事不成,国灭种亡,等死耳,何生为!"友人力劝其留身以待,始从容束装,航海东行,岁暮再至日本。著《支那最后之方针》及《国民必读》等文,皆宣传革命之杰作也。乙巳(光绪三十一年,公元一九〇五年)春,湖南留日速成师范学生毕业回国,天华于祖饯席间,痛陈世界大势,指出弱国致亡之国,并谓中国实已统汇各国之亡国弱点而有余,苟不自振,亡将立待。语时声泪俱下,闻者相与痛哭,其感人之深如此。夏,闻日本有《清韩留学生取缔规则》之制订,则曰:"是以无理加于我也! 殆将使我与韩国学生,同受彼邦旅邸下女小使之凌辱矣!"乃撰《敬告我国人》一书,唤起国人,共御此侮。已而知报载非实,心始稍安。秋间,中山先生自欧洲莅日本,集合各省革命党人,组织同盟会,天华列名发起,被推为会章起草员。《民报》创办,又被推为撰述员。尝著《狮子吼》小说,发扬种族观念,为时传诵。迨十一月初,日本文部省之《规程》既颁布,我留日学生集议反对,有推天华作檄文以示声讨者。天华以条文重在管理学校,与夏间所传取缔学生迥然不同,遂力辞之。旋见日本各报,因我学生罢课风潮扩大,反唇相讥,不觉怒气填膺,自言自语曰:"吾同胞其果为放纵卑劣耶? 吾同胞之团体,其果为乌合之众耶?"又以各校停课后,主张归国者与主张恢复上课者,显已分成两派,意见大有出入,乃曰:"此《规程》更改与否,原无足轻重,惟彼政府日言欲为吾国学生尽其教育之责任,何不更改数条,以实行其方针,而必结此冤恨乎? 设有较此事而大者,吾同胞亦将如此不谋而动,以莫衷一是乎? 倘果如彼报纸所言,则难洗被詈之恶名,又岂不可耻也乎?"七日之夕,草遗书万余言,为《告我国同胞》,邮达留日学生总会总干事,内分四大端:一、关于此次问题者;二、关于革命排满者;三、关于收回路矿等权利者;四、关于将来对待日本之方针者。最后则劝告后死者,团体之不可不坚。而书中则有取缔问题"可了则了"之语。而尤致慨于总会干事之多有辞职者,以意志消沉为莫大耻辱。又作《告湖南同乡会》便条一纸,略谓:"呜呼! 我同胞其勿误解自由,自由者,总体之自由,非个人之自由也。"又撰《宝卿公行状》,追述先德。八日(阴历十二日)清晨,盥洗阅报,进早餐,态度从容若平时。同侪无能预窥其将变出非常者,而竟投身大森东滨海峡中以死,年三十有一。天华无昆季,又未娶,孑然一身,视死如归,呜呼烈哉,然可痛已!

中国政协北京市文史资料委员会编《文史资料选编》第33辑,北京出版社1988年版,第98~101页

△ 清国留日学生分为联合会与维持会两个群体。

何香凝《我的回忆》:

一九〇五年日本帝国主义当局发布《取缔清韩留日学生规则》,清廷驻日公使汪大燮是从中做过相当工夫的。取缔规则中规定取缔中国留学生的政治活动,剥夺言论自由,禁止集会结社,检查书信,强迫青年遵守清朝法令,以镇压革命思想。当时留日学生分为两派:一派胆小怕事,主张妥协;一派主张坚决反抗。这次"反抗取缔规则"的斗争,也无例外地考验了我们留学日本的每一个同盟会会员。我和仲恺,还有很大一部分同盟会员都坚决主张同盟罢课,以示抵抗。我们在斗争中团结了广大青年学生,激发他们的爱国热情。很多青年学生就在这次斗争中受到启发和教育,由靠拢我们进而直接参加到同盟会的组织中来。中国同

盟会的活动,不但没有因此而受到打击,反而更加活跃发展。但是,也有一部分同盟会会员在这次斗争中暴露了他们的本性。即如汪精卫、胡汉民等人当时都还没有考入正规大学,只是混在政法学校的速成班里学习,恐怕罢课对他们不利,恐怕拿不了清朝的官费,恐怕会被学校开除,为自身计,他们是主张妥协不罢课的。汪精卫还在当时的所谓“维持会”上签过名。当然,要说全体留日中国学生都罢学回国,不特实行起来颇有困难,而且大批同盟会员回国之后也有被清政府一网打尽的危险。孙先生不赞成留日学生全体回国是完全正确的。

中国政协文史资料委员会编《辛亥革命回忆录》第1集,文史资料出版社1961年版,第18～19页

张篁溪遗稿《1905年留日学生罢课运动始末》:

至乙巳(光绪三十一年,公元一九〇五)年,我国留日学生,达八千余人。是年十一月二日(阴历十月初六日),日本文部省(相当于我国教育部)忽以省令颁布《关于许清国留学生入学之公私立学校之规程》,我留日学生,群起反对。一部分主张分别条文,能接受者听之,不能接受者据理力争,使之删除或修改;另一部分则认为《规程》制订,系歧视我国学生,应不问条文能否接受,一律拒绝商讨,如不能达到全部取消之目的,则全体退学归国,以示抵制。主前说者,谓此《规程》有两条妨害我国留学生之利益,余皆无关大体;主张后说者,则谓《规程》颁布,无论内容若何,总属伤及我国之国体。于是一主忍辱暂留,一主归国雪耻,遂有维持会与联合会之分别组织,各行其是。两派主张,虽有不同,而反抗精神,及最后结束之步骤,固皆出于爱国热诚与谋取大众之利益,见仁见智,非有可以轩轾者也。余时在东京,肄业法政大学速成科,寓居神田仲猿乐町十四番地龙涛馆。龙涛馆,犹我国之公寓性质,为吾粤东莞人方君所设。方君与余为同邑,略有世谊,久居日本,熟于彼邦习尚,故所寓者,以吾粤籍同乡为多。同学若朱执信(时名大符)、汪兆铭、古应芬、李文范、张树棠、杜之杕等,皆寓于此。吾粤籍学生,以中山先生故,大都著籍于兴中会。是年八月二十日,兴中会与华兴会、光复会组为同盟会,则又加入同盟会。同盟会中人除少数激烈者外,大多数均能遵从中山先生之指示,以革命事业方在萌芽,而根据地又在日本,若留日学生全体退学归国,不特革命进行大受打击,且恐回国之后,同盟会员将无所凭借,有被清政府一网打尽之危险,故皆主张持重。迨后《规程》虽未全部取消,而第九、第十两条,经文部省解释后,已仅存形式,失去效力,形势遂告缓和。维持会方面认为目的已经达到,问题可告解决,联合会方面亦以事势所趋,意见渐已接近,复得调和派融洽其间,故两派初虽对立,不无争执,卒能降心互谅,和衷共济也。

中国政协北京市文史资料委员会编《文史资料选编》第33辑,北京出版社1988年版,第82～83页

张篁溪遗稿《1905年留日学生罢课运动始末》:

陈天华投海身殉,留日同人,莫不震悼。联合会人谓:天华为《规程》而死,后死者应继承遗志,再接再厉,百折不回。其不附和联合会者则曰:天华最初即为不赞成停课之人,且有“停课问题,可了则了”之言,后死者应适可而止,毋负其嘱。两说各以陈天华之死,为其主张之理由,彼此辩论,互不相下。八日(阴历十二日)晚间,各校之不附和联合会者,集会于清风亭。到江庸、蹇念益、蒋尊簋、胡汉民、朱执信、汪兆铭等,凡数十人。以《规程》专属留学生利益范围,无与于国际政治,今以误解而事态扩大,宜维持秩序,巩固团体,特发起组织“维持留学界同志会”。先拟草章七条,方欲逐条讨论,筹设机关,以利进行。而联合会方面,以在此时期,江庸等异军突起,忽有维持会组织,意甘屈服,情实难恕,乃集合数十人,追踪而至,拥入质问。维持会人自知不敌,相率引避。旋由江庸等用通信形式,假定职员,以任会事,连发五次意见书,详论其主张。第一次意见书,译释《规程》全部条文,示勿误解。第二次意见书,

以第九、第十两条，虽有范围不明，侵害利益之虞，但不必执此以反对其全部。第三次意见书，应为总会之后援，使总会速催公使，与日本政府交涉。第四次意见书，以停课之后，任事者惟少数之代表人，而数千人闲居失学，欲上课者与欲休课者互相冲突，自生扰乱，于事实毫无裨益。第五次意见书，以归国为要挟之手段，微特无效，且谁能断言无归而复来者，又安能断言无继续东渡者。此种意见书发出后，联合会人以其为怯懦之表示，复有冲淡同学热诚、瓦解同学心理之作用，故对之大为憎恨，于是维持会与联合会，遂成对立之势矣。

中国政协北京市文史资料委员会编《文史资料选编》第33辑，北京出版社1988年版，第101～102页

胡汉民《辛亥革命之回忆》：

余既以党中秘书兼任民报撰述，又为留学生总会评议部秘书，幸余精力甚强，于法政学校功课，仍无旷废，盖深知修学即为行事之预备，党未有动员命令，则吾人当两者兼顾。当一九〇五年冬，日本文部省忽颁取缔中国留学生所入学校及寄宿舍之规则，其原因大抵有二：其一，以当时人数过多，有不自整饬其行为者，俾日人有所借口：日人亦有以贩文凭为利之私校，其寄宿舍更不堪言。其二，革命党之组织成立，清公使馆当有所闻，则与日本交涉，日政府乃使文部省为此以敷衍之。留学界闻此则大哗，有径行归国者，同志陈天华(星台)至发愤投海死。同盟会党员对此，分为两派意见：宋教仁、胡瑛等主张学生全体退学归国，谓即可从事革命。余与精卫、执信、伯翘、湘芹、君佩则反对之，以为此事纵出于最恶之动机，吾人自可运动打消之，退学归国为下策；且本党新成立党机关报《民报》，始发刊第二期，若一哄归国，无异为根本之摇动，使仇外者快意。至谓相率归国即行革命，尤属幼稚之见。惟是时孙先生方离日至美，黄克强则潜入内地，余等不及以党议决定此问题；且党中骤受刺激，倾于宋钝初(按即宋教仁)、胡经武(按即胡瑛)之主张者乃多数。胡经武被举为学生联合会长，开学生大会时，两派辩争甚烈，不决而散。然各校已次第罢课，余乃与精卫及士官学校同志蒋尊簋、张孝准、江庸、蹇念益、何熿时、陈榥灵等为学生维持会，以诸人方在专门学校以上，将毕业，不愿归国，且能与各大学校长交涉，其实乃同床异梦也。余与精卫日为文辟主张退学归国者之非是，而说明学界对此问题所宜取之步骤；江庸等之交涉，亦得相当解决，取缔规则遂无形打消，学界以安。方联合会势最张时，竟宣布余与精卫之死罪于全体留学生俱乐部，女同志秋瑾尤激烈，范源廉避匿病院，亦为所殴击。一日，秋偕各省分部部长要约余与精卫谈话，二人方在维持会治事，精卫辞不往，余独见秋等，具言为本党立场，故吾人当置重革命之利益，其他非所计。秋与诸人皆折服，乃言当在党中更为一致之决议，庶不致因此而生分裂。余亦甚然其说。阅数日，党部开各省代表会，余首发言，说明本党对此问题之关系，不当以寻常学生之意气而牺牲革命之利益。众皆唯余言。胡瑛言其本意亦以为革命之发展，今党议如此，亦无反对；惟以联合会长之立场，则进退维谷，陈星台已以郁郁投海死，同志何苦相逼无已。将端方奉命来日本，或乞调解其事，则诸方面俱到。余愤然斥之曰："革命党员当知以求要挟其同志为可耻，至为个人体面而不愿服从党议，又欲乞怜于满洲官吏，此皆非革命党员所应有之意识，吾不料于革命党中尚闻此种言语。"胡瑛惭窘欲哭。是日遂通过余与精卫之主张，而使胡瑛等解散所谓"联合会"。余于是役颇察知留学界一般之心理，其青年富有革命性则幼稚粗疏无复条理；其学业将成而自命前辈者，辄畏言革命，且信仰至日本维新立宪而止，遂挟其政治法律之知识，以为干禄之具，纯以个人利益为出发点，则借功利强权之说以自文。幸其不能当吾党之一击，故大多数青年不为所欺。然若辈方沾沾自喜。蹇念益尝从容说精卫，谓革命不适于生存。金邦平于支那亡国纪念会时最激昂，以章宗祥之苦劝而改，自比于章。精卫亦方利用蹇为学生维持会交涉，只答以士各有志，不能强同，且询其何不以此为余

道?蹇谓余阅世比较深,不易转移。精卫他日以告余,且曰:"蹇辈殆以为未谙世故者易欺也。"同在维持会时,杨度已以畏学生诟骂,避匿他处,忽有书来,且附梁启超书,隐然有利用维持会之意。余与精卫见之,大怒,精卫掷书于地,蹇等急取书焚之,且复书言维持会不能涉党派事,戒梁、杨后勿尔。蹇等自是亦知余与精卫俱不易与矣。入同盟会以来,余与精卫共事至多,相亲逾于骨肉。

中国政协文史资料委员会编《辛亥革命亲历记》,中国文史出版社 2001 年版,第 151 ~ 153 页

樊光《光复会领袖章炳麟、陶成章合传》:

留学生人数大增,中国革命火焰亦日以高涨,清廷大恐。乙巳岁,日本受清廷密约,特颁布奴化的中国留学生取缔规则,与朝鲜学生等,缚束自由,酷无人道。我全体中国留学生大愤,余与秋瑾、吕复等往骏河台中国留学生总会,发起全体留学生大会,号召全会数百学生罢课回国以反抗之。日本报纸初皆讥笑谩骂,尽力破坏,日本《朝日新闻》并诋为放纵卑劣。而我留学生同人益自惕励整肃,奔走呼号,慷慨激昂,特组一总纠察队,由我等任之,自相戒饬,绝不逾矩,誓非抗罢不休。湖南革命志士陈天华素怀大志,卓荦不群,对此义愤填膺,痛不欲生,特写成万言绝命书告国人,独赴日本大森地方投海而死,轰传全世,势乃益张。章先生与成章先生等则暗中力为支援,作后盾主持尤大,遂致日本朝野上下大为震动,卒将中国留学生取缔规则取销,而学生革命思潮乃益大。

章开沅、罗福惠、严昌洪主编《辛亥革命史资料新编》第 2 册,湖北人民出版社 2006 年版,第 121 页

李宗棠《东游纪念第七——劝导留学生日记》:

留学生会馆内,每日聚集两派学生约数百名,互相争辩,各于壁上遍贴檄文,以冀劝人附和己派。于是此派学生所贴檄文,又为反对派学生扯去而焚化之。常有以中夜或黎明时,私往扯去反对派之檄文,而将己之檄文贴于壁上者。如此互相扯毁,扰扰不已。某早六点钟时,有归校派之学生一人潜往会馆,意欲贴其檄文于壁上。不料已有归国派之学生八九人在,互相争辩。归校派虽只一人,然以其势甚锐,竟得达其目的而去。不旋踵而其檄文已为反对派所扯去。纷扰之状,几至难以形容。

黄福庆《清末留日学生》,中央研究院近代史研究所 1975 年版,第 300 页

独立苍茫子《东京学界公愤始末告乡人父老兴学书》:

诸兄父老知当时的光景乎?死者蹈海,生者病狂,愁云匝地,愤气填胸,百鬼环伺,群魔揶揄,外人之冷嘲热骂,几于不可以人,而各方面之刺击,更非笔所殚述。此间不可一朝居,令诸兄父老处之,不徒手奋呼,亦吞气而去耳。噫,是何局机,迫人若此!

中国史学会编《中国近代史资料丛刊·辛亥革命》第 2 册,上海人民出版社 1957 年版,第 218 页

熊克武《辛亥前我参加的四川几次武装起义》:

同年十一月,日本文部省颁布了《取缔清韩留日学生规则》,激起了中国学生的愤怒,展开了反对《取缔规则》的运动。当各校代表开会讨论对策时,决定全体罢课,以示抗议。而罢课后日本政府不理又该怎么办,会议中出现了两种不同的主张:一种意见是继之以全体退学;一种意见认为如果退学不能迫使日本政府屈服,那只有全体归国,处理一万多人回国和回国以后做什么,是大个问题,应该慎重考虑。我虽然同意后一种主张,但我还是服从退学归国的决定,我也随同回到了上海。结果,自费生回国的多,而官费生却回来的较少。

中国政协文史资料委员会编《辛亥革命亲历记》,中国文史出版社 2001 年版,第 261 页

△ 英、荷二属各埠革命思潮不断扩大,新加坡《图南报》在民众中具有较强号召力,影响巨大。

冯自由《南洋华侨与革命运动》：

是年冬复偕胡毅生、黎仲实、邓慕韩等取道赴越南西贡，旋至星洲。适是时五年不得入境之期已满，诸同志遂欢迎登陆，寻倡设同盟分会，为南洋英、荷两属之革命总机关部，假晚晴园为会所。初次开会加盟者，有陈楚楠、张永福、林义顺、许子麟、刘金声、黄耀廷、邓子瑜等十二人。公举楚楠为会长，永福副之，许子麟为会计，林义顺为交际。于是规模渐具，会员日众，更逐渐增设分会于英、荷二属各埠，而革命思潮遂弥漫于南洋群岛矣。

冯自由《革命逸史》第6集，中华书局1981年版，第167页

冯自由《海外各地中国同盟会史略》：

新加坡同盟会成立于乙巳年冬，先是，总理于是岁五月从欧洲赴日本过新埠时，尤列偕图南报同志陈楚楠、张永福、林义顺等登舟相见。总理谓在欧时，德法比诸国留学生已成立革命团体，此行到日本即当组织革命党总部，南洋各埠可设分会，不日当由日本寄来章程及办法，嘱各人预为筹备，楚楠等唯唯。总理莅日后即于六月杪与各省志士发起中国同盟会于东京，是冬重游新埠，适是时该地政府禁止入境之期已满，楚楠等遂欢迎登陆，寻设立同盟分会，为南洋英荷两属之总机关部，假晚晴园为会所，首次开会加盟者，有陈楚楠、张永福、林义顺、许子麟、刘金声、黄耀廷、尤列、邓子瑜、张华丹、吴悟叟、林榦廷、张秉庚等十二人，众举楚楠为会长，永福副之，许子麟为会计，林义顺为交际，以后陆续加盟者，有丘焕文、何德如、沈联芳、卢耀堂、李晓生、李渭川、谢已原、谢心准、谢仪仲、黄乃裳、许雪秋、郑聘廷、胡少翰、何心田、李凌溪、黄康衢、陈武烈、陈芸生、林文庆、陈嘉庚、林航苇、黄吉宸、吴应培、陆秋露、周之贞、康荫田、徐统雄、周华、罗仲霍、黄鹤鸣、李文楷、李竹痴、郭渊谷、胡伯骧等四百余人，复派员分赴英荷两属及缅甸各埠设立分会，楚楠等更向各埠同志招股，重组党报。

冯自由《革命逸史》第4集，中华书局1981年版，第154～155页

冯自由《惠州革命军首领邓子瑜》：

乙巳年(民前七年)冬，总理至新加坡，召集同志于晚晴园，设立同盟分会，子瑜与尤列、黄耀庭、陈楚楠、张永福、林义顺等率先加盟。

冯自由《革命逸史》第4集，中华书局1981年版，第174页

冯自由《南洋华侨与革命运动》：

乙巳冬，《图南报》办事人为华侨冯夏威身殉美约事，发起泣悼会于仁济医院，先期预请当地华民政务司批准开会，英官谓必须尤列不到会始可照准，楚楠等许之。尤闻之大愤，及期先到会场，登坛演说，痛言迁就外人之非，闻者大鼓掌，英吏无如之何也。时有英船载运政府定购之美货至叻埠，码头苦力激于爱国大义，咸拒绝起运。华民政务司乃商诸译员何式宽，何曰："若得陈楚楠、张永福二君代向码头工人疏通，当易为力。"英吏遂延陈、张至署，请其设法劝告各工人勿抵制美货，陈、张严词谢绝，英吏谓只须君等具名解释英轮所载美货乃政府先期定购之用品，与寻常商货不同，即生效力，不必为劝告工人语亦可，陈、张勉为署名，此项公告张贴后，不及半日，英轮之货完全卸陆。英吏闻之，始知《图南报》对于社会之势力，感为诧异不置。

冯自由《革命逸史》第6集，中华书局1981年版，第164页

△ **张之洞致电东京李监督宝巽并转告湖北众学生，要求他们勿随众作闹。**

张之洞《致东京李监督宝巽转交湖北众学生》(光绪三十一年十一月十二日辰刻发)：

闻各报所载，日本文部命令，中国学生有误会处，遂有忿激之举，鄙怀实深悬念。鄂省虽

不得其详,总之当以和平商办为是,方不失儒者气象,且与两国邦交,将来游学事体有益,万不可卤莽从事。即使他省生事,湖北学生素明礼义,能知大体,名誉最佳,向来中外同声佩服,断不必随众作闹,如此则东人敬重,中国学生尤敬重湖北学生矣。傥实有万难忍受情形,可详晰电告鄂省,以便设法维持。特竭诚劝戒,千万勿生事端,致碍游学大局,至嘱。

国家清史编纂委员会·文献丛刊《张之洞全集》(11),武汉出版社2008年版,第258页

12月9日(十一月十三日) **陈天华投海之翌日,秋瑾致兄秋誉章告知为抗议日本取缔规则表达归国之打算。**

秋瑾《致秋誉章书》其十:

今留学界因取缔规【则】,俱发义愤,全体归国,此后请勿来函,大约十二月须归来也。

《秋瑾集》,上海古籍出版社1979年版,第45页

△ **清政府注意考察中国西洋留学生以延揽人才备将来襄办一切新政之用。**

《政府注意西洋留学生》:

政府与出洋五大臣会议,以此次考察各国政治,必须留意延揽人才。所有现在西洋之留学生,可择其品学兼优者,酌带回国,以备将来襄办一切新政之用。

《申报》,1905年12月9日

△ **日本文部省发表声明《省令趣旨说明》,对"取缔规则"作了一定解释。**

张篁溪遗稿《1905年留日学生罢课运动始末》:

时日本文部省为缓和风潮起见,将《规程》第九、第十两条释明之文,交我使馆公布。文云:

一、第九条所定,系令学校为留学中校外之约束,以免为不良之徒所引诱,于其品行、经济、卫生等项各有裨益,并为邻邦留学诸生谋教育功效起见,如与以上各项无碍,或居亲友端人之家,由此通学,或自行赁屋居住,自成一户,固非本条之所禁止也。如学生禀中所举各项,自无此种不利之累,据该生等所禀请之事,究系该生等未明本条旨趣,遂致转生疑虑也。

二、第十条所定,专为性行不良,如紊品行,害秩序,罹刑律等类,竟致斥退者而设,并为防范未然起见。如系学生实情,且于必要之事项攸关,静稳陈述其冀望之处,此等自不在性行不良之列,如系学生禀请之言,是误会本条意义之所致也。

文部省对于此次风潮,虽欲使之缓和,但《规程》则并无取消之意。以我国留学生有一部分主张取消全部《规程》者,认为误会其《规程》之意旨,特为说明书曰《文部省令趣旨说明》,由外务省用正式公文,转致我国使馆。并又照会公使,谓:说明书中所称之"清国公馆",除指清国公使馆外,复兼公使所委任之机关而言。经此解释,领事馆等固为正式机关,即留日学生总会,亦为日本官方所承认。《文部省令趣旨说明》全文备录如次:

清国人之游学于我国者,近来益见加多。留学诸生既经渐次增加,若收容之学校及宿所等,其设备之内容,苟有不完不适之处,则留学诸生,或有不能切实达其目的之处。文部省有见于此,欲使留学生完全修其所志望之学术技艺,以达留学之目的,因于为清国人而设之学校,设相当之规程。其事视为切要,特于本年十一月二日,发布此《规程》。至于《规程》之精神,原以监督此等学校,欲使未通我国之事情者,亦得安然入学,修了其所志望之学术技艺,以达留学我国之目的,而非以拘束留学生,亦一见此《规程》者所可知也。兹试就该《规程》

申说其义。《规程》中所最要者，如入学、转学、退学之际，须由清国会馆绍介及承认。学校应设各种簿册、学校之选定、宿所之制限等类，不过只此数项，应将逐项说明如左（下）：

凡公立及私立学校，许清国人入学时，其入学志愿书，应令附呈在本邦清国公使馆之绍介书。是不仅该学校于管理上在所必要，而清国公馆亦可有周知该各种学校一切情形之便，俾各留学生于其目的所在决定所入之学校时，可得适当之助言，而有不致贻误之虞，且于入学后有安全得遂其志望之便。至转学、退学之时，须令其附呈原绍介之清国公馆之承认书者，当入学时既经其绍介，则转学、退学时，亦应请其承认，乃理之当然。总而言之，原欲使清国留学生得遂其志学之目的耳。

凡许清国人留学之公立学校及私立学校，应设教员名簿及清国学生学籍簿，系专载教授职员及在学生徒于教育攸关切要事项，以管理上所不容阙者。凡属学校，乃分所当为之事，是以中学校及认定学校等，均有此定规。即令无此定规，其稍见整顿之学校，罔有不设此种簿册，是为学校施行教育所必要者也。

凡许清国人留学之公立及私立学校中，如文部大臣认为适当者，或据该学校申请特为选定者，此其趣旨不过查察此等学校之当否，通知清国政府，以供选学校之便，俾该留学诸生得受适切教育，易见功效。而查察此等学校之适否，以之通知清国政府，以上云云者，因对此种学校，自应于一般学校所设定例之外，另立相当之规程，本属当然之事。如专收我国学生之私立学校，当文部省就其成绩认定之而附与以某种之特权者，亦有特别监督之例。是现所实行者，不仅于收容清国留学生之学校而特设此制限者也。

凡经文部省选定之公立及私立学校，令清国学生住居于寄宿舍及学校所监督之旅馆等者，因寄宿于该学校之寄宿舍或住居于该学校所监督之旅馆及他处，实有切要之趣旨。如自炊及共同宿所等类，不但在不禁之列，且将认为得所。盖普通旅馆，专以牟利为心，其不良者，难保不以清国学生未通我国事情，视为奇货，往往弄其手段，引诱使坠入迷途。故令学校指定妥当旅馆及他处所，归其监督，责无旁贷，是在保护学生健全所必要之事，而非拘束之意，了如指掌。在我本国学生，自通本国事情，尚有设立寄宿舍或以公认之旅馆令其寄宿之法，以便校外监督之事，况于未通我国事情之清国学生，行兹相当保护监督之举，不可谓为当然之措置耶？

至于因性行不良，既经斥退者不许入学一节，盖紊品行、害秩序、罹刑律等，似此品行不端之徒，听其入学，将有破坏一般学生风纪之虞，故此节不外因保护纯良学生，俾可安全力学起见而已。

总而言之，关于清国人留学之公私立学校所有规定，该命意之所在，原为指导诱掖清国留学生，令其安全向学，建其目的，使该生等各受善良之教育，得毕其学术技艺之业，庶不负其远方游学之志，亦足以敦两国修好之谊，此文部省之所深为留意者也。

文部省普通学务局长　泽柳政太郎

明治三十八年十二月七日

中国政协北京市文史资料委员会编《文史资料选编》第33辑，北京出版社1988年版，第102～105页

△ **联合会作出“全体归国”的决议，并为实施此一决议进行不懈的斗争。**

张篁溪遗稿《1905年留日学生罢课运动始末》：

文部省上项文件，由外务省转到使馆，公使杨枢，即据以通知总会。总干事杨度，以文部省即已颁布《省令趣旨说明》，知取消《规程》已不可能，而联合会方面，意志坚决，锐气方盛，

深感事态棘手,穷于应付,故于接到使馆通知后,未敢宣布,将原件退回使馆。翌日(阳历九日,阴历十三日),联合会人得讯,急至牛込柳町杨度寓所,探询究竟,则杨度已不知何往,寓中只一幼女而已。或谓度已潜赴横滨避匿……联合会同人,乃在会馆集议,以杨度既已弃职而去,而留日学生总会执行部干事亦多有辞职他往者,遂推选总会前任干事湖南人曾鲲化为总会干事长,联合会代表人等皆为干事。当即决议:(一)全体归国;(二)在上海设学堂。并分告各校代表:“取消全部《规程》之交涉,已告绝望,倘不全体归国,势将贻笑外人。且吾八千人,果悉同盟回国,于彼邦经济界甚有关系,彼虑穷乏,必遂吾等要求,不患省令之不允取消也。”然各校代表中,意见甚不一致,倡言不赞成归国并不赞成停课者,实繁有徒。甚有运动校长及教员,请求开学上课者。联合会人以彼等破坏团体、妨害行动,于十日(阴历十四日)在会馆召开大会。届时,会馆楼上下及庭院墙壁间,檄文粘贴殆满。标题有“紧急!紧急!”“看!看!看!”“大注意!”等字句,旁加大圈志之。其文则曰:“日本以野蛮之手段,侵犯我等神圣自由平等之天职。”又曰:“全体回国,勿受其辱!俯首忍垢,磔杀不贷!”余亦不出“全体回国,毋稍观望”等语。其署名则曰“黄帝之子孙”,或曰“大汉之国民”。又多定于某处集合之揭示,则用各省同乡会之名义。复有绘以讽刺图画,滑稽突梯,令人失笑。然甲贴之,而乙剥之,丙又贴之,循环不已。阶梯间,人影来往,升降繁忙。当场宣誓画押决心回国者,凡八十余人,除湖北湖南两省外,以四川籍者为最多。其不肯宣誓画押者,揭姓名于壁间,斥为“甘作日本顺民”,而横标四大字于额曰:“与众共弃”。复有人倡议组织敢死队,执行纠察部职务,声言:“如不回国,众必杀之。”敢死队既组成,队员皆藏刀于外套中,梭巡各校附近,遇有拒绝回国之表示,或仍追逐逸乐之行动者,辄加干涉,毫不宽贷。闻早稻田大学之安徽人某君,以昌言不愿回国,被敢死队刺伤。又有北洋官派之某员,与日女狎居,亦为敢死队将二人殴伤。胆怯者以满城风雨,不遑宁处,多有旅行箱根、函馆等地以避其锋者。各省代表召开同乡会,研究回国问题。直隶首先开会,四川、湖北、浙江及吾广东等省继之,皆以意见分歧,未得结果。但代表等以在联合会议时,负有督促全体退学回国之责任,故竭力劝令填写退学志愿书,遂有不愿回国而亦勉强填写者。闻浙江同乡在锦辉馆开会,秋瑾又袖出短刃,掷案示众,并指名若干之意见不同者,当场宣告死刑,蒋方震、蒋尊簋、许寿裳、周树人等,均在其内云。

中国政协北京市文史资料委员会编《文史资料选编》第33辑,北京出版社1988年版,第106~107页

12月10日(十一月十四日)　留日毕业学生程家柽于东京《朝日新闻》发表《反对清国留学生取缔规程之理由》一文,说明中国学生既在日本受教育,应与日本学生一视同仁,受同等待遇;现在制定一个特别规则专为取缔中国学生,绝无理由接受。

程家柽于1905年12月10、11日东京《朝日新闻》发表《反对清国留学生取缔规程之理由》:

某报章曰:清国留日学生因解释文部省命令过于偏狭,结果不满云云。此可谓观察事情最为粗疏之言也。何哉?盖吾人之所愤,在于文部省加于吾人头上之特别取缔之事实,纵不问其规则之内容,吾人亦断不能接受……今以学生之身,抛弃其学业,而欲维持自家之体面,非有非常之决心,固不能为也。故吾人于停课之先,已对学校当局披沥吾人之胸怀,而当局亦体谅吾人之心志,而后吾人始实行集体罢课。若不能贯彻吾人之意,则吾人唯甘去日本而已。已能自来,爰不能自去?天地悠悠,世界何处不可任吾人翱翔,既深恶祖国专制,志于推翻,又何苦郁郁受异国专制压迫耶?

某报章又曰:此乃出自清国人特有之放纵卑劣之性情,其团结力亦颇薄弱云云。吾人今

日何俱于打破此失实之言！呜呼！放纵卑劣，清国人之特性云乎哉?

〔日〕实藤惠秀著，谭汝谦、林启彦译《中国人留学日本史》，三联书店1983年版，第396～397页

黄福庆《清末留日学生的政治活动——取缔规则风潮个案初探》：

程家柽亦发表《反对清国留学生取缔规程之理由》一文于朝日新闻，表明态度称：中国学生既在日本受教育，应与日本学生一视同仁，受同等待遇，今制定一特别规则专为取缔中国学生，则绝无理由接受。昔日，日本政府亦有禁止华商与日人杂居之议，因华商群起反对而作罢。在中国国内华商多属中流以下之人，而留学生则多中流以上子弟，前者不受取缔，偏要后者受管束，实不能忍受。况世界各国尚无颁布取缔留学生规则之例，独日本有此举，不能不拒绝。目前中国学生留学于日本者，有九千之数，平日虽有温和激烈之分，宗旨莫衷一是，但对于取缔规则咸以为有辱国体，九千学生已成一体，唱议集体罢课，如不能贯彻初衷，不惜返国。程还满怀感慨表示，天地悠悠，世界何处不可任吾人翱翔，既深恶祖国专制，志于推翻，又何苦郁郁受异国专制压迫耶？程以为此项规则，徒伤留学生感情，有害而无益，吁请文部省早日收回成命，并希望世上有识之士讲求事实，作适当解释，并扬言留学生定以士君子态度与此事相始终，断不作粗暴举止。

中华民国史料研究中心编《中国现代史专题研究报告》第2辑，中华民国史料研究中心1972年印行，第137～138页

中国之新民《记东京学界公愤事并述余之意见》：

今次之决裂，其原因决非徒在此规则问题也。盖蓄愤甚久，而借此一泄也。(一)以近今日本对韩政策，在在痛心怵目，学界稍有血性者，无不表哀怜于韩，及闻有清韩取缔之风说，益挑拨其恶感。(二)日本战胜后，其对于中国之政策，似有变动，舆论多恃威逼主义，而现在方在北京会议满洲事件，相持未决，学界以爱国之故，对于日本多感不快。(三)在东习普通者，于其所入之学校觉其教科之不完备、管理法之混乱，平昔已不胜感慨，特以求学之故，舍此无途，含辱忍垢以就之。(四)日本报纸对于我学生常有嫚辱之批评，使我不堪。以此诸原因，故其恶感情磅礴郁积于胸中者既久，如炸药遍地，待热度而爆发。此规则之发布，则无端而忽予之以导火线耳。

梁启超《饮冰室合集》集外文，上，北京大学出版社2005年版，第294～295页

12月11日(十一月十五日)　张之洞致电岑春煊，对粤汉铁路广东本省之路所拟《简明章程大纲十条》表示赞同。

张之洞《致广州岑宫保》(光绪三十一年十一月十五日戌刻发)：

粤绅梁阁读庆桂、黎道国廉、知县周麟述奉尊批来鄂，会议开办铁路办法，除三省公共条款十七条另电详达外，兹经梁署臬司会同三粤绅，专就广东本省之路，拟呈简明章程大纲十条，其文曰：一、绅等酌拟简明章程大纲十条，请张宫保电商两广督宪岑宫保，会同核定，迅赐示知，仰粤中绅商早日设立公司开办，以免迟延。一、议三省合办，分设公司，各招各股，各筑各路，以清界限。所有各省公司数目，皆由各公司自理。至于利益均分，另详三省会议章程。一、议若归商办，自必多集商股，惟股东必有自保资本权利，乃易招集。所有公司财政、贸易、用人等事，请由股东公议举办。举用之人仍当禀官立案。一、议公司自当遵守宪章，若有妨害治安、违犯法纪，请地方官按律办理。一、议公司工程、行车事宜，请由官随时稽查。一、议公司购地、筑路等事，必借官为保护，所有监督以下各员，专管考察该公司购地作工、招股行车数事内之纲领大端，其细事勿庸过问。银钱出入均不参预，拟由公司公举，禀候大宪核定

札委,惟监督须举公正司道大员,以昭郑重。以上所言数大端均须通知监督,以便监督随时考察。一、路事重要,若有关涉他项商民利害及与外省路政关涉者,必须察由本省督抚宪、铁路大臣核定,方能举办。一、议筹款拟仿外国签札付债票及劝业银行章程,变通办理,议收二元票二十万张,共收银四十万元,以三成十二万元开投,分别各等特利。不论曾得特利与否,俱作为铁路股票。筹款详细章程另行抄呈。一、议派人分赴外洋招集股分,所有章程容详细议定续陈。一、以上筹款两条,将来成效未能悬揣,若须变更,随时禀请核示遵办等语。敝处批云,所拟粤路简章大纲十条,以本部堂意见论之,均属妥协。惟路属粤省,应候两广岑宫保详核批示,方为定论。至公举监督以下各员一条,应明订章程,大小各员概由本省发给薪水、夫马,断不必开支铁路公司款项,以节糜费,而肃官方。候即电商岑宫保,请其速覆,以便定议开办,并由该绅等自行发电请示可也,等因。此系粤事,鄙人本拟不批,无如诸绅再三切恳,谓六千里奉批远来,必欲得鄙人一言而后已,故略为批覆数语,以答其意。务请尊处详加酌核,迅赐电覆,至祷。

国家清史编纂委员会·文献丛刊《张之洞全集》(11),武汉出版社2008年版,第258~259页

12月14日(十一月十八日)　留日学生近三百人为抗议日本政府颁布的“取缔规则”,集体退学返国。

首批集体归国者在12月14日出发。据1906年1月号《太阳》所记:

其中二百四人,十二月十四日乘邮船公司的上海线的安徽号,首先启程回国。

〔日〕实藤惠秀著,谭汝谦、林启彦译《中国人留学日本史》,三联书店1983年版,第397页

黄福庆《清末留日学生》:

第一批集体返回的是十二月十四日,有近三百人。其后连续多批。归国学生的人数,各种记载并不一致,估计约在二千人左右。

黄福庆《清末留日学生》,中央研究院近代史研究所1975年版,第296~297页

冯自由《共进会首领孙武》:

孙武,原名葆仁,字尧卿,光复后间署摇清,号梦飞,湖北夏口柏泉人,太平天国处州王永忠之孙也。……甲辰,吕大森、曹亚伯等组织科学补习所,谋革命。武加盟,负责运动军队会党,事泄,亡日本,入成城学校习海军。未三月,日本政府下取缔中国留学生令,留学生大哗,开会抵制,举胡瑛为会长,宋教仁为外交长,武为纠察长。力争无效,乃相与归国办学。武返鄂,适刘静庵组织日知会,武加入,佐静庵办江汉公学及党务。

冯自由《革命逸史》第6集,中华书局1981年版,第200页

△ 张之洞致电岑春煊,就粤汉铁路鄂、湘、粤三省会议公共条款十四条及续拟章程四条征询其意见。

张之洞《致广州岑制台》(光绪三十一年十一月十八日未刻发):

粤汉铁路鄂、湘、粤三省会议公共条款十四条:一、赎路款英金壹百拾万镑,照七分摊派。未赎之金元小票亦照七分摊派,湘、粤各认三分,鄂认一分,所有应付本息均按镑价、金元价依期拨交湖北汇总转给。若交款期忽有涨落,仍按原分摊派。湘、粤应各举一绅住鄂省局内,会同经理此事。一、三省拟公聘勘路工程师一人,将全路复勘一次,以定确实路线,其用费勘至何省境地,即归何省认付。一、三省除公聘勘路工师一人外,其修路工师以及各项工人,均由各省自行选雇,如于公用工师一人之外,愿自聘工师复勘者,亦听其便。一、三省铁

路各筹各款，各从本境修起，务期全路早日接通。故议定路工三省同时并举，尽款先修干路，干路未成以前，三省皆不得另修枝路，致误大工。一、三省所修干路，无论修成若干里，但能行车见利，其所得净利应彼此统行核计，各按成本多寡摊派利益，均以开车之日起算。一、湘省路线较长，今为全路迅速竣工起见，湘、粤两省公同议定，粤省修至边境后，湘省愿将宜章以下至郴州属境永兴县止之路工，让归广东代修，一切权利均归广东收管，以路成后二十五年为限，湘省可按照广东修路原用工本，备价赎还。如果粤省筹款或有不足，自当另议。惟须于一年之内先行知照湘省，以便湘省预筹款项，接续自修。一、三省分境修路，应互相催赶。如此省修勤工速，成路日多，彼省修缓工迟，成路见少，应令少修省分摊认多修省分所用工本之利息，以免迁延。每届一年，彼此比较结算一次。一、广州已成省佛支路所得车利，应专解赎路款，仍按鄂一、湘三、粤三摊派。一、合兴公司已筑粤境干路工程及未用材料，应请派员确估价值若干，由粤认出，按鄂一、湘三、粤三分领。一、合兴公司已购粤境干路地基，应核查契载款目，由粤省认出，归鄂一、湘三、粤三分领。一、三省既按本分利，应彼此互派人员稽查。其详细章程候复勘后、开工前另订。一、三省议定全路需用之钢轨、一切钢铁料，统向汉阳铁厂订购。铁厂所出货色、所定价值，无论运至鄂省、湘省、粤省，均应按照洋厂一律，不得格外抬高。各省即不向外洋购买，以保中国自有利权。一、鄂、湘、粤三省筹款招股办法，各就本省情形另订章程，禀请核定，总以彼此不相侵占妨损为主。一、全路告成以后，所得行车之利，除开支公司薪水、工食、局用及养路经费、拨还赎路借款本息、核给股本息银、酌提公积款项外，所余净利，酌量仿照外国铁路各公司办法，以若干报效国家。惟恳请将一切浮费概予删除，以恤商力，庶于招徕股商之道大有裨益。其余全归股东自行议章分派。续拟章程四条，拟暂作附条。一、此项铁路如遇公家有运兵转饷以及水旱偏灾运赈之类，所有转运办法应查照外国商办铁路公司章程，参酌办理。一、遇有战事，本国用以转运，尤须防敌国暗中利用此路，应如何稽查防范之处，应查照外国商办铁路公司章程，参酌办理。一、各学堂游历学生以及海陆军人，如持有公家发给之特别文据，均应照章减价，但此项文据须查照外国办法，明定限制。一、建筑此路所纳之营业税，应查照外国商办铁路公司章程，参酌办理等语。请酌核速示覆。

国家清史编纂委员会·文献丛刊《张之洞全集》(11)，武汉出版社2008年版，第259～260页

12月17日(十一月二十一日) 《申报》载文分析中国留日学生同盟退校原因及其价值。

《留日学生同盟退校之原因》：

阳历十二月十四日起一大风潮，留学生纷纷同盟退校，其原因极复杂。……此事初起办法本定先交涉，继休校，三归国，乃矢出弓拉，遂至以第二为第一办法。……推取缔规则之由来多以为出于清政府之嘱托，或杨枢之做鬼故。日政党中亦有不赞成者，市会中人亦有反对者。然政府一边人则曰全出于好意，恐受不肖日人之欺，故名为取缔留学生，其实，即取缔各学校。盖观其规则，固无极不可忍之条也，然留学生之所争者，不在条例之宽严，而在侮辱国体，丧我人格宜乎？意见之不相合也。近日已电达南北洋大臣并北京及各省学务处，而归国者均已整理行装，不日就道矣。……某尝言于知己者曰：此事团结如此，足征我人之进步。所惜者未有取缔规则以前不能自重自爱，往往有贻笑外人之事，致日人得乘隙而出此野蛮手段以图媚清政府，而握教育之实权。然见兔顾犬，亡羊补牢，尚未为晚。经此磨砺，益加自勉，则日本之玉成我辈正不少耳。

《申报》，1905年12月17日

12月21日(十一月二十五日) 张之洞致东京李宝巽监督严禁湖北留日学生聚众退学中途回国。

张之洞《致东京李监督》(光绪三十一年十一月二十五日亥刻发):

留东学生聚众退学一事,业经本部堂电饬传谕湖北各学生切勿卤莽从事。嗣复由学务处梁署臬司同各堂师长、各生家属电属各学生,仍前上堂,勿为人诱惑。该监督自应剀切劝谕学生,恪遵训诲。乃旋接铣电禀,辄请筹给各学生回国川资,每人四十元,约需五万元,加以已毕业者所需益多,非七万元不足分布等语,实深诧异。正在查译日本文部省所订规则,详加讨论。兹忽接来电,已由该监督暂允学生请假归国,并各支给学费月费二三月不等,现在款已发罄,求饬电汇等语,尤堪骇怪。此等举动,关系大局,支给款项数至累万,岂有不候批示,竟由该监督擅允擅给之理。如此荒谬糊涂,实在意料之外。各该学生不听官师父兄训戒,借端索费回国,置学业于不顾,大负本部堂期望之意。凡已动身回国者,以后永不准再请游学。其尚未动身者,应即责成该监督迅速传谕各生,将学费缴回,静候杨钦差与日本文部省妥商办法,勿得擅归。若不遵此谕,即系无志向学之人,本部堂断不稍加姑息。电到,该监督即速将遵办情形飞电禀覆,切切。

国家清史编纂委员会·文献丛刊《张之洞全集》(11),武汉出版社2008年版,第260~261页

12月22日(十一月二十六日) 秋瑾致长兄秋誉章告知因抗议日本取缔规则无效,留学界决议全体归国,自己决定本月归国。后乘"长江"号商船回到上海,积极从事革命活动。

秋瑾《致秋誉章书》其十一:

大哥大人手足:接读来函,知尚未接到妹退学之函。近日留学界全体同盟罢议,力争规则之辱,不取销则归国交涉,因公使不为助力,难达第一之目的,故决议全体归国,故纷纷内渡已及二千余人。妹已定此月归国,以后再作行止,不能不作后日糊口计也。

《秋瑾集》,上海古籍出版社1979年版,第45页

王时泽《回忆秋瑾》:

一九〇五年十一月二日,日本文部省公布《清国留学生取缔规则》,留学界异常愤激(当时在日本的中国留学生总数达七八千人),无形中分成两派:一派主张立即退学回国,另在上海办学以洗日人取缔留学生之耻辱;一派认为既来求学,即宜忍辱负重,学成然后归国。双方各执一词,互有辩驳,争之至烈。我那时倾向于后者,而秋瑾与陈天华、田桐等人则都是力主迅速回国的。这年十二月八日,陈天华愤而蹈海自杀。自陈天华投海后,秋瑾受了很大的刺激,决计立即回国,自谋出路。在陈天华投海的第二天(十二月九日),她就写了一封信给大哥秋誉章,告以留学界因取缔规则公布,"俱发义愤,全体归国,此后请勿来函,大约十二月须归来也。"同月二十二日,又寄书秋誉章说:"近日留学界全体同盟停课,力争规则之辱,……决议全体归国,故纷纷内渡已及二千余人。妹亦定此月归国,以后再作行止。"在我的记忆中,秋瑾是在一九〇五年年底以前由东京动身回国的。

中国政协文史资料委员会编《辛亥革命回忆录》第4集,文史资料出版社1981年版,第228~229页

1905年12月25日,秋瑾乘"长江"号商船回到上海。钱方来《秋瑾与王金发》:

徐锡麟、王金发等到达日本正是在日本文部省颁布《取缔清韩留学生规则》而引起学界风潮之时,秋瑾在"取缔规则风潮"中,极力主张全体留学生罢课归国,她自己于一九〇五年十二月二十五日乘"长江"号商船回到上海。

王去病等主编《秋瑾革命史研究》,团结出版社1997年版,第177页

陶成章《浙案纪略·秋瑾传》：

湖南陈天华蹈海死，瑾亦从此逝矣。

中国史学会编《中国近代史资料丛刊·辛亥革命》第3册，上海人民出版社1957年版，第61页

徐自华《秋女士历史》：

乙巳冬，为取缔规则事，女士恶外权强迫，拂衣竟归。

郭延礼编《秋瑾研究资料》，山东教育出版社1987年版，第77页

陆曼炎《中华民国开国前革命文献》：

一九〇五年，日本政府受清使唆使，发布取缔中国留学生规则，以限制我留学界之革命活动。秋瑾女侠乃偕同志数人，首先回国，以示抗拒。

陆曼炎编《中华民国开国前革命文献》，名山出版公司1944年版，第78页

秋瑾《致王时泽书》：

吾与君志相若也，而今则君与予异，何始同而终相背乎？虽然，其异也，适其所以同也。盖君之志则在于忍辱以成其学，而吾则义不受辱以贻我祖国之羞；然诸君诚能忍辱以成其学者，则辱也甚暂，而不辱其常矣。吾素负气，不能如君等所为，然吾甚望诸君之无忘国耻也。

吾归国后，亦当尽力筹划，以期光复旧物，与君相见于中原。成败虽未可知，然苟留此未死之余生，则吾志不敢一日息也。吾自庚子以来，已置吾生命于不顾，即不获成功而死，亦吾所不悔也。

且光复之事，不可一日缓，而男子之死于谋光复者，则自唐才常以后，若沈荩、史坚如、吴樾诸君子，不乏其人，而女子则无闻焉，亦吾女界之羞也。愿与诸君交勉之。

《秋瑾集》，上海古籍出版社1979年版，第46～47页

褚辅成《浙江辛亥革命纪实》：

先是，光绪三十一年同盟会成立于日本东京，秋瑾奉党魁命回国为革命运动，先至嘉兴，征得党员不少。冬季到杭垣，寓过军桥荣庆堂客栈，运动弁目学堂学生周亚卫、吴斌、徐忍茹等多人加入光复会。

中国史学会编《中国近代史资料丛刊·辛亥革命》第7册，上海人民出版社1957年版，第151页

徐双韵《忆秋瑾》：

我们受到秋瑾至诚的感化，就先后秘密加入了同盟会与光复会，经常进行革命活动了。

中国政协文史资料委员会编《辛亥革命回忆录》第4集，文史资料出版社1981年版，第211页

△ 中国留日学生总会为处理抵制取缔规则事公布临时、归国及善后诸条件。

是年12月22日《申报》刊载《留日学生总会公布条件》：

公布第一号，总会第二期选举职员，干事长曾鲲化，副干事长张继，庶务王克容、胡瑛、匡一，书记陈应龙、钱良骏、王凫坤、韩汝庚，收支科周珍、吴永珊，调查科朱剑、曹亚伯、丁厚扶，招待科景定成、刘四、赵保泰，学务科李锺奇、胡承喆、廖嘉淦。

第二号，临时条件：（一）回复总会秩序。（二）凡对内对外一切发布事件须经本会承认。（三）全体会员宜和衷共济，不得互相攻击，作无理由之冲突。（四）不得藉取缔问题昌言革命。如有粘贴及印行者，本会有撤销之权。（五）各省机关须归本会统辖。（六）筹集经费一照平常征收，一由学校量收。（七）职员须各尽职务，不得稍存意见。（八）凡本会所举议决发布条件，必期一律执行。

公布第三号：第一项归国办法：（一）全体学生一律准备回国。（二）商轮开轮一次即归国一次，包招待员二人经理船票、行装等事。（三）每次归国之学生就中举代表一人经理一

切,每二十人以上就中举纠察员一人整饬秩序。(四)每次归国人数即由招待员于买船票时记明姓名报告本会。(五)每次归国学生由代表人记录姓名及通信地址交存上海总会假定事务室。(六)在上海设立留学生假定事务所。未完。

《申报》,1905年12月22日

是年12月23日《申报》刊载《续留日学生总会公布条件》:

第二项善后办法:(一)由本会将归国理由报告学部,但各省学务处由各省分照会本会报告之理由。(二)要求学部将准东派送留学生之官费给与本会办理,上海专门高等各学校,各省送留学生之官费由各省分会筹补。(三)开临时总会,干事及各省职员长合会选举特派员二人赴北京办理一切事务,由各省分会选举特派员向本省学务处商办一切事宜。(四)选推开办起草员二人,教员起草员六人研究学校办理及教育方法。(五)专门高等学校之教育,聘外国人充当普通学校之教育,聘本国学问之程度最高考[者]充当。(六)由本会要求公使电致北京及各省认明此次特派员回国之理由及其事件。(七)全体归国后即移本会于上海作总机关,各省选举职员为相属分机关,以便统筹全局。十二月【二】十二日中国留学生总会公布。

《申报》,1905年12月23日

△ 日俄和议订立后,日本政府派代表到北京进行谈判,使清朝政府承认俄国在满洲南部的特殊地位完全由日本继承。中日在北京签订《会议东三省事宜条约》。

12月24日(十一月二十八日)　汪精卫与胡展堂(汉民)、朱执信等组织维持留学界同志会发布《维持会会章》。

《维持会会章》:

近顷我同学以反对日本文部省令第十九号事,土崩瓦解,不可收拾,时势益岌岌。仆等迫不得已相与组织斯会,谨披沥悃忱以告我同学曰:孟子有言:越人关弓而射之,则己谈笑而道之,无他,疏之也。其兄关弓而射之,则己垂涕泣而道之,无他,戚之也。仆等虽至不肖,辱在同学。思兄弟急难之义,尽朋友责善之道,安得无一言?今日为我留学团体危急存亡之日,即微仆等言,我同学亦当知之。此事关系至钜:(一)是非不定则公理不显,此后率于感情辄盲进而为破坏,后患胡已?(二)使吾留学生失信用于国民,此后虽欲劝善匡过,其道无繇。(三)留学生团体一旦破散,直接于吾国学界前途生至大之影响。夫此三者不待犀鉴已炳然,为众所共喻。而我同学寂然若不为意者,何也?主动者讳过而不欲迁善,罴听者又扰扰而不知所届,而明哲保身者又持重以观成败,不有挺起而筹障挽之者。变幻方长,宁可思议,故本会联络同志以维持学界自任,设立事务所以为机关,至其宗旨,则有专章。其理由则其于历次意见书,兹不赘及。我同学鉴其愚悃,乐表同情所大愿也。若宣誓示反对,亦望赐以驳论,俾因疑难以获真理。抑更有言者,斯会成立,不自今始,实权舆于畴日争点最烈之时。其时虑以一团体独立,易启阋墙之衅,故宁俟我同学之自悟以转圜于无形。今者时势之危,间不容发,计无复出,义无反顾,苟能转危为安,虽死无悔,无任激迫悲痛之至。特此宣告,伏祈公鉴。

会章:

一、本会以维持学界秩序为宗旨。

二、本会专以研究学界留学生应得之利益而止,不涉及政治上及国际上之问题。

三、此次文部省规则既经解释,于本会原章之目的已达,应即劝告各校同学一体上课。

四、本会举代表若干人,理事若干人,调查若干人,代表本会并司理、调查会内会外一切事项,其职务由理事会自定。

五、本会对于其他团体行动,非经公认者,概不服从其所生各种关系,本会亦不代认其责。

六、本会一切行动,概不受会外之干涉,如有侵犯本会会员自由者,本会有保护之义务。

七、本会对于留学界一切善后事宜,当协助办理,以期增进同学之公益。

八、本会章为临时规定,一俟此次事件办理稍有头绪,再行开会,另拟会章,改为平时组织。

附启者,本会自成立以来赞同者日盛,兹特改定会章,设立事务所于牛込市谷药王寺前町七十一番地,如续有愿入本会者,请将地名、住址及原在学校发函通知本会为幸。

阳历十二月二十四日

对待之方法

全部反对之必不可。如上所述,然则吾人所当争者,惟第九条第十条而已,其争之之理由,于解释条文时已详论之,吾人力争此为目的,则不可不研究达此目的之手段。

观今日留学界对待问题之手段大约三种:

一对于日本政府之手段。欲问此手段之可行与否,当先知文部省之效力如何。夫省令非内阁总理大臣不能中止之,而人民对于行政命令不能反抗,不能诉愿于解释条文时详之,其必不可行甚明也。冒昧为之,非惟无效,实足以败名誉而贻人以口寔耳。

二对于本学校之手段。夫定此规程者文部省,非学校也。吾人对于学校无由有恶感情而一时盛倡停课之说。此有影响于学校不小,语其得失,当有专论,无俟鄙言。

三对于本国公使之手段。此留学生总会所用之方法也。盖吾人对于第九条第十条虽有充分之理由,而无由与日本政府交涉,可与交涉者独公使而已,亦非法律所许也。第基于国际上之情谊而已,吾人以正当之理由,语诸公使,俾从事商榷可有效也。即使无效而拂衣归国不乐居此,是非曲直必有能辨之者,故吾以此时所当务者,当督责总会使促使馆与为交涉,此外未有良策也。

《大陆报》第3年第21号,1905年,"专件",第85~88页

《维持留学界同志会致各学校联合会诸君书》:

各学校联合会诸君公鉴:今者仆等谨披肝胆抒诚款欲就诸君关于留学界存亡问题一下商榷,则先有要求于诸君者,眷令在原兄弟急难。际此死生患难之际,辱在同气。平日虽甚相违,容或许其一言言矣。而不听不敢强也。若先横一不听其言之决心,而挟以临我使言无由进,非天下之至残,且狠度必有徘徊不忍者。仆等于进言之际,先以此热望于诸君。自事之起也,仆等与诸君始终立于反对之地位。阳历十二月初七日,而本会权舆意见书亦于是日发布。自后屹屹不已,续有所言,其中宗旨理由,危言深论,度诸君无不闻见。洎乎本日,而本会机关已成立,更有不能不陈告于诸君者。机关成立之后,本会行动微与前殊,前者知无不言,言无不尽,冀以孤怀苦志感动舆论,今则穷途绝望,时势相迫,欲强固其组织,实行其目的,是故本会与诸君和衷共济,挽回狂澜,实在今日。冲突忽起,团体溃裂,腾笑天下,亦在今日。危机一发,义不反顾,五中激迫,谨为最后之一衷告,并汇本会意见书及会章等致诸左右,愿诸君深察。其言尽弃之,抱将错就错,错要错到底,错要大家错之说,卫顾公义,以共济此艰危之局,岂惟团体可维持不散,即凡有血气者,莫不钦我同学举动光明,能相辅翼,沆瀣

一气，以上不负祖国，下不负所学，无穷希望，实系于此。如其否也，则后此情状竟将奈何？悲夫！悲夫！操戈同室〈事〉，岂忍言哀？我同群艰难，百折相将，远适异国，亦欲将来对于祖国谋同舟共济，中道决裂，互相仇雠，岂复旁观齿冷，实则吾辈先已减绝爱国之念，而后为此。此心岂可自问？然若以非理相迫，则仆等当殉公义而死，宁为阋墙之败类，不敢为学界之罪人矣。谨举所相约者如左：

一请彼此和衷一致以挽学界之危阽，回复秩序，对于文部省令第十九号，则以已得解释，为达留学目的，不更生他种问题，挠动纷扰。

二若不肯降心相从，亦复各行其是，惟留学中人，一方归国一方上课，均有自由，两不干涉。

三本会对于能守秩序，热望修学之人有保护之责任，如或不能相谅，必相干涉，则本会以正当之防卫为充分之报复，即极冲突，不敢辞退。

以上三者别为二项：一私［和］衷共济则如此，二各不相扰则如彼，请惟所择不胜迫切，翘企之至，敬祈公鉴。

维持学界同志会代表人江庸、蹇念益、熊垓、陈棍公启

《大陆报》第3年第21号，1905年，“专件”，第88～90页

《激烈派对待日本取缔中国留学生意见书》：

呜呼！祖国当此龙拿虎攫、鹰瞵鹗睇之时局，而尚能登二十世纪开幕之大舞台占一平等国地位者，曰惟留学生故。惟留学生有自由、有热诚、有团体、能大声疾呼于我四万万之同胞一齐昂首阔步，而不为奴隶，故美约一争，环球震动。举华洋各埠之若男若女、若老若幼、若士若农、若工若商，不崇朝而云集响应，形行影从。即平日之侮我辱我恫我挟我，欲刀俎我、欲瓜豆我者亦相顾色动，腭眙奔告，研究此眇尔华工之何以将脱此奴籍也，曰惟留学生故。惟留学生知公理、持公德、布公论，能使旅居重洋之同胞皆获生活于法律，动作于法律故。

吁嗟乎！巇崄哉！西半球之奴籍将灰，东半球之奴牢又构。其所奴者非民、非农、非工、非商、非老大病夫、非凉血动物，乃日日言自由、日日言平等为五洲视线所环集之青年，社会之将作祖国前途之主人翁之留学生也。呜呼！黑奴吁天尚知为奴隶而生，不如为自由而死，况我留学生！况我留学生！

君不见东十一月二日之新闻所登之日本取缔中国留学生规则一十五条乎？第就表面观之，亦似整饬学校为顾惜彼国教育名誉计者，亦似校外取缔为依据彼国现行法典来者，亦似限制退学为统一彼国学校规则发者，而不知其不施诸本国学生，又不施诸欧美留学生，而专以施诸我，是欲高丽我祖国，故先奴隶我留学界也。且是规则也，置诸文明各国，揆之宪法不合，揆之私法不合，揆之国际法不合。

宪法之保障自由权，非经国会协赞，不能示其制限之义。然不得以特别法律更改宪法，我国与日本国际平等，所享权利除特定例外，应受彼国人民同一之待遇。彼国一日非奴国，即我辈一日同自由。是规则之校外取缔，夺剥我有形的自由也。限制退学，剥夺我无形的自由也。至其剥夺我有形无形的自由，留学界已数见不一见矣。且无论其非经国会协赞，我辈不能服从。即使彼以此规则更改宪法，其对于我亦无效力也。彼虽野蛮，我辈不可步野蛮后尘，贻笑文明各国也。其不合宪法者一。

世界交通均采用平等主义，私法所规定一切之权利义务，除特别之法令条约禁止者外，国人均平等享有。今特颁取缔之规则，日本素无此法令也，专施于中国之留学生。两国又无此条约也。即使定为法令，缔为条约，尚不可阑入光明，赫濯璀璨庄严之留学界。俾我留学

生遵此野蛮法令,认此野蛮条约,而况非法令?况非条约?欧西法律发达最先,尚不敢编一大不韪之法规以束缚留学界。日本何物,竟敢悍然不顾,扰乱世界之文明,是可忍孰不可忍?其不合私法者二。

以国际法论,现今列国之待外人,惟与以私权,而政治军事上之权不与给。于权利之要件三:一照条约,二保护,三放逐及拒绝。按留学生所居地位,应在保护之列。今日日本不惟不保护其自由,并夺去平等国人民之人格以奴隶留学界,其不顾公法而目无祖国也。百喙莫辞。且奴隶为对主国称谓之头衔,其在外国仍不失为平等。我留学生既非祖国之奴隶,更非彼国之奴隶,而乃以奴隶其奴隶之奴隶规则以奴隶我世界,有此公法哉?其不合国际法者三。

呜呼!文明之与野蛮,其程度在有无法律也。自由之与奴隶,其资格在有无人格也。日本以野蛮之手段,灭文明之法律,而使我可亲、可爱、可尊、可敬、可畏、可惧之留学生尽行丧失其自由,投陷于奴隶,视秦政之一举而坑其居心为更惨毒矣。不必夺其生命,更能增我利源,此畜奴之目的。彼国法学者所切实研究者也。故留学生而甘为奴隶也,则此次之规则不可反对。若留学生而不甘为奴隶也,则此次之规则不可不反对。

或者曰:此日廷为我政府作伥也。姑勿论其无是事也。即信有之,能施之于东,即能施之于西。在东留学生占最多数,若先奄奄无生气,在西者焉有存理?留学界告终,祖国全局瓦解矣。夫法国大革命倡自由也,美国大血战谋独立也,法对于内国则尔,美对于祖国则尔,况对国际平等之日本,况对国际平等之日本?或又曰反对之结果,以全体归国为第一要着,此正中之密计也。夫留学生之倡自由,固见恶于政府。留学生之爱国家,第不利于日廷,政府不必言。然日廷可断无是心也。日本蕞尔小国耳,岁致金钱数百万,且握东亚教育权,名实两得之,此留学生之大有造于日本也。招之恐不来,宁肯麾之使去哉?其必出此者正以我政府之畏如蛇蝎者,惟此留学生。我同胞之奉若神明者,惟此留学生。欲制他人之死命,必先试留学生之魔力。魔力而不可遏也则姑,支那之魔力而竟可遏也,则直高丽之矣。不然,伊藤至韩小村使我即于此时宣布取缔规则狡焉。思启之心,尚待问哉?

或又曰奴隶固奴隶矣。然全体归国,无异出奴入奴。隶于日本,团体犹在。奴于祖国,将若之何?不知奴不奴,不必问其地,只当视其人。况与其奴于外人,曷若奴于内国?各省可办学堂也,欧美可资留学也。不留日本而谓天下事竟不可为,未之敢信。若谓西人起而效尤,又将焉往?不知欧美已文明之国也,日本初进化之国也。彼熟知世界公理公法者,宁能出此?即作万一之想,然观欧美之文明发达,先后提倡者止数十人耳。我留学界至万余人结成团体力,而谓不能发明新教育,组织新世界,吾恐非留学生所乐闻也。而况造端结果,尚不至此。

或又曰终身而为奴隶也,是不可忍也。若但为奴隶数年,或稍为奴隶数月,一旦重返故山,即可放出奴牢,开释奴籍,又何不可知?士可杀不可辱,祖国先哲之格言。不自由毋宁死,西方美人之至训。奴隶徽号即一瞬一息一弹指尚不可浸入稍具人格者之脑袋中,况所谓将作二十世纪祖国前途之主人翁之留学生者?无使滋蔓蔓难图也。蔓草犹不可图,况奴种奴根?虽经七十二化身,千百年法眼尚不能磨灭殆尽,而可使光明净土乎?此辈不必认为公敌,但妥筹一切实迅速办法,不使得久作黄帝败类子孙斯可已。

抑更有可为怜惜痛恨者,则以谓此次取缔规则馨香顶祝祷祀膜拜以求而不得者,方感激涕零之不暇,而可出诸反对哉?呜呼!此种奴隶之而不知者,何不幸而出于我支那?更何不幸而出于我支那之留学界也?然若谓其果不知耶?吾意留学界当无是人指监狱而谓志气薄弱者曰:此美室也,汝居之。彼将哑然笑。临火坑而谓心神丧失者,曰此温室也,汝入之。彼将泣然啼。取缔规则縢肘也、鞭棰也,有甚于监狱,有甚于火坑,而谓留学生果不知此,吾不敢信!然则甘为奴隶耶?而又不欲受奴隶之徽号耶?而姑以白为黑以非为是耶?使果如是也,则蠢蠢动物已耳,尤不屑以人类之奴隶视之。呜呼!留学界之自由死,四万万同胞之自由亦死。我等留学生其将何自处?愚等不揣梼昧,谨坚握束装归国还自由为反对,不达之最后办法,惟望同学诸君子有以教之为幸!

法政学生李大钧、黄毓兰谨曰

《大陆报》第3年第21号,1905年,"专件",第91~96页

12月25日(十一月二十九日)　宋教仁为陈星台先生《绝命书》作跋,极力赞扬陈天华的爱国之心。

宋教仁《陈星台先生〈绝命书〉跋》:

此吾友陈君星台《绝命书》。劈斋每一思君,辄一环诵之。盖未尝不心悁悁然悲而泪涔涔然下也。曰:呜呼!若君者,殆所谓爱国根于天性之人非耶?

当去岁秋,湖南事败,君与劈等先后走日本,忧愤益大过量,时时相与过从,谈天下事,未尝不哽咽垂涕泣而道也。今岁春,东报兴瓜分谣,君愈愤,欲北上,冀以死要满廷救亡。殆固知无裨益,而思以一身尝试,绝世人扶满之望也。既而友人沮之,不遂行。然其常言曰:"吾实不愿久逗此人间世也。"盖其抱死之目的以俟久矣。

…………

虽然,吾观君之言曰:"以救国为前提。"又曰:"欲我同胞时时勿忘此语,力除此四字,而做此四字之反面,恐同胞不见听或忘之,故以身投东海,为诸君之纪念。"又曰:"中国去亡之期,极少须有十年,与其死于十年之后,曷若死于今日,使诸君有所警动。"盖君之意,自以为留此身以有所俟,孰与死之影响强,吾宁取夫死觉吾同胞,使共登于救国之一途,则其所成就较以吾一身之所为孰多耶?噫!此则君之所以死欤?君之心则苦矣。

吾人读君之书,想见君之为人,不徒悼惜夫君之死。惟勉有以副乎君死时之所言焉,斯君为不死也已。乙巳十一月晦,劈斋谨泣跋。

《民报》2号,1906年

△张之洞致电锡良、陈夔龙以及山东贵州等地官员,要求他们派员妥善处理留日学生因反对日本文部省取缔规则所引发的归国风潮。

张之洞《致成都锡制台、开封陈抚台、济南杨抚台、贵阳林抚台》(光绪三十一年十一月二十九日亥刻发):

承电询留东学生聚众退学一事,均悉。敝处接杨钦使删电,云密探学生风潮,为孙文逆党煽动,藉抵抗文部命令为名,现结死党三四百人,各携凶器,胁众回沪,以租界为护符,实行革命,聚众起事。沪上有人接应,长江一带会匪亦被运动联合,乞密查严备等语。又接周玉帅养电云,昨有廷姓等六人自东归来,沪道传见详细实情,亦谓学生中有为孙文煽惑者,日以排满革命之说,游说于诸学生间,得同党五百人为纠察,有不从者,以强力胁之,冀借乱杀钦使,使全国八千余学生皆陷于大逆,不得归国,终为彼用。于是东京大哗,杨钦使避乱于横滨,而学生中之纯谨者亦相率言归等语。查此事一起,敝处叠电诫饬湖北学生静听处置,切勿卤莽从事。并索得文部所订规则及学生公启多件,详加阅看,乃知谋乱是实,其抵抗文部

命令全系饰词附会,不愿受日人考察,不愿受钦使进退,以便其悖妄之图。一则谓取缔二字即清、韩并列之渐,二则谓住宿不准移转即任意苛待之渐,三则谓不准退学即压制学生之渐,哄然以为辱我国体。然查日本文部省令十五条,系整饬彼国公立、私立各学校之滥收中国学生者,加以查考,示以限制,于中国学生极为有益,其全文中并无取缔字样。即第九条所载各校所设寄宿舍及下宿等处,但云可令学生宿泊,并无不准移转字样。其第四条所载,但云退学者必经公使承认,并无不准退学字样。第十条所载凡此校退学者不准再入彼校,系专指品行不良者而言,亦非一概不准退学。且近接杨钦使电称,文部省已允将第九条、第十条酌改,并声明系整顿学校,并非约束中国学生,而学生坚执必欲将文部省所订规则一律注销,多方劝戒,势更激烈等语。盖此次中国学生八千余人,先后全行退学,实为革命党所煽惑威逼。其中胁从者十之九,倡首滋事者不过十之一。特以乱党凶焰过甚,良善不能与抗,钦使、监督避祸不遑,无从理谕。近日本学生传来药水印革命大机会一纸,种种逆谋,真情毕露,实堪发指,尊处亦见之否。鄂省现派妥员并旧在日本毕业之端正学生多人,驰往东京抚慰安分学生,相机料理,妥筹解散之法。大抵被胁学生未回国者,令其离开东京,避居各处,静候事平,仍然入学,不令回国。其已回国者,另派员驻沪照料,劝令迅速回籍,不准在沪逗留。一面令学生之亲族好友分发函电,剀切劝导,一面切属本省绅士电致同乡京官,合力公请学部专派明白纯正之员,赴东会商钦使、监督,自订约束学生规则,与日文部和商转圜之法,俾此事可以收束。但湖北委员只能劝导湖北学生,各省如能照办最善,顷已分电两江、湖南仿照此法办理。川省学生甚多,闻倡首即有川生在内,道路虽远,应请清帅设法电派在东或在沪之川员川绅,就近驰往料理。黔省似亦可仿办。至河南、山东皆有铁路,派员甚易,务请筱帅、莲帅迅速照办。各省均派妥员,各就本省学生开导解散,会商办法,立可孤乱党而弥巨患。卓见如何,祈电覆。

国家清史编纂委员会·文献丛刊《张之洞全集》(11),武汉出版社2008年版,第261~262页

12月27日(十二月初二日)　督抚严防革命党密电发表后,相关巡防员弁稽查颇为认真。

《严防革命党密电》:

官场接到督抚密电,大略谓日本留学生罢学回国,内有一部分共四百余人系孙文之党,主张革命,刻与长江会匪勾连,恐其乘机滋事,饬令文武严查,因之连日巡防员弁稽查极为认真。

《申报》,1905年12月27日

△ 中日协约达成,清政府同意日本获得日俄条约所规定的权利。

《中日协约之内容》:

北京电云:中日协约现已签押,兹探得最确实之内容如下:一,承认日本依日俄平和条约得有辽东租借权。二,承认东清铁路与附属之矿山采矿权及其他权利。三,承认驻屯东清铁路守备兵。四,承认奉天、义州间军用铁道权。五,关于满洲韩国之境界开始陆路贸易之事。六,关于实行东三省行政改革之事。七,清日合同经营鸭绿江之森林事业。八,开放南北满洲都要之地十七所。

《申报》,1905年12月30日

十二月(十一月)　为抗议《支那留学生取缔规则》,田桐聚有志者多人于弘文学院,力

主罢课,表现异常激烈。

冯自由《田桐事略补述》:

时清廷以留日学生多趋向革命,饬驻日公使杨枢向日政府商谈约束留学生方法。日政府徇其请,特颁支那留学生取缔规则以防之。诸生大哗。同志陈天华因之蹈海死。梓琴亦聚有志者多人于弘文学院,主罢课,所在和之。清廷据杨枢报告,诏捕激烈者十八人。梓琴与焉。其中惧怯者多赍金帛走京师求赦免。梓琴独泰然置之。

冯自由《革命逸史》第2集,中华书局1981年版,第152页

田桐《革命闲话·取缔与上谕》:

同盟会成立之年,秋冬之间,清室与日本交涉,由文部【省】颁布留学【生】取缔规则,防革命也。于是留学生群起而争,陈天华因以蹈海死,众人益奔走相告,相率罢课,一部归国者,在上海创立中国公学。而东京公使馆收买若干学生为间谍,刺学生虚实。公使杨枢出奏清廷,缉捕十八人,褫夺官职、科名、官费,自费生亦复通告各校,强迫退学。清廷如奏,颁发上谕,首名韩汝庚,二名胡瑛,以后不能记其次第,有宋教仁、田桐、吕复、龚国煌、龚国辉、保衡、冯大树、王克家、曾伟、蓝永藩、漆运钧,其余五人,则忘之矣。其中胆大者,视若无事,胆小者震惊失色,有托人在燕京运动求赦者。至宣统即位,复颁发上谕,中有云:除田桐、宋教仁永远不赦外,一体开复。

《太平杂志》第1卷第2号,1929年,第49~50页

△ **黄兴离日赴香港,旋化名潜入桂林郭人漳营中,策划起事。**

冯自由《陈少白时代之中国日报》:

黄克强自日本来,下榻《中国日报》。旋赴广西桂林,访巡防营统领郭人漳有所活动。

冯自由《革命逸史》初集,中华书局1981年版,第70页

冯自由《香港同盟会史要》:

十一月黄克强至香港,寓《中国报》社,旋易名张守正,号愚臣,赴桂林访巡防营统领郭人漳、陆军小学监督蔡锷等策动反正。以郭、蔡二人意见不合,有碍军事进行而止。于是取道龙州,访钮永建、秦毓鎏等于边防督办公署,有所计划,亦不得要领。旋经越南返香港。

冯自由《革命逸史》第3集,中华书局1981年版,第221页

冯自由《葛谦事略》:

乙巳年(一九〇五)夏,湘人郭人漳调任广西巡防营统领,特在桂林创办随营学堂,召集湘中志士于一堂,有所企图。谦知人漳与克强素有关系,自赴郭部投效。人漳许为干材。是岁夏六月,克强与孙总理集合各省党人组织中国同盟会于东京,冬十一月,绕道香港。入桂,拟运动人漳率所部相机反正。谦由是交克强,如得师保,克强乃倡设同盟会于大校场之校室,先后与盟者,有谦及郭人漳、林虎、梅霓仙、曾传范、谭道源、彭新比、邹永成、谭二武、陶表封、王德润、杨锐封、陈国良、张熙、刘慕贤、林纬邦、雷飚等八十余人。会陆军小学监督蔡锷与人漳因事不合,人漳虑为所乘,迟疑不敢先发。克强与蔡锷亦属故交,几经调解无效,知事无可为,乃于丙午年(一九〇六)春三月,赴龙州,访钮永建、秦毓鎏等计议军事。旋取道越南至香港。

冯自由《革命逸史》第3集,中华书局1981年版,第291页

李任仁《同盟会在桂林平乐的活动和广西宣布独立的回忆》:

外省籍革命人士来到广西工作大体通过两种关系,一是李经羲、郭人漳的关系,一是庄蕴宽、钮永建的关系。李经羲于一九〇四年(光绪三十年)从贵州巡抚调广西巡抚。他是淮

军统帅李鸿章的儿子,他调任广西巡抚后恰巧清廷要办新军,他很想借此树立自己的势力。时淮军将领郭松林的儿子郭人漳在江西当常备中军统领。李、郭原是相识,李经羲就咨调郭人漳来广西练新军,郭人漳练新军当然需人协助,就先后请调在江西岳凤梧军任哨官的广西人林虎,在湖南弁目学堂服务的湖南人蔡锷、雷飚等来广西工作。黄克强和郭人漳、蔡锷等原是相识,一九〇五年同盟会在东京成立后,黄克强就秘密来桂林,住郭人漳军中。经过黄克强的努力,在桂林吸收同盟会员的主要人物,当时参加同盟会的有郭人漳、蔡锷、赵声、林虎、雷飚、胡毅生等人,在新军中种下革命种子。

中国政协文史资料委员会编《辛亥革命亲历记》,中国文史出版社 2001 年版,第 516 ~ 517 页

刘揆一《黄兴传记》:

是冬,公潜往国内,视察南北各地,并变名为张守正,亲赴桂林巡防营统领郭人漳军中,说其举兵反正。郭以与随营学堂总办蔡锷不睦难之,公与蔡本属旧交,乃居间调处,并联络学堂教员雷飚、岳森、彭新民与郭营之官佐林虎、杨九如、卢子富、杨祖时及学生曾传范、贺斌、王德润、胡锟藩、杨锐锋、刘慕贤等,加入同盟会。

中国史学会编《中国近代史资料丛刊 · 辛亥革命》第 4 册,上海人民出版社 1957 年版,第 282 页

△ 吴春旸(旸谷)受孙中山委派回国组织同盟会安徽分部。吴回到南京,介绍岳王会领导人柏文蔚、倪映典、胡淮栋等人入会。

汤奇学、张续《革命者"任难不任名"——吴春阳传略》:

一九〇五年冬,吴春阳衔命回国。他首先到合肥组建了同盟会安徽分会,介绍李诚安、沈瑞麒、张久章等十余人入会。为防止一旦暴露会牵连同盟会总部,故定名为江淮别部,又称武毅会。同时,他还到芜湖,秘密传播同盟会纲领等文件及革命书籍,一时青年学生纷纷入盟。

徐承伦、萧志远《民族英烈》,中国文史出版社 1991 年版,第 66 页

《吴旸谷》:

同盟会总部成立后,进一步研究决定在国内外设立九个支部,并在各省成立分会。吴旸谷被任命为江淮支部的主盟人,负责安徽及皖苏毗连地区的工作。一九〇五年冬,吴旸谷返回家乡,他顾不上与家人的团聚,废寝忘食,奔波串联,吸收原自强会的同志及其它志士加入同盟会。为防清政府的破坏,吴旸谷将同盟会江淮支部改名为江淮别部。

吴寿祺主编《安徽历史人物》,黄山书社 1990 年版,第 187 页

△ 蔡锷积极致力于革命组织活动。

杨思之《蔡锷轶事》:

一九〇五年秋冬间,谭人凤、黄兴先后至桂林,与之商进行。黄以在桂林成立同盟会分会相告,征其同意。松坡允之,并择学生中之意志坚定者介之加入。当时松坡认为中山先生理想过高,不切实际,易于败事;独于黄兴之诚笃果毅,则倾心悦服,订为生死交,终身无间言。

田伏隆主编《忆蔡锷》,岳麓书社 1996 年版,第 140 页

唐希抃《回忆蔡松坡先生创办广西陆军小学》:

其时,广西正需要人才,巡抚李经羲奏调他到广西开办随营学堂,只办一期就停办了。

田伏隆主编《忆蔡锷》,岳麓书社 1996 年版,第 148 页

△ 钮惕生（永建）拟居间调处郭人漳与蔡锷关系。

杨恺龄《民国钮惕生先生永建年谱》：

冬，黄兴潜赴国内，视察南北各地，并变名“张愚诚”，谋晤先生。以巡防营统领郭人漳与随营学堂监督蔡锷不睦，且均为湘人，拟居间调处，说其联合举兵反正。

王云五主编《新编中国名人年谱集成》第13辑，商务印书馆股份有限公司1981年版，第21页

冬　事败后黄兴的家庭遭到牵连，黄一欧后避难东渡日本到达东京。

黄一欧《辛亥革命杂忆》：

甲辰起义失败后，先君遭清吏悬赏缉拿，在国内无容身之地，亡命日本。我虽只有十二岁，也受到连累，随时有被抓的危险。在此情况下，不能继续读书了，只好中途退学出来。最初躲在长沙南门晏家塘陈树藩家里，继而转移到南阳街张斗枢办的书店楼上，一连好几天不敢下楼。后来风声越紧，长沙城里不能立足了，藏身于善化县廖家河外祖母家里，又在东乡崩勘二姑妈家呆过一段时间。一九〇五年秋末冬初，才同湘潭黄积成一起去日本。……这时，我虽逃出了罗网，家乡的风声仍然很紧，先继祖母带领一家人四处逃匿，可说历尽艰辛。……我是一九〇五年冬天到东京的，其时先君已去南洋。到东京后，最初在《民报》社住了几天，随即搬进牛込区若宫町二十七番地章士钊寓所（先君离开东京后，章士钊迁此）。

田伏隆主编《辛亥革命在湖南》，岳麓书社1997年版，第95、100页

黄一欧《回忆先君克强先生》：

先君于一九〇四年起义失败出走后，有株连全家的危险。因此，一九〇五年秋天，我便同湘潭黄积成（后在士官学校学习测量）一道去日本。到东京时，正是同盟会成立后不久，先君已往南洋去了。

田伏隆主编《忆黄兴》，岳麓书社1996年版，第57页

本年　下半年柳亚子在吴江同里自治学社组织自治学会，创办油印刊物《复报》。

柳亚子《五十七年》：

下半年，我们发起了一个“自治学会”，是和“学社”对立的，天放也没有方法来干涉我们。这时候，大家对天放的感情愈来愈坏，都在打算卷堂大散，明年要各奔前程了。“自治学会”便是预备分散后作为一个联络机关的。再用钢笔、蜡纸油印一种刊物，名叫“复报”，取光复中华的意思。这刊物是星期刊，主编是我，文章我写得最多，还要自己写蜡纸来油印，这工作也得由我担任，不过神州他们帮帮我的忙吧了。每星期日出版一次，上半天出版，下半天由会员们担任沿街分送的责任，居然搞得很起劲。

《文学创作》第3卷第2期，杨天石等编著《南社史长编》，中国人民大学出版社1995年版，第48～49页

△《图南日报》因经费短绌而停刊。

△ 沈缦云加入同盟会，发起筹设上海信成储蓄银行，复旦公学成立后，被聘为校董。

沈云荪《沈缦云先生年谱》：

时孙中山先生组织中国革命同盟会于日本东京，革命潮流澎湃全国，先生由于右任、叶兆崧两先生之介绍，宣誓加入。

先生鉴于各国银行组织完备，故能国富民强，商业蒸蒸日上，我国欲与之竞争，自当以广设银行为要着，乃遍查国中，国家则有户部银行，商业则有中国通商银行，劝业则有信用银行，惟储蓄银行独付阙如，因拟订简章，发起筹设上海信成储蓄银行。以无成规可循，由周廷弼先生前往日本考察，所有组织管理章程及营业规则，悉参照外国成例，而益求精密。

马相伯、于右任、叶仲裕先生等组织复旦公学于吴淞，聘请先生为校董。

章开沅、罗福惠、严昌洪主编《辛亥革命史资料新编》第2册，湖北人民出版社2006年版，第156页

△ 黄兴在学习军事的中国留学生中建立丈夫团组织，积极培养武装起义骨干力量。

李书城《辛亥前后黄克强先生的革命活动》：

孙中山先生不常在日本，自日政府禁止孙先生入境以后，同盟会总理职务即由黄先生代理。黄先生是留日学生，又长住日本，因此，国内外同盟会会员多与他直接商讨问题或通信联络，他和同志间的感情也就深厚起来。特别是黄先生与军人的关系，由于有一段特殊原因而更加密切。黄先生在日本代理同盟会总理时，中国陆军留学生的人数特别多。第四期陆军士官生有七十五人，第五期陆军士官生有五十七人，第六期陆军士官生有一百九十八人。其中加入同盟会的陆军士官生不下百余人。……

黄先生以为陆军学生须在回国后掌握兵权，不可暴露革命的真面目。因此，他嘱陆军学生中的同盟会会员不到同盟会总部往来，陆军学生的入党证件也由黄先生一人独自保管。并商议由陆军同学在同盟会会员中选择一批坚贞可靠的同志另组织一个团体名曰"丈夫团"，以孟子所说的"富贵不能淫，贫贱不能移，威武不能屈"，作为团员应具的品德。据我了解，当时加入这个组织的有李根源、李烈钧、程潜、李书城、赵恒惕、黄郛、尹昌衡、黄恺元、叶荃、温寿泉、曾继梧、华世中、刘洪基、程子楷、孙方瑜、曾昭文、耿觐文、李乾璜、仇亮、杨曾蔚、陈强、孙棨、高霁、杨源浚、殷承瓛、袁华选、陈之骥、姜登选、李浚、王孝缜、何澄、王家驹等。黄先生还鼓励家有资财的同志出资捐官，俾将来获得兵权可更大更快些。

中国政协文史资料委员会编《辛亥革命亲历记》，中国文史出版社2001年版，第204～206页

李烈钧《自传》：

士官学校中另有小组织，为余与黄郛（字膺白）数人所发起者。郛学测量，当时颇激昂，常谓众人曰："满洲政府非我族类，其心必异，国人应起而推翻之，古人尝谓'当仁不让'。"又曰："本校人数甚多，良莠不齐，应有严密组织小团体之必要。"当时赞同其说者颇众，于是商议命名，众皆默然。郛笑谓众人曰："孟子不云乎？富贵不能淫，贫贱不能移，威武不能屈，此谓之大丈夫。我辈既以推翻满清为责任，必须具有不屈不挠之精神，不移不淫之毅力，革命乃克有济。"众皆服其说，遂命为"丈夫团"，而推郛为首，召开成立大会。初本秘密组织，嗣为留东同学同志所知，咸要求参加。团中有持异议者，以我等乃士官学校，所习者武功，若辈所习者文事，文武殊途，不宜加入。而成城学校之会员，要求者再，于是选其优秀及诚恳可靠者若干人请其参加，遂改名曰"丈夫成城团"，复开成立大会。故此一组织，有两次成立会，亦佳话耳。

周元高等编《李烈钧集》下册，中华书局1995年版，第817页

阎锡山《阎锡山早年回忆录》：

我加入同盟会之后，中山先生指示我们学军事的同志不可参加外部活动，以保身分之机密，但应在内部建立一纯军事同志之组织，负起革命实施之责。此组织定名为铁血丈夫团，盖取孟子"富贵不能淫，贫贱不能移，威武不能屈"之义。参加此组织的二十八人中，山西即

有温寿泉、张瑜、乔煦与我四人，其他如浙江黄郛，江西李烈钧，陕西张凤翙，云南罗佩金，湖北孔庚等，都是辛亥前后之革命中坚人物。

阎锡山《阎锡山早年回忆录》，传记文学出版社 1968 年版，第 8 页

△ **是年年底前加入同盟会的早期会员共四百五十二人**。

刘揆一、何天炯《中国同盟会成立初期（乙巳、丙午两年）之会员名册》：

从保存下来的名册看，是年年底前加入同盟会的早期会员共四百五十二人，所谓本部十八省中除甘肃外都有人参加。其中仍以湖南、广东、湖北三省最多（湖南八十七人、广东七十七人、湖北六十七人、山东四十九人、四川四十四人、安徽二十一人、广西三十人，其它在三十人以下）。

罗家伦主编《革命文献》第 2 辑，台北中央文物供应社 1958 年版，第 18 ~ 77 页

△ **连横创办报刊积极从事反清革命宣传**。

段云章《孙文与日本史事编年》：

是年台湾连横（雅堂）愤清政之不修，携眷至闽，在厦门创《福建日日新闻》，鼓吹排满，同盟会员林竹痴商改组为同盟会机关报，清廷饬吏向驻厦日领事抗议，遂遭封闭。连横又携眷返台，主持《台南新报》汉文部，"时作眷怀故国及反对满清之言论，与香港《中国日报》通声气。"

段云章编著《孙文与日本史事编年》，广东人民出版社 1996 年版，第 141 页

△ **广西同盟会会员积极开展革命活动**。

李任仁《同盟会在桂林平乐的活动和广西宣布独立的回忆》：

一九〇五年，同盟会在日本东京成立后，同盟会员就继续不断的在广西进行革命活动。当时在广西进行革命活动的同盟会员大致可分为两类：一类是广西的知识分子，到东京、香港、广州、上海等地求学，参加了同盟会，毕业后回到广西工作，同时进行革命活动；一类是外省籍人士，通过种种关系得到官方的聘请来广西工作，他们或在来广西前参加了同盟会，或在来广西后参加了同盟会，借工作掩护进行革命活动。

中国政协文史资料委员会编《辛亥革命亲历记》，中国文史出版社 2001 年版，第 514 ~ 515 页

△ **李燮和等收集见杀于湖南巡抚俞廉三的贺金声余党，密谋在宝庆起事，进窥长沙。但事泄失败，却幸免于难**。

李兴潇、李兴藻《李燮和生平》：

一九〇五年，先君藏身于宝庆学堂担任教员，又与谭人凤、刘德佩、唐鉴收集见杀于湖南巡抚俞廉三的贺金声余党，密谋在宝庆起事，进窥长沙。因为石头铺刘光领所部不严，泄露事机，以致刘氏夫妇等百余人惨遭牺牲，先君幸免于难。

田伏隆主编《辛亥革命在湖南》，岳麓书社 1997 年版，第 369 页

△ **中国公学在上海创办**。

熊克武《辛亥前我参加的四川几次武装起义》：

集中在上海的归国学生感到：中国人除了去日本难道就不能求学？要自己办一个学堂，而且要办好；同时又可利用学堂作掩护，进行革命。于是有七十三个同学（同盟会会员占多数）每人斗二十元，孙镜清捐了一笔款，在北四川路新靶子路租了一所洋房，推定张邦杰、黄

兆祥、姚宏业、孙镜清、王团沙等负责开始筹办。这点钱当然是不够用的,专靠几十个学生和少数人的捐款,是无济于事的;而要把学堂办好,又非巨款不行,筹集既感困难,学校且有难以维持之势,因此姚宏业愤而投黄浦江,以死呼吁,激励了不少人慷慨捐输。后来经同志们奔走努力,惨淡经营,终于成为有名的吴淞中国公学。

中国政协文史资料委员会编《辛亥革命亲历记》,中国文史出版社2001年版,第261~262页

《姚洪业烈士传》:

烈士见事无可挽,乃归国抵沪。后以同人归国者,均返里。烈士曰:如此吾八千人其焉归乎?若归无建设者,将何颜复东?于是与谭君心休等,筹垫私款,组成湖南事务所,又与总事务所刘君棣英、王君敬芳、张君邦杰等,日夕过从,为兴学筹画。中国公学之起原[源],盖由于此。

王云五等编《私立中国公学》,南京出版有限公司1982年版,第52页

《于右任年谱简编》:

震旦学院以外籍教员干预校政,学生集体退学。与同学叶仲裕、王公侠、沈步洲、邵力子、张轶欧、叶藻庭等创办复旦公学。后中国留日学生以学潮归国,复与王敬方、张邦杰等创办中国公学,兼任两校国文讲习。

许有成《于右任传》,百花文艺出版社2007年版,第287页

冯自由《鉴湖女侠秋瑾》:

是岁冬日本文部省颁布取缔中国留学生规则,湘人陈天华愤而投海,民党学生分为归国设学及忍辱求学二派。瑾与田桐、易本羲等主张归国最力,遂偕易本羲联袂归国;旋创办中国公学于上海,借以安置归国学生。

冯自由《革命逸史》第2集,中华书局1981年版,第165页

胡適《中国公学校史》(一):

中国公学的发起,在清光绪乙巳年(一九〇五)。那时中国留日学生反对日本新颁的取缔学生规则,认为侮辱中国,故议决全体归国。归国的学生既多,遂发起办一个理想的学校,容纳这些抗议回国的学生。因为这学校含有对外的意义,归国学生又有十三省人之多,故名为"中国公学"。

王云五等编《私立中国公学》,南京出版有限公司1982年版,第5页

△ **广西留日学生加入同盟会甚多**。

王启勇《留日学生与广西辛亥革命》:

广西留日学生在马君武、邓家彦等人联系发动下,自愿加入同盟会的很多。……从一九〇五年到一九〇七年,广西籍留日学生在东京加入同盟会的就有六十多人。

中国政协广西区文史资料委员会《广西文史资料选辑》第34辑,《纪念辛亥革命八十周年专辑》,广西区政协文史资料编辑部1992年印行,第191页

△ **同盟会员张啸岑组织安徽同盟会芜湖支部**。

王先亭《安徽的同盟会组织》:

当时,安徽留日学生中有不少人加入了同盟会,如程家柽、吴春阳、孙毓筠、高荫藻、权道涵、蒯寿枢、王善达、王天培、殷葆田等;有的还担任了重要职务,如程家柽负责同盟会执行部的外务工作,吴春阳为安徽主盟人,孙毓筠是评议部评议员。……

同盟会芜湖支部,是同盟会员张啸岑于一九〇五年底在芜湖组织的,也是安徽最早的同盟会组织。其时,张啸岑应李光炯之邀,来安徽公学任教。张啸岑遂在芜湖建立同盟会芜湖

支部,并由他"担任同盟会芜湖支部全责"。

中国政协安徽省文史资料委员会编《安徽辛亥革命论文选》,中国政协安徽省文史资料委员 1992 年印行,第 87 页

△ **伍汉持复创九龙光汉学堂,提出尚武精神,注重兵式体操训练。**

冯自由《国会议员流血第一人伍汉持》:

乙巳(一九〇五年)汉持与李自重、史古愚、陈典方等复创九龙光汉学堂,注重兵式体操。香港各学堂纷纷踵之,全港学堂之尚武精神为之一振。

冯自由《革命逸史》第 2 集,中华书局 1981 年版,第 195 页

△ **张静江在法轮中拜谒总理,承诺资助革命,如总理有需,请随时电知,约定电文 ABCDE 之次序,分别为一、二、三、四、五万元。**

冯自由《新世纪主人张静江》:

乙巳(一九〇五年)夏间孙总理自纽约至巴黎,与留法、德、比、瑞诸国学生胡秉柯、魏宸组、贺之才、史青、朱和中诸人发起中国同盟会,静江犹未与焉。是岁某月静江乘法轮赴某地,闻总理适与同舟,乃趋谒总理,自道姓名,谓总理曰:"君非实行革命之孙某乎? 闻名久矣,余亦深信非革命不能救中国。近数年在法经商,获资数万,甚欲为君之助,君如有需,请随时电知,余当悉力以应。"总理大喜。乃与之互约通电暗号,约定电文 ABCDE 之次序:A 为一万元,B 为二万元,C 为三万元,D 为四万元,E 为五万元。事后总理犹未敢深信初次相识之静江能有求必应也。

冯自由《革命逸史》第 2 集,中华书局 1981 年版,第 210 页

△ **程子仪、李纪堂等鉴于民众识字少,仅通过文字宣传实难普遍收效,故倡导通过戏剧编制各种爱国剧本进行演出,开粤省剧界革命的先声。**

冯自由《广东戏剧家与革命运动》:

甲辰乙巳间(一九〇四至一九〇五)有陆军学生前辈程子仪者,在陶模督粤时代,与钮永建同办陆军学堂,夙有志于社会教育,时方赋闲家居。与兴中会员陈少白、李纪堂等过从甚密,以其时民众识字者寡,徒恃文字宣传,实难普遍收效。于是建议创设戏剧学校,编制各种爱国剧本,招收幼童,授以相当教育,俟其学业有成,乃使出而实行表演。如是方可以涤除优伶平时不良之习惯,一新世人之耳目。陈、李深韪其议。陈允襄助编制剧本,李愿捐助巨资以为之倡,定名"采南"歌["采南歌"]戏班。培育一年始成,乙巳冬在各乡市及香港、澳门等处开演,所排新剧颇博世人好评,实开粤省剧界革命之先声。

冯自由《革命逸史》第 2 集,中华书局 1981 年版,第 222 ~ 223 页

冯自由《李纪堂事略》:

甲辰乙巳间,教育家程子仪以改良粤剧,宣传革命为己任,以此就商于少白、纪堂二人,纪堂愿助资二万元,而少白则任编辑戏剧,所制《黄帝征蚩尤》、《六国朝宗》等剧本,均足发扬民族主义。虽维持不及二年,然此举实开革命新剧之先河。后此"振天声"、"优天影"、"琳琅幻境"诸剧团缤纷并起,于主义宣传,收效绝巨,即"采南歌"为之倡也。

冯自由《革命逸史》初集,中华书局 1981 年版,第 94 页

《李纪堂》:

一九〇五年九月,中国同盟会香港分会成立,纪堂以兴中会员身分加盟,填写誓词,此[矢]志不渝,同时为革命事业出钱出力。当时教育家程子仪提倡改良粤剧,进行革命宣传,

组织“采南歌剧社”，李纪堂捐资二万元促成其事。陈少白则任戏剧编辑，编写改良粤剧《黄帝征蚩尤》、《六国朝宗》，供剧社演出，宣传民族主义精神，成为粤剧演革命戏之先导。

广东新会政协文史资料委员会编《新会文史资料》第55辑专辑《昔荣今辉的七堡》，出版社不详，1997年版，第27页

△ 秦毓鎏在安徽和广西藉教育从事革命活动。

冯自由《秦毓鎏事略》：

乙巳（一九〇五年）任安徽高等学堂历史教习，因表彰欧美诸国革命历史，致学生时起风潮，不容于皖省大吏。遂去职。旋赴广西任浔州府中学堂监督，复以邀结学生组织革命团体，见嫉于当道，不安于位。

冯自由《革命逸史》初集，中华书局1981年版，第116页

△ 蒋大同在关外积极从事革命宣传。

冯自由《关外大侠蒋大同》：

时距甲辰（一九〇四年）日俄战后未远，关外犹未建置行省。大同至奉，赵（赵尔巽，编者）极推重，乃为之擘划新政，培植教育，振兴实业，又与商震、陈斡、徐于等创办辽阳陆军小学，及沈阳劝学公所、商业专门学校、官话字母总塾等各种教育，辽沈文化因之大兴。关外地广人稀，满清入据中土以来，二百六十余年中向禁止汉人移植，而山东直隶流民往往因乞食流亡，混合日众，但与土著杂处，语言亦异。及蒋大同之官话字母总塾成立，仅六阅月即已分设六十余处，语言统一，收效极巨。赵尔巽爱其才，欲委以劝学所督办一职，大同不欲仕于异族政府之下，初意只求作事，不愿作官，及赵劝其入仕，竟辞而去。遍历关外及蒙古各地，知中俄之关系日益迫切，遂向俄人专心研究俄文，以备后用。又借贩书为业，向东三省各地推销各种革命救国之书报。某日旅行黑河，卖书于齐齐哈尔府官宋小濂。宋聆其言论，观其丰采，知其非书报小贩，留为上宾，求其襄助办学。大同以不作官拒之。宋对之愈加敬礼。时留东同盟会本部已派联络员至东三省扩张党务，大同与商震、徐于、刘乾一等均先后加入，党势日盛。

冯自由《革命逸史》第2集，中华书局1981年版，第254～255页

△ 澳门学生代表冯秋雪等人赴港，慰问拒约反美最为积极热心的香港报人，并向黄世仲等人递交慰问信。

冯秋雪《辛亥前后同盟会在港穗新闻界活动杂忆》：

我当时还在澳门培基学堂读书，一部分高年班同学在爱国主义和民族主义思想冲激下，亦酝酿有所响应。是时香港兴中会人士所办报纸，如陈少白等所办《中国日报》，黄世仲、李大醒等所办《世界公益报》，郑贯公、陈树人、王秋湄等所办《广东报》及《有所谓》报反美态度最为坚决，持论最为激烈，对群众影响极大。《世界公益报》旋因刊载反美讽刺画，主笔李大醒（新会人）被香港殖民当局驱逐出境，此举引起省港澳人士极大愤慨。培基学堂同学遂派我和另一同学（已忘其名）由澳赴港向该报表示慰问。我们除访问《世界公益报》，向主持人黄世仲递交慰问信之外，还访问《有所谓》报，晤见其主笔郑贯公。访问《中国日报》时，则未会见负责人。黄世仲、郑贯公二人当时皆为二十余岁之青年人，对我们十分热情，从“拒约”谈到反清革命，颇多阐发，使我们留下深刻印象。

中国政协广东省文史资料委员会编《孙中山与辛亥革命史料专辑》，广东人民出版社1981年，第97～98页

罗香林《乙堂劄记》云:

鉴于《图南日报》于星之势日盛,保皇会之势日壮,势将漫至香港而有所议于少白诸公。据高剑父、陈树人先生称:黄氏与少白先生、郑贯一、陈春生氏等议别创革命宣传第二、三阵营以弘播革命于社会中下层,并作未雨之谋。职是以郑氏为首,另起炉灶,别筹资金于外而创刊《世界公益报》、《广东日报》、《有所谓》报于一九〇四、一九〇五年,黄氏佐成之;然乃兼笔政、撰述于《中国日报》。三报遂为中国报社之外围以相呼应,大裨再战立宪派之《商报》。于革命宣传与反美、反收粤汉铁路等皆有誉于时。

郭天祥《黄世仲年谱长编》,中国社会科学出版社2002年版,第104页

△ **苏鹏等密谋暗杀铁良。**

苏仲湘《记辛亥革命老人苏鹏》:

苏鹏出狱后,革命同志张榕川(学济)从江西到上海,找他商量新的斗争行动。其时清廷派钦差铁良为检阅大臣,南下检阅江苏、安徽、江西、湖北、湖南各省新军,张榕川在江西曾和同志廖名缙商议,认为他是革命力量的危险敌人,准备乘他南下检阅时,伺机将他暗杀。苏鹏在制造炸药方面早具经验,为同志所推重,故特与商议,以他的行止为定。苏鹏表示同意。于是,他们两人从上海赴汉口,准备待铁良南下到武汉时,伺机行事。当时参与这一暗杀活动的,除苏、张两人外,还有王汉、胡瑛、成邦杰和孙国华。苏鹏在汉口将炸药配备停当后,诸人分携炸药在汉口郊区荒僻处的铁路路基旁试装引火,效果良好。当他们侦知铁良已到汉口将转武昌时,就连夜雇小船,装载炸药、电线、铁锄等器具,从汉口宝庆码头驶往武昌黄鹤楼下,准备潜渡至武昌官码头,装埋炸药。不料小船行将傍岸时,突被岸上清军巡逻兵丁察觉,厉声喝问。他们机智地回答应付过去后,迅速转舵下驶,才免遭检查,未致泄露。

中国政协湖南省文史资料委员会编《湖南文史资料》第15辑,湖南人民出版社1982年版,第186页

△ **本年出版的主要革命报刊、杂志与图书。**

冯自由《开国前海内外革命书报一览》:

一、日报类

名称	时期	出版地	编辑及发行人
……			
华暹新报	乙巳(一九〇五)	暹罗槟角	肖佛成　陈景华　王　斧 康荫田　胡毅生　卢仲琳
南洋总汇报	乙巳	新加坡	陈楚楠　张永福　许子麟

此报乃继图南报停歇之后而起。后因内部纷扰而致拍卖,竟落于康党之手,成为反对党机关,与中兴报大开笔战。

名称	时期	出版地	编辑及发行人
有所谓报	乙巳	香港	郑贯公　陈树人　李孟哲 黄世仲　王　斧　胡子晋

冯自由《革命逸史》第3集,中华书局1981年版,第139~140页

冯自由《开国前海内外革命书报一览》:

二、杂志类

名称	时期	出版地	编辑及发行人
……			
二十世纪之支那	乙巳(一九〇五)	东京	田　桐　刘炳标　陈天华　白逾桓　宋教仁
民报	乙巳	东京	胡汉民　章炳麟　刘光汉　汪　东　陈天华　汪精卫　朱执信　汤增璧

冯自由《革命逸史》第3集,中华书局1981年版,第145～146页

冯自由《开国前海内外革命书报一览》:

三、图书类

名称	时期	出版地	编辑及发行人
……			
国民必读	乙巳(一九〇五)	上海	陈天华
中国革命史论	乙巳	东京	陈天华
黑龙江	乙巳	上海	不详
狮子吼	乙巳	东京	陈天华
洪秀全演义	乙巳	香港	黄世仲
自由结婚	乙巳	东京	张肇桐
灭汉种策	乙巳	东京	宋教仁
敬告同胞	乙巳	上海	吴敖
南洋先生退化史	乙巳	上海	不详
虚无党女英雄	乙巳	上海	江西一青氏
孽海花	乙巳	上海	曾朴
卢梭魂	乙巳	上海	怀仁

冯自由《革命逸史》第3集,中华书局1981年版,第152～153页

△ **海外各埠革命党与保皇党双方笔战机关报的报名、地点、当事人姓名等**。

冯自由《清季革命保皇两党冲突始末·各地党报之文战》:

革命党	地点	年代	当事人	保皇会	地点	年代	当事人
中国报	香港	乙巳以后	冯自由　陈春生　朱自信	商报	香港	乙巳以后	徐勤　伍宪子

冯自由《革命逸史》第6集,中华书局1981年版,第16页